E-Book inside.

Mit folgendem persönlichen Code können Sie die E-Book-Ausgabe dieses Buches downloaden:

69018-djy6p-56r00-2nuro

Registrieren Sie sich unter

www.hanser-fachbuch.de/ebookinside

und nutzen Sie das E-Book auf Ihrem Rechner*, Tablet-PC und E-Book-Reader.

Der Download dieses Buches als E-Book unterliegt gesetzlichen Bestimmungen bzw. steuerrechtlichen Regelungen, die Sie unter **www.hanser-fachbuch.de/ebookinside** nachlesen können.

* Systemvoraussetzungen: Internet-Verbindung und Adobe® Reader®

Müller

JavaServer™ Faces und Jakarta Server Faces 2.3

Bernd Müller

JavaServer™ Faces und Jakarta Server Faces 2.3

Ein Arbeitsbuch für die Praxis

3., überarbeitete Auflage

HANSER

Der Autor:

Prof. Dr. Bernd Müller,
Ostfalia Hochschule für angewandte Wissenschaften
Hochschule Braunschweig/Wolfenbüttel – Fakultät für Informatik
Kontakt: bernd.mueller@ostfalia.de

Bibliografische Information der Deutschen Nationalbibliothek:

Die Deutsche Nationalbibliothek verzeichnet diese Publikation in der Deutschen Nationalbibliografie; detaillierte bibliografische Daten sind im Internet über http://dnb.d-nb.de abrufbar.

Lektorat: Brigitte Bauer-Schiewek
Copy editing: Petra Kienle, Fürstenfeldbruck
Layout: der Autor mit LaTeX
Umschlagdesign: Marc Müller-Bremer, www.rebranding.de, München
Umschlagrealisation: Max Kostopoulos
Datenbelichtung, Druck und Bindung: Eberl & Kœsel GmbH & Co. KG, Krugzell
Ausstattung patentrechtlich geschützt. Kösel FD 351, Patent-Nr. 0748702
Printed in Germany

Print-ISBN: 978-3-446-45670-9
E-Book-ISBN: 978-3-446-45977-9
E-Pub-ISBN: 978-3-446-47008-8

Inhalt

Vorwort zur 3. Auflage

In der 2. Auflage haben wir die vielen Neuerungen von JSF 2.0 integriert. Die Version 2.1 war eher kosmetischer Natur. Die Version 2.2 brachte wiederum sehr viel Neues, die Version 2.3 ebenso. Es ist also dringend an der Zeit für eine 3. Auflage.

Wie bereits in der 2. Auflage praktiziert, soll auch diese 3. Auflage keine Darstellung aller JSF-Versionen sein. Sie werden daher in der Regel keine Bezüge auf ältere JSF-Versionen, sondern ausschließlich den aktuellen Stand 2.3 beschrieben finden. Damit geht einher, dass einige Abschnitte der früheren Auflagen verschwunden sind, andere erheblich überarbeitet wurden und das Buch damit eine neue Struktur erhalten hat. Mehr noch, Sie halten praktisch ein komplett neues Buch in der Hand.

Während dieses Buch entstand, wurde aus *JavaServer Faces* 2.3 *Jakarta Server Faces* 2.3. Diese beiden Spezifikationen sind praktisch identisch, so dass das Buch beide Systeme beschreibt. Wir sprechen im Folgenden immer von JavaServer Faces, meinen aber beide Spezifikationen.

In der 2. Auflage nutzten wir Eclipse als Build-System. Wir haben nun alle Projektbeispiele auf Maven umgestellt und verwenden WildFly als Application-Server. Da die Projektbeispiele nur offizielle APIs verwenden, sind sie auf allen zertifizierten Servern verwendbar.

Bernd Müller, April 2021

bernd.mueller@ostfalia.de

Vorwort

JavaServer Faces sind ein Framework für die Entwicklung von Benutzerschnittstellen *für* oder besser *als Teil* einer Java-Web-Anwendung. Die vorliegende Darstellung führt JavaServer Faces nach dieser Definition ein. Es beschreibt, was JavaServer Faces sind und wie man JavaServer Faces für die Entwicklung moderner Benutzerschnittstellen einsetzt, aber auch, wie JavaServer Faces in eine Java-Web-Anwendung zu integrieren sind. Wir behandeln so elementare Themen wie die Anbindung an ein Persistenz-Framework oder die Anbindung an das Authentifizierungs- und Autorisierungssystem des Servlet-Containers. Ein unverzichtbarer Bestandteil kommerzieller Web-Anwendungen ist die Erzeugung von PDF, z.B. für auszudruckende Rechnungen oder Verträge; auch hierfür werden Lösungen entwickelt. Dem aktuellen Trend *Ajax* ist ebenfalls Platz gewidmet.

Dem Anspruch eines „Arbeitsbuchs für die Praxis" wird das Buch gerecht, indem JavaServer Faces anhand eines umfassenden und praxisnahen Beispiels eingeführt werden, ohne zuvor ganze Kapitel über JSF-Grundlagen zu verlieren. Um JavaServer Faces praxisnah einzuführen, werden in den ersten Buchkapiteln keine Grundlagen über Servlets, JSP und JSTL benötigt. Genauso wenig werden Kenntnisse über innere Funktionen einer JVM benötigt, um Java zu programmieren, oder Kenntnisse über B-Baum-Implementierungen, um mit JDBC zu arbeiten. Wo man Servlets und JSPs benötigt, erfolgt jeweils eine kurze Einführung in die benötigten Details. Damit nicht genug, behandelt das Buch umfassend und praktisch alle Details zur Entwicklung von Oberflächen mit JavaServer Faces.

Dieses Buch richtet sich an Leser, die wissen wollen, was JavaServer Faces sind. Es richtet sich aber vor allem an solche, die mit JavaServer Faces entwickeln wollen. „Programmieren lernt man durch Programmieren". Diesem alten Informatikerspruch werden wir gerecht, weil unser Buch viele praxisnahe Code-Stücke enthält und eine komplette Anwendung implementiert. Alle im Buch dargestellten Code-Stücke stammen aus verschiedenen Beispielprojekten, die von der Website des Buchs heruntergeladen und somit auch praktisch nachvollzogen werden können. Es ist für die Ausbildung von Studenten verschiedener Informatikstudiengänge und für den sich weiterbildenden und im Berufsleben stehenden Praktiker geeignet.

Bernd Müller Im Sommer 2006

1 Einleitung

1.1 Ziel dieses Buchs

Java wurde 1995 von Sun mit zwei Hauptzielen vorgestellt: Zum einen ging es um die portable Programmierung hardware-naher Steuerungen von Geräten, z.B. von Kaffee- und Waschmaschinen, zum anderen sollte das stark auflebende Web bunter und interaktiver werden. Dem ersten Ziel verdanken wir die Plattformunabhängigkeit von Java durch die Definition der JVM (Java Virtual Machine) und des Java-Byte-Codes, dem zweiten Ziel verdanken wir die Applets. Heute, nach weit über zwanzig Jahren, ist festzustellen, dass beide Ziele nicht erreicht wurden. Java wird zwar zur Programmierung von Hardware verwendet, so etwa in jedem Blu-ray-Player, doch keineswegs in dem Ausmaß, wie ursprünglich prognostiziert. Der Siegeszug von Googles Android trägt ebenfalls stark zur Verbreitung von Java bei, da Java die Standardsprache bei der Entwicklung von Software unter Android ist. Jedoch ist diese Art der Verwendung nicht die 1995 vorhergesagte, da sie auf der Anwendungs- und nicht der Hardware-Ebene stattfindet. Das zweite genannte Ziel, mit Applets das Web interaktiver zu machen, krankte an den vielen durch Applets verursachten Sicherheitsproblemen. Applets sind mittlerweile tot und aus dem JDK verbannt.

Java ist jedoch sicher nicht als Fehlschlag zu werten, ganz im Gegenteil. Die Sprache Java – oder genauer die *Plattform Java* – trat einen unvergleichlichen, in der Geschichte der Programmiersprachen noch nie da gewesenen Siegeszug an. Dieser Siegeszug fand zwar nicht im Hardware-Bereich oder als Applet-Sprache statt, sehr wohl aber als server-seitige Sprache zur Entwicklung unternehmenskritischer Anwendungen. Das aktuell sehr beliebte Modell sogenannter *Web-Anwendungen*, d.h. Anwendungen, bei denen der Benutzer durch einen HTML-Browser die Anwendung bedient, die Anwendungslogik aber auf dem Server ausgeführt wird, wird mittlerweile von mehreren Java-Spezifikationen unterstützt, von denen JavaServer Faces die aktuellste, je nach Interpretation eventuell sogar die einzige ist. Die Beliebtheit von Java im Server-Bereich ist vor allem durch die Plattformunabhängigkeit zu erklären. Unternehmen verfügen im Server-Bereich häufig über eine sehr heterogene Hardware-Landschaft, und die Migration einer Anwendung von einer Hardware und einem Betriebssystem auf eine andere Hardware und ein anderes Betriebssystem ist in der Regel mit sehr viel Aufwand verbunden. Mit Java entfällt dieser Aufwand trotz des Slogans „Write once, run anywhere" zwar nicht völlig, reduziert sich aber erheblich.

JavaServer Faces werden also in der jüngsten Spezifikation aus dem Bereich der Entwicklung von Benutzerschnittstellen für Java-Web-Anwendungen definiert. Sie sind als moderner, komponentenbasierter Ansatz zu sehen, dessen Ziel wir der Spezifikation entlehnen:

> "... to significantly ease the burden of writing and maintaining applications that run on a Java application server and render their UIs back to a target client."

Ziel dieses Buchs ist es, dem Leser die Kenntnisse zu vermitteln, die man benötigt, um mit JavaServer Faces moderne Benutzerschnittstellen zu entwickeln. Dem im Untertitel genannten Anspruch von Praxisnähe und dem Charakter eines Arbeitsbuchs wird das Buch gerecht, indem wir eine größere Anwendung entwickeln, anhand derer wir die verschiedenen Aspekte von JavaServer Faces und deren Integration in eine Gesamtarchitektur einführen und erläutern. Das Buch ist nicht als überarbeitete Version der Spezifikation zu sehen, sondern es versucht die praktische Anwendung der Spezifikation auf reale Probleme, die in jeglicher Anwendungsentwicklung immer wieder auftauchen. Es enthält wichtige Ratschläge zur Lösung dieser Probleme und blickt über den Tellerrand hinaus. JavaServer Faces genügen nicht, um unternehmenskritische Anwendungen zu realisieren. JavaServer Faces sind immer in einem größeren Kontext eingebettet und müssen z.B. an Business-Modelle oder Datenbanken angeschlossen werden. Dies wird unter anderem innerhalb verschiedener Java-EE-Spezifikationen thematisiert, worauf wir ebenfalls eingehen.

JavaServer Faces sind zwar die aktuellste Spezifikation im Bereich der Java-Web-Anwendungen, werden aber wahrscheinlich nicht die letzte sein. Wir gehen auf Versionen und auf die größten Konkurrenten von JSF, die aktuell sehr angesagten JavaScript-Frameworks später noch ein.

1.2 Was sind JavaServer Faces?

JavaServer Faces sind ein Teil der Java-EE-Spezifikation (Java Enterprise Edition) und zwar seit der Version 5. Tabelle 1.1 zeigt in der Übersicht die jeweiligen Versionszugehörigkeiten. Die rechte Spalte zeigt die Veröffentlichungstermine von Java EE. Die JSF-Spezifikationen wurden in der Regel kurz vorher veröffentlicht.

Tabelle 1.1 Java-EE und JSF-Spezifikationen

	JSF-Version	Veröffentlicht
Java EE 5	1.2	Mai 2006
Java EE 6	2.0	Dezember 2009
Java EE 7	2.2	Mai 2013
Java EE 8	2.3	September 2017

JavaServer Faces sind unabdingbarer Bestandteil von Java EE und damit in jedem Application-Server enthalten, der als Java-EE-konform zertifiziert ist. Dies gilt auch und gerade für das mit Java EE 6 erstmalig eingeführte Web-Profil, das zum Ziel hatte, die Anzahl der Teilspezifikationen, die unter Java EE zusammengefasst sind, auf eine möglichst kleine, aber noch sinnvoll einzusetzende Teilmenge zu beschränken. Das Web-Profil beschreibt sich selbst als „The Web Profile is targeted at developers of modern web applications“, also die Spezifikationen, die für die Umsetzung moderner Web-Anwendungen benötigt werden.

Die beiden weiteren GUI-relevanten Spezifikationen innerhalb von Java EE sind Servlets und JavaServer Pages (JSP). Das Einsatzgebiet von Servlets ist jedoch die Realisierung von Frameworks, wie JSF es eines ist, und nicht die Erstellung und Umsetzung kompletter Geschäftsanwendungen mit komplexen Benutzungsoberflächen. JavaServer Pages werden bereits seit einigen Jahren nicht mehr weiterentwickelt. JavaServer Faces sind also die einzige praxisrelevante Spezifikation für die Entwicklung von Geschäftsanwendungen innerhalb von Java EE und müssen daher eigentlich nicht motiviert werden. Wir wollen dies hier trotzdem tun, um dem Leser bereits an dieser Stelle einen Überblick über einige der herausragenden Eigenschaften von JSF zu geben.

JavaServer Faces übernehmen nicht nur die Routineaufgaben, die in einer Servlet- oder JSP-Anwendung zu programmieren sind. JavaServer Faces definieren ein Komponentenmodell für Benutzerschnittstellenelemente einer Web-Anwendung, so wie Swing und JavaFX ein Komponentenmodell für lokale Oberflächen definieren. So existieren etwa Komponenten für die Texteingabe, zur Auswahl von Menü-Einträgen oder für die Anzeige von Fehlermeldungen. Diese Komponenten können ganz analog zu Swing- und JavaFX-Komponenten hierarchisch angeordnet werden, indem man sie in Containern verschachtelt. Neue Komponenten, z.B. ein Kalender, können entwickelt und dann wie vordefinierte Komponenten verwendet werden. JSF-Komponenten leben auf dem Server, sind in Java programmiert und in einer Anwendung mit Java als Implementierungssprache verwendbar. Die als Antwort einer HTTP-Anfrage an einen Client geschickte HTML-Seite (andere Antwortarten sind möglich) stellen ein Abbild des Komponentenbaums des Servers dar.

Bei der Entwicklung grafischer Benutzungsoberflächen (GUI, Graphical User Interface) hat sich das Model-View-Controller-Entwurfsmuster (MVC-Pattern) durchgesetzt, das, entsprechend angepasst, auch von JavaServer Faces realisiert wird. MVC trennt streng zwischen *Model*, *View* und *Controller*. Das Modell ist das Geschäftsmodell der Anwendung. In ihm sind die fachlichen Klassen, etwa *Kunde* und *Rechnung*, sowie die fachliche Logik enthalten. Die View ist ausschließlich für die Darstellung verantwortlich, sie darf keine Anwendungslogik enthalten. Der Controller ist schließlich die Instanz, die alle Steuerungsvorgänge der Oberfläche mit dem Benutzer regelt und Änderungen des Benutzers in der View mit dem Modell konsistent hält. Sie enthält damit zum einen die Oberflächenlogik, etwa „Knopf A kann nur gedrückt werden, wenn im Eingabefeld B ein Wert größer 100 steht“, aber auch die entsprechenden Methoden, um die Eingabe einer neuen Kundenadresse bis zum Modell durchzureichen.

Bei JavaServer Faces ist das Modell beliebig wählbar. POJOs (Plain Old Java Objects), EJBs (Enterprise JavaBeans), JPA-Entitys oder beliebige andere Java-Objekte sind möglich. Die View wird durch die JSF-Komponenten (Unterklassen der Klasse `UIComponent`) und Facelets (XHTML) realisiert. Was Facelets angeht, ist dies lediglich die Default-Technologie der sogenannten *View Declaration Language*, kurz *VDL*. Die Spezifikation schreibt sie als Mindestanforderung vor, andere sind aber ebenfalls denkbar. So haben wir etwa in der ersten Auflage des Buchs JavaServer Pages (JSP) als VDL verwendet, was zur damaligen Zeit der Standard war, aber auch XULFaces beschrieben, das als Seitenbeschreibungssprache XUL besaß, eine von Mozilla definierte Sprache zur Beschreibung von Benutzungsoberflächen. Auch für WML (Wireless Markup Language) existierte eine prototypische

Implementierung. WML ist eine stark reduzierte Version von HTML, die in Mobiltelefonen der ersten Generation Verwendung fand. Mittlerweile gibt es keine ernstzunehmenden alternativen Sprachen mehr, da HTML 5 sich zum Standard entwickelt hat, was sehr zu begrüßen ist und Facelets in seiner aktuellen Form HTML 5 vollständig unterstützt. JSP wird nicht mehr unterstützt und sollte nicht mehr verwendet werden, da Facelets zum JSF-Standard geworden sind. „JSF auf Basis von XHTML“ im Sinne einer VDL und „Facelets“ sind damit praktisch synonym und werden von uns nicht mehr weiter unterschieden. Der Controller-Teil des MVC-Patterns wird schließlich durch das Faces-Servlet realisiert, auf das wir später noch ausführlich eingehen. Prinzipiell nimmt es Benutzerinteraktionen und Dateneingaben des Benutzers entgegen und führt entsprechende Aktionen aus und wählt die entsprechende View zur Anzeige aus. Dies wird durch Controller-Funktionalität, die in Managed Beans implementiert ist, ergänzt. Diesen ist Abschnitt 2.3 gewidmet.

1.3 Der Leser

Das intendierte Einsatzgebiet von JavaServer Faces ist die Entwicklung von Oberflächen in unternehmenskritischen Anwendungen. Jeder, der in diesem Bereich zurzeit tätig ist oder in Zukunft sein wird, kann mit diesem Buch in die Tiefen der Software-Entwicklung mit JavaServer Faces einsteigen. Dies sind zum einen Studenten der Informatik und angrenzender Studiengänge, vor allem aber auch Praktiker, die in diesem Bereich arbeiten.

Unabdingbare Voraussetzung für den effektiven Einsatz des Buchs ist die Kenntnis der Sprache Java. Wir gehen davon aus, dass der Leser objektorientierte Konzepte verinnerlicht und eine gewisse Erfahrung bei deren Einsatz hat. Die Entwicklung mit JavaServer Faces erfolgt zu einem großen Teil durch Entwicklungsarbeit mit Java. Der Leser sollte daher Java wirklich beherrschen. Vorteilhaft ist es, wenn Grundkenntnisse über HTML und HTTP vorhanden und die Probleme der Verbindung objektorientierter Anwendungen mit relationalen Datenbanken bekannt sind.

Englische Fachbegriffe

An dieser Stelle seien noch einige Anmerkungen zur Sprache erlaubt. Die Sprache der Informatik und der Software-Entwicklung ist Englisch. Einige Fachbegriffe können ins Deutsche übersetzt werden, andere nicht. Wenn eine gute deutsche Begrifflichkeit existiert, werden wir diese auch verwenden. Bei einigen Begriffen sind wir der Meinung, dass sie als Eigennamen zu interpretieren und somit nicht zu übersetzen sind. Ein Beispiel sind *Managed Beans*, die nicht als *verwaltete Bohnen* übersetzt werden sollten, oder *UI components* (user interface components), die wir nicht *BS-Komponenten* (Benutzerschnittstellenkomponenten), sondern *UI-Komponenten* nennen wollen. Womit wir beim nächsten Punkt wären: Im Deutschen werden Substantiv-Verbindungen zusammen oder mit Bindestrich geschrieben. Eine getrennt geschriebene Aneinanderreihung, wie sie im Englischen üblich ist, gibt es im Deutschen nicht. Die „user interface components“ müssen also zu „User-Interface-Komponenten“ werden, um die deutsche Grammatik nicht all zu sehr strapazieren zu müssen. Eine Ausnahme sind Eigennamen, so dass wir „JavaServer Faces“ in der

Originalschreibung übernehmen. Eigennamen in Wortverbindungen sind dann das nächste Problem. „Java EE 8" schreiben wir getrennt, „Java-EE-8-Application-Server" zusammen. Eine Getrenntschreibung wäre nach unserer Meinung sehr unleserlich. Wörter, die englische und deutsche Bestandteile besitzen, schreiben wir in der Regel ebenfalls mit Bindestrich. Falls Sie selbst schreibend tätig sind, ist das Buch von Peter Rechenberg [Rec06] eine hervorragende und sehr zu empfehlende Hilfe, wenn es um Zweifelsfragen der Grammatik und des Ausdrucks geht.

Ein weiteres sprachliches Problem ist die Fachlichkeit der Anwendung. In großen, insbesondere multinationalen Projekten ist es unbestritten sehr sinnvoll, die gesamte Fachlichkeit in Englisch auszudrücken. In unserem Fall wären das vor allem Klassen-, Methoden- und Variablenbezeichner sowie Dateinamen. Nicht jeder Leser dieses Buchs wird jedoch in allen unseren Beispielen die jeweils entsprechenden englischen Fachbegriffe parat haben – und dies gilt vor allem auch für den Autor! Der Leser möge es uns bitte nachsehen, wenn einige Klassen englische, andere deutsche Bezeichner verwenden, wir also munter mischen.

Die englische Sprache hat der deutschen eine weitere Vereinfachung voraus: die der geschlechtsunspezifischen Ansprache. Im Deutschen ist es mittlerweile üblich, beide Geschlechter zu benennen. „Entwicklerinnen und Entwickler", „EntwicklerInnen" und „Entwickler/innen" sind aber allesamt keine stilistischen Meisterleistungen, die uns befriedigen. Es muss eine andere Lösung geben. Die Informatik besitzt eine zentrale Methode, die sowohl in der theoretischen als auch der praktischen Informatik vielerorts eingesetzt wird: die der Abstraktion. Wir versuchen, Aussagen so allgemein wie möglich zu formulieren, um den Anwendungsbereich der Aussage zu vergrößern. Beim Lesen dieses Buchs ist es wenig sinnvoll, zwischen männlichen und weiblichen Lesern zu unterscheiden, etwa, indem wir Sie mit „Leser und Leserin" ansprechen. Im Folgenden verstehen wir unter einem Leser eine Person, die liest, und unter einem Entwickler eine Person, die entwickelt, ganz unabhängig vom Geschlecht. Die Problematik der zweigeschlechtlichen Anrede ist übrigens keineswegs auf die Informatik oder Technik beschränkt. Auch im journalistischen Bereich wird sie zum Teil kritisiert, etwa von Bastian Sick [Sic04].

1.4 Das Buch im Netz

Nichts veraltet in der modernen IT schneller als Software-Systeme. Praktisch alle in diesem Buch verwendeten Systeme haben zumindest in den Minor-, häufig auch in den Major-Versionsnummern während des Schreibens des Buchs Aktualisierungen erhalten beziehungsweise wurden erst während des Schreibens veröffentlicht. Es ist nicht sinnvoll, einem Buch über JavaServer Faces oder andere aktuelle IT-Themen wie früher eine CD beizulegen oder gar API-Dokumentationen abzudrucken. Als Zugang zu Informationen dieser Art betreiben wir die Website

`https://www.jsfpraxis.de`

Sie finden dort den lauffähigen Quell-Code aller Beispiele sowie Lösungen zu den Übungsaufgaben als Maven-Projekte und, wenn nötig, ein Druckfehlerverzeichnis. Neben diesen buchspezifischen Inhalten finden Sie eine Fülle von Informationen zu JavaServer Faces, aber auch zu den im Buch verwendeten Systemen. Wir stellen diese in Kapitel 7 detaillierter dar, empfehlen dem Leser aber zusätzlich die eventuell aktuelleren Informationen auf der Website.

Als Alternative zur Website `www.jsfpraxis.de` und dem aktuellen Zeitgeist folgend finden Sie die Projekte auch auf Github:

```
https://github.com/BerndMuller
```

Da sämtlicher Quell-Code online verfügbar ist, kürzen wir Listings im Buch auf das für das Verständnis Nötigste. Dies erspart Ihnen unnötiges Blättern und führt zu einem günstigeren Buchpreis.

Der Quell-Code ist in Maven-Projekten organisiert, die der Kapitelstruktur des Buchs folgen. Einzige Ausnahme ist das Projekt zum Thema mobiler Endgeräte. Die Tabelle 1.2 zeigt die Zuordnung der Projekte zu den Kapiteln bzw. Abschnitten.

Tabelle 1.2 Projekte und deren Zuordnung

Kapitel/Abschnitt	Projekt
2 JavaServer Faces im Detail	jsf-im-detail
3 Contexts and Dependency Injection	jsf-cdi
4 Weiterführende Themen	jsf-advanced
5 JavaServer Faces im Einsatz: Classic Models	classic-models
6 Spezialthemen	jsf-special
6.7 Mobile Endgeräte	jsf-mobile

Das Buch ist ein Arbeitsbuch für die Praxis. Der erzielbare Nutzen beim „einfachen" Lesen des Buchs ist auf konzeptionelle Erkenntnisse und Aha-Effekte beschränkt. Wenn Sie den Nutzen des Buchs maximieren wollen, müssen Sie die Projekte herunterladen und selbst ausprobieren. Es empfehlen sich die Durchsicht der Quellen und der Versuch, Dinge anders zu realisieren, als wir es getan haben, bzw. der Versuch, die vorgestellten Realisierungen zu optimieren. Wenn Sie eine bessere Lösung oder gar die optimale Lösung gefunden haben, sind wir sehr daran interessiert. Schreiben Sie uns eine E-Mail, und berichten Sie bitte über Ihre Lösung.

Als ganz konkrete Aufforderung, etwa ein bestimmtes Feature eines Projekts auszuprobieren, etwas zu ändern oder eine neue Lösung zu entwickeln, werden wir im Verlauf Textboxen einbauen, die mit einem Werkzeug-Icon versehen sind die konkrete Aufgabe benennen.

Dies ist eine Aufgabe. Hier müssen Sie entwerfen, programmieren, testen, ausprobieren.

■

Vervollständigt wird dies durch weitere Textboxen, die mit einer Glühbirne einen Hinweis oder Tipp symbolisieren und mit einem Ausrufungszeichen vor Problemen, möglichen Fehlerquellen oder Herausforderungen warnen.

Dies ist ein Hinweis oder ein Tipp. Befolgen Sie ihn bitte! ■

Achtung! Hier machen wir Sie auf Probleme aufmerksam. ■

1.5 Versionen, Versionen, Versionen ...

Wie bereits erwähnt, haben die Systeme, die wir verwenden, während der Buchentstehung viele Versionen gesehen bzw. wurden erst veröffentlicht. Für die Version von JavaServer Faces, die wir beschreiben, gilt dies nicht. JavaServer Faces 2.3 ist bei Drucklegung die aktuelle Version, hat aber wie in Tabelle 2 dargestellt eine längere Historie. Zudem wird dies auch die letzte Version von JavaServer Faces sein, da JavaServer Faces wie das komplette Java EE der Eclipse Foundation übergeben wurde und nun unter diesem neuen Dach weiterentwickelt wird. Der neue Name lautet *Jakarta Server Faces* 2.3. Zu Beginn des Kapitels 7 gehen wir auf die Hintergründe und Gegebenheiten der Übergabe etwas detaillierter ein.

Eine Unterscheidung und vor allem textuelle Kenntlichmachung, welches vorgestellte Feature von JavaServer Faces in welcher Version vorhanden ist oder nicht, ist unserer Meinung nach nicht sinnvoll, da dies den Lesefluss sehr hemmt und – wahrscheinlich – für die meisten Leser nicht relevant ist.

Wir beschreiben hier ausschließlich die Version 2.3 von JavaServer Faces. Leser, die sich für frühere Versionen interessieren, finden die erste und zweite Auflage des Buchs sicher noch in Bibliotheken. Bis zur Version 2.0 sollten Sie die erste, bis zur Version 2.3 die zweite Auflage des Buchs verwenden.

1.6 Spezifikationen, Implementierungen, Systeme

Zunächst ein wenig Geschichte. Der *Java-Community-Process* (*JCP*) [URL-JCP] wurde 1998 ins Leben gerufen, um Spezifikationen der Java-Plattform zu entwickeln und fortzuschreiben. Sun versuchte damit, die Furcht vieler Firmen vor einer monopolistischen und undemokratischen Definition der Java-Plattform zu entkräften. Mitglieder können Personen und Firmen werden, die dann bei der Entwicklung und Fortschreibung von *Java-Specification-Requests* (*JSR*) mitarbeiten können. Ein Java-Specification-Request ist eine Spezifikation für einen Teil der Java-Plattform. Im Augenblick sind mehrere Hundert Personen und Firmen Mitglieder des JCP. Zu den Firmen gehören praktisch alle großen Software-Häuser.

Im Jahr 2001 wurde der JSR-127 initiiert, der die JSF-Spezifikation zum Inhalt hat. Neben einigen Privatpersonen waren Firmen und Organisationen wie die Apache Software Foundation, BEA Systems, Borland, Fujitsu, Hewlett-Packard, IBM, ILOG, IONA Technologies,

Macromedia, Novell, Oracle, Siemens und Sun beteiligt, um einige zu nennen. Diese breite Unterstützung macht klar, welchen Stellenwert JavaServer Faces haben.

Zurück zum Hier und Heute. Um die in diesem Buch entwickelte Software auszuführen, benötigt man einen *Servlet-Container* und eine Implementierung von JavaServer Faces. Die in Java EE 8 verwendete Servlet-Version 4.0 wird durch den Java Specification Request 369 (JSR 369) [URL-JSR369] spezifiziert. Die in Java EE 8 verwendete Version von JavaServer Faces ist 2.3 und damit im JSR 372 [URL-JSR372] festgelegt.

Eine von vielen JSF-Entwicklern verwendete Systemkonfiguration ist die Verwendung von Apache Tomcat [URL-TOM] als Servlet-Container. Als Implementierung von JavaServer Faces kommen Mojarra [URL-MOJ] und MyFaces [URL-MF] in Betracht, die beide zertifiziert sind.

Mit der Version 2.3 von JavaServer Faces muss für eine vollumfängliche Verwendung von JavaServer Faces jedoch nicht nur eine Servlet-Implementierung vorhanden sein, sondern auch CDI 2.0 [URL-JSR365], Expression Language 3.0 [URL-JSR341], WebSocket 1.1 [URL-JSR356] und JSON-Processing 1.1 [URL-JSR353].

Implementierungen dieser Spezifikationen zusammen mit Ihrer Anwendung im Tomcat zu deployen, ist unserer Meinung nach nicht sinnvoll. Viel sinnvoller ist die Verwendung eines Application-Servers, der Java EE 8 vollständig implementiert. Als einzige Maven-Abhängigkeit reicht dann „Java EE 8" aus, als entsprechender Maven-Scope `provided`. Das erzeugte WAR ist sehr klein, die benötigte Zeit für das Deployment sehr kurz.

Die Referenzimplementierung von Java EE 8 ist *GlassFish* in der Version 5.0. GlassFish, aber auch jeder andere Application-Server, enthält Implementierungen der genannten Spezifikationen, so dass kein weiterer Konfigurationsaufwand erforderlich ist.

Oracle, als Hersteller des GlassFisch-Application-Servers, hat bereits vor einigen Jahren angekündigt, den kommerziellen Support für den Application-Server auslaufen zu lassen und sich auf den WebLogic-Application-Server für kommerzielle Kunden zu konzentrieren. Gleichwohl wurde die Referenzimplementierung für Java EE 8 im September 2017 noch fertiggestellt und kann unter [URL-GF] heruntergeladen werden. Allerdings gab es seither keine weiteren Releases mehr, was Bände über die Bedeutung dieses Angebots für Oracle spricht. Da die Entwicklung des Application-Servers aber bereits als Open-Source erfolgte, übernahm die Payara Foundation [URL-PF] den Quell-Code und entwickelt ihn fortlaufend weiter. Kommerzielle Unterstützung ist über die Firma Payara Services Ltd [URL-PAY] erhältlich. Falls für Sie kein Application-Server vorgegeben ist, finden Sie in Kapitel 7 eine Kurzvorstellung von drei Alternativen und ein paar weitere Informationen zur Historie.

Wir selbst verwenden für die Beispiele dieses Buchs WildFly, da dieser nach unserem Erachten die modernste und aktuellste Implementierung eines Application-Servers ist.

1.7 Totgesagte leben länger

Der in Abschnitt 1.1 beschriebene Siegeszug von Java ist nicht einzigartig. Auch JavaScript hat einen ganz ähnlich fulminanten Siegeszug hinter sich, wenn nicht sogar einen noch erfolgreicheren. Ältere Leser werden sich noch erinnern, dass vor etlichen Jahren dazu geraten wurde, JavaScript im Browser aus Sicherheitsgründen abzuschalten. Heute, 10 bis 20 Jahre danach, ist praktisch keine Web-Seite mehr verwendbar, wenn JavaScript ausgeschaltet ist. Hippe JavaScript-Frameworks für Benutzungsschnittstellen, etwa Angular/AngularJS, React, Vue.js usw. befinden sich in breiter Verwendung. Dieser Erfolg geht aber auch einher in einem Kommen und vor allem schnellen Gehen dieser Frameworks. Auch hier werden sich nur noch ältere Leser an Namen wie Ample SDK, Enyo, Ext JS, script.aculo.us oder YUI Library erinnern können. Allesamt JavaScript-Frameworks, die ehemals sehr angesagt waren, heute aber vom Erdboden verschwunden sind. Das gilt auch für neuere JavaScript-Frameworks und wurde auch schon auf Stack Overflow thematisiert. [URL-LCJS]

JavaServer Faces sind damit nicht zu vergleichen. Die initiale Version 1.0 wurde im März 2004 veröffentlicht, die dann auch in Produktivsystemen tatsächlich nutzbare Version 1.1 im Mai 2004. Seitdem sind eine Reihe von weiteren Versionen veröffentlicht worden, die zum Teil sehr wertvolle Neuerungen brachten und die Verwendung von JavaServer Faces erheblich vereinfachten. Trotzdem wurde die Rückwärtskompatibilität praktisch vollständig gewahrt. Auf neueren Application-Servern können zehn Jahre alte JSF-Anwendungen praktisch unverändert ausgeführt werden, was für gängige JavaScript-Frameworks völlig undenkbar ist.

Trotz dieser sehr attraktiven Eigenschaften wurde JavaServer Faces schon mehrfach der Tod vorhergesagt. Eine sehr gravierende Vorhersage, besser Rat stammt von ThoughtWorks in ihrem Technology Radar zu JavaServer Faces [URL-TWTR] aus dem Jahr 2014, in dem von der Verwendung von JavaServer Faces abgeraten wird und JavaServer Faces auf „*HOLD*“ gesetzt werden. Als Grund wird lediglich genannt, dass JavaServer Faces vom zugrunde liegenden Web-Programmiermodell abstrahiert. Wir sind der Meinung, dass alle höheren Programmiersprachen und Frameworks ganz inhärent auf diese Form der Abstraktion setzen, um Dinge einfacher lösen zu können. Es ist also insbesondere kein Argument gegen JavaServer Faces.

Andererseits gibt es aber auch Stimmen, die JavaServer Faces sehr positiv sehen, etwa ein Artikel von Reza Rahman [URL-JRL], einem bekannten Java-EE-Protagonisten. Die Überschrift des Artikels lautet *Survey Confirms JSF Remains Leading Web Framework*, beruht auf einer von DZone durchgeführten Befragung im Jahr 2015 und sieht JavaServer Faces auf Platz 1 der Verwendungsstatistik von Web-Frameworks.

Die Väter von JavaServer Faces wollten mit JSF nur Spezifikation und Implementierungen eines Basissystems definieren. Dieses Basissystem sollte die Funktionalität von zunächst HTML 4, mittlerweile von HTML 5 bereitstellen. Auf dieser Basis sollte es möglich sein, weitere Komponenten und umfangreiche Komponentenbibliotheken zu entwickeln, die darüber hinausgehende Funktionalitäten anbieten, z.B. eine Baumkomponente oder Drag-and-Drop. Dieses Ziel wurde erreicht. Es gibt mehrere Anbieter, die derartige Komponentenbibliotheken kommerziell oder auf Open-Source-Basis anbieten und vertreiben. Zu den bekanntesten gehört PrimeFaces der Firma PrimeTek. Unter [URL-WUPF] führt PrimeTek Kunden auf, die PrimeFaces verwenden. Wir empfehlen dem Leser einen Blick auf diese Kundenliste, um die weite Verbreitung von JavaServer Faces tatsächlich einschätzen zu können.

1.8 Aufbau des Buchs

Die zentralen Konzepte und Komponenten der JavaServer Faces werden in

- *JavaServer Faces im Detail,* Kapitel 2,
- *Weiterführende Themen,* Kapitel 4 und
- *Spezialthemen,* Kapitel 6

beschrieben. JavaServer Faces sind mittlerweile ein so umfassendes Framework, dass eine solche Aufteilung angezeigt ist. Kapitel 2 beschreibt die ganz grundlegende Funktionsweise von JSF und die Konzepte und Komponenten, ohne die praktisch keine JSF-Anwendung auskommt. Die einzelnen Komponenten von JSF werden untereinander, vor allem aber auch mit anderen Komponenten von Java EE mit Hilfe von CDI (*Contexts and Dependency Injection*) verbunden, das in Kapitel 3 eingeführt wird. Weiterführende Themen von JSF sind dann Gegenstand des Kapitels 4. Auch diese Themen bzw. die damit verbundenen Konzepte und Programmierkonstrukte werden in JSF-Anwendungen häufig verwendet, gehen aber über das typische Hello-World-Niveau hinaus. Aus didaktischen Gründen werden die einzelnen JSF-Features der Kapitel 2 und 4 exemplarisch an kleinen Beispielen aber in der Regel ohne größeren Anwendungskontext dargestellt. Eine jeweilige Einbettung in einen größeren Anwendungskontext würde den Rahmen sprengen. In Kapitel 5 wird dies nachgeholt, indem eine größere Anwendung auf der Basis der Kapitel 2 und 4 entwickelt und vorgestellt wird. Im nächsten und letzten Abschnitt dieses Kapitels geben wir bereits einen kleinen Einblick in diese Anwendung, das *Classic Models ERP.*

Kapitel 6, *Spezialthemen,* schließt unsere direkten Ausführungen zu JavaServer Faces ab. Die Inhalte sind in dem Sinne speziell, dass nicht alle JSF-Anwendungen davon Gebrauch machen werden. Auch hier gilt aber, dass die Grenzen fließen sind, da z.B. auch Single-Page-Applications und mobile Endgeräte thematisiert werden, die zurzeit eher Hype-Themen und weit verbreitet sind. Man benötigt hierzu jedoch keine neuen Features, sondern kann mit JSF-Bordmitteln sehr erfolgreich sein, was die Einordnung erklärt.

In Kapitel 7 gehen wir auf die verwendeten Systeme ein und beschließen die Inhaltskapitel mit einem Ausblick in Kapitel 8.

Im Anhang A werden schließlich die Tags der Standardbibliotheken im Überblick kurz aufgeführt. Warum kurz? Wir glauben, dass ein Buch nicht mit den Recherchemöglichkeiten des Internets konkurrieren kann und es auch nicht versuchen sollte. Moderne IDEs blenden das JavaDoc der Tags ein und die Suchmaschinen des Internets finden relativ verlässlich weitere Informationen. Sie können aber keinen Überblick geben. Genau dies versuchen wir mit dem Anhang A zu erreichen.

Wir sind nicht nur Autor, sondern auch Buchliebhaber und selbst fleißiger Leser. Ein Buch kann, wie bereits erwähnt, die Recherchemöglichkeiten des Internets nicht einmal ansatzweise anbieten. Ein solider Aufbau, Hinweise auf verwandte Themen innerhalb des Buchs und ein umfassendes Stichwortverzeichnis können die praktische Verwendbarkeit des Buchs aber deutlich erhöhen. Wir haben deshalb viel Aufwand in die Erstellung des Stichwortverzeichnisses investiert und hoffen, dass Sie es gewinnbringend verwenden können. Bitte geben Sie dem Stichwortverzeichnis eine Chance, wenn Sie das Buch durcharbeiten, und verwenden Sie es danach als Recherchemöglichkeit.

Wenn Sie das Buch erworben haben, können Sie die E-Book-Version des Buchs unentgeltlich herunterladen. Wir raten Ihnen sehr, dies zu tun. Das E-Book ist als verlinktes, mehrfarbiges Hypertextsystem erstellt. Sie können mit Ihrem Reader innerhalb des Buchs navigieren und Links in das Internet automatisch öffnen. Bitte probieren Sie dies aus.

1.9 Classic Models

In den weiteren Kapiteln dieses Buchs werden viele JSF-Features exemplarisch an kleinen Beispielen, in der Regel jedoch ohne Einbettung in einen größeren Anwendungskontext erläutert. Software-Entwicklung ist aber mehr als das Zusammenpacken einzelner Code-Teile. Eine sinnvolle Architektur kann so z.B. nicht entstehen. Zusätzlich müssen wir konstatieren, dass eine solche Aneinanderreihung von Features nicht didaktisch geschlossen erfolgen kann, zumindest sehen wir nicht wie. In Kapitel 5 entwickeln wir daher eine größere Anwendung, das ERP-System *Classic Models*, um einen größeren Anwendungskontext und eventuell sogar Architekturfragen diskutieren zu können. Die Daten der Anwendung basieren auf einem Eclipse-Projekt und repräsentieren typische Geschäftsobjekte eines Großhändlers von Oldtimer-Modellautos: Produkte, Kunden, Bestellungen, Zahlungen. In Kapitel 5 werden wir zeigen, wie verschiedene Anforderungen an ein solches System mit JSF und Java EE umgesetzt werden können. Hier soll lediglich ein kleiner und motivierender erster Einblick erfolgen. Das Bild 1.1 zeigt die Liste aller Mitarbeiter des Händlers im Browser.

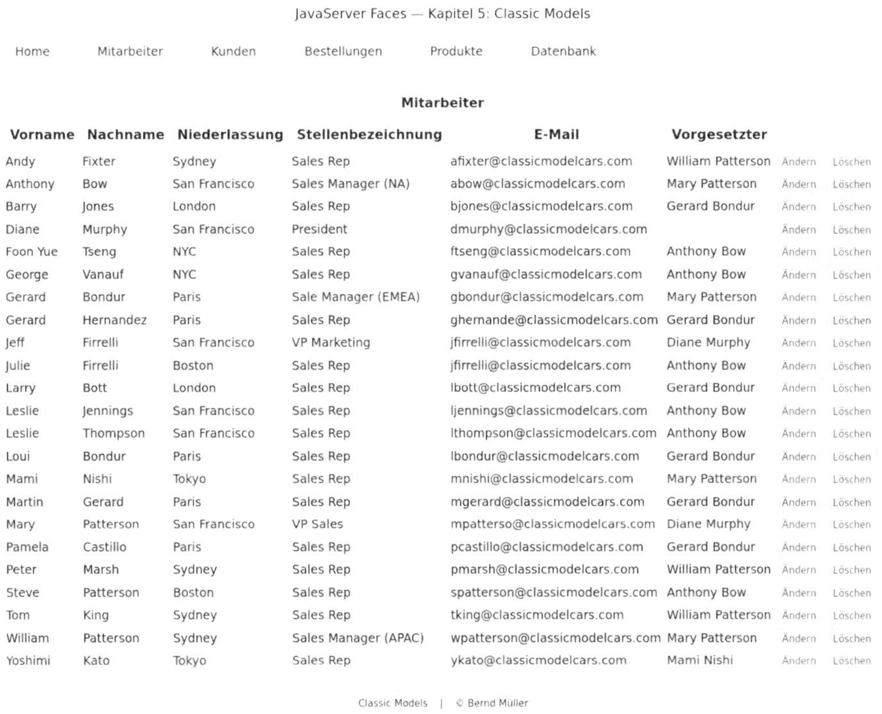

JavaServer Faces — Kapitel 5: Classic Models

Home Mitarbeiter Kunden Bestellungen Produkte Datenbank

Mitarbeiter

Vorname	Nachname	Niederlassung	Stellenbezeichnung	E-Mail	Vorgesetzter		
Andy	Fixter	Sydney	Sales Rep	afixter@classicmodelcars.com	William Patterson	Ändern	Löschen
Anthony	Bow	San Francisco	Sales Manager (NA)	abow@classicmodelcars.com	Mary Patterson	Ändern	Löschen
Barry	Jones	London	Sales Rep	bjones@classicmodelcars.com	Gerard Bondur	Ändern	Löschen
Diane	Murphy	San Francisco	President	dmurphy@classicmodelcars.com		Ändern	Löschen
Foon Yue	Tseng	NYC	Sales Rep	ftseng@classicmodelcars.com	Anthony Bow	Ändern	Löschen
George	Vanauf	NYC	Sales Rep	gvanauf@classicmodelcars.com	Anthony Bow	Ändern	Löschen
Gerard	Bondur	Paris	Sale Manager (EMEA)	gbondur@classicmodelcars.com	Mary Patterson	Ändern	Löschen
Gerard	Hernandez	Paris	Sales Rep	ghernande@classicmodelcars.com	Gerard Bondur	Ändern	Löschen
Jeff	Firrelli	San Francisco	VP Marketing	jfirrelli@classicmodelcars.com	Diane Murphy	Ändern	Löschen
Julie	Firrelli	Boston	Sales Rep	jfirrelli@classicmodelcars.com	Anthony Bow	Ändern	Löschen
Larry	Bott	London	Sales Rep	lbott@classicmodelcars.com	Gerard Bondur	Ändern	Löschen
Leslie	Jennings	San Francisco	Sales Rep	ljennings@classicmodelcars.com	Anthony Bow	Ändern	Löschen
Leslie	Thompson	San Francisco	Sales Rep	lthompson@classicmodelcars.com	Anthony Bow	Ändern	Löschen
Loui	Bondur	Paris	Sales Rep	lbondur@classicmodelcars.com	Gerard Bondur	Ändern	Löschen
Mami	Nishi	Tokyo	Sales Rep	mnishi@classicmodelcars.com	Mary Patterson	Ändern	Löschen
Martin	Gerard	Paris	Sales Rep	mgerard@classicmodelcars.com	Gerard Bondur	Ändern	Löschen
Mary	Patterson	San Francisco	VP Sales	mpatterso@classicmodelcars.com	Diane Murphy	Ändern	Löschen
Pamela	Castillo	Paris	Sales Rep	pcastillo@classicmodelcars.com	Gerard Bondur	Ändern	Löschen
Peter	Marsh	Sydney	Sales Rep	pmarsh@classicmodelcars.com	William Patterson	Ändern	Löschen
Steve	Patterson	Boston	Sales Rep	spatterson@classicmodelcars.com	Anthony Bow	Ändern	Löschen
Tom	King	Sydney	Sales Rep	tking@classicmodelcars.com	William Patterson	Ändern	Löschen
William	Patterson	Sydney	Sales Manager (APAC)	wpatterson@classicmodelcars.com	Mary Patterson	Ändern	Löschen
Yoshimi	Kato	Tokyo	Sales Rep	ykato@classicmodelcars.com	Mami Nishi	Ändern	Löschen

Classic Models | © Bernd Müller

Bild 1.1 Anzeige aller Mitarbeiter

Für eine Implementierung dieser Mitarbeiterliste benötigt man mindestens

- eine Klasse zur Repräsentation eines Mitarbeiters und idealerweise einen Mechanismus, um einen solchen Mitarbeiter in relationalen Datenbanken zu verwalten,
- eine Klasse, die als Dienst typische CRUD-Operationen (Create, Read, Update, Delete) auf diesen Mitarbeitern anbietet, idealerweise mehrbenutzerfähig und transaktional,
- einen JSF-Controller, der über diesen Dienst die Liste aller Mitarbeiter erstellen lässt und sie in einer JSF-Seite aufbereitet sowie die JSF-Seite selbst.

Wir beginnen mit der Klasse zur Repräsentation eines Mitarbeiters. Die Daten sind durch das bereits erwähnte Eclipse-Projekt vorgegeben und werden in Kapitel 5 genauer beschrieben. Wenn Java EE zur Verfügung steht, ist Java Persistence API, kurz JPA, das Mittel der Wahl, wenn Daten in relationalen Datenbanken verwaltet werden sollen. Wir gehen auf JPA ebenfalls in Kapitel 5 näher ein. Die in den folgenden Listings dargestellten Code-Ausschnitte entsprechen nicht dem Original, sondern sind wegen des einführenden Charakters dieses Abschnitts zum Teil vereinfacht dargestellt. Das Listing 1.1 zeigt die Klasse `Employee`, die mit entsprechenden JPA-Annotationen versehen ist.

Listing 1.1 Das Entity `Employee` (Ausschnitt)

```
@Entity
@NamedQuery(name = "Employee.findAll",
            query = "SELECT e FROM Employee e")
public class Employee {

  @Id
  private Integer id;

  private String firstName;
  private String lastName;
  private String email;
  private String jobTitle;
  ...
```

Durch die Annotation `@Entity` wird die Klasse zu einem JPA-Entity und damit zu einer persistenten Klasse. Die Annotation `@NamedQuery` definiert für eine Anfrage der Java Persistence Query Language (JPQL) einen Namen, unter dem die Anfrage später ausgeführt werden kann. Um den SQL-Primärschlüssel zu kennzeichnen, wird die Annotation `@Id` verwendet. Die in Bild 1.1 dargestellte Spalte Niederlassung ist eine Assoziation zur Klasse `Office`, die Spalte Vorgesetzter ist eine rekursive Selbstassoziation. Beide sind in Listing 1.1 aus Vereinfachungsgründen nicht dargestellt.

Eine Möglichkeit der einfachen Verwendung von JPA-Entities sind Enterprise Java Beans (EJBs). In Listing 1.2 wird eine solche EJB definiert.

Listing 1.2 Die EJB `EmployeeService` (Ausschnitt)

```
@Stateless
public class EmployeeService {
```

```
    @PersistenceContext
    EntityManager em;

    // CRUD-Operationen nicht dargestellt, da im Beispiel nicht verwendet

    public List<Employee> findAll() {
      return em.createNamedQuery("Employee.findAll", Employee.class)
               .getResultList();
    }

}
```

Die Annotation `@Stateless` definiert eine stateless EJB, die vom EJB-Container verwaltet wird. Mit der Annotation `@PersistenceContext` wird eine vom Application-Server verwaltete Instanz des Interface `EntityManager` injiziert, die die Verbindung zur Datenbank darstellt. Mit ihrer Hilfe wird die in Listing 1.1 definierte JPQL-Anfrage tatsächlich erzeugt und ausgeführt. Resultat ist eine Liste von Employees, die nun von JSF verwendet werden kann. Der entsprechende JSF-Controller ist in Listing 1.3 abgebildet.

Listing 1.3 Der JSF-Controller `EmployeesController` (Ausschnitt)

```
1  @Named
2  @RequestScoped
3  public class EmployeesController {
4
5    @Inject
6    EmployeeService employeeService;
7
8    public List<Employee> getEmployees() {
9      return employees = employeeService.findAll();
10   }
11
12 }
```

Hier wird in den Zeilen 5/6 die EJB des Listings 1.2 injiziert, um dann in Zeile 9 die entsprechende Methode zum Finden aller Mitarbeiter aufzurufen. In Zeile 1 wird mit der Annotation `@Named` ein Name für eine Instanz dieser Klasse vergeben, um diesen Namen in Expression-Language-Ausdrücken innerhalb von JSF-Seiten verwenden zu können. Die Klasse erscheint mit ihrer einzigen Methode, die an ein anderes Objekt deligiert, zunächst wenig sinnvoll. Aus Architekturüberlegungen ist es jedoch sehr sinnvoll, zwischen Controller-Klassen des UIs und Diensteklassen zu unterscheiden und diese nicht zu vermengen. Unabhängig von solchen Überlegungen zeigt Listing 1.4 den entsprechenden Ausschnitt der JSF-Seite, deren gerendertes Resultat in Bild 1.1 auf Seite 11 der Ausgangspunkt unserer Untersuchung war.

Listing 1.4 JSF-Code zur Anzeige aller Mitarbeiter, dargestellt in Bild 1.1

```
<h:panelGrid>
  <f:facet name="header">Mitarbeiterübersicht</f:facet>
  <h:dataTable value="#{employeesController.employees}"
```

```
4                var="employee">
5      <h:column>
6        <f:facet name="header">Vorname</f:facet>
7        #{employee.firstName}
8      </h:column>
9      <h:column>
10       <f:facet name="header">Nachname</f:facet>
11       #{employee.lastName}
12     </h:column>
13     <h:column>
14       <f:facet name="header">Niederlassung</f:facet>
15       #{employee.office.city}
16     </h:column>
17     <h:column>
18       <f:facet name="header">Stellenbezeichnung</f:facet>
19       #{employee.jobTitle}
20     </h:column>
21     <h:column>
22       <f:facet name="header">E-Mail</f:facet>
23       #{employee.email}
24     </h:column>
25     <h:column>
26       <f:facet name="header">Vorgesetzter</f:facet>
27       #{employee.reportsTo.firstAndLastName}
28     </h:column>
29     <h:column>
30       <h:button outcome="employee" value="Ändern">
31         <f:param name="employeeId" value="#{employee.id}" />
32       </h:button>
33     </h:column>
34    ...
35    </h:dataTable>
36  </h:panelGrid>
```

Der mit der `@Named`-Annotation vergebene Name ist im Default-Fall der kleingeschriebene Klassenname, hier also `employeesController`. Dieser wird in Zeile 3 in einem Expression-Language-Ausdruck, syntaktisch durch „`#{ ...}`" definiert, verwendet. Die Methode `getEmployees()` wird durch den zweiten Teil des Expression-Language-Ausdrucks `employees` aufgerufen. Das JSF-Tag `<h:dataTable>` erzeugt eine Tabelle, die mit `<h:column>` ihre Spalten definiert. Der Expression-Language-Ausdruck `#{employeesController.employees}` definiert durch das Attribut `value` den Wert der Tabelle. Mit dem Attribut `var` wird eine Variable definiert, die über die Werte des `value`-Attributs iteriert. In den Spalten der Tabelle werden so leicht erkennbar die Property-Werte der Employees, Zeile für Zeile, aufgebaut.

Wir wollen an dieser Stelle die Diskussion des Beispiels abbrechen, wohl wissend, dass nicht alle Detailfragen beantwortet sind. Das Beispiel hat hier ausschließlich motivierenden Charakter und wird nach den weiteren Kapiteln des Buchs für den Leser sicher voll und ganz verständlich. An dieser Stelle soll lediglich eines festgestellt werden: der Aufwand, um Daten aus einer Datenbank zu lesen und als HTML-Seite darzustellen, ist sehr gering, eventuell minimal. Es lohnt sich, JSF und Java EE etwas genauer anzuschauen.

2 JavaServer Faces im Detail – die Grundlagen

Nachdem wir mit Classic-Models-ERP einen ersten Kontakt mit JavaServer Faces hatten, ist es nun an der Zeit, die Grundlagen der JavaServer Faces detailliert zu erörtern. Dieses Kapitel beschreibt die für ein vollständiges Verständnis von JavaServer Faces benötigten Konzepte und Hintergründe, z.B. wie die einzelnen Verarbeitungsschritte einer JSF-Anfrage aussehen, wie existierende Validierer und Konvertierer eingesetzt und eigene entwickelt, wie Events verarbeitet werden und vieles mehr.

Zentral für das Verständnis der inneren Arbeitsweise von JSF ist es, zu verinnerlichen, dass JSF ein server-seitiges Komponenten-Framework ist. Alle JSF-Komponenten, auch wenn sie letztendlich z.B. als Texteingaben oder Schaltflächen auf dem Client dargestellt werden, sind Instanzen bestimmter Java-Klassen auf dem Server. Die komplette Verarbeitung und der Umgang mit diesen Komponenten geschieht auf dem Server, und lediglich am Ende einer Anfragebearbeitung wird die Antwort an den Client geschickt. Diese Antwort ist aber immer ein Spiegelbild der Komponenten auf dem Server und kein selbstständiges Artefakt.

Doch wie kann ein über die Jahre gereiftes und damit auch über die Jahre gewachsenes Framework, wie JavaServer Faces, dem Leser nahegebracht werden, ohne den Leser zu erschlagen? Die JSF-Spezifikation umfasste in der Version 1.0 298 Seiten, die Version 2.3 mittlerweile 468 Seiten. Dazu sollte die Einführung natürlich didaktisch geschickt und motiviert sowie sehr praxisnah sein. Die Praxisnähe könnte durch ein praxisnahes Beispiel, wir wir es in Abschnitt 1.9 mit dem Classic-Models-ERP-System versucht haben, erreicht werden. Dies aber mit konzeptionell zusammenhängenden Themen und einer gewissen Entwicklung von Thema zu Thema einhergehen zu lassen? Sehr schwierig!

Wir haben uns entschlossen, JavaServer Faces in diesem Kapitel an Themen orientiert einzuführen und damit in relativ kleinen, nicht direkt zusammenhängenden Häppchen. So gibt es etwa einen Abschnitt über das Bearbeitungsmodell einer JSF-Anfrage, einen Abschnitt über die Expression-Language und einen Abschnitt über die Validerung und Konvertierung. Diese werden *in Summe* in einer praxisnahen Anwendung eher weniger benötigt, erleichtern allerdings das Verständnis ganz ungemein. Hinzu kommt, dass wir durch sehr kleine und modulare Beispiele das Vertrautmachen mit der Materie unterstützen, eventuell sogar erst ermöglichen. Schließlich kommen wir sicher dem allgemeinen Zeitgeist von Copy/Paste aus Stack-Overflow entgegen, wenn wir Konzepte, Probleme und deren Lösungen zusammenhängend in kurzer Form darstellen. Wir sind allerdings auch davon überzeugt, dass wir uns, was die thematische Gesamtheit angeht, ganz ungemein von Stack-Overflow unterscheiden.

2.1 Bearbeitungsmodell einer JSF-Anfrage

JavaServer Faces werden mit Hilfe des Servlet-API realisiert. Servlets wiederum basieren auf dem Request-Response-Modell des zugrunde liegenden HTTP-Protokolls. JavaServer Faces erben somit die Eigenheiten einer HTTP-Anfrage und einer HTTP-Antwort, versuchen aber möglichst viel von diesem Erbe zu verstecken. Insbesondere die Zustandslosigkeit von HTTP, für deren Umgehung bei einer Servlet-Anwendung viel Aufwand investiert werden muss, wird durch ein vollständiges MVC-Konzept ersetzt, bei dem Zustände eine wichtige Rolle spielen. So kann etwa der Controller mittels Change-Event die Änderung einer Benutzereingabe zwischen zwei HTTP-Anfragen erkennen. Um dies zu ermöglichen, muss ein Abbild des Zustands gespeichert und bei jeder neuen Anfrage mit dem dann neuen, aktuellen Zustand verglichen werden. Konvertierungen und Validierungen müssen durchgeführt, Events verarbeitet, aber eventuell auch neue erzeugt werden. Dieses durchaus komplexe und umfangreiche Verfahren wird in der Spezifikation *„Request Processing Lifecycle“* genannt; es ist Gegenstand dieses Abschnitts. Wir sprechen im Folgenden von *Bearbeitungsmodell* oder *Lebenszyklus.*

Tabelle 2.1 Möglichkeiten von Anfragen und Antworten

	JSF-Anfrage	andere Anfrage
JSF-Antwort	1	2
andere Antwort	3	4

Prinzipiell kann eine HTTP-Anfrage einer JSF-Seite von einer JSF-Seite oder einer Nicht-JSF-Seite kommen. Genauso kann eine JSF-Seite eine JSF-Antwort oder eine Nicht-JSF-Antwort generieren. Man kann also vier Fälle unterscheiden, die in Tabelle 2.1 dargestellt sind. Unter einer JSF-Anfrage versteht man eine Anfrage, die durch eine zuvor generierte JSF-Antwort, z.B. ein durch JavaServer Faces erzeugtes HTML-Formular, ausgelöst wurde. Man spricht auch von einem *Post-Back*, da die Formularinhalte per HTTP POST an dasselbe URL des Formulars zurückgeschickt werden. Eine solche Anfrage enthält immer die Id einer View. Eine JSF-Anfrage kann aber auch eine Anfrage nach Teilen einer Seite sein, etwa einer CSS- oder JavaScript-Datei. Eine andere (Nicht-JSF-)Anfrage ist z.B. ein gewöhnlicher HTML-Verweis.

Eine JSF-Antwort ist eine Antwort, die von der letzten Phase der Anfragebearbeitung, der Render-Phase, erzeugt wurde. Eine andere (Nicht-JSF-)Antwort ist z.B. eine normale HTML-Seite, ein PDF-Dokument oder Teile einer HTML-Seite, z.B. eine CSS- oder JavaScript-Datei. Die Spezifikation spricht in diesem Zusammenhang von „Faces Request“ und „Faces Response“ bzw. von „Non-Faces Request“ und „Non-Faces Response“. Für den Fall von Anfragen oder Antworten von JSF-Teilbereichen spricht die Spezifikation von „Faces Resource Request“ und „Faces Resource Response“.

Es ist offensichtlich, dass die vierte Möglichkeit der Tabelle 2.1 nichts mit JavaServer Faces zu tun hat. Auch die zweite und dritte Möglichkeit sind Sonderfälle. Die folgenden Ausführungen beziehen sich auf die erste Möglichkeit, bei der eine JSF-Anfrage eine JSF-Antwort nach sich zieht.

Die Bearbeitung einer JSF-Anfrage beginnt, wenn das Faces-Servlet den HTTP-Request erhalten hat. Es gibt insgesamt sechs zu unterscheidende Bearbeitungsphasen, die wiederum in zwei übergeordnete Phasen zusammengefasst werden: die Phasen 1 bis 5 in die *Ausführen*-Phase (Execute Phase), die Phase 6 in die *Rendern*-Phase (Render Phase). Zwischen diesen sind Event-Verarbeitungsphasen vorgesehen. Bild 2.1 veranschaulicht dies grafisch. Dabei zeigt das Bild nur das Standardverhalten beim Durchlauf der Phasen. Einige Möglichkeiten, von diesem Standardverhalten abzuweichen, beschreiben wir im Text.

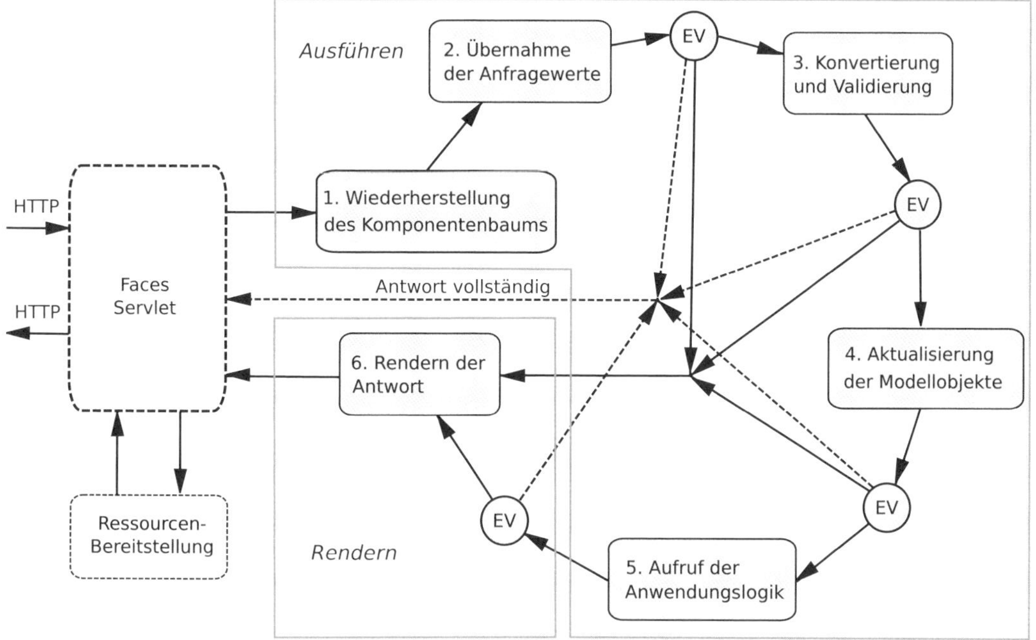

Bild 2.1 Bearbeitungsmodell einer JSF-Anfrage

Zunächst beginnen wir mit dem Faces-Servlet. JavaServer Faces sind mit einem Servlet realisiert, das im Deployment-Deskriptor der Servlet-Anwendung definiert werden muss (Abschnitt 4.9) bzw. in einer Servlet-Umgebung der Version 3.0 und höher automatisch erkannt wird. Dieses Servlet nimmt HTTP-Anfragen entgegen. Zunächst wird entschieden, ob es sich um eine Ressourcen-Anfrage handelt, beispielsweise um eine JavaScript-Datei. Wenn ja, wird diese Ressource als HTTP-Antwort zurückgeschickt. Falls der Request keine Ressourcen-Anfrage ist, wird das Bearbeitungsmodell angestoßen.

Im Modell werden die sechs Phasen als Rechtecke dargestellt. Man erkennt, dass nach den inneren Phasen (zwei bis fünf) jeweils Events an interessierte Event-Listener übergeben werden können. Bei deren Abarbeitung können JSF-Komponenten verändert oder Anwendungsdaten verarbeitet werden. Man kann auch komplett auf das Rendern der Antwort durch JSF verzichten und direkt an das Ende der Bearbeitung springen. Dies ist durch die gestrichelten Linien in Bild 2.1 angedeutet. Beispiele hierfür sind binäre Daten, wie etwa eine JPG-Grafik oder ein PDF-Dokument, die als komplette Antwort zurückgeliefert werden und nicht Bestandteil einer HTML-Seite sind. Bei Validierungs- und Konvertierungsfehlern werden die nachfolgenden Phasen übersprungen und nur noch die Antwort generiert, die dann in der Regel Meldungen über die Fehlerursache enthält.

Mit der Einführung von Ajax-Requests ändert sich das dargestellte Verhalten etwas, da der Baum partiell ausgeführt (Partial-View-Processing, Phasen 1 bis 5) und partiell gerendert (Partial-View-Rendering, Phase 6) werden kann. Dies bedeutet, dass sowohl das Ausführen als auch das Rendern auf bestimmte Komponenten des Baums – auch andere – beschränkt wird. Das Rendern wird auch nicht komplett bis zu einer kompletten HTML-Seite durchgeführt, sondern die genannten Komponenten werden als XML an den Client zurückgegeben. Wir gehen auf die Ajax-Besonderheiten in Abschnitt 4.5 ein.

2.1.1 Wiederherstellung des Komponentenbaums

JSF-Komponenten besitzen einen Zustand, der z.B. bei einer Eingabe den aktuellen Wert, bei einer Drop-down-Liste die aktuelle Selektion in der Liste enthält. Die View ist eine nicht sichtbare Komponente, die die Wurzel des Baums aller Komponenten dieser Seite darstellt. Da die Zeit zur Beantwortung einer Anfrage wesentlich kürzer als die Zeit zwischen zwei Anfragen derselben Session ist und man nicht alle Komponenten einer Seite zwischen zwei Anfragen benötigt, werden die Komponenten einer Seite, genauer deren Zustände, nach Beantwortung einer Anfrage gespeichert. Auf diese Weise spart man bei Anwendungen mit Tausenden von Benutzern viel Speicherplatz. Zu Beginn einer Anfragebearbeitung muss daher zunächst der Komponentenbaum wiederhergestellt werden.

Die Speicherung der Komponenten und deren Zustände kann auf dem Client oder dem Server erfolgen. Die Konfiguration der Speicherart wird in Abschnitt 4.9.3 erläutert. Jede View hat eine View-Id, die das URI der Anfrage ohne Anwendungsname bzw. der Pfad der zugehörigen Seitendefinition auf dem Server darstellt. Die View-Id wird in der Session gespeichert und über ein verstecktes Formularfeld mit Name `javax.faces.ViewState` identifiziert. Bei einer Anfrage kann daher entschieden werden, ob die Anfrage von einer JSF-Seite initiiert wurde (Alternative 1 in Tabelle 2.1) oder ob die Seite zum ersten Mal besucht wird (Alternative 2 in Tabelle 2.1). Bei der ersten Alternative wird der gespeicherte Komponentenbaum im alten Zustand wiederhergestellt, bei der zweiten wird ein neuer Komponentenbaum erstellt. Der wiederhergestellte oder neu erstellte Komponentenbaum wird dann im aktuellen `FacesContext` gespeichert. Ein Objekt der Klasse `FacesContext` im Package `javax.faces.context` enthält alle Informationen, die im Zusammenhang der Verarbeitung *einer* JSF-Anfrage stehen. Wir werden den `FacesContext` noch häufiger verwenden.

Die Wiederherstellung des Komponentenbaums umfasst nicht nur die Zustände der Komponenten, sondern auch das Wiederherstellen aller mit den Komponenten verbundenen Event-Listener, Validierer, Konvertierer und Managed Beans. In dieser Phase erfolgt ebenfalls die Lokalisierung für die View.

Wird die Seite zum ersten Mal besucht (Alternative 2 in Tabelle 2.1), sind die Phasen 2 bis 5 nicht sinnvoll. Es wird daher zur sechsten und letzten Phase, dem Rendern der Antwort, gesprungen. Es gibt allerdings eine Ausnahme von der Ausnahme. Werden sogenannte View-

Parameter verwendet, die wir in Abschnitt 4.6.2 einführen, wird ein Baum, der ausschließlich die View-Parameter enthält, erzeugt und damit alle Folgephasen durchlaufen.

Zu einem großen Teil aller Fälle einer JSF-Anwendung wird jedoch durch das Abschicken eines JSF-Formulars die JSF-Seite aufgerufen, so dass mit der Phase 2, der Übernahme der Anfragewerte weitergemacht wird.

2.1.2 Übernahme der Anfragewerte

Einige UI-Komponenten lassen die Eingabe von Werten durch den Benutzer zu, sei es als Text oder als Auswahl von Alternativen. Diese Eingaben werden durch das zugrunde liegende Formular als POST-Parameter des HTTP-Requests codiert. Das JSF-Framework muss sie in dieser Phase *decodieren,* d.h. dem Request entnehmen, und der entsprechenden UI-Komponente zuweisen. Ein Beispiel: Es soll eine ganze Zahl eingegeben werden können. Dies kann relativ einfach mit dem `<h:inputText>`-Element erfolgen:

```
<h:inputText id="in" value="#{lifecycleBean.input}" required="true" />
```

Der durch JavaServer Faces generierte HTML-Code sieht dann so aus :

```
<input id="form:in" type="text" name="form:in" />
```

Man erkennt, dass sowohl der Wert des Attributs `id` als auch der Wert des Attributs `name` generiert wurden. Die Art der Generierung ist in der Spezifikation beschrieben und besteht in diesem Fall aus der Id des umgebenden Formulars (`form`), einem Doppelpunkt und dem in `<h:inputText>` verwendeten Wert des Attributs `id`. Wir gehen in Abschnitt 4.3 näher auf den Algorithmus dieser Bezeichnergenerierung ein. Der folgende Code ist dem POST-Request entnommen:

```
form=form&form%3Ain=22&...
```

Man erkennt zwischen den beiden &-Zeichen eingeschlossen die Zeichen `&form%3Ain=22&`. Der Doppelpunkt ist durch `%3A` codiert, so dass der übertragene Wert „22" ist. Es ist Aufgabe der Phase 2, den gesamten POST-String zu parsen und alle Parameter mit ihren jeweiligen Werten herauszufiltern, zu decodieren. Die Werte werden dann vorläufig den entsprechenden Komponenten zugewiesen. Vorläufig deshalb, weil in den nachfolgenden Validierungen und Konvertierungen noch Fehler auftreten können.

Alle Eingabe- und Befehlskomponenten besitzen ein boolesches Attribut `immediate`. Ist dieses bei Eingabekomponenten auf `true` gesetzt, finden Validierung und Konvertierung bereits in der Phase 2 *Übernahme der Anfragewerte* und nicht in der nächsten Phase, der Validierung, statt. Ist das Attribut `immediate` bei Befehlskomponenten gesetzt, findet der Aufruf der Action-Methoden bzw. Action-Listener am Ende dieser Phase und nicht in der Phase 5 *Aufruf der Anwendungslogik* statt. Wir gehen auf beide Alternativen in den entsprechenden Abschnitten 2.4.9 und 2.5.5 ausführlich ein.

Am Ende der Phase zur Übernahme der Anfragewerte werden alle existierenden Events an die interessierten Listener weitergereicht. Die JSF-Implementierung kann zur Render-Phase springen, die Bearbeitung der Anfrage komplett beenden oder mit der Validierungsphase beginnen.

2.1.3 Validierung

Zu Beginn der Validierungsphase ist sichergestellt, dass alle aktuellen Anfrageparameterwerte für ihre UI-Komponenten bereitstehen. Die JSF-Implementierung durchläuft nun den Komponentenbaum und stellt sicher, dass alle Werte valide sind. Dazu werden alle registrierten Validierer (einige Komponenten besitzen zusätzlich eigene Validierer) zur Validierung aufgefordert. Eventuell müssen vor der Validierung noch Konvertierungen vorgenommen werden.

Das Beispiel könnte etwa um eine Bereichsprüfung erweitert werden:

```
<h:inputText id="in" value="#{lifecycleBean.input}" required="true">
  <f:validateLongRange minimum="0" maximum="100" />
</h:inputText>
```

Hier wird nicht nur der eingegebene Wert mit `<f:validateLongRange>` auf einen bestimmten Bereich validiert, sondern zunächst durch das `required`-Attribut der Eingabekomponente geprüft, ob überhaupt eine Eingabe vorhanden ist. Falls keine Eingabe vorhanden ist, wird dies durch die Fehlermeldung

```
form:in: Überprüfungsfehler: Wert ist erforderlich.
```

angezeigt. Falls eine Eingabe vorhanden ist, sich diese allerdings nicht im erwarteten Bereich befindet, lautet die Fehlermeldung

```
form:in: Überprüfungsfehler: Das angegebene Attribut liegt
nicht zwischen den erwarteten Werten 0 und 100.
```

XML-Namensräume

Im Beispiel wurden die JSF-Tags `<h:inputText>` und `<f:validateLongRange>` verwendet. Damit die Verwendung in syntaktisch korrektem XML, genauer XHTML, resultiert, müssen zwei XML-Namensräume in die Quelldatei eingebunden werden. Es sind dies die HTML- und die Core-Bibliothek mit den XML-Namensräumen `http://xmlns.jcp.org/jsf/html` und `http://xmlns.jcp.org/jsf/f`, die typischerweise mit den Präfixen `h` und `f` verwendet werden. Wir raten, dieser Konvention zu folgen. In den Listings verzichten wir auf Unnötiges und somit auch auf Namensräume.

■

Doch warum erfolgt die Fehlermeldung in deutscher Sprache? JavaServer Faces unterstützen ein sehr mächtiges Lokalisierungsmodell, das wir in Abschnit 4.2 erläutern. Das Beispiel nutzt dies jedoch nicht, so dass die Default-Lokalisierung der zugrunde liegenden JVM verwendet wird, die hier *deutsch* zurückliefert.

Die in der Spezifikation *Process Validation* genannte Phase besteht neben der Validierung in der Regel auch aus einer zuvor vorzunehmenden Konvertierung. Im Beispiel muss etwa aus dem vom Benutzer im Browser eingegebenen String `"20"` die Integer-Zahl `20` erzeugt werden, um die Bereichsvalidierung durchführen zu können. Die primitiven Java-Typen, deren Wrapper sowie einige weitere Konvertierungen werden von JSF automatisch vorgenommen. Benutzerdefinierte Konvertierungen sind ebenfalls möglich. Wir widmen uns dem Bereich der Validierung und Konvertierung im Abschnitt 2.4.

Nachdem alle Validierungen und Konvertierungen mit Erfolg durchgeführt wurden, wird der Wert nun endgültig der Komponente zugewiesen. Sollte sich der Wert seit der letzten Anfrage geändert haben, wird ein Value-Change-Event geworfen und an registrierte Listener weitergegeben. Diese Listener können nun zur Render-Phase springen, direkt die Antwort erzeugen oder zur Aktualisierung der Modellobjekte übergehen.

2.1.4 Aktualisierung der Modellobjekte

Bis zu diesem Zeitpunkt haben alle Vorgänge in den UI-Komponenten selbst stattgefunden. Die Werte sind valide und vom richtigen Typ und können nun den Modellobjekten zugewiesen werden. In unserem Beispiel

```
<h:inputText id="in" value="#{lifecycleBean.input}"
             required="true" />
```

ist der Ausdruck `"#{lifecycleBean.input}"` dafür zuständig. Der Ausdruck ist ein *Werteausdruck* der *Expression Language (EL)*, auf die wir gleich im nächsten Abschnitt 2.2 näher eingehen.

Der erste Teil `lifecycleBean` ist der Name einer Managed Bean. Die JSF-Implementierung, genauer die EL-Implementierung, sucht also nach einer Managed Bean mit diesem Namen. Das Property `input` des Ergebnisobjekts bekommt dann den Wert der UI-Komponente zugewiesen. Die entsprechende Klasse sollte also mindestens die folgende Form haben:

```
@Named
@RequestScoped
public class LifecycleBean {

  private Integer input;

  public LifecycleBean() { }

  public Integer getInput() {
    return input;
  }

  public void setInput(Integer input) {
    this.input = input;
  }
}
```

Dabei sorgt die Annotation `@Named` dafür, dass die erzeugte Instanz den kleingeschriebenen Klassennamen als EL-Namen zugewiesen bekommt. Auf die Beschreibung der Annotation `@RequestScoped` verzichten wir zunächst.

Wie am Ende jeder Phase werden möglicherweise wieder Events geworfen, Listener informiert, und eventuell wird an das Ende der Bearbeitung gesprungen.

2.1.5 Aufruf der Anwendungslogik

Bis zu diesem Zeitpunkt haben wir noch keinen anwendungsspezifischen Code verwendet, obwohl bereits relativ viel Aufwand betrieben wurde: Benutzereingaben wurden konvertiert und validiert und die Properties der Managed Beans aktualisiert. Die JSF-Implementierung hat alles automatisch erledigt.

Nun kann die Anwendungslogik mit ins Spiel kommen. Dies geschieht durch Listener, die auf Action-Events registriert wurden, die durch das Betätigen von Schaltflächen oder Hyperlinks ausgelöst werden können. Es gibt zwei Arten von Action-Listenern, wobei die einfachste Verwendung die der automatisch für Befehlskomponenten registrierten Default-Action-Listener ist. Die Verwendung erfolgt durch Bindung einer Action-Methdode an die Befehlskomponente, im folgenden Beispiel ein `<h:commandButton>`.

```
<h:commandButton action="#{lifecycleBean.assign}"
                 value="Abschicken" />
```

Hier wird die Action-Methode `assign()` registriert. Eine Action-Methode hat als Rückgabetyp `Object` oder `void` und keinen Parameter:

```
public void assign() {
  output = input;
}
```

Im Falle des Rückgabetyps `Object` wird der Wert der `toString()`-Methode des Objekts zur Navigation verwendet. In der Regel wird als Rückgabetyp daher eher `String` als `Object` verwendet. In unserem Fall wird nicht navigiert. Action-Methoden sind nicht auf die Anwendungslogik beschränkt. Sie können z.B. auch Events generieren, Anwendungsmeldungen erzeugen oder gar die Antwort selbst rendern.

2.1.6 Rendern der Antwort

Nach der Abarbeitung der Anwendungslogik bleiben in der letzten Phase der Anfragebearbeitung noch das Rendern der Antwort und das Abspeichern des Komponentenbaums als zentrale Aufgaben. Es ist nun jedoch zuerst an der Zeit, das Rätsel um unser einführendes Beispiel zu lösen und den kompletten Source-Code darzustellen. Listing 2.1 zeigt das JSF-Seitenfragment, das die Eingabe einer Zahl, deren Prüfung auf einen bestimmten Bereich und die anschließende Ausgabe realisiert.

Listing 2.1 JSF-Seitenfragment zur Ein-/Ausgabe

```
Bitte geben Sie eine ganze Zahl zwischen 0 und 100 ein:
<br />
<h:inputText id="in" value="#{lifecycleBean.input}" required="true">
  <f:validateLongRange minimum="0" maximum="100" />
</h:inputText>
<br />
<h:commandButton id="action" action="#{lifecycleBean.assign}"
                 value="Abschicken" />
```

```
  <br />
  Ausgabe: <h:outputText id="out" value="#{lifecycleBean.output}" />
```

Das Listing 2.2 zeigt die JSF-Bean, die hinter dem Formular die Arbeit macht. Man erkennt die beiden Properties `input` und `output` sowie die bereits erwähnte Action-Methode `assign()`.

Listing 2.2 Die JSF-Bean `LifecycleBean`

```
@Named
@RequestScoped
public class LifecycleBean {

  private Integer input;
  private Integer output;

  public LifecycleBean() { }

  public void assign() {
    output = input;
  }

  public Integer getInput() {
    return input;
  }
  public void setInput(Integer input) {
    this.input = input;
  }

  public Integer getOutput() {
    return output;
  }
  public void setOutput(Integer output) {
    this.output = output;
  }

}
```

Zurück zum Bearbeitungsmodell einer JSF-Anfrage. Die Zielsprache des Renderns der Antwort in Phase 6 ist durch die Spezifikation bewusst offen gelassen worden. Es sind verschiedene Alternativen denkbar, z.B. HTML, WML, SVG oder gar PDF. Seit JSF 2.2 ist HTML 5 der Default.

Während in der zweiten Phase, der Übernahme der Anfragewerte, die Komponentenwerte decodiert werden mussten, müssen sie nun codiert werden. Im Beispiel ist das einfach, da nur die beiden Ein- und Ausgabewerte in Strings überführt und dann HTML 5 für die komplette Seite erzeugt werden muss.

Prinzipiell kann der Komponentenbaum jedoch programmatisch in der Phase 5, *Aufruf der Anwendungslogik*, verändert werden, so dass es möglich ist, dass mehr, aber auch weniger Komponenten zu rendern sind, als im Ursprungs-Code der JSF-Seite vorhanden sind.

Zuletzt muss das Abspeichern des Komponentenbaums so erfolgen, dass bei einer erneuten Anfrage der Seite der Komponentenbaum in seinem dann ursprünglichen Zustand wiederhergestellt werden kann.

Bekanntmachen mit der Technik

- Laden Sie das Projekt *jsf-im-detail* herunter.
- Erzeugen Sie die Anwendung durch `mvn package`.
- Deployen Sie die Anwendung, z.B. durch Kopieren in das entsprechende Application-Server-Verzeichnis.
- Rufen Sie die Anwendung im Browser auf: `localhost:8080/jsf-im-detail`.
- Falls Sie Hilfe bei den jeweiligen Schritten benötigen, finden Sie diese in Kapitel 7.

■

Nachvollziehen des Lebenszyklus

- Studieren Sie die Klassen `LifecycleBean` und `LifecycleObserver` sowie die JSF-Seite `lifecycle-observer.xhtml`.
- Die Klasse `LifecycleObserver` ist ein sogenannter Phase-Listener. Diesen müssen Sie in der Datei `faces-config.xml` aktivieren, indem Sie die entsprechenden Kommentarzeichen entfernen.
- Bauen und deployen Sie das Projekt nochmals.
- Beobachten Sie die Log-Datei Ihres Application-Servers und führen Sie das Beispiel im Browser aus.

■

Lebenszyklus mit Ajax

Das Beispiel existiert im Projekt auch in einer Ajax-Variante mit Verwendung von `<f:ajax>`. Welche Änderungen im Log können Sie erkennen? Falls Sie keine Erfahrung mit Ajax besitzen, können Sie die Aufgabe nach Lektüre von Abschnitt 2.7 durchführen.

■

Lebenszyklus mit anwendungsdefinierten Konvertierern und Validierern

Als Vorgriff auf die entsprechenden Abschnitte zur anwendungsdefinierten Konvertierung und Validierung in Abschnitt 2.4 können Sie das Beispiel auch in dieser Variante durchspielen.

■

2.2 Expression-Language

Die JSP Standard Tag Library (JSTL) und JavaServer Pages (JSP) führten lange vor der Geburt von JavaServer Faces eine Expression-Language (kurz EL) ein, um Entwicklern von JSP-Seiten eine Möglichkeit für den einfachen Zugriff auf Anwendungsdaten zu ermöglichen, ohne den Weg über Java gehen zu müssen. Bei der Definition von JSF wurden die Möglichkeiten einer Expression-Language ebenfalls als sehr wichtiges Element einer Seitenbeschreibungssprache erkannt, und eine Expression-Language sollte integraler Bestandteil von JSF sein. JSF stellt jedoch andere Anforderungen als JSP an eine Expression-Language, so dass für JSF eine eigene Expression-Language definiert wurde. Es stellte sich jedoch schnell heraus, dass die Existenz zweier derartiger Sprachen wenig sinnvoll ist, was letztendlich zur Definition der *Unified Expression-Language* führte.

Die Unified Expression-Language wurde als Teildokument der JavaServer-Pages-Spezifikation 2.1 definiert [URL-JSR245] und wird in dieser Form seit JSF 1.2 verwendet. Die Unified Expression-Language unterscheidet zwischen sofortiger Auswertung (die sogenannte *Immediate Evaluation*, beginnend mit einem $-Zeichen) zum Zeitpunkt des Renderns der Seite (bei JSPs der Compile-Zeitpunkt) und der verzögerten oder zeitversetzten Auswertung (die sogenannte *Deferred Evaluation*, beginnend mit einem #-Zeichen) zur Laufzeit. Die zeitverzögerte Auswertung macht sich in JSF insbesondere dadurch bemerkbar, dass EL-Ausdrücke zweimal ausgewertet werden können, und zwar während der Übernahme der Anfragewerte (Phase 2) als auch des Renderns der Antwort (Phase 6). Werteausdrücke werden daher sowohl schreibend (Phase 2) als auch lesend (Phase 6) verwendet.

Da JSF-Seiten nur noch mit XHTML und nicht mehr mit JSP definiert werden und JavaServer Pages nicht mehr weiterentwickelt werden, ist für uns nur noch die JSF-artige Verwendung von EL sinnvoll, also die mit Verwendung des #-Zeichens. Außerdem wurde die Expression-Language in eine komplett eigenständige Spezifikation ausgelagert, die Expression Language Specification 3.0 [URL-JSR341]. Diese ist bereits seit Java EE 7 fester Bestandteil der Enterprise-Edition und damit auch in allen aktuellen Application-Servern enthalten. Sie wird von uns hier verwendet, auch wenn sie in der JSF-Spezifikation als *optional* gekennzeichnet ist.

EL-Versionen

Alle uns bekannten Application-Server verwenden die Expression-Language in der Version 3.0. Wir verwenden im Folgenden ebenfalls diese Version, auch wenn sie in der Spezifikation als *optional* gekennzeichnet ist und die für JSF 2.3 verpflichtende Version die Version 2.2 ist. ■

2.2.1 Syntax

Die Expression-Language enthält Konzepte, wie man sie auch in JavaScript und XPath findet. In der Expression-Language navigiert man durch eine Punktnotation über Objekt-Properties, so wie man in XPath im Baum des XML-Dokuments navigiert. JSF folgt dabei der JavaBeans-Spezifikation [URL-JB], die einen Default-Konstruktor und ein Property voraussetzt. Ein Property ist dabei ein `private` Field und ein `public` Getter/Setter-Paar. Im EL-Ausdruck wird nur der Property-Name verwendet, der bei der Auswertung entsprechend seiner Verwendung mit den Präfixen `get` und `set` erweitert wird. Die Großschreibung wird den Java-Konventionen angepasst. Wir gehen darauf später noch genauer ein.

Objekt-Properties

Obwohl JSF der JavaBeans-Spezifikation mit `private` Field und `public` Getter/Setter-Paar folgt, können Sie auf den Setter verzichten, wenn nur lesend auf das Property zugegriffen wird.

■

Zunächst wollen wir aber die grundlegende Syntax der Expression-Language einführen. Ausdrücke der Expression-Langage schreiben wir als String und schließen sie durch das Rautezeichen (#, üblich sind auch die Bezeichnungen „Hash", Nummernzeichen oder Lattenzaun) und geschweifte Klammern ein:

```
"#{expr}"
```

Innerhalb dieser Klammern steht der eigentliche EL-Ausdruck. Er kann einen Werteausdruck, einen Methodenausdruck, aber auch einen komplexeren arithmetischen oder logischen Ausdruck enthalten, sogar Lambda-Ausdrücke sind möglich. Kombinationen der genannten Alternativen sind in gewisser Form ebenfalls möglich. Das Verschachteln von Ausdrücken der Art `#{feld[#{i}]}` ist allerdings nicht erlaubt. Anstatt Anführungszeichen ist alternativ die Verwendung einfacher Apostrophe erlaubt. Wir empfehlen die konsequente Verwendung von Anführungszeichen.

2.2.2 Werteausdrücke

Über einen *Werteausdruck* (engl. Value Expression) kann der Wert einer UI-Komponente oder die UI-Komponente selbst an eine Bean-Property gebunden werden. Werteausdrücke werden auch verwendet, um Properties einer UI-Komponente zu initialisieren. Über einen *Methodenausdruck* (engl. Method Expression) lässt sich eine Bean-Methode referenzieren. Dies wird z.B. bei Event-Handlern und Validierungsmethoden verwendet und in Abschnitt 2.2.4 näher erläutert.

Wir konzentrieren uns zunächst auf den einfachsten Fall: den Werteausdruck. Ein Werteausdruck muss zu einer einfachen Bean-Property, einem Element eines Arrays, einer Liste (`java.util.List`) oder einem Eintrag in einer Map (`java.util.Map`) evaluieren. Die Instanz, die der EL-Ausdruck referenziert, kann sowohl gelesen als auch geschrieben werden. Das Schreiben in die Instanz geschieht in der Phase *Aktualisierung der Modellobjekte*, das Lesen in der Phase *Rendern der Antwort*.

Um kleinere Beispiele für Werteausdrücke entwickeln zu können, benötigen wir zunächst eine *Managed Bean*. Wir haben bereits bei der Classic-Models-ERP-Anwendung in Abschnitt 1.9 und bei der Vorstellung des Bearbeitungsmodells einer JSF-Anfrage in Abschnitt 2.1 Managed Beans verwendet, ohne allerdings das Konzept einer Managed Bean einzuführen und die wichtige Frage nach einer sinnvollen Namensgebung zu diskutieren. Auch an dieser Stelle wollen wir den Leser lediglich auf die Problematik hinweisen und widmen uns den genannten Aufgaben dann in Abschnitt 2.3.

Listing 2.3 JSF-Bean für EL-Ausdrücke

```
@Named("elController")
@RequestScoped
public class ExpressionLanguageController {

    private String name = "Übungen mit der Expression-Language";

    private Integer year = LocalDate.now().getYear();

    private String[] array = new String[]{ "eins", "zwei", "drei" };

    private List<Integer> list = Arrays.asList(0, 1, 2, 3, 4, 5, 6, 7, 8,
         9);

    private Map<String, String> map = new HashMap<String, String>() {{
            put("eins", "Erster Map-Eintrag");
            put("zwei", "Zweiter Map-Eintrag");
            put("drei", "Dritter Map-Eintrag");
    }};

    public ExpressionLanguageController() { }

    // noch Getter und Setter
    ...
}
```

Die Klasse `ExpressionLanguageController` in Listing 2.3 ist eine einfache Managed Bean, die wir kurz *JSF-Bean* nennen wollen, und deren Properties in den folgenden EL-Beispielen verwendet werden. Bei den verwendeten Typen haben wir ein repräsentatives Spektrum von String und Integer sowie Array, Liste und Map. Anzumerken ist, dass für alle gezeigten privaten Fields nach der JavaBean-Spezifikation und den JSF-Anforderungen öffentliche Getter und Setter existieren sollten. Da unsere Beispiele nur lesenden Zugriff auf die Properties haben, kann auf die Getter verzichtet werden.

Das Listing 2.4 zeigt die Verwendung der JSF-Bean in einer JSF-Seite. Da der Default-Name der Bean der kleingeschriebene Klassenname ist, haben wir ihn als `value`-Attribut der `@Named`-Annotation etwas abgekürzt.

Listing 2.4 Die ersten Zeilen der Datei `value-expressions.xhtml`

```
<h:panelGrid columns="2">
  <f:facet name="header">Einfache Werteausdrücke</f:facet>

  <h:outputText value="\#{elController.name}" />
  <h:outputText value="#{elController.name}" />
```

```
    <h:outputText value="\#{elController['name']}" />
    <h:outputText value="#{elController['name']}" />
    ...
  </h:panelGrid>
```

In diesem Abschnitt zur Expression-Language wollen wir den Code der JSF-Seiten und das Ergebnis des Renderns der Seite etwas kompakter und direkt gegenübergestellt darstellen. Dazu werden alle Beispiele so aufgebaut sein, dass der Quell-Code den EL-Ausdruck jeweils doppelt enthält, wobei er bei der ersten Verwendung mit einem umgekehrten Schrägstrich entwertet wird. Das `<h:panelGrid>`-Element erzeugt eine Tabelle, die durch die Verwendung des `columns`-Attributs zwei Spalten erhält: Die erste enthält den EL-Ausdruck, die zweite deren Wert. Das Bild 2.2 zeigt die Darstellung des Seitenausschnitts von Listing 2.4, wobei das Listing nur für die ersten drei Zeilen der Tabelle im Bild verantwortlich zeichnet.

Einfache Werteausdrücke	
#{elController.name}	Übungen mit der Expression-Language
#{elController['name']}	Übungen mit der Expression-Language
Dies sind einfache #{elController.name} im Jahr #{elController.year}	Dies sind einfache Übungen mit der Expression-Language im Jahr 2018
#{elController.array[0]}	eins
#{elController.list[4]}	4
#{elController.list.get(5)}	5
#{elController.map['zwei']}	Zweiter Map-Eintrag
#{elController.map[elController.array[2]]}	Dritter Map-Eintrag

Bild 2.2 Beispiele für Werteausdrücke (`value-expressions.xhtml`)

Im Beispiel verwenden wir nur Ausgabekomponenten, die Werteausdrücke werden daher ausschließlich lesend interpretiert. Bei der Verwendung einer Eingabekomponente könnten sie auch zum Setzen eines Property verwendet werden. Alle EL-Ausdrücke verwenden die JSF-Bean mit Namen `elController`. Das erste Beispiel zeigt, dass das Property `name` durch eine einfache Punktnotation referenziert wird. Bitte verdeutlichen Sie sich noch einmal, dass die Auswertung des Ausdrucks den Getter `getName()` aufruft. Properties können alternativ auch mit der Klammernotation referenziert werden, so dass die beiden ersten Zeilen semantisch äquivalent sind. Wir raten zur Verwendung der Punktnotation. Die dritte Zeile verbindet (mehrfach) ein String-Literal mit einem Werteausdruck.

Für den Zugriff auf Arrays, Listen oder Maps übernimmt die Expression-Language die Java-Array-Notation der eckigen Klammern, weshalb wir von deren Verwendung bei einfachen Properties abgeraten hatten. Der Zugriff auf Elemente eines Arrays erfolgt in der Java-üblichen Notation, die auch für Listen übernommen wird. Auf Listenelemente könnte aber auch über die `get()`-Methode zugegriffen werden. Beim Zugriff auf Maps muss der Schlüssel als Konstante in eckigen Klammern geschrieben werden. Die Expression-Language lässt sowohl den Apostroph als auch das Anführungszeichen zur Kennzeichnung von String-Konstanten zu. Die Verwendung von Anführungszeichen ist bei JSF nicht sinnvoll, da der ganze `value`-Wert ja durch Anführungszeichen eingeschlossen wird.

Zu guter Letzt ist die Expression-Language eine komplette Ausdruckssprache, so dass sich Ausdrücke auch verschachteln lassen. Die letzte Zeile ist ein Beispiel hierfür, wobei wir von derartigen Ausdrücken aus offensichtlichen Gründen abraten.

Boolesche Properties

Wir haben in diesem Abschnitt und auch bei der Vorstellung des Bearbeitungsmodells einer JSF-Anfrage immer von Gettern und Settern mit der Syntax `getXxx()` und `setXxx()` gesprochen. Die JavaBean-Spezifikation sieht für boolesche Properties zusätzlich die Möglichkeit eines Getters in der Form `isXxx()` vor. JSF unterstützt diese Form ebenfalls.

2.2.3 Vergleiche, arithmetische und logische Ausdrücke

Die Expression-Language umfasst ein vollständiges Repertoire an Vergleichsausdrücken sowie arithmetischen und logischen Ausdrücken, so dass ein Rückgriff auf Java in der Regel nicht notwendig, bei komplexeren Ausdrücken aber angeraten ist. Tabelle 2.2 führt die Operatoren der Expression-Language auf. Die Reihenfolge innerhalb der Tabelle gibt die Präzedenz wieder; runde und eckige Klammern und Punktoperator binden also z.B. stärker als arithmetische Operatoren, diese wieder stärker als Vergleichsoperatoren.

Wir beginnen mit einfachen arithmetischen Ausdrücken, die in Bild 2.3 dargestellt sind.

Einfache arithmetische Ausdrücke	
#{17 + 4}	21
Das übernächste Jahr ist #{elController.year + 2}	Das übernächste Jahr ist 2020
#{elController.year} ist #{((elController.year % 4) == 0 ? 'ein' : 'kein')} Schaltjahr	2018 ist kein Schaltjahr

Bild 2.3 Komplexere Werteausdrücke (1) (`complex-expressions.xhtml`)

Die erste Zeile zeigt die Verwendung von Literalen, hier allerdings relativ sinnlos, da die Summe natürlich auch direkt hätte verwendet werden können. Die zweite Zeile verwendet das Bean-Property `elController.year` in einem arithmetischen Ausdruck und demonstriert gleichzeitig die gemischte Verwendung eines String-Literals und eines EL-Ausdrucks. Die dritte Zeile zeigt schließlich die Verwendung des bedingten Ausdrucks. Dieser ternäre Ausdruck hat dieselbe Semantik wie in Java: Ergibt die Auswertung des ersten Teilausdrucks `true`, so ist der zweite Teilausdruck der Wert des Gesamtausdrucks, sonst der dritte.

Bild 2.4 zeigt einige Beispiele für Vergleiche und logische Ausdrücke. `true` und `false` in der ersten Zeile sind boolesche Literale. Der Vergleich des Jahres mit 2017, einmal als Ganzzahl, einmal als String, demonstriert implizite Typkonvertierungen des EL-Interpreters vor der Durchführung des Vergleichs, so dass es zu keinem Typfehler kommt. Da die Konvertierungen relativ intuitiv sind, verzichten wir auf eine Erläuterung und verweisen den interessierten Leser auf die EL-Spezifikation.

Die letzten drei Zeilen widmen sich der Verwendung des Und-Operators. In der XHTML-Syntax ist & ein reserviertes Zeichen, das die Definition einer Entity-Referenz einleitet. Der

Tabelle 2.2 Operatoren der Expression-Language

Operator	Alternative	Beschreibung
`[]`		Zugriff auf ein Array- oder Listen-Element oder einen Map-Eintrag
`.`		Zugriff auf ein Property, eine Methode oder einen Map-Eintrag
`()`		Klammerung für Teilausdrücke
`-`		Vorzeichen
`!`	`not`	logische Negation
`empty`		Test auf `null`, einen leeren String oder Test auf Array, `Map` oder `Collection` ohne Elemente
`*`		Multiplikation
`/`	`div`	Division
`%`	`mod`	Modulo
`+`		Addition
`-`		Subtraktion
`+=`		String-Concatenation
`<`	`lt`	kleiner
`>`	`gt`	größer
`<=`	`le`	kleiner-gleich
`>=`	`ge`	größer-gleich
`==`	`eq`	gleich
`!=`	`ne`	ungleich
`&&`	`and`	logisches UND
`||`	`or`	logisches ODER
`?:`		bedingter Ausdruck: `<expr> ? <true-value> : <false-value>`
`->`		Lambda-Expression
`=`		Zuweisung
`;`		Semikolon

Vergleiche und logische Ausdrücke	
#{true or false}	true
#{'eins' == elController.array[0]}	true
#{2017 == elController.year}	false
#{'2017' == elController.year}	false
#{2018 == elController.year}	true
#{elController.year > 2000}	true
#{elController.year > 2000 and (elController.year %4 != 0)}	true
#{elController.year > 2000 && (elController.year %4 != 0)}	true
#{elController.year > 2000 && (elController.year %4 != 0)}	true

Bild 2.4 Komplexere Werteausdrücke (2) (`complex-expressions.xhtml`)

Verwendung des and-Operators ist daher der Vorzug zu geben. Da Bild 2.4 ein Screenshot ist, gibt es die gerenderte Fassung des Seitenausschnitts wider. In der zweitletzten Zeile ist der Und-Operator im Quell-Code als &&, in der letzten Zeile als && geschrieben. Wir raten zur sehr viel einfacheren Verwendung von and.

Wir haben in den Beispielen bereits verschiedene Literale wie z.B. Strings und Zahlen verwendet. Strings werden entweder in Anführungszeichen oder Apostrophe eingeschlossen, Zahlen als einfache Zahlen geschrieben, gebrochene Zahlen mit Dezimalpunkt. Die booleschen Literale werden als true und false geschrieben. Das Schlüsselwort null repräsentiert einen „nicht vorhandenen Wert“.

Wie alle Sprachen besitzt auch die Expression-Language reservierte Wörter, die nicht in Ausdrücken verwendet werden dürfen. Neben den in der Tabelle 2.2 in der Spalte *Alternative* genannten Wörtern sind dies die schon erwähnten Wörter empty, true, false und null. Weiterhin ist auch instanceof ein Schlüsselwort und somit seine Verwendung nicht erlaubt, obwohl es (noch) keine Verwendung in der Expression-Language findet.

2.2.4 Methodenausdrücke

Methodenausdrücke erlauben es, Java-Methoden in EL-Ausdrücken zu referenzieren. Listing 2.5 zeigt Methodendefinitionen der Klasse ExpressionLanguageController, die wir schon in Listing 2.3 eingeführt hatten.

Listing 2.5 Methoden der Bean-Klasse ExpressionLanguageController

```
  public String overloadedMethod(int i) {
    return "overloadMethod(int " + i + ")";
  }

  public String overloadedMethod(String str) {
    return "overloadMethod(String " + str + ")";
  }

  public String overloadedMethod(String str, int i) {
    return "overloadMethod(String " + str + ", int" + i + ")";
  }
}
```

Die Verwendung von Methodenausdrücken in der Expression-Language erfolgt analog zu Werteausdrücken und (fast) intuitiv. Für Java-Entwickler ist die Verwendung etwas gewöhnungsbedürftig, da der Methodenausdruck zur Laufzeit ausgewertet wird und damit Java-typische Eigenschaften, insbesondere das gewohnte statische Typsystem, nicht vorhanden sind. Bild 2.5 zeigt dies beispielhaft am Aufruf der überladenen Methode.

Die intuitive Verwendung in der ersten Zeile entspricht dem Java-Äquivalent. Die zweite Zeile führt jedoch zu einer NumberFormatException, da der EL-Interpreter nicht anhand des aktuellen Parameters – hier ein String – die entsprechende überladene Methode bestimmen kann und ebenfalls die Integer-Variante verwendet. Wir gehen an dieser Stelle

Methodenausdrücke	
#{elController.overloadedMethod(128)}	overloadMethod(int 128)
#{elController.overloadedMethod('text')}	NumberFormatException
#{elController.overloadedMethod('text', 42)}	overloadMethod(String text, int 42)
#{elController.list.size()}	10

Bild 2.5 Methodenausdrücke (`method-expressions.xhtml`)

nicht auf die etwas umfangreicheren impliziten Typkonvertierungsregeln und Verfahren zur Methodenauswahl innerhalb der Expression-Language ein, sondern weisen lediglich auf die Problematik hin.

Eingeschränktes Überladen von Methoden

Die Expression-Language unterstützt das Überladen von Methoden nur über die Anzahl der Parameter, nicht aber über den Typ der Parameter.

■

2.2.5 Vordefinierte Objektnamen

JSF definiert implizit einige Objekte, die in der Expression-Language verwendet werden können. Diese vordefinierten Objekte bzw. Objektnamen bezeichnen also verschiedene Objekte der zugrunde liegenden Servlet- und JSF-Implementierung. Die Auflösung erfolgte früher über JSF-interne Mechanismen, heute über CDI. CDI beschreiben wir detailliert in Abschnitt 3. Als Beispiel kann etwa auf den HTTP-Request-Header über einen vordefinierten Namen zugegriffen werden. Tabelle 2.3 zeigt diese vordefinierten Namen und erläutert sie kurz. Zusätzlich werden in der Tabelle noch Qualifier für die Injektion mit CDI angegeben, deren Verwendung wir gleich vorstellen.

Als Beispiel verwenden wir Objekte, die bereits bekannt sind bzw. die einfach eingeführt werden können. Weitere Beispiele finden sich im Verlauf des Buchs. Konkret verwendet das Beispiel die Objekte `header`, `view` und `initParam`, also die Werte des HTTP-Request, die aktuelle View, die wir bereits in Abschnitt 2.1 eingeführt haben, sowie die Kontextparameter der Web-Anwendung. Diese Kontextparameter werden im Deployment-Deskriptor der Servlet-Anwendung, der Datei `web.xml` definiert. JSF definiert etwa einen Parameter zur Angabe der Speicherung des Zustands des Komponentenbaums, der alternativ auf dem Server oder auf dem Client gespeichert werden kann. Einen vollständigen Überblick über alle Kontextparameter gibt Abschnitt 4.9. Der hier verwendete Kontextparameter ist `STATE_SAVING_METHOD`. Das entsprechende Fragment der `web.xml` stellt sich folgendermaßen dar:

```
<context-param>
  <param-name>javax.faces.STATE_SAVING_METHOD</param-name>
  <param-value>client</param-value>
</context-param>
```

Tabelle 2.3 Vordefinierte Objektnamen der Expression-Language

EL-Name	Qualifier	Beschreibung
application	—	Zugriff auf zentrale JSF-Komponenten.
applicationScope	`@ApplicationMap`	Eine `Map` von zentralen JSF-Komponenten mit Applicaton-Scope.
cc	nicht injizierbar	Die im Augenblick bearbeitete zusammengesetzte Komponente.
component	nicht injizierbar	Die im Augenblick bearbeitete Komponente.
cookie	`@RequestCookieMap`	Eine `Map` von Cookies (Klasse `Cookie` im Package `javax.servlet.http`). Schlüssel ist der Cookie-Name.
externalContext	—	Die `ExternalContext`-Instanz der aktuellen Anfrage.
facesContext	—	Die `FacesContext`-Instanz der aktuellen Anfrage.
flash	—	Die `Flash`-Instanz der aktuellen Anfrage.
flowScope	`@FlowMap`	Map von Variablen mit Flow-Scope.
header	`@HeaderMap`	Eine `Map` von Request-Header-Werten. Schlüssel ist der Header-Name, Wert ist *ein* String.
headerValues	`@HeaderValuesMap`	Eine `Map` von Request-Header-Werten. Schlüssel ist der Header-Name, Wert ist ein Array von Strings.
initParam	`@InitParameterMap`	Eine `Map` von Initialisierungsparametern (Kontextparametern) der Web-Anwendung.
param	`@RequestParameterMap`	Eine `Map` von Anfrageparametern. Schlüssel ist der Parametername. Wert ist *ein* String.
paramValues	`@RequestParmeter-ValuesMap`	Eine `Map` von Anfrageparametern. Schlüssel ist der Parametername. Wert ist ein Array von Strings.
request	nicht injizierbar	Das Request-Objekt vom Typ `HttpServletRequest`.
requestScope	`@RequestMap`	Eine `Map` von Variablen mit Request-Scope.
resource	—	Eine `Map` von Ressourcen.
session	nicht injizierbar	Das Session-Objekt.
sessionScope	`@SessionMap`	Eine `Map` von Variablen mit Session-Scope.
view	—	Die `UIViewRoot`-Instanz der aktuellen Anfrage.
viewScope	`@ViewMap`	Eine `Map` von Variablen mit View-Scope.

Man erkennt den Präfix `javax.faces`, der für alle JSF-Kontextparameter verbindlich ist, und das Setzen des Parameters auf den Wert `client`. Für die Darstellung der entprechenden Konstrukte und deren Ergebnisse wechseln wir von der bisherigen zweispaltigen zur vierspaltigen Darstellung. Bild 2.6 zeigt diese. Die erste und zweite Spalte entspricht den bisherigen Beispielen, da sie den Code der JSF-Seite und das erzeugte Ergebnis darstellen. Die dritte Spalten verwendet eine neue Managed Bean, die in Listing 2.6 dargestellt ist. Wir demonstrieren hier den Zugriff über CDI-Injection mit den in Tabelle 2.3 vorgestellten Qualifiern.

Vordefinierte Variablen			
User-Agent: #{header['User-Agent']}	User-Agent: Mozilla/5.0 (X11; Fedora; Linux x86_64; rv:59.0) Gecko/20100101 Firefox/59.0	User-Agent: #{ioc.header.get('User-Agent')}	User-Agent: Mozilla/5.0 (X11; Fedora; Linux x86_64; rv:59.0) Gecko/20100101 Firefox/59.0
Lokalisiert auf #{view.locale}	Lokalisiert auf de_DE	Lokalisiert auf #{ioc.view.locale}	Lokalisiert auf de_DE
Zustand gespeichert auf #{initParam['javax.faces.STATE_SAVING_METHOD']}	Zustand gespeichert auf client	Zustand gespeichert auf #{ioc.initParam.get('javax.faces.STATE_SAVING_METHOD')}	Zustand gespeichert auf client

Bild 2.6 Vordefinierte Objektnamen (`implicit-objects.xhtml`)

Die Darstellung des Beispiels im Browser (Bild 2.6) ist nicht sehr ansprechend, so dass wir die entsprechenden EL-Ausdrücke der ersten und dritten Spalte noch einmal hier zusammenfassen:

```
<h:outputText value="User-Agent: #{header['User-Agent']}" />
<h:outputText value="User-Agent: #{ioc.header.get('User-Agent')}" />

<h:outputText value="Lokalisiert auf #{view.locale}" />
<h:outputText value="Lokalisiert auf #{ioc.view.locale}" />

<h:outputText value="Zustand gespeichert auf
  #{initParam['javax.faces.STATE_SAVING_METHOD']}" />
<h:outputText value="Zustand gespeichert auf
  #{ioc.initParam.get('javax.faces.STATE_SAVING_METHOD')}" />
```

Listing 2.6 JSF-Bean für vordefinierte Objektnamen

```
@Named("ioc")
@RequestScoped
public class ImplicitObjectsController {

  @Inject
  @HeaderMap
  Map<String, String> header;
```

```
    @Inject
    UIViewRoot view;

    @Inject
    @InitParameterMap
    Map<String, String> initParam;

    // noch Getter und Setter
    ...
}
```

Die CDI-Annotation `@Inject` in Listing 2.6 erlaubt typsichere Injektionen. Bei den drei Beispielen genügt jedoch nur der Typ `UIViewRoot` der CDI-Anforderung nach Eindeutigkeit. Für die beiden anderen Variablen mit identischem Typ `Map<String, String>` ist dies nicht gegeben, so dass die entsprechenden Qualifier aus Tabelle 2.3 zusätzlich zu verwenden sind. Die zum Verständnis eventuell noch fehlenden Erläuterungen findet man in Kapitel 3.

Wir beschließen diesen Abschnitt mit zwei weiteren Beispielen, die die Verwendung der Expression-Language außerhalb von JSF-Tags demonstrieren. Das erste Beispiel zeigt die Verwendung des vordefinierten Objektnamens `request` und zwar im Menü der Beispielanwendung:

```
<a href="#{request.contextPath}/el/implicit-objects.jsf">
   Vordefinierte Objekte
</a>
```

In `request` sind die Informationen des HTTP-Request codiert. Der `contextPath` repräsentiert den Kontextpfad der Anwendung. Dieser wird erst zum Deployment-Zeitpunkt festgelegt und ist nicht durch JSF definiert. Das Beispiel zeigt die Verwendung des Kontextpfads im HTML-<a>-Tag.

Das zweite Beispiel demonstriert die Verwendung eines Icons im `<link>`-Tag, das innerhalb des <head>-Tags der HTML-Seite Verwendung findet. Realisiert wird dies durch Verwendung des vordefinierten Objekts `resource`, das JSF-Ressource repräsentiert. Wir gehen darauf in Abschnitt 4.4 ein.

```
<link rel="icon" type="image/png"
  href="#{resource['icons/jsf-logo-no-text.png']}" />
```

Verwendung von `request` und `resource`

- Studieren Sie die Verwendung von `request` in der Anwendungsdatei `WEB-INF/templates/header.xhtml`
- Studieren Sie die Verwendung von `resource` in der Anwendungsdatei `WEB-INF/templates/main.xhtml`

■

2.2.6 Collections

Die Expression-Language erlaubt die Erzeugung von Listen, Mengen und Maps. Auf diesen Collections können Operationen ausgeführt werden, indem die Collections als Stream von Elementen behandelt werden, ganz analog zu den Streams von Java 8. Wir behandeln diese Streams in Verbindung mit Lambda-Ausdrücken in Abschnitt 2.2.7 und konzentrieren uns hier auf die herkömmliche Verwendung ohne Streams.

Die Syntax ist intuitiv, wie die folgenden Beispiele aus der EL-Spezifikation zeigen:

- `[1, "two", [foo, bar]]`, eine Liste vom Typ `List<Object>`
- `{1, 2, 3}`, eine Menge vom Typ `Set<Object>`
- `{"one":1, "two":2, "three":3}`, eine Map vom Typ `Map<Object,Object>`

Da die Expression-Language dynamisch typisiert ist, erfolgt Java-seitig die Abbildung immer auf den Typ `Object`, so dass die Elementtypen gemischt werden können, wie das Listenbeispiel zeigt.

Ein Beispiel zur Verwendung einer Map zeigt Bild 2.7. Das JSF-Tag `<h:dataTable>` erlaubt die tabellarische Darstellung von Daten, die im generierten HTML durch `<table>`, `<tr>` und `<td>` erfolgt. Das Attribut `value` referenziert eine Collection, das Attribut `var` definiert eine lokale Iterationsvariable. Diese kann in geschachtelten `<h:column>`-Tags verwendet werden. Die Iterationsvariable einer Map entspricht dem Java-Typ `Map.Entry<K,V>` und wird über die Properties `key` und `value` ganz analog zu Java verwendet. Das erste Beispiel verwendet für das `value`-Attribut die statische EL-Map `{'one':'1','two':'2','three':'3'}`, das zweite Beispiel verwendet das Property `elController.map`, das wir bereits in Listing 2.3 auf Seite 27 definiert haben.

Statische Maps

```
<h:dataTable var="entry" value="#{{'one':'1','two':'2','three':'3'}}">
  <h:column>#{entry.key}</h:column>
  <h:column>#{entry.value}</h:column>
</h:dataTable>
```

one	1
two	2
three	3

```
<h:dataTable var="entry" value="#{elController.map}">
  <h:column>#{entry.key}</h:column>
  <h:column>#{entry.value}</h:column>
</h:dataTable>
```

eins	Erster Map-Eintrag
zwei	Zweiter Map-Eintrag
drei	Dritter Map-Eintrag

Bild 2.7 Statische Maps (`collections.xhtml`)

Das Beispiel in Bild 2.8 verwendet die Liste der Zahlen 1 bis 10, repräsentiert durch `[1,2,3,4,5,6,7,8,9,10]`, um eine einfache Einmaleins-Tabelle zu erzeugen. Dazu wird die Liste zweimal verwendet, wobei die zweite Verwendung innerhalb der ersten verschachtelt erfolgt. Das `<ui:repeat>`-Tag ähnelt dem `<h:dataTable>`-Tag und besitzt ebenfalls die Attribute `value` und `var`. Im Gegensatz zu `<h:dataTable>` wird jedoch kein HTML-Markup erzeugt, so dass dies explizit zu erfolgen hat. Das Bild 2.8 demonstriert dies und ist damit auch ein Beispiel dafür, dass JavaServer Faces die Verwendung von HTML-Markup in JSF-Seiten erlaubt.

Statische Listen

```
<table>
  <ui:repeat value="#{[1,2,3,4,5,6,7,8,9,10]}" var="n">
    <tr>
      <ui:repeat value="#{[1,2,3,4,5,6,7,8,9,10]}" var="m">
        <td>
          #{n * m}
        </td>
      </ui:repeat>
    </tr>
  </ui:repeat>
</table>
```

1	2	3	4	5	6	7	8	9	10
2	4	6	8	10	12	14	16	18	20
3	6	9	12	15	18	21	24	27	30
4	8	12	16	20	24	28	32	36	40
5	10	15	20	25	30	35	40	45	50
6	12	18	24	30	36	42	48	54	60
7	14	21	28	35	42	49	56	63	70
8	16	24	32	40	48	56	64	72	80
9	18	27	36	45	54	63	72	81	90
10	20	30	40	50	60	70	80	90	100

Bild 2.8 Statische Listen (`collections.xhtml`)

Ausgabe der Request-Header

Geben Sie die Request-Header des aktuellen HTTP-Requests aus. Tipp: Der vordefinierte Objektname `header` (siehe Tabelle 2.3) ist eine Map aus Headern und Header-Werten.

■

2.2.7 Lambdas

Die Expression-Language 3.0 wurde bereits 2013 veröffentlicht, also lange bevor Java 8 mit Streams und Lambdas das Licht der Welt erblickte. EL 3.0 ist in Java EE 7 zusammen mit JSF 2.2 enthalten. Man kann also bereits mit JSF 2.2 und Java EE 7 Streams und Lambdas verwenden, selbst wenn die zugrunde liegende Java-Laufzeitumgebung die Version 7 oder gar 6 hat. Java EE 8 setzt Java 8 als Laufzeitumgebung voraus, so dass im Rahmen dieses Buchs Streams und Lambdas Java-seitig vorhanden sind und genutzt werden können. Wie wir gleich zeigen werden, ist die Verwendung von Streams und Lambdas zwar möglich, der Lesbarkeit aber eher abträglich. Wir sind der Meinung, dass Streams und Lambdas in der Expression-Language eher selten bis gar nicht verwendet werden sollten, und führen daher auch nur oberflächlich in deren Verwendung ein. Für detailliertere Informationen verweisen wir auf die Spezifikation.

Die Verwendung von Streams in der Expression-Language erfolgt analog zu Javas Streams. Aus Objekten des Typs `java.util.Collection` und Arrays kann durch die Methode `stream()` ein Stream erzeugt werden. Dieser kann dann durch Prädikate, Abbildungen, Comparatoren, Consumer und binäre Operatoren in Form von Lambda-Ausdrücken als Parameter verschiedener Operationen weiterverarbeitet werden. Wir zählen diese Operationen hier lediglich auf (in der Reihenfolge der Spezifikation), da die Bedeutung offensichtlich ist: `filter()`, `map()`, `flatMap()`, `distinct()`, `sorted()`, `forEach()`, `peek()`, `iterator()`, `limit()`, `substream()`, `toArray()`, `toList()`, `reduce()`, `max()`, `min()`, `average()`, `sum()`, `count()`, `anyMatch()`, `allMatch()`, `noneMatch()`, `findFirst()`.

Die Beispiele in Bild 2.9 verwenden Stream-Operationen, aber auch noch abschließende Beispiele zu statischen Collections. Die beiden ersten Beispiele zeigen die unsortierte und sortierte Ausgabe des Arrays aus Listing 2.3. Man erkennt das aus Java 8 bekannte Muster der Stream-Verarbeitung: Stream erzeugen (`stream()`), Stream bearbeiten (`sorded()`), Stream konsumieren (`toList()`). Die dritte Zeile der Tabelle verdoppelt einen String durch

Beispiele mit Streams, Lambdas und statischen Collections	
<ui:repeat var="elem" value="#{elController.array}"> #{elem} </ui:repeat>	eins zwei drei
<ui:repeat var="elem" value="#{elController.array.stream().sorted().toList()}"> #{elem} </ui:repeat>	drei eins zwei
Verdoppelt: #{elController.array.stream().map(e -> e.concat(e)).toList()}	Verdoppelt: [einseins, zweizwei, dreidrei]
Quadrate: #{elController.list.stream().map(x-> x * x).toList()}	Quadrate: [0, 1, 4, 9, 16, 25, 36, 49, 64, 81]
Durchschnitt: #{elController.list.stream().average().get()}	Durchschnitt: 4.5
#{(x -> x + 1)(10)}	11
#{(x -> x + 1)(elController.year)}	2019
#{['eins', 'zwei', 'drei'].get(0)}	eins
#{['2016', '2018', '2020'].contains(elController.year)}	false
#{[2016, 2018, 2020].contains(elController.year)}	false

Bild 2.9 Streams, Lambdas und Collections (`lambdas.xhtml`)

die Anwendung des Lambda-Ausdrucks `e -> e.concat(e)` mit der `map()`)-Operation während die vierte Zeile Zahlen mit dem Lambda-Ausdruck `x -> x * x` quadriert.

Der EL-Ausdruck `(x -> x + 1)(10)` wendet die Funktion im ersten Klammerpaar auf den Wert im zweiten Klammerpaar an. Dies ist im Falle eines Literals nicht besonders sinnvoll. Die nächste Zeile verwendet jedoch das aktuelle Kalenderjahr, in diesem Fall 2018. Auch dies hätte einfacher als arithmetischer Ausdruck (Abschnitt 2.2.2) dargestellt werden können und soll hier nur als Beispiel dienen.

Die drei nächsten Zeilen sind ebenfalls nicht sinnvoll, da sie auch auf Literalen arbeiten. Wir wollen damit aber nochmals auf ein Problem hinweisen, das wir bereits angesprochen hatten. Die Expression-Language ist dynamisch typisiert, muss also Datentypen von Werten und Ausdrücken zur Laufzeit bestimmen. Diese durchaus komplexe und aufwendige Bestimmung, die wir hier nicht wiedergeben, kann zu Problemen führen, die die beiden letzten Zeilen in Bild 2.9 thematisieren. In der vorletzten Zeile ist offensichtlich, dass eine Liste von Strings nicht das Jahr, dargestellt als Integer, enthält. Warum ist das aber auch in der letzten Zeile nicht der Fall? Der Grund ist, dass die Liste der Jahreszahlen keine Integer-, sondern eine Long-Liste ist. Die Prüfung, ob diese Liste einen Integer enthält, schlägt daher fehl. Wir werden dazu später eine Lösung erarbeiten.

Stream-Operationen, Lambda-Ausdrücke und dynamische Typisierung

EL-Ausdrücke sollten möglichst einfach sein, so dass wir von der Verwendung komplexerer Stream-Operationen und Lambda-Ausdrücken abraten. Algorithmik gehört nicht in das UI, sondern in das Back-End. Dasselbe gilt ganz allgemein für komplexe Ausdrücke, da diese durch die dynamische Typisierung über kurz oder lang zu Problemen führen werden.

■

Filtern gerader Zahlen

Filtern Sie das Property `list` der Klasse ExpressionLanguageController (Listing 2.3 auf Seite 27) auf gerade Zahlen und geben Sie diese aus.

■

2.2.8 Konstanten

Konstanten gehören ganz zweifellos zu Werteausdrücken und sind daher in Abschnitt 2.2.2 zu behandeln. Warum beschreiben wir sie hier in einem gesonderten Abschnitt? Konstanten können in der Expression-Language tatsächlich erst seit Version 2.3 von JSF verwendet werden. Wir widmen ihnen daher einen eigenen Abschnitt, um Entwickler, die frühere JSF-Versionen kennen, direkt auf diese lang ersehnte Verwendungsmöglichkeit hinzuweisen.

Um Konstanten verwenden zu können, müssen sie bzw. die sie definierende Klasse importiert werden. Danach können sie wie in Java üblich genutzt werden, wie Bild 2.10 zeigt.

Konstanten	
#{Integer.MAX_VALUE}	2147483647
#{Boolean.TRUE}	true
#{Math.PI}	3.141592653589793
#{Math.PI * Math.E}	8.539734222673566

Bild 2.10 Konstanten (`constanten.xhtml`)

Die Expression-Language 3.0 unterstützt die Verwendung von Konstanten. Leider konnte die Integration der Expression-Language in JavaServer Faces diese Verwendungsmöglichkeit jedoch bisher nicht gewährleisten. So war bis zur Version JSF 2.2 die Verwendung von Konstanten nicht möglich. Version 2.3 führte das Tag `<f:importConstants>` ein, mit dem die Klasse, die die Konstante definiert, importiert wird. Der folgende Code zeigt den Import der Klassen, die in Bild 2.10 verwendet werden.

```
<f:metadata>
  <f:importConstants type="java.lang.Integer"/>
  <f:importConstants type="java.lang.Boolean"/>
  <f:importConstants type="java.lang.Math"/>
</f:metadata>
```

Eine weitere Verwendungsmöglichkeit einer importierten Klasse ist der Aufruf eines Konstruktors der Klasse. Syntaktisch geschieht der Konstruktoraufruf durch den Klassennamen gefolgt vom eingeklammerten Parameter, den Parametern des Konstruktors, also z.B. `Long(42)`. Dies entspricht in Java dem Aufruf `new Long(42)`. Es entfällt also das `new`-Schlüsselwort.

Konstruktoraufruf in der Expression-Language

Die letzte Zeile in Bild 2.9 prüft, ob das aktuelle Kalenderjahr in der Liste der Jahren enthalten ist. Obwohl das aktuelle Kalenderjahr zum Ausführungszeitpunkt 2018 war und dieses Jahr in der Liste enthalten ist, schlug die Prüfung fehl. Die Ursache liegt darin begründet, dass die Jahre in der Liste Long-Literale sind, die Jahreszahl aber ein `int` ist. Überarbeiten Sie das Beispiel, so dass die Prüfung erfolgreich ist. ■

2.2.9 Komponentenbindungen

Mit den in Abschnitt 2.2.2 eingeführten Werteausdrücken ist es möglich, Werte einer Komponente an eine Bean-Property zu binden. Eine besondere Art eines Werteausdrucks ist die Komponentenbindung (engl. Component Binding), mit der sich eine UI-Komponente selbst und nicht deren Wert an eine Bean-Property binden lässt. Die Verwendung von Komponentenbindungen ist komplizierter als die einfacher Wertebindungen und nicht unumstritten und soll daher hier zunächst nur der Vollständigkeit halber erwähnt werden. In Abschnitt 4.8.9 entwickeln wir ein weiteres, komplexeres Beispiel. Außerdem ist anzumerken, dass Komponentenbindungen nur in Managed Beans mit Request-Scopes sinnvoll verwendet werden können, da Komponenten pro Request neu erzeugt werden und in der Phase *Wiederherstellung des Komponentenbaums* mit Werten versehen werden. Bei Interesse findet man in Abschnitt 3.1.5 *Component Bindings* der Spezifikation ([URL-JSR372]) weitere Einzelheiten.

Das folgende Beispiel versieht die `<h:outputText>`-Komponenten mit einem Wert und bindet sie zusätzlich an das Property `output` einer Managed Bean.

```
<h:outputText value="Ein Text" binding="#{cbController.output}" />
```

Das Property `output` der Managed Bean `ComponentBindingController` ist vom Typ `HtmlOutputText` und an die Ausgabekomponente gebunden.

```
@Named("cbController")
@RequestScoped
public class ComponentBindingController {

  HtmlOutputText output;

  public void change() {
    output.setValue("Ein anderer Text");
  }
  ...
}
```

Wird nun die Action-Methode `change()` aufgerufen, ändert sich der Wert der Komponente. Während vor Aufruf der Action-Methode in der gerenderten JSF-Seite der Wert *Ein Text* erscheint, ändert sich dies nach Aufruf der Action-Methode in den Wert *Ein anderer Text*. Es ist offensichtlich, dass das identische Verhalten ebenfalls mit einem EL-Werteausdruck für das Attribut `value` statt des String-Literals erreicht werden könnte, noch dazu in einfacherer Art und Weise, somit also vorzuziehen ist. Mit der Verfügbarkeit der Komponente stehen jedoch sämtliche Möglichkeiten der server-seitigen Manipulation des Komponentenbaums bereit, da z.B. die Vaterkomponente bestimmt, über alle Sohnknoten iteriert, einzelne gelöscht oder neue hinzugefügt werden können.

2.2.10 Verwendung der Expression-Language in Java

Ziel der Expression-Language ist es, komplexe Ausdrücke direkt in JSF-Seiten zu formulieren, ohne auf Java zurückgreifen zu müssen. Damit erscheint die Verwendung der Expression-Language innerhalb von Java wenig sinnvoll. Eine sinnvolle Verwendung ist die der Auswertung dynamischer Ausdrücke, die so in Java nicht möglich ist.

Die nachfolgende Methode `evalEL()` wertet einen EL-Ausdruck aus, in diesem Beispiel den konstanten Ausdruck `#{17 + 4}`. Dazu wird über den `FacesContext` zunächst das `Application`-Objekt und dann eine `ExpressionFactory` erzeugt bzw. erfragt. Über diese `ExpressionFactory` und den `ELContext` wird der EL-Ausdruck ausgewertet. Zu bemerken ist hier, dass im dritten Parameter von `createValueExpression()` der erwartete Typ des Ausdrucks anzugeben ist.

```
public Integer evalEl() {
  ExpressionFactory expressionFactory =
    facesContext.getApplication().getExpressionFactory();
  ELContext el = facesContext.getELContext();
  return (Integer) expressionFactory
    .createValueExpression(el, "#{17 + 4}", Integer.class).getValue(el);
}
```

Im Beispiel wurde aus Gründen der Einfachheit der konstante arithmethische Ausdruck `17 + 4` verwendet. Alle bisher eingeführten Konstrukte der Expression-Language, also Vergleiche, logische Ausdrücke, Stream-Operationen und Lambda-Ausdrücke sowie die impliziten Objekte aus Tabelle 2.3 können selbstverständlich ebenfalls verwendet werden.

Auswertung allgemeiner EL-Ausdrücke

Erstellen Sie eine Methode, die einen beliebigen EL-Ausdruck mit `<h:inputText>` einliest, ihn auswertet und wieder ausgibt. Beispieleingaben können sein:

- `2 * 1.7`
- `42 < 22`
- `[1,2].stream().map(x-> x * x).toList()`

■

2.2.11 Weniger sinnvolle Verwendungen

Die Tabelle 2.2 zeigt die Operatoren der Expression-Language. Die beiden letzten Operatoren dieser Tabelle, der Zuweisungs- und der Semikolon-Operator, sind unserer Meinung nach in der Regel zu vermeiden. Der Zuweisungsoperator erlaubt die Deklaration einer lokalen Variablen oder die Veränderung eines Property einer Managed Bean und überlagert in diesem letzten Fall die bidirektionale Bindung von Benutzereingaben und Properties. Mit diesem Mittel können unverständliche und damit unwartbare Systeme geschrieben werden.

Mit dem Semikolon können mehrere Ausdrücke aneinandergereiht werden. Der Wert des Gesamtausdrucks ist der Wert des letzten Teilausdrucks. Auch dies kann zu schwer verständlichen Ausdrücken führen und sollte besser nicht praktiziert werden.

Zu guter Letzt wiederholen wir noch einmal unseren Rat, dass kompliziertere Algorithmik, wie etwa die Fakultätsberechnung, besser in Java als in der Expression-Language aufgehoben ist. Alle Argumente sind noch einmal in Bild 2.11 zusammengefasst.

Unsere Empfehlung: bitte nicht so!	
#{elController.i = 17 + 4}	21
#{17 + 4; 18 + 5; 19 + 6}	25
#{a = 2; b = 3; a * b}	6
#{fact=n->n==0?1:n*fact(n-1);fact(5)}	120

Bild 2.11 Dinge, die Sie besser nicht tun sollten (`do-not-do-this.xhtml`)

Vermeiden Sie Zuweisungen, den Semikolon-Operator und komplexe Ausdrücke

Um die Lesbarkeit von EL-Ausdrücken zu garantieren, sollten Sie auf den Zuweisungs- und den Semikolon-Operator in der Regel verzichten. Ebenso sollten Sie komplexe Ausdrücke vermeiden bzw. diese in Java realisieren, da das Java-Typsystem und die IDE-Unterstützung für Java problematische Konstrukte besser erkennen kann. ■

2.3 Managed Beans

Managed Beans sind Java-Beans oder POJOs, die in sehr einfachen Anwendungen das Modell und den Controller (nach MVC), in der Regel aber das Verbindungsglied von JSF zum Modell und der Geschäftslogik, also den Controller, realisieren. Etwas technischer also Beans, die Daten von UI-Komponenten sammeln, Event-Listener-Methoden implementieren oder ähnliche Unterstützungsaufgaben für UI-Komponenten wahrnehmen können. Des Weiteren ist es möglich, dass sie Referenzen auf UI-Komponenten beinhalten. Wir haben Managed Beans schon mehrfach in EL-Ausdrücken verwendet. Die Integration in die Expression-Language machen Managed Beans zu dem Werkzeug, mit dem HTML-Entwickler ohne Java-Kenntnisse auf Java zurückgreifen können.

JavaServer Faces verwalten Managed Beans automatisch, was ihnen ihren Namen gab. Sie werden bei Bedarf erzeugt und existieren entsprechend ihrer deklarierten Lebensdauer. Die Verwaltung von Beans durch den Container – sowohl was den Lebenszyklus von Beans als auch die Verbindungen von Beans untereinander angeht – wurde in den letzten Jahren unter der Bezeichnung *Inversion of Control* (*IoC*) populär. Inversion of Control wird auch als *Dependency Injection* bezeichnet, weil POJOs auf deklarative Art und Weise miteinander verbunden werden können. Mit Java EE 5 wurde begonnen, eine Reihe von Annotationen zu definieren, mit denen bestimmte Objekte in andere Objekte injiziert werden können, wobei Managed Beans für JavaServer Faces offensichtlich besonders interessant sind.

Zum Abschluss dieser Motivation zu Managed Beans ausnahmsweise etwas Geschichte. In JavaServer Faces 1.0 wurden Managed Beans durch XML-Deklarationen in der JSF-Konfigurationsdatei `faces-config.xml` definiert. Mit JSF 2.0 wurden hierzu Annotationen eingeführt, da die Konfiguration mit XML insgesamt in Verruf geraten war. Hier sind vor allem die Annotation `@ManagedBean` und sogenannte Scope-Annotationen zu nennen. JSF 2.0 wurde mit Java EE 6 eingeführt, in der auch CDI 1.0 enthalten war. CDI ist ein allgemeines Context- und Dependency-Injection-Framework und definiert damit insbesondere auch Mechanismen zum Verwalten von Beans. CDI hat sehr schnell große Verbreitung gefunden, z.B. in JAX-RS, EJB und BV. Mit JSF 2.3 wurde diesem Erfolg von CDI Rechnung getragen: Die JSF-eigenen Annotationen zur Managed-Bean-Verwaltung wurden als *deprecated* gekennzeichnet, CDI wurde als notwendige Voraussetzung zum Einsatz von JSF definiert. Wenn wir im Folgenden von Managed Beans reden, sind implizit immer CDI Managed Beans gemeint. In Abschnitt 2.3.2 führen wir CDI initial ein. Das Ziel des Abschnitts 2.3.2 ist es, die Grundlagen zu legen, um produktiv mit CDI arbeiten zu können. Das Kapitel 3 vervollständigt dann die Darstellung von CDI.

2.3.1 Architekturfragen und Namenskonventionen

Wir haben bereits in Abschnitt 1.2 versucht, JSFs Managed Beans in das gängige Model-View-Controller-Entwurfsmuster, kurz MVC-Pattern einzuordnen. Dies ist nicht ganz einfach und offensichtlich und wird auch im Internet kontrovers diskutiert [URL-MVC]. Die Kontroverse beginnt bereits mit dem Umstand, dass MVC für native Anwendungen und nicht für Web-Anwendungen konzipiert wurde. Weiterentwicklungen sind etwa Model 2, Model-View-Presenter oder Model-View-ViewModel, die für uns allerdings nicht relevant sind. Ziel soll nicht die exakte Definition eines Patterns sein, die eventuell gar nicht existiert, sondern insbesondere Konventionen für die Namensgebung von Managed Beans zu finden.

Nach dem MVC-Pattern ist eine Managed Bean ein Controller, genauer gesagt, *ein Teil* des Controllers, da sowohl Managed Beans als auch Teile des JSF-Laufzeitsystems die Verbindung zwischen View und Modell verwalten. Die bereits genannte Internet-Quelle [URL-MVC] sieht das Faces-Servlet (siehe Abschnitt 2.1) als Controller. Dies ist zwar korrekt, aber nicht vollständig. Auch Managed Beans nehmen ganz offensichtlich Controller-Aufgaben wahr. Aus Architektursicht liegt es im Ermessen des Entwicklers, zwischen welchen Views und Modelldaten er die Managed Beans anordnet. Eine für simple Anwendungen einfache Architektur ist die Verbindung einer Managed Bean zu einer View und der direkte Zugriff der Managed Bean auf die Datenbank. Das ist auch die Art und Weise, in der frühere Entwicklungswerkzeuge die schnelle Konstruktion von Oberflächen und deren Verbindung zum Datenbestand eines Datenbanksystems unterstützen. Für kleine und einfache Anwendungen ist dieser Ansatz praktikabel. Er skaliert jedoch nicht und wird bei komplexen Unternehmensanwendungen mit in der Regel sehr langen Lebenszeiten zu unwartbaren Systemen führen.

Die bereits angesprochene kontroverse Diskussion zum MVC-Pattern überträgt sich auf Namenskonventionen. Wie sollen Managed Beans sinnvoll benannt werden? [URL-MNC] schlägt etwa die folgenden Namen vor bzw. diskutiert diese:

- `FooBean`
- `FooBacking`
- `FooManager`
- `FooController`
- `FooManagedBean`

In den ersten beiden Auflagen dieses Buchs hatten wir `FooHandler` verwendet.

Mit das Wichtigste an Namenskonventionen ist deren konsistente Anwendung. Hinzu kommt, dass Namenskonventionen durchaus kontextabhängig sein können und sich damit z.B. in kleineren Beispielen anders darstellen können als in großen Unternehmensanwendungen. Wir wollen hier die in Abschnitt 2.2 eingeführte Konvention übernehmen und Managed Beans durch Anhängen von `Controller` benennen. Die dort verwendete Managed Bean `ExpressionLanguageController` diente mit ihren Properties ganz offensichtlich auch als Modell des MVC-Patterns. Dieser Umstand ist aber in der Verwendung eher untergeordnet, da die Hauptaufgabe die Interaktion mit dem Benutzer, im konkreten Fall die Menüauswahl und die Anzeige der korrekten View war. Dies sind typische Controller-Aufgaben.

In Kapitel 5 gehen wir detailliert auf die in Abschnitt 1.9 kurz vorgestellte Anwendung *Classic-Models-ERP* ein, die wir nach dem Entity-Control-Boundary-Pattern entwerfen. Dort widmen wir uns dann abschließend dem Thema Namenskonventionen und zwar nicht nur für JSF Managed Beans, sondern auch für allgemeine, nicht UI-basierte Dienste (Services) und REST-Ressources, generell also typische Komponenten von Unternehmensanwendungen.

2.3.2 Context and Dependency Injection

Die Spezifikation *Context and Dependency Injection for Java 2.0* [URL-JSR365], kurz CDI, beschreibt sich selbst als eine Menge von komplementären Diensten (complementary services) zur Verbesserung der Struktur von Anwendungs-Code. Dabei werden im Detail unter anderem folgende Eigenschaften hervorgehoben:

- Ein definierter Lebenszyklus zustandsbehafteter Objekte, die an Lebenszyklus-Kontexte gebunden sind
- Integration mit der Expression-Language, um kontextuelle Objekte in JSF- oder JSP-Seiten verwenden zu können

Die zwei genannten Eigenschaften sind die im Augenblick für uns relevanten. Die Spezifikation nennt insgesamt neun Eigenschaften, auf die wir detaillierter in Kapitel 3 eingehen. Jedoch zuerst zu den zwei bereits genannten.

Wir haben in Abschnitt 2.1, *Bearbeitungsmodell einer JSF-Anfrage*, den Lebenszyklus einer JSF-Anfrage dargestellt. Dazu wurde eine Managed Bean der Klasse `LifecycleBean` verwendet, deren Definition mit den folgenden Zeilen begann:

```
@Named
@RequestScoped
public class LifecycleBean {
```

Ausnahmen von der Regel

Dem aufmerksamen Leser wird aufgefallen sein, dass die Klasse `LifecycleBean` einer der alternativen Namenskonventionen aus Abschnitt 2.3.1 entspricht, nicht aber der `*Controller`-Alternative. Die Klasse `LifecycleBean` dient einzig und allein Demonstrationszwecken. Der Name `LifecycleController` wäre irreführend und eine schlechte Wahl, da die Bean nicht den Lebenzyklus kontrolliert. ■

In Abschnitt 2.2 zur Expression-Language haben wir ebenfalls eine Managed Bean verwendet, und zwar die Klasse `ExpressionLanguageController`, deren ersten Zeilen strukturell identisch waren:

```
@Named("elController")
@RequestScoped
public class ExpressionLanguageController {
```

Beide Klassen sind mit `@Named` und `@RequestScoped` annotiert. Die Annotation `@Named` realisiert die zweite der genannten Eigenschaften, nämlich die Integration mit der Expression-Language. Die Annotation `@RequestScoped` ist eine von mehreren Alternativen, um die erste der beiden Eigenschaften, die der Definition eines Lebenszyklus und damit auch einer Lebensdauer zu definieren. Die komplette Liste der CDI-Scope-Annotationen umfasst:

- `@RequestScoped`
- `@SessionScoped`
- `@ApplicationScoped`
- `@ConversationScoped`
- `@Dependent`

Die ersten drei Annotationen sind durch das allen Web-Anwendungen zugrunde liegende HTTP-Protokoll begründet. HTTP ist ein Request-Response-Protokoll, so dass die serverseitige Bearbeitungsdauer eines Requests als ein Kontext dieser Antwortberechnung definiert werden kann. Dies erfolgt mit der Annotation `@RequestScoped`.

Als zustandsloses Protokoll kann HTTP hintereinander abgeschickte Anfragen ein und desselben Clients nicht direkt diesem einen Client zuordnen. Abhilfe schafft hier eine Session-Id, die zwischen Client und Server ausgetauscht wird und dem Server das logische Zusammenfassen einzelner Anfragen zu einer Session und damit einem Client erlauben. Klassen, die mit `@SessionScoped` annotiert sind, gehören in diesen Kontext.

Klassen, die `@ApplicationScoped` annotiert sind, entsprechen konzeptionell serverseitigen globalen und damit insbesondere client-unabhängigen Daten, im Sinne von *für jeden Client verfügbar.* Auf die Annotationen `@ConversationScoped` und `@Dependent` gehen wir zunächst nicht ein, holen dies aber in Kapitel 3 nach.

Die Bezeichnung *Managed* Beans impliziert eine automatische Verwaltung der Beans. Bei der Verwendung in JSF ist diese Verwaltung intuitiv sehr gut verständlich. Wird in einer JSF-Seite erstmalig eine Managed Bean referenziert, die mit den Annotationen `@RequestScoped`, `@SessionScoped` oder `@ApplicationScoped` versehen ist, wird die Bean, d.h. eine Instanz der Klasse von CDI erzeugt. Wir als Entwickler rufen den Konstruktor der Klasse nie auf, von eventuellen Unit-Tests einmal abgesehen. Die erzeugte Bean lebt, solange ihr Kontext aktiv ist. Bei `@RequestScoped` also bis der Request beantwortet wurde und somit bis zum Ende der Phase 6 des JSF-Bearbeitungsmodells (Abschnitt 2.1), bei `@SessionScoped` bis die Session invalidiert wird und bei `@ApplicationScoped` bis die Anwendung heruntergefahren wird.

Für die nicht mehr zu verwendende native JSF-Annotation `@ManagedBean` existieren ebenfalls native JSF-Annotationen `@RequestScoped`, `@SessionScoped` und `@ApplicationScoped`. Während die CDI-Annotationen im Package `javax.enterprise.context` enthalten sind, gehören die nativen JSF-Annotationen zum Package `javax.faces.bean`. Die nativen JSF-Scope-Annotationen sind ebenfalls deprecated und sollten nicht mehr verwendet werden.

Verwechslungsgefahr bei Scope-Annotationen

Sowohl JSF als auch CDI enthalten die Annotationen `@RequestScoped`, `@SessionScoped` und `@ApplicationScoped`. Verwenden Sie bei Vorschlägen Ihrer IDE ausschließlich die CDI-Varianten. ■

Eine JSF-Seite, genauer eine *View* (siehe Abschnitt 2.1.1), kann eine oder mehrere Referenzen auf Managed Beans in Form von EL-Ausdrücken enthalten. Dabei können die Scopes der Beans durchaus verschieden sein. JSF geht aber über das Servlet-API und HTTP und damit auch über CDI hinaus und definiert einen weiteren Scope, den View-Scope: Der Kontext einer Managed Bean mit View-Scope wird der View zugeordnet. Wenn die Bean in der View zum ersten Mal referenziert wird, wird sie automatisch von CDI erzeugt. Solange die View nicht verlassen wird, ist die Bean aktiv. Erst wenn zu einer anderen View navigiert wird, endet die Lebensdauer der Bean.

Auch hier gibt es eine kleine Komplikation. Die Annotation `@ViewScoped` im Package `javax.faces.bean` wurde im Rahmen der `@ManagedBean`-Annotation mit JSF 2.0 definiert und damit mit nativen JSF-Mitteln implementiert. Durch die Popularität von CDI wurde dieselbe Annotation `@ViewScoped` mit JSF 2.2 nochmals definiert, diesmal im Package `javax.faces.view` und als CDI-Custom-Scope (siehe Abschnitt 3.1.2) implementiert.

Verwechslungsgefahr bei `@ViewScoped`

Bei Vorschlägen Ihrer IDE zur Annotation `@ViewScoped` verwenden Sie immer die Alternative des Package `javax.faces.view`. ■

Da Objekte, die mit `@ViewScoped`, `@ConversationScoped` oder `@SessionScoped` annotiert sind, implemenierungstechnisch in der HTTP-Session verwaltet werden, müssen die Klassen das `Serializable`-Interface implementieren.

Um das tatsächliche Verhalten von Managed Beans studieren und diskutieren zu können, dient die JSF-Seite `managed-beans-overview.xhtml`, die in Listing 2.7 dargestellt ist.

Listing 2.7 Ausschnitt aus managed-beans-overview.xhtml

```
<h:panelGrid columns="2">
  <f:facet name="header">Verschiedene Scopes</f:facet>

  <h:outputText value="Request Scoped" />
  <h:outputText value="#{requestScopedController.hashCode()}" />

  <h:panelGroup>
    <h:outputText value="View Scoped" />
    <h:commandButton action="#{viewScopedController.reload}"
                     value="Reload" />
  </h:panelGroup>
  <h:outputText value="#{viewScopedController.hashCode()}" />

  <h:outputText value="Session Scoped" />
  <h:outputText value="#{sessionScopedController.hashCode()}" />

  <h:outputText value="Application Scoped" />
  <h:outputText value="#{applicationScopedController.hashCode()}" />

</h:panelGrid>
```

Die Seite dient lediglich dazu, den Hash-Code der jeweiligen Managed Bean auszugeben, um deren Lebensdauer indirekt visualisieren zu können. Alle Klassen sind schematisch identisch aufgebaut: Der Klassenname entspricht dem Muster <Scope>ScopedController und die Klasse ist mit @Named und der entsprechenden Scope-Annotation annotiert. Wir verzichten auf die Darstellung der Klassen. Bild 2.12 zeigt die Darstellung im Browser.

Verschiedene Scopes	
Request Scoped	1594031723
View Scoped [Reload]	143960862
Session Scoped	716780755
Application Scoped	1239587515

Bild 2.12 Hash-Codes verschiedener Managed Beans (managed-beans-overview.xhtml)

Warum wird die View-Scoped Managed Bean anders verwendet und mit einer Schaltfläche versehen? Wenn die JSF-Seite durch Funktionalität des Browsers angefragt wird, geschieht dies durch einen HTTP-Get-Request. Die Semantik der @ViewScoped-Annotation besagt, dass die Bean so lange aktiv bleibt, bis zu einer anderen View navigiert wird. Unter Navigation ist hier allerdings die JSF-Navigation zu verstehen. Die Browser-Anfrage ein und derselben View ist aus JSF-Sicht eine andere View und es wird daher eine neue Instanz der Managed Bean erzeugt. Nur wenn das Formular mit JSF-Mitteln abgeschickt wird und die Antwortseite dieselbe View ist, bleibt die Bean weiter aktiv.

Wie verhält sich nun die Seite im Browser? Wird die Seite über die URL-Zeile des Browsers angefragt, werden die Request- und View-Scoped Beans jeweils neu erzeugt, die Session- und Application-Scoped Beans bleiben erhalten. Wird das Formular über die Schaltfläche abgeschickt und eine Action-Methode der View-Scoped Bean aufgerufen, die dieselbe Seite noch einmal anzeigt, bleibt auch die View-Scoped Bean erhalten. Wir gehen auf Action-Methoden in Abschnitt 2.5.2, auf Navigation in Abschnitt 2.5.3 ein.

Nachvollziehen der Objektlebensdauern

Compilieren und deployen Sie die Anwendung `jsf-im-detail`. Öffnen Sie die Seite `managed-beans-overview.jsf` über das Menü *MB* -> *Überblick* und laden Sie die Seite mehrmals neu. Überzeugen Sie sich vom beschriebenen Verhalten. Wiederholen Sie dies in einem neuen Tab desselben Browsers und in einem anderen Browser. ■

2.3.3 Architekturfragen zum Zweiten

Wie bereits erwähnt, können in einer JSF-Seite mehrere Managed Beans verwendet werden. Diese können dieselben, aber auch verschiedene Scopes haben. Es stellt sich eine zentrale Architekturfrage: Gibt es bewährte Regeln, wie viele Managed Beans sinnvoll und für welche Zwecke und von welchem Typ bzw. Scope diese sein sollten? Wie immer in der Software-Entwicklung gibt es dazu keine 100%-Lösung bzw. Regel. Es scheint sich jedoch in der JSF-Entwicklergemeinde herauskristallisiert zu haben, dass für eine JSF-Seite eine (Haupt-)Managed Bean mit Request-Scope als Controller zuständig sein sollte. Es gibt gute Gründe, dieser JSF-Seite weitere Managed Beans hinzuzufügen. Wir haben in diesem Kapitel 2 aufgabengemäß nur Beispiele, die sehr fokussiert auf bestimmte Features von JavaServer Faces eingehen und damit wenig Gelegenheit, weitere Managed Beans zu verwenden.

Wir müssen daher den Leser für befriedigende Antworten zu diesen Fragen bis zu den Kapiteln 3 und 5 vertrösten, da wir zum einen in Kapitel 3 die Grundlagen zum besseren Verständnis von CDI-verwalteten Managed Beans legen, was auch Fragestellungen bezüglich Performanz und Speicherbedarf einschließt. Und zum anderen dann in Kapitel 5 paxisnahe und damit genügend komplexe Anforderungen realisieren, deren JSF-Seiten mehrere Managed Beans verschiedener Scopes benötigen.

2.3.4 Initialisierung

Diesen Abschnitt können Sie getrost überspringen, wenn Sie keine JSF-Anwendung mit den Annotationen `@ManagedBean` und `@ManagedProperty` auf CDI migrieren müssen. Die Annotation `@ManagedProperty` wurde in den JSF-Versionen 2.0 bis 2.2 verwendet, um Properties einer Managed Bean mit Hilfe eines El-Ausdrucks zu initialisieren. Dazu wurde ein Property mit `@ManagedProperty` annotiert. Das Attribut der Annotation war ein String-Literal oder ein EL-Ausdruck. Beim Erzeugen der Managed Bean wurde das Property mit dem Attributwert der Annotation initialisiert. Das folgende Beispiel zeigt dies beispielhaft.

```
@ManagedProperty("#{bean.property}")
private Integer value;
```

CDI verwendet unter anderem Qualifier, um Injection-Points eindeutig auflösen zu können. Die Annotation `@Inject` erlaubt das typsichere Injizieren von Objekten. Würde man das obige Beispiel alternativ mit `@Inject` etwa wie folgt implementieren, würde das eventuell zu einem Fehler führen.

```
@Inject
private Integer value;
```

Der Injektion-Point kann nicht eindeutig aufgelöst werden, wenn es mehrere alternative `Integer`-Objekte gibt, die durch CDI verwaltet werden. JavaServer Faces 2.3 definiert die Annotation `@ManagedProperty` als CDI-Qualifier, um die eindeutige Aufösung des Injection-Point garantieren zu können. Die korrete Verwendung sieht also so aus:

```
@Inject
@ManagedProperty("#{bean.property}")
private Integer value;
```

Wie bereits erwähnt raten wir von der Verwendung nativer JSF-Annotationen für Managed Beans ab und damit auch von der Verwendung von JSFs `@ManagedProperty`-Annotation in den Versionen 2.0 bis 2.2. Auch den CDI-Qualifier `@ManagedProperty` von JSF 2.3 sollten Sie nur verwenden, wenn Sie mit möglichst wenig Aufwand alte JSF-Anwendungen migrieren müssen. In Kapitel 3 und in der folgenden Übungsaufgabe finden Sie Informationen für eine alternative Realisierung mit CDI.

Vermeiden Sie die Verwendung von `@ManagedProperty`

CDI bietet Alternativen zur Verwendung von `@ManagedProperty`. Verwenden Sie die Annotation nur, wenn Sie eine alte JSF-Anwendung mit möglichst wenig Aufwand migrieren müssen. ■

Initialisieren von Properties mit CDI

Werfen Sie einen Blick in die Klassen `RequestScopedContoller` und `PropertyProvider` sowie die JSF-Seite `managed-beans-overview.xhtml` im Beispielprojekt und vollziehen Sie die Realisierung der beiden Alternativen nach. ■

2.4 Validierung und Konvertierung

Benutzereingaben, aber auch Daten, die von anderen Anwendungen kommen, müssen in der Regel validiert werden, um die Datenqualität einer Anwendung sicherzustellen. Die Bandbreite von Validierungen reicht von einer sehr einfachen, rein syntaktischen Natur bis hin zu komplexen und semantischen Validierungen. Die einfachste rein syntaktsiche Validierung ist das Prüfen, ob überhaupt eine Eingabe vorhanden ist. Kompliziertere Validierungen sind etwa das Prüfen, ob eine Bankleitzahl oder IBAN existiert, was zudem noch zeitabhängig ist.

Als UI-Framework stellt JavaServer Faces eine Reihe von Standardvalidierern bereit, die ein breites Spektrum syntaktischer Validierungen abdecken. Hinzu kommt *Bean Validation* in der aktuellen Version 2.0 [URL-JSR380], dessen Validierungsmöglichkeiten in der Regel über die von JSF hinausgehen.

Die meisten Validierungen im Web-Umfeld können jedoch erst durchgeführt werden, wenn Benutzereingaben in Form von Strings eines HTML-Formulars über HTTP, ebenfalls String-basiert, zum Server gelangen. JavaServer Faces stellen hierfür eine Reihe vordefinierter Konvertierer zur Verfügung. Die Konvertierungsmöglichkeiten können bei Bedarf um anwendungsdefinierte Konvertierer ergänzt werden, die Validierungsmöglichkeiten ebenfalls.

Wir beschreiben zunächst JSFs Standardkonvertierer und die Möglichkeit, eigene Konvertierer zu implementieren. Dann führen wir JSF-Standardvalidierer und anwendungsdefinierte Validierer ein. Schließlich runden wir den Abschnitt mit Ausführungen zu Bean Validation ab, auch hier zunächst die vorgegebenen Validierer und dann die Möglichkeit, eigene Validierer zu realisieren.

2.4.1 Standardkonvertierer

Bei der Darstellung des Bearbeitungsmodells einer JSF-Anfrage wurde die Validierungsphase in Abschnitt 2.1.3 beschrieben, auf die wir nun zurückgreifen. Falls eine Komponente an eine Bean-Property gebunden ist, deren Typ nicht String ist, besteht der erste Teil der Validierungsphase in einer Konvertierung in den Typ des Properties. JavaServer Faces bringen eine Reihe von Konvertierern von Haus aus mit, z.B. für Zahlen und Kalenderdaten. Diese Konvertierer befinden sich im Package `javax.faces.convert`. Jeder Konvertierer implementiert das Interface `Converter<T>` desselben Package. Die beiden einzigen Methoden des Interface sind

```
public Object getAsObject(FacesContext context, UIComponent component,
                          String value);

public String getAsString(FacesContext context, UIComponent component,
                         Object value);
```

mit denen ein `String` in ein `Object` und umgekehrt konvertierbar ist.

In JavaServer Faces sind Konvertierer für die Typen `BigDecimal`, `BigInteger`, `Boolean`, `Byte`, `Character`, `Double`, `Float`, `Integer`, `Long` und `Short` vorhanden. Diese befinden sich, wie bereits erwähnt, im Package `javax.faces.convert`. Die Klassennamen leiten sich systematisch von den genannten Typen und dem Suffix `Converter` ab, für den `Integer`-Konvertierer also z.B. der Klassenname `IntegerConverter`. Diese Konvertierer werden automatisch verwendet, wenn der Property-Typ vom entsprechenden Typ ist. Zwei Ausnahmen bilden die Typen `DateTime` (ein künstlicher Typ) und `Number`, als Konvertierer dann `DateTimeConverter` und `NumberConverter`, deren umfangreiche Konfiguration über die Tags `<f:convertDateTime>` und `<f:convertNumber>` vorgenommen und die nicht automatisch angewendet werden. Wir gehen hierauf in den Abschnitten 2.4.2 und 2.4.3 ein. Eine weitere Ausname sind der Typ `Enum`, die Oberklasse aller Aufzählungstypen und der entsprechende Konvertierer `EnumConverter`. Der Konvertierung von Aufzählungstypen ist der Abschnitt 2.4.4 gewidmet. Neben den Wrapper-Typen sind auch die primitiven Typen `char`, `boolean`, `byte`, `int`, `short`, `long`, `float` und `double` möglich. In jeder der genannten Klassen ist eine String-Konstante `CONVERTER_ID` definiert, deren Wert sich aus dem Präfix `javax.faces.` und dem Typ zusammensetzt, für den `Integer`-Konvertierer also das String-Literal `javax.faces.Integer`.

Der folgende JSF-Code erzeugt Eingabefelder und bindet diese an Properties, die die verschiedenen ganzzahligen Datentypen Javas besitzen.

```
<h:inputText value="#{integralNumbers.byteValue}" />
<h:inputText value="#{integralNumbers.shortValue}" />
<h:inputText value="#{integralNumbers.intValue}" />
<h:inputText value="#{integralNumbers.longValue}" />
<h:inputText value="#{integralNumbers.bigIntValue}" />
```

Der folgende Code zeigt den Controller mit seinen Properties, die auch vom entsprechenden primitiven Datentyp sein können.

```
@Named("integralNumbers")
@RequestScoped
public class IntegralNumberController {

  private Byte byteValue;
  private Short shortValue;
  private Integer intValue;
  private Long longValue;
  private BigInteger bigIntValue;
  ...
```

Für Gleitkommazahlen stehen ebenfalls Konvertierer bereit. Auch hier gilt wie überall in der Software-Entwicklung die Aussage, dass monetäre oder andere Werte, die eine exakte Darstellung benötigen, nicht mit `Float` oder `Double`, sondern mit `BigDecimal` zu realisieren sind. Listing 2.8 zeigt einen Seitenausschnitt, der Ein- und Ausgaben mit diesen drei Datentypen realisiert. Dabei erfolgt eine dreispaltige Ausgabe mit Label, Ein-/Ausgabe und Ausgabe des Quadrats der Eingabe im jeweiligen Datentyp.

Listing 2.8 Konvertierung von Gleitkommazahlen (`floating-point-numbers.xhtml`)

```
<h:outputLabel for="floatValue" value="Float-Wert:" />
<h:inputText id="floatValue" value="#{floats.floatValue}" />
<h:outputText value="#{floats.floatValueSquare}" />

<h:outputLabel for="doubleValue" value="Double-Wert:" />
<h:inputText id="doubleValue" value="#{floats.doubleValue}" />
<h:outputText value="#{floats.doubleValueSquare}" />

<h:outputLabel for="bigDecimalValue" value="BigDecimal-Wert:" />
<h:inputText id="bigDecimalValue" value="#{floats.bigDecimalValue}" />
<h:outputText value="#{floats.bigDecimalValueSquare}" />
```

Den Code der entsprechenden Managed Bean zeigt Listing 2.9. Für die drei Properties existieren entsprechende Getter und Setter, die jedoch aus Platzgründen nicht dargestellt sind.

In drei nach dem Getter-Pattern erstellten Methoden wird jeweils das Quadrat der Eingabe berechnet.

Listing 2.9 Konvertierung von Gleitkommazahlen (`FloatingPointController.java`)

```
@Named("floats")
@RequestScoped
public class FloatingPointController {

  private Float floatValue;
  private Double doubleValue;
  private BigDecimal bigDecimalValue;

  public Float getFloatValueSquare() {
    return floatValue * floatValue;
  }

  public Double getDoubleValueSquare() {
    return doubleValue * doubleValue;
  }

  public BigDecimal getBigDecimalValueSquare() {
    return bigDecimalValue.multiply(bigDecimalValue);
  }
  ...
```

Bild 2.13 zeigt die Darstellung der JSF-Seite, deren Hauptteil wir in Listing 2.8 vorgestellt hatten. Das Browser-Fenster zeigt die Darstellung nach der Eingabe des Wertes 0.1 in jedem der drei Eingabefelder und Betätigen der Schaltfläche. Der Bruch 0.1 ist binär nicht exakt darstellbar. Trotzdem wird er im Eingabe- bzw. Ausgabefeld nach Betätigen der Schaltfläche korrekt dargestellt. Dies ist jedoch in einer intelligenten Ausgabe der dafür verantwortlichen `println()`-Methode begründet. Nach der Multiplikation mit sich selbst ist die Darstellung bereits in einem Bereich, in dem die Ausgabe keine derartige Korrektur mehr vornimmt.

Konvertierung von Gleitkommazahlen		
Typ	**Ein-/Ausgabe**	**Quadrat der Eingabe**
Float-Wert:	0.1	0.010000001
Double-Wert:	0.1	0.010000000000000002
BigDecimal-Wert:	0.1	0.01
Abschicken		

Bild 2.13 Darstellung von Listing 2.8 im Browser

Darstellung von Gleitkommazahlen

Vergewissern Sie sich, dass die nicht exakte Darstellung von Brüchen keine Eigenschaft der JSF-Implementierung, sondern eine Eigenschaft der Sprache Java und der JVM ist. Genauer gesagt, liegt es sogar an der Definition der Binär-Repräsentation von Brüchen, die im IEEE-Standard 754-1985 festgelegt ist. Diese ist Grundlage sehr vieler Programmiersprachen. Führen Sie den folgenden Programm-Code direkt in Java aus:

```
System.out.println(0.1);
System.out.println(0.1 * 0.1);
```

oder noch einfacher `0.1 * 0.1` in der JShell.

■

2.4.2 Konvertierung und Formatierung von Zahlen

Wie wir bereits gesehen haben, werden Ganzzahlen und gebrochene Zahlen automatisch in die entsprechenden Typen konvertiert. Gebrochen Zahlen werden standardmäßg jedoch mit Dezimalpunkt und nicht mit Dezimalkomma dargestellt, wie Bild 2.13 zeigt. Außerdem gibt es noch in verschiedenen Verwendungsmöglichkeiten Anforderungen an Darstellungsdetails, wie etwa die Anzahl der Nachkommastellen oder zusätzliche Währungssymbole. Diese Darstellungsdetails können mit dem Tag `<f:convertNumber>` spezifiziert werden. Die Tabelle 2.4 zeigt die entsprechenden Attribute der Komponente. Im Fall der Verwendung eines Musters (Attribut `pattern`) erfindet JSF das Rad nicht neu, sondern greift auf die Java-SE-Klasse `java.text.DecimalFormat` zurück. Wir verzichten daher auf eine vollständige Darstellung und führen in Tabelle 2.5 nur die wichtigsten Zeichen auf.

Bild 2.14 auf Seite 55 zeigt Beispiele für verschiedene Konfigurationen. Grundlage des Beispiels ist das Property

```
BigDecimal bigDecimalValue = new BigDecimal("15233.573");
```

das immer nach dem Muster

```
<h:inputText value="#{numberHandler.bigDecimalValue}">
  <f:convertNumber type="currency" currencyCode="EUR"/>
</h:inputText>
```

in einer Eingabekomponente verwendet wird.

Attribute `groupingUsed` und `integerOnly`

Verwenden Sie die in den Beispielen noch nicht verwendeten Attribute `groupingUsed` und `integerOnly`.

■

Tabelle 2.4 Attribute des `<f:convertNumber>`-Tags

Attribut	Werte und Beschreibung
`type`	`number` (Default), `currency` oder `percent`. Anzeige einer Zahl, einer Währung oder eines Prozentsatzes.
`locale`	Lokalisierung, entweder als Instanz von `java.util.Locale` oder als String.
`currencyCode`	Dreistelliger Währungs-Code nach ISO 4217. Nur möglich, wenn `type=currency`. Alternative zu `currencySymbol`.
`currencySymbol`	Währungssymbol, nur möglich, wenn `type=currency`. Alternative zu `currencyCode`.
`minFractionDigits`	Minimale Anzahl von Nachkommastellen.
`maxFractionDigits`	Maximale Anzahl von Nachkommastellen.
`minIntegerDigits`	Minimale Stellenzahl der Ganzzahl.
`maxIntegerDigits`	Maximale Stellenzahl der Ganzzahl.
`groupingUsed`	Schalter zur Anzeige des Gruppierungszeichens. Default ist `true`.
`integerOnly`	Schalter, ob nur ganzzahliger Anteil der Eingabe verarbeitet werden soll. Default ist `false`.
`pattern`	Angabe eines Patterns zur Formatierung. Alternative zu `type`. Details siehe Tabelle 2.5.

Tabelle 2.5 Mögliche Zeichen zur Verwendung im `pattern`-Attribut

Zeichen	Bedeutung
`0`	Eine Ziffer. Bei Nichtexistenz wird '0' dargestellt.
`#`	Eine Ziffer. Bei Nichtexistenz keine Darstellung.
`.`	Dezimalseparator der aktuellen Lokalisierung.
`,`	Gruppierungssymbol der aktuellen Lokalisierung.
`'`	Fluchtzeichen für Text.

2.4.3 Konvertierung und Formatierung von Kalenderdaten und Uhrzeiten

Kalenderdaten und Uhrzeiten werden anwendungs- und lokalisierungsspezifisch in noch höherem Maße individualisiert als Zahlen. Das Tag `<f:convertDateTime>` unterstützt dies mit einer ganzen Reihe von Attributen, die in Tabelle 2.6 dargestellt sind. Alle Attribute sind vom Typ `String` mit Ausnahme des `Locale`-Objekts für das `locale`-Attribut. Tabelle 2.6 zeigt die Attribute mit ihren möglichen Werten.

Die im Muster (Attribut `pattern`) verwendbaren Zeichen sind in Tabelle 2.7 dargestellt. Auch hier bedient sich JavaServer Faces des Java-SDKs, nämlich der Klasse `java.text.SimpleDateFormat`. Die Zeichen des Musters in Tabelle 2.7 entsprechen denen der Klasse `java.text.SimpleDateFormat`. Für eine detailierte Darstellung verweisen wir auf die Originaldokumentation.

Das Bild 2.15 auf Seite 56 zeigt Beispiele zur Konfiguration des `DateTimeConverter`. Dabei ist die deutsche Lokalisierung für die View eingestellt. Das Bild 2.16 auf Seite 58 zeigt

Der Number-Converter <f:convertNumber>	
ohne <f:convertNumber>	15233.573
<f:convertNumber type="number" />	15.233,573
<f:convertNumber locale="en_US" />	15,233.573
<f:convertNumber type="percent" />	1.523.357%
<f:convertNumber type="currency" />	15.233,57 €
<f:convertNumber type="currency" currencyCode="EUR" />	15.233,57 €
<f:convertNumber type="currency" currencySymbol="€" />	15.233,57 €
<f:convertNumber type="currency" currencyCode="USD" />	15.233,57 USD
<f:convertNumber type="currency" currencyCode="USD" locale="en-US" />	$15,233.57
<f:convertNumber maxFractionDigits="1" />	15.233,6
<f:convertNumber maxFractionDigits="1" maxIntegerDigits="3" />	233,6
<f:convertNumber pattern="###,###.##" />	15.233,57
<f:convertNumber pattern="######## 'Stück'" />	15234 Stück
<f:convertNumber pattern="00000000 'Stück'" />	00015234 Stück
Abschicken	

Bild 2.14 Konvertierung/Formatierung mit `<f:convertNumber>`

die englische Lokalisierung. Hier fällt auf, dass das Beispiel, das *Heute* als deutsches Literal direkt im Pattern-Attribut verwendet, nicht entsprechend lokalisiert wird. Was es mit der Lokalisierung auf sich hat, wie sie verwendet werden kann und damit auch, wie das genannte Problem zu verhindern ist, zeigen wir in Abschnitt 4.2.

Bugs mit `LocalTime` und `LocalDateTime`

Während die Beispiele zum Buch entstanden, enthielt Mojarra noch Bugs bei der Verwendung von `<f:convertDateTime>` mit Properties vom Typ `LocalTime` und `LocalDateTime`. Im Quell-Code für die Seiten der Bilder 2.15 und 2.16 sind die entsprechenden Beispiele auskommentiert.

■

Bugs mit `LocalTime` und `LocalDateTime` weiter vorhanden?

Prüfen Sie, ob die Bugs mittlerweile entfernt wurden. Entfernen Sie dazu in der Datei `vc/formatting-date-time.xhtml` die `<ui:remove>`-Tags und testen Sie die Seite.

■

Tabelle 2.6 Attribute des <f:convertDateTime>-Tags

Attribut	Werte und Beschreibung
`type`	`date` (Default), `time` oder `both`. Anzeige von Datum, Zeit oder Datum und Zeit.
`dateStyle`	`short`, `medium` (Default), `long` und `full`. Formatangabe für den Datumteil, falls `type` gesetzt.
`timeStyle`	`short`, `medium` (Default), `long` und `full`. Formatangabe für den Zeitteil, falls `type` gesetzt.
`timeZone`	Angabe der Zeitzone. Falls nicht gesetzt, ist der Default Greenwich-Mean-Time (GMT).
`locale`	Lokalisierung, entweder als Instanz von `java.util.Locale` oder als String.
`pattern`	Angabe eines Patterns zur Formatierung. Alternative zu `type`. Details siehe Tabelle 2.7.

Der DateTime-Converter <f:convertDateTime>	
LocalDate mit <f:convertDateTime type="localDate">	07.05.2018
LocalDate mit <f:convertDateTime type="localDate" dateStyle="short">	07.05.18
LocalDate mit <f:convertDateTime type="localDate"dateStyle="long">	7. Mai 2018
LocalDate mit <f:convertDateTime type="localDate"dateStyle="full">	Montag, 7. Mai 2018
LocalTime mit <f:convertDateTime type="localTime">	19:35:11
LocalDateTime mit <f:convertDateTime type="localDateTime" >	07.05.2018 19:35:11
LocalDateTime mit <f:convertDateTime type="date" pattern="dd.MM.yyyy" >	07.05.2018
LocalDateTime mit <f:convertDateTime type="date" pattern="dd. MMM yyyy" >	07. Mai 2018
LocalDateTime mit <f:convertDateTime type="date" pattern="'Heute,' EEEE 'der' dd. MMMM yyyy" >	Heute, Montag der 07. Mai 2018
java.util.Date <f:convertDateTime>	07.05.2018
Eingabe in Deutsch [Antwort in Deutsch] [Abschicken]	

Bild 2.15 Konvertierung/Formatierung mit <f:convertDateTime> (deutsche Lokalisierung)

2.4.4 Konvertierung von Aufzählungstypen

Die Konvertierung von Aufzählungstypen wird von JSF direkt unterstützt. Werden Eingabekomponenten, wie etwa `<h:inputText>`, per Wertebindung an ein Property mit Enum-Typ gebunden, ist nichts weiter zu tun. Die Konvertierung des – per Konvention großgeschriebenen Wertes – erfolgt automatisch. Aufzählungstypen werden aber typischerweise nicht in textuellen Eingaben, sondern z.B. in Auswahlmenüs verwendet. Mit JSF werden Auswahlmenüs mit dem `<h:selectOneMenu>`-Tag realisiert. Wir zeigen exemplarisch die Verwendung an einem Beispiel. Dazu modellieren wir den Aufzählungstyp `Familienstand` möglichst einfach wie folgt

```
public enum Familienstand {
  // vereinfacht ohne Lebenspartnerschaft etc.
  LEDIG, VERHEIRATET, GESCHIEDEN, VERWITWET
}
```

Tabelle 2.7 Mögliche Zeichen zur Verwendung im `pattern`-Attribut

Zeichen	Bedeutung	Beispiel	Darstellung
`G`	Epoche	`G`	`n. Chr.`
`y`	Jahr	`yyyy`	`2006`
`M`	Monat des Jahres	`MM`	`06`
		`MMM`	`Juni`
`w`	Woche des Jahres	`w`	`14`
`W`	Woche im Monat	`W`	`3`
`d`	Tag im Monat	`dd`	`05`
`D`	Tag im Jahr	`DD`	`21`
`E`	Tag in der Woche	`EE`	`Mo`
		`EEEE`	`Montag`
`h`	Stunde (0–12, am/pm)	`h`	`8`
`H`	Stunde (0–23)	`HH`	`08`
`m`	Minuten	`mm`	`26`
`s`	Sekunden	`ss`	`59`
`S`	Millisekunden	`SSS`	`123`
`'`	Fluchtzeichen für Text	`'Heute'`	`Heute`
`''`	Apostroph	`''`	`'`

Verwendet wird diese Enumeration in der Managed Bean `EnumController`, die in Listing 2.10 ausschnittsweise dargestellt ist. Das Beispiel zeigt drei Alternativen der Verwendung, daher die drei Properties `familienstand1`, `familienstand2` und `familienstand3`. Der letztendlich selektierte Familienstand ist dann in `familienstandSelected` vermerkt.

Listing 2.10 Properties der Managed Bean `EnumController.java`

```
@Named("enums")
@RequestScoped
public class EnumController {

  private Familienstand familienstand1;
  private Familienstand familienstand2;
  private Familienstand familienstand3;
  private Familienstand familienstandSelected;

  ...
}
```

Man erkennt in Listing 2.11, der ersten Alternative, die Wertebindung an das Property `familienstand1` innerhalb des `<h:selectOneMenu>`-Tags und die Verwendung des `<f:selectItem>`-Tags zur Definition des Auswahlmenüs. Sowohl das `<f:selectItem>`-Tag, als auch die Pluralvariante `<f:selectItems>` werden in JSF für alle Auswahlkomponenten verwendet. Weiteren Auswahlkomponenten, die JSF zur Verfügung stellt, sind `<h:selectBooleanCheckbox>`, `<h:selectOneListbox>`, `<h:selectOneRadio>`,

Der DateTime-Converter <f:convertDateTime>	
LocalDate mit <f:convertDateTime type="localDate">	May 7, 2018
LocalDate mit <f:convertDateTime type="localDate" dateStyle="short">	5/7/18
LocalDate mit <f:convertDateTime type="localDate"dateStyle="long">	May 7, 2018
LocalDate mit <f:convertDateTime type="localDate"dateStyle="full">	Monday, May 7, 2018
LocalTime mit <f:convertDateTime type="localTime">	7:35:11 PM
LocalDateTime mit <f:convertDateTime type="localDateTime" >	May 7, 2018 7:35:11 PM
LocalDateTime mit <f:convertDateTime type="date" pattern="dd.MM.yyyy" >	07.05.2018
LocalDateTime mit <f:convertDateTime type="date" pattern="dd. MMM yyyy" >	07. May 2018
LocalDateTime mit <f:convertDateTime type="date" pattern="'Heute,' EEEE 'der' dd. MMMM yyyy" >	Heute, Monday der 07. May 2018
java.util.Date <f:convertDateTime>	May 7, 2018
Eingabe in Englisch [Antwort in Englisch] [Abschicken]	

Bild 2.16 Konvertierung/Formatierung mit `<f:convertDateTime>` (englisch Lokalisierung)

`<h:selectManyCheckbox>`, `<h:selectManyListbox>` und `<h:selectManyMenu>`. Wir werden einige davon im weiteren Verlauf des Buchs verwenden, merken aber bereits hier an, dass die Namen selbsterklärend sind.

Listing 2.11 Alternative 1 zur Enum-Auswahl

```
<h:selectOneMenu value="#{enums.familienstand1}">
  <f:selectItem itemLabel="ledig" itemValue="LEDIG" />
  <f:selectItem itemLabel="verheiratet" itemValue="VERHEIRATET" />
  <f:selectItem itemLabel="geschieden" itemValue="GESCHIEDEN" />
  <f:selectItem itemLabel="verwitwet" itemValue="VERWITWET" />
</h:selectOneMenu>
```

Zurück zum Beispiel: das `<f:selectItem>`-Tag definiert ein einzelnes Auswahlelement und muss als direkter Kindknoten einer Auswahlkomponente verwendet werden. Im Attribut `itemLabel` wird der Text hinterlegt, der dem Benutzer angezeigt wird. Im Attribut `itemValue` steht der Wert, der dem Property der Managed Bean zugewiesen wird, in unserem Fall also jeweils ein Wert des Aufzählungstyps `Familienstand`.

Diese Art der Verwendung ist jedoch nicht besonders wartungsfreundlich. Änderungen an den Werten des Aufzählungstyps – z.B. zusätzlich der Wert *eingetragene Lebenspartnerschaft* – sind im allgemeinen Fall durchaus möglich und erfordern Änderungen in allen JSF-Seiten, die eine derartige Auswahl verwenden. Eine wartungsfreundlichere Implementierungsalternative verwendet das bereits erwähnte `<f:selectItems>`-Tag. Das Listing 2.12 zeigt die überarbeitete Version, in der die möglichen Werte über die Java-Methode `getValues()` bestimmt werden, die in Listing 2.13 dargestellt wird. Die Methode liefert im Beispiel ein Array von `SelectItem`-Instanzen zurück. Alternativ sind alle Collections erlaubt, was wir in der Methode `getValues2()` mit einer Liste demonstrieren. Der mehrfach überladene Konstruktor der Klasse `SelectItem` verwendet in der von uns genutzen Version als ersten Parameter den Wert vom Typ `Object` und als zweiten das Label als String.

Listing 2.12 Alternative 2 zur Enum-Auswahl

```
<h:selectOneMenu value="#{enums.familienstand2}">
  <f:selectItems value="#{enums.values}"/>
</h:selectOneMenu>
```

Listing 2.13 Methode zur Erzeugung von Auswahlalternativen

```
public SelectItem[] getValues() {
  SelectItem[] items = new SelectItem[Familienstand.values().length];
  for (int i = 0; i < items.length; i++) {
    items[i] = new SelectItem(Familienstand.values()[i],
                              Familienstand.values()[i].toString().
                                  toLowerCase());
  }
  return items;
}

public List<SelectItem> getValues2() {
  return Arrays.stream(Familienstand.values())
               .map(val -> new SelectItem(val,
                                          val.toString().toLowerCase()))
               .collect(Collectors.toList());
}
```

Verzicht auf `SelectItem`-Objekte

Nicht verschwiegen werden soll hier, dass auf `SelectItem`-Objekte völlig verzichtet werden kann. Das `value`-Attribut von `<f:selectItems>` erlaubt auch die Verwendung von allgemeinen Objekten, falls diese automatisch konvertiert werden. Der Methodenrumpf kann also auf `Familienstand.values()` verkürzt werden. Als Label wird dann allerdings der `toString()`-Rückgabewert des Objekts verwendet, was bei Enums zu vollständig großgeschriebenen Texten führt.

■

Die dritte Alternative führt dies noch einen Schritt weiter, indem ganz auf Java-Code verzichtet wird und die Aufzählungstypwerte direkt in der JSF-Seite verwendet werden. Man benötigt hierzu das bereits bekannte Tag `<f:importConstants>`, wie in Listing 2.14 dargestellt.

Listing 2.14 Alternative 3 zur Enum-Auswahl

```
<f:metadata>
  <f:importConstants type="de.jsfpraxis.detail.vc.Familienstand"/>
</f:metadata>
...
```

```
<h:selectOneMenu value="#{enums.familienstand3}">
  <f:selectItems value="#{Familienstand.values()}"/>
</h:selectOneMenu>
```

Verifikation des Beispiels

Überzeugen Sie sich davon, dass die drei Alternativen im Beispielprojekt den Darstellungen des Buchs entsprechen. Sie finden die entsprechende JSF-Seite im Menü *V u K* und dann *Enums*.

■

Neuer Familienstand

Erweitern Sie das Beispielprojekt mit seinen Alternativen um einen neuen Familienstand *eingetragene Lebenspartnerschaft*.

■

2.4.5 Anwendungsdefinierte Konvertierer

Die von JSF bereitgestellten Konvertierer für die Standarddatentypen und Aufzählungstypen reichen bei komplexeren Anwendungen in der Regel nicht aus. Daher sieht JSF die Möglichkeit vor, anwendungsspezifische Konvertierer definieren zu können. Als Beispiel hierfür verwenden wir Kreditkarten bzw. Kreditkartennummern, die wir als eigenen Datentyp definieren. Die Klasse `CreditCard` kapselt vier Quadrupel und das API besteht praktisch ausschließlich aus dem Konstruktor und der `toString()`-Methode:

```
public class CreditCard {

  public CreditCard(String q1, String q2, String q3, String q4) {...}

  public String toString() { ... }

}
```

Da die innere Struktur an dieser Stelle unerheblich ist, verzichten wir auf eine Darstellung. Die JSF-Anwendung soll nun die Eingabe einer Kreditkartennummer in drei Formaten erlauben. Als String mit 16 Ziffern oder als vier Quadrupel, die ebenfalls nur aus Ziffern bestehen, aber durch jeweils ein Leerzeichen oder ein Minuszeichen voneinander getrennt werden. Andere Formate sind nicht erlaubt.

JSF-Konvertierer müssen das Interface `Converter<T>` im Package `javax.faces.convert` implementieren. Dieses Interface besteht aus den beiden Methoden `getAsObject()` und `getAsString()`. Listing 2.15 zeigt die Klasse `CreditCardConverter`, die diese beiden Methoden implementiert.

Listing 2.15 Der Kreditkartenkonvertierer `CreditCardConverter`

```
@FacesConverter(forClass = CreditCard.class)
public class CreditCardConverter implements Converter<CreditCard> {

  private static final FacesMessage message =
      new FacesMessage(FacesMessage.SEVERITY_ERROR,
                       "Keine Kreditkartennummer",
                       "Keine Kreditkartennummer");

  @Override
  public CreditCard getAsObject(FacesContext context,
                                UIComponent component,
                                String value) {
    ...
    if ( /* Fehlerfall */ ) {
      throw new ConverterException(message);
    }
    ...
  }

  @Override
  public String getAsString(FacesContext context,
                            UIComponent component,
                            CreditCard value) {
    return value.toString();
  }

}
```

Wir vernachlässigen hier die Diskussion zur Prüfung des korrekten Datenformats, da die Implementierung evident ist. Interessanter ist die `FacesMessage`-Instanz. Diese Klasse repräsentiert Fehlermeldungen bzw. allgemeine Nachrichten. Diese werden in Abschnitt 2.4.14 erläutert, weshalb wir jetzt nicht darauf eingehen. Hier bleibt lediglich festzuhalten, dass Fehler bei der Konvertierung durch das Werfen einer `ConverterException`-Instanz signalisiert werden.

Beide Methoden bekommen im ersten Parameter den `FacesContext` der Anfrage und im zweiten Parameter die `UIComponent`, die die Konvertierung veranlasst, übergeben. In diesem einfachen Beispiel werden beide Parameter nicht verwendet. Im `String`-Parameter der Methode `getAsObject()` steht die Benutzereingabe, die in eine `CreditCard`-Instanz zu konvertieren ist. Der `CreditCard`-Parameter der Methode `getAsString()` enthält die zu konvertierende `CreditCard`-Instanz.

Die Annotation `@FacesConverter` registriert bei der gezeigten Verwendung mit dem Attribut `forClass` den Konvertierer global für die angegebene Klasse. Er wird dann automatisch für alle Eingaben dieses Typs, im Beispiel `CreditCard`, verwendet, wie etwa in folgenden Beispiel, wo `creditCard` ein Property des Typs `CreditCard` ist:

```
<h:inputText id="cc1" value="#{ccc.creditCard}" />
```

Eine alternative Verwendung benötigt einen Namen für den Konvertierer, der über das value-Attribut der Annotation @FacesConverter vergeben wird, wie im folgenden Code-Abschnitt dargestellt:

```
@FacesConverter("creditcard")
public class CreditCardConverter implements Converter<CreditCard> { ... }
```

Der vergebene Name bzw. der dahinterstehende Konvertierer kann dann in einem <h:inputText>-Element durch das converter-Attribut an diese Eingabe gebunden werden:

```
<h:inputText value="#{ccc.creditCard}" converter="creditcard" />
```

Im Gegensatz zur ersten Verwendung erfolgt nur in dieser Eingabekomponente die Anwendung des Konvertierers, andere Eingabekomponenten können andere Konvertierer für Properties dieses Typs verwenden. Das converter-Attribut erlaubt aber nicht nur die Verwendung mit einem String-Literal, sondern allgemein mit einer Methodenbindung. So kann etwa eine Methode referenziert werden, die einen Konverter als anonyme Klasse zurückgibt.

converter-Attribut in allen Eingabekomponenten

Das converter-Attribut ist in allen Eingabekomponenten erlaubt, also etwa auch in <h:inputTextarea> oder <h:selectOneMenu>.

■

Eine weitere Alternative ist die Verwendung des <f:converter>-Tags, das im Attribut converterId den Namen des Konvertierers erwartet:

```
<h:inputText value="#{ccc.creditCard}">
  <f:converter converterId="creditcard" />
</h:inputText>
```

Abschließen wollen wir die Ausführungen zu anwendungsdefinierten Konvertierern mit dem converterMessage-Attribut, das analog zu converter ebenfalls alle Eingabekomponenten besitzen. Falls die im Konvertierer definierten Fehlermeldungen (siehe Listing 2.15) nicht erwünscht sind oder nicht in der gewünschten Lokalisierung vorliegen, kann mit dem converterMessage-Attribut explizit eine Fehlermeldung definiert werden, wie im folgenden Beispiel:

```
<h:inputText value="#{ccc.creditCard}" converter="creditcard"
             converterMessage="Falscheingabe"/>
```

Eine weitere Möglichkeit, Fehlermeldungen anzuzeigen, ist das <h:message>-Tag. Wir gehen hier nicht darauf ein, holen dies aber bei der Einführung von JSFs Standardvalidierer und dann insbesondere im Abschnitt 2.4.14 nach.

Globale Konvertierer bevorzugen

Wir raten dazu, Konvertierer mit `@FacesConverter(forClass = ...)` zu definieren und damit global zu verwenden, da dies zur Konsistenz des UIs beiträgt. Die Verwendung von `converter`, `converterMessage` und `<f:converter>` erleichtern die inkonsistente Verwendung.

Die gleichzeitige Verwendung der Attribute `value` und `forClass` in der Annotation `@FacesConverter` ist nicht zulässig. Falls Sie doch beide verwenden, wird `forClass` ignoriert.

Die Annotation `@FacesConverter` kennt noch ein drittes Attribut: `managed`. Falls Sie dieses auf `true` setzen, verwaltet CDI den Konvertierer und erlaubt somit z.B. das Injizieren von anderen Artefakten durch CDI. Wir gehen in Kapitel 3 auf CDI ein.

2.4.6 Standardvalidierer

Die Validierung von Benutzereingaben ist eine der Hauptaufgaben eines GUI. JavaServer Faces stellen daher bereits eine Reihe von Validierern zur Verfügung. Reichen diese nicht aus, können eigene Validierer implementiert werden. Die Standardvalidierer sind im Package `javax.faces.validator` enthalten. Es sind dies die Klassen `BeanValidator`, `DoubleRangeValidator`, `LengthValidator`, `LongRangeValidator`, `RegexValidator` und `RequiredValidator`. Die in einer JSF-Seite zu verwendenden Tags werden durch konsistente Umbenennung aus den Klassennamen erzeugt und sind in Tabelle 2.8 entsprechend zugeordnet. Alle Klassen implementieren das Interface `Validator<T>`, das auch anwendungsdefinierte Validierer implementieren müssen.

Tabelle 2.8 Die Standardvalidierer

Validiererklasse	Validierer-Tag
`BeanValidator`	`<f:validateBean>`
`DoubleRangeValidator`	`<f:validateDoubleRange>`
`LengthValidator`	`<f:validateLength>`
`LongRangeValidator`	`<f:validateLongRange>`
`RegexValidator`	`<f:validateRegex>`
`RequiredValidator`	`<f:validateRequired>`
—	`<f:validateWholeBean>`

Die Klasse `BeanValidator` und das Tag `<f:validateWholeBean>`, für das keine Implementierung im Package `javax.faces.validator` existiert, nehmen eine gewisse Sonderstellung ein und werden in den Abschnitten 2.4.10 und 2.4.13 behandelt. Wir beginnen hier zunächst mit den einfachen Längen- und Bereichsvalidierern. Der `LengthValidator` überprüft die Länge, die beiden Bereichsvalidierer den Wert einer Eingabe. Sowohl die Länge als auch der Wert werden jeweils durch zwei Attribute begrenzt, minimum und maximum. Es gibt keine Default-Werte für diese Attribute, d.h. falls sie nicht angegeben werden, ist der entsprechende Bereich nicht begrenzt. Die Verwendung ist simpel und beispielhaft in Bild 2.17 dargestellt.

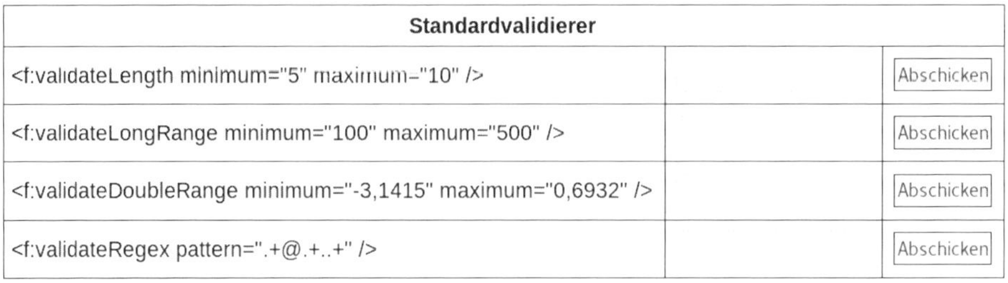

Standardvalidierer		
<f:validateLength minimum="5" maximum="10" />		Abschicken
<f:validateLongRange minimum="100" maximum="500" />		Abschicken
<f:validateDoubleRange minimum="-3,1415" maximum="0,6932" />		Abschicken
<f:validateRegex pattern=".+@.+..+" />		Abschicken

Bild 2.17 Verwendung der Standardvalidierer

Der Screenshot in Bild 2.17 zeigt dabei nur die Validierer-Tags, die jeweils als Sohnknoten eines <h:inputText>-Tags verwendet werden, für die erste Zeile mit <f:validateLength> also:

```
<h:inputText value="#{vc.textValue}">
  <f:validateLength minimum="5" maximum="10" />
</h:inputText>
```

Das Bean-Property textValue ist vom Typ String. Ist der eingegebene Text mindestens fünf und höchstens zehn Zeichen lang, endet die Validierung positiv und die Request-Bearbeitung geht mit Phase 4 des JSF-Lebenszyklus weiter. Liegt die Länge des eingegebenen Textes außerhalb dieses Bereichs, wird intern eine ValidatorException geworfen und der entsprechende Fehler kann durch ein <h:message>-Tag angezeigt werden. Dieser Mechanismus entspricht dem bei Konvertierungsfehlern und wird etwas später kurz angesprochen, um dann in Abschnitt 2.4.14 detailliert erläutert zu werden.

Die beiden weiteren Beispiele im Bild 2.17 zeigen die Verwendung von <f:validateLongRange> und <f:validateDoubleRange> und sind selbsterklärend. Das letzte Beispiel, <f:validateRegex>, überprüft die Übereinstimmung einer Eingabe mit einem regulären Ausdruck, hier konkret eine rudimentäre E-Mail-Syntax, z.B. a@b.c oder abc@def.ghi.

Der letzte in diesem Abschnitt zu besprechende Validierer ist der RequiredValidator, der eine Benutzereingabe erzwingt. Er ist damit eine Alternative zum required-Attribut, das jede Eingabekomponente zur Verfügung stellt. Wir erweitern zunächst das Längenbeispiel von oben, um eine erforderliche Eingabe über das required-Attribut zu garantieren:

```
<h:inputText value="#{vc.textValue}" required="true">
  <f:validateLength minimum="5" maximum="10" />
</h:inputText>
```

Die Alternative über den RequiredValidator bzw. das entsprechende <f:validateRequired>-Tag stellt sich dann wie folgt dar:

```
<h:inputText value="#{vc.textValue}">
  <f:validateRequired />
```

```
    <f:validateLength minimum="5" maximum="10" />
  </h:inputText>
```

Es dürfen beliebig viele Validierer innerhalb einer Eingabekomponente verwendet werden, die in der Reihenfolge ihrer Verwendung abgearbeitet werden. Diese Reihefolge kann zu verschiedenen Ergebnissen führen, was wir hier jedoch nicht weiter ausführen, sondern einer Übungsaufgabe überlassen.

Das `<f:validateRequired>`-Tag kann nicht nur wie im Beispiel innerhalb einer Eingabekomponente verwendet werden, sondern auch mehrere Tags umfassen. Es erspart so die mehrfache Verwendung des `required`-Attributs, wie die folgende schematische Darstellung verdeutlicht.

```
<f:validateRequired>
  <h:inputText ... />
  <h:inputText ... />
</f:validateRequired>
```

Die Verwendung von Validierern ist nicht auf einfache Texteingaben beschränkt, sondern bei allen Eingabekomponenten möglich, also etwa auch bei einer Drop-down-Liste, einer Checkbox oder einem Radio-Button. Es gibt bei diesen Eingaben in der Regel jedoch sinnvollere Alternativen, um Falscheingaben des Benutzers zu verhindern, so dass wir auf ein Beispiel verzichten.

`required="true"` versus `<f:validateRequired>`

Überarbeiten Sie die JSF-Seite `vc/validators.xhtml`:

- Ersetzen Sie die `required="true"`-Attribute jeweils durch ein `<f:validateRequired>`.
- Ersetzen Sie alle `<f:validateRequired>`-Tags durch ein einziges.

■

Reihenfolge der Validiererausführung

Beim Beispiel mit den beiden Validierern `<f:validateRequired>` und `<f:validateLength>` haben wir angemerkt, dass die Reihenfolge der beiden Validierer durchaus von Belang sein kann. Um dies zu überprüfen, kommentieren Sie in der Datei `web.xml` die Definition des Kontextparameters `INTERPRET_EMPTY_STRING_SUBMITTED_VALUES_AS_NULL` aus und testen die Seite `validators.xhtml` erneut. Der Grund für das unterschiedliche Verhalten wird in Abschnitt 2.4.10 deutlich.

■

2.4.7 Validierungsmethoden

Die bisherigen Validierungen wurden von den Standardvalidierern vorgenommen und sind daher auf syntaktische und einfache semantische Validierungen beschränkt. JavaServer Faces bieten mit Methoden zur Validierung und mit komplett selbstdefinierten Validierern die Möglichkeit, anwendungsbezogene Validierer zu entwickeln, die wesentlich komplexere Validierungen vornehmen können. Beispiele sind etwa die Überprüfung einer E-Mail-Adresse auf korrekte Syntax auf Basis von bekannten Domains oder die Überprüfung eines Überweisungsbetrages im Online-Banking derart, dass bei Durchführung der Überweisung der Überziehungskredit nicht überschritten werden darf. Die Entwicklung eigenständiger Validiererklassen wird in Abschnitt 2.4.8 beschrieben; die Entwicklung von Validierungsmethoden erläutern wir im Folgenden.

Jede Eingabekomponente erlaubt die Bindung einer Validierungsmethode einer Managed Bean an sich. Dies geschieht analog zur Methodenbindung, mit dem Unterschied, dass das zu verwendende Attribut der Komponente das Attribut `validator` ist. So wird etwa mit

```
<h:inputText value="#{vc.email}" required="true"
             validator="#{vc.validateEmail}"
             validatorMessage="Falsche E-Mail-Syntax" />
```

die Validierungsmethode `validateEmail()` an die Texteingabe gebunden. Die Attribute `validator` und `validatorMessage` werden analog zu den von Konvertierungen bekannten Attributen `converter` und `converterMessage` verwendet. Für das Beispiel ist anzumerken, dass die Angabe einer Fehlermeldung als String-Literal offensichtlich keine Lokalisierung unterstützt.

Die Signatur der Validierungmethode entspricht der Methode `validate()` des Interface `Validator<T>` im Package `javax.faces.validator`. Als Methodenbezeichner sind allerdings beliebige Namen erlaubt. Die Methode `validateEmail()` ist definiert als

```
  public void validateEmail(FacesContext context,
                            UIComponent component,
                            Object email)
              throws ValidatorException {
  if (email == null) {
    return; // sollte @NotNull oder RequiredValidator pruefen
  }
  if (!((String) email).matches(".+@.+\\..+")) {
    throw new ValidatorException(
              new FacesMessage("Fehlerhafte E-Mail-Syntax"));
  }
}
```

Als Parameter bekommt die Methode den Faces-Context des aktuellen Requests, die Komponente, deren Wert zu validieren ist, und den Wert selbst übergeben. Wir verwenden in der Methode nur den Wert. Die Überprüfung auf eine korrekte E-Mail-Adresse ist stark simplifiziert und reduziert sich im Prinzip auf ein einfaches Muster mit Klammeraffen und einem Punkt im rechten Teil für die Domain, wie wir es bereits im Beispiel für `<f:falidateRegex>` verwendet haben. Die Methode `matches()` der Klasse `String` testet auf Übereinstimmung mit einem regulären Ausdruck. Wenn ein Wert valide ist, terminiert die Methode. Wenn nicht, wirft sie eine `ValidatorException`, eine Klasse, die ebenfalls im Package `javax.faces.validator` enthalten ist. Der Parameter des Exception-Konstruktors ist eine Fehlermeldung, die wir schon in Abschnitt über anwendungsdefinierte Konvertierer kennengelernt hatten.

Validierung von Kreditkarten

Schreiben Sie eine Validierungsmethode, die prüft, ob eine Texteingabe eine Kreditkartennummer ist. Kreditkartennummern sind 16 Ziffern, die in Vierergruppen angeordnet und durch ein Minus- oder Leerzeichen getrennt sind. Also z.B. „1234-5678-9876-5432" oder „1234 5678 9876 5432". Eine inhaltliche Überprüfung soll nicht vorgenommen werden. Diese Validierung ist somit eine Alternative zur Kreditkartenklasse und Kreditkartenkonvertierer aus Abschnitt 2.4.5. ■

2.4.8 Anwendungsdefinierte Validierer

Analog zur Definition anwendungsdefinierter Konvertierer (siehe Abschnitt 2.4.5) erlaubt JSF auch die Definition von anwendungsdefinierten Validierern. Im Gegensatz zu Konvertierern, die für eine bestimmte Klasse definiert werden können, können Validierer nur über eine vergebene Id verwendet werden.

Die Klasse `EmailValidator` in Listing 2.16 implementiert das Interface `Validator<T>`.

Listing 2.16 Der E-Mail-Validierer `EmailValidator`

```
@FacesValidator("emailValidator")
public class EmailValidator implements Validator<String> {

  @Override
  public void validate(FacesContext context,
                       UIComponent component,
                       String email) throws ValidatorException {
    if (email == null || email.isEmpty()) {
      return; // sollte @NotNull oder RequiredValidator pruefen
    }
    if (! email.matches(".+@.+\\..+")) {
      throw new ValidatorException(
      new FacesMessage(FacesMessage.SEVERITY_ERROR,
                       "Fehlerhafte E-Mail-Syntax",
                       "Fehlerhafte E-Mail-Syntax"));
    }
  }

}
```

Mit der Annotation `@FacesValidator` wird eine Instanz der Klasse als Validierer unter dem Namen `emailValidator` registriert. Die Verwendung in der JSF-Seite erfolgt dann über das `validator`-Attribut, analog zur Validierungsmethode,

```
<h:inputText value="#{vc.email}" required="true"
             validator="emailValidator"
             validatorMessage="Falsche E-Mail-Syntax" />
```

oder über das `<f:validator>`-Tag:

```
<h:inputText value="#{vc.email}" required="true">
  <f:validator validatorId="emailValidator" />
</h:inputText>
```

2.4.9 Eingabekomponenten und das `immediate`-Attribut

Bei der Darstellung der Phase 2 des JSF-Anfragezyklus in Abschnitt 2.1.2 haben wir erwähnt, dass bei Eingabekomponenten, deren boolesches Attribut `immediate` auf `true` gesetzt ist, Konvertierung und Validierung bereits bei der Übernahme der Anfragewerte und nicht in der Validierungsphase stattfinden. Doch wo, besser warum, wird dieses Verhalten benötigt?

Ein JSF-Request war bis zur Einführung von Ajax in der Version 2.0 immer ein vollständiger Request, d.h. alle Komponenten des Komponentenbaums werden vollständig entsprechend dem Lebenszyklus behandelt. Wenn nun eine der Eingabekomponenten auf eine Eingabe besteht (`required="true"` oder `<f:validateRequired>`), hat dies Auswirkungen auf die komplette Seite. Eine Verarbeitung eines Teils der Seite ist nicht möglich, wenn diese Eingabe nicht vorhanden ist. Wenn z.B. neben den obligatorischen Daten eines Kunden noch die Daten für die Bezahlweise einer Bestellung einzugeben sind, diese sich jedoch abhängig von der Auswahl der Bezahlweise (Kreditkarte, Bankeinzug, Rechnung) unterscheiden, so kann eine Änderung der Auswahl nicht als JSF-Request abgeschickt werden, solange die obligatorischen Daten nicht angegeben sind. Mit dem `immediate`-Attribut kann server-seitige Logik vorgezogen werden, ohne durch Konvertierungs- oder Validierungsfehler verhindert zu werden.

Wir entwickeln ein minimales Beispiel mit zwei Eingabekomponenten, bei denen eine Eingabe in die eine Komponente zwingend vorgeschrieben ist und die andere Komponente die JSF-Seite verändert, im Beispiel auf primitive Art und Weise lokalisiert. Bild 2.18 zeigt die Möglichkeit zur Eingabe einer Anschrift, einmal mit deutscher, ein zweites Mal mit englischer Beschriftung, und die Möglichkeit zur Auswahl der Sprache der Beschriftungen.

Wird nun das Formular mit einfacher JavaScript-Unterstützung abgeschickt, weil eine andere Sprache selektiert wurde, so weigert sich JSF, den Request zu bearbeiten, da die Validierung der Eingabekomponente missglückt ist. Als Lösung der Problematik muss die Menüauswahl mit `immediate="true"` erfolgen. Das Listing 2.17 zeigt den entsprechenden Ausschnitts der JSF-Seite zu Bild 2.18.

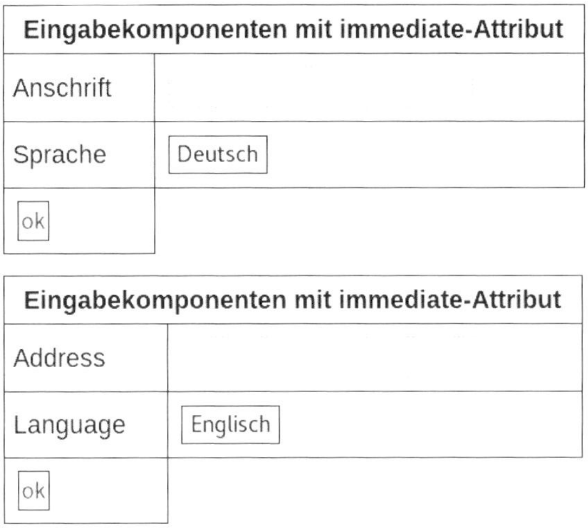

Eingabekomponenten mit immediate-Attribut	
Anschrift	
Sprache	Deutsch
ok	

Eingabekomponenten mit immediate-Attribut	
Address	
Language	Englisch
ok	

Bild 2.18 Eingabe mit `immediate`-Attribut

Listing 2.17 Eingabekomponente mit `immediate`-Attribut

```
1  <h:outputLabel for="address"
2                 value="#{ic.addressLabels[ic.language]}"  />
3  <h:inputText id="address" value="#{ic.address}" required="true" />
4  <h:outputLabel for="language"
5                 value="#{ic.languageLabels[ic.language]}"  />
6  <h:selectOneMenu id="language" value="#{ic.language}"
7                   onchange="submit();" immediate="true"
8                   valueChangeListener="#{ic.languageChanged}">
9    <f:selectItems value="#{ic.languages}" />
10 </h:selectOneMenu>
11 <h:commandButton action="#{ic.save}" value="ok"/>
```

Die Eingabe in das `<h:inputText>`-Element ist verpflichtend (`required="true"`, Zeile 3). Sowohl das Ändern des Auswahlmenüs (`onchange="submit()", Zeile 7`) als auch das Klicken des Command-Buttons schicken das Formular ab. Die Reaktion auf eine Änderung der Sprachauswahl soll die Beschriftung der Eingaben ändern. Dies ist jedoch bei einer leeren Anschrift nicht möglich. Abhilfe schafft hier das Attribut `immediate`, das die Konvertierung und Validierung für die mit `immediate` versehene Komponente in die Phase 2 – Übernahme der Anfragewerte – vorzieht. Listing 2.18 zeigt die Managed Bean `ImmediateController`, die in der JSF-Seite verwendet wird.

Listing 2.18 Managed Bean zur Demonstration des `immediate`-Attributs

```
@Named("ic")
@RequestScoped
public class ImmediateController {

  private static final String LANG1 = "Deutsch";
```

```
6     private static final String LANG2 = "Englisch";
7
8     private String address;
9     private String language = LANG1;
10    private Map<String, String> addressLabels;
11    private Map<String, String> languageLabels;
12
13    @Inject FacesContext facesContext;
14
15    public ImmediateController() {
16      addressLabels = new HashMap<String, String>(2);
17      addressLabels.put(LANG1, "Anschrift");
18      addressLabels.put(LANG2, "Address");
19      languageLabels = new HashMap<String, String>(2);
20      languageLabels.put(LANG1, "Sprache");
21      languageLabels.put(LANG2, "Language");
22    }
23
24    public String save() {
25      ...
26      return null;
27    }
28
29    public void languageChanged(ValueChangeEvent vce) {
30      language = (String) vce.getNewValue();
31      facesContext.renderResponse();
32    }
33
34    public String[] getLanguages() {
35      return new String[] { LANG1, LANG2};
36    }
37    ...
38  }
```

Hier erkennt man die Methode `languageChanged()`, die in der JSF-Seite (Listing 2.17) in Zeile 8 als Value-Change-Listener registriert wurde. Wird das Formular nach einer Änderung des Auswahlmenüs über die JavaScript-Funktion `submit()` abgeschickt, wird in Phase 2 – Übernahme der Anfragewerte – diese Listener-Methode aufgerufen. Die Methode setzt die Sprache, indem das `ValueChangedEvent` danach gefragt wird, und springt dann sofort zu Phase 6 (Zeile 31), Rendern der Antwort. Dies ist notwendig, da sonst in der dritten Phase die Validierung der Adresseingabe erfolgen und bei nicht vorhandener Adresse zu einem Fehler führen würde.

Die beiden Beschriftungen (`<h:outputLabel>`) werden jeweils über eine Map mit Texten versorgt. Dies ist im Prinzip auch die Grundlage der JSF-Lokalisierung, wie wir sie in Abschnitt 4.2 kennenlernen werden.

Mit der Einführung von Ajax in Version 2.0 ist eine teilweise Verarbeitung des Komponentenbaums möglich. Listing 2.19 zeigt die Überarbeitung von Listing 2.17 mit dem `<f:ajax>`-Tag.

Listing 2.19 Umgehen der Eingabevalidierung mit `<f:ajax>`

```
1  <h:outputLabel id="addressLabel" for="address"
2                 value="#{ic.addressLabels[ic.language]}" />
3  <h:inputText id="address" value="#{ic.address}" required="true" />
4  <h:outputLabel id="languageLabel" for="language"
5                 value="#{ic.languageLabels[ic.language]}" />
6  <h:selectOneMenu id="language" value="#{ic.language}"
7                   valueChangeListener="#{ic.languageChanged}">
8    <f:selectItems value="#{ic.languages}" />
9    <f:ajax render="addressLabel languageLabel" />
10 </h:selectOneMenu>
11 <h:commandButton action="#{ic.save}" value="ok" />
```

Das `<f:ajax>`-Tag in Zeile 9 schickt das Formular ab. Das Attribut `execute` legt fest, welche Komponenten server-seitig verarbeitet werden sollen. Wir haben es hier nicht verwendet, da der Default-Wert die vordefinierte Konstante `@this` ist, also die Komponente, in der `<f:ajax>` verwendet wird, hier also das `<h:selectOneMenue>`. Das bedeutet, dass die Eingabekomponente server-seitig nicht berarbeitet wird, so dass das `immediate="true"` im Vergleich zu Listing 2.17 entfallen kann. Es muss allerdings zusätzlich angegeben werden, welche Komponenten neu gerendert werden sollen. Hier werden mit dem `render`-Attribut die beiden Labels als solche definiert.

`immediate`-Attribut versus Ajax

Das `immediate`-Attribut für Eingabekomponenten hat mit der Einführung von Ajax (`<f:ajax>`) seinen Hauptanwendungsfall verloren. In der Regel sollten Sie es nicht mehr verwenden.

2.4.10 Bean-Validierung mit JSR 380

Die Validierung ist als zentraler Baustein einer jeden Anwendung zu sehen. In der Vergangenheit konnte jedoch *eine zentrale* Validierung in einer Java-EE-Anwendung häufig nicht realisiert werden und es wurde z.B. in der Präsentations- und in der Persistenz-Schicht validiert. Mit der Spezifikation *Bean Validation 2.0* als JSR 380 [URL-JSR380] und deren Vorgänger – häufig mit BV abgekürzt – wurde versucht, diese redundaten Validierungen zu vermeiden. Dem liegt die Idee zugrunde, wonach die Properties eines Geschäftsobjekts in POJO-Form (eine Bean) mit Validierungsannotationen versehen und diese unabhängig von der Verwendung des Objekts, sei es in der Präsentations-, der Persistenz- oder einer anderen Schicht, überwacht werden. Tabelle 2.9 zeigt die Annotationen, die die Bean Validation als Constraints bereitstellt. Wir verzichten auf eine ausführlichere Darstellung, da die Constraints sehr sprechend benannt wurden, und ermuntern den Leser zu einer Lektüre der API-Doc des Package `javax.validation.constraints` in der Java-EE-8-Dokumentation. Einige Constraints werden wir im Folgenden verwenden.

Da der JSR 380 in Java EE 8 enthalten ist, können wir die Bean Validation ohne weitere Konfiguration direkt verwenden. Listing 2.20 zeigt einen Ausschnitt der JSF-Seite `customer.xhtml`, in der Kundendaten eingegeben werden. Die Eingaben sind weder mit

Tabelle 2.9 Constraint-Annotationen des JSR 380

Annotation	Beschreibung
@Null	Element muss null sein.
@NotNull	Element darf nicht null sein.
@AssertTrue	Element muss true sein.
@AssertFalse	Element muss false sein.
@Min	Element größer oder gleich Wert von value.
@Max	Element kleiner oder gleich Wert von value.
@DecimalMin	Element größer oder gleich Wert von value.
@DecimalMax	Element kleiner oder gleich Wert von value.
@Negative	Element muss negativ sein.
@NegativeOrZero	Element muss negativ oder 0 sein.
@Positive	Element muss positiv sein.
@PositiveOrZero	Element muss positiv oder 0 sein.
@Size	Größe des Element muss zwischen min und max liegen.
@Digits	Element darf nicht mehr Vor- und Nachkommastellen haben, als in integer und fraction angegeben.
@Past	Element muss Datum in der Vergangenheit sein.
@PastOrPresent	Element muss Datum in der Vergangenheit oder Gegenwart sein.
@Future	Element muss Datum in der Zukunft sein.
@FutureOrPresent	Element muss Datum in der Zukunft oder Gegenwart sein.
@Pattern	Element muss Pattern in regexp entsprechen.
@NotEmpty	Element darf nicht null oder leer sein.
@NotBlank	Element darf nicht null sein und muss mindestens einen Nicht-Leerraum enthalten.
@Email	Element muss E-Mail-Syntax entsprechen.

required="true" noch mit <f:validateRequired> versehen. Das eigentlich Interessante ist die Nichtexistenz von Validierung, da diese auf Modellebene und nicht im UI erfolgt. Um das Listing nicht aufzublähen, haben wir auf die Darstellung der Eingabe von Nachname und Kreditlimit verzichtet.

Listing 2.20 Validierung von Kundendaten mit Bean Validation

```
<h:panelGrid columns="2">
  <f:facet name="header">Kundenvalidierung mit Bean Validation</f:facet>

  Vorname:
  <h:panelGroup>
    <h:inputText id="firstname"
                 value="#{customerController.customer.firstName}" />
    <h:message for="firstname" />
  </h:panelGroup>
```

```
  ...

  Geburtstag:
  <h:panelGroup>
    <h:inputText id="dob"
                 value="#{customerController.customer.dob}">
      <f:convertDateTime type="localDate" />
    </h:inputText>
    <h:message for="dob" />
  </h:panelGroup>

  ...

  E-Mail:
  <h:panelGroup>
    <h:inputText id="email"
                 value="#{customerController.customer.email}" />
    <h:message for="email" />
  </h:panelGroup>

  <h:commandButton action="#{customerController.save}"
                   value="Speichern" />
</h:panelGrid>
```

Die Managed Bean `CustomerController` besteht lediglich aus dem Property `customer` und der nicht dargestellten Methode `save()`:

```
@Named
@RequestScoped
public class CustomerController {

  private Customer customer;

  public CustomerController() {
    customer = new Customer();
  }
}
```

Das eigentlich Interessante sind die Constraints der Bean-Validation-Spezifikation. Diese Validierungsannotationen werden direkt an den Properties der Klasse `Customer` platziert, die in Listing 2.21 dargestellt ist. Dabei dürfen die Annotationen sowohl direkt die Variablen oder alternativ das Getter/Setter-Paar annotieren. Wir annotieren die Variablen und verzichten auf die Darstellung der Getter und Setter.

Listing 2.21 Kundenklasse mit Validierungs-Constraints

```
public class Customer {

  @NotNull
  @Size(min=3, max=30)
```

```
5      private String firstName;
6
7      @NotNull
8      @Size(min=3, max=30)
9      private String lastName;
10
11     @NotNull
12     @Past
13     private LocalDate dob;
14
15     @NotNull
16     @Positive
17     @Max(1000)
18     private Integer creditLine;
19
20     @NotNull
21     @Email
22     private String email;
23
24     ...
25 }
```

Das Beispiel dient der Vorstellung einiger Annotationen aus Tabelle 2.9 und ist in einem Anwendungskontext eventuell nur bedingt sinnvoll. Die Annotation `@NotNull` wird bei allen fünf Properties verwendet und verhindert, dass diese leer sind. Sie ist damit als Alternative zu `required="true"` bzw. `<f:validateRequired>` innerhalb der Eingabekomponente zu sehen. Die Annotation `@Size` (Zeilen 4 und 8) erzwingt eine Länge des Vor- und Nachnamens zwischen drei und 30 Zeichen. Durch die Annotation `@Past` (Zeile 12) wird gewährleistet, dass der Geburtstag in der Vergangenheit liegt. Mit der Annotation `@Postitive` (Zeile 16) wird ein positiver Wert für das Kreditlimit erzwungen. Eine Alternative wäre die Annotation `@Min` mit Wert 1. Der Kreditrahmen wird schließlich mit `@Max` (Zeile 17) nach oben begrenzt. Die Annotation `@Email` (Zeile 21) prüft den String auf eine valide E-Mail-Syntax. Hier ist zu bemerken, dass generell *nicht* auf eine konkrete Mail-Adresse geprüft werden kann. Auch die rein syntaktische Prüfung ist schwierig. Die Spezifikation merkt hierzu an: *„The string has to be a well-formed email address. Exact semantics of what makes up a valid email address are left to Bean Validation providers.“* Wir haben uns in den Abschnitten 2.4.7 und 2.4.8 bereits mit einfachen regulären Ausdrücken an diesem Problem versucht.

Werden nun Werte eingegeben, die nicht den Bedingungen entsprechen, erzeugt die Implementierung der Bean Validation entsprechende Fehlermeldungen. Diese werden an JSF weitergegeben und können mit `<h:message>` und `<h:messages>` wie JSF-eigene Nachrichten angezeigt werden. Bild 2.19 zeigt für alle fünf Eingaben einen Fehlerfall als Beispiel. Die Meldungen wurden jeweils mit einem `<h:message>` erzeugt, wie in Listing 2.20 gezeigt. Dabei sind Eingabe und Fehlermeldung ein einem `<h:panelGroup>` eingeschlossen, damit das zweispaltige Layout erhalten bleibt.

Ohne Eingabe eines Vor- und Nachnamens werden im Gegensatz zur Darstellung in Bild 2.19 keine Fehlermeldung *„darf nicht null sein“* hierfür erzeugt. Dieses Verhalten ist das Default-Verhalten von JSF, das für eine nicht vorhandene Texteingabe einen leeren String als Wert weitergibt, nicht jedoch `null`. Mit der Integration von Bean Validation in JavaServer Faces 2.0 wurde für dieses Problem ein Kontextparameter in der `web.xml` einge-

Kundenvalidierung mit Bean Validation		
Vorname:	a	muss zwischen 3 und 30 liegen
Nachname:	b	muss zwischen 3 und 30 liegen
Geburtstag:	11.11.2222	muss in der Vergangenheit liegen
Kreditlimit:	1000000	muss kleiner oder gleich 1000 sein
E-Mail:	bla	keine gültige E-Mail-Adresse
Speichern		

Bild 2.19 Darstellung von Listing 2.20 im Fehlerfall

führt, der als boolescher Schalter zwischen die beiden Alternativen *leerer String* und `null` konfiguriert. Damit die Überprüfung korrekt arbeitet, muss der Kontextparameter

```
INTERPRET_EMPTY_STRING_SUBMITTED_VALUES_AS_NULL
```

auf `true` gesetzt werden. Weitere Informationen zu Kontextparametern findet man in Abschnitt 4.9, eine Übersicht in Abschnitt 4.9.2. Erwähnt werden soll an dieser Stelle noch der Kontextparameter `VALIDATE_EMPTY_FIELDS`, der steuert, ob leere Eingaben validiert werden. Der Default-Wert ist `false`. Beim Vorhandensein einer Bean-Validation-Implementierung wird er jedoch automatisch auf `true` gesetzt, so dass die oben beschriebene Funktionalität von `@Null` und `@NotNull` tatsächlich umgesetzt wird.

Verwenden Sie Bean Validation

Die Verwendung von Bean Validation geht weit über JSF hinaus. JSF und JPA haben beide in ihrer jeweiligen Version 2.0 Bean Validation verpflichtend eingeführt. Verpflichtend meint hier, dass der JSF- und der JPA-Provider bei Existenz einer Bean-Validation-Implementierung im Application-Server, diese auch verwenden muss. Dies ist mit Java EE 6 der Fall. Soll Bean Validation nicht verwendet werden, so muss sie *explizit* ausgeschaltet werden. JAX-RS hat dies mit seiner Version 2.0 ebenfalls getan, so dass seit Java EE 7 Bean Validation auch für JAX-RS zur Verfügung steht, hier sogar mit der Möglichkeit, Methodenparameter mit Constraints zu annotieren. Die Verwendung von Bean Validation ist also sehr zu empfehlen, da ihre Verwendung innerhalb von Java EE weit verbreitet ist und Validierung somit auf breiter Basis standardisiert wurde. ■

2.4.11 Anwendungsdefinierte Constraints mit Bean Validation

Neben den in Tabelle 2.9 dargestellten Constraints erlaubt Bean Validation auch anwendungsdefinierte Constraints. Hierzu benötigt man eine Annotation und einen damit verbundenen Constraint-Validierer. Die vollständige Darstellung des JSR 380 liegt außerhalb der Ziele dieses Buchs, so dass wir lediglich den Code darstellen, ihn aber nicht vollständig erläutern. Im Augenblick existiert nach unserem Wissen kein Buch speziell zum Thema Bean Validation. Da die Spezifikation selbst als Einführung relativ ungeeignet ist, schlagen wir dem Leser die Dokumentation des Hibernate Validator [URL-HV] vor. Der Hibernate Validator ist in der Version 6.0 die Referenzimplementierung von Bean Validation 2.0 und als Open-Source-Implementierung frei verfügbar.

Als Beispiel für einen anwendungsdefinierten Constraint wollen wir die Volljährigkeit eines Kunden prüfen. Bei der Code-Darstellung beginnen wir mit der Annotation. Eine kurze Einführung in die Hintergründe einer Annotationsdeklaration finden Sie in Abschnitt 3.2 auf Seite 146. Wir definieren die Annotation `@Volljaehrig`, die zukünftig anstatt der Annotation `@Past` für den Geburtstag verwendet werden soll:

Listing 2.22 Definition der Volljährig-Annotation

```
@Constraint(validatedBy = VolljaehrigValidator.class)
@Target({ElementType.METHOD, ElementType.FIELD})
@Retention(RetentionPolicy.RUNTIME)
public @interface Volljaehrig {

  String message() default "Nicht volljährig";
  Class<?>[] groups() default {};
  Class<? extends Payload>[] payload() default {};

}
```

Die Definition verwendet die Bean-Validation-eigene Annotation `@Constraint`, um den noch vorzustellenden Constraint-Validierer `VolljaehrigValidator` zu binden. Bei der Implementierung verweisen wir den interessierten Leser auf die oben genannte Informationsquelle, merken aber an, dass die Fehlermeldung besser mit den in Abschnitt 4.2 noch einzuführenden Resource-Bundles realisiert werden sollte.

Bleibt noch die Implementierung des Constraints in der Klasse `VolljaehrigValidator` mit der Validierungsmethode `isValid()`:

```
public class VolljaehrigValidator implements
             ConstraintValidator<Volljaehrig, LocalDate> {

  @Override
  public boolean isValid(LocalDate date,
                          ConstraintValidatorContext context) {
    return LocalDate.from(date)
                    .until(LocalDate.now(), ChronoUnit.YEARS) >= 18;
  }

}
```

Auch hier wollen wir den Rahmen unseres Buchs nicht sprengen und verweisen den Leser auf die entsprechenden anderweitigen Informationen. Durch die Definition der Annotation und des Constraint-Validierers kann man nun die Annotation bequem verwenden:

```
@NotNull
@Volljaehrig
private LocalDate dob;
```

2.4.12 Gruppenvalidierung mit Bean Validation

Als letzten interessanten Punkt der Bean Validation wollen wir uns die Gruppenvalidierung anschauen. Häufig kommt es vor, dass eine Menge von Benutzereingaben nur zu validieren sind, wenn bestimmte Bedingungen erfüllt sind. Beispielsweise werden die Kreditkartendaten nur validiert, wenn diese Bezahlart auch ausgewählt wurde. Bean Validation führt das Konzept der Gruppenvalidierung ein, bei der eine Menge von Constraints unter einem Namen zusammengefasst werden. Die Validierung anhand der Constraints dieser Gruppen kann dann ein- oder ausgeschaltet werden.

Um das vorherige Beispiel zu erweitern, soll das Kreditlimit für Volljährige entfallen, für Minderjährige aber weiterhin gelten. Hierzu definieren wir zwei Interfaces, `VolljaehrigGruppe` und `NichtVolljaehrigGruppe`, die beide von der Klasse `Default` im Package `javax.validation.groups` ableiten müssen:

```
public interface VolljaehrigGruppe extends Default { }
```

Da auch die Klasse `NichtVolljaehrigGruppe` einen leeren Rumpf hat, verzichten wir auf eine Darstellung.

Mit Hilfe dieser beiden Gruppen können nur Validierungen selektiv durchgeführt werden. Im folgenden Code soll erreicht werden, dass Volljährige kein Kreditlimit eingeben müssen, Minderjährige schon. Es werden also die Constraints `@Past` und `@Volljaehrig` in Abhängigkeit der angegebenen Gruppen aktiviert, die Constraints für das Kreditlimit nur bei Volljährigen.

```
@NotNull
@Past(groups = NichtVolljaehrigGruppe.class)
@Volljaehrig(groups = VolljaehrigGruppe.class)
private LocalDate dob;

@NotNull(groups = NichtVolljaehrigGruppe.class)
@Positive(groups = NichtVolljaehrigGruppe.class)
@Max(value = 1000, groups = NichtVolljaehrigGruppe.class)
private Integer creditLine;
```

Das Attribut `groups` erlaubt als optionales Attribut aller Validierungsannotationen die Angabe einer Liste von Gruppen-Interfaces. In unserem Beispiel sind dies die beiden oben definierten Interfaces, die in Kombination die oben formulierte Anforderung eines unbegrenzten Kreditlimits für volljährige und ein maximales Kreditlimit vom 1000 Euro für minderjährige Kunden realisiert.

Der Default-Wert für `groups` ist die leere Gruppe, die wir in der Definition der Annotation `@Volljaehrig` auf Seite 76 bereits verwendet haben. Validierungen ohne `groups`-Attribut werden also immer durchgeführt.

Es stellt sich nun die Frage, wo die Steuerung der Validierungsgruppen erfolgt. Hierzu wird das Validierungs-Tag `<f:validateBean>` verwendet. Im folgenden Code-Ausschnitt werden die Eingaben von Geburtstag und Kreditlimit auf Basis der ausgewählten Validierungsgruppe realisiert.

```
Geburtstag:
<h:panelGroup>
  <h:inputText id="dob" label="dob"
               value="#{customerBVController.customer.dob}">
    <f:convertDateTime type="localDate" />
    <f:validateBean
        validationGroups="#{customerBVController.validationGroup}" />
  </h:inputText>
  <h:message id="dob-message" for="dob" />
</h:panelGroup>

Kreditlimit:
<h:panelGroup>
  <h:inputText id="creditline" label="creditline"
               value="#{customerBVController.customer.creditLine}">
    <f:validateBean
        validationGroups="#{customerBVController.validationGroup}" />
  </h:inputText>
  <h:message id="creditline-message" for="creditline" />
</h:panelGroup>
```

Als Parameter des Attributs `validationGroups` ist ein EL-Werteausdruck zugelassen. Dieser muss zu einem String evaluieren, der aus kommaseparierten Validierungsgruppen besteht. In unserem Fall sind das alternativ die beiden voll qualifizierten Klassennamen `VolljaehrigGruppe` und `NichtVolljaehrigGruppe`, so dass tatsächlich die Anforderung nach alternativer Validierung erfüllt ist

Unterbinden von Validierungen

Wird das boolesche Attribut `disable` des Tags `<f:validateBean>` auf `true` gesetzt, wird die Validierung von Eingaben unterbunden. Wird das Attribut über einen Werteausdruck gesetzt, kann die Validierung damit über die Anwendungslogik ein- oder ausgeschaltet werden.

■

2.4.13 Validierung auf Klassenebene

Die bisher vorgestellten Validierungsmöglichkeiten von JavaServer Faces, sowohl die nativen als auch die mit Hilfe von Bean Validation, beziehen sich auf jeweils eine einzelne Eingabe. Die gemeinsame Validierung mehrerer Eingaben war mit JSF nicht möglich und führte bereits 2004 zum ersten Jira-Issue der JSF-Spezifikation, war also ein lang gehegter Wunsch der JSF-Anwender. Seit JSF 2.3 ist die gemeinsame Validierung mehrerer Eingaben mit dem Tag `<f:validateWholeBean>` möglich und verwendet für die Umsetzung Bean Validation. Der Grund für die lange Umsetzungszeit liegt darin begründet, dass der prinzipielle Ablauf der Validierung mit Bean Validation dem in Abschnitt 2.1 JSF-Bearbeitungsmodell einer Anfrage widerspricht. Während Bean Validation die Werte im Modell benötigt, verlangt JSF die Validierung der Werte in Phase 3, um dann erst in Phase 4 diese dem Modell zuzuweisen. Gelöst wird die Problematik nun dadurch, dass JSF das Modellobjekt klont, die Werte dem Klon zuweist und dann Bean Validation aufruft – ein durchaus etwas umständliches Verfahren, das wir aber gleich an einem Beispiel demonstrieren.

Zuvor jedoch noch eine Anmerkung zur Bezeichnung dieses Abschnitts und dieser Validierungsproblematik insgesamt, zu der uns keine gute Übersetzung bekannt ist. Die Spezifikation spricht von *class-level validation*. In Diskussionen im Netz findet man entsprechende Darstellungen auch unter den Stichworten *multi-field validation* oder *cross-field validation*, falls Sie eigene Recherchen betreiben wollen.

Doch nun zum Beispiel. In der Regel wird bei der Registrierung in einer Anwendung das Passwort zweimal eingegeben, um dann auf Gleichheit überprüft zu werden. Dies ist auch das Beispiel, das im JavaDoc des Tags `<f:validateWholeBean>` verwendet und von uns übernommen wird. Die Klasse `BackingBean` dient als Speicher für die beiden Passworteingaben und ist in Listing 2.23 dargestellt.

Listing 2.23 Die Klasse `BackingBean` als Passwortspeicher

```
1  @Named
2  @RequestScoped
3  @Password(groups = PasswordValidationGroup.class)
4  public class BackingBean implements PasswordHolder, Cloneable {
5
6    @NotNull(groups = PasswordValidationGroup.class)
7    @Size(max = 16, min = 8, groups = PasswordValidationGroup.class)
8    private String password1;
9
10   @NotNull(groups = PasswordValidationGroup.class)
11   @Size(max = 16, min = 8, groups = PasswordValidationGroup.class)
12   private String password2;
13
14   @Override
15   protected Object clone() throws CloneNotSupportedException {
16     BackingBean other = (BackingBean) super.clone();
17     other.setPassword1(this.getPassword1());
18     other.setPassword2(this.getPassword2());
19     return other;
20   }
21
22   ...
23 }
```

Interessant ist die bei allen Validierungs-Constraints verwendete Validierungsgruppe `PasswordValidationGroup`, der anwendungsdefinierte Constraint `@Password` (Zeile 3) sowie die zu implementierenden Interfaces `PasswordHolder` und `Clonable`. Mit der Validierungsgruppe wird die Zusammengehörigkeit der Constraints erreicht, die dann gemeinsam in der JSF-Seite mit dem bereits bekannten Tag `<f:validateBean>` validiert werden. Das Interface `PasswordHolder` stellt die Schnittstelle der beiden Eingaben dar:

```
public interface PasswordHolder {

  String getPassword1();
  String getPassword2();

}
```

Das Interface Clonable erlaubt zusammen mit der Methode clone() (Zeile 15) das Klonen des Objekts. Die eigentliche Validierung findet in der Klasse PasswordValidator statt:

```
public class PasswordValidator implements
             ConstraintValidator<Password, PasswordHolder> {

  @Override
  public boolean isValid(PasswordHolder passwordHolder,
                         ConstraintValidatorContext context) {
    return passwordHolder.getPassword1()
                         .equals(passwordHolder.getPassword2());
  }
}
```

In der JSF-Seite muss nun zum einen jede Eingabe mit <f:validateBean> validiert und zum anderen mit <f:validateWholeBean> die Validierung der gesamten Bean bzw. des Klons angestoßen werden. Dies ist in Listing 2.24 ausschnittsweise wiedergegeben. Das Attribut value (Zeile 11) von <f:validateWholeBean> gibt dabei die zu validierende Bean an. Das Tag <f:validateWholeBean> muss dabei das letzte Tag des Formulars sein, um tatsächlich auch als letzte Validierung aufgerufen zu werden.

Listing 2.24 Validierung identischer Passwörter (Datei whole-bean.xhtml)

```
1  <h:outputText value="Password" />
2  <h:inputSecret id="password1" value='#{backingBean.password1}'>
3    <f:validateBean validationGroups="PasswordValidationGroup" />
4  </h:inputSecret>
5
6  <h:outputText value="Password again" />
7    <h:inputSecret id="password2" value='#{backingBean.password2}'>
8      <f:validateBean validationGroups="PasswordValidationGroup" />
9  </h:inputSecret>
10
11 <f:validateWholeBean value='#{backingBean}'
12                      validationGroups="PasswordValidationGroup" />
13
```

Aus Layout-Gründen haben wir bei den validationGroups-Attributen in Listing 2.24 (Zeilen 3, 8 und 12) den nicht qualifizierten Klassennamen verwendet.

Letztes Tag im Formular

Das `<f:validateWholeBean>`-Tag muss das letzte Tag im Formular sein. Ändern Sie dies im Beispiel, d.h. platzieren Sie in der Datei `whole-bean.xhtml` das Tag `<f:validateWholeBean>` an den Seitenanfang. Prüfen Sie dann, dass JSF beim Aufruf der Seite eine Fehlermeldung anzeigt. Bei der Referenzimplementierung ist dies *„f:validateWholeBean must be placed at the end of UIForm“*.

■

Konfiguration der Klassenebenenvalidierung

Die Validierung auf Klassenebene ist im Default-Fall nicht aktiv. Damit `<f:validateWholeBean>` das geschilderte Verhalten zeigt, muss der Kontextparameter `ENABLE_VALIDATE_WHOLE_BEAN` in der `web.xml` gesetzt sein:

```
<context-param>
  <param-name>javax.faces.validator
            .ENABLE_VALIDATE_WHOLE_BEAN</param-name>
  <param-value>true</param-value>
</context-param>
```

■

Wir beschließen hiermit unsere Ausführungen zur Bean Validation. Da Bean Validation eine eigenständige Spezifikation ist, konnten wir nur die Oberfläche ansprechen. Bean Validation wurde explizit mit der Anforderung einer optimalen Integration in JSF und JPA entworfen und erlaubt mittlerweile im Rahmen der Verwendung in JAX-RS auch die Validierung von Methodenparametern. Wir empfehlen dem Leser, sich näher mit Bean Validation zu beschäftigen, da damit ein großer Schritt in Richtung einfache, elegante und redundanzfreie Validierung innerhalb komplexer Unternehmensanwendungen mit Java EE möglich ist.

2.4.14 Fehlermeldungen

Konvertierungen und Validierungen können gelingen, sie können aber auch mit einem Fehler enden. Diese Fehler und andere wichtige Informationen sollten im Allgemeinen dem Benutzer mitgeteilt werden. JavaServer Faces verwenden dazu ein definiertes Verfahren, das sowohl festlegt, wie der Fehler intern signalisiert als auch, wie er dem Benutzer mitgeteilt wird.

Die JSF-Spezifikation definiert in Abschnitt 2.5.2.4 einen Satz von Fehlermeldungen, die in einer Ressourcen-Datei definiert und für mehrere Sprachen lokalisiert werden müssen bzw. können. Ressourcen-Dateien und Lokalisierung behandeln wir detailliert in Abschnitt 4.2. Ressourcen-Dateien bestehen aus Schlüsseln und Werten. Einige Fehlermeldungen existieren sowohl in einer Kurz- als auch einer Langform. Der Schlüssel der Langform ergibt sich durch Anhängen von „`_detail`“ an die Kurzform. Die Spezifikation gibt eine Reihe von Schlüsseln definitiv und Werte für diese Schlüssel empfehlend vor. Es existieren insgesamt 63 Schlüssel, wobei 22 davon die Langform darstellen, so dass insgesamt 41 verschiedene Fehlerarten signalisiert werden können.

Inspektion der Fehlermeldungen

Werfen Sie einen Blick in die Datei `javax/faces/Messages.properties`, um die Fehlermeldungen zu inspizieren. Bei Payara finden Sie die Datei im Archiv `<PAYARA>/glassfish/modules/javax.faces.jar`, bei WildFly (je nach Version) im Archiv `<WILDFLY>/modules/system/layers/base/javax/faces/api/main/jboss-jsf-api_2.3_spec-2.3.5.SP1.jar`. ■

Die Schlüssel und Werte sind nach Spezifikation im Resource-Bundle `javax.faces.Messages` zu realisieren. Ein Resource-Bundle ist die Zusammenfassung von Ressourcen-Dateien nach einem bestimmten Schema, das, wie bereits erwähnt, in Abschnitt 4.2 erläutert wird.

Zur Erläuterung geben wir die Fehlermeldungen des Boolean-Konvertierers und des Längenvalidierers an:

```
# Ausschnitt aus Messages.properties
javax.faces.converter.BooleanConverter.BOOLEAN=\
    {1}: ''{0}'' must be 'true' or 'false'.
javax.faces.converter.BooleanConverter.BOOLEAN_detail=\
    {1}: ''{0}'' must be 'true' or 'false'.  \
    Any value other than 'true' will evaluate to 'false'.

javax.faces.validator.LengthValidator.MAXIMUM=\
    {1}: Validation Error: Length is greater than allowable \
    maximum of ''{0}''
javax.faces.validator.LengthValidator.MINIMUM=\
    {1}: Validation Error: Length is less than allowable \
    minimum of ''{0}''
```

Die Fehlermeldung für den Boolean-Konvertierer existiert sowohl in Kurz- als auch in Langform. Für den Längenvalidierer gibt es nur die Kurzform, jedoch sowohl für die obere als auch die untere Grenze des zulässigen Intervalls.

Die JSF-Referenzimplementierung Mojarra enthält Lokalisierungen für Englisch, Deutsch, Französisch, Spanisch, Portugiesisch, Koreanisch, Japanisch und Chinesisch. Als Vorgriff auf Abschnitt 4.2 zeigt der folgende Dateiausschnitt die deutschen Fehlermeldungen für den Längenvalidierer.

```
# Ausschnitt aus Messages_de.properties
javax.faces.validator.LengthValidator.MAXIMUM=\
    {1}: \u00dcberpr\u00fcfungsfehler: L\u00e4nge ist \
    gr\u00f6\u00dfer als der zul\u00e4ssige Maximalwert "{0}"
javax.faces.validator.LengthValidator.MINIMUM=\
    {1}: \u00dcberpr\u00fcfungsfehler: L\u00e4nge ist \
    kleiner als der zul\u00e4ssige Minimalwert "{0}"
```

Inspektion der Lokalisierungen

Die Beispielanwendung führt alle Meldungen aller Lokalisierungen in der Seite `all-messages.xhtml` auf. Probieren Sie dies aus und recherchieren Sie, wie die Beispielanwendung über alle Lokalisierungen iteriert.

■

Man erkennt bei den Fehlermeldungen des Boolean-Konvertierers und des Längenvalidierers, dass Fehlermeldungen parametrisiert sein können. Die Parametrisierung erfolgt nach einem Standardverfahren für Meldungen, das in der Java-SE-Klasse `MessageFormat` im Package `java.text` festgelegt wird. Dabei werden Zahlen als Positionsparameter verwendet und zur Markierung als Parameter in geschweifte Klammern eingeschlossen. Woher diese Parameter kommen, erläutern wir später.

Bei den Fehlermeldungen unterscheidet JSF zwischen speziell für eine Komponente erzeugten Meldungen und Meldungen für die gesamte JSF-Seite. Die komponentenbasierte Meldung wird mit `<h:message>` erzeugt, die globale Meldung mit `<h:messages>`. Das erstgenannte Tag besitzt daher auch das Attribut `for`, das den Komponentenbezeichner enthalten muss, für den die Fehlermeldung steht. Das letztgenannte Tag besitzt das boolesche Attribut `globalOnly`, das anzeigt, ob alle Meldungen einer Seite angezeigt werden oder nur die, die keiner Komponente zugewiesen, also quasi global sind.

Das Listing 2.25 zeigt eine Texteingabekomponente mit der Id `input` (Zeilen 8-11) und eingeschlossenem Längenvalidierer. Für die Eingabekomponente wird in Zeile 12 durch das `<h:message>`-Tag eine Nachrichtenkomponente registriert. JSF rendert ein `<h:message>` als HTML-`<span>`, so dass im zweispaltigen Layout die Meldung nicht bei der Eingabe platziert würde. Eingabe- und Nachrichtenkomponenten sind daher mit Hilfe des `<h:panelGroup>`-Tags gruppiert.

Listing 2.25 Seitenfragment `override-message.xhtml`

```
1  <h:panelGrid columns="2">
2    <f:facet name="header">
3      Überschreiben von Standardnachrichten
4    </f:facet>
5    <h:outputLabel for="input"
6        value="Geben Sie einen Text (5-10 Zeichen) ein:" />
7    <h:panelGroup>
8      <h:inputText id="input" value="#{messageController.text}"
9                   required="true">
10       <f:validateLength minimum="5" maximum="10" />
11     </h:inputText>
12     <h:message for="input" style="color: red; display: block;" />
13   </h:panelGroup>
14   <h:commandButton action="null" value="Abschicken" />
15   <h:panelGroup />
16 </h:panelGrid>
```

Bild 2.20 zeigt die Darstellung von Listing 2.25 bei Eingabe eines zu kurzen Textes.

Die Fehlermeldung ist nicht optimal, da sie die Client-Id `form:input` dem eigentlichen Text voranstellt. Die Client-Id ergibt sich durch die Kombination der Id des Formulars

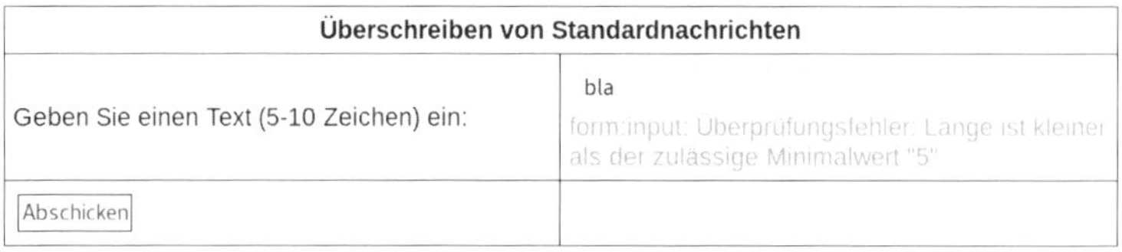

Überschreiben von Standardnachrichten	
Geben Sie einen Text (5-10 Zeichen) ein:	bla form:input: Überprüfungsfehler: Länge ist kleiner als der zulässige Minimalwert "5"
Abschicken	

Bild 2.20 Darstellung von Listing 2.25 mit Standardfehlermeldung

(<h:form id="form">), in Listing 2.25 nicht dargestellt, und der Id der Eingabekomponente. Wir gehen auf Client- und Komponenten-Ids in Abschnitt 4.3 ein. Eine kleine Verbesserung schafft das explizite Vergeben eines Labels für die Eingabekomponente durch label="Eingabe". Bild 2.21 zeigt die überarbeitete Version.

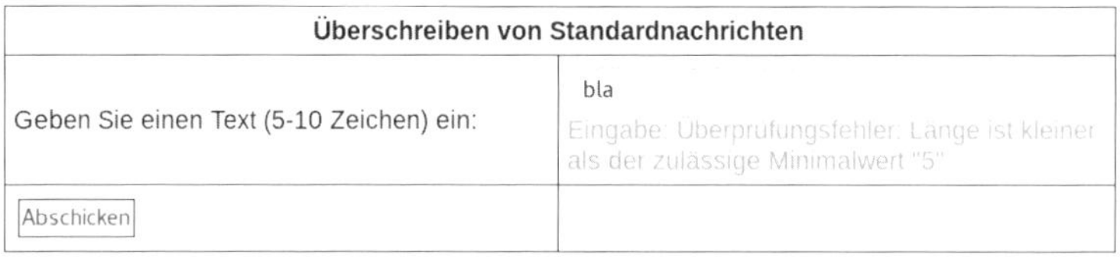

Überschreiben von Standardnachrichten	
Geben Sie einen Text (5-10 Zeichen) ein:	bla Eingabe: Überprüfungsfehler: Länge ist kleiner als der zulässige Minimalwert "5"
Abschicken	

Bild 2.21 Darstellung von Listing 2.25 mit explizitem Label

Die Spezifikation legt die Fehlermeldungen nicht fest, sie können sich daher von Implementierung zu Implementierung unterscheiden. Die von uns verwendete Referenzimplementierung Mojarra verwendet für die Unterschreitung der Mindestlänge das bereits bekannte Property

```
javax.faces.validator.LengthValidator.MINIMUM_detail
```

mit dem Wert

```
{1}: \u00dcberpr\u00fcfungsfehler: L\u00e4nge ist \
kleiner als der zul\u00e4ssige Minimalwert "{0}"
```

JSF sieht die Möglichkeit vor, eigene Fehlermeldungen zu definieren bzw. die vordefinierten zu überschreiben. Dazu muss ein eigenes Message-Bundle in der Konfigurationsdatei faces-config.xml deklariert werden:

```
<application>
  <message-bundle>de.jsfpraxis.detail.vc.MyMessages</message-bundle>
</application>
```

Für eine internationalisierte Anwendung müssen dann die entsprechenden Dateien, wie in Abschnitt 4.2 beschrieben, angelegt werden. Im Augenblick beschränken wir uns beispielhaft auf eine deutsche Meldung. Die Datei MyMessages.properties im Package de.jsfpraxis.detail.vc enthält die Zeilen

```
javax.faces.validator.LengthValidator.MAXIMUM = Fehler
javax.faces.validator.LengthValidator.MAXIMUM_detail = \
    Der eingegebene Wert ist l\u00E4nger als die maximal \
    zul\u00E4ssige Anzahl von {0} Zeichen.
```

```
javax.faces.validator.LengthValidator.MINIMUM = Fehler
javax.faces.validator.LengthValidator.MINIMUM_detail = \
    Der eingegebene Wert ist k\u00FCrzer als die minimal \
    zul\u00E4ssige Anzahl von {0} Zeichen.
```

Mit dieser Konfiguration erfolgt dann die Darstellung wie in Bild 2.22 dargestellt.

Überschreiben von Standardnachrichten	
Geben Sie einen Text (5-10 Zeichen) ein:	bla Der eingegebene Wert ist kürzer als die minimal zulässige Anzahl von 5 Zeichen.
Abschicken	

Bild 2.22 Darstellung von Listing 2.25 mit eigener Fehlermeldung

Bevor wir auf den Schweregrad einer Fehlermeldung bzw. allgemeinen Nachricht eingehen, noch ein Wort zum `<h:messages>`-Tag. Es rendert alle Meldungen der Seite, außer, das boolesche Attribut `globalOnly` ist auf `true` gesetzt. In diesem Fall werden nur die Meldungen angezeigt, die keiner Komponente zugewiesen, also für die gesamte Seite vorgesehen sind. Sowohl das `<h:message>`- als auch das `<h:messages>` besitzen die beiden Attribute `showDetail` und `showSummary`, die definieren, ob die detaillierte oder knappe Version der Meldung anzuzeigen sind. Während bei `<h:message>` der Default-Wert von `showDetail` `true` und der von `showSummary` `false` ist, verhält es sich bei `<h:messages>` gerade entgegengesetzt. Die Darstellung der Meldungen bei `<h:messages>` erfolgt entweder als Tabelle oder Liste, je nachdem, ob das Attribut `layout` den Wert `table` oder `list` hat.

Während in frühen Versionen von JavaServer Faces das Tag `<h:messages>` während der Entwicklungszeit der Seite gerne verwendet wurde, um zu verhindern, dass Fehlermeldungen übersehen werden, ist das seit JSF 2.0 nicht mehr nötig, sondern alternativ über eine Konfiguration gewährleistet.

Fehlermeldungen während der Entwicklung

Während der Entwicklung einer JSF-Anwendung empfehlen wir die Verwendung des Kontextparameters `PROJECT_STAGE`. Ist dieser auf `Development` gesetzt, werden alle Fehlermeldungen angezeigt.

■

Die den Fehlermeldungen zugrunde liegende Klasse `FacesMessage` im Package `javax.faces.application` unterscheidet verschiedene Schweregrade (engl. severity) von Meldungen. Es sind dies die in `FacesMessage` definierten Konstanten

- `SEVERITY_ERROR`
- `SEVERITY_FATAL`
- `SEVERITY_INFO`
- `SEVERITY_WARN`

Mit ihnen ist es möglich, verschiedene Ebenen von Meldungen zu unterscheiden. Die Tags `<h:message>` und `<h:messages>` stellen dazu die Attribute `errorClass`, `fatalClass`, infoClass und warnClass zur Angabe einer CSS-Klasse sowie die Attribute errorStyle, fatalStyle, infoStyle und warnStyle zur Angabe eines CSS-Styles bereit.

Alle Fehler der Standardvalidierer sind „richtige“ Fehler (SEVERITY_ERROR), so dass wir zu Demonstrationszwecken auf eine Eigenentwicklung zurückgreifen müssen. Ziel ist die Weiterverwendung des Längenvalidierers und die Entwicklung einer informativen Meldung, falls die Eingabe exakt die Länge einer der beiden Grenzen (Minimum/Maximum) hat.

Wir ändern das Beispiel so ab, dass die Eingabekomponente einen zusätzlich über das validator-Attribut zugewiesenen Validierer bekommt, was in Listing 2.26 in Zeile 5 geschieht.

Listing 2.26 Seitenfragment custom-message-1.xhtml

```
1  <h:outputLabel for="input"
2      value="Geben Sie einen Text (5-10 Zeichen) ein:" />
3  <h:panelGroup>
4  <h:inputText id="input" value="#{customMessageController.text}"
5               validator="#{customMessageController.validateText}"
6               required="true">
7      <f:validateLength minimum="5" maximum="10" />
8    </h:inputText>
9    <h:message for="input" infoClass="info" errorClass="error" />
10 </h:panelGroup>
```

Zusätzlich wird in Zeile 9 für einen Fehler über das Attribut errorClass die CSS-Klasse error zugewiesen. Für rein informative Meldungen wird über das Attribut infoClass die CSS-Klasse info zugewiesen. Beide sind definiert als:

```
.info {
  font-style : italic;
  color: blue;
  display: block;
}
.error {
  color: red;
  display: block;
}
```

Wird ein Text außerhalb des zulässigen Bereichs eingegeben, erfolgt eine Darstellung – je nach Konfiguration – analog zu den Bildern 2.20, 2.21 oder 2.22. Wird ein Text mit einer Länge von fünf oder zehn Zeichen eingegeben, sieht das Ergebnis wie in Bild 2.23 aus.

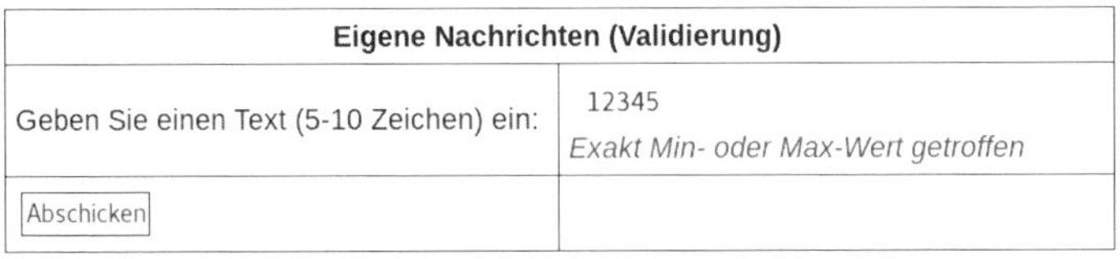

Eigene Nachrichten (Validierung)	
Geben Sie einen Text (5-10 Zeichen) ein:	12345 *Exakt Min- oder Max-Wert getroffen*
Abschicken	

Bild 2.23 Darstellung von Listing 2.26

Wie haben wir das erreicht? Listing 2.27 zeigt die Implementierung der Validierungsmethode `validateText()`, die in Zeile 5 von Listing 2.26 im `validator`-Attribut verwendet wird.

Listing 2.27 Methode `validateText()` der Klasse `CustomMessageController`

```
1  public void validateText(FacesContext context,
2                          UIComponent component,
3                          Object value) throws ValidatorException {
4    int min = 0, max = 0;
5    int length = ((String) value).length();
6    Validator<?>[] validator = ((UIInput) component).getValidators();
7    String bundleName = context.getApplication().getMessageBundle();
8    ResourceBundle bundle = ResourceBundle.getBundle(bundleName);
9    for (int i = 0; i < validator.length; i++) {
10     if (validator[i] instanceof LengthValidator) {
11       LengthValidator lv = (LengthValidator) validator[i];
12       min = lv.getMinimum();
13       max = lv.getMaximum();
14       if (length == min || length == max) {
15         String message = bundle.getString("de.jsfpraxis.MINMAX");
16         String messageDetail = bundle.getString("de.jsfpraxis.
             MINMAX_detail");
17         context.addMessage(component.getClientId(context),
18                    new FacesMessage(FacesMessage.SEVERITY_INFO,
19                                     message, messageDetail));
20       }
21     }
22   }
23 }
```

Die Methode `validateText()` muss zwei Probleme lösen: den Zugriff auf den Minimal- und Maximalwert des Längenvalidierers und den Zugriff auf die Meldungen des Message-Bundle. In Zeile 6 wird nach den Validierern der Eingabekomponente gefragt. Im Allgemeinen können dies mehrere sein. In den Zeilen 7 und 8 erfolgt dann der Zugriff auf das Message- bzw. Resource-Bundle. Die For-Schleife iteriert durch alle registrierten Validierer und prüft für einen gefundenen Längenvalidierer, ob die Länge der Eingabe gleich dem Minimal- oder Maximalwert des Validierers ist. Falls ja, erfolgt ein Zugriff auf die Properties `de.jsfpraxis.MINMAX` und `de.jsfpraxis.MINMAX_detail`, deren Werte als Parameter für den `FacesMessage`-Konstruktoraufruf in Zeile 18 verwendet werden. Wir verzichten auf die offensichtliche Definition der Properties. Sie finden diese im Message-Bundle `MyMessages`. Der Konstruktor `FacesMessage()` ist überladen. Die Version mit zwei String-Parametern nimmt als Wert für den Schweregrad den Default-Wert `SEVERITY_INFO`, so dass dies im Beispiel auch entfallen könnte. Die Methode `addMessage()` des Kontext-Objekts fügt die erzeugte Meldung der Liste aller Meldungen für diese Seite hinzu. Weil die Meldung der Eingabekomponente zugeordnet werden soll, ist die Client-Id der Komponente der erste Parameter der Methode. Die Methode `addMessage()` ist nicht überladen. Soll die Meldung keiner Komponente zugeordnet werden, so muss der erste Parameter `null` sein. Schließlich ist für die Namen der beiden Properties noch anzumerken, dass diese frei wählbar sind. Es ist jedoch insbesondere in größeren Projekten mit vielen Entwicklern sinnvoll, eine systematische Vergabe der Namen anzustreben. Im Beispiel erfolgt dies durch eine an Java-Packages angelegte Präfixstruktur, wie dies auch bei den Standardmeldungen der Fall ist.

Das vorgestellte Verfahren für individuelle Fehlermeldungen ist relativ aufwendig. Mit den Attributen `requiredMessage`, `validatorMessage` und `converterMessage`, die alle Eingabekomponenten kennen, lassen sich die entsprechenden Fehler einfach mit Meldungen versehen. Für das obige Beispiel kommen also sowohl `requiredMessage` als auch `validatorMessage` in Betracht. Diese Alternative ist jedoch nicht gleichwertig mit dem Message-Bundle-Ansatz. Die Fehlermeldungen auf Basis eines Message-Bundle sind global in allen Seiten gültig, während die drei genannten Attribute nur für die sie verwendende Eingabekomponente gültig sind. Da als Argument der Attribute jedoch beliebige EL-Ausdrücke vom Typ String zulässig sind, lässt sich ein ähnliches Verhalten durch zentrale Klassen mit entsprechenden Fehlermeldungen erreichen.

Das letzte Beispiel missbraucht das Konzept eines Validierers, da ja nicht validiert wird, sondern eine informative Meldung erzeugt wird. Dies lässt sich verallgemeinern und ohne Validierungsmethoden erreichen, wie das nächste Beispiel zeigt. Wir demonstrieren darin auch die Verwendung der Klasse `MessageFormat`, die JSF intern für parametrisierte Fehlermeldungen verwendet. Der folgende Code verwendet keine Eingabe und somit auch keinen Validierer, sondern lediglich `<h:outputLabel>`, `<h:commandButton>` und `<h:message>`. Ziel ist es, eine informative Meldung für das Label zu erzeugen.

```
<h:panelGrid>
  <f:facet name="header">Eigene Nachrichten (allgemein)</f:facet>
  <h:outputLabel id="label" for="button" value="Bitte klicken:" />
  <h:commandButton id="button" value="Klick mich!"
                   action="#{messageController.addMessage()}"  />

  <h:message for="label"
     rendered="#{not empty facesContext.getMessageList('form:label')}" />
</h:panelGrid>
```

Der Schlüssel hierzu liegt in der Action-Methode `addMessage()`, die wie folgt definiert ist.

```
public void addMessage() {
  String messageWithParameters = "Das ist eine {0} Nachricht {1}";
  MessageFormat messageFormat = new MessageFormat(messageWithParameters);
  String message = messageFormat.format(
                     new String[] {"parametrisierte", "!"});
  FacesMessage facesMessage =
      new FacesMessage(FacesMessage.SEVERITY_INFO,
                       message,
                       message + " und zwar detailliert");
  context.addMessage("form:label", facesMessage);
}
```

Man erkennt die bereits beschriebenen Struktur einer Nachricht, in der Parameter in geschweiften Klammern eingeschlossen werden. Die Methode `format()` der Klasse `MessageFormat` ersetzt dann die Parameter der Nachricht mit den Array-Werten des Aufrufparameters. Über die context-Variable, einer Instanz von FacesContext, wird die Faces-Message der <h:outputLabel>-Komponente zugewiesen.

Interessant ist hier noch die Verwendung des rendered-Attributs des <h:message>-Tags. Da wir die Elemente in einem <h:panelGrid> verwenden und dieses zu einer HTML-Tabelle gerendert wird, wird aus dem leeren <h:message> ein Tabellenfeld, was in unserem Fall nicht gewünscht ist. Alle Komponenten der HTML-Bibiliothek von JSF besitzen ein boolesches Attribut rendered, mit Default-Wert true. Wird das Attribut auf false gesetzt, wird es in Phase 6 des Lebenszyklus nicht gerendert. Der EL-Ausdruck des rendered-Attributs evaluiert zu true, falls die entsprechende Faces-Message existiert, sonst zu false. Das Bild 2.24 zeigt die Darstellung im Browser.

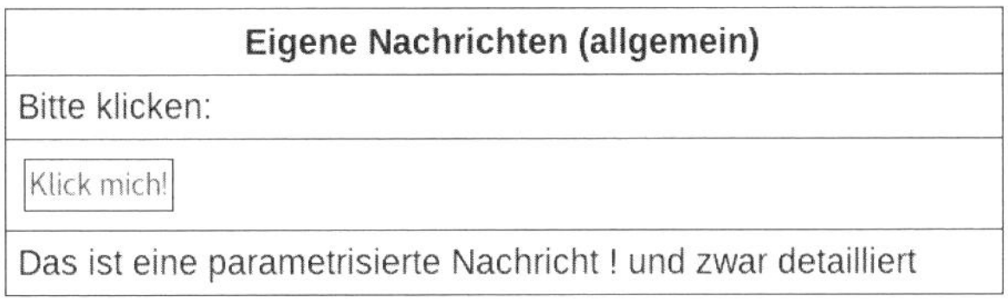

Eigene Nachrichten (allgemein)
Bitte klicken:
Klick mich!
Das ist eine parametrisierte Nachricht ! und zwar detailliert

Bild 2.24 Darstellung nach Aufruf von addMessage()

2.4.15 BV-Fehlermeldungen

Bei der Verwendung von BV-Constraints in Modellobjekten führt JSF diese Validierungen als integralen Bestandteil der eigenen Validierungsphase (Phase 3 des Bearbeitungsmodells) aus. Gefundene Fehler können ganz analog zu Abschnitt 2.4.14 mit <h:message>- und <h:messages>-Tags angezeigt werden, wie wir bereits in Abschnitt 2.4.10 gezeigt haben. An dieser Stelle soll lediglich erwähnt werden, dass Bean Validation sowohl einen anderen Mechanismus zur Definition der Property-Schlüssel als auch zur Parametrisierung der Property-Werte verwendet. Für die 22 Constraints von BV 2.0 werden in der Spezifikation im Appendix B die entsprechenden Schlüssel und englische Texte definiert, von denen wir drei exemplarisch vorstellen:

```
javax.validation.constraints.AssertTrue.message=must be true
javax.validation.constraints.Size.message=\
    size must be between {min} and {max}
javax.validation.constraints.DecimalMax.message=\
    must be less than ${inclusive == true ? 'or equal to ' : ''}{value}
```

Die Meldung für @AssertTrue ist rein textuell. Die Meldung für @Size enthält zwei Parameter, min und max. Schließlich enthält die Meldung für @DecimalMax den Parameter value sowie einen komplexeren Ausdruck mit dem Parameter inclusive. Zur weiteren Analyse zeigt der folgende Code einen Ausschnitt aus der Definition der Annotation @DecimalMax:

```
...
public @interface DecimalMax {

  String message() default
```

```
        "{javax.validation.constraints.DecimalMax.message}";
    String value();
    boolean inclusive() default true;
    ...
}
```

Man erkennt die beiden Parameter `value` und `inclusive`, die in der Meldung für `@DecimalMax` verwendet wurden. Beim Parameter `message` fällt auf, dass kein einfaches String-Literal, wie etwa in unserem anwendungsdefinierten Constraint `@Volljaehrig` auf Seite 76, sondern der geklammerte Schlüssel der Meldung verwendet wurde. Dieser wird über das Resource-Bundle der Implementierung dann mit den richtigen Meldungstexten aufgelöst. Sowohl WildFly als auch Payara verwenden als Implementierung *Hibernate Validator* [URL-HV], der auch als Referenzimplementierung von Bean Validation verantwortlich zeichnet. Hibernate Validator unterstützt deutlich mehr Sprachen als Mojarra, die wir hier aber nicht aufzählen. Das Beispielprojekt führt alle Meldungen für alle unterstützten Sprachen auf.

Inspektion der Lokalisierungen

Die Beispielanwendung führt alle Meldungen aller BV-Lokalisierungen in der Seite `all-bv-messages.xhtml` auf. Probieren Sie dies aus und recherchieren Sie, wie die Beispielanwendung über alle Lokalisierungen iteriert.

■

Wir schließen damit die Ausführungen zu den Fehlermeldungen von Bean Validation ab und verweisen den interessierten Leser auf Abschnitt 4.2.6, wo wir unseren BV-Constraint `@Volljährig` mit Hilfe des angesprochenen Verfahrens überarbeiten und internationalisieren.

2.5 Event-Verarbeitung

In Abschnitt 1.2 hatten wir als ein Ziel von JavaServer Faces die Realisierung des MVC-Entwurfsmusters für Web-Anwendungen genannt. Als Mittel zur Realisierung von MVC-basierten GUIs hat sich die event-basierte Verarbeitung von Benutzerinteraktionen durchgesetzt. Praktisch alle grafischen Oberflächen, egal ob mit Java erstellt oder nativ auf UNIX-Systemen mit X11/Wayland, Windows, Mac OS oder mobilen Geräten, verwenden dieses Verarbeitungsmuster, bei dem das Drücken einer Schaltfläche, das Selektieren eines Menüeintrags oder das Füllen eines Eingabefelds zu verschiedenen Events führt. Diese Events werden von Controllern verarbeitet und ziehen in der Regel den Aufruf von Methoden nach sich. Damit ist es möglich, verschiedene Events verschiedenen Methoden zuzuordnen und so den Code zur Behandlung einzelner Benutzeraktionen in separaten Code-Stücken zu lokalisieren. Dies entspricht einem Grundgedanken moderner Software-Strukturen.

Bei traditionellen Oberflächen ist die Verarbeitung der Events nahezu trivial, da sie im selben Betriebssystemprozess verarbeitet werden, in dem sie auch erzeugt wurden. Bei

Web-Anwendungen sieht dies anders aus. Das Event wird im Browser erzeugt, die Verarbeitung findet aber im Server statt. Erschwerend kommt hinzu, dass das HTTP-Protokoll nur für eine kurze Zeit eine Verbindung zwischen Client und Server herstellt, die von wesentlich längeren, nicht verbundenen Zeitabschnitten unterbrochen wird. Eine JSF-Implementierung muss daher einen nicht unerheblichen Aufwand betreiben, um dieses Event-Verarbeitungsmuster dennoch zu realisieren. Das im Browser logisch entstandene Event wird erst auf dem Server zu einem „richtigen" Java-Event, das dann in üblicher Java-Manier abgearbeitet wird. Grundlage ist das Bearbeitungsmodell in Abschnitt 2.1, das an fast allen Stellen die Generierung und Verarbeitung von Events erlaubt. In Bild 2.1 ist dies durch die zwischen den Phasen 2 bis 6 angedeuteten Möglichkeiten des Aufrufs von Event-Listener angedeutet. Diese Event-Listener haben prinzipiell die drei Alternativen,

- das Bearbeitungsmodell unverändert zu durchlaufen,
- in die Phase 6 *Rendern der Antwort* zu springen oder
- die Antwort selbst zu generieren und den Lebenszyklus komplett zu beenden.

Der Sprung in die Phase 6 erfolgt durch den Aufruf der Methode `renderResponse()`, das Beenden des Lebenszyklus durch den Aufruf der Methode `responseComplete()`. Beides sind Methoden der Klasse `FacesContext`. Verwendungsbeispiele für die Methoden finden Sie im weiteren Verlauf.

2.5.1 JSF-Events und allgemeine Event-Verarbeitung

JavaServer Faces unterstützen eine ganze Reihe verschiedener Events: Action-Events, Value-Change-Events, Data-Model-Events, Phase-Events, Behaviour-Events, System-Events und Web-Socket-Events. Bild 2.25 zeigt die Hierarchie dieser Events, wobei aus Gründen der Übersichtlichkeit auf die Unterklassen von `SystemEvent` verzichtet wurde. Die bisher noch nicht erwähnte Klasse `FacesEvent` ist die abstrakte Oberklasse von UI- und Anwendungs-Events, die durch UI-Komponenten-Klassen gefeuert werden können. Die abstrakte Klasse `UIComponent` ist deren Oberklasse und damit die Oberklasse aller Implementierungen der JSF-HTML-Tags, also die Tags mit Präfix `h`. Die Klasse `AjaxBehaviorEvent` repräsentiert Ajax-Requests, auf die wir in Abschnitt 2.7 eingehen. `BehaviorEvent` wurde eingeführt, um neben Ajax-Events noch weitere Verhaltens-Events definieren zu können, wozu es bisher jedoch noch nicht kam. `SystemEvent` repräsentiert technische Events, z.B. das bevorstehende Starten des Renderns einer Seite (`PreRenderViewEvent`). `WebsocketEvent` repräsentiert schließlich die Events, die bei der Verwendung von Web-Sockets entstehen, worauf wir in Abschnitt 6.2 eingehen.

Zu den Anwendungs-Events gehören die Klassen `ActionEvent` und `ValueChangeEvent`. Das Event `PhaseEvent` ist nicht an Komponenten, sondern an die einzelnen Bearbeitungsphasen einer JSF-Anfrage gebunden. Das Event `DataModelEvent` wird bei Datenänderungen von Datenmodellkomponenten geworfen. Wir haben Datenmodellkomponenten bereits über das Tag `<h:dataTable>` kennengelernt. Im Unterschied zu Action- und Value-Change-Events werden Datenmodell- und System-Events nicht direkt durch Benutzeraktionen ausgelöst.

Alle Events des Bilds 2.25 sind bis auf wenige Ausnahmen Klassen des Package `javax.faces.event`. Die Klasse `EventObject` ist im Package `java.util` enthalten und so-

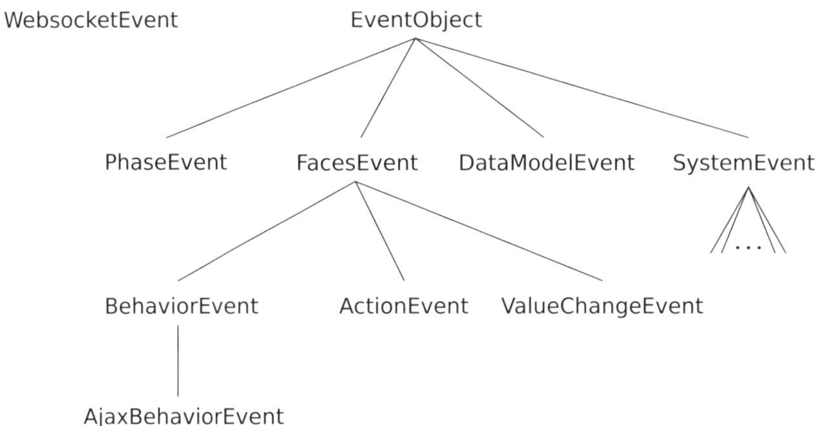

Bild 2.25 Hierarchie der JSF-Events

mit eine Java-SE-Klasse und nicht JSF-spezifisch. Die Klasse `DataModelEvent` ist im Package `javax.faces.model` enthalten. Erstaunlicherweise leitet die Klasse `WebsocketEvent` nicht von `EventObject` ab, ist also in strengem Java-Sinne gar kein Event.

Das Event-Verarbeitungsmodell von JavaServer Faces unterscheidet sich nicht vom bekannten Verarbeitungsmodell Javas. Verschiedene Klassen können bestimmte Events auslösen bzw. werfen, andere Klassen sind daran interessiert, von diesem Umstand zu erfahren. Die an Events interessierten Klassen werden *Event-Listener* genannt. Neben den genannten Event-Klassen enthält das Package `javax.faces.event` auch entsprechende Listener-Interfaces, die Event-Listener-Klassen zu implementieren haben.

Die für uns wichtigsten Listener-Interfaces sind `ActionListener`, `ValueChangeListener`, `DataModelListener` (im Package `javax.faces.model`) und `PhaseListener`. Wir verzichten auf eine Aufzählung der weiteren Listener-Interfaces, da sich deren Namen über das Java-übliche Muster *<name>Event* und *<name>Listener* einfach ergeben, und gehen im Folgenden auf die für uns wichtigen Events und deren Listener-Interfaces ein.

2.5.2 Action-Events

Action-Events werden durch Benutzeraktionen ausgelöst, die einem Befehlsmuster folgen, z.B. dem Drücken einer Schaltfläche oder dem Klicken eines Links. Action-Events werden durch Action-Listener bearbeitet. Prinzipiell gibt es zwei Arten von Action-Listenern. Die eine Art hat einen Rückgabewert, der die Navigation beeinflusst, die andere hat keinen solchen Rückgabewert. Beide Arten werden in der Regel eine Programmlogik enthalten, die die Zustände von Managed Beans und Modellobjekten ändern und Verarbeitungsvorgänge anstoßen können.

Um den Umgang mit Action-Events zu vereinfachen, registriert die JSF-Implementierung implizit einen Action-Listener, der alle Action-Events konsumiert und an anwendungsspezifische Listener weitergibt. Damit müssen Sie keine Klassen realisieren, die das Interface `ActionListener` mit der dort deklarierten Methode

```
public void processAction(ActionEvent event)
    throws AbortProcessingException
```

implementiert. Um eine sogenannte *Action-Listener-Methode* zu implementieren, genügt es für eine Methode, über einen `void`-Rückgabewert und einen `ActionEvent`-Parameter zu verfügen. Der Methodenname ist frei wählbar, die Exception-Deklaration entfällt. Die Verwendung einer solchen Methode in den Tags `<h:commandButton>`, `<h:commandLink>` oder `<h:commandScript>` wird mit dem Attribut `actionListener` vorgenommen.

Noch einfacher ist die Verwendung einer sogenannten *Action-Methode*, deren Name wiederum frei wählbar ist, deren Rückgabetyp `Object` ist und die beliebige Parameter hat. Als Attribut von `<h:commandButton>`, `<h:commandLink>` und `<h:commandScript>` ist zur Verwendung von Action-Methoden das Attribut `action` zu verwenden. Da der Rückgabewert zu Navigationszwecken verwendet wird und die Navigation auf Strings basiert, wird bei der Verwendung allgemeiner Objekte als Rückgabetyp die `toString()`-Methode des Objekts aufgerufen. Auf Details der Navigation gehen wir in Abschnitt 2.5.3 ein. In der Regel werden Strings, seltener Enumerationstypen als Rückgabetyp verwendet, so dass wir im Folgenden häufig nur von Strings sprechen.

An dieser Stelle sei angemerkt, dass der Wert des `action`-Attributs ein EL-Methodenausdruck ist, der letztendlich durch impliziten Aufruf der `toString()`-Methode zu einem String evaluiert. Bei der Verwendung von EL-Literalen kann man daher String-Konstanten direkt verwenden, wie das folgende Beispiel zeigt.

```
<h:commandButton action="#{bean.doSomething}" ...
<h:commandButton action="success" ...
```

Da keine Anwendungslogik aufgerufen wird, ist ein String-Literal als Wert des `action`-Attributs lediglich zu Navigationszwecken sinnvoll verwendbar.

Frühe JSF-Versionen verlangten als Action-Methoden-Signatur eine parameterlose Methode mit Rückgabetyp `String`. Mittlerweile gelten die oben genannten Anforderungen und erlauben damit praktisch beliebige Signaturen; insbesondere sind Methodenparameter erlaubt. Damit können wir ein umfassendes Beispiel mit den Alternativen entwickeln, das in Listing 2.28 abgebildet ist.

Listing 2.28 Alternative Aufrufe von Action-Listenern (`action-listener.xhtml`)

```
<h:inputText id="input" value="#{actionController.text}" />
<h:commandButton
    actionListener="#{actionController.myActionListener}" ...
<h:commandButton action="#{actionController.myActionMethod}" ...
<h:commandButton action="#{actionController.myActionMethod}"
    actionListener="#{actionController.myActionListener}" ...
<h:commandButton
    action="#{actionController.actionMethodWithParam(42)}" ...
```

Die vier Schaltflächen rufen Action-Listener- und Action-Methoden auf. Dabei verzichten die ersten Aufrufe auf die bei parameterlosen Methoden optionalen Klammerpaare. Die Implementierung erfolgt in der Klasse `ActionController`, die in Listing 2.29 dargestellt ist.

Listing 2.29 Action-Listener-Alternativen (Klasse `ActionController`)

```
@Named
@RequestScoped
public class ActionController {

  private String text;

  public void myActionListener(ActionEvent event) { ... }

  public void myActionMethod() { ... }

  public void actionMethodWithParam(Integer i) { ... }

  public Integer[] getParams() { ...}
  ...
  }
```

Alle Methoden haben Zugriff auf die Benutzereingabe im Property `text`. Ein beliebter Anwendungsfall für parametrisierte Action-Methoden sind aus Datenbankinhalten generierte Tabellen, bei denen der Parameter der Primärschüssel eines JPA-Entity ist. Bevor derartige Anwendungsfälle in Kapitel 5 tatsächlich implementiert werden, soll hier ein kleines Beispiel das prinzipielle Vorgehen verdeutlichen. Der folgende Code-Ausschnitt erzeugt eine Spalte einer Tabelle. Die Spalte besteht aus Schaltflächen, die mit Werten der Methode `getParams()` beschriftet sind und deren Drücken die Action-Methode mit entsprechendem Parameter aufruft.

```
<h:dataTable var="para" value="#{actionController.params}">
  ...
  <h:column>
    <h:commandButton value="Parameter: #{para}"
        action="#{actionController.actionMethodWithParam(para)}" />
  </h:column>
  ...
</h:dataTable>
```

Eingeschränktes Überladen von Methoden

Wie in Abschnitt 2.2.4 bereits erwähnt, unterstützt die Expression-Language das Überladen von Methoden nur über die Anzahl der Parameter, nicht aber über den Typ der Parameter.

■

Man kann sich prinzipiell die Frage stellen, wann Action-Methoden und wann Action-Listener-Methoden zu verwenden sind. Als Faustregel kann man sagen, dass Action-Methoden zu verwenden sind, wenn navigiert werden soll, und Action-Listener-Methoden zu verwenden sind, wenn möglichst einfach auf das Action-Event und die das Action-Event erzeugende Komponente zugegriffen werden soll.

action versus actionListener

Verwenden Sie action, wenn navigiert werden soll, und actionListener, wenn das Action-Event bzw. die das Action-Event erzeugende Komponente benötigt wird. ■

Testen der Action-Listener

Die Beispielanwendung enthält in der Seite action-listener.xhtml die entsprechenden <h:commandButton>-Tags zum Aufruf der beschriebenen Action-Listener. Probieren Sie dies aus und prüfen Sie die Ausgabe der Seite sowie das Log-File. ■

Da JSF-Seiten mit XHTML und damit XML definiert werden, ist nur maximal eines der beiden Attribute action und actionListener verwendbar, also auch nur maximal je eine Action- bzw. Action-Listener-Methode. Dies kann zwar prinzipiell Java-seitig gelöst werden, aber auch JSF bietet hierfür eine Lösung: das <f:actionListener>-Tag, das einen Action-Listener registriert. Dies kann innerhalb einer Befehlskomponente auch mehrfach geschehen, wie Listing 2.30 zeigt.

Listing 2.30 Mehrere Action-Listener mit <f:actionListener> (Datei multiple-action-listener.xhtml)

```
<h:inputTextarea id="textarea" value="#{actionController.text}" />
<h:commandButton id="button" value="OK">
  <f:actionListener
      type="de.jsfpraxis.detail.events.MyActionListener1" />
  <f:actionListener
      type="de.jsfpraxis.detail.events.MyActionListener2" />
  <f:actionListener binding="#{myActionListener3}" />
  <f:actionListener binding="#{myActionListener3.foo()}" />
</h:commandButton>
```

Wir erläutern mit diesem Beispiel neben der Demonstration der Verwendung von <f:actionListener> noch eine Reihe weiterer Dinge. Zunächst ist dies die UI-Komponente <h:inputTextarea>, die in HTML zu einem <textarea> gerendert wird und damit mehrzeilige Texteingaben erlaubt. Weiter demonstrieren wir in diesem Beispiel, wie Java-seitig auf JSF-Komponenten bzw. auf den Komponentenbaum zugegriffen werden kann und dass ohne Einschränkungen objektorientiert entwickelt, also z.B. Vererbung genutzt werden kann. Dies wird in der Klasse MyActionListener (Listing 2.31) deutlich, die Oberklasse der in Listing 2.30 verwendeten Action-Listener.

Listing 2.31 MyActionListener: Oberklasse der Action-Listener aus Listing 2.30

```
public abstract class MyActionListener implements ActionListener {

  @Override
  public void processAction(ActionEvent ae) throws
      AbortProcessingException {
```

```
5       HtmlInputTextarea textarea = null;
6       List<UIComponent> components = ae.getComponent().getParent().
            getChildren();
7       for (Iterator<UIComponent> iter = components.iterator();
8            iter.hasNext();) {
9         UIComponent element = (UIComponent) iter.next();
10        if (element.getId().equals("textarea")) {
11          textarea = (HtmlInputTextarea) element;
12        }
13      }
14      if (textarea.getValue() == null) {
15        textarea.setValue("");
16      }
17      textarea.setValue(((String) textarea.getValue())
18          .concat(
19              "processAction() von "
20              + this.getClass().getSimpleName()
21              + " aufgerufen.\n"));
22    }
23  }
```

Action-Listener müssen das Interface `ActionListener` und damit die Methode `processAction()` implementieren. Diese Methode definiert zunächst eine Variable `textarea` vom Typ `HtmlInputTextarea`. Dies ist die JSF-Komponente, die das `<h:inputTextarea>`-Element server-seitig realisiert. Dann wird in die Variable `components` eine Liste von Komponenten derselben Ebene geschrieben, da alle Kinder der Elternkomponente erfragt werden. Diese Liste enthält die Schaltfläche sowie die Texteingabe. In Zeile 5 wird dazu das ActionEvent-Objekt nach der erzeugenden Komponente (`getComponent()`), die Komponente nach ihrem Container (`getParent()`) und der Container wiederum nach seinen enthaltenen Komponenten (`getChildren()`) gefragt. Danach wird durch die Liste der Kinder iteriert und die Komponente mit der Id `textarea` gefunden, die dann der Variablen `textarea` zugewiesen wird. Die Zeilen 14–16 behandeln eine leere Eingabe, falls `INTERPRET_EMPTY_STRING_SUBMITTED_VALUES_AS_NULL` gesetzt ist. An den aktuellen Wert der Texteingabekomponente wird dann in den Zeilen 17–22 ein Text mit dem aktuellen Klassennamen angehängt.

Die beiden ersten `<f:actionListener>`-Tags in Listing 2.30 (Zeilen 4 und 6) verwenden als Wert des `type`-Attributs die Klassen `MyActionListener1` und `MyActionListener2`, die lediglich von `MyActionListener` ableiten, wie hier mit der Klasse `MyActionListener1` gezeigt:

```
public class MyActionListener1 extends MyActionListener { }
```

Die beiden weiteren `<f:actionListener>`-Tags verwenden jeweils das `binding`-Attribut. Der entsprechende Werteausdruck muss zu einem Objekt vom Typ `ActionListener` evaluieren, was offensichtlich in Zeile 7 gegeben ist, da das Objekt `myActionListener3` wie folgt definiert ist:

```
@Named
@RequestScoped
public class MyActionListener3 extends MyActionListener {
```

```
    public void foo() { ... }

}
```

Die Verwendung des `binding`-Attributs in Zeile 8 von Listing 2.30 entspricht nicht der in der Spezifikation geforderten Verwendung, da offensichtlich ein Methodenausdruck verwendet wird. Aus internen Gründen, die wir nicht näher erläutern, ist dies aber trotzdem zulässig.

Bild 2.26 zeigt nun die Darstellung von Listing 2.30 im Browser, nachdem die Schaltfläche dreimal betätigt wurde. Die registrierten Action-Listener werden immer in der Reihenfolge aufgerufen, wie sie in der JSF-Seite verwendet wurden.

Action-Listener mit <f:actionListener>

```
processAction() von MyActionListener1 aufgerufen.
processAction() von MyActionListener2 aufgerufen.
processAction() von MyActionListener3 aufgerufen.
processAction() von MyActionListener1 aufgerufen.
processAction() von MyActionListener2 aufgerufen.
processAction() von MyActionListener3 aufgerufen.
processAction() von MyActionListener1 aufgerufen.
processAction() von MyActionListener2 aufgerufen.
processAction() von MyActionListener3 aufgerufen.
```

OK

Bild 2.26 Darstellung von Listing 2.30 im Browser

Beschriftung einer Schaltfläche ändern

Schreiben Sie eine Action-Listener-Methode, die die Beschriftung einer Schaltfläche ändert. Die Beschriftung „`einschalten`“ soll nach Betätigung der Schaltfläche auf „`ausschalten`“ geändert werden und umgekehrt. ■

Komponente explizit suchen

In Listing 2.31 musste über die Komponenten iteriert werden, um die Komponente mit der richtigen Id zu finden. Eine Alternative ist die Verwendung der Methode `UIComponent.findComponent(String)`. Implementieren Sie das Beispiel mit dieser Alternative. ■

Action-Methode wird als letzte aufgerufen

Falls es Action-Listener-Methoden und eine Action-Methode gibt, wird die Action-Methode als letzte aufgerufen. Grund hierfür ist die Navigation, die auf dem Rückgabewert der Action-Methode beruht. ■

2.5.3 Action-Events und Navigation

Wie am Ende des letzten Abschnitts angemerkt, wird die Action-Methode als letzter aller Listener für Action-Events aufgerufen, da der Rückgabewert dieser Methode Basis der Navigation ist. Bevor wir allerdings in die praktischen Details der JSF-Navigation eingehen, wollen wir einen kurzen Blick auf das Navigationskonzept insgesamt werfen.

JavaServer Faces sind im Rahmen von Java-EE-Anwendungen als Benutzerschnittstellen-Framework für die Verwendung in Unternehmensanwendungen vorgesehen. Unternehmensanwendungen unterscheiden sich erheblich von den einfach verlinkten Web-Seiten des frühen World Wide Web. Neben der eigentlichen Anwendungslogik ist hier vor allem die Abkehr von verlinkten Web-Seiten zu nennen. JSF-Anwendungen besitzen in der Regel keinen wesentlichen Anteil an Verlinkungen dieser Art. Eine JSF-Seite wird nach dem Auslösen eines Action-Events und der server-seitigen Verarbeitung im Default-Fall nochmals dargestellt. Dies ist in Unternehmensanwendungen häufig sinnvoll, denken wir nur an die Stammdatenverwaltung. Andererseits muss aber eine Navigationskomponente vorhanden sein, die *anwendungsbezogene* Workflows unterstützen sollte.

JavaServer Faces verfügen über eine eigenständige Navigationskomponente, den *Navigation-Handler*. Technisch gesehen reagiert die Navigationskomponente auf Action-Events, die in der Regel durch Benutzerinteraktionen ausgelöst wurden. Die Navigation ist entweder an eine Action-Methode gebunden und wird durch das logische Ergebnis der Methodenausführung gesteuert oder durch ein hart codiertes Navigationsziel in der JSF-Seite. Die in XML hinterlegten Regeln aller möglichen Navigationspfade früherer JSF-Anwendungen sind seit Einführung der *impliziten* Navigation mit JSF 2.0 mehr oder weniger „out" und werden praktisch nicht mehr verwendet. Allerdings ist die Ausdrucksmächtigkeit dieses Regelwerks der impliziten Navigation überlegen. Eventuell sollten Sie einen Blick in die ersten Auflagen des Buchs werfen, da wir aus Gründen des Umfangs hier nicht darauf eingehen können. Lediglich eine kleine Übungsaufgabe soll später als Motivation dienen.

Die Basis der Navigation in JSF ist der Rückgabewert einer Action-Methode, der als View-Id interpretiert und als Navigationsziel verwendet wird. Der Typ des Rückgabewerts der Action-Methode ist seit JSF 2.0 `Object`, früher String. Die View-Id wird durch Aufruf der `toString()`-Methode des Objekts ermittelt, bzw. als String-Literal direkt zurückgegeben. Alternativ kann die View-Id direkt als Wert des `action`-Attributs angegeben werden. Listing 2.32 zeigt verschiedene Navigationsalternativen, auf die wir kurz eingehen.

Listing 2.32 Navigationsalternativen (Datei `action-navigation.xhtml`)

```
...
<h:commandButton action="navigation-target" ... />
<h:commandButton action="navigation-target.jsf" ... />
<h:commandButton action="navigation-target.xhtml" ... />
<h:commandButton action="/events/navigation-target.xhtml" ... />
<h:commandButton action="#{nc.toTarget()}" ... />
<h:commandButton action="#{nc.toTarget()}" ...>
    <f:ajax execute="@form" render="@form" />
</h:commandButton>
<h:commandButton action="#{nc.toTargetWithRedirect()}" ... />
```

```
11 <h:commandLink action="#{nc.toTargetWithRedirect()}" ... />
12 <h:commandButton action="#{nc.stay()}" ... />
13 <h:commandButton action="#{nc.stayToo()}" ... />
14 <h:outputLink value="https://www.jsfpraxis.de" >
15     Das Buch im Netz
16 </h:outputLink>
17 <h:commandButton action="#{nc.dasBuchImNetz()}" />
18 ...
```

Die ersten vier action-Attribute in Listing 2.32 verwenden die View-Id direkt in der JSF-Seite. Die vollständige View-Id wird in Zeile 5 verwendet. Es ist dies auch die View-Id, die durch den EL-Ausdruck #{view.viewId} zurückgeliefert wird und die wir im Footer der Beispielanwendung auch so anzeigen. Die Verwendungen in den Zeilen 2, 3 und 4 sind abkürzende Schreibungen. Die Alternative mit der Extension jsf ist allerdings nur erlaubt, wenn in der Servlet-Konfiguration diese Erweiterung auf das Faces-Servlet gemappt ist. Auf Details gehen wir in Abschnitt 4.9 ein. Die weiteren action-Attribute verwenden Action-Methoden, die in Listing 2.33 abgebildet sind.

Listing 2.33 Klasse NavigationController für Navigationsbeispiele

```
1  @Named("nc")
2  @RequestScoped
3  public class NavigationController {
4
5    @Inject
6    ExternalContext externalContext;
7
8    public void stay() {
9    }
10
11   public String stayToo() {
12     return null;
13   }
14
15   public String toTarget() {
16     return "navigation-target.jsf";
17   }
18
19   public String toTargetWithRedirect() {
20     return "navigation-target.jsf?faces-redirect=true";
21   }
22
23   public void dasBuchImNetz() throws IOException {
24     externalContext.redirect("https://www.jsfpraxis.de");
25   }
26 }
```

Die Action-Methode toTarget() (Zeile 15) veranlasst den Navigation-Handler, zur Seite navigation-target.xhtml zu navigieren, und entspricht damit der Zeile 3 in Listing 2.32. Wenn Sie dieses Beispiel ausprobieren, werden Sie feststellen, dass im Browser zwar die neue Seite angezeigt wird, die URL-Leiste des Browsers aber noch das alte URL zeigt.

Wie kann das sein? Ganz einfach: Das Formular der Seite `action-navigation.jsf` wird mit einem POST-Request an den Server geschickt. Wenn JSF dann nach einer Navigation mit einer anderen Seite antwortet, kann der Browser das nicht wissen. Abhilfe schafft hier ein HTTP-Redirect, also das server-seitige Antworten mit dem HTTP-Status-Code 302, der den Browser zu einem neuen GET-Request veranlasst, wodurch der Browser somit das korrekte URL anzeigt. Die technische Umsetzung erfolgt durch das Anhängen von „`?faces-redirect=true`“, wie in der Methode `toTargetWithRedirect()` (Zeile 19) gezeigt. Derselbe String kann alternativ auch an die `action`-String-Literale des Listings 2.32 angehängt werden.

Redirect zur URL-Aktualisierung

Mit einem Redirect, auch als *Post-Redirect-Get-Pattern* bekannt, sendet JSF eine HTTP-Antwort mit Status-Code 302 (Found bzw. Moved Temporarily) und dem Navigationsziel im Location-Header. Dieses ruft der Browser dann mit einem GET-Request auf. ■

Soll nicht navigiert werden, sondern dieselbe Seite nochmals angezeigt werden, kann dies über die identische View-Id erfolgen. Sinnvoller, weil explizit gemacht, ist unserer Meinung nach allerdings die Rückgabe von `null` als Navigationsziel. Von JSF wird dies als *nicht navigieren* interpretiert. Dies kann implizit durch eine `void`-Methode (`stay()` in Zeile 8) oder explizit durch Rückgabe von `null` (Methode `stayToo()` in Zeile 11) erfolgen.

Nicht unerwähnt bleiben soll an dieser Stelle die Verwendung von `<h:commandLink>` (Zeile 11 in Listing 2.32) als Alternative zu `<h:commandButton>`. Das Verhalten ist identisch. Beide Befehlskomponenten schicken das Formular per POST-Request an den Server. `<h:commandLink>` wird allerdings zu einem Link und nicht zu einer Schaltfläche gerendert. Ein weiterer Link in Listing 2.32 ist das `<h:outputLink>`-Tag in den Zeilen 14 – 16. Dieses Tag wird zu einem HTML-<a>-Element gerendert, wobei das `href`-Attribut den Wert des JSF-`value`-Attributs bekommt. Diese Art der Navigation basiert nicht auf einer Befehlskomponente bzw. einem Action-Event und wird hier nur der Vollständigkeit halber erwähnt.

Die Navigation zu einer nicht JSF-Seite kann aber auch über ein Action-Event initiiert werden. Dazu wird wie gewohnt eine Action-Methode aufgerufen, in diesem Fall die Methode `dasBuchImNetz()` (Zeile 23 in Listing 2.33). Diese greift auf die aktuelle Instanz des `ExternalContext` zu. Diese Klasse dient dazu, JavaServer Faces von der darunter liegenden Anwendungsumgebung zu abstrahieren. JavaServer Faces können in einer Servlet- oder einer Portlet-Umgebung betrieben werden. Bei den von uns verwendeten Systemen Payara und WildFly ist der External-Context ein Servlet-Context. Bei Payara ist es die Klasse `org.apache.catalina.core.ApplicationContextFacade`, bei WildFly die Klasse `io.undertow.servlet.spec.ServletContextImpl`, beides Implementierungen des Servlet-Context `javax.servlet.ServletContext`.

Wir schließen das Beispiel mit der Ajax-Variante unter Verwendung von `<f:ajax>`, das in Listing 2.32 in den Zeilen 7 – 9 hier der Vollständigkeit halber dargestellt ist. In Abschnitt 2.7 gehen wir detailliert auf das `<f:ajax>`-Tag ein. Eine ausführliche Darstellung der Navigation mit Hilfe dieses Tags erfolgt in Abschnitt 4.5.2.

Diesen Abschnitt über Action-Events und Navigation schließen wir mit einer technischen Betrachtung der Grundlagen ab. Die JSF-Navigation beruht auf der Verarbeitung von Action-Events bzw. dem Ergebnis dieser Verarbeitung. Nur UI-Komponenten, die das `ActionSource2`-Interface im Package `javax.faces.component` implementieren, können Action-Events auslösen. In der Standardimplementierung sind das die Komponenten `HtmlCommandButton`, `HtmlCommandLink` und `HtmlCommandScript`, alle Unterklassen von `UICommand`. Diese werden durch die JSF-Tags `<h:commandButton>`, `<h:commandLink>` und `<h:commandScript>` repräsentiert. Eine exakte Darstellung des Zusammenhangs und des Komponentenbegriffs im Allgemeinen erfolgt in Abschnitt 4.8.

Die Verarbeitung der Action-Events und deren Einfluss auf die Navigation erfolgt nun nach dem folgenden Verfahren. Zunächst werden alle Action-Listener aufgerufen, die sich auf ein Action-Event mit `<f:actionListener>` registriert haben. Einzelheiten dazu findet man in Abschnitt 2.5.2. Dann werden die Action-Listener aufgerufen, die über ein `actionListener`-Attribut der drei genannten Komponenten registriert wurden. Diese beiden Schritte beeinflussen die Navigation nicht. Im letzten Schritt wird nun der Action-Listener der Navigationskomponente aufgerufen. Dieser verwendet die Konstanten der `action`-Attribute der drei Komponenten, um nach entsprechenden Fällen in den Navigationsregeln zu suchen, oder er ruft die an die `action`-Attribute gebundene Methode auf und verwendet deren Rückgabewert für die Navigation.

Diese Darstellung des Navigationsverhaltens ist eine starke Vereinfachung des tatsächlichen Navigationsalgorithmus, genügt aber in der Regel für das Verständnis. Die vollständige Darstellung benötigt in der Spezifikation fast vier Seiten (Abschnitt 7.4.2) und sei dem interessierten Leser als zusätzliche Lektüre empfohlen.

Seitenfolge

Bei sehr vielen einzugebenden Daten werden die Eingaben häufig auf mehrere Seiten verteilt. Realisieren Sie eine solche Folge von Eingaben (mit beliebigen Daten) über drei Seiten, wobei

- die erste Seite die Schaltflächen „Weiter“ und „Abbruch“,
- die zweite Seite die Schaltflächen „Weiter“, „Zurück“ und „Abbruch“ und
- die dritte Seite die Schaltflächen „Zurück“, „Abbruch und „Abschluss“

enthalten. Die Daten werden sinnvollerweise in einer Managed Bean gehalten. ■

Explizite Navigation

Die vor JSF 2.0 verwendete Navigation über XML-Regeln wird *explizite* Navigation genannt. Wir hatten bereits angemerkt, dass diese Navigationsart mächtiger als die *implizite* Navigation ist. Es können z.B. Regeln angegeben werden, dass *von* bestimmten View-Ids `<from-view-id>` *zu* bestimmten View-Ids `<to-view-id>` navigiert werden soll. Da das Tag `<from-view-id>` Wildcards zulässt, können ganze (Unter-)Verzeichnisse durch eine einzige Regel mit einer Navigation versehen werden, was mit impliziter Navigation nicht möglich ist. Studieren Sie die JSF-Seite `explicit-navigation.xhtml` und die JSF-Seiten im Verzeichnis `navi-targets` sowie die die Navigationsregeln enthaltene Datei `faces-config.xml`, für die wir eine solche Navigation mit Wildcards definiert haben. ■

Explizite Navigation überschreibt implizite Navigation

Navigationsregeln in der `faces-config.xml` überschreiben implizite Navigationsregeln. Wenn Sie in einer unbekannten JSF-Anwendung ein unerklärliches Navigationsverhalten vorfinden, sollten Sie daher die Datei `faces-config.xml` und eventuell diese erweiternden Konfigurationsdateien studieren. ■

2.5.4 Befehlskomponenten mit Parametern

Mit Action-Events bzw. deren zugeordneten Listenern wird die Logik hinter einem Formular realisiert. Hierzu kann sehr einfach auf die Formulareingaben zugegriffen werden. Was jedoch, wenn zusätzlich zu den Eingabemöglichkeiten des Formulars weitere Daten zu übermitteln sind oder wenn die Algorithmik hinter verschiedenen Listenern so ähnlich ist, dass eine Zusammenfassung und Parametrisierung der Listener angezeigt ist. JSF stellt vier Alternativen bereit, wie Befehlskomponenten Daten zum Server schicken können, die nicht durch Formulareingaben definiert werden:

- Methodenausdrücke mit Parametern
- Verwendung von `<f:setPropertyActionListener>`
- Verwendung von `<f:param>`
- Verwendung von `<f:attribute>`

Die vier Alternativen werden an einem gemeinsamen Beispiel erläutert, einer Ganzzahlarithmetikanwendung. Bild 2.27 zeigt das UI der Anwendung, hier schon mit der Überschrift der ersten der vier Alternativen. Zu erkennen sind die Eingaben *2* und *5* sowie das Additionsergebnis *7*, das nach Betätigen der mit + beschrifteten Schaltfläche berechnet wurde.

Parameterübergabe mit EL-Methode				
2	+ - *	5	=	7

Bild 2.27 Parameterübergabe mit Methodenausdrücken

Im Beispiel könnten die drei Schaltflächen an drei verschiedene Action-Methoden gebunden sein. Wenn es allerdings gelingt, eine Action-Methode derart zu parametrisieren, dass eine einzige Methode ausreicht, käme dieser Verzicht auf zum Teil redundanten Code der Code-Qualität zugute.

Die erste der vier Implementierungsalternativen verwendet Methodenausdrücke mit Parametern, hier die Strings `"+"`, `"-"` und `"*"`. Listing 2.34 zeigt Teile der Klasse `ParameterPassingController`, die als Managed Bean hinter dem Formular steht.

Listing 2.34 Klasse `ParameterPassingController` (Ausschnitt)

```
1  @Named("pp")
2  @RequestScoped
3  public class ParameterPassingController {
4
5    private Integer operand1;
6    private Integer operand2;
7    private Integer result;
8
9    @Inject
10   FacesContext facesContext;
11
12   public void actionWithMethodParam(String operator) {
13     ExpressionFactory expressionFactory =
14         facesContext.getApplication().getExpressionFactory();
15     ELContext el = facesContext.getELContext();
16     Long value = (Long) expressionFactory.createValueExpression(el,
17         "#{" + operand1 + operator + operand2] + "}", Long.class)
18         .getValue(el);
19     result = value.intValue();
20   }
21   ...
22 }
```

Die Methode `actionWithMethodParam()` verwendet die Expression-Language, wie wir es bereits in Abschnitt 2.2.10 eingeführt hatten. Mit den Daten aus Bild 2.27 besteht der konstruierte EL-Ausdruck in der Methode `createValueExpression()`) aus `"#{2+5}"` (Zeile 18). Doch wie sieht der entsprechende JSF-Code aus? Wie wir bereits in Abschnitt 2.2.4 gesehen haben, können EL-Methodenausdrücke Parameter besitzen. Das Listing 2.35 zeigt den entsprechenden Ausschnitt der Datei `parameter-passing.xhtml`.

Listing 2.35 Parameterübergabe mit Methodenausdrücken

```
1 <h:commandLink action="#{pp.actionWithMethodParam('+')}">
2   <h:graphicImage library="images" name="plus.svg" />
3 </h:commandLink>
4 <h:commandLink action="#{pp.actionWithMethodParam('-')}">
5   <h:graphicImage library="images" name="minus.svg" />
6 </h:commandLink>
7 <h:commandLink action="#{pp.actionWithMethodParam('*')}">
8   <h:graphicImage library="images" name="multiply.svg" />
9 </h:commandLink>
```

In den Zeilen 1, 4 und 7 wird die Methode `actionWithMethodParam()` mit den Operatoren `+`, `-` und `*` aufgerufen. Das Tag `<h:graphicImage>` erzeugt die entsprechenden Grafiken, um mit dem Command-Link eine Schaltfläche zu simulieren. Wir gehen in Abschnitt 4.4.1 näher auf das `<h:graphicImage>`-Tag ein.

Die zweite Alternative zu parametrisieren, ist die Verwendung des Tags `<f:setPropertyActionListener>`. Dieses Tag fügt der umschließenden Komponente einen Action-Listener hinzu, der das Property einer Managed Bean setzt. Das Listing 2.36 ist die entsprechend überarbeitete Version des Listings 2.35. Das Tag `<f:setPropertyActionListener>` wird in den Zeilen 2, 6 und 10 verwendet, um das Property `operator` der Managed Bean `pp` mit dem entsprechenden Operator zu setzen.

Listing 2.36 Parameterübergabe mit `<f:setPropertyActionListener>`

```
1  <h:commandLink action="#{pp.actionWithFSetPropertyActionListener}">
2    <f:setPropertyActionListener value="+" target="#{pp.operator}" />
3    <h:graphicImage library="images" name="plus.svg" />
4  </h:commandLink>
5  <h:commandLink action="#{pp.actionWithFSetPropertyActionListener}">
6    <f:setPropertyActionListener value="-" target="#{pp.operator}" />
7    <h:graphicImage library="images" name="minus.svg" />
8  </h:commandLink>
9  <h:commandLink action="#{pp.actionWithFSetPropertyActionListener}">
10   <f:setPropertyActionListener value="*" target="#{pp.operator}" />
11   <h:graphicImage library="images" name="multiply.svg" />
12 </h:commandLink>
```

Die im `action`-Attribut verwendete Methode `actionWithFSetPropertyActionListener()` ist in Listing 2.37 dargestellt. Es ist dieselbe Klasse `ParameterPassingController`, die schon in Listing 2.34 dargestellt ist. Wir haben aber zur Verdeutlichung die dort bereits abgebildeten Properties weggelassen, um das neue Property `operator` in Zeile 5 hervorzuheben. Dieses wird durch `<f:setPropertyActionListener>` mit einem Wert versehen, der dann in Zeile 13 der Methode verwendet wird.

Listing 2.37 `ParameterPassingController` für `<f:setPropertyActionListener>`

```
1  @Named("pp")
2  @RequestScoped
3  public class ParameterPassingController {
4
5    private String operator;
6
7    public void actionWithFSetPropertyActionListener() {
8      ExpressionFactory expressionFactory =
9          facesContext.getApplication().getExpressionFactory();
10     ELContext el = facesContext.getELContext();
11     Long value = (Long) expressionFactory.createValueExpression(el,
12         "#{" + operand1 + operator + operand2] + "}", Long.class)
13         .getValue(el);
14     result = value.intValue();
15   }
16   ...
17 }
```

Die dritte Implementierungsalternative ist die Verwendung des `<f:param>`-Tags. Dieses Tag fügt der umschließenden Komponente einen Parameter hinzu, der als Parameter des HTTP-Requests übertragen wird. Die entsprechend überarbeitete Version zeigt Listing 2.38.

Listing 2.38 Parameterübergabe mit <f:param>

```
<h:commandLink action="#{pp.actionWithFParam}">
  <f:param name="operator" value="+" />
  <h:graphicImage library="images" name="plus.svg" />
</h:commandLink>
<h:commandLink action="#{pp.actionWithFParam}">
  <f:param name="operator" value="-" />
  <h:graphicImage library="images" name="minus.svg" />
</h:commandLink>
<h:commandLink action="#{pp.actionWithFParam}">
  <f:param name="operator" value="*" />
  <h:graphicImage library="images" name="multiply.svg" />
</h:commandLink>
```

Die Überarbeitung der Klasse `ParameterPassingController` stellt sich dann wie in Listing 2.39 dar. Wir injizieren eine Map aller Request-Parameter über den Qualifier `@RequestParameterMap` (Zeilen 5–7, siehe Tabelle 2.3 auf Seite 33) und greifen auf den Parameter `operator` mit einer einfachen `get()`-Methode (Zeile 12) zu.

Listing 2.39 `ParameterPassingController` für <f:param>

```
1  @Named("pp")
2  @RequestScoped
3  public class ParameterPassingController {
4
5    @Inject
6    @RequestParameterMap
7    Map<String, String> requestParams;
8
9    ...
10
11   public void  actionWithFParam() {
12     String operator = requestParams.get("operator");
13     ExpressionFactory expressionFactory =
14         facesContext.getApplication().getExpressionFactory();
15     ELContext el = facesContext.getELContext();
16     Long value = (Long) expressionFactory.createValueExpression(el,
17         "#{" + operand1 + operator + operand2] + "}", Long.class)
18         .getValue(el);
19     result = value.intValue();
20   }
21   ...
22 }
```

<f:param> in <h:outputFormat>

Das <f:param>-Tag kann nicht nur innerhalb von Befehlskomponenten verwendet werden, sondern auch in einem <h:outputFormat>-Tag. Hier dient es dazu, Platzhalter der Form `{n}` mit Werten zu versehen, wie in folgendem Beispiel:

```
<h:outputFormat value="Firstname: {0}, lastName: {1}">
  <f:param value="#{customerController.customer.firstname}" />
  <f:param value="#{customerController.customer.lastname}" />
</h:outputFormat>
```

Da mittlerweile die gemischte Verwendung von HTML, Text und EL-Ausdrücken problemlos möglich ist, kann das Beispiel auch ohne `<h:outputText>` und `<f:param>` geschrieben werden, so dass die Verwendung von `<h:outputText>` in modernen JSF-Anwendungen auf dem Rückzug ist. Einzig bei der Verwendung parametrisierter Resource-Bundles, wie etwa in Abschnitt 2.4.14 in Form von Fehlermeldungen, kann `<h:outputText>` eventuell sinnvoll eingesetzt werden.

■

Die vierte und letzte Alternative verwendet das Tag `<f:attribute>`, das einer Komponente ein Attribut hinzufügt. Listing 2.40 zeigt die angepasste Version des JSF-Codes.

Listing 2.40 Parameterübergabe mit `<f:attribute>`

```
1  <h:commandLink actionListener="#{pp.actionListenerWithFAttribute}">
2    <f:attribute name="operator" value="+" />
3    <h:graphicImage library="images" name="plus.svg" />
4  </h:commandLink>
5  <h:commandLink actionListener="#{pp.actionListenerWithFAttribute}">
6    <f:attribute name="operator" value="-" />
7    <h:graphicImage library="images" name="minus.svg" />
8  </h:commandLink>
9  <h:commandLink actionListener="#{pp.actionListenerWithFAttribute}">
10   <f:attribute name="operator" value="*" />
11   <h:graphicImage library="images" name="multiply.svg" />
12 </h:commandLink>
```

In den Zeilen 2, 6 und 10 wird jeweils das Attribut `operator` mit den entsprechenden Werten versehen. Doch wie kann server-seitig in Java darauf zugegriffen werden? Wie in Listing 2.40 zu sehen ist, haben wir statt einer Action-Methode eine Action-Listener-Methode verwendet. Diese bekommt als Parameter das auslösende Action-Event übergeben. Dies wurde bereits in Abschnitt 2.5.2 näher erläutert, auch an einem Beispiel (Listing 2.31 auf Seite 95). Das Listing 2.41 zeigt die entsprechende Action-Listener-Methode, in der in Zeile 7 auf das Attribut zugegriffen wird.

Listing 2.41 `ParameterPassingController` für `<f:attribute>`

```
1  @Named("pp")
2  @RequestScoped
3  public class ParameterPassingController {
4
5    public void actionListenerWithFAttribute(ActionEvent ae) {
6      String operator =
7          (String) ae.getComponent().getAttributes().get("operator");
8      ExpressionFactory expressionFactory =
9          facesContext.getApplication().getExpressionFactory();
```

```
        ELContext el = facesContext.getELContext();
        Long value = (Long) expressionFactory.createValueExpression(el,
            "#{" + operand1 + operator + operand2] + "}", Long.class)
            .getValue(el);
        result = value.intValue();
    }
    ...
}
```

Das <f:attribute>-Tag existiert auch noch in der Pluralform als <f:attributes>. Dieses Tag besitzt jedoch nur ein einziges Attribut value, das ein EL-Werteausdruck vom Typ Map<String,Object> sein muss. Die Parametrisierung eines Action-Listeners durch <f:attributes>, das seine Werte wiederum über einen EL-Ausdruck vom Server holt, wird im Allgemeinen recht sinnlos sein. In der Praxis wird das <f:attributes> daher eher selten benutzt. Bei Bedarf kann die obige Verwendung von

```
<f:attribute name="operator" value="*" />
```

durch

```
<f:attributes value="#{{'operator':'*'}}" />
```

ersetzt werden. Für Map-Literale verweisen wir den interessierten Leser auf Abschnitt 2.2.6.

Mögliche Parametertypen

Die in den vier Alternativen durchgängig verwendeten Beispielwerte zur Parametrisierung waren die Strings "+", "-", und "*". Bis auf <f:param> können jedoch beliebige Objekttypen statt Strings verwendet werden. Die Einschränkung bei <f:param> ist der Abbildung auf HTTP-Request-Parameter geschuldet, die Strings sein müssen. ■

2.5.5 Befehlskomponenten und das immediate-Attribut

Bei der Darstellung des Bearbeitungsmodells einer JSF-Anfrage haben wir in Abschnitt 2.1 gesehen, dass Action- und Action-Listener-Methoden für Komponenten mit gesetztem immediate-Attribut bereits in der Phase 2 *Übernahme der Anfragewerte* und nicht erst in der Phase 5 *Aufruf der Anwendungslogik* aufgerufen werden. Die Verarbeitung von Action-Events wird also vorgezogen. Was könnte hierfür ein geeigneter Anwendungsfall sein?

Bei der Eingabe von Daten kann zwischen obligatorisch und optional einzugebenden Daten unterschieden werden. Eingabekomponenten für obligatorische Eingaben werden mit einem required="true", <f:validateRequired> oder server-seitig mit @NotNull versehen. Damit wird aber der Aufruf einer Action-Methode für das gesamte Formular verhindert, wenn nicht alle obligatorischen Eingaben erfolgt sind, etwa auch eine Action-Methode für das Abbrechen des Vorgangs. Der Grund ist, dass in der Phase 3 *Validierung* die Überprüfung der benötigten Eingabe fehlschlägt und somit die Phase 5 gar nicht aufgerufen wird. Abhilfe schafft hier das immediate-Attribut für Befehlskomponenten. Die Phase

5 wird für diese Komponenten vorgezogen und in der Phase 2 *Übernahme der Anfragewerte* durchgeführt. Im folgenden Code-Ausschnitt wird die Action-Methode `abort()` auch aufgerufen, wenn die obligatorischen Daten nicht eingegeben wurden. Somit ist die Möglichkeit der Navigation zu einer anderen Seite gegeben.

Listing 2.42 Befehlskomponente mit `immediate`-Attribut

```
<h:outputLabel value="Obligatorische Daten:" for="data" />
<h:inputText id="data" value="#{iaController.data}" required="true" />
<h:commandButton action="#{iaController.save}" value="Speichern" />
<h:commandButton action="#{iaController.abort}" value="Abbrechen"
                 immediate="true"/>
```

`immediate`-Attribut durch Ajax obsolet

Mit der Verfügbarkeit des `<f:ajax>`-Tags ist die beschriebene Verwendung des `immediate`-Attributs bei Befehlskomponenten nicht mehr zwingend. Das `execute`-Attribute von `<f:ajax>` legt fest, welche Eingaben server-seitig verarbeitet werden sollen. Ist die obligatorische Eingabe nicht zu exekutieren, d.h. ist die entsprechende Komponente nicht in der Id-Liste des `execute`-Attributs, wird sie nicht validiert, die (nicht existente) Validierung kann nicht fehlschlagen und das Abbrechen in obigem Beispiel kann problemlos ausgeführt werden.

■

2.5.6 Value-Change-Events

Alle JSF-Eingabekomponenten erzeugen ein Value-Change-Event, wenn der Wert einer Eingabekomponente geändert wurde. Da wir uns in einer Web-Anwendung bewegen, bedeutet *ändern* immer „von einem (XML-)HTTP-Request zum nächsten". Aber auch diese Form von Werteänderung, die im Gegensatz etwa zu nativen UIs sehr eingeschränkt ist, kann durchaus nützlich sein. In einer Stammdatenverwaltung können etwa Daten durch Betätigung eines Command-Buttons in die Datenbank geschrieben werden. Dies ist jedoch nicht nötig, sofern in keinem der Eingabefelder eine Änderung vorgenommen wurde, und erzeugt daher eine unnötige Belastung der Datenbank. Auch wenn dies bei der Verwendung von JPA in der Regel dank des *automatic Dirty-Checkings* nicht wirklich ein Problem ist, kann dieser Anwendungsfall im Allgemeinen vorkommen. Mit Hilfe von Value-Change-Listenern, die an Eingabekomponenten gebunden sind, lässt sich sehr einfach feststellen, ob entsprechende Änderungen erfolgt sind. Die Action-Methode der Schaltfläche kann dieses Ergebnis dann verwenden, um nur im Falle tatsächlicher Änderungen eine Datenbanktransaktion oder anderweitige Aktionen zu veranlassen.

Auch bei Value-Change-Events gibt es wie bei Action-Events mehrere Alternativen, um Listener zu registrieren. Die erste Alternative ist die Registrierung eines Value-Change-Listeners als Methodenbindung, die zweite ist die Implementierung einer Listener-Klasse, also einer Klasse, die das Interface `ValueChangeListener` mit der Methode

```
public void processValueChange(ValueChangeEvent event)
    throws AbortProcessingException
```

implementiert. Wir beginnen auch hier mit der einfachen Variante einer Methodenbindung.

Als Beispiel verwenden wir eine Kundenklasse mit Vor- und Nachname. Im folgenden Code-Ausschnitt wird die Listener-Methode `dataChanged()` der Bean `customerController` an eine Texteingabekomponente mit Id `firstname` gebunden. Dies ist auch der Name des Kunden-Property. Die Bindung selbst erfolgt mit dem Attribut `valueChangeListener`. Ziel ist das Erkennen einer Änderung und deren Anzeige.

Listing 2.43 Registrieren eines Value-Change-Listeners

```
<h:outputLabel value="Vorname " for="firstname" />
<h:inputText id="firstname"
    value="#{customerController.customer.firstname}"
    valueChangeListener="#{customerController.dataChanged}" />
```

Die verwendete Managed Bean `customerController` ist im Listing 2.44 dargestellt.

Listing 2.44 Klasse `CustomerController`

```
1  @ViewScoped
2  public class CustomerController implements Serializable {
3
4    private static final Logger logger =
5      Logger.getLogger(CustomerController.class.getCanonicalName());
6
7    private Customer customer;
8
9    @Inject
10   FacesContext facesContext;
11
12   public void dataChanged(ValueChangeEvent event) {
13     logger.info("Id: " + event.getComponent().getId());
14     logger.info("Old Value: " + event.getOldValue());
15     logger.info("New Value: " + event.getNewValue());
16     facesContext.addMessage(null,
17       new FacesMessage("Property " + event.getComponent().getId()
18                        + " wurde geändert."));
19   }
20   ...
21 }
```

Zunächst ist der Scope der Bean interessant. Dieser muss größer als ein Request sein, damit die Bean zwei Requests hintereinander als solche wahrnehmen kann. Wir verwenden `@ViewScoped`. In Zeile 14 wird dann auf die Id der das Event auslösenden Komponente zugegriffen. Im Beispiel ist dies `firstname`. Die Zeilen 14 und 15 demonstrieren, dass sowohl der alte (`getOldValue()`) als auch der neue (`getNewValue()`) Wert der Komponente verfügbar ist. In den Zeilen 16–18 wird dem Benutzer über eine `FacesMessage` mitgeteilt, welcher Eingabewert sich geändert hat.

Bei Value-Change-Events existiert dieselbe Problematik wie bei Action-Events. Da XML-Tags die mehrfache Verwendung ein und desselben Attributs nicht erlauben, kann maximal ein Event-Listener registriert werden. Abhilfe schafft hier das Tag `<f:valueChangeListener>` als Sohnknoten der Eingabekomponente, da es mehrfach verwendet werden kann. Der folgende Code-Auschnitt zeigt dies exemplarisch.

```
<h:outputLabel value="Nachname" for="lastname" />
<h:inputText id="lastname"
             value="#{customerController.customer.lastname}">
  <f:valueChangeListener
      type="de.jsfpraxis.detail.events.CustomerChangedListener" />
  <f:valueChangeListener binding="#{ccl}" />
</h:inputText>
```

Wir haben in diesem Beispiel jedoch keine verschiedenen Event-Listener implementiert, so dass wir die Chance nutzen, das `<f:valueChangeListener>`-Tag alternativ mit zwei verschiedenen Attributen zu verwenden. Das Attribut `type` erwartet als Wert den voll qualifizierten Klassennamen eines Value-Change-Listeners, also einer Klasse, die das bereits erwähnte Interface `ValueChangeListener` im Package `javax.faces.event` implementiert. Dieses Interface besitzt die einzige Methode

```
public void processValueChange(ValueChangeEvent event)
    throws AbortProcessingException
```

Das Attribute `binding` erwartet als Wert ein Objekt, das das Interface `ValueChangeListener` implementiert. Im Beispiel ist dies ein CDI-Name, wie wir gleich sehen werden. Die Klasse des Objekts ist `CustomerChangedListener`, die in Listing 2.45 dargestellt ist.

Listing 2.45 Klasse `CustomerChangedListener`

```
@Named("ccl")
public class CustomerChangedListener implements ValueChangeListener {

  @Override
  public void processValueChange(ValueChangeEvent event)
            throws AbortProcessingException {
    ...
  }

}
```

Den Methodenrumpf von `processValueChange()` haben wir unterschlagen, da er dem Code in Listing 2.44 auf Seite 109 entspricht.

Property für Event

Um die Mehrfachverwendung eines Listeners für verschiedene Eingaben zu ermöglichen, greifen die in den Listings 2.44 und 2.45 realisierten Event-Listener über `event.getComponent().getId()` auf die Id der Komponente zu, um auf dieser Basis das Value-Change-Event einem Modell-Property zuzuordnen. Die Zuordnung basiert auf der Konvention identischer Bezeichner:

```
<h:inputText id="firstname"
             value="#{customerController.customer.firstname}" ...
```

Besser wäre es, statt der durch Konvention identischen Id den tatsächlichen Property-Namen zu verwenden. Realisieren Sie dies! Erweitern Sie also die Listener-Methode derart, dass der letzte Teil des EL-Ausdrucks `"#{customerController.customer.firstname}"` verwendet wird. ■

2.5.7 Data-Model-Events

Eine in betrieblichen Informationssystemen häufig anzutreffende Art der Informationsdarstellung ist die mittels Listen und Tabellen. JavaServer Faces verwendet hierzu auf der Komponentenebene als Modellobjekte Instanzen der abstrakten Klasse `DataModel`, die sich wie alle weiteren in diesem Abschnitt genannten Klassen im Package `javax.faces.model` befinden. `DataModel` ist eine Abstraktion verschiedener Collections für die Verarbeitung zeilenweise angeordneter Daten, in JSF typischerweise Tabellen. Die Interaktion des Benutzers mit einer der Zeilen dieser Tabelle wird über Data-Model-Events realisiert. Ein Event der Klasse `DataModelEvent` wird durch ein `DataModel`-Objekt geworfen, wenn ein Zugriff auf eine Zeile des Objekts erfolgt. Damit unterscheiden sich Data-Model-Events von Action- und Value-Change-Events, die durch UI-Komponenten geworfen werden. Weil `DataModel`-Objekte nicht in JSF-Tags vorkommen, kann auch die Registrierung eines Listeners für `DataModelEvents` nicht in der JSF-Seite erfolgen, sondern muss im Java-Code vorgenommen werden. `DataModelEvents` kennen die folgenden Methoden

- `public DataModel getDataModel()`
- `public Object getRowData()`
- `public int getRowIndex()`

die das gesamte Modellobjekt, die Daten oder den Index der betroffenen Zeile zurückgeben.

Ein zu implementierender Listener für `DataModelEvents` muss das Interface `DataModelEvent` implementieren, das aus der einzigen Methode

```
public void rowSelected(DataModelEvent event)
```

besteht. Die Implementierung einer eigenen Listener-Klasse für `DataModelEvents` ist jedoch in der Regel nicht notwendig, da die Klasse `DataModel` als Wrapper um die eigentlichen Business-Daten verwendet wird und auch `DataModel` die Methoden

- `public Object getRowData()`
- `public int getRowIndex()`

und eine Reihe weiterer besitzt. Dadurch ist der Zugriff auf die selektierte Zeile sehr einfach möglich, wie wir gleich demonstrieren werden. Als Beispiel dient eine Liste von Comedians, die in einem `DataModel` eingepackt sind. Dadurch benötigt eine Befehlskomponente keine weiteren Informationen, da die selektierte Zeile anhand des Data-Models bekannt ist. Listing 2.46 zeigt den entsprechenden Ausschnitt der JSF-Tabelle. Die Darstellung im Browser zeigt Bild 2.28.

Listing 2.46 Tabelle mit Data-Model-basierter Action-Methode (Datei `comedians.xhtml`)

```
1  <h:dataTable value="#{comedianController.comedians}"
2               var="comedian">
3    <h:column>
4      <f:facet name="header">Vorname</f:facet>
5      #{comedian.firstname}
6    </h:column>
7    <h:column>
8      <f:facet name="header">Nachname</f:facet>
9      #{comedian.lastname}
10   </h:column>
11   <h:column>
12     <f:facet name="header">Geburtstag</f:facet>
13     <h:outputText value="#{comedian.dob}">
14       <f:convertDateTime type="localDate" />
15     </h:outputText>
16   </h:column>
17   <h:column>
18     <h:commandButton action="#{comedianController.edit}"
19                      value="Ändern" />
20   </h:column>
21 </h:dataTable>
```

Comedians (Data-Model-Events)

Vorname	Nachname	Geburtstag	
Mario	Barth	01.10.1972	Ändern
Atze	Schröder	27.08.1965	Ändern
Dieter	Nuhr	29.09.1960	Ändern
Anke	Engelke	21.11.1965	Ändern
Kaya	Yanar	20.04.1973	Ändern

Bild 2.28 Darstellung von Listing 2.46 im Browser

Das Interessante ist die Action-Methode `edit()` in Zeile 18, die keine weiteren Parameter besitzt. Listing 2.47 zeigt die Managed Bean `ComedianController` mit der entsprechenden Methode `edit()` und dem Aufruf von `getRowData()` in Zeile 18. Der Rückgabewert wird der Variablen `comedian` zugewiesen, die in der Seite `comedian.xhtml` verwendet wird, um die entsprechenden Daten ändern zu können. Wir stellen den Quell-Code der Seite nicht dar und verweisen auf das Bild 2.29.

Facetten

Die Spalten der Tabelle in Listing 2.46 sind mit Facetten versehen, die durch das Tag `<f:facet>` definiert werden. Einige Komponenten, wie `<h:dataTable>`, `<h:column>` und `<h:panelGrid>` erlauben die Verwendung von Facetten, um den Komponenten Zusatzinformationen hinzufügen zu können. Dazu gehören bei Tabellen und Tabellenspalten Über- und Unterschriften, die durch Facetten mit den Namen `header` und `footer` beschrieben werden. Weitere Facetten-Namen sind `caption` und `colgroups`. Zusammengesetzte Komponenten, die in Abschnitt 4.7 eingeführt werden, erlauben die Definition beliebiger Facetten-Namen.

■

Listing 2.47 Klasse `ComedianController`

```
1  @Named
2  @ConversationScoped
3  public class ComedianController implements Serializable {
4
5    @Inject
6    Conversation conversation;
7
8    private DataModel<Comedian> comedians;
9    private Comedian comedian;
10
11   public ComedianController() {
12     comedians = new ListDataModel<>();
13     comedians.setWrappedData(Comedian.sample());
14   }
15
16   public String edit() {
17     conversation.begin();
18     comedian = comedians.getRowData();
19     return "comedian.xhtml";
20   }
21
22   public String save() {
23     conversation.end();
24     return "comedians.xhtml";
25   }
26   ...
27 }
```

Wird hier die Speichern-Schaltfläche betätigt, wird die `saved()`-Methode in Listing 2.47 der Zeilen 22–25 aufgerufen.

Das Listing 2.47 verwendet die Scope-Annotation `@ConversationScoped` in Zeile 2 und das Interface `Conversation` in den Zeilen 5/6. Diese in Abschnitt 2.3.2 bereits genannte Scope-Annotation ist programmatischer Natur. Während die anderen Scopes (Request, View, Session, Application) technisch bedingt sind, ist eine Konversation anwendungslogisch bedingt: Sie beginnt und endet durch ein Anwendungsereignis. Bei uns sind dies das jeweilige Betätigen der beiden Schaltflächen der Anwendung, um eine Master-Detail-artige Naviga-

Comedian (Data-Model-Event)	
Vorname	Mario
Nachname	Barth
Geburtstag	01.10.1972
Speichern	

Bild 2.29 Ändern eines Comedians

tion zwischen den beiden Seiten zu realisieren. Das Interface `Conversation` stellt hierzu die beiden Methoden `begin()` (Listing 2.47 Zeile 17) und `end()` (Listing 2.47 Zeile 23) bereit. Wir beenden an dieser Stelle die Erläuterungen zum Beispiel und verweisen den Leser auf Kapitel 3, das detailliert auf Konversationen eingeht.

Spaltenbasiertes Sortieren von Tabellen

Ermöglichen Sie die spaltenweise Sortierung der Tabelle in Bild 2.28 durch Anklicken der jeweiligen Spaltenüberschrift.

■

Master/Detail in einer Seite

Ändern Sie das Beispiel so ab, dass die Übersicht über alle Comedians und die Möglichkeit des Änderns eines Comedians in einer JSF-Seite zusammengefasst sind. Sie können dann den Conversation-Scope durch den View-Scope ersetzen.

■

Der Vollständigkeit halber sei noch erwähnt, dass die Klasse `DataModel` abstrakt ist. Nicht abstrakte Unterklassen, die als Datenmodelle verwendet werden können, sind

- `ArrayDataModel`
- `CollectionDataModel`
- `IterableDataModel`
- `ListDataModel`
- `ScalarDataModel`
- `ResultDataModel`
- `ResultSetDataModel`

wobei unserer Meinung nach die beiden letztgenannten eher für SQL-nahe Frameworks und nicht für betriebliche Modelle verwendet werden sollten.

Eigene Datenmodelle

Für den unwahrscheinlichen Fall, dass die zur Verfügung stehenden Datenmodelle nicht ausreichen, können Sie eine eigene Datenmodellklasse definieren. Diese muss `DataModel` erweitern und wird mit `@FacesDataModel` annotiert, um mit dem `forClass`-Attribut anzugeben, für welchen Collection-Typ dieser Wrapper zuständig ist.

■

2.5.8 Phase-Events

In Abschnitt 2.1 haben wir die einzelnen Phasen der Bearbeitung einer JSF-Anfrage kennengelernt. In jeder dieser Phasen wird zu Beginn und am Ende ein `PhaseEvent` geworfen. Auch für diese Event-Art existiert ein entsprechendes Listener-Interface, das `PhaseListener`-Interface, ebenfalls im Package `javax.faces.event`. Das Interface deklariert die Methoden

```
public PhaseId getPhaseId()
public void beforePhase(PhaseEvent event)
public void afterPhase(PhaseEvent event)
```

Die Methode `getPhaseId()` gibt eine der sieben Konstanten der Klasse `PhaseId` zurück. Es sind dies die sechs Repräsentanten der Bearbeitungsphasen sowie ein Repräsentant für „alle Phasen“. Die Bezeichner sind

- `PhaseId.ANY_PHASE`
- `PhaseId.RESTORE_VIEW`
- `PhaseId.APPLY_REQUEST_VALUES`
- `PhaseId.PROCESS_VALIDATIONS`
- `PhaseId.UPDATE_MODEL_VALUES`
- `PhaseId.INVOKE_APPLICATION`
- `PhaseId.RENDER_RESPONSE`

Bei der Entwicklung eines eigenen Phase-Listeners muss die Methode `getPhaseId()` eine dieser sieben Konstanten zurückgeben und zeigt somit, an welcher Phase des Bearbeitungszyklus der Listener interessiert ist. Die beiden Methoden `beforePhase()` und `afterPhase()` können anwendungsbezogen realisiert werden.

Bei der Erstellung einfacher Anwendungen wird es in der Regel wenig Verwendungsmöglichkeiten für Phase-Events geben. Phase-Events sind aber prädestiniert, bei der Erweiterung des JSF-Frameworks oder etwa der Fehlersuche eingesetzt zu werden. Eine Erweiterungsmöglichkeit ist etwa die Authentifizierung. Gleich zu Beginn der Bearbeitung einer JSF-Anfrage könnte überpüft werden, ob der Benutzer (bzw. die Session), der die JSF-Seite anfragt, sich authentifiziert hat und die entsprechenden Rechte für den Zugriff auf diese Seite besitzt. Diese Form der Authentifizierung gilt dann aber nur für JSF-Seiten, so dass GIFs, JPEGs oder PDF-Dokumente, deren URL bekannt ist, direkt ohne Authentifizierung angefordert werden können. Auch ohne dieses Manko ist diese Authentifizierungs- und Autorisierungsprüfung jedoch nicht zu empfehlen; man sollte auf das in Java EE 8 in der Version 1.0 neu hinzugekommene Java EE Security API ([URL-JSR372]) zurückgreifen.

Analyse des immediate-Attributs

Eine sehr sinnvolle Verwendungsmöglichkeit für Phase-Listener ist die Unterstützung des Erlernens von JSF. Schreiben Sie einen Phase-Listener, der die Funktionsweise des `immediate`-Attributs wie in Abschnitt 2.5.5 beschrieben überprüft. Man sollte also erkennen können, dass das Betätigen der Abbrechen-Schaltfläche zum Durchlauf der Phasen 1, 2, 6 führt, während das Betätigen der Speichern-Schaltfläche zu einem vollständigen Durchlaufen des Lebenszyklus bzw. zur Phasenfolge 1, 2, 3, 6 führt, je nachdem, ob eine Eingabe vorhanden ist oder nicht.

■

Als Beispiel für die Verwendung von Phase-Events wollen wir lediglich kurze Statusnachrichten loggen. Listing 2.48 zeigt einen einfachen Phase-Listener, dessen Phasen-Methoden in jeder der sechs Phasen aufgerufen werden, da er an jeder Phase (`ANY_PHASE`) interessiert ist.

Listing 2.48 Der Phase-Listener `LifecycleObserver`

```
public class LifecycleObserver implements PhaseListener {

  private static final Logger log =
      Logger.getLogger(LifecycleObserver.class.getCanonicalName());

  public void afterPhase(PhaseEvent pe) {
    log.info("after " + pe.getPhaseId());
  }

  public void beforePhase(PhaseEvent pe) {
    log.info("before " + pe.getPhaseId());
  }

  public PhaseId getPhaseId() {
    return PhaseId.ANY_PHASE;
  }

}
```

Registriert wird ein Phase-Listener global für die gesamte Anwendung in der Konfigurationsdatei `faces-config.xml`. Der entsprechende Eintrag ist ein `<phase-listener>`-Element, das im `<lifecycle>`-Element enthalten ist. Es gibt den qualifizierten Namen der Phase-Listener-Klasse an:

```
<lifecycle>
  <phase-listener>
    de.jsfpraxis.detail.lifecycle.LifecycleObserver
  </phase-listener>
</lifecycle>
```

Für eine einzelne Seite kann ein Phase-Listener mit dem `<f:phaseListener>`-Tag registriert werden:

```
<f:phaseListener type="qualifizierter.Name" />
```

2.5.9 System-Events

Frameworks, die JSF erweitern oder auf JSF basieren, zum Teil aber auch manche Anwendungen benötigen eine feinere Granularität des Event-Systems, als es die bearbeitungsmodellbasierten Phase-Events bereitstellen. Hier kommen systemspezifische Ereignisse ins Spiel, die zwischen einer globalen Systemebene und der Komponentenebene unterscheiden. Wir stellen diese System-Events überblicksartig vor.

Die in Bild 2.25 auf Seite 92 dargestellte Klasse `SystemEvent` ist die Oberklasse der System-Events. Sie enthält als direkte Unterklassen die folgenden Events:

- `ComponentSystemEvent`
- `ExceptionQueuedEvent`
- `PostConstructApplicationEvent`
- `PostConstructCustomScopeEvent`
- `PostKeepFlashValueEvent`
- `PostPutFlashValueEvent`
- `PreClearFlashEvent`
- `PreDestroyApplicationEvent`
- `PreDestroyCustomScopeEvent`
- `PreRemoveFlashValueEvent`

Die Klasse `ComponentSystemEvent` dient als abstrakte Oberklasse für die folgenden Komponenten-Events.

- `PostAddToViewEvent`
- `PostConstructViewMapEvent`
- `PostRenderViewEvent`
- `PostRestoreStateEvent`
- `PostValidateEvent`
- `PreDestroyViewMapEvent`
- `PreRemoveFromViewEvent`
- `PreRenderComponentEvent`
- `PreRenderViewEvent`
- `PreValidateEvent`

Die Klassennamen sind sehr sprechend gewählt und lassen zumindest bei den Komponenten-Events auch den JSF-Anfänger die dahinter stehende Funktionalität erahnen. Wir beginnen mit einem Beispiel für System-Events. Das Event `PostConstructApplicationEvent` wird geworfen, nachdem das JSF-Laufzeitsystem alle Konfigurationsdaten gelesen und verarbeitet hat. Analog dazu wird das Event `PreDestroyApplicationEvent` geworfen, bevor alle Fabriken, die der Anwendung zugeordnet sind, freigegeben werden und danach die Anwendung beendet wird. Wenn die Anwendung nach der Initialisierung der Anwendungskonfiguration bestimmte Funktionen durchzuführen hat, wird ein Listener für das `PostConstructApplicationEvent` registriert. Dies erfolgt in der JSF-Konfigurationsdatei innerhalb des `<application>`-Elements.

```
<system-event-listener>
  <system-event-class>
    javax.faces.event.PostConstructApplicationEvent
  </system-event-class>
  <system-event-listener-class>
    de.jsfpraxis.detail.events.JsfReadyListener
  </system-event-listener-class>
</system-event-listener>
```

Der Listener muss das Interface `SystemEventListener` implementieren, das aus zwei Methoden besteht:

```
public boolean isListenerForSource(Object object)
public void processEvent(SystemEvent se)
```

JSF-Initialisierung abgeschlossen

Suchen Sie im Projekt die Klasse `JsfReadyListener` und studieren Sie diese. Stellen Sie sicher, dass dieser Listener in der `faces-config.xml` aktiviert ist. Bauen und deployen Sie die Anwendung. Suchen Sie im Log die Stelle, an der die JSF-Initialisierung abgeschlossen ist.

■

Als Beispiel zur Verwendung von Komponenten-Events wählen wir das Rendern der View bzw. einer Komponente. Die entsprechenden Event-Klassen sind `PreRenderViewEvent` und `PreRenderComponentEvent`. Die Registrierung eines Listeners für Komponenten-Events erfolgt mit dem `<f:event>`-Tag. Dessen `type`-Attribut enthält den voll qualifizierten Klassennamen des Events oder die Kurzform des Namens. Diese ergibt sich aus den nicht qualifizierten Klassennamen und abgeschnittenem `Event` sowie kleingeschriebenem Anfangsbuchstaben. Listing 2.49 zeigt den entsprechenden Ausschnitt des Beispiels.

Listing 2.49 `preRenderView`- und `preRenderComponent`-Events (Datei `browser-check.xhtml`)

```
1 <f:event type="javax.faces.event.PreRenderViewEvent"
2     listener="#{browserChecker.preRenderView}" />
3 <f:event type="preRenderView"
4     listener="#{browserChecker.preRenderView}" />
5 <h:panelGroup id="check" layout="block">
6   <f:event type="preRenderComponent"
7       listener="#{browserChecker.preRenderComponent}" />
8     <really-new-html-tag/>
9 </h:panelGroup>
```

Die Verwendung des `type`-Attributs in den Zeilen 1 und 3 zeigt die beiden genannten Alternativen zur Definition des Event-Typs. In beiden Fällen wird für das Pre-Render-View-Event die Listener-Methode `preRenderView()` registriert und somit bei Eintreten des Events auch zweimal aufgerufen. Der Name der Managed Bean, `BrowserChecker`, ist zunächst etwas irreführend, aber für den zweiten Teil des Beispiels passend. In diesem soll, zugegebenermaßen etwas konstruiert, mit dem Pre-Render-Component-Event verhindert werden, dass ältere Browser das HTML-Tag `<really-new-html-tag/>` in Zeile 8 zu sehen bekommen. Das Event wird mit `<f:event>` in den Zeilen 6/7 registriert und mit einem `<h:panelGroup>` umschlossen, um später die dafür vergebene Id `check` verwenden zu können.

Listing 2.50 Klasse `BrowserChecker`

```
1  @Named
2  @RequestScoped
3  public class BrowserChecker {
4
5    @Inject
6    UIViewRoot view;
7
8    @Inject
9    @HeaderMap
10   Map<String, String> header;
11
12   @Inject
13   FacesContext facesContext;
14
15   public void preRenderView(ComponentSystemEvent event) {
16     log.info("View aufgerufen: " + view.getViewId());
17   }
18
19   public void preRenderComponent(ComponentSystemEvent event) {
20     if (view.getViewId().equals("/events/browser-check.xhtml")
21           && event.getComponent().getId().equals("check")
22           && isBrowserTooOld(header.get("User-Agent"))) {
23         facesContext.getApplication().getNavigationHandler()
24             .handleNavigation(facesContext, null,
25                 "/events/browser-too-old.xhtml?faces-redirect=true");
26     }
27   }
28   ...
29 }
```

In der Klasse `BrowserChecker` (Listings 2.50) werden in den Zeilen 5 bis 13 die vordefinierte EL-Objekte `view`, `header` und `facesContext` injiziert, die in Tabelle 2.3 auf Seite 33 beschrieben sind. Die erste Event-Listener-Methode, `preRenderComponent()`, soll lediglich jegliche Verwendung der Seite loggen, was sie in Zeile 16 auch tut.

Die zweite Event-Listener-Methode, `preRenderComponent()`, kann prinzipiell mehrfach in der Seite und auch in verschiedenen Seiten registriert sein. Es wird daher zunächst geprüft, ob das Event von der richtigen Seite und der richtigen Komponente stammt, bevor die Browser-Version über den `User-Agent`-Header des HTTP-Request geprüft wird. Falls die Prüfung ergibt, dass der Browser für das HTML-Tag zu alt ist, wird zu einer anderen Seite navigiert.

Sprechende Event-Listener-Namen

Die von uns vergebenen Bezeichner für die Event-Listener-Methoden sind schlecht gewählt. Sie widersprechen der Clean-Code-Forderung nach aussagekräftigen und sprechenden Namen (meaningful names). Wir nutzen diese Gelegenheit, um Sie auf die unserer Meinung nach besonders hohe Gefahr der Verwendung eines „falschen" Listeners hinzuweisen. Wesentlich sinnvollere Namen wären `logPageImpression()` und `redirectIfBrowserTooOld()`. Ebenfalls sinnvoll ist die Prüfung, ob der Event-Typ der richtige ist. Beim zweiten Listener ist dies `PreRenderComponentEvent`. Implementieren Sie diese Prüfung als Erweiterung der Methode `preRenderComponent()` in Listing 2.50.

■

Wir vervollständigen diesen Abschnitt mit der Nennung dreier Annotationen im Rahmen der System-Event-Verarbeitung von JSF. Die Annotation `@ListenerFor` registriert für ein System-Event einen Listener. Die Container-Annotation `@ListenersFor` erlaubt es, mehrere Listener zu registrieren. Die Verwendung ist allerdings nur für Unterklassen von `UIComponent` und `Renderer` erlaubt, so dass sie nur bei der Entwicklung eigener Komponenten zum Einsatz kommen.

Falls eigene Event-Klassen als Unterklassen von `ComponentSystemEvent` definiert werden, sind diese mit `@NamedEvent` zu annotieren, um sie als Komponenten-Events im `<f:event>`-Tag verwenden zu können.

2.6 HTML5

Die erste Version von JSF nahm explizit Bezug auf die HTML-Version 4.01, die im Dezember 1999 als W3C-Recommendation veröffentlicht wurde. Was die Weiterentwicklung von HTML angeht, begann danach eine lange Zeit der Stagnation. Erst im Oktober 2014 wurde HTML5 veröffentlicht [URL-HTML5]. Dann ging es allerdings Schlag auf Schlag weiter: HTML 5.1 im November 2016 [URL-HTML51], HTML 5.1 2nd Edition im Oktober 2017 [URL-HTML512] und schließlich HTML 5.2 im Dezember 2017 [URL-HTML52], alle als W3C-Recommendations. Diese schnelle Versionsfolge ist als Reaktion auf die Gründung der *Web Hypertext Application Technology Working Group (WHATWG)* zu sehen, die sich 2004 als Antwort auf die langsame HTML-Weiterentwicklung gründete. Die WHATWG ist ein Zusammenschluss von Browser-Herstellern und arbeitet alternativ an einem *„lebenden"* Standard, dem *HTML Living Standard* [URL-HTMLLS]. Unter dem Begriff *HTML5* wird häufig die letzte W3C-Recommendation und/oder der Living Standard verstanden. Diese Versionen sind zwar im Detail nicht 100% deckungsgleich, für unsere Zwecke jedoch ausreichend deckungsgleich, so dass wir letztendlich nicht unterscheiden. Erfreulicherweise haben sich W3C und WHATWG im Mai 2019 darauf geeinigt, in Zukunft an einem gemeinsamen Standard von HTML und DOM zu arbeiten, so dass in einigen Jahren hoffentlich nur noch jeweils eine Version existiert.

Diese historische Betrachtung der HTML-Entwicklung zeigt das Dilemma, vor dem JSF steht. Wie kann JSF der Entwicklung von HTML möglichst zeitnah folgen? Ganz einfach: mit einem Mechanismus, der es erlaubt, neue Attribute bestehender HTML-Tags transparent durchzureichen und neue HTML-Elemente direkt in JSF-Seiten verwenden zu können und diese mit JSF-Komponenten im Komponentenbaum zu verbinden. In JSF 2.2 wurden dazu die sogenannten *Pass-Through-Attribute* und *Pass-Through-Elemente* eingeführt.

2.6.1 Pass-Through-Attribute

Das JSF-Tag `<h:inputText>` wird in HTML zu `<input type="text">` gerendert. Das `<input>`-Tag bekam mit HTML5 neue Attribute, z.B. `placeholder`, aber auch neue Attributwerte, wie z.B. `type="email"`. Mit Pass-Through-Attributen können beide Anwendungsfälle realisiert werden. Dazu wird der XML-Namensraum `http://xmlns.jcp.org/jsf/passthrough` eingebunden und die entsprechenden Attribute mit dem Namensraumkürzel als Präfix mit Werten versehen. Das folgende Beispiel zeigt dies.

```
<html xmlns="http://www.w3.org/1999/xhtml"
      xmlns:h="http://xmlns.jcp.org/jsf/html"
      xmlns:pt="http://xmlns.jcp.org/jsf/passthrough">
    ...
    <h:inputText id="email" value="#{ptc.email}"
        pt:type="email" pt:placeholder="E-Mail" />
    ...
```

Es werden also der in HTML5 neue Input-Typ `email` und das neue Attribut `placeholder` verwendet. Das gerenderte Endergebnis lautet:

```
<input type="email" placeholder="E-Mail" ...>
```

Falls keine syntaktisch korrekte E-Mail-Adresse eingegeben wird, weigert sich der Browser, nicht JSF, das Formular abzuschicken. Listing 2.30 zeigt die entsprechende Fehlermeldung in Chrome.

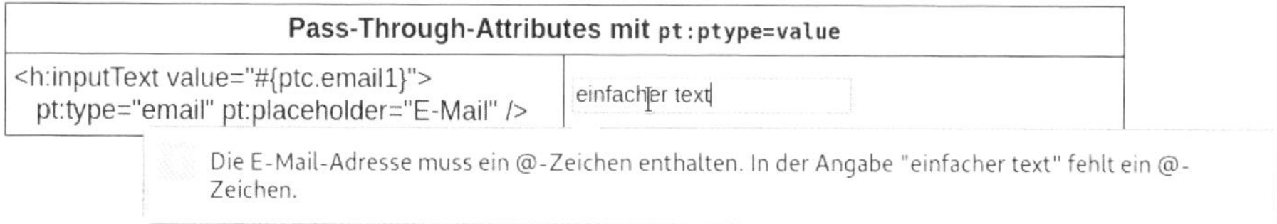
Pass-Through-Attributes mit pt:ptype=value
<h:inputText value="#{ptc.email1}">
pt:type="email" pt:placeholder="E-Mail" />
einfacher text
Die E-Mail-Adresse muss ein @-Zeichen enthalten. In der Angabe "einfacher text" fehlt ein @-Zeichen.

Bild 2.30 Fehlermeldung in Chrome

Pass-Through-Attribute und Namensraumpräfix

Wir raten zum Namensraumkürzel `pt` statt des im Web häufig gesehenen einfachen `p`. Dies beugt Wartungsproblemen bei der Verwendung der verbreiteten Komponentenbibliothek PrimeFaces [URL-PRIME] der Firma PrimeTex vor, die das Kürzel `p` benutzt. ■

JavaServer Faces stellt drei alternative Verwendungsarten von Pass-Through-Attributen bereit. Neben der bereits vorgestellten Alternative durch Attribute mit dem Pass-Through-Namensraum kann man auch die Tags `<f:passThroughAttribute>` und `<f:passThroughAttributes>` verwenden.

Zunächst das überarbeitete Beispiel unter Verwendung des Tags `<f:passThroughAttribute>`. Im folgenden JSF-Code werden über die Tag-Attribute `name` und `value` die entsprechenden Werte gesetzt.

```
<h:inputText value="#{ptc.email}">
  <f:passThroughAttribute name="type" value="email"/>
  <f:passThroughAttribute name="placeholder" value="E-Mail"/>
</h:inputText>
```

Beim Tag `<f:passThroughAttributes>` verlagert sich die Definition von Attributen und Werten von der JSF-Seite nach Java, da das `value`-Attribut von `<f:passThroughAttributes>` ein EL-Werteausdruck vom Typ `Map<String, Object>` ist. Die Überarbeitung stellt sich auf JSF-Seite dann folgendermaßen dar:

```
<h:inputText value="#{ptc.email}">
  <f:passThroughAttributes value="#{ptc.attributes}" />
</h:inputText>
```

In Java ist eine Map bereitzustellen, die die entsprechenden HTML-Attribute als Schlüssel und HTML-Attributwerte als Werte codiert. Der Getter `getAttributes` der Klasse `PassThroughController.java` in Listing 2.51 leistet genau dies.

Listing 2.51 Pass-Through-Attribute durch Methode (Klasse `PassThroughController.java`)

```
@Named("ptc")
@RequestScoped
public class PassThroughController {

  ...
  public Map<String, Object> getAttributes() {
    return new HashMap<String, Object>() {{
        put("type", "email");
        put("placeholder", "E-Mail");
    }};
  }
  ...
}
```

HTML5 Date-Picker

HTML5 definiert einen Date-Picker durch ein Eingabeelement vom Typ `date` (`<input type="date">`). Implementieren Sie eine Datumseingabe über dieses Element mit Bindung an ein Property vom Typ `LocalDate`. Tipp: Der übergebene Wert ist von der Form `YYYY-MM-DD`. ■

2.6.2 Pass-Through-Elemente

Mit Pass-Through-Elementen ist es möglich, direkt HTML zu verwenden, diese HTML-Elemente aber trotzdem mit JSF-Komponenten im Komponentenbaum zu verbinden. Der Schlüssel hierzu ist ein weiterer XML-Namensraum, diesmal `http://xmlns.jcp.org/jsf`. Wird ein Attribut eines HTML-Elements mit diesem Namensraum verwendet, wird das HTML-Element zu einem Pass-Through-Element und damit zu einem JSF-Tag. Die Entscheidung, welches JSF-Tag verwendet wird, fällt auf Grund des HTML-Elements, bei Mehrdeutigkeiten plus Attributwert. Bei einem `<input>` mit `type="email"` oder `type="date"` wird `<h:inputText>` verwendet, bei `type="button"` ein `<h:commandButton>`. Die vollständige Zuordnungstabelle ist relativ umfangreich und im JavaDoc des Interface `TagDecorator` im Package `javax.faces.view.facelets` wiedergegeben. Wir verzichten daher hier auf eine Darstellung, da zudem die Zuordnung relativ intuitiv ist und häufig nicht benötigt wird. Eine Ausnahme hiervon ist etwa die Verwendung der Komponentenklasse in einer Komponentenbindung (Abschnitt 2.2.9).

Unser bisheriges Beispiel zur Eingabe einer E-Mail-Adresse sieht mit Pass-Through-Elementen dann wie folgt aus:

```
<html xmlns="http://www.w3.org/1999/xhtml"
    xmlns:h="http://xmlns.jcp.org/jsf/html"
    xmlns:jsf="http://xmlns.jcp.org/jsf">
  ...
  <input jsf:id="email" jsf:value="#{ptc.email}"
      type="email" placeholder="E-Mail" />
  ...
```

Wie bereits erwähnt, erzeugt JSF hierfür eine `<h:inputText>`-Komponente. Da die Attribute `id` und `value` den Präfix des Pass-Through-Elemente-Namensraums haben, werden diese Attribute direkt an das `<h:inputText>` weitergereicht. Die Attribute `type` und `placeholder` besitzen diesen Präfix nicht und werden von JSF daher wie Pass-Through-Attribute behandelt.

Pass-Through-Elemente und Namensraumpräfix

Der von uns verwendete Präfix `jsf` für den Namensraum der Pass-Through-Elemente hat sich in der Praxis durchgesetzt. Wir raten, diesen Präfix zu verwenden. ■

JSF-Komponentenklasse der Transformation

Überzeugen Sie sich davon, dass in obigem Beispiel aus dem HTML-Element `<input>` die JSF-Komponente `<h:inputText>` und damit die Komponentenklasse `HtmlInputText` wird. ■

Wir haben gesehen, dass HTML-Elemente durch die Verwendung von Pass-Through-Elementen in JSF-Komponenten transformiert werden. Da es jedoch sehr viel mehr HTML-Elemente als JSF-Komponenten gibt, stellt sich die Frage, ob auch HTML-Elemente mit Pass-Through-Elementen verwendet werden können, für die es keine JSF-Entsprechung gibt? Die Antwort lautet: ja! Ermöglicht wird dies durch eine generische JSF-Komponente, repräsentiert durch das Tag `<jsf:element>`, das in JSF-Seiten nicht verwendet wird. Die dahinter stehende Komponente ist `UIPanel`, die sonst lediglich zur Gruppierung von Sohnkomponenten dient. Die Details sollen hier nicht weiter ausgeführt, sondern an einem Beispiel erläutert werden. Listing 2.52 zeigt die Verwendung des HTML-Elements <progress>.

Listing 2.52 HTML-Element ohne passende JSF-Komponente (progress.xhtml)

```
<progress jsf:id="progress" max="59" value="#{progressController.value}">
  <f:ajax event="click" render="progress" />
</progress>
```

Das <progress>-Tag besitzt keine JSF-Entsprechung, wird aber durch das Pass-Through-Element jsf:id="progress" zu einer JSF-Komponente. Zunächst jedoch zum <progress>-Tag selbst. Es repräsentiert den Fortschrittsprozess einer Task (Fortschrittsbalken), der von 0 bis zu dem im Attribut max angegebenen, einheitslosen Wert reicht. Das Attribut value gibt den augenblicklichen Wert an. Im Beispiel ist der Maximalwert 59, da wir den Wert von 0 bis 59, nämlich den Sekundenanteil der aktuellen Zeit, laufen lassen. Das enthaltene <f:ajax>-Tag macht das <progress>-Element klicksensitiv: Ein Mausklick führt dazu, dass das Element neu gerendert wird, wozu über den EL-Ausdruck im value-Attribut der Sekundenanteil der aktuellen Zeit vom Server geholt wird. Dass das Zusammenspiel von HTML5, Pass-Through-Elementen und JSF funktioniert, sieht man daran, dass im <progress>-Tag die Komponenten-Id progress definiert und im <f:ajax>-Tag verwendet wird.

Wir sind nun am Ende unserer Darstellung von Pass-Through-Attributen und Pass-Through-Elementen angekommen und wollen den Abschnitt mit einer kleinen Übung abschließen. HTML5 erlaubt die Verwendung sogenannter *Custom Data Attributes*. Dies sind Attribute, die mit dem String data- beginnen und einen beliebigen Wert haben dürfen. Die intendierte Verwendungsmöglichkeit ist die lokale Speicherung bzw. Bereitstellung von Daten innerhalb der Seite.

Klickbarer Text

Das <h:outputText>-Tag besitzt kein onclick-Attribut. Realisieren Sie mit Hilfe des <h:outputText>-Tags und Pass-Through-Attributen einen klickbaren Text, der mit JavaScripts alert() einen Text ausgibt, der über ein Custom-Data-Attribut übergeben wird. ■

2.7 Ajax

Wir haben das <f:ajax>-Tag bereits mehrfach in Beispielen verwendet, sind aber nicht weiter darauf eingegangen. Dieser Abschnitt 2.7 befasst sich nun explizit mit dem <f:ajax>-Tag, während wir in Abschnitt 4.5 detailliert auf Ajax im Allgemeinen sowie die Implementierung und Integration innerhalb der JavaServer Faces eingehen.

2.7.1 Das <f:ajax>-Tag

Mit dem <f:ajax>-Tag werden eine oder mehrere UI-Komponenten mit Ajax-Funktionalität versehen. Die Verwendung innerhalb einer oder als Wrapper um mehrere andere Komponenten bestimmt diese Funktionalität, also die Art und Weise, wie der Ajax-Request initiiert wird. Dies richtet sich nach der Komponentenart, kann aber in einem gewissen Bereich überschrieben werden. Nachdem der Request abgeschickt wurde, müssen auf dem Server bestimmte Komponenten *ausgeführt* werden, die Spezifikation spricht von *execute*. Danach müssen (eventuell andere) Komponenten gerendert werden. Die Verwendung von Ajax verändert das in Abschnitt 2.1 beschriebene und in Bild 2.1 auf Seite 17 grafisch dargestellte Bearbeitungsmodell einer JSF-Anfrage nicht prinzipiell, sondern grenzt lediglich die in den einzelnen Phasen zu verwendenden Komponenten ein. Die Phasen 1 bis 5 bilden die Execute-Phase, die Phase 6 die Render-Phase. Zu den wichtigsten Attributen des <f:ajax>-Tags gehören daher das `execute`- und das `render`-Attribut.

Um das prinzipielle Vorgehen darstellen zu können, entwickeln wir ein kleines Beispiel, eine weitere Kundeneingabe. Die Klasse `Customer` besitzt lediglich die beiden Properties `firstname` und `lastname` und muss daher nicht explizit dargestellt werden. Die JSF-Seite `customer-ajax.xhtml` in Listing 2.53 besitzt zwei Eingabekomponenten (Zeilen 3/4 und 6/7).

Listing 2.53 JSF-Seite `customer-ajax.xhtml` zur Eingabe und Anzeige des Kundennamens

```
1  <h:panelGrid columns="2">
2    Vorname:
3    <h:inputText id="firstname"
4                 value="#{ajaxController.customer.firstName}" />
5    Nachname:
6    <h:inputText id="lastname"
7                 value="#{ajaxController.customer.lastName}" />
8    <h:commandButton action="#{ajaxController.save}" value="Speichern">
9      <f:ajax execute="@form" render="@form" />
10   </h:commandButton>
11   <h:panelGroup />
12   Kompletter Name:
13   <h:outputText id="whole"
14                 value="#{ajaxController.wholeCustomerName()}" />
15 </h:panelGrid>
```

Wird die Schaltfläche in Zeile 8/10 betätigt, erfolgt ohne Vorhandensein des <f:ajax>-Tags in Zeile 9 ein normaler HTTP-Request durch das <h:commandButton>-Tag. Das Formular wird submitted, JSF durchläuft den kompletten Bearbeitungszyklus und die Antwort wird an den Client geschickt, der sie rendert. Wenn, wie dargestellt, das <f:ajax>-Tag in Zeile 9 vorhanden ist, erfolgt bei Betätigung der Schaltfläche ein XML-HTTP-Request [URL-XMLHTTP]. Das Formular wird submitted, JSF durchläuft ebenfalls den kompletten Bearbeitungszyklus. Es werden jedoch nur die Komponenten exekutiert, die im `execute`-Attribut angegeben sind. Genauso werden nur die Komponenten gerendert, die im `render`-Attribut aufgeführt sind. Nur für diese im `render`-Attribut aufgeführten Komponenten wird eine XML-Repräsentation an den Client geschickt und die entsprechenden HTML-Elemente im Client werden durch JavaScript im DOM aktualisiert.

Um diese Ajax-Funktionalität tatsächlich demonstrieren zu können, wird im Listing in Zeile 13/14 die Methode `wholeCustomerName()`, die lediglich Vor- und Nachname des Kunden zurückgibt, zur Ausgabe verwendet:

```
public String wholeCustomerName() {
  return customer.getFirstName() + " " + customer.getLastName();
}
```

Properties und Java-8-Default-Methoden

Wir haben bewusst keinen Getter `getWholeCustomerName()` verwendet, weil dies dem Property-Pattern der JavaBeans-Spezifikation [URL-JB] widerspricht. Sollten Sie dies allerdings bevorzugen und dann den EL-Ausdruck `#{ajaxController.wholeCustomerName}` verwenden, ist dies problemlos möglich. Problematisch wird es, wenn die Methode als Java-8-Default-Methode eines Interface definiert ist. Da die Expression-Language die Werteausdrücke per Reflection auswertet, wird die Default-Methode nicht gefunden. Sie müssen stattdessen den EL-Ausdruck `#{ajaxController.getWholeCustomerName()}` verwenden. ■

Zurück zu Ajax: Im Beispiel ist der Wert von `execute` und `render` jeweils `@form`. `@form` ist ein Schlüsselwort, das neben anderen im JavaDoc der Klasse `SearchKeywordResolver` definiert wird und das Formular der verwendeten Komponente benennt. Die für das `<f:ajax>`-Tag relevanten Schlüsselwörter sind in Tabelle 2.10 wiedergegeben.

Tabelle 2.10 Ajax-Schlüsselwörter (`execute`- und `render`-Attribute)

Schlüsselwort	Bedeutung
@all	Alle Komponenten der View
@form	Das umschließende Formular der Basiskomponente
@none	Keine Komponente
@this	Die Basiskomponente

Die Verwendung von `@form` in den beiden Attributen führt also dazu, dass alle Komponenten des Formulars sowohl exekutiert als auch gerendert werden. Damit ist das Verhalten praktisch identisch zur alleinigen Verwendung des `<h:commandButton>`-Tags. Der Unterschied ist, dass ohne Ajax die Antwort per HTTP erfolgt und der Browser die komplette Seite rendert, während mit Ajax die Antwort per XML-HTTP-Request erfolgt und JavaScript den DOM aktualisiert. Als Anwender erkennen wir dies durch ein leichtes Zittern der Browser-Darstellung im Nicht-Ajax-Falle.

Sollen die Möglichkeiten von Ajax sinnvoller verwendet werden, müssen wir also im `execute`- und `render`-Attribut möglichst konkret, am besten minimalistisch, werden und für `execute` nur die Eingaben, für `render` nur die Ausgaben benennen, im Beispiel also etwa

```
<f:ajax execute="firstname lastname" render="whole" />
```

statt

```
<f:ajax execute="@form" render="@form" />
```

schreiben. Der Default-Wert für `execute` ist `@this`, für `render` ist es `@none`. Sind mehrere Komponenten-Ids anzugeben, so werden diese durch Leerzeichen getrennt hintereinander angegeben.

Sinnloses `@all`

Die ursprüngliche Idee des Schlüsselworts `@all` war es, alle Komponenten der View zu umfassen. Da HTML/HTTP verschachtelte Formulare verbietet und bei mehreren Formularen innerhalb einer View immer nur ein Formular submitted werden kann, ist die Verwendung von `@all` identisch zur Verwendung von `@form`. Wir raten, nur `@form` zu verwenden. ■

Während die Befehlskomponenten `<h:commandButton>` und `<h:commandLink>` im Ajax-Standardfall auf Action-Events reagieren, reagieren Eingabekomponenten auf Value-Change-Events. Zu den Eingabekomponenten zählen `<h:inputText>`, `<h:inputTextarea>`, `<h:inputSecret>` und alle Komponenten, die mit `<h:select...>` beginnen. Wo oder besser wie wird aber das Standardverhalten einer Komponente definiert? Über das Verhaltensmodell einer Komponente (Component Behavior Model) können einer Komponente zusätzliche Verhaltensweisen zugewiesen werden. Realisiert wird dies über das Interface `Behavior`, das als einziges Sub-Interface `ClientBehavior` besitzt. Als einzige konkrete Implementierung existiert die Klasse `AjaxBehavior`, über die das angesprochene Ajax-Verhalten realisiert wird. Die Klasse `UIComponentBase` enthält entsprechende Methoden, die in diesem Zusammenhang relevant sind, z.B. `addClientBehavior()`, `getClientBehaviors()`, `getEventNames()` und `getDefaultEventName()`. Dies sind gerade die vier Methoden, die das Interface `ClientBehaviorHolder` enthält. Alle UI-Komponenten, die dieses Interface realisieren, können mit Hilfe des `<f:ajax>`-Tags mit Ajax-Funktionalitäten versehen werden. Da die Implementierung dieses Interface aber nur für eigenentwickelte Ajax-Komponenten interessant ist, wollen wir den Ausflug in die Ajax-Implementierung von JSF an dieser Stelle abbrechen und uns wieder dem Beispiel widmen.

Das neue Ziel ist es, auf die Befehlskomponente `<h:commandButton>` des Beispiels verzichten zu können und bei einer Änderung des Vor- oder Nachnamens ohne weitere Benutzeraktivität den kompletten Namen zu aktualisieren. Listing 2.54 zeigt die Überarbeitung.

Listing 2.54 Überarbeitete JSF-Seite `customer-ajax.xhtml`

```
<h:panelGrid columns="2">
  Vorname:
  <h:inputText id="firstname"
        value="#{ajaxController.customer.firstName}">
    <f:ajax execute="@this" render="whole"  />
  </h:inputText>
  Nachname:
  <h:inputText id="lastname"
```

```
        value="#{ajaxController.customer.lastName}">
    <f:ajax execute="@this" render="whole"  />
  </h:inputText>
  Kompletter Name:
  <h:outputText id="whole"
      value="#{ajaxController.customer.firstName}
             #{ajaxController.customer.lastName}" />
</h:panelGrid>
```

Die beiden Eingabekomponenten in Listing 2.54 enthalten nun jeweils ein `<f:ajax>`-Tag, wobei die `execute`-Attribute die jeweilige Eingabe (`@this`), die `render`-Attribute die Id der Ausgabekomponente des kompletten Namens enthalten. Wir haben den Wert der Ausgabe ebenfalls überarbeitet und konkatenieren nun Vor- und Nachname mit Hilfe eines einfachen EL-Ausdrucks statt mit einer Java-Methode, um den Leser noch einmal an die Mächtigkeit der Expression-Language zu erinnern.

Wenn Sie das Beispiel ausprobieren, werden Sie feststellen, dass der komplette Name erst aktualisiert wird, wenn der Eingabefokus eine der beiden Eingaben verlässt. Was ist der Grund hierfür? Das bereits für Eingabekomponenten genannte Defaul-Ereignis Value-Changed! Ein solches Event tritt ein, wenn sich der Wert einer Eingabe geändert hat *und* die Eingabekomponente den Fokus verliert. Dies entspricht dem JavaScript `onchange`-Event. Soll auf die Eingabe noch feingranularer reagiert werden, kann ein entsprechend anderes JavaScript-Event verwendet werden, z.B. `onkeyup`, was wir gleich tun werden.

2.7.2 Komponentengruppen und Ajax

Das `<f:ajax>`-Tag kann nicht nur innerhalb einer Komponente, sondern auch als Wrapper um mehrere Komponenten verwendet werden. Die entsprechende Ajax-Funktionalität wird dann für alle Komponenten der Gruppe aktiviert. In Listing 2.54 wurden zwei identische `<f:ajax>`-Tags verwendet, was optimiert werden kann. Listing 2.55 zeigt die überarbeitete Version, in der das `<f:ajax>`-Tag die beiden Eingabekomponenten umfasst.

Listing 2.55 Nochmals überarbeitete JSF-Seite `customer-ajax.xhtml`

```
<h:panelGrid columns="2">
  <f:ajax event="keyup" execute="firstname lastname" render="whole">
    Vorname:
    <h:inputText id="firstname"
          value="#{ajaxController.customer.firstName}" />
    Nachname:
    <h:inputText id="lastname"
          value="#{ajaxController.customer.lastName}" />
  </f:ajax>
  Kompletter Name:
  <h:outputText id="whole"
      value="#{ajaxController.customer.firstName}
             #{ajaxController.customer.lastName}" />
</h:panelGrid>
```

Eine weitere Änderung in der überarbeiteten Version ist die Verwendung des Werts `keyup` für das `<f:ajax>`-Attribut `event`. Das Attribut `event` erlaubt es, den Event-Typ, für den das Ajax-Ereignis ausgelöst wird, anzugeben und somit vom Default abzuweichen. Als Werte sind die bereits angesprochenen JavaScript-Events erlaubt, wobei der Präfix `on` jedoch entfällt. Aus dem JavaScript-Event `onkeyup` wird also der `<f:ajax>`-Typ `keyup`. Im Beispiel wird nun bei jedem KeyUp-Event, also bei jedem Tastaturanschlag, genauer beim Loslassen einer Taste ein Event gefeuert, was zur Aktualisierung des kompletten Namens führt.

Durchspielen der Beispiele

Spielen Sie alle drei Beispiele durch und vergleichen Sie die verschiedenen Ansätze. ■

Ajax-Request durch Mouse-Over

Ändern Sie das Beispiel in Listing 2.53 so ab, dass zum Abschicken des Formulars die Schaltfläche nicht gedrückt werden muss, sondern das Anfahren der Schaltfläche mit der Maus (Mouse-Over-Effekt) ausreicht. Das entsprechende Event ist `mouseover`. ■

Verschachteln von `<f:ajax>`

Da man das `<f:ajax>`-Tag innerhalb einer oder als Wrapper um mehrere andere Komponenten verwenden kann, kann man es prinzipiell auch verschachteln. Die entsprechende Ajax-Funktionalität ergibt sich dann pro JSF-Komponente additiv aus den definierten Events der umgebenden und des inneren `<f:ajax>`-Tags. ■

Klicksensitive Tabelle

Das `<h:panelGrid>`-Tag ist keine Eingabekomponente und hat damit auch kein Standard-Ajax-Verhalten. Es wird in HTML zu einer Tabelle (`<table>`) gerendert. Überarbeiten Sie das Listing 2.53 nochmals, so dass das Panel-Grid klicksensitiv wird, also bei einem einfachen Klick auf die entsprechende Region der komplette Name des Kunden aktualisiert wird. Das entsprechende Event ist `click`. ■

2.7.3 Komponentenabhängigkeiten

Unter einer Komponentenabhängigkeit wollen wir an dieser Stelle verstehen, dass die Darstellung oder Inhalte einer JSF-Komponente von einer anderen JSF-Komponente abhängen. So können etwa in einem Online-Shop abhängig von der gewählten Zahlungsmöglichkeit verschiedene Daten benötigt werden, z.B. bei Zahlung per Kreditkarte die Kreditkartennummer, bei Bankeinzug die IBAN. Es ist hier also eine gewisse Flexibilität des UI gefordert. Dies ist bereits mit den bisher bekannten Möglichkeiten des `<f:ajax>`-Tags realisierbar und wird hier nur der Übersichtlichkeit wegen in einem eigenen Abschnitt behandelt.

Als Anwendungfall wählen wir nicht verschiedene Zahlungsmöglichkeiten eines Online-Shops, sondern die Auswahl einer Sprache und – darauf basierend – die Auswahl eines Landes, in dem diese Sprache gesprochen wird. Das zugrunde liegende Konzept einer *Lokalisierung* wird ausführlich in Abschnitt 4.2 behandelt. Für die Demonstration der Abhängigkeit zweier Komponenten genügt es zu wissen, dass jedes Java-SDK eine Reihe von Lokalisierungen unterstützt, die über verschiedene ISO-Normen zwischen Sprachen und Ländern unterscheiden. Für die Sprache Deutsch gibt es u.a. die Lokalisierungen `de_DE`, `de_AT` und `de_CH`, also Deutsch für Deutschland, Österreich und die Schweiz. Das Listing 2.56 realisiert mittels `<h:selectOneMenu>` zwei Drop-down-Menüs, wobei das erste zur Auswahl der Sprache und das zweite – in Abhängigkeit der Wahl des ersten – zur Auswahl des Lands dient.

Listing 2.56 Abhängige Komponenten (`select-localization.xhtml`)

```
1  <h:panelGrid columns="2">
2    <f:facet name="header">
3      Abhängigkeiten zwischen Komponenten
4    </f:facet>
5
6    Sprache wählen:
7    <h:selectOneMenu id="language" value="#{lsc.language}">
8      <f:selectItem itemLabel="bitte auswählen" itemValue="#{null}"  />
9      <f:selectItems value="#{lsc.languages()}"  />
10     <f:ajax render="locale" />
11   </h:selectOneMenu>
12
13   Lokalisierung wählen:
14   <h:selectOneMenu id="locale" value="#{lsc.locale}">
15     <f:selectItems value="#{lsc.locales(lsc.language)}" />
16     <f:ajax render="selected" />
17   </h:selectOneMenu>
18
19   Ausgewählt wurde:
20   <h:outputText id="selected" value="#{lsc.locale}" />
21
22 </h:panelGrid>
```

Die initiale Darstellung im Browser ist in Bild 2.31 dargestellt. Wird das erste Drop-down angeklickt, werden die Sprachen zur Auswahl angezeigt. Der Methode `languages()`, die im `value`-Attribut des `<f:selectItems>`-Tags in Zeile 9 aufgerufen wird, gibt die Liste aller Sprachen zurück und ist damit für die Auswahl des Drop-down-Menüs verantwortlich. Das `<f:ajax>`-Tag in Zeile 10 reagiert ohne das `event`-Attribut auf eine Änderung der Komponente, hier also auf die Selektion durch den Benutzer. Da auch das Attribut `execute` nicht gesetzt ist, gilt hierfür der Default-Wert `@this`, es wird also die `<h:selectOneMenu>`-Komponente exekutiert. Das `render`-Attribut benennt das zweite Drop-down als die zu aktualisierende Komponente. Da die Auswahlmöglichkeiten dieses Menüs im `<f:selectItems>`-Tag in Zeile 15 über die Methode `locales()` erzeugt werden, diese aber als Parameter die zuvor selektierte Sprache verwendet, werden die zur Sprache passenden Lokalisierungen angezeigt. Das zweite <f:ajax>-Tag dient lediglich zur Anzeige der Auswahl.

Abhängigkeiten zwischen Komponenten	
Sprache wählen:	bitte auswählen
Lokalisierung wählen:	zuerst Sprache wählen
Ausgewählt wurde:	

Bild 2.31 Abhängige Drop-down-Menüs (select-localization.xhtml)

<f:ajax> mit listener-Attribut

Das <f:ajax>-Tag kennt noch eine Reihe weiterer Attribute, die z.T. noch in Abschnitt 4.5 eingeführt werden. Hier soll nur das listener-Attribut erwähnt werden. Es entspricht dem actionListener-Attribut der Befehlskomponenten, die wir in Abschnitt 2.5.2 dargestellt haben. Sie können derartig registrierte Listener analog zu Action-Listenern verwenden. Der Parameter der Listener-Signatur ändert sich von ActionEvent auf AjaxBehaviorEvent. ■

Pick-List mit Listener

Erstellen Sie eine einfache Pick-List, etwa wie in Bild 2.32 dargestellt. Für die linke und rechte Liste können Sie <f:selectOneListbox>, für die Schaltflächen <h:commandButton> verwenden. Die Schaltflächen versehen Sie mit <f:ajax> und registrieren einen Listener, der die selektierte Auswahl in die andere Liste verschiebt. ■

Bild 2.32 Einfache Pick-List

2.7.4 Validierung

Die Funktionalität des <f:ajax>-Tags fügt sich nahtlos in das Bearbeitungsmodell einer JSF-Anfrage ein. Die im execute-Attribut genannten Komponenten werden exekutiert, also in der Phase 3 auch konvertiert und validiert. Man sollte sich als JSF-Entwickler dieser Tatsache explizit bewusst sein, benötigt aber keine weitere Mechanismen für ihre Verwendung. Werden, wie in Listing 2.55 geschehen, mehrere Eingaben mit <f:ajax> versehen, erfolgt eine weitaus häufigere Validierung als mit einem einfachen HTTP-Request. Je nach verwendetem Event kann dies zu einer deutlichen Erhöhung der Server-Last führen. In Listing 2.55 ist das Event `keyup`. Werden Vor- und Nachname des Kunden mit dem BV-Constraint `@Size(min=3)` versehen, führt die Eingabe der ersten beiden Zeichen des Vor- und Nachnamens jeweils zu Validierungsfehlern. Das Event `blur` wäre hier wahrscheinlich sinnvoller.

3 Contexts and Dependency Injection

CDI oder in der korrekten Langform *Contexts and Dependency Injection for Java* [URL-JSR365] ist unserer Meinung nach einer der wichtigsten Meilensteine in der Entwicklung von Java EE. Wir wollen daher hier zunächst ein wenig auf die Entstehung und Entwicklung von CDI eingehen.

Der 2006 initiierte JSR 299 mit Titel *Web Beans* hatte sich die Verbindung der Komponentenmodelle von JSF und EJB zum Ziel gesetzt: „The purpose of this specification is to unify the JSF managed bean component model with the EJB component model, resulting in a significantly simplified programming model for web-based applications." [URL-JSR299]

Der JSR 299 wurde von der Firma JBoss eingereicht und von Gavin King, einem JBoss-Mitarbeiter, geleitet. Gavin King dürfte vielen Lesern als Initiator und Entwickler von Hibernate bekannt sein. Gavin King ist auch der Kopf hinter JBoss Seam [Mü08], einem zu dieser Zeit sehr innovativem Framework für die Entwicklung von Unternehmensanwendungen mit Java. Es kann als Vorgänger und maßgeblicher Ideengeber von CDI angesehen werden. Weitere Dependency-Injection-Frameworks dieser Zeit waren das Spring-Framework und Google Guice. Deren Köpfe, Rod Johnson von Springsource und Bob Lee von Google, kritisierten bei Web Beans unter anderen die Ausrichtung auf Java-EE. Der Wettstreit um die besten Ideen für ein Dependency-Injection-Framework mündete schließlich in einem zweiten, konkurrierenden JSR zum selben beziehungsweise ähnlichen Thema: dem JSR 330 *Dependency Injection for Java* [URL-JSR330]. Dieser JSR ist unseres Wissens der einzige, der aus keinem PDF-Dokument, sondern lediglich aus Java-Code und Java-Doc besteht. Gavin King konnte ein Scheitern des JSR 299 gerade noch vermeiden, indem er einer Teilung in zwei Spezifikationen zustimmte und den JSR 299 so umformulierte, dass er auf JSR 330 basierte. Dies ist an den beiden Package-Namen `javax.inject` (JSR 330) und `javax.enterprise` (JSR 299) zu erkennen, die CDI-Anwender verwenden müssen. Als Entwickler müssen wir nun mit dem Umstand leben, dass Dependency-Injection in Java auf zwei Spezifikationen fußt, was nicht schön ist. Dies hat auch IBM dazu bewogen, in der endgültigen Abstimmung zur Annahme des JSR 299 mit *Nein* zu stimmen. Die Begründung hierfür kann auf [URL-JSR299] detailliert nachgelesen werden und thematisiert das eben Gesagte.

Wenn im Folgenden von CDI die Rede ist, unterscheiden wir nicht zwischen den beiden Spezifikationen. Auch bei Recherchen in anderen Büchern oder im Internet kann der Leser davon ausgehen, dass mit *CDI* die Vereinigung beider Spezifikationen gemeint ist. Namentlich entwickelte sich noch vor der offiziellen Veröffentlichung von JSR 299 der Titel

Web Beans zu *Contexts and Dependency Injection for the Java EE platform* und schließlich mit JSR 365 zu *Contexts and Dependency Injection for Java* [URL-JSR365].

Auch für CDI existieren verschiedene Implementierungen. Die Referenzimplementierung der JCP-Spezifikation [URL-JSR365] ist Weld [URL-WELD] von der Firma JBoss bzw. Red Hat. Eine alternative Implementierung der Apache Foundation ist OpenWebBeans [URL-OWB].

Doch nun zu CDI selbst. Zu Beginn der CDIs-Spezifikation werden unter anderem die folgenden Ziele aufgeführt, die mit CDI erreicht werden sollen:

- Die Definition des Lebenszyklus zustandsbehafteter Objekte, *Beans* genannt, deren Lebensdauer und Sichtbarkeit an Kontexte (somit dann kontextuelle Objekte) gebunden ist
- Ein typsicherer Dependency-Injection-Mechanismus, der zur Entwicklungs-, aber auch zur Laufzeit aufgelöst werden kann
- Die Integration mit der Expression-Language, um kontextuelle Objekte in JSF- oder JSP-Seiten verwenden zu können
- Die Definition von Interceptoren
- Ein Modell zur Generierung und Verarbeitung von Events
- Einen Konversationskontext (conversation context), der die drei Standard-Web-Kontexte erweitert

Wir gehen auf diese Ziele in den Abschnitten dieses Kapitels ein. Weitere genannte Ziele sind:

- Das Dekorieren von injizierten Objekten
- Ein Service-Provider-Interface, um portable Erweiterungen (portable extensions) von CDI definieren zu können
- Die Möglichkeit, eigene Lebenszyklen, Sichtbarkeiten und Kontexte definieren zu können
- Unterstützung von und Integration in Java EE

Diese Ziele werden von uns nicht näher untersucht, da wir Ihnen JavaServer Faces näherbringen wollen und CDI daher nur als Mittel zum Zweck betrachten. Auch bei den Themen, die wir ansprechen, erheben wir nicht den Anspruch auf Vollständigkeit. Sollten Sie eine sehr detaillierte und in die Tiefe gehende Beschreibung praktisch aller CDI-Charakteristiken suchen, empfehlen wir Ihnen das Buch von Beernink und Tijms *Pro CDI 2 in Java EE 8* [BT19].

Was bedeutet Dependency-Injection? Wer hängt von wem ab? Was wird wohin injiziert? Komponentenmodelle der Software-Entwicklung verlangen nach einer Kommunikation zwischen Komponenten. Die Komponenten sind also auf eine bestimmte Art und Weise gekoppelt. Dabei ist eine lose Kopplung einer festen vorzuziehen, da die Verwendung prinzipiell flexibler erfolgen kann. Das Beispiel in Listing 3.1 zeigt eine Komponente, die Klasse `Imaginary`, die von einer anderen Komponente, der Komponente `MailModule`, abhängt.

Listing 3.1 Eine imaginäre, aber abhängige Klasse

```
public class Imaginary {

  @DependsOn
  MailModule mailer;

  public void send() {
    mailer.sendMail(" Some Message");
  }

}
```

Die Annotation `@DependensOn` ist frei erfunden und soll nur den Sachverhalt verdeutlichen, dass die Klasse `Imaginary` von der Komponente (oder dem Modul) `MailModule` abhängt. Der Typ `MailModule` kann in Java ein Interface oder eine Klasse sein; prinzipiell, wenn auch weniger sinnvoll, auch ein Aufzählungstyp. In Zeiten vor CDI würde die Variable `mailer` durch einen Konstruktoraufruf oder einen JNDI-Lookup eine Referenz zugewiesen bekommen haben, in Zeiten von CDI erzeugt das CDI-Laufzeitsystem ein entsprechendes Objekt oder verweist auf ein bereits bestehendes. Wie das im Detail erfolgt und dass CDI statt der imaginären Annotation `@DependsOn` die Annotation `@Inject` verwendet, wird im Folgenden beschrieben.

3.1 Beans, Scopes und Kontexte

Unter JavaBeans werden in der Regel einfache Java-Objekte (Plain Old Java Objects, POJOs) mit Default-Konstruktor und Getter/Setter-Paaren verstanden. Die JavaBeans-Spezifikation [URL-JB] definiert darüber hinaus noch einige weitere Eigenschaften, wie etwa die Möglichkeit, persistierbar zu sein oder über Event-Source-/Event-Listener-Mechanismen in IDEs grafisch verbunden werden zu können. Diese Eigenschaften waren jedoch konzeptionell nicht sehr ausgegoren und konnten sich nicht durchsetzen.

CDI versteht under einer Bean wesentlich mehr. Neben der eigentlichen Implementierung sind noch eine Reihe von Attributen von Belang: der Scope, die Bean-Typen und Qualifier, assoziierte Interceptoren, ein optionaler Name sowie die Möglichkeit, eine Alternative zu sein. Dies klingt zunächst sehr abstrakt, wird aber bald konkreter werden.

3.1.1 Scopes

Jede Bean hat einen der Scopes, die zum Teil in Kapitel 2 bereits in Beispielen verwendet wurden. Da Scopes per Annotation einer Klasse zugewiesen werden, führen wir hier die Scopes mit ihren jeweiligen Annotationen auf, verwenden später sprachlich aber häufig auch nur den Scope selbst.

- `@ApplicationScoped`
- `@SessionScoped`

- @ConversationScoped
- @RequestScoped
- @Dependent

Das CDI-Laufzeitsystem, auch Container genannt, ist für die Erzeugung und Destruktion von Beans verantwortlich. Die damit verbundene Lebensdauer von Beans kann sehr verschieden sein, ist aber im großen Maße durch den Anwendungstypus von Java EE vorgegeben: den Web-Anwendungen. In einer Web-Anwendung kann ein Objekt so lange leben,

- wie der HTTP-Request existiert
- wie die HTTP-Session existiert
- wie die Anwendung existiert

Dies entspricht den Scopes *Request*, *Session* und *Application*. Der Conversation-Scope nimmt eine Sonderstellung ein, da er nicht an HTTP-Charakteristiken, sondern an betriebliche (Teil-)Prozesse bzw. deren Beginn und Ende gebunden ist. Wir behandeln den Conversation-Scope daher separat in Abschnitt 3.4. Auch der Dependent-Scope ist etwas Besonderes, da er zum einen keine HTTP-Entsprechung besitzt, zum anderen der Default-Scope ist. Jede nicht mit einer der anderen Annotationen versehene Bean ist also dependent-scoped. Dependent-scoped Beans sind an die Lebensdauer der Bean, in die sie injiziert werden, gebunden. Diese Bindung wird transitiv an weitere dependent-scoped Beans weitergegeben.

Scopes und Java-SE

Wie zu Beginn dieses Abschnitts erwähnt, entstand CDI im Umfeld von Java EE und damit von Web-Anwendungen. Seit der Version 2.0 ist CDI auch in Java-SE verwendbar, wo die beschriebenen HTTP-basierten Scopes nicht existieren. Die Spezifikation legt daher für Java-SE fest, dass bei jedem Aufruf einer Methode der Application-Scope aktiv ist.

■

3.1.2 JSFs @ViewScoped

In Abschnitt 2.5.6 wurde die Annotation `@ViewScoped` (Listing 2.44 auf Seite 109) verwendet. Diese Annotation wird nicht durch die CDI-Spezifikation definiert, sondern ist ein durch JSF definierter Custom-Scope, der als CDI-Portable-Extension implementiert ist. Alle view-scoped Beans, die für eine JSF-View erzeugt wurden, bleiben so lange aktiv, bis eine JSF-Navigation auf eine andere View erfolgt. Erfolgt die Navigation, werden die view-scoped Beans dieser View zerstört.

3.1.3 Kontexte

Jedem Scope ist ein Kontext-Objekt zugeordnet. Dieses implementiert das Interface `Context` im Package `javax.enterprise.context.spi`. Zusammen mit dem Interface `Contextual` im selben Package sind diese beiden APIs für das Erzeugen, Verwenden und

Zerstören der sogenannten kontextuellen Instanzen zuständig. Wir wollen im Rahmen dieses Buchs jedoch nicht zu sehr in die Implementierungsdetails von CDI einsteigen, sondern den Begriff eines Kontextes konzeptionell verstehen. Während der Scope die Lebensdauer einer Bean festlegt, also z.B. auf die Dauer eines HTTP-Requests oder einer HTTP-Session, definiert der Kontext zusätzlich die Sichtbarkeit der Beans. Clients eines Kontextes sehen Beans dieses Kontextes, während Clients eines anderen Kontextes andere Beans sehen. Clients sind in der Regel andere Beans und unter *sehen* sind injizierte Objektreferenzen zu verstehen, also Variablen, die durch CDI durch Verwendung von `@Inject` mit einer Referenz versehen werden. Um dies zu veranschaulichen, dient Bild 3.1.

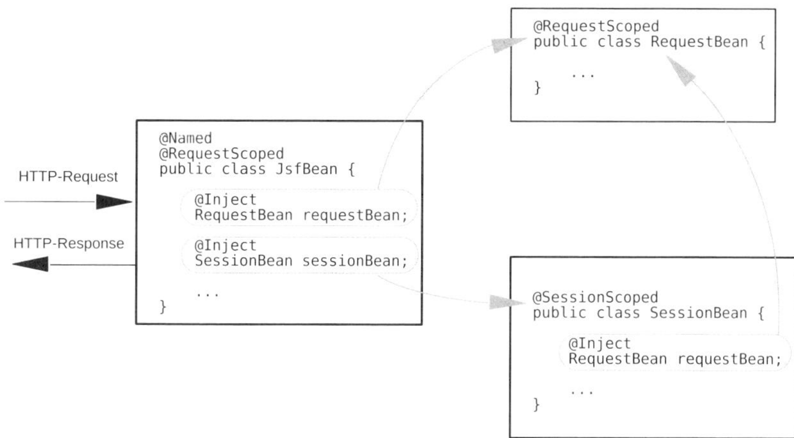
@RequestScoped
public class RequestBean {
...
}
HTTP-Request
HTTP-Response
@Named
@RequestScoped
public class JsfBean {
@Inject
RequestBean requestBean;
@Inject
SessionBean sessionBean;
...
}
@SessionScoped
public class SessionBean {
@Inject
RequestBean requestBean;
...
}

Bild 3.1 Scopes und Kontexte

Wir weichen in diesem Beispiel – wie häufig in diesem Kapitel – von unseren eigenen Namenskonventionen ab, da wir keine konkreten, geschäftlichen Anwendungsfälle, sondern möglichst anschauliche, aber künstliche Beispiele zur Verdeutlichung technischer Zusammenhänge realisieren wollen. Das Beispiel zeigt die Klassen `JsfBean`, `RequestBean` und `SessionBean`, wobei die Namen der beiden letztgenannten ihren Scope widerspiegeln. Die Klasse `JsfBean` ist request-scoped und als Managed Bean hinter einer JSF-Seite typischerweise mit Benutzereingaben und Action-Methoden versehen. Die beiden anderen Klassen stellen Sie sich bitte als typische Business-Klassen mit entsprechenden Aufgaben vor. Sie werden mittels `@Inject` in die Klasse `JsfBean` injiziert. Die drei Klassen sind strukturell identisch aufgebaut, so dass wir nur den Code der Klasse `JsfBean` in Listing 3.2 wiedergeben und auf die Darstellung der beiden anderen Klassen verzichten. Wie funktioniert nun dieses Beispiel? Wann wird welches Objekt erzeugt und wieder zerstört?

Listing 3.2 Klasse `JsfBean` mit injizierten Beans (Ausschnitt)

```
@Named
@RequestScoped
public class JsfBean {

  @Inject
  RequestBean requestBean;
```

```
7
8     @Inject
9     SessionBean sessionBean;
10
11    @Inject
12    Logger logger;
13
14    public JsfBean() {
15      Logger.getLogger(JsfBean.class.getCanonicalName())
16            .info("Instanz erzeugt mit Hash " + hashCode());
17    }
18
19    public void someBusinessFunction() {
20      requestBean. ...
21      sessionBean. ...
22    }
23
24    @PostConstruct
25    private void init() {
26      logger.info("PostConstruct mit Hash " + hashCode());
27    }
28
29    @PreDestroy
30    private void cleanup() {
31      logger.info("PreDestroy mit Hash " + hashCode());
32    }
33
34  }
```

Beim ersten Post-Back der entsprechenden JSF-Seite wird die EL-Implementierung ein Methodenausdruck der einzigen Action-Methode `#{jsfBean.someBusinessFunction}` auszuwerten haben. Da `jsfBean` kein vordefinierter Objektname ist, muss er anwendungsdefiniert sein. Beim Scannen des Deployments hat die CDI-Implementierung die `@Named` im Listing 3.2 gefunden und ruft daher den Default-Konstruktor der Klasse `JsfBean` auf. CDI kann in die internen Vorgänge der JVM nicht eingreifen, so dass der Konstruktoraufruf ohne Zutun von CDI stattfindet. Nachdem der Konstruktoraufruf abgeschlossen wurde, werden alle Injektionen durchgeführt, also der Code in den Zeilen 5/6, 8/9 und 11/12. Da es der erste Post-Back in unserer Überlegung ist, existieren die Objekte (Objektreferenzen) `requestBean` und `sessionBean` noch nicht. Die Injektion des Loggers klammern wir hier zunächst aus und holen dies später nach. Um die beiden anderen Injektionen durchführen zu können, müssen die beiden Objekte erzeugt werden, wozu wiederum deren jeweilige Default-Konstruktoren aufgerufen werden. Nach Rückkehr der beiden Konstruktoren muss in der Klasse `SessionBean` die Injektion durchgeführt werden und damit in Folge wiederum der Konstruktoraufruf der Klasse `RequestBean`. Nachdem jeweils alle Injektionen innerhalb einer Klasse durchgeführt wurden, wird die mit `@PostConstruct` annotierte Methode aufgerufen. Erst danach wird die erste Business-Methode aufgerufen, im Beispiel also die Methode `someBusinessFunction()`, die sukzessive Business-Methoden der beiden anderen Klassen aufruft. Nachdem die Methodenaufrufe beendet wurden, werden die mit `@PostConstruct` annotierten Methoden der Klasse `JsfBean` und `RequestBean`, nicht aber die der Klasse `SessionBean` aufgerufen. Danach werden die beiden Instanzen von `JsfBean` und `RequestBean` zerstört und damit für den Garbage-Collector verfügbar gemacht.

Reihenfolge von Instanzvariablen

Die Reihenfolge von Instanzvariablen (Fields) einer Klasse ist in Java ebenso wie die Reihenfolge von Methoden nicht definiert. Die Injektionen in `requestBean` und `sessionBean` erfolgen daher in einer nicht spezifizierten Sequenz. Das JavaDoc der Reflection-Methode `Class#getDeclaredFields()` konstatiert z.B. explizit, dass die Fields in keiner spezifizierten Reihenfolge angegeben sind.

■

Beim zweiten und allen weiteren Post-Backs verhält es sich ganz analog mit der einzigen Ausnahme, dass keine neue Instanz der Klasse `SessionBean` erzeugt wird, da diese session-scoped ist. Trotzdem zeigt die Referenz `sessionBean` in Zeile 9 des Listings 3.2 der gerade neu erzeugten JsfBean-Instanz auf die (bereits existierende) SessionBean-Instanz und – was bemerkenswert ist – die Referenz `requestBean` der Instanz der Klasse `SessionBean` in Bild 3.1 auf die erst sehr viel später erzeugte Instanz von `RequestBean`. Wie ist das möglich?

Es wird zwar immer der Default-Konstruktor aufgerufen, jedoch nicht die erzeugte Instanz, sondern ein Proxy-Objekt als Referenz verwendet. Die Spezifikation spricht explizit davon, dass eine solche kontextuelle Referenz durch ein *Client-Proxy* realisiert wird. Ein Client-Proxy wird für alle normal Scopes erzeugt. Das englische *normal scope* sollte eher als Standard-Scope übersetzt werden. Wir bleiben allerdings beim englischen Original, da Scope-Annotationen dadurch zu normal Scopes werden, weil sie mit der `@NormalScope`-Annotation definiert wurden. Alle in Abschnitt 3.1.1 definierten Scopes sind normal Scopes mit Ausnahme von `@Dependent`, der ein sogenannter Pseudo-Scope ist. Auch alle Custom-Scopes, wie etwa `@ViewScoped`, sind normal Scopes.

Wie kann das Ganze implementiert werden? JSF ist über ein Servlet implementiert. Der Servlet-Request wird zur Bearbeitung an einen Thread gebunden. Wird innerhalb dieser Bearbeitung eine kontextuelle Referenz verwendet, kann über den Thread die für diesen Thread maßgebliche, kontextuelle Instanz gefunden und verwendet werden. In Bild 3.1 können Hunderte von Instanzen der drei Beans existieren, trotzdem wird die jeweils zu diesem Thread (HTTP-Request) gehörende Bean verwendet und damit insgesamt immer die drei konzeptionell zusammengehörenden Beans.

Zum Abschluss kann die Auflösung einer kontextuellen Referenz wie folgt zusammengefasst werden:

- Falls die Bean eines Typs für diesen Kontext existiert, wird sie verwendet.
- Falls nicht, wird der Default-Konstruktor aufgerufen.
- Alle Injektionen werden durchgeführt.
- Die mit `@PostConstruct` annotierte Methode wird aufgerufen.
- Die Bean wird schließlich verwendet.

Beispielanwendung ausführen

Im Package `de.jsfpraxis.cdi.contexts` existieren die im Bild 3.1 dargestellten Klassen `JsfBean`, `RequestBean` `SessionBean` sowie zusätzlich die Klasse `ApplicationBean`, die ganz analog mit Application-Scope aufgebaut ist. Führen Sie das Beispiel über die Seite `scopes-and-contexts.xhtml` aus und verifizieren Sie über die Quell-Codes und die Log-Meldungen, dass eine Instanz von `ApplicationBean` existiert und die Anzahl der `SessionBean`-Instanzen der Anzahl ihrer Browser entspricht. Die Instanzen von `JsfBean` und `RequestBean` werden bei jedem Request erzeugt und auch sofort wieder entfernt. ■

Passivierbare Scopes

Ein Scope heißt passivierbar, wenn Instanzen mit diesem Scope auf Sekundärspeicher ausgelagert und danach wieder in die VM eingelesen werden können. Die CDI-Spezifikation nennt sie dann *passivation capable*. Zu den passivierbaren Scopes gehören der View-, der Session- und der Conversation-Scope. Derartige Beans müssen eine Reihe von Kriterien erfüllen, zu denen auch die Serialisierbarkeit gehört. Wenn Sie beim Deployment einer Anwendung die Fehler „Bean declaring a passivating scope must be passivation capable" (Weld) bzw. „Passivation scoped defined bean must be passivation capable, but bean ... is not passivation capable" (OpenWebBeans) bekommen, müssen Sie die Klasse serialisierbar machen. ■

3.1.4 Ein genauerer Blick auf `@Inject`

Zu Beginn des Kapitels 3 wurde das Ziel von CDI motiviert: ein wesentlich vereinfachtes Programmiermodell für (Web-)Anwendungen. Grundlage sollte ein typsicherer Dependency-Injection-Mechanismus sein, um Komponenten möglichst einfach, am besten automatisch, verbinden zu können. Der letzte Abschnitt analysierte überblicksartig die Schritte, die CDI beim Erzeugen einer Managed Bean durchführt. Dazu gehörte das Injizieren aller mit `@Inject` annotierten Instanzvariablen. Wir wollen dies nun etwas genauer beleuchten. Die folgende Variablendeklaration

```
public class JsfBean

  @Inject
  RequestBean requestBean;
  ...
```

aus Listing 3.2 definiert einen sogenannten *Injection-Point*, der bei der Bean-Erzeugung befüllt wird. Es gibt drei Arten von Injection-Points

- Instanzvariableninjektion (direct field injection)
- Konstruktorinjektion (bean constructor parameter injection)
- Setter-Injektion (Initializer method parameter injection)

Das obige Beispiel zeigt die Instanzvariableninjektion. Bei der Konstruktorinjektion wird *ein* Konstruktor annotiert und alle Konstruktorparameter von CDI injiziert:

```
public class JsfBean

  private final RequestBean requestBean;

  @Inject
  public JsfBean(RequestBean requestBean) {
    this.requestBean = requestBean;
  }
  ...
```

Bei der Setter-Injektion werden die Parameter aller annotierten Setter von CDI injiziert:

```
public class JsfBean

  private RequestBean requestBean;

  @Inject
  public setRequestBean(RequestBean requestBean) {
    this.requestBean = requestBean;
  }
  ...
```

Instanzvariableninjektion

Wir empfehlen die Verwendung der Instanzvariableninjektion. Viele Artikel im Web und viele Bücher tun dies ebenfalls. Die Konstruktor- und Setter-Injektion wird eher selten verwendet. Ein Vorteil der Konstruktorinjektion ist die Möglichkeit, immutable Beans zu erzeugen. Im Beispiel ist das durch die `final`-Deklaration angedeutet. Dies ist in diesem Zusammenhang aber häufig nicht ausschlaggebend.

Bei der Instanzvariableninjektion muss kein öffentliches Getter/Setter-Paar existieren. Wir raten davon auch explizit ab.

■

Unabhängig von der gewählten Injektionsart findet die Dependency-Injection statt, wenn der CDI-Container die Bean initialisiert. Dazu werden folgende Schritte durchgeführt:

- Der Konstruktor wird aufgerufen, entweder der Default-Konstruktor oder der mit `@Inject` annotierte.
- Alle Instanzvariableninjektionen werden durchgeführt. Die Reihenfolge ist nicht definiert.
- Alle Setter-Injektionen werden durchgeführt. Die Reihenfolge ist nicht definiert.
- Die mit `@PostConstruct` annotierte Methode wird aufgerufen, falls eine solche existiert.

Nachdem nun klar ist, wann und wie injiziert wird, bleibt noch die Frage zu klären, was injiziert wird. CDI realisiert eine typsichere Dependency-Injection. Dies bedeutet, dass die Bestimmung der zu injizierenden Bean unter anderem auf Basis des Java-Typsystems erfolgt und somit die Typsicherheit Javas zur Laufzeit nicht gefährdet ist. Obwohl die CDI-Unterstützung gängiger IDEs laufend verbessert wird, ist zur Entwicklungs- und Compile-Zeit die Typsicherheit nicht garantiert. Der CDI-Container muss allerdings der Spezifikation folgend beim Deployment prüfen, ob die im Detail noch vorzustellenden Anforderungen an die Auflösung der typsicheren Dependency-Injection erfüllt sind und im Fall ihrer

Verletzung entsprechende Exceptions werfen. Ein fehlerhaftes Deployment in diesem Sinne kann also nicht erfolgen. Die Typsicherheit von Java ist damit auch mit CDI gewährleistet.

Falls Sie sich jetzt fragen, warum die Typsicherheit nicht gewährleistet sein könnte: Der in einem Injection-Point verwendete Typ muss keine Klasse, sondern darf auch ein Interface sein. Die Anzahl der implementierenden Klassen des Interface kann zum Deployment dann null, genau eins oder mehr als eins sein. Zusätzlich können noch sogenannte Qualifier und Alternativen mit ins Spiel kommen, die zur typsicheren Auflösung des Injection-Points ebenfalls beitragen. Dies soll jetzt aber nicht thematisiert werden, sondern wird in Abschnitt 3.2 ausgeführt.

Weld-Referenz

Die letzten Ausführungen sind stark an die Weld-Referenz [URL-WREF] angelehnt. Sie ist etwas leichter zu lesen als die CDI-Spezifikation und empfiehlt sich sehr als zusätzliche Lektüre.

■

Die Injektionen erfolgen, wie wir gesehen haben, automatisch durch CDI. Es ist jedoch auch ein programmatischer Lockup der entsprechenden Bean möglich. Dazu muss ein wenig in die CDI-Trickkiste gegriffen werden. Die abstrakte Klasse `CDI` im Package `javax.enterprise.inject.spi` ist das Eingangstor zum aktuellen CDI-Container und die Methode `current()` liefert genau diese Instanz, wie in Listing 3.3 verwendet.

Listing 3.3 Klasse `InjectDemo` mit programmatischem Bean-Zugriff

```
@Named
public class InjectDemo {

  @Inject
  RequestBean requestBean1;

  RequestBean requestBean2 =
      CDI.current().select(RequestBean.class).get();

  @Inject
  SessionBean sessionBean1;

  SessionBean sessionBean2 =
      CDI.current().select(SessionBean.class).get();
  ...
```

Die Klasse `InjectDemo` ist praktisch eine Kopie der Klasse `JsfBean` aus Listing 3.2 und dupliziert die beiden injizierten Variablen. Die Duplikate werden jedoch programmatisch initialisiert. Wie bereits erwähnt, existiert eine Bean in einem Kontext genau einmal, so dass die beiden `select()`-Methoden dieselben Objekte zurückgeben wie die Injektionen. Die Methode `select()` kann als zusätzliche Varargs-Parameter Qualifier übergeben bekommen, um die zu selektierende Instanz weiter zu qualifizieren, was hier jedoch nicht der Fall ist.

Dass sowohl die Injektion als auch der programmatische Lookup die jeweils selben Referenzen zurückgeben, zeigt das Beispiel `inject-demo.xhtml` bzw. dessen Screenshot in Bild 3.2. Die Ausgaben finden durch entsprechende Getter statt, die in Listing 3.3 nicht dargestellt sind und die wir, wie oben als Tipp angegeben, in der Regel als verzichtbar einschätzen.

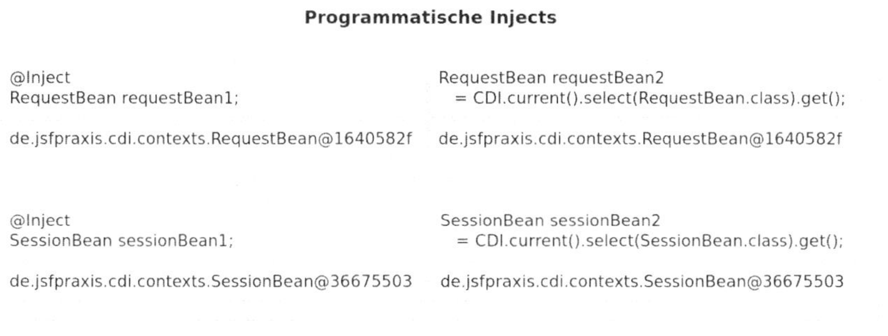

Programmatische Injects

@Inject RequestBean requestBean1;	RequestBean requestBean2 = CDI.current().select(RequestBean.class).get();
de.jsfpraxis.cdi.contexts.RequestBean@1640582f	de.jsfpraxis.cdi.contexts.RequestBean@1640582f
@Inject SessionBean sessionBean1;	SessionBean sessionBean2 = CDI.current().select(SessionBean.class).get();
de.jsfpraxis.cdi.contexts.SessionBean@36675503	de.jsfpraxis.cdi.contexts.SessionBean@36675503

Bild 3.2 Programmatische Injektionen (inject-demo.xhtml)

Die Ausführungen zur Annotation `@Inject` diskutierten, wie etwas in einen Injection-Point injiziert wird. Doch auch Informationen *über* den Injection-Point selbst können sehr wertvoll sein. Die Verwendung des Standard-JDK-Loggers kann z.B. über den folgenden Code erfolgen:

```
Logger logger = Logger.getLogger(SomeClass.class.getCanonicalName());
```

Ein Nachteil ist, dass dieser Code in jeder verwendenden Klasse strukturell identisch ist. Mit CDI kann dies wesentlich eleganter gelöst werden:

```
@Inject
Logger logger;
```

Dazu müssen wir allerdings etwas vorgreifen und die Möglichkeit der CDI-Objekterzeugung abseits der bisher beschriebenen Mechanismen durch sogenannte Producer-Methoden verwenden. Producer-Methoden werden dann in Abschnitt 3.3 eingeführt. Der folgende Programm-Code zeigt eine solche Producer-Methode, die ein Objekt des benötigten Logger-Typs zurückliefert:

```
public class LoggerProducer {

  @Produces
  Logger produceLogger(InjectionPoint injectionPoint) {
    return Logger.getLogger(
                    injectionPoint.getMember()
                    .getDeclaringClass().getCanonicalName());
  }
}
```

Producer-Methoden erlauben es, durch CDI injizierbare Objekte zu erzeugen, ohne auf die CDI-Standardmechanismen zurückzugreifen. Im dargestellten Beispiel wird ein Logger-Objekt programmatisch erzeugt und durch die Fabrikmethode `getLogger()` konfiguriert. Der Methodenparameter der Producer-Methode ist vom Typ `InjectionPoint`, ein Interface im Package `javax.enterprise.inject.spi`, das Meta-Informationen über den Injection-Point bereitstellt. Im Beispiel wird auf das Field (Member) `logger` und die (nicht dargestellte) Klasse verwiesen, damit der Logger korrekt konfiguriert wird.

Beispiel mit weiteren Meta-Informationen

Die JSF-Seite `injection-points.xhtml` verwendet die Klassen `InjectionPoints` und `LoggerProducer`. Studieren Sie das Beispiel, das weitere Meta-Informationen eines Injection-Point verwendet.

■

Ohne Injection-Point keine Injection-Point-Meta-Informationen

Die Überschrift sagt alles, wir wollen es aber explizit machen. Das `InjectionPoint`-Interface wird nur entsprechend befüllt, wenn die Instanz über einen Injection-Point erzeugt wird. Damit ist eine Alternative wie in Listing 3.3 mit

```
Logger logger = CDI.current().select(Logger.class).get();
```

nicht möglich.

■

3.1.5 Bean-Manager und programmatischer Zugriff auf Bean-Instanzen

Mit dem Interface `BeanManager` existiert ähnlich zu der im letzten Abschnitt vorgestellten abstrakten Klasse `CDI` eine weitere Möglichkeit, bestimmte CDI-interne Informationen zu erlangen bzw. einen programmatischen Zugriff auf Beans zu realisieren. Der Hauptzweck des Interface `BeanManager` ist allerdings die Implementierung von Portable-Extensions. Beide Themen sollen hier aber nicht vertieft werden. Bei Interesse finden Sie in der Klasse `QualifierController` Beispiele für den programmatischen Zugriff auf Beans und in der Klasse `StartupBeanExtension` ein Beispiel für eine Portable-Extension.

`CDI.current()` und `BeanManager`

Eine Instanz des Interface `BeanManager` erhält man durch einfache Injektion (`@Inject`) oder, weniger gebräuchlich, einen JNDI-Lookup. Instanzen der Klasse `CDI` können nicht injiziert werden, eignen sich damit aber alternativ für die Verwendung in Klassen, deren Instanzen nicht durch CDI erzeugt werden. Der Kreis schließt sich durch den Aufruf von `CDI.current().getBeanManager()`, der den Bean-Manager zurückliefert.

■

3.2 Mehr Flexibilität mit Qualifiern und Alternativen

Der berühmte und auf das Gang-of-Four-Buch *Design Patterns* [GHJV95] zurückgehende Rat *„Program to an interface, not an implementation"* schlägt für die objektorientierte Software-Entwicklung vor, gegen Schnittstellen in Form abstrakter, statt konkreter Klassen zu programmieren. Im übertragenen Sinn gilt dies auch für Interfaces. Man erhält beim Befolgen dieses Rats eine höhere Flexibilität, da implementierende Klassen leichter austauschbar sind. CDI unterstützt diese Art der Flexibilität sowohl zur Programmentwicklungs- bzw. Compile-Zeit als auch zum Deployment-Zeitpunkt. Die erste Art wird mit Qualifiern, die zweite mit Alternativen realisiert.

3.2.1 Qualifier

Ein Qualifier ist eine Annotation und damit ein Java-Typ. Qualifier werden von CDI unter anderem zur typsicheren Auflösung von Injection-Points verwendet, indem sie diese in ihrem Typ so weit einschränken, dass die Anzahl der möglichen, injizierbaren Bean-Typen genau eins wird. Als Beispiel dient uns die Fakultätsfunktion, die zwar eher akademischer Natur ist, aber aufgrund ihrer Bekanntheit und Einfachheit auch besonders anschaulich. Der Injection-Point ist definiert als

```
@Inject
Factorial factorial;
```

wobei `Factorial` ein Interface ist. Als implementierende Klassen existieren eine iterative und eine rekursive Implementierung (Listings 3.4 und 3.5).

Listing 3.4 Klasse `IterativeFactorial`

```
public class IterativeFactorial implements Factorial {

  @Override
  public BigInteger factorial(int n) {
    ...
  }

}
```

Listing 3.5 Klasse `RecursiveFactorial`

```
public class RecursiveFactorial implements Factorial {

  @Override
  public BigInteger factorial(int n) {
    ...
  }

}
```

Wird diese Anwendung deployt, kann CDI den Injection-Point nicht eindeutig auflösen, da zwei Implementierungen des Interface existieren, und reagiert mit einer Deployment-Exception. Bei Weld, der Referenzimplementierung, lautet die entsprechende Meldung „*WELD-001409: Ambiguous dependencies for type Factorial with qualifiers @Default*“. Existiert keine der beiden Klassen, kann der Injection-Point ebenfalls nicht aufgelöst werden. Die entsprechende Meldung lautet dann „*WELD-001408: Unsatisfied dependencies for type Factorial with qualifiers @Default*“. Wir gehen auf den Qualifier `@Default` später ein. Ist genau eine der beiden Implementierungen im Deployment enthalten, verwendet CDI diese Klasse zur Initialisierung des Injection-Point.

Bevor wir mit Qualifiern das Problem lösen, gehen wir kurz auf Annotationen ein. Wahrscheinlich hatte jeder Java-Entwickler schon Kontakt mit Annotationen, z.B. mit `@Override`, eventuell selbst aber noch keine Annotation definiert. Annotationen repräsentieren Meta-Informationen und wurden mit Java 5 eingeführt, um den ausufernden Beschreibungen von Meta-Informationen mit XML in Java-Enterprise-Anwendungen zu begegnen. Der Leidensdruck der Entwickler äußerte sich zum Beispiel darin, dass diese Beschreibungen als *XML-Hölle* bezeichnet wurden. Eine Annotation ist eine besondere Art eines Interface. Zur Unterscheidung wird dem Schlüsselwort `interface` das `@`-Zeichen vorangestellt. Annotationen werden selbst mit Hilfe von Annotationen definiert. Die beiden in diesem Zusammenhang wichtigen sind

- `@Target` und
- `@Retention`

Diese und weitere Programmelemente für Annotationen befinden sich im Package `java.lang.annotation`. Annotationen können Elemente enthalten, die parameterlosen Methodensignaturen ähneln. Die Annotation `Volljaehrig` in Listing 2.22 auf Seite 76 definiert die Elemente `message`, `groups` und `payload`. Elemente sollten unserer Meinung nach besser als *Attribute* bezeichnet werden, da sie in ihrer Verwendung nicht einer Definition, sondern Attributen entsprechen.

Die Annotation `@Target` wird verwendet, um zu beschreiben, welche syntaktischen Elemente eines Java-Programms mit der zu definierenden Annotation versehen werden dürfen, also z.B. eine Klasse, eine Methode oder ein Methodenparameter. Das Attribut `value` von `@Target` verwendet dazu Konstanten des Aufzählungstyps `ElementType`. Wir werden gleich ein Beispiel sehen. Die Annotation `@Retention` definiert, ob die Annotation nur zur Compile-Zeit oder auch zur Laufzeit existiert. Die Annotation `@Override` exitiert etwa nur zur Compile-Zeit, findet aber nicht ihren Weg in den Byte-Code der Klasse. Annotationen, die zur Laufzeit verwendet werden, wie etwa CDI-Annotationen, verwenden hier immer `RUNTIME`, einen der Werte des Aufzählungstyps `RetentionPolicy`.

Mit diesem Wissen können nun die Annotationen `@Iterative` und `@Recursive` wie in Listing 3.6 definiert werden.

Listing 3.6 Annotationen `@Iterative` und `@Recursive`

```
@Qualifier
@Target({TYPE, METHOD, FIELD, PARAMETER})
@Retention(RUNTIME)
public @interface Iterative { }
```

```
@Qualifier
@Target({TYPE, METHOD, FIELD, PARAMETER})
@Retention(RUNTIME)
public @interface Recursive { }
```

Die Annotation `@Qualifier` ist eine CDI-Annotation und macht aus einer normalen Annotation eine Qualifier-Annotation. Die `@Target`-Annotation definiert, dass die gerade definierte Annotation an Typen, Methoden, Feldern und Methodenparametern verwendet werden darf. `@Retention` legt schließlich fest, dass die Annotation zur Laufzeit vorhanden ist und damit von CDI per Reflection erfragt und verwendet werden kann.

Die beiden Implementierungen des Interface `Factorial` der Listings 3.4 und 3.5 werden mit dem jeweiligen Qualifier versehen, wie in der Überarbeitung in den Listings 3.7 und 3.8 angedeutet.

Listing 3.7 Überarbeitete Klasse `IterativeFactorial`

```
@Iterative
public class IterativeFactorial implements Factorial {
  ...
}
```

Listing 3.8 Überarbeitete Klasse `RecursiveFactorial`

```
@Recursive
public class RecursiveFactorial implements Factorial {
  ...
}
```

Der Injection-Point kann dann entweder durch

```
@Inject
@Iterative
Factorial factorial;
```

oder

```
@Inject
@Recursive
Factorial factorial;
```

eindeutig gemacht werden. Um den Injection-Point zu initialisieren, wählt CDI die durch den Qualifier beschriebene Implementierung des Interface und ruft deren Default-Konstruktor auf.

Weitere Verwendungsmöglichkeiten von Qualifiern

Qualifier werden verwendet – nomen est omen –, um Typen zu qualifizieren. CDI verwendet Qualifier nicht nur bei Injection-Points, sondern auch bei Producer-Methoden und Event-Observern, die in den Abschnitten 3.3 und 3.5 behandelt werden. ■

Dritte Fakultätsimplementierung

Implementieren Sie eine dritte Alternative, indem Sie z.B. die Klasse `SpecialIterativeFactorial` definieren, die einfach von der Klasse `IterativeFactorial` erbt, ohne die geerbte Fakultätsmethode zu überschreiben. Überzeugen Sie sich davon, dass beim Deployment eine Exception der Art *Ambiguous dependencies* auftritt. Definieren Sie den Qualifier `@SpecialIterative` und verwenden Sie ihn bei der Klasse sowie beim Injection-Point. Das Deployment läuft nun durch und liefert das gewünschte Ergebnis. Sie können sich davon überzeugen, da das Beispielprojekt den Typ des injizierten Objekts in das Log schreibt.

■

3.2.2 Vordefinierte Qualifier

CDI definiert einige wenige vordefinierte Qualifier, von denen `@Default` und `@Any` die wichtigsten sind. Die Annotation `@Default`, der sogenannte Default-Qualifier, ist bei einer Bean oder einem Injection-Point immer implizit vorhanden, wenn kein anwendungsdefinierter Qualifier verwendet wird. Zudem ist der Qualifier `@Any` bei jeder Bean implizit vorhanden. Ein dritter vordefinierter Qualifier ist `@Named`. Während die beiden erstgenannten Qualifier im Package `javax.enterprise.inject` definiert sind, stammt `@Named` aus dem Package `javax.inject`. Die beiden erstgenannten Qualifier werden nur selten und bei speziellen Anforderungen benötigt. Sie werden sie jedoch häufiger bei Deployment-Fehlern im Log sehen, da bei vielen Exceptions Informationen zu den beteiligten Qualifier mit ausgegeben werden. Der Qualifier `@Named` wird dagegen sehr häufig verwendet, da er über die Expression-Language das Bindeglied zwischen JSF-Seiten und CDI-Beans darstellt.

Die Tabelle 3.1 verdeutlicht noch einmal die Existenz des Default-Qualifier an einer fiktiven Bean sowie die Verwendung des Qualifiers `@Iterative` des letzten Abschnitts.

Tabelle 3.1 Vordefinierte und anwendungsdefinierte Qualifier

Bean	Qualifier
`public class SomeClass {` `}`	`@Any` `@Default`

`@Default`
`public class SomeClass {`
`}`
	`@Any`
	`@Default`

`@Named`
`public class SomeClass {`
`}`
	`@Any`
	`@Default`
	`@Named(value="someClass")`

`@Iterative`
`public class SomeClass {`
`}`
	`@Any`
	`@Iterative`

Eine weitere Verwendung des `@Default`-Qualifier lernen Sie im Zusammenhang von Events im Tipp auf Seite 164 kennen.

Weiterführende CDI-Konstrukte

Dieses Buch soll CDI nicht umfassend darstellen, so dass wir hier auf weitere Ausführungen zu Qualifiern verzichten. Sollten Ihre Interessen für CDI jedoch weitergehen, finden Sie in den Klassen `QualifierController` und `BuiltInQualifierTests` Beispiele, wie Annotationen und damit auch Qualifier zur Laufzeit (Klasse `AnnotationLiteral`) oder Injection-Points (Interface `Instance`) für alle verfügbaren Beans erzeugt werden können.

■

3.2.3 Alternativen

Alternativen sind Beans, die für bestimmte Deployment-Szenarien gedacht sind. Eine Bean wird zu einer Alternative, indem sie mit `@Alternative` annotiert wird. Sie ist damit zunächst für CDI nicht existent und kann nicht in Injektionen verwendet werden, was auf den ersten Blick sinnlos erscheint. Eine Alternative kann aber explizit freigegeben und für CDI sichtbar gemacht werden, so dass sie dann in einem bestimmten Szenario verwendet werden kann.

Im zu entwickelnden Beispiel existiert der bereits bekannte Injection-Point mit dem Interface `Factorial`

```
@Inject
Factorial factorial;
```

und eine Standardimplementierung, die in Listing 3.9 skizziert wird. Sie ist als *Default* zu verstehen, da sie im Normalfall die einzige implementierende Klasse des Interface darstellt.

Listing 3.9 Klasse `DefaultFactorial`

```
public class DefaultFactorial implements Factorial {

  @Override
  public BigInteger factorial(int n) {
    ...
  }

}
```

Beim Auflösen des Injection-Point verwendet CDI diese Bean. Soll nun für bestimmte Deployment-Szenarien eine andere Implementierung verwendet werden, so wird diese als Alternative gekennzeichnet, wie etwa in Listing 3.10.

Listing 3.10 Klasse `SpecialFactorial`

```
@Alternative
public class SpecialFactorial implements Factorial {

  @Override
```

```
    public BigInteger factorial(int n) {
        ...
    }

}
```

Diese Bean wird von CDI ignoriert und nicht zur Auflösung des Injection-Point verwendet. Bei Bedarf erfolgt die Freigabe über einen Konfigurationseintrag in der Datei `beans.xml`, wie in Listing 3.11 zu sehen.

Listing 3.11 Deskriptor `beans.xml` mit Alternative

```
<beans xmlns="http://xmlns.jcp.org/xml/ns/javaee"
       ... >

    <alternatives>
        <class>de.jsfpraxis.cdi.alternative.SpecialFactorial</class>
    </alternatives>

</beans>
```

Die Klasse `SpecialFactorial` ist mit dieser Aktivierung die einzig existierende Implementierung von `Factorial`, die Klasse `DefaultFactorial` ist nicht mehr sichtbar.

Es können mehrere Klassen eines Typs mit `@Alternative` annotiert werden. Um die Eindeutigkeit zu gewährleisten, muss jedoch genau eine davon in der `beans.xml` aktiviert werden. Falls dies nicht der Fall ist, wird dies durch die bereits bekannte Deployment-Exception mit der Meldung *„WELD-001409: Ambiguous dependencies for type Factorial with qualifiers @Default“* geahndet.

Deployment-Szenario Testen

Zu Beginn des Abschnitts hatten wir als Motivation für Alternativen bestimmte Deployment-Szenarien genannt. Das Testen, z.B. mit Arquillian [URL-ARQ], ist ein solches. Für einen Arquillian-Test wird ein Deployment gepackt, das eine der Alternativen und eine entsprechende `beans.xml`-Datei enthalten kann. So wird für den Test eine spezielle Implementierung verwendet, also eine Art von Mock.

■

Während Qualifier eine quell-code-basierte Auswahl zwischen verschiedenen Implementierungen erlauben, realisieren Alternativen dies durch Konfiguration. Es muss nicht neu compiliert werden. Mit CDI 1.1 kam mit der Annotation `@Priority` eine zusätzliche Möglichkeit zur Auswahl von Alternativen hinzu, jetzt auf Code-Basis. Werden Alternativen mit `@Priority` und einem ganzzahligen Attributwert annotiert, wählt CDI die Alternative mit der höchsten Priorität zur Auflösung des Injection-Point aus. Mehrere Alternativen gleicher Priorität führen beim Deployment zum bereits bekannten Mehrdeutigkeitsfehler. Die Aktivierung mit Prioritäten sowie über die Datei `beans.xml` ist nicht erlaubt. Die Annotation ist keine direkte CDI-Annotation, sondern dem Package `javax.annotation` entliehen.

Unnötige Komplexität

Wir finden, dass die Möglichkeit zur Auswahl von Alternativen mit `@Priority` die Komplexität erhöht, wenig sinnvoll ist und raten davon ab. Lediglich der Umstand, dass `@Priority` eine Aktivierung innerhalb der gesamten Anwendung bewirkt, während die Aktivierung mit `beans.xml` lediglich innerhalb des Archivs gilt, könnte den Einsatz rechtfertigen.

■

3.2.4 Der Deskriptor `beans.xml`

Die Datei `beans.xml` steuert, wie am Beispiel von Alternativen gesehen, die Sichtbarkeit von CDI-Beans. Sie ist damit ein Deployment-Deskriptor oder kurz Deskriptor, wie es ihn auch für Servlets, JSF oder etwa JPA gibt. Während bei Alternativen die Sichtbarkeit explizit durch Verwendung des Tags `<alternatives>` gesteuert wird, geschieht dies für die meisten anderen Beans auf Ebene des Wurzelelements `<beans>` bzw. mit dessen Attribut `bean-discovery-mode`. Bevor der Vorgang der Bean-Discovery näher analysiert werden kann, muss zuvor noch auf das Packaging und die Art der Deployment-Artefakte eingegangen werden.

CDI-Beans können in JARs, EJB-JARs und WARs gepackt werden, die dann *Bean-Archive* genannt werden. Auf EJB-JARs gehen wir nicht weiter ein. Für den Deskriptor `beans.xml` gibt es bezüglich der Positionierung die folgenden Alternativen

- `META-INF/beans.xml` in JARs
- `WEB-INF/beans.xml` in WARs
- `WEB-INF/classes/META-INF/beans.xml` in WARs

Packaging von Bean-Archiven

JSF-Projekte werden als `WAR` gepackt. Bei der Positionierung der `beans.xml` raten wir zur zweiten Variante, also innerhalb des Verzeichnis `WEB-INF`. Wenn Sie Maven verwenden, um das Projekt zu bauen, muss sich die `beans.xml` im Verzeichnis `src/main/webapp/WEB-INF` befinden, um dies zu erreichen.

■

Der Deskriptor `beans.xml` legt für das entsprechende Bean-Archiv fest, wie Beans gefunden und als solche erkannt werden. Von besonderem Interesse ist das Attribut `bean-discovery-mode` des Wurzelelements `<beans>`. Listing 3.12 zeigt das Wurzelelement mit der von uns empfohlenen Verwendung von `bean-discovery-mode`.

Listing 3.12 Deskriptor `beans.xml` mit Attribut `bean-discovery-mode`

```
<beans xmlns="http://xmlns.jcp.org/xml/ns/javaee"
       xmlns:xsi="http://www.w3.org/2001/XMLSchema-instance"
       xsi:schemaLocation="http://xmlns.jcp.org/xml/ns/javaee ..."
       version="2.0"
       bean-discovery-mode="all">
```

```
  ...
</beans>
```

Das Attribut `bean-discovery-mode` erlaubt die drei Werte `none`, `all` und `annotated`. Der Wert `none` bewirkt, dass CDI das Archiv ignoriert. Der Wert `annotated`, der auch der Default ist, weist CDI an, das Archiv als *implizites* Bean-Archiv, der Wert `all` es als *explizites* Bean-Archiv zu behandeln.

Weitere Regeln für Bean-Archive

Es gibt noch weitere Regeln für Bean-Archive, z.B. eine komplett leere `beans.xml`-Datei, ohne Versionsnummer oder bezüglich der verwendeten Versionsnummer. Bei Interesse finden Sie diese Regeln in der Spezifikation. Für unsere – und wahrscheinlich die allermeisten – Zwecke genügen die hier angeführten Regeln.

■

In einem expliziten Bean-Archiv werden alle Klassen bei der Auflösung von Injections-Points betrachtet, bei impliziten nur die Klassen, die mit sogenannten *Bean-Defining-Annotations* annotiert sind. Dazu gehören alle in Abschnitt 3.1.1 definierten Scopes, also `@ApplicationScoped`, `@SessionScoped`, `@ConversationScoped`, `@RequestScoped`, `@Dependent`, sowie alle anderen normal Scopes, also auch JSFs `@ViewScoped`. Weiter hinzu kommen `@Interceptor`, `@Decorator` sowie Stereotypen (mit `@Stereotype` annotierte Annotationen), auf die wir mit Ausnahme von `@Decorator` später noch eingehen.

Wir bevorzugen die in Listing 3.12 dargestellte Verwendung des `bean-discovery-mode` mit dem Wert `all`, also ein explizites Bean-Archiv. Warum? Weil dann alle Klassen des Archivs für CDI verfügbar sind. Im Beispiel zu Alternativen in Abschnitt 3.2.3 findet CDI für den Injection-Point vom Typ `Factorial` die Klasse `DefaultFactorial` als einzige Implementierung und kann den Injection-Point befüllen. In einem impliziten Bean-Archiv wird die Klasse `DefaultFactorial` nicht gefunden, da sie nicht entsprechend annotiert ist, und das Deployment endet mit einer Exception. Dies kann verhindert werden, indem die Klasse mit `@Dependent` annotiert wird. Uns erscheint die Variante eines expliziten Bean-Archivs attraktiver.

Bean-Discovery-Mode

Das XML-Schema der Deskriptor-Datei rät zu `annotated`, wir zu `all`. Wir glauben, dass `annotated` bei JSF-Anwendungen nur sinnvoll ist, wenn das WAR mehrere Bean-Archive in Form von JARs enthält, deren Klassen sich bei der Bean-Discovery ungewollt überlagern könnten. Sollen einzelne Klassen oder Packages bei der Bean-Discovery nicht beachtet werden, können sie mit der `@Vetoed`-Annotation (Package `javax.enterprise.inject`) annotiert werden.

■

3.3 Producer und Disposer

3.3.1 Producer-Methoden

Die in einem Bean-Archiv enthaltenen Klassen werden von CDI durch einen Konstruktoraufruf instanziiert, um dann in den Injection-Point injiziert zu werden. Es sind jedoch auch Anwendungsfälle denkbar, in denen die zu erzeugende Instanz nicht aus einer Klasse eines Bean-Archivs stammt und/oder ein durch CDI automatisierter Konstruktoraufruf nicht das Mittel der Wahl darstellt. Denkbar sind hier z.B. die typischen Einsatzgebiete eines Fabrikmusters. In der Tat werden CDIs Producer-Methoden häufig als der CDI-Weg einer Fabrikmethode gesehen. Eine Producer-Methode agiert als Quelle einer Bean-Instanz. Sie legt fest, wie eine zu injizierende Bean erzeugt wird, und überlässt es somit der Anwendung, wie und auch was, d.h. welcher Typ erzeugt wird.

Producer-Methoden sind durch die Verwendung der `@Produces`-Annotation charakterisiert, wie in Listing 3.13 dargestellt.

Listing 3.13 Klasse `RandomGenerator` mit Producer-Methode

```
public class RandomGenerator {

  private java.util.Random random = new java.util.Random();

  @Produces
  public Integer next() {
    return random.nextInt();
  }

}
```

Die Producer-Methode `next()` erzeugt eine `Integer`-Instanz, also eine Instanz einer Klasse des Standard-SDK, keines Bean-Archivs. Ein möglicher Injection-Point verwendet diesen Typ ganz gewöhnlich:

```
@Inject
Integer random;
```

Um den Injektion-Point aufzulösen, ruft CDI die Producer-Methode auf und weist der Variablen `random` den Rückgabewert der Methode zu. Dies funktioniert nicht nur mit dem Wrapper-Typ `Integer`, sondern auch mit dem primitiven Typ `int`, sowohl als Rückgabetyp der Producer-Methode als auch als Typ des Injection-Point.

Die Methode kann auch `static` deklariert sein. Im obigen Fall wird von CDI eine Instanz der Klasse `RandomGenerator` erzeugt, um die Instanzmethode aufrufen zu können. Falls die Methode `static` static ist, wird nicht instanziiert.

Auch die Verwendung in EL-Ausdrücken ist möglich, wenn ein Name für das Ergebnis des Producer-Methodenaufrufs vergeben wird:

```
@Named("nextRandom")
@Produces
```

```
public Integer next() {
  return random.nextInt();
}
```

Die Verwendung als EL-Ausdruck erfolgt dann ganz intuitiv:

```
<span>Zufallszahl: #{nextRandom}</span>
```

Falls noch weitere Producer-Methoden den Rückgabetyp `Integer` haben, schlägt das Deployment mit dem bereits bekannten Mehrdeutigkeitsfehler fehl. Dies ist jedoch mit einem zusätzlichen Qualifier zu verhindern. Der Qualifier `@Random`, auf dessen Definition wir verzichten, wird sowohl bei der Producer-Methode

```
@Random
@Produces
public Integer next() {
  return random.nextInt();
}
```

als auch beim Injection-Point verwendet:

```
@Random
@Inject
Integer random;
```

3.3.2 Scopes

Der Scope einer durch eine Producer-Methode erzeugten Bean ist der Dependent-Scope und hat mit dem Scope der Bean, die die Methode deklariert, nichts zu tun. Soll die erzeugte Bean einen anderen Scope haben, so ist die Producer-Methode mit der entsprechenden Scope-Annotation zu versehen, wie der folgende Code beispielhaft zeigt.

```
@RequestScoped
public class Bar {

  @Inject
  Foo foo;

  ...
}
```

```
@...Scoped
public class FooProducer {

  @SessionScoped
  @Produces
  public Foo fooProducer() {
    return new Foo();
  }

}
```

Ohne die `@SessionScoped`-Annotation der Producer-Methode wird diese bei jedem Request, in den `Bar` involviert ist, aufgerufen, um den Injection-Point zu befüllen. Mit der `@SessionScoped`-Annotation erfolgt nur beim ersten Request innerhalb der Session ein Aufruf der Producer-Methode. Bei folgenden Aufrufen wird die bereits existierende Foo-Instanz injiziert.

Verschiedene Scopes von Producer-Methoden

Im Beispielprojekt benutzt die JSF-Seite `scopes.xhtml` die Klasse `FooProducer`. Verwenden Sie verschiedene Scopes zur Annotation der Producer-Methode und verifizieren Sie das beschriebene Verhalten durch Beobachtung des Logs.

■

3.3.3 Producer-Field

Die Algorithmik hinter einer Producer-Methode ist unnötig, falls das zu erstellende Objekt bereits existiert. Die Producer-Methode würde dann zu einer einfachen Getter-Methode mutieren und sollte besser durch ein Producer-Field ersetzt werden. Ein Producer-Field wird ebenfalls mit `@Produces` annotiert, wie das folgende Beispiel zeigt.

```
@Produces
Integer fourtyTwo = 42;
```

Die Annotation `@Named` und Qualifier können wie bei Producer-Methoden verwendet werden. Während das Beispiel wenig sinnvoll ist, können Producer-Fields sinnvoll eingesetzt werden, um z.B. durch Java EE injizierte Komponenten für CDI-Injektionen verfügbar zu machen.

```
@Produces
@Resource(lookup = "...")
DataSource dataSource;
```

Hier wird eine Java-EE-Resource, im Beispiel eine Data-Source, durch `@Resource` injiziert, um per `@Produces` diese wieder für CDI-Injection-Points verfügbar zu machen. Wir gehen im nächsten Abschnitt näher auf die `@Resource`-Annotation ein.

3.3.4 Disposer-Methoden

Die bisherigen Beispiele für Producer-Methoden haben Instanzen der Klassen `Integer` und `Foo` zurückgeliefert, die am Ende ihrer Verwendung nicht weiter betrachtet werden müssen und vom Garbage-Collector entsorgt werden können. Producer-Methoden können aber auch Dateien, Sockets oder etwa JDBC-Verbindungen öffnen, die am Ende ihrer Verwendung wieder geschlossen werden sollten. Hierfür gibt es sogenannte Disposer-Methoden. Diese müssen sich in derselben Klasse wie die Producer-Methode befinden und müssen genau einen sogenannten Disposed-Parameter besitzen, der mit `@Disposes` annotiert ist. Zusätzliche Qualifier können verwendet werden, um eine Zuordnung zu entsprechend qualifizierten Producer-Methoden zu ermöglichen. Disposer-Methoden sind nach diesen Regeln auch für Producer-Fields möglich, in der Praxis aber eher selten sinnvoll. Für ein einfaches Beispiel erzeugen und schließen wir eine JDBC-Verbindung. Listing 3.14 enthält zwei Producer-Methoden und die entsprechenden Disposer-Methoden.

Listing 3.14 Klasse `DatabaseConnectionProvider` mit Producer und Disposer-Methoden

```
1  public class DatabaseConnectionProvider {
2
3    @Resource(lookup = "java:comp/DefaultDataSource")
4    DataSource dataSource;
5
6    @Produces
7    public Connection createConnection() throws SQLException {
8      return dataSource.getConnection("sa", "");
9    }
10
11   @Secure
12   @Produces
13   public Connection createSecureConnection() throws SQLException {
14     return dataSource.getConnection("sa", "");
15   }
16
17   private void disposeConnection(@Disposes Connection connection)
18                throws SQLException {
19     if (!connection.isClosed()) {
20       connection.close();
21     }
22   }
23
24   private void disposeSecureConnection(
25                    @Disposes @Secure Connection connection)
26                throws SQLException {
27     if (!connection.isClosed()) {
28       connection.close();
29     }
30   }
31
32 }
```

In den Zeilen 3/4 wird mit der Annotation `@Resource` (Package `javax.annotation`) eine Resource des Application-Servers injiziert. Im Beispiel ist dies eine Instanz des Interface `DataSource` (Package `javax.sql`). Das Attribut `lookup` benennt den JNDI-Namen, hier den Name der Default-Data-Source einer Java-EE-Anwendung. Alternative Ressourcen, die mit dieser Annotation injizierbar werden können, sind `Queue`, `Topic`, `UserTransaction` und viele weitere.

In den Zeilen 6 – 9 und 11 – 15 werden zwei Producer-Methoden definiert, die jeweils eine `Connection` zurückgeben. Sie unterscheiden sich lediglich in der Verwendung des Qualifiers `@Secure`, der andeuten soll, dass der zweite Producer eine wie auch immer geartetet sichere Verbindung erzeugt. Die beiden folgenden Disposer-Methoden unterscheiden sich ebenfalls nur durch die Verwendung des Qualifiers `@Secure`. Da die Producer-Methoden keine Scope-Annotationen verwenden und die beiden JDBC-Verbindungen daher den Dependent-Scope haben, werden die Disposer-Methoden aufgerufen, wenn die Lebensdauer des Parent-Objekts endet.

Select-Statement ohne Tabellen

Das Projekt verwendet die Klasse `DatabaseConnectionProvider` aus Listing 3.14 in der JSF-Seite `jdbc-connection.xhtml` und erlaubt die Eingabe eines einfachen Select-Statements im UI. Versuchen Sie z.B. die SQL-Anweisung `SELECT 2 * 3` auszuführen, überprüfen Sie den Aufruf von Producer- und Disposer-Methode im Log. ■

3.4 Der Conversation-Scope

Wie bereits erwähnt sind Application-, Session- und Request-Scope durch HTTP als das zugrunde liegende Protokoll bestimmt. Der CDI-Container kann daher Beginn und Ende der entsprechenden Kontexte automatisch erkennen und damit auch die entsprechenden Beans erzeugen bzw. wieder entfernen. Häufig werden Geschäftsprozesse, die mehrere Requests überspannen, innerhalb einer Session realisiert. Die Session selbst ist aber langlebiger als diese Geschäftsprozesse. Werden Prozessvariablen innerhalb der Session gespeichert, aber nach Prozessende nicht wieder freigegeben, sammelt sich Müll im Sinne eines Garbage Collector in der Session an, der aber nicht vom Garbage Collector freigegeben werden kann. CDI definiert mit einer Konversation einen Kontext, dessen Lebensdauer mehrere Requests umfasst, aber kleiner als eine Session ist. Da Beginn und Ende einer Konversation nicht technisch vorgegeben, sondern anwendungsdefiniert sind, müssen der Beginn und das Ende programmatisch bestimmt werden. Trotzdem werden Prozessvariablen am Ende der Konversation automatisch freigegeben. Versehentliche Müllerzeugung gehört damit der Vergangenheit an. Das Bild 3.3 versucht die zeitliche Einordnung einer Konversation – zwischen Request und Session – zu veranschaulichen.

Intern verwendet CDI zwei Arten von Conversation-Scopes, transiente und langlebige (long-running). Ein transienter Conversation-Scope unterscheidet sich nicht von einem Request-Scope. Er dauert so lange wie ein Request. Er kann jedoch durch Aufruf der `begin()`-Methode des Interface `Conversation` (Package `javax.enterprise.context`) in eine langlebige Konversation umgewandelt werden. Am Ende einer Folge einzelner Requests, fachlich am Ende eines (Teil-)Prozesses, wird durch Aufruf der `end()`-Methode die langlebige Konversation wieder in eine transiente Konversation überführt. Alle Objekte, die mit `@ConversationScoped` annotiert sind und innerhalb der Konversation erzeugt wurden, werden am Ende der Konversation automatisch freigegeben. Die Identifikation einer Konversation erfolgt über eine eindeutige Id, die in der Regel von CDI generiert wird.

Konversationen haben typischerweise einen Wizard-Charakter: eine Folge von Schritten, die zusammen am Ende einen geschäftlichen Wert haben, z.B. die Neuanlage eines Kunden, das Ausfüllen eines Schadensformulars, der Check-out eines Online-Shops. Wir entwickeln ein allgemeines Wizard-Beispiel ohne konkrete Fachlichkeit, um das Spezifische einer Konversation herauszuarbeiten. Das Listing 3.15 zeigt einen solchen allgemeinen Wizard, an dem die grundlegende Struktur zu erkennen ist.

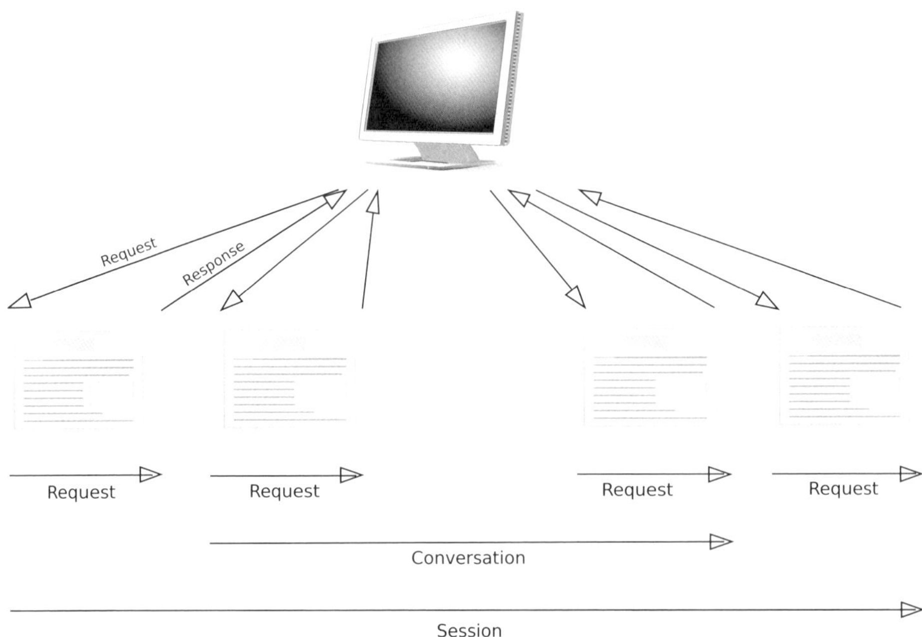

Bild 3.3 Eine Konversation: mehrere anwendungslogisch zusammengefasste Requests

Listing 3.15 Die Klasse `WizardController` mit `@ConversationScoped`-Annotation

```
@Named
@ConversationScoped
public class WizardController implements Serializable {

  private String data1;
  private String data2;
  private String data3;

  @Inject
  Conversation conversation;

  public String startWizard() {
    conversation.begin();
    return "data-set-1?faces-redirect=true";
  }

  public String toDataSet2() {
    return "data-set-2?faces-redirect=true";
  }

  public String toDataSet3() {
    return "data-set-3?faces-redirect=true";
  }

```

```
25    public String backToDataSet1() {
26      return "data-set-1?faces-redirect=true";
27    }
28
29    public String backToDataSet2() {
30      return "data-set-2?faces-redirect=true";
31    }
32
33    public String completeWizard() {
34      // use gathered data
35      conversation.end();
36      return "completed?faces-redirect=true";
37    }
38
39    public String abort() {
40      conversation.end();
41      return "aborted?faces-redirect=true";
42    }
43  }
```

In Zeile 2 wird die Bean zu einer `@ConversationScoped` Bean gemacht. Da die Informationen einer Konversation innerhalb der HTTP-Session gehalten werden, gehören conversation-scoped Beans zu den passivierbaren Scopes (siehe Tipp-Box auf Seite 140) und müssen serialisierbar sein. Da der Wizard sehr unspezifisch sein soll, sind nur die Strings `data1`, `data2` und `data3` einzugeben. Dies kann natürlich auf einer einzigen JSF-Seite passieren, soll aber zu Demonstrationszwecken auf drei Seiten verteilt stattfinden. Die Schnittstelle zur Konversationsdemarkation geschieht über das Interface `Conversation` im Package `javax.enterprise.context` beziehungsweise einer entsprechenden Bean, die in den Zeilen 9/10 injiziert wird.

Der eigentliche Start der Konversation erfolgt in der Action-Methode `startWizard()` durch Aufruf der Methode `begin()` in Zeile 13. Die transiente Konversation dieses Requests wird in eine langlebige Konversation überführt und eine entsprechende Konversations-Id wird generiert. Die `begin()`-Methode existiert auch in einer überladenen Version mit einem String-Parameter, in dem die Konversations-Id übergeben werden kann. Dieser sollte anderweitig generiert sein, z.B. die in einem Web-Shop generierte Bestellnummer, um die Anforderung der Eindeutigkeit zu garantieren. Die Id wird als Query-Parameter `cid` (conversation id) an das Request-URL angefügt.

Nachdem die ersten Daten des Wizards eingegeben sind, wird über die Methoden `toDataSet2()` und `toDataSet3()` zu der zweiten und dritten JSF-Seite des Wizards navigiert. Die Navigationsmöglichkeiten derartiger Seiten sind in der Regel Weiter/Zurück/Abbrechen. Für die Navigation zur vorherigen Seite dienen die Methoden `backToDataSet1()` und `backToDataSet2()`. Die JSF-Seiten selbst sind relativ leicht vorstellbar, so dass wir auf eine Darstellung verzichten. Der positive Abschluss des Wizards erfolgt mit der Action-Methode `completeWizard()` in den Zeilen 33 bis 36. Hierzu wird die Methode `end()` aufgerufen, nachdem die gesammelten Daten der weiteren Verarbeitung zugeführt wurden. Das Abbrechen des Wizards erfolgt ebenfalls mit der `end()`-Methode, im Beispiel in Zeile 40.

Das Interface `Conversation` enthält noch die Methoden `getID()`, `isTransient()`, `getTimeout()` und `setTimeout()` mit der jeweils offensichtlichen Semantik.

Keine verschachtelten Konversationen

CDI verbietet das Verschachteln von Konversationen. Bei Bedarf kann der Beginn einer Konversation mit dem folgenden Pattern erfolgen

```
if (conversation.isTransient()) {
  conversation.begin();
} else {
  // some meaningful message to user
}
```

Wird die `begin()`-Methode innerhalb einer langlebigen Konversation aufgerufen, so wird eine `IllegalStateException` geworfen und, im Falle von Weld, die Meldung „*WELD-000328: Attempt to call begin() on a long-running conversation*" angezeigt. ■

Timeout von Konversationen

Beim Setzen des Timeouts einer Konversation ist zu beachten, dass Konversationen innerhalb einer Session realisiert werden. Auch Sessions besitzen einen Timeout, der im Deployment-Deskriptor `web.xml` (siehe auch Abschnitt 4.9) einer Anwendung für alle Servlets und damit auch für das Faces-Servlet definiert werden kann:

```
<session-config>
  <session-timeout>5</session-timeout>
</session-config>
```

Der Timeout einer Konversation muss kleiner als der Timeout des Faces-Servlets sein. Überarbeiten Sie das Projekt derart, dass das Ablaufen des Session-Timeouts auch die Konversation der Klasse `WizardController` beendet. Die Einheit des Session-Timeouts ist Minuten, die der Konversation Millisekunden. ■

Das bisher entwickelte Beispiel besitzt einen definierten Beginn und ein definiertes Ende. Es hat aber noch einen schwerwiegenden Fehler: Ein unbedarfter oder böswilliger Benutzer kann den Wizard in der Mitte beginnen, wenn er die Conversation-Id kennt. Dies widerspricht der Alles-oder-Nichts-Semantik eines Wizards und ist unbedingt zu verhindern. Eine Realisierungsmöglichkeit bieten die System-Events aus Abschnitt 2.5.9. Das `PreRenderViewEvent` wird vor dem Rendern einer View geworfen, so dass im entsprechenden Event-Listener geprüft werden kann, ob eine Konversation aktiv ist oder nicht. Der folgende Code ist hierfür in jeder JSF-Seite des Wizards einzubauen:

```
<f:event listener="#{wizardController.checkConversation}"
         type="preRenderView" />
```

Der referenzierte Event-Listener `checkConversation()` ist in Listing 3.16 dargestellt. Falls eine Wizard-Seite ohne aktive Konversation aufgerufen wird, erfolgt eine Navigation auf die Start-Seite des Wizards.

Listing 3.16 System-Event-Listener des Wizards `WizardController`

```
@Named
@ConversationScoped
public class WizardController implements Serializable {

  public void checkConversation(ComponentSystemEvent cse) {
    if (conversation.isTransient()) {
      facesContext.getApplication()
          .getNavigationHandler()
          .handleNavigation(facesContext, null,
                            "wizard.xhtml?faces-redirect=true");
    }
  }
  ...
}
```

Mehrere Konversationen in einer Session

Prüfen Sie im Projekt die Vergabe der Conversation-Id als Query-Parameter `cid`. Konversationen werden innerhalb einer Session gehalten. Durch die Conversation-Ids sind sie jedoch unterscheidbar. Daher können Konversationen in verschiedenen Browser-Tabs parallel in einer Session verwendet werden. Überzeugen Sie sich auch hiervon.

■

3.5 Events

Das Buch *Design Patterns* [GHJV95] definiert das Observer-Pattern als eine Beziehung zwischen Objekten, die Änderungen an einem Objekt, das *Subjekt*, an mehrere andere Objekte, die *Observer*, weitermeldet, so dass diese aktualisiert werden können bzw. sich selbst aktualisieren. Das Pattern ist populär und wurde daher bereits mit Java 1.0 durch die Klasse `java.util.Observable` und das Interface `java.util.Observer` versucht zu realisieren. Leider war diese Implementierung nicht konsequent durchdacht und besaß große Schwächen. Insbesondere die Entkopplung von Subjekt und Observer war nicht gegeben. Dies führte schließlich dazu, dass `Observable` und `Observer` mit Java 9 deprecated wurden. CDI realisiert das Observer-Pattern ohne derartige Mängel. Subjekt und Observer sind vollständig entkoppelt, was sich in Java durch nicht exsistierende Import-Deklarationen manifestiert.

Die CDI-Spezifikation definiert keine expliziten Bezeichnungen für die beiden Objektarten des Pattern und beginnt das Kapitel über Events mit *„Beans may produce and consume events"*. Prinzipiell können praktisch alle CDI-Beans sowohl Events produzieren als auch konsumieren. Die Methode, die ein Event konsumiert, wird Observer-Methode genannt. Die dazu verwendetet Annotation ist `@Observes`. Wir verwenden daher *Event-Observer* oder kurz *Observer* für den konsumierenden und *Event-Producer* für den erzeugenden Teil des Pattern. Ein weiterer maßgeblicher Teil des Pattern ist das Event-Objekt, das als Payload zwischen Event-Producer und Observer übertragen wird und ein beliebiges POJO sein darf.

3.5.1 Einfache Event-Producer und Observer

Ein Event-Producer wird durch eine injizierte Instanz des Inferface `Event` im Package `javax.enterprise.event` und Aufruf dessen `fire()`-Methode realisiert. Die Payload des Events ist ein beliebiges POJO und der einzige Parameter der Methode. Listing 3.17 zeigt die Klasse `CustomerController`, die als JSF Managed Bean für das UI zuständig ist.

Listing 3.17 Klasse `CustomerController` als Event-Producer

```
1  @Named
2  @ViewScoped
3  public class CustomerController implements Serializable {
4
5    private Customer customer;
6
7    @Inject
8    Event<Customer> customerEvent;
9
10   public CustomerController() {
11     customer = new Customer();
12   }
13
14   public void save()  {
15     // JPA persist() or similar
16     customerEvent.fire(customer);
17   }
18
19 }
```

In den Zeilen 7/8 wird eine Event-Bean injiziert. Der generische Typ des Interface `Event`, hier `Customer`, stellt die Payload dar. Die Instanzvariable `customer` (Zeile 5) dieses Typs wird über eine JSF-Seite mit Daten befüllt. Wir verzichten auf eine Darstellung. Die JSF-Action-Methode `save()` der Zeilen 14 – 17 erzeugt und veröffentlicht das Event mit dem Aufruf der `fire()`-Methode in Zeile 16. Wir vermeiden zu sagen, dass das Event gesendet oder verschickt wird. Ein Senden oder Verschicken impliziert immer einen Adressaten, den es hier nicht gibt. Das Veröffentlichen findet in dem Sinne statt, dass alle interessierten Observer davon unterrichtet werden, und zwar durch Aufruf ihrer jeweiligen Observer-Methoden. Im Augenblick gibt es noch keine interessierten Observer. Aber auch, wenn wir gleich einen derartigen Observer realisieren werden, bleibt die Klasse `CustomerController` unverändert. Sie kennt ihre Observer nicht. Wie bereits erwähnt, werden auch die Observer die Klasse `CustomerController` nicht kennen.

Das Listing 3.18 zeigt eine Observer-Methode. Der Klassenname `CustomerManagement` und der Methodenname `onCustomerEvent` sind irrelevant. Einzig der Methodenparametertyp und die Annotation `@Observes` machen die Methode zu einer Observer-Methode.

Namenswahl bei Observern

Der Klassenname ist, wie wir meinen, sinnvoll gewählt, aber mehr oder weniger willkürlich. Wir empfehlen keine Namensregeln für die Observer-Klasse, da sie in der Regel eine bereits existierende Klasse mit entsprechendem Namen ist, der eine Observer-Methode hinzugefügt wird. Für die Observer-Methode selbst empfehlen wir den Präfix on, der nach unserer Beobachtung für Event-Listener in verschiedenen Sprachen etabliert ist.

Listing 3.18 Klasse `CustomerManagement` als Observer

```
public class CustomerManagement {

  private void onCustomerEvent(@Observes Customer customer) {
    // do something meaningful, i.e. start some business process
  }

}
```

Die Observer-Methode darf eine beliebige Sichtbarkeit, auch `private`, haben und darf eine Klassenmethode sein. Die Anzahl von Observer-Methoden mit demselben Parametertyp ist nicht beschränkt, weder innerhalb einer Klasse noch über Klassengrenzen hinweg.

Das Zusammenspiel von Event-Producer und Observer-Methode ist so zu verstehen, dass *irgendetwas* mit genau diesem Kunden passiert ist. Wir haben versucht, das durch Kommentare an beiden Stellen zu verdeutlichen. Wie genauer spezifiziert werden kann, was passiert ist, beschreibt Abschnitt 3.5.2.

Das CDI-Event-System arbeitet komplett objektorientiert, lässt also etwa auch Vererbung mit z.B. Privat- und Geschäftskunden zu. Wenn der Event-Producer für Privatkunden ausgelegt ist

```
@Inject
Event<PrivateCustomer> customerEvent;
```

und die beiden Observer-Methoden

```
...
private void onCustomerEvent(@Observes Customer customer) {
  ...
}

private void onPrivateCustomerEvent(@Observes PrivateCustomer customer) {
  ...
}
```

existieren, werden für ein Event des Typs `Event<PrivateCustomer>` beide Observer-Methoden aufgerufen. Die Reihenfolge der Aufrufe ist nicht definiert, kann aber explizit priorisiert werden. Wir gehen darauf nicht ein und verweisen lediglich auf das Mittel der Wahl: die Annotaton `@Priority` im Package `javax.annotation`.

Erweiterung auf Privat- und Geschäftskunden

Erweitern Sie das Beispiel auf Privat- und Geschäftskunden und überzeugen Sie sich von der Funktionsweise. Sie können im Observer für den Parametertyp `Customer` auch eine Fallunterscheidung bzgl. des konkreten Typs verwenden und somit auf eine zweite Observer-Methode verzichten.

Subtypen verhindern

Obwohl Subtypen in Observer-Methoden-Parametern völlig konform zu objektorientierten Prinzipien sind, kann es sinnvoll sein, als Parameter nur Instanzen des deklarierten Typs zu erlauben und Subtypen zu verhindern. Hierzu wird der Parametertyp zusätzlich mit `@Default` annotiert:

```
private void onCustomerEventOnly(@Observes @Default Customer
        customer) {
    ...
}
```

3.5.2 Spezialisierung durch Qualifier

Wie in Abschnitt 3.2 gesehen, können Injection-Points mit Qualifiern versehen werden, um die Anzahl möglicher Beans, die injiziert werden können, einzuschränken. Dieser Mechanismus ist ganz analog auch für Events verfügbar. Durch optionale Qualifier bei der Injektion des `Event`-Objekts und beim `@Observes`-annotierten Methodenparameter werden die passenden Observer-Methoden eingeschränkt. Während das Beispiel der Listings 3.17 und 3.18 das Observer-Pattern für *„es ist etwas mit einem Kunden passiert"* realisiert, kann es fachlich interessant sein zu unterscheiden, ob der Kunde neu angelegt, gemahnt oder gelöscht wurde. Das Listing 3.19 zeigt dazu verschiedene Beispiele.

Listing 3.19 Qualifizierte Event-Injektionen

```
@Inject
Event<Customer> customerEvent;

@Inject
@Created
Event<Customer> customerCreatedEvent;

@Inject
@Reminded
Event<Customer> customerRemindedEvent;

@Inject
@Reminded("first")
Event<Customer> customerRemindedFirstEvent;
```

```
15
16 @Inject
17 @Reminded("second")
18 Event<Customer> customerRemindedSecondEvent;
```

In der Zeile 5 wird der Qualifier `@Created` verwendet. Das entsprechende Event wird gefeuert, wenn der Kunde neu angelegt wird. In den Zeilen 9, 13 und 17 werden die entsprechenden Injection-Points mit dem Qualifier `@Reminded` versehen. Diese Events werden verwendet, um das Mahnen eines Kunden anzuzeigen. Die drei Alternativen sollen zeigen, wie mächtig das Konzept ist, um allgemeine Mahnungen oder z.B. die erste oder zweite Mahnung anzeigen zu können. Im Listing 3.20 sind entsprechende Observer dargestellt.

Listing 3.20 Observer-Methoden mit Qualifiern

```
1  private void onCustomerEvent(@Observes Customer customer) {
2    ...
3  }
4
5  private void onCustomerCreatedEvent(
6                @Observes @Created Customer customer) {
7    ...
8  }
9
10 private void onCustomerRemindedEvent(
11               @Observes @Reminded Customer customer) {
12   ...
13 }
14
15 private void onCustomerRemindedSecondEvent(
16               @Observes @Reminded("second") Customer customer) {
17   ...
18 }
```

Welche Observer tatsächlich aufgerufen werden, definieren Regeln, die die Spezifikation als *Observer-Resolution* bezeichnet. Etwas vereinfacht dargestellt wird eine Observer-Methode aufgerufen, wenn der Event-Typ zuweisungskompatibel zum Methodenparameter ist und und die Observer-Methode keine oder ein Teilmenge der Qualifier des Event-Typs hat. Im Beispiel würden für das `@Created`-Event (Zeilen 4 – 6 in Listing 3.19) die Observer-Methoden `onCustomerEvent()` (Zeile 1 in Listing 3.20) und `onCustomerCreatedEvent()` (Zeile 5 in Listing 3.20) aufgerufen werden.

Für das `@Reminded("second")`-Event (Zeilen 16 – 18 in Listing 3.19) werden die Observer-Methoden `onCustomerEvent()` (Zeile 1 in Listing 3.20) und `onCustomerRemindedSecondEvent()` (Zeile 15 in Listing 3.20) aufgerufen, da Attribute von Qualifiern intern mit `equals()` verglichen werden.

3.5.3 Event-Metadaten

Wir haben bereits mehrfach erwähnt, dass Event-Producer und Event-Observer vollständig voneinander entkoppelt sind. Beide kennen einander nicht, soll heißen, es gibt in beide Richtungen keine durch eine Import-Deklaration manifestierte Beziehung. Es kann jedoch für den Observer durchaus interessant sein, welcher Producer das Event erzeugt hat. Hierzu gibt es das Interface `EventMetadata` im Package `javax.enterprise.inject.spi`. Mit der Methode `getInjectionPoint()` können der Injection-Point und sukzessive mit `getBean()` der Producer erfragt werden. Das Interface besitzt noch die beiden weiteren Methoden `getQualifiers()` und `getType()`, die die Menge der Qualifier des Events sowie dessen Laufzeittyp zurückliefern.

3.5.4 Events und Transaktionen

Unternehmensanwendungen arbeiten typischerweise transaktional. Im Fehlerfall werden Datenbankoperationen zurückgerollt. Das Zurückrollen einer Event-Veröffentlichung bzw. des Aufrufs einer Observer-Methode ist aber nicht möglich. Aus diesem Grund gibt es transaktionale Observer-Methoden. Mit ihnen ist es möglich, den Aufruf der Observer-Methode an bestimmte Phasen einer Transaktion zu binden, statt des direkten Aufrufs beim Veröffentlichen des Events. Dazu wird dem Attribut `during` der `@Observes`-Annotation einer der Werte des Aufzählungstyps `TransactionPhase` zugewiesen, die in Tabelle 3.2 aufgeführt sind.

Tabelle 3.2 Werte des Aufzählungstyps `TransactionPhase`

Wert	Observer-Aufruf
AFTER_COMPLETION	Nach Abschluss der Transaktion, unabhängig vom Ausgang
AFTER_FAILURE	Nach Abschluss der Transaktion im Fehlerfall
AFTER_SUCCESS	Nach Abschluss der Transaktion im Erfolgsfall
BEFORE_COMPLETION	Vor Abschluss der Transaktion
IN_PROGRESS	Beim Veröffentlichen des Events (Default)

Der Default für `during` ist `IN_PROGRESS` und bedeutet, dass der Aufruf der Observer-Methode beim Veröffentlichen des Events erfolgt. Alle bisherigen Beispiele von Observer-Methoden verhalten sich also genau so, wie wenn dieser Default-Wert verwendet worden wäre:

```
public void observedInProgress(@Observes(during = IN_PROGRESS)
                               Customer customer) {
    ...
}
```

Auch sonst verhalten sich tranksaktionale Observer-Methoden so wie normale Observer-Methoden. Wenn zu einem bestimmten Zeitpunkt eine Transaktion aktiv ist und ein Event veröffentlicht wird, erfolgt ein Aufruf einer transaktionalen Observer-Methode passend zur jeweiligen Phase der Transaktion.

Man kann damit z.B. auf sehr einfache Weise die Anzahl zurückgerollter (`AFTER_FAILURE`) oder positiv abgeschlossener (`AFTER_SUCCESS`) Transaktionen zählen. Bei der Verwendung von JPA und der automatischen Vergabe eines generierten Primärschlüssels für ein Entity kann ebenfalls mit wenig Code der gerade vergebene Primärschlüssel ermittelt werden, was allerdings auch mit JPA-eigenen Entity-Listenern realisiert werden kann.

Ermitteln der Id eines persistierten JPA-Entity

Falls Sie JPA-Kenntnisse besitzen: Implementieren Sie eine Observer-Methode, die nach dem Persistieren eines Entity für eine generierte Id (Annotation `@GeneratedValue`) deren Wert ausgibt.

■

3.6 Interceptoren

Ein Interceptor erlaubt es, Methodenaufrufe von Beans abzufangen, um vor und nach dem eigentlichen Methodenaufruf bestimmte Änderungen vorzunehmen oder Informationen bezüglich des Methodenaufrufs zu generieren. Historisch gesehen entstammt die Idee der aspektorientierten Programmierung und wird in der Regel genutzt, um eher technische, klassenübergreifende Aspekte der Software-Entwicklung zu realisieren – neudeutsch sogenannte cross-cutting Concerns. Typischerweise zu realisierende Funktionalitäten sind etwa Logging, Auditierung, Transaktionen und Sicherheitsaspekte. Im Rahmen von Java EE werden Interceptoren schon seit langem innerhalb der EJB-Spezifikation realisiert. Grundlage ist hier die Interceptor-Spezifikation ([URL-JSR318]). CDI-Interceptoren basieren auf dieser Spezifikation und machen Interceptoren für CDI-Beans allgemein verfügbar.

Zur Realisierung eines Interceptors wird

- eine Interceptor-Binding-Annotation,
- eine implementierende Klasse und
- eine optionale Aktivierung

benötigt. Für ein Beispiel wählen wir das Monitoring eines Methodenaufrufs und schreiben optional Informationen über den Aufruf ins Log. Die entsprechende Interceptor-Binding-Annotation ist `@Monitored` und ihre Definition ist in Listing 3.21 dargestellt.

Listing 3.21 Interceptor-Binding-Annotation `Monitored`

```
@InterceptorBinding
@Target({TYPE, METHOD})
@Retention(RUNTIME)
public @interface Monitored {
}
```

Eine Annotation wird zu einer Interceptor-Binding-Annotation, indem sie selbst mit `@InterceptorBinding` annotiert wird. Informationen zur Definition eines Interceptors finden Sie in Abschnitt 3.2.1. Die Implementierungsklasse für die Annotation `@Monitored` ist `MonitoringInterceptor` und in Listing 3.22 dargestellt.

Listing 3.22 Interceptor-Implementierung `MonitoringInterceptor`

```
@Monitored
@Interceptor
```

```
3  public class MonitoringInterceptor {
4
5    @AroundInvoke
6    public Object monitor(InvocationContext context) throws Exception {
7      // only options, not a real implementation:
8      ... = context.getParameters();
9      ...
10     context.setParameters(...);
11     logger.info("AroundInvoke for " +
12                 context.getTarget() + "." + context.getMethod());
13     Object result = context.proceed();
14     ...
15     return result;
16   }
17 }
```

Die implementierende Klasse eines Interceptors wird mit `@Interceptor` und der entsprechenden Interceptor-Binding-Annnotation annotiert. Die Klasse muss kein Interface implementieren, sondern lediglich eine beliebig benannte Methode besitzen, die mit `@AroundInvoke` annotiert und deren einziger Parameter vom Typ `InvocationContext` ist. In Listing 3.22 sind ausschließlich die Zeilen 11 und 12 für das Beispiel des Monitorings sinnvoll. Hier wird mit `getTarget()` das Zielobjekt (Klasse `Object`), mit `getMethod()` die Methode (Klasse `Method`) ausgegeben. Der Aufruf von `context.proceed()` ruft nicht direkt die abgefangene Methode, sondern den nächsten Interceptor der für die abgefangenen Methode registrierten Interceptoren-Kette auf, bis schließlich der letzte `proceed()`-Aufruf die eigentliche Methode aufruft.

Die weiteren Zeilen des Listings 3.22 dienen lediglich dem Nachweis der Mächtigkeit des Interceptor-Konzepts. Mit der Methode `getParameters()` erhält man die aktuellen Aufrufparameter als Array. Die inverse Operation `setParameters()` setzt diese Parameter, eventuell nach einer Manipulation, so dass sie dann in `proceed()` Verwendung finden. Die Auslassungspunkte in Zeile 14 sollen andeuten, dass sogar die Manipulation des Methodenergebnisses möglich ist.

Ein in Büchern und im Internet häufig zu findendes Beispiel für Interceptoren sind Transaktionsklammern. Der Aufruf `proceed()` ist dann in eine Transaktion eingeklammert (Begin/Commit), die im Falle einer Exception im Catch-Block zurückgerollt (Rollback) wird.

Im einfachsten Fall reduziert sich das typische Interceptor-Pattern ohne Funktion auf

```
@AroundInvoke
public Object monitor(InvocationContext context) throws Exception {
  return context.proceed();
}
```

Als letzter Punkt in der Darstellung von Interceptoren fehlt noch die Aktivierung eines Interceptors, die analog zu Alternativen mit Hilfe des Deskriptors `beans.xml` erfolgt. Den entsprechenden Code des Beispiels zeigt Listing 3.23.

Listing 3.23 Deskriptor beans.xml mit Interceptor

```
<beans xmlns="http://xmlns.jcp.org/xml/ns/javaee"
       ... >

    <interceptors>
      <class>de.jsfpraxis.cdi.interceptors.MonitoringInterceptor</class>
    </interceptors>

</beans>
```

Werden im `<interceptors>`-Element mehrere Interceptoren aktiviert, definiert deren Reihenfolge auch die Reihenfolge der Interceptoren-Kette der `proceed()`-Methode.

Überarbeitung des Interceptors

Der Interceptor in Listing 3.22 gibt im Projekt anders als in der Darstellung auch die Parameter und das Ergebnis des Methodenaufrufs aus. Im Projekt ist der Interceptor für eine Methode registriert, die die Summe der Parameter als Ergebnis zurückgibt. Ändern Sie den Interceptor so ab, dass er die Summe der Quadrate der Parameter zurückgibt.

■

Priorisierung von Interceptoren

Analog zur Verwendung der Annotation `@Priority` bei Alternativen können auch Interceptoren mit dieser Annotation versehen werden. Sie werden damit global statt mittels `beans.xml` innerhalb des Archivs aktiviert. Der `@Priority`-Wert legt die Reihenfolge (kleinste Priorität zuerst) fest. Wird sowohl die Annotation als auch der Deskriptor verwendet, werden die Angaben im Deskriptor ignoriert.

■

3.7 Und was es sonst noch gibt

Dieses Kapitel 3 *Contexts and Dependency Injection* dient als Mittel zum Zweck. Nachdem die nativen Managed-Bean-Annotationen von JSF deprecated und durch CDI ersetzt wurden, muss dieses Buch auch CDI darstellen, allerdings nur in einem Umfang, der sinnvoll und verhältnismäßig ist. Obwohl wir meinen, dass CDI einen der wichtigsten Meilensteine in der Entwicklung von Java EE darstellt, können und wollen wir CDI nicht vollständig darstellen. Das Ende dieses Kapitels beschließen wir daher mit einigen weiteren Merkmalen von CDI, denen wir aus den genannten Gründen nicht mehr Platz einräumen wollen. Die folgende Darstellung enthält eine lose Aneinanderreihung von – wie wir meinen interessanten – CDI-Merkmalen, die den Leser eventuell zu eigenen Recherchen anregen.

Die in Abschnitt 3.5 dargestellte Möglichkeit, Events zu veröffentlichen, wird von CDI selbst auch genutzt. So werden zu Beginn und Ende eines Kontexts Events gefeuert. Für die beiden Event-Qualifier `@Initialized` und `@Destroyed`, beide im Package `javax.enterprise.context` enthalten, und das Annotationsattribut `SessionScoped` sowie die Payload `HttpSession` im Package `javax.servlet.http` können daher Observer-Methoden definiert werden, die beim Erzeugen und Beenden einer HTTP-Session aufgerufen werden. Sie finden im Projekt in der Klasse `SessionScopeObserver` ein Beispiel hierzu. Observer für Kontextgrenzen sind auch für die anderen Kontexte möglich. Die Klasse `ConversationScopeObserver` zeigt dies beispielhaft für Konversationen.

Observer-Methoden können wie Alternativen und Interceptoren auch, durch die Annotation `@Priority` mit einer Priorität versehen werden. Die Aufrufreihenfolge von Observern ist dann nicht mehr implementierungsabhängig, sondern anhand der Prioritäten aufsteigend geordnet.

Observer-Methoden werden im Default unabhängig von der Existenz einer Instanz der jeweiligen Observer-Klasse aufgerufen. Falls im jeweiligen Kontext die Instanz noch nicht existiert, wird beim Veröffentlichen des entsprechenden Events zunächst die Klasse instanziiert und dann die Observer-Methode aufgerufen. Sogenannte bedingte (conditional) Observer-Methoden werden nur aufgerufen, wenn die Instanz bereits existiert. Syntaktisch wird das Attribut `notifyObserver` verwendet: `@Observes(notifyObserver=IF_EXISTS)`.

Observer-Methoden werden von CDI synchron aufgerufen. Wenn ein Event durch die `fire()`-Methode veröffentlicht wird, werden alle registrierten Observer-Methoden aufgerufen. Erst nachdem alle Aufrufe beendet sind, wird mit der nächsten Anweisung nach der `fire()`-Methode fortgefahren. Bei asynchronen Observer-Methoden wird der Event-Producer nicht blockiert, bis alle Observer-Methoden beendet wurden, sondern die entsprechende Methode wird sofort nach der Veröffentlichung des Events weiter abgearbeitet. Dies ist nur dadurch möglich, dass die Observer-Methoden in eigenen Threads ausgeführt werden. Sowohl Event-Producer als auch Event-Observer müssen die Asynchronität unterstützen. Dies wird auf der Erzeugerseite durch die Methode `fireAsync()` statt `fire()` und auf der Konsumentenseite durch die Annotation `@ObservesAsync` statt `@Observes` erreicht.

In der Praxis kommen bestimmte Kombinationen von Scope-Annotationen, Interceptor-Bindungen und Qualifiern häufiger und wiederholt vor. In vielen Beispielen dieses Buchs etwa die Kombination von `@Named` und `@RequestScoped` für Managed Beans. Diese können mit der Annotation `@Stereotype` als Stereotyp mit einer alternativen, abkürzenden Schreibweise versehen werden. So ist etwa der Stereotyp `@Model` eine abkürzende Schreibweise für `@Named` und `@RequestScoped` und als Built-In-Stereotyp in CDI vordefiniert. Den Quell-Code hierzu zeigt Listing 3.24.

Listing 3.24 Der Stereotyp `@Model` (Package `javax.enterprise.inject`)

```
@Named
@RequestScoped
@Stereotype
@Target(value={TYPE, METHOD, FIELD})
@Retention(value=RUNTIME)
public @interface Model { }
```

Interceptoren können nicht nur für Methoden, sondern auch für Konstruktoren definiert werden. Die entsprechende Annotation hierfür ist `@AroundConstruct`.

Über ein Service-Provider-Interface können portable Erweiterungen geschrieben werden, wie etwa der bereits in Abschnitt 3.1.2 erwähnte View-Scope bzw. die entsprechende

Scope-Annotation @ViewScoped. Die Erweiterung StartupBeanExtension, die im herunterladbaren Projekt enthalten ist, erlaubt die Verwendung der Annotation @Startup, um application-scoped Beans bereits zum Zeitpunkt des Hochfahrens der Anwendung statt bei der ersten Verwendung zu instanziieren.

4 Weiterführende Themen

Das Kapitel 2 *JavaServer Faces im Detail – die Grundlagen* schafft die Voraussetzungen, um JavaServer Faces sinnvoll einsetzen zu können: die grundlegenden Konzepte, die in jeder JSF-Anwendung Verwendung finden. Hier werden weiterführende Themen diskutiert. Bereiche von JSF, die häufig, aber nicht notwendigerweise immer und in jeder Anwendung anzutreffen sind.

4.1 Templating

Eine kommerzielle Web-Anwendung kommt ohne ein einheitliches Erscheinungsbild – Stichwort Corporate Identity – nicht aus. Ein konsistentes Look-and-Feel über die gesamte Anwendung hinweg, typischerweise mit Kopf- und Fußbereich, einem Menü sowie dem eigentlichen Inhalt der Seite, erleichtert zudem den Benutzern die Bedienung der Anwendung. Um eine solche Struktur redundanzfrei und trotzdem flexibel realisieren zu können, stellen JavaServer Faces einen Templating-Mechanismus zur Verfügung, den wir in diesem Abschnitt vorstellen.

4.1.1 Der grundlegende Template-Mechanismus

Zur Realisierung des Template-Mechanismus benötigt man ein *Template* und einen *Template-Client*. Das Template definiert logische Bereiche einer Seite, die einen Default-Inhalt besitzen, der austauschbar ist. Der Template-Client injiziert einen beliebigen Inhalt in das Template. Zur Erläuterung übernehmen wir die Namen `template.xhtml` und `template-client.xhtml` als Dateinamen, was in der Praxis in der Regel nicht sinnvoll ist. Bild 4.1 verdeutlicht das Zusammenspiel schematisch.

Die Datei `template.xhtml` stellt das Template, die Datei `template-client.xhtml` den Template-Client dar. Im Template wird mit `<ui:insert>` ein Seitenbereich als austauschbar definiert. Dieser erhält im Beispiel den Bezeichner `area`. Der Template-Client definiert mit dem `<ui:composition>`-Tag eine Komposition, die ein `<ui:define>`-Tag enthält. Alle umgebenden Komponenten von `<ui:composition>` oder, wie im Beispiel, einfache Texte werden ignoriert. Im Beispiel hätten also auch das `<html>`- und das `<body>`-Tag weggelassen werden können. Die Verwendung von `<html>` erlaubt uns jedoch die Deklaration des

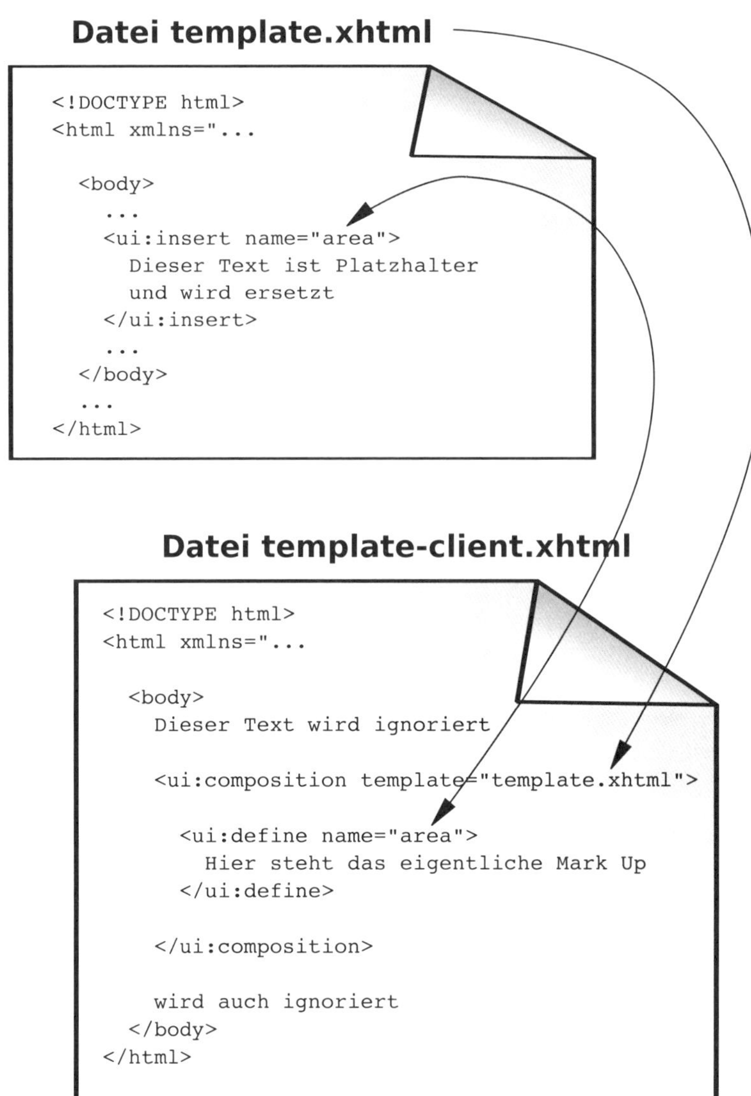

Bild 4.1 Darstellung des Template-Mechanismus

UI-Namensraums, um die IDE-Unterstützung zu erhalten. Wir werden später eine bessere Alternative kennenlernen.

Über das template-Attribut des <ui:composition>-Tags wird das zu verwendende Template definiert. Beim Rendern des Template-Clients, der aus JSF-Sicht die tatsächliche, View-Id-definierende Seite darstellt, wird für jedes <ui:define>-Tag im Template-Client nach einem <ui:insert>-Tag im Template mit demselben Namen, in unserem Fall area gesucht. Falls ein solches Tag existiert, wird es mit dem Inhalt des entsprechenden <ui:define> ersetzt.

Um die Wiederverwendung von Seitenelementen zu erhöhen, ist es häufig sinnvoll, den `<ui:define>`-Inhalt mit Hilfe des `<ui:include>`-Tags in eine eigene Datei auszulagern. Im Beispiel im Bild 4.1 also etwa

```
<ui:define name="area">
  <ui:include src="area.xhtml" />
</ui:define>
```

Der in `area.xhtml` verwendete JSF-Code kann dann auch an anderen Stellen eingebunden werden, falls das gewünscht ist.

4.1.2 Ein realistischeres Beispiel: unsere Projekte

Das begleitende Projekt für Kapitel 4, das Projekt *jsf-advanced*, wie auch einige unserer anderen Projekte, verwenden ein etwas realistischeres Templating. Die Seiten sind in einen Kopf-, Haupt- und Fußbereich aufgeteilt. Der Kopfbereich enthält ein umfangreiches Navigationsmenü. Der Hauptbereich stellt jeweils die verschiedenen Themen dieses Kapitels dar. Das Template ist in Listing 4.1 wiedergegeben.

Listing 4.1 Das Projekt-Template (`main.xhtml`)

```
<!DOCTYPE html>
<html ...
  <h:head>
    <title>
      <ui:insert name="title">
        JavaServer Faces: Weiterführende Themen
      </ui:insert>
    </title>
    <link rel="icon" type="image/png"
          href="#{resource['icons/jsf-logo.png']}" />
    <meta http-equiv="content-type"
          content="text/html;charset=UTF-8" />
    <meta name="viewport"
          content="width=device-width, initial-scale=1.0"/>
    <style><ui:insert name="css"></ui:insert></style>
  </h:head>
  <h:body>
    <h:form>
      <ui:include src="/WEB-INF/templates/header.xhtml" />
      <section>
        <ui:insert name="main">MAIN</ui:insert>
      </section>
      <ui:include src="/WEB-INF/templates/footer.xhtml" />
    </h:form>
  </h:body>
</html>
```

Man erkennt bereits im <h:head>-Element zwei `<ui:insert>`-Tags und damit zwei Bereiche, deren Inhalte über den Template-Mechanismus ersetzbar sind. Das erste Tag ist durch <title> (Zeilen 4 – 8), das zweite durch <style> umschlossen, dient also dazu, den Titel des Dokuments und ein CSS-Stylesheet zu definieren. Im Formular selbst sind zwei <ui:include>-Tags und ein weiteres <ui:insert>-Tag enthalten. Die beiden Includes (Zeilen 19 und 23) binden die JSF-Dateien für Kopf und Fuß der Seite ein. Mit dem <ui:insert>-Tag (Zeile 21) wird der Hauptbereich der Seite ersetzbar.

Sowohl die Template-Datei `main.xhmtl` als auch die Dateien `header.xhtml` und `footer.xhtml` befinden sich im Verzeichnis `/WEB-INF/templates`. Wir raten dazu, Templates im Verzeichnis `/WEB-INF` oder in Unterverzeichnissen zu platzieren, da Dateien unterhalb von `/WEB-INF` durch den Server nicht ausgeliefert werden, selbst wenn sie direkt angefragt werden. Dies bedeutet also einen gewissen Geheimnisschutz unserer internen Strukturen.

Nichtöffentlichkeit von /WEB-INF

Die Servlet-Spezifikation [URL-JSR369] weist `/WEB-INF` als spezielles Verzeichnis aus, dessen Inhalte nicht an einen Client ausgeliefert werden dürfen. Dies ist vor allem durch den Servlet-Deployment-Deskriptor `web.xml` motiviert, dessen Konfigurationsdaten nicht für Clients bestimmt sind. Wir raten dazu, Templates im Verzeichnis `/WEB-INF` oder in Unterverzeichnissen zu platzieren, damit diese nicht ausgeliefert werden können. ■

Als Nächstes wenden wir uns dem Header zu, der in der Datei `header.xhtml` definiert und in Listing 4.2 ausschnittsweise dargestellt ist.

Listing 4.2 Im Template inkludierter Header (`header.xhtml`)

```
1 <ui:composition xmlns="http://www.w3.org/1999/xhtml"
2     xmlns:h="http://xmlns.jcp.org/jsf/html"
3     xmlns:ui="http://xmlns.jcp.org/jsf/facelets">
4   <header>
5     <ui:insert name="header">Der Header</ui:insert>
6     <nav class="nav">
7       <ul>
8         <li><a href="#{request.contextPath}/home.xhtml">Home</a></li>
9         ...
```

Das bereits bekannte <ui:composition>-Tag in Zeile 1 definiert eine Komposition von Komponenten. Optional kann durch die Verwendung des `template`-Attributs ein Template verwendet werden, was hier aber nicht der Fall ist. Die neu entstehende Komponente wird in den Komponentenbaum eingebaut. Interessant ist hier, dass in Zeile 5 ein weiteres <ui:insert> verwendet wird, dessen Inhalt später ebenfalls im Template-Client ersetzt wird.

Was jetzt noch fehlt, ist der Template-Client. Listing 4.3 zeigt im Vorgriff auf Abschnitt 4.1.3 ein Beispiel für die Anzeige verschiedener Ziffernblöcke. Wir konzentrieren uns hier jedoch nur auf den Template-Mechanismus, nicht auf den Anwendungsfall.

Listing 4.3 Der Template-Client (keypad.xhtml)

```
1  <ui:composition
2    xmlns="http://www.w3.org/1999/xhtml"
3    xmlns:f="http://xmlns.jcp.org/jsf/core"
4    xmlns:h="http://xmlns.jcp.org/jsf/html"
5    xmlns:ui="http://xmlns.jcp.org/jsf/facelets"
6    template="/WEB-INF/templates/main.xhtml">
7
8    <ui:define name="css">
9      .keypadButton {
10       width: 5em;
11       height: 5em;
12       border-radius: 3em; /* größer als halbe Höhe/Breite */
13     }
14   </ui:define>
15
16   <ui:define name="header">Ziffernblock</ui:define>
17
18   <ui:define name="main">
19     <!--Code fuer Ziffernblöcke -->
20   </ui:define>
21
22 </ui:composition>
```

Das `<ui:composition>`-Tag in Bild 4.1 war in einem kompletten HTML-Dokument eingebunden, um im `<html>`-Element die verwendeten XML-Namensräume definieren zu können. Wie Listing 4.3 zeigt, ist dies nicht notwendig und kann auch im `<ui:composition>`-Tag erfolgen. Das `template`-Attribut (Zeile 6) verwendet das Template aus Listing 4.1. In ihm sind die folgenden Namen für `<ui:insert>`-Elemente definiert: `title`, `css`, `main` und `header`. Der letztgenannte Name wurde nicht direkt, sondern über das Inkludieren des Headers (Listing 4.2) definiert.

Die Inhaltsdefinition für den Namen `css` im `<ui:define>`-Element in den Zeilen 8 bis 14 definiert direkt in der JSF-Datei einen Klassenselektor. Dies ist eine Alternative zur dateibasierten Stylesheet-Einbindung, wie sie in Abschnitt 4.4 beschrieben wird. Dies kann sinnvoll sein, wenn die CSS-Klasse ausschließlich in dieser JSF-Datei Verwendung findet. Die Definitionen für `header` und `main` sind selbsterklärend. Anzumerken bleibt noch, dass es keine Definition für `title` gibt. Es wird also der Default-Wert verwendet, der in Listing 4.1 vorgegeben ist.

4.1.3 Dynamische Templates

Bei Ziffernblöcken haben sich erstaunlicherweise zwei alternative Layouts entwickelt. Das eine ist üblich bei Telefonen, das andere bei Taschenrechnern oder abgesetzten Ziffernblöcken bei Computer-Tastaturen. Bild 4.2 zeigt diese beide Alternativen. Die englische Wikipedia-Seite zu *Keypad* erläutert für den interessierten Leser die Gründe für die Entwicklung der beiden Alternativen.

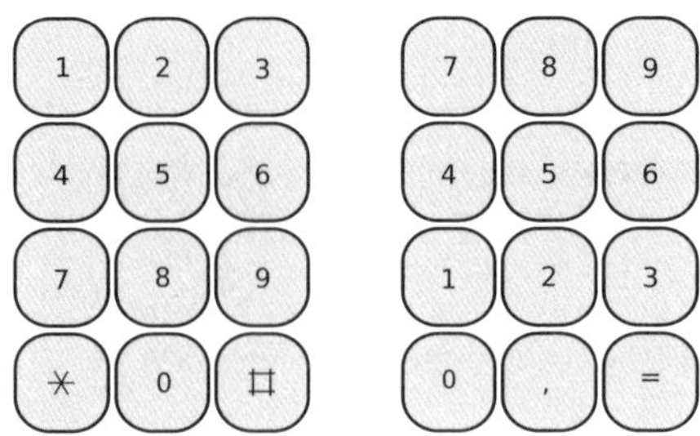

Bild 4.2 Ziffernblöcke: Telefon und Taschenrechner

Wenn wir Ziffernblöcke per Software – in unserem Fall mit JavaServer Faces – erstellen, können wir beide Alternativen zur Auswahl anbieten, um den Vorlieben der Benutzer entsprechen zu können. Es gibt eine ganze Reihe von Implementierungsalternativen, wobei in diesem Abschnitt eine template-basierte Realisierung naheliegt. Listing 4.4 zeigt den in Listing 4.3 noch ausgelassenen Code-Ausschnitt.

Listing 4.4 blub der (`keypad.xhtml`)

```
1 <ui:define name="main">
2   <h:panelGrid id="keypad">
3     <ui:include src="#{keypadController.keypad}" />
4   </h:panelGrid>
5   <h:commandButton action="#{keypadController.toggle}"
6                    value="Umschalten">
7     <f:ajax render="keypad" />
8   </h:commandButton>
9 </ui:define>
```

Zentral ist die Verwendung des `src`-Attributs des `<ui:include>`-Tags in Zeile 3. Der Wert des Attributs ist ein EL-Werteausdruck, der zu einem String evaluieren muss, genauer das `keypad`-Property der Managed Bean `KeypadController`. Die Klasse ist in Listing 4.5 abgebildet. Das Property enthält als Wert eine der beiden String-Konstanten. Die im `<h:commandButton>`-Tag referenzierte Action-Methode `toggle` (Zeile 5) wechselt zwischen den beiden Alternativen.

Listing 4.5 JSF-Bean zur Ziffernblockauswahl

```
@Named
@ViewScoped
public class KeypadController implements Serializable {

  private static final String KEYPAD_TELEPHONE =
      "/templating/keypad-telephone.xhtml";
  private static final String KEYPAD_CALCULATOR =
      "/templating/keypad-calculator.xhtml";

  private String keypad;
```

```
    public void toggle() {
      if (keypad.equals(KEYPAD_TELEPHONE)) {
        keypad = KEYPAD_CALCULATOR;
      } else {
        keypad = KEYPAD_TELEPHONE;
      }
    }
    ...
  }
```

Wir verzichten auf die Darstellung der Dateien `keypad-telephone.xhtml` und `keypad-calculator.xhtml`, die lediglich aus einer Reihe von `<h:commandButton>`-Tags zum Aufbau der beiden Ziffernblockalternativen bestehen, und verweisen auf die entsprechende Übungsaufgabe.

Auswahl des Ziffernblocks

Prüfen Sie die korrekte Funktionsfähigkeit der beschriebenen JSF-Seiten und Managed Beans zur Auswahl eines alternativen ZIffernblocks.

■

Die Template-Parametrisierung über das `src`-Attribut des `<ui:include>`-Tags ist aber noch nicht das Ende der Möglichkeiten. Alle bisher vorgestellten Templating-Tags besitzen (genau) ein Attribut, das EL-Werteausdrücke erlaubt. Zur Übersicht haben wir die Tags und Attribute noch einmal in Tabelle 4.1 zusammengefasst.

Tabelle 4.1 EL-Attribute der Templating-Tags

Tag	Attribut (EL-Ausdruck)
`<ui:composition>`	`template`
`<ui:define>`	`name`
`<ui:include>`	`src`
`<ui:insert>`	`name`

Parametrisierung versus Mandantenfähigkeit

Die angesprochenen Möglichkeiten der Parametrisierung von JSF-Seiten mit Hilfe der EL-wertigen Attribute der Templating-Tags aus Tabelle 4.1 werden schnell unübersichtlich und sollten nur für fachliche Anforderungen genutzt werden. Um eine Parametrisierung zu erreichen, wie sie in mandantenfähigen Anwendungen gefordert ist, sollten besser Resource-Library-Contracts verwendet werden, die wir in Abschnitt 6.3 vorstellen.

■

Die Templating-Bibliothek, häufig auch Facelets-Bibliothek genannt, enthält noch weitere Tags, die mehr oder weniger direkt mit Templating zu tun haben. Wir gehen auf die meisten dieser Tags hier nicht näher ein und nennen sie nur kurz als Referenz. Es sind dies: `<ui:component>`, `<ui:debug>`, `<ui:decorate>`, `<ui:fragment>` und `<ui:param>`. Eine Kurzbeschreibung findet sich im Anhang A.3 auf Seite 412, ein Beispiel mit `<ui:decorate>`

und <ui:param> in Abschnitt 6.3. Auf die beiden Tags <ui:debug> und <ui:remove> gehen wir aber hier kurz ein.

Das Tag <ui:debug> sammelt als Komponente Debug-Informationen für die enthaltende JSF-Seite. Über eine Tastenkombination, im Standardfall Strg-Shift-D, kann ein neues Fenster geöffnet werden, das diese Debug-Informationen enthält. Zu den Informationen gehören der Zustand des Komponentenbaums sowie die in der Seite verwendeten Managed Beans. Bild 4.3 zeigt das Debug-Fenster im initialen Zustand.

Bild 4.3 Facelets-Debug-Fenster (initial)

Bild 4.4 zeigt das Debug-Fenster mit der Darstellung des Komponentenbaums.

Das <ui:debug>-Tag besitzt die Attribute hotkey und rendered. Mit dem erstgenannten ist eine alternative Tastenkombination für das Öffnen des Debug-Fensters definierbar, also z.B. hotkey="A" für Strg-Shift-A. Das boolesche Attribut rendered bestimmt, ob die Komponente gerendert wird und der Benutzer somit die Möglichkeit hat, das Debug-Fenster zu öffnen.

Debug-Informationen in jeder Seite

Eine sehr sinnvolle Verwendung des <ui:debug>-Tags ist die Positionierung innerhalb des Haupt-Templates der Anwendung und Bindung eines Bean-Property über einen einfachen EL-Ausdruck an das rendered-Attribut. Dadurch kann die Möglichkeit für das Öffnen des Debug-Fensters innerhalb aller Seiten der Anwendung an einer einzigen zentralen Stelle ein- und ausgeschaltet werden. ■

Das <ui:remove>-Tag lässt sich für das Auskommentieren von Seitenteilen verwenden. Das durch dieses Tag eingeschlossene Markup wird nicht in die View aufgenommen. Während der Kontextparameter FACELETS_SKIP_COMMENTS, auf den wir in den Abschnitten 4.9 und 4.9.2 eingehen, das Rendern eines XML-Kommentars durch den Browser verhindert, aber den Kommentar in die generierte XHTML-Seite aufnimmt, arbeitet das <ui:remove>-Tag auf Komponentenebene und ist somit ein vollwertiger Mechanismus, um auszukommentieren.

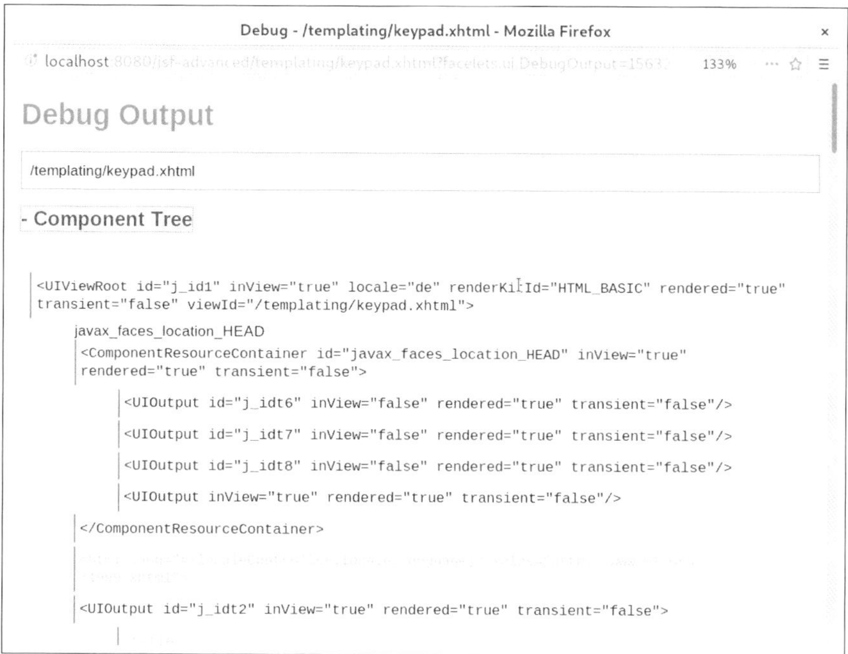
Debug - /templating/keypad.xhtml - Mozilla Firefox
localhost
133%
Debug Output
/templating/keypad.xhtml
- Component Tree
<UIViewRoot id="j_id1" inView="true" locale="de" renderKitId="HTML_BASIC" rendered="true" transient="false" viewId="/templating/keypad.xhtml">
javax_faces_location_HEAD
<ComponentResourceContainer id="javax_faces_location_HEAD" inView="true" rendered="true" transient="false">
<UIOutput id="j_idt6" inView="false" rendered="true" transient="false"/>
<UIOutput id="j_idt7" inView="false" rendered="true" transient="false"/>
<UIOutput id="j_idt8" inView="false" rendered="true" transient="false"/>
<UIOutput inView="true" rendered="true" transient="false"/>
</ComponentResourceContainer>
<UIOutput id="j_idt2" inView="true" rendered="true" transient="false">

Bild 4.4 Facelets-Debug-Fenster mit geöffnetem Komponentenbaum

4.2 Internationalisierung und Lokalisierung

Die Sprache Java und die Java-Plattform wurden von Anfang an mit dem Anspruch eines weltweiten Einsatzes entwickelt. Java war damit Vorreiter auf diesem Gebiet. Andere Sprachen und Systeme, die vor Java entstanden, wurden erst nachträglich im Zeitalter globaler Unternehmen und des Internets mit entsprechenden Eigenschaften ausgestattet. Wichtig in diesem Zusammenhang sind z.B. die Klasse `Locale`, die eine geografische, politische oder kulturelle Region repräsentiert, die Klasse `ResourceBundle`, die das Vorhalten von Texten und Bildern für verschiedene Regionen ermöglicht, und die Klasse `Calendar`, die als abstrakte Klasse verschiedene Datums- und Zeitdarstellungen erlaubt. Eine nichtabstrakte Unterklasse ist `GregorianCalendar`, die in den meisten Ländern der Erde gängige Darstellungen erlaubt. Alle genannten Klassen sind im Package `java.util` enthalten, sind also Standard-Java-SE-Klassen.

JavaServer Faces erfinden die genannten Konzepte und Sprachmittel daher nicht neu, sondern bauen auf den Möglichkeiten von Java-SE auf. Bei Web-Anwendungen ist es offensichtlich, dass diese häufig globale Verwendung finden, so dass die Möglichkeit eines internationalen Einsatzes zwingend erforderlich ist. Unter *Internationalisierung* (engl. *Internationalization*) versteht man den Entwurf eines Systems derart, dass alle in verschiedenen Regionen variierenden Elemente identifiziert und so implementiert werden, dass sie austauschbar anstatt hart codiert sind. Beispiele für solche Elemente sind Beschriftungen und Texte, Piktogramme, Währungssymbole, Datums-, Zeit- und Zahlenformate. Als Abkürzung für den Begriff Internationalisierung hat sich *I18N* (oder *i18n*) eingebürgert, was für das beginnende *I*, 18 folgende Buchstaben und das schließende *N* im Englischen steht.

Eine internationalisierte Anwendung kann für verschiedene Regionen *lokalisiert* werden, ohne den Programm-Code zu ändern. Man spricht von einer *Lokalisierung*. Im Detail bedeutet dies, dass die genannten Beschriftungen, Texte usw. für mehrere Regionen verfügbar sind. Analog zur Abkürzungsregel für I18N hat sich hier die Abkürzung L10N (engl. Localization) eingebürgert.

Die grundlegenden Voraussetzungen einer Internationalisierung bringen JavaServer Faces von Hause aus mit. Für die Entwicklung einer international einsetzbaren JSF-Anwendung müssen daher nur die benötigten Lokalisierungen bereitgestellt werden.

Grundlage für eine Lokalisierung ist die Möglichkeit der Verwendung verschiedener Zeichensätze. Der früher häufig verwendete ASCII-Zeichensatz verwendet 7 Bits zur Codierung, was jedoch nur für die englische Sprache ausreicht. Es wurde daher eine Familie von Zeichensätzen definiert, die mit 8 Bits viele Sprachen der Erde codieren kann. Die Familie der ISO-8859-Zeichensätze kann westeuropäische, aber auch kyrillische und türkische Zeichen codieren. Der Zeichensatz ISO-8859-1 definiert die westeuropäischen Zeichen, die z.B. für Deutsch, Englisch, Französisch und Spanisch ausreichen. ISO-8859-1 ist der Default-Zeichensatz für HTTP. Für Chinesisch, Koreanisch und Japanisch reicht aber auch dies bei weitem nicht aus, so dass Unicode 16 Bits verwendet bzw. verwendet hat. Neuere Versionen von Unicode verwenden eine bedarfsabhängige Länge von 1 bis 4 Bytes. Im Folgenden gehen wir von der Verwendung von UTF-8 als Unicode-Codierung aus.

Anzumerken bleibt, dass der in Java definierte Datentyp `char` bzw. seine Wrapper-Klasse `Character` als 16-Bit-Wert definiert ist. Seit Java 5 wird jedoch Unicode 4.0 unterstützt, was eine Anpassung an die bedarfsabhängige Code-Länge von Unicode erforderte. Zeichen, deren Codierung über die 16 Bit hinausgehen, werden *supplementary Character* genannt und mit sogenannten *Unicode Code Points* repräsentiert, die aus zwei 16-Bit-Werten bestehen. Wir gehen darauf nicht näher ein und verweisen den Leser auf die Dokumentation der jeweils aktuellen Character-Implementierung einer Java-Version, die im API-Doc der Klasse `Character` erfolgt.

4.2.1 Lokalisierung

Die Lokalisierung ist nicht JSF-spezifisch, sondern basiert wie bereits erwähnt auf der Java-SE-Lokalisierung, die durch die Klasse `java.util.Locale` repräsentiert wird. Eine Lokalisierung besteht aus einem Code für die Sprache und einem Code für das Land. Dabei ist der Landes-Code optional. Die Klasse `Locale` besitzt entsprechende ein- und zweistellige Konstruktoren. In der textuellen Darstellung wird die Sprache durch zwei Kleinbuchstaben und das Land durch zwei Großbuchstaben mit einem Minus oder Unterstrich als Trennzeichen dargestellt. Tabelle 4.2 zeigt Beispiele für Lokalisierungs-Codes. Die im Rahmen dieser Codierung zu verwendenden Sprachen sind in der ISO-639 (ISO Language Codes) normiert. Sie können diese unter [URL-ISO-639] einsehen. Die Länder sind in der ISO-3166 (ISO Country Codes) normiert und können unter [URL-ISO-3166] nachgeschlagen werden.

Jeder View einer JSF-Anwendung ist eine Lokalisierung zugeordnet. Diese kann explizit durch die Verwendung des `locale`-Attributs im `<f:view>`-Tag gesetzt werden:

Tabelle 4.2 Beispiele für Lokalisierungs-Codes

Code	Sprache	Land
en	Englisch	—
en-US	Englisch	USA
en-GB	Englisch	Großbritannien
de	Deutsch	—
de-DE	Deutsch	Deutschland
de-AT	Deutsch	Österreich
de-CH	Deutsch	Schweiz
ar-TN	Arabisch	Tunesien
fr	Französich	—
pl	Polnisch	—
pt-BR	Portugiesisch	Brasilien
zh-CN	Chinesisch	China

```
<f:view locale="de">
```

Wenn keine Lokalisierung gesetzt ist, verwendet das JSF-Laufzeitsystem die in der HTTP-Anfrage codierte Lokalisierung. HTTP schickt in einer Anfrage das Header-Element `Accept-Language` mit, das eine Präferenzliste von Lokalisierungen enthält, also z.B.

```
Accept-Language: de, en-US, en
```

Bei diesem Beispiel würde JavaServer Faces nach Lokalisierungen in der Reihenfolge Deutsch, US-amerikanisches Englisch und Englisch suchen.

Wie definiert man nun aber Lokalisierungen in JavaServer Faces? Lokalisierungen werden für eine Anwendung und somit nicht weiter verwunderlich in der JSF-Konfigurationsdatei `faces-config.xml` definiert. Innerhalb des `<application>`-Elements werden im `<locale-config>`-Element alle unterstützten Lokalisierungen sowie die Default-Lokalisierung angegeben. Dies geschieht mit den Elementen `<supported-locale>` und `<default-locale>`. Listing 4.6 zeigt konkret das von uns verwendete Beispiel.

Listing 4.6 Konfiguration von Lokalisierungen

```
<application>
  <locale-config>
    <default-locale>de</default-locale>
    <supported-locale>ar_TN</supported-locale>
    <supported-locale>de</supported-locale>
    <supported-locale>en</supported-locale>
    <supported-locale>fr</supported-locale>
    <supported-locale>pl</supported-locale>
    <supported-locale>pt_BR</supported-locale>
    <supported-locale>zh_CN</supported-locale>
  </locale-config>
</application>
```

In diesem Beispiel wird Deutsch als die Default-Lokalisierung definiert. Es folgen die Sprachen Arabisch, Englisch, Französisch, Polnisch, Portugiesisch und Chinesisch zum Teil mit zusätzlichen Länderangaben, die bereits in Tabelle 4.2 aufgeführt wurden. Die zu verwendende Lokalisierung ergibt sich aus der Angabe der Lokalisierung in der Anfrage und den verfügbaren Lokalisierungen. Ist die in der Anfrage gewünschte Lokalisierung verfügbar (es werden alle im Header genannten Lokalisierungen der Reihe nach durchprobiert), so wird diese auch verwendet. Ist die in der Anfrage gewünschte Lokalisierung nicht vorhanden, wird die Default-Lokalisierung verwendet. Programmatisch erfolgt dies in der Methode `calculateLocale()` der Klasse `ViewHandler`. Die explizite Verwendung einer Lokalisierung im `<f:view>`-Tag überschreibt die nach diesem Verfahren festgelegte Lokalisierung.

Als letzter Teil einer Lokalisierung bleibt noch die Angabe der Texte für eine Lokalisierung. Die Texte einer Lokalisierung werden in einer Datei hinterlegt, die ein bestimmtes Format vorschreibt. Mehrere solcher Dateien, die nach einem bestimmten Schema zu benennen sind, werden zu einem *Resource-Bundle* zusammengefasst. Die abstrakte Klasse `java.util.ResourceBundle` erlaubt die Definition verschiedener lokalisierungsspezifischer Objekte, in der Regel Strings. Die Klasse `java.util.PropertyResourceBundle` als konkrete Unterklasse von `ResourceBundle` schreibt das von der Klasse `java.util.Properties` übernommene Dateiformat vor. Dieses Format ist recht einfach und besteht aus Schlüssel/Wert-Paaren, die durch ein Gleichheitszeichen getrennt sind. Kommentare werden mit dem Nummernzeichen (#) begonnen und gehen bis zum Zeilenende. Die Listings 4.7 und 4.8 zeigen zwei Dateien mit deutschen und englischen Texten, die zusammen ein Resource-Bundle bilden. Die Schlüssel stehen links vom Gleichheitszeichen und sind in beiden Dateien identisch, die Werte stehen rechts vom Gleichheitszeichen und stellen die lokalisierungstypischen Texte dar.

Listing 4.7 Die Lokalisierungsdatei `messages.properties`

```
title = Internationalisierung und Lokalisierung
welcome = Willkommen zur Lokalisierung mit JSF-Praxis
input = Wert (mit Dezimalkomma)
save = Speichern
delete = L\u00F6schen
cancel = Abbrechen
change = Lokalisierung \u00E4ndern
flag = /resources/images/german-flag.svg
```

Listing 4.8 Die Lokalisierungsdatei `messages_en.properties`

```
title = Internationalization and Localization
welcome = Welcome to localization with JSF-Praxis
input = Value (with decimal point)
save = Save
delete = Delete
cancel = Cancel
change = Change Localization
flag = /resources/images/british-flag.svg
```

Die von Java und JSF verwendeten Methoden zum Lesen von Resource-Bundles arbeiten bis Java 9 auf der ISO-8859-1-Codierung. Wollen Sie Zeichen verwenden, die in ISO-8859-1 nicht dargestellt werden können, müssen Sie Unicode-Escape-Sequenzen (`\uxxxx`) verwenden. Wir haben dies in Listing 4.7 beispielhaft getan, obwohl es nicht notwendig ist. Sie können selbstverständlich `Löschen` statt `L\u00F6schen` und `ändern` statt `\u00E4ndern` schreiben.

Resource-Bundles mit UTF-8

Seit Java 9 werden UTF-8-Codierungen in Resource-Bundles unterstützt. Wir gehen hierauf in Abschnitt 4.2.5 ein.

■

Dateien eines Resource-Bundle haben immer die Dateiendung `properties`. Die Basis der Dateinamen ist frei wählbar, doch wird für jede in der Konfigurationsdatei angegebene Lokalisierung der Name der Lokalisierung mit Unterstrich angehängt. In unserem Beispiel sind dies die Dateien `messages_de.properties` und `messages_en.properties` sowie etwa auch `messages_zh_CN.properties` und die anderen in Tabelle 4.2 genannten. Die Default-Datei ist `messages.properties`, die in unserem Beispiel die deutschen Texte enthält. Wird ein Schlüssel in der gesuchten Lokalisierungsdatei nicht gefunden, wird in der Default-Datei nach ihm gesucht. Im Beispiel kann daher die Datei `messages_de.properties` leer sein.

Es sind nun alle Vorkehrungen getroffen, um die lokalisierten Texte des Resource-Bundle verwenden zu können. Hierzu wird die Anwendung in der JSF-Konfigurationsdatei um das Resource-Bundle erweitert. Listing 4.9 zeigt das entsprechende Element `<resource-bundle>`. Das enthaltene Element `<base-name>` benennt den Basisnamen der Dateien, die die lokalisierten Texte enthalten. Das Element `<var>` deklariert eine Variable, die in der JSF-Datei in EL-Ausdrücken verwendet werden kann.

Listing 4.9 Konfiguration von Lokalisierungen

```
<application>
  <locale-config>
    <default-locale>de</default-locale>
    <supported-locale>ar_TN</supported-locale>
    ...
  </locale-config>
  <resource-bundle>
    <base-name>de.jsfpraxis.advanced.i18n.messages</base-name>
    <var>msg</var>
  </resource-bundle>
</application>
```

Da die JVM Properties-Dateien mit Hilfe des Class-Loader lädt, entspricht der Basisname einer Properties-Datei den für Java-Klassen gültigen Regeln bezüglich der Übereinstimmung von Package-Präfix und Verzeichnisstruktur im Dateisystem. Der in Listing 4.9 genannte Name `messages` steht also für die Dateien `messages.properties`, `messages_en.properties` und `messages_de.properties` usw. im Verzeichnis `i18n`, das sich wiederum hierarchisch unter den anderen genannten Verzeichnissen befindet.

Listing 4.10 zeigt einen Ausschnitt der Seite `intro.xhtml`, die das definierte Resource-Bundle verwendet. Die im `<resource-bundle>`-Element der JSF-Konfigurationsdatei definierte Variable `msg` kann in EL-Ausdrücken analog zu einer Managed Bean oder vordefinierten Variablen verwendet werden, in Zeile 5 etwa als Begrüßung, in den Zeilen 17 bis 19 als Beschriftung der Schaltflächen.

Listing 4.10 Ausschnitt der Seite `intro.xhtml`

```
1  <h:panelGrid columns="2">
2    HTTP-Header:
3    <h:outputText
4      value="Accept-Language: #{header['Accept-Language']}" />
5    <h:outputText value="#{msg.welcome}" />
6    <h:panelGroup>
7      Aktuelle Lokalisierung: #{localeController.locale}
8      <h:graphicImage value="#{msg.flag}" height="14em"/>
9    </h:panelGroup>
10   <h:panelGroup>
11     <h:outputLabel for="input" value="#{msg.input}: " />
12     <h:inputText id="input" value="#{localeController.value}">
13       <f:convertNumber pattern="000.00" />
14     </h:inputText>
15   </h:panelGroup>
16   <h:panelGroup>
17     <h:commandButton value="#{msg.save}" action="..." />
18     <h:commandButton value="#{msg.delete}" action="..." />
19     <h:commandButton value="#{msg.cancel}" action="..." />
20   </h:panelGroup>
21 </h:panelGrid>
```

Um zu überprüfen, welche Lokalisierungen der Client der HTTP-Anfrage mitgibt, wird in der Zeile 4 die Liste dieser Lokalisierungen ausgegeben (siehe die vordefinierten Objektnamen in Tabelle 2.3, Seite 33). Anzumerken ist hier noch, dass der Punkt im `pattern`-Attribut des `<f:convertNumber>`-Tags das Dezimaltrennzeichen (Punkt oder Komma) der jeweiligen Lokalisierung darstellt, wie in Tabelle 2.5 auf Seite 54 beschrieben. Die Managed Bean `localeController` ist im Augenblick nicht weiter relevant.

Für die Darstellung im Browser können nun die beiden Alternativen einer deutschen und englischen Lokalisierung getestet werden. Bild 4.5 zeigt beide Alternativen. Wenn Sie das Beispiel selbst nachvollziehen wollen, müssen Sie Ihren Browser dazu überreden, die Lokalisierungen *de* und *en* in der entsprechenden Reihenfolge zu übermitteln. In einem modernen Firefox finden Sie in den Einstellungen unter *Sprache und Erscheinungsbild* den Unterpunkt *Sprache* und die Schaltfläche *Wählen...*. Hier finden Sie die Liste der voreingestellten Lokalisierungen, deren Reihenfolge Sie ändern können. In einem modernen Chrome müssen Sie bei den Einstellungen zunächst mit *Erweitert* weitere Konfigurationsmöglichkeiten öffnen. Dann finden Sie unter *Sprachen*, dann *Sprache* die entsprechende Liste und ändern die Reihenfolge.

HTTP-Header:	Accept-Language: de,en;q=0.7,en-US;q=0.3
Willkommen zur Lokalisierung mit JSF-Praxis	Aktuelle Lokalisierung: de
Wert (mit Dezimalkomma):	Speichern Löschen Abbrechen

HTTP-Header:	Accept-Language: en,de;q=0.7,en-US;q=0.3
Welcome to localization with JSF-Praxis	Aktuelle Lokalisierung: en
Value (with decimal point):	Save Delete Cancel

Bild 4.5 Darstellungen der Seite `intro.xhtml` (Listing 4.10) in deutscher und englischer Lokalisierung

Lokalisierte Grafiken

Bild 4.5 zeigt die deutsche und britische Flagge als kleine eingebundene Grafik. Studieren Sie das Beispiel, insbesondere die Verwendung des `<h:graphicImage>`-Tags (Zeile 8 in Listing 4.10 auf Seite 186) sowie die Postionierung der entsprechenden Grafikdateien im Dateisystem. Abschnitt 4.4 geht auf die Verwendung allgemeiner Ressourcen, zu denen insbesondere Grafiken gehören, ein.

■

Tag `<f:loadBundle>` nicht verwenden

In älteren Büchern und Internet-Artikeln finden Sie eventuell noch das Tag `<f:loadBundle>` zum Laden eines Resource-Bundle. Sie sollten dieses Tag nicht verwenden, da es bei jedem Aufruf der verwendenden JSF-Seite das Resource-Bundle lädt, während das von uns beschriebene Verfahren über die Konfiguration in `faces-config.xml` das Bundle global lädt. Eine Ausnahme von dieser Regel ist die Verwendung verschiedener Bundles in verschiedenen JSF-Seiten.

■

4.2.2 Dynamische und explizite Lokalisierung

Wir haben bereits die dynamische Lokalisierung auf Basis des HTTP-Headers der Browser-Anfrage und die explizite Lokalisierung mit dem `locale`-Attribut des `<f:view>`-Tags dargestellt. An dieser Stelle soll nun die Möglichkeit der expliziten Lokalisierung auf Benutzerwunsch und somit ebenfalls einer dynamischen Lokalisierung dargestellt werden. Grundlage ist das `locale`-Attribut des `<f:view>`-Tags, das nicht nur Konstanten, sondern auch EL-Ausdrücke zulässt. Als Anwendungsfall einer solchen Möglichkeit ist die Personalisierung einer Anwendung zu nennen, indem die vom Benutzer ausgewählte Lokalisierung bei späteren Seitenzugriffen jeweils beachtet wird.

Listing 4.11 zeigt eine JSF-Seite, die eine explizite Lokalisierung durch den Benutzer realisiert, worauf wir uns zuerst konzentrieren. Die Lokalisierung erfolgt durch einen EL-Werteausdruck, der ein Bean-Property referenziert. Das Drop-down-Menü (`<h:selectOneMenu>`) in Zeile 18 setzt das Property `locale`.

Listing 4.11 Ausschnitt der Seite locale-explicit.xhtml

```
1  <h:panelGrid columns="2">
2    <h:outputText value="#{msg.welcome}" />
3    <h:panelGroup>
4      #{localeController.locale}  
5      <h:graphicImage value="#{msg.flag}" height="12em"/>
6    </h:panelGroup>
7    <h:panelGroup>
8      <h:outputLabel for="input" value="#{msg.input}: " />
9      <h:inputText id="input" value="#{localeController.value}">
10       <f:convertNumber pattern="00000.00" />
11     </h:inputText>
12   </h:panelGroup>
13   <h:panelGroup>
14     <h:commandButton value="#{msg.save}" />
15     <h:commandButton value="#{msg.delete}" />
16     <h:commandButton value="#{msg.cancel}" />
17   </h:panelGroup>
18   <h:selectOneMenu value="#{localeController.locale}">
19     <f:selectItems value="#{localeController.supportedLocales}" />
20   </h:selectOneMenu>
21   <h:commandButton value="#{msg.change}"
22       action="#{localeController.changeLocale}" />
23 </h:panelGrid>
```

Interessant ist hier die Bestimmung der der Anwendung bekannten Lokalisierungen. Der Getter getSupportedLocales() des Controllers wird in Zeile 19 im <f:selectItems>-Tag verwendet. Teile des Controllers sind im Listing 4.12 dargestellt. Dieser definiert ein Property supportedLocales vom Typ List<Locale>, das in der Initialisierungsmethode der Klasse mit Werten versehen wird. Java EE definiert im Package javax.annotation eine Reihe allgemeiner Annotationen (*common annotations*), zu denen auch @PostConstruct und @PreDestroy gehören. Eine mit @PostConstruct annotierte Methode wird nach erfolgtem Aufruf des Konstruktors und eventuell durchzuführenden Dependency-Injections aufgerufen, um Initialisierungen vorzunehmen. Der Name der annotierten Methode ist beliebig. Eine mit @PreDestroy annotierte Methode wird aufgerufen, bevor der Container die Bean entfernt. Der Name der annotierten Methode ist ebenfalls beliebig. Da die Initialisierungsmethode Dependency-Injection-Variablen der Typen FacesContext und ExternalContext verwendet, kann der Methodenrumpf nicht im Konstruktor, sondern muss in der Initialisierungsmethode aufgeführt werden.

Annotation @ManagedBean nicht verwenden

Wir haben bereits dazu geraten, die Annotation @ManagedBean von JSF nicht zu verwenden, da sie deprecated ist. Das Package javax.annotation definiert ebenfalls eine Annotation @ManagedBean, die Sie bitte ebenfalls nicht verwenden, da CDI wesentlich mächtigere Sprachmittel bereitstellt.

■

Zurück zur Initialisierungsmethode, die in den Zeilen 15–21 in Listing 4.12 dargestellt ist. Sie setzt zum einen das Field `locale` durch die Methode `getRequestLocale()` des External Context in Zeile 18, sowie das Field `supportedLocales` durch die Methode `getSupportedLocale()` des Anwendungsobjekts. Diese Methode liefert die in der JSF-Konfigurationsdatei hinterlegten unterstützten Lokalisierungen, in unserem Fall sind dies die aus Listing 4.6 (Seite 183).

Listing 4.12 Managed Bean `LocaleController` (Ausschnitt)

```
1  @Named
2  @SessionScoped
3  public class LocaleController implements Serializable {
4
5    private Locale locale;     // application locale
6    private List<Locale> supportedLocales;
7
8    @Inject
9    FacesContext facesContext;
10
11   @Inject
12   ExternalContext externalContext;
13   ...
14
15   @PostConstruct
16   public void init() {
17     supportedLocales = new ArrayList<Locale>();
18     locale = externalContext.getRequestLocale();
19     facesContext.getApplication().getSupportedLocales()
20         .forEachRemaining(supportedLocales::add);
21   }
22
23   ...
24 }
```

Nachdem wir nun gesehen haben, wie das `<h:selectOneMenu>`-Tag in Zeile 18 des Listings 4.11 (Seite 188) aus den zur Verfügung stehenden Lokalisierungen eine auswählen kann, bleibt die Frage, wie diese Auswahl zur Lokalisierung der Seite genutzt wird. Wie bereits erwähnt, erfolgt die Lokalisierung einer JSF-Seite über das `<f:view>`-Tag, das als Wert des `locale`-Attributs nicht nur ein String-Literal, sondern einen EL-Ausdruck erlaubt. Man kann daher in der JSF-Seite, typischerweise im Haupt-Template, das `locale`-Attribute der Managed Bean dafür verwenden. Listing 4.13 zeigt den entsprechenden Teil des Templates. Zum Thema Template verweisen wir auf Abschnitt 4.1.

Listing 4.13 Ausschnitt der Seite `main.xhtml`

```
<!DOCTYPE html>
<html lang="#{localeController.locale.language}"
      xmlns="http://www.w3.org/1999/xhtml"
      ... >
```

```
6        ...
7        <f:view locale="#{localeController.locale}">
8        ...
```

Das `<f:view>`-Tag in Zeile 7 setzt die Lokalisierung wie gewünscht. Instanzen der Klasse `Locale` besitzen ein Property `language`, das die Sprache der Lokalisierung darstellt. Dieses wird in Zeile 2 verwendet, um das `lang`-Attribut des `<html>`-Tags zu setzen. Dies ist aus JSF-Sicht nicht notwendig, unterstützt aber Browser und Suchmaschinen bei der Verarbeitung der Seite.

Neben den konfigurierten Lokalisierungen kann auch die Default-Lokalisierung bestimmt werden. Die Methode `getDefaultLocale()` des `Application`-Objekts gibt die Default-Lokalisierung zurück, die z.B. alternativ erwendet werden könnte, um das `locale`-Property mit einem Wert zu versehen.

Um die Anwendung in allen Details verstehen zu können, sei der Leser noch einmal auf Abschnitt 2.1 verwiesen. Das Setzen der Lokalisierung der View erfolgt in der Phase 1, Wiederherstellung des Komponentenbaums. Die vom Benutzer ausgewählte Lokalisierung wird dann in Phase 4, Aktualisierung der Modellobjekte, in das Bean-Property geschrieben. In der Phase 6, Rendern der Antwort, hat das `locale`-Attribut des `<f:view>`-Tags dann die selektierte Lokalisierung, so dass die Seite in der gewünschten Lokalisierung gerendert wird, wovon wir uns nun überzeugen wollen. Das Bild 4.6 zeigt die Seite `locale-explicit.xhtml` von oben nach unten in Deutsch, Englisch, Französisch, Polnisch, (brasilianischem) Portugiesisch, vereinfachtem (chinesischem) Chinesisch und (tunesischem) Arabisch.

Lokalisierung ohne Schaltfläche ändern

Überarbeiten Sie das Beispiel, so dass man ohne Betätigung der Schaltfläche „`Lokalisierung ändern`", sondern lediglich durch Auswahl einer Lokalisierung im Drop-down-Menü die Lokalisierung der Seite ändern kann. Tipp: Verwenden Sie das `<f:ajax>`-Tag.

■

4.2.3 Klassen als Resource-Bundles

Zu Beginn des Abschnitts 4.2 haben wir die abstrakte Klasse `ResourceBundle` als Grundlage von Javas Resource-Bundles eingeführt. Die Klasse `PropertyResourceBundle` dient intern als Realisierung der vorgestellten Lokalisierung mittels Property-Dateien. Die Klasse `ListResourceBundle`, wie `PropertyResourceBundle` ebenfalls im Package `java.util`, kann als Grundlage einer Lokalisierung mittels Java-Klassen dienen. Somit ist es z.B. möglich, die Texte der Lokalisierungen in einer Datenbank statt in mehreren Dateien zu verwalten und damit verschiedenen Anwendungen dieselben Lokalisierungen zur Verfügung zu stellen.

Wir verzichten an dieser Stelle auf einen Datenbankzugriff und beschränken uns auf ein reines Java-Beispiel. Die Listings 4.14 und 4.15 stellen die Lokalisierungsklassen als Unterklasse von `ListResourceBundle` dar und überschreiben die Methode `getContents()`, die

Willkommen zur Lokalisierung mit JSF-Praxis	de
Wert (mit Dezimalkomma):	Speichern Löschen Abbrechen
de	Lokalisierung ändern

Welcome to localization with JSF-Praxis	en
Value (with decimal point):	Save Delete Cancel
en	Change Localization

Bienvenue à la localisation avec JSF-Praxis	fr
Valeur (avec point décimal):	Sauvegarder Supprimer Annuler
fr	Changer la localisation

Witamy w lokalizacji z praktyką JSF	pl
Wartość (z kropką dziesiętną):	Zapisz Usuń Anuluj
pl	Zmień lokalizację

Bem-vindo(a) à localização com JSF Prático	pt_BR
Valor (vírgula decimal):	Salvar Deletar Cancelar
pt_BR	Alterar Localizador

欢迎使用JSF-Praxis进行本地化	zh_CN
值 (带小数点):	保存 删除 取消
zh_CN	改变本地化

مرحبا بك في تطوين مع JSF-Praxis.	ar_TN
القيمة (مع العلامة العشرية):	حفظ حذف إلغاء
ar_TN	تغيير

Bild 4.6 Darstellungen der Seite `locale-explicit.xhtml` (Listing 4.11) in verschiedenen Lokalisierungen

für das Mapping der Lokalisierungsschlüssel auf Werte zuständig ist. Das Beispiel soll für kleine Zahlen deren textuelle Darstellung zeigen.

Listing 4.14 Die Lokalisierungsklasse `Numbers`

```
public class Numbers extends ListResourceBundle {

  private static final Object[][] contents = {
    { "_1", "eins"}, { "_2", "zwei"}, { "_3", "drei"},
```

```
    { "_4", "vier"}, { "_5", "fünf"}, { "_6", "sechs"},
    { "_7", "sieben"}, { "_8", "acht"}, { "_9", "neun"}
  };

  @Override
  protected Object[][] getContents() {
    return contents;
  }

}
```

Listing 4.15 Die Lokalisierungsklasse `Numbers_en`

```
public class Numbers_en extends ListResourceBundle {

  private static final Object[][] contents = {
    { "_1", "one"}, { "_2", "two"}, { "_3", "three"},
    { "_4", "four"}, { "_5", "five"}, { "_6", "six"},
    { "_7", "seven"}, { "_8", "eight"}, { "_9", "nine"}
  };

  @Override
  protected Object[][] getContents() {
    return contents;
  }

}
```

Die Namensgebung der Klassen erfolgt nach dem bereits vorgestellten Schema für Resource-Bundles durch Anhängen eines Unterstrichs und des Länder-Codes. Die Deklaration im Deployment-Deskriptor erfolgt nach dem ebenfalls bereits bekannten Verfahren. Listing 4.16 zeigt dies beispielhaft.

Listing 4.16 Konfiguration von Lokalisierungen

```
<application>
  <locale-config>
    <default-locale>de</default-locale>
    <supported-locale>de</supported-locale>
    <supported-locale>en</supported-locale>
      ...
  </locale-config>
  <resource-bundle>
    <base-name>de.jsfpraxis.advanced.i18n.Numbers</base-name>
    <var>number</var>
  </resource-bundle>
</application>
```

Die Verwendung der Variablen `number` erfolgt ebenfalls wie gewohnt. Listing 4.17 zeigt dies an einem einfachen Beispiel.

Listing 4.17 Verwendung der Variablen `number` (Ausschnitt aus `numbers.xhtml`)

```
<h:panelGrid id="numbers" columns="2">
  <h:outputText value="1" /><h:outputText value="#{number._1}" />
  <h:outputText value="2" /><h:outputText value="#{number._2}" />
  <h:outputText value="3" /><h:outputText value="#{number._3}" />
  <h:outputText value="4" /><h:outputText value="#{number._4}" />
  <h:outputText value="5" /><h:outputText value="#{number._5}" />
  <h:outputText value="6" /><h:outputText value="#{number._6}" />
  <h:outputText value="7" /><h:outputText value="#{number._7}" />
  <h:outputText value="8" /><h:outputText value="#{number._8}" />
  <h:outputText value="9" /><h:outputText value="#{number._9}" />
</h:panelGrid>

<h:selectOneRadio value="#{localeController.locale}">
  <f:selectItems value="#{localeController.supportedNumbersLocales}" />
</h:selectOneRadio>
```

Im Gegensatz zum letzten Beispiel existieren aber nur Lokalisierungen für Deutsch und Englisch, was sich in der expliziten Auswahlmöglichkeit der Lokalisierung widerspiegeln muss. Das JSF-Tag `<h:selectOneRadio>` realisiert eine alternative Auswahl mit einer Optionsschaltfläche, neudeutsch einem Radio-Button. Wie schon mehrfach in einem `<h:selectOneMenu>`-Tag demonstriert, können als Sohn-Knoten `<f:selectItem>`- und `<f:selectItems>`-Tags verwendet werden. Letzteres erlaubt im `value`-Attribut eine Collection oder ein Array, was durch den entsprechenden Getter für Deutsch und Englisch wie folgt realisiert wird:

```
public List<Locale> getSupportedNumbersLocales() {
  return List.of(new Locale("de"), new Locale("en"));
}
```

4.2.4 Managed Beans und Lokalisierung

Die Verwendung der Lokalisierungen fand bisher ausschließlich in der JSF-Seite statt. Es gibt jedoch Situationen, in denen eine Managed Bean oder eine andere Java-Klasse Zugriff auf die Lokalisierung oder das Resource-Bundle benötigt, sie aber nicht wie in Abschnitt 4.2.3 selbst implementiert. Denkbar ist z.B. die dynamische Erstellung einer lokalisierten `SelectItems`-Liste für die Verwendung in Menüs oder eine an regionale Gegebenheiten angepasste Abfolge von Seiten in einem Arbeitsablauf. Die folgende Methode `getTitle()` greift auf das in Listing 4.9 mit `<resource-bundle>` definierte Resource-Bundle bzw. dessen Variable `var` zu und gibt den lokalisierten String mit Key `title` zurück.

```
public String getTitle() {
  return facesContext.getApplication()
    .getResourceBundle(facesContext, "msg").getString("title");
}
```

Für ein weiteres Beispiel gehen wir davon aus, dass sich in einer bestimmten Lokalisierung die Abfolge von Seiten in einem Arbeitsablauf zur normalen Abfolge unterscheidet, indem z.B. zusätzliche Seiten anzuzeigen und vom Benutzer auszufüllen sind. Es gilt also, eine lokalisierte Navigation zu erstellen. Hierzu wird eine Action-Methode definiert, die abhängig von der Lokalisierung verschiedene Ergebnisse liefert, die dann zur Navigation verwendet werden. Dies ist sehr einfach zu realisieren, wie das folgende Listing zeigt:

```
@Inject
UIViewRoot uiViewRoot;

public String startWorkflow() {
  return "workflow-" + uiViewRoot.getLocale().toString();
}
```

Wird die Action-Methode zur Navigation verwendet, wird z.B. bei einer deutschen Lokalisierung zur Seite `workflow-de.xhtml`, bei einer englischen Lokalisierung zur Seite `workflow-en.xhtml` navigiert.

4.2.5 Resource-Bundles mit UTF-8-Codierung

Bis Java 8 wurden Resource-Bundles mit ISO-8859-1 codiert. Mit dem JDK Enhancement Proposals (JEP) 226 mit Titel *UTF-8 Property Resource Bundles* [URL-JEP226] wurde die Codierung von Resource-Bundles auf UTF-8 umgestellt. Der JEP 226 wurde im Rahmen von Java 9 umgesetzt. Wenn Sie JSF mit Java 9 oder höher verwenden, können Sie Resource-Bundles, wie bisher eingeführt, verwenden. Falls Sie eine frühere Java-Version nutzen, werfen Sie einen Blick in das Projekt dieses Kapitels. Wir demonstrieren dort das Verwenden eines UTF-8 codierten Resource-Bundles.

Lokalisierungen des verwendeten JRE

Erstellen Sie eine JSF-Seite und zugehörige Controller-Methode zur Anzeige aller vom verwendeten JRE unterstützten Lokalisierungen. Tipp: Die Methode `getAvailableLocales()` der Klasse `Locale` gibt diese zurück. Sie finden in der Seite `locales.xhtml` eine mögliche Lösung.

■

4.2.6 Lokalisierte BV-Fehlermeldungen

In Abschnitt 2.4.10 haben wir die Bean-Validierung mit JSR 380 [URL-JSR380], kurz BV, eingeführt. Da die Validierung mit BV gegenüber der JSF-eigenen Validierung deutliche Vorteile hat, haben wir zu ihrer Verwendung geraten. JavaServer Faces integrieren BV völlig homogen, so dass auch BV-Fehlermeldungen lokalisiert angezeigt werden. Doch was, wenn BV eine bestimmte Lokalisierung nicht bereitstellt, oder, wie in Abschnitt 2.4.11 dargestellt, anwendungsdefinierte Constraints und damit spezialisierte Fehlermeldungen anzuzeigen sind? BV stellt ganz analog zu JSF über Resource-Bundles und Properties-Dateien einen entsprechenden Mechanismus bereit, den wir kurz darstellen. Eine detaillierte Darstellung finden Sie in der BV-Spezifikation [URL-JSR380] in Abschnitt 6.3 *Message Interpolation.*

Ausgangspunkt ist die Datei `ValidationMessages.properties` bzw. deren lokalisierte Varianten, wie etwa `ValidationMessages_de.properties` und `ValidationMessages_en.properties`. Die Dateien müssen im Wurzelverzeichnis des Klassenpfads liegen, bei Maven-Projekten also typischerweise in `src/main/resources`. In Abschnitt 2.4.15 zu BV-Fehlermeldungen wurde bereits der grundlegende Mechanismus mit Schlüssel und parametrisierten Texten vorgestellt. Für den BV-Constraint `@Size` also etwa

```
javax.validation.constraints.Size.message = \
    muss zwischen {min} und {max} liegen
```

Wobei `min` und `max` Attribute der Annotation sind, wie z.B. in `@Size(min=3, max=30)`. Für nicht vorhandene Lokalisierungen muss die entsprechende Datei `ValidationMessages_xx_YY.properties` erzeugt und mit den Schlüssel/Wert-Paaren versorgt werden. Genauso können bestehende Fehlermeldungen neu definiert werden, beispielsweise für die deutsche Lokalisierung mit der Datei `ValidationMessages_de.properties` und der Zeile

```
javax.validation.constraints.Size.message = \
    muss größer als ${min -1} und kleiner als ${max + 1} sein
```

Der Text ist sicher weniger sinnvoll als der ursprüngliche, aber semantisch äquivalent, und soll hier nur das prinzipielle Vorgehen verdeutlichen. Zudem zeigt das Beispiel, warum die Abschnittsüberschrift in der BV-Spezifikation *Message Interpolation* lautet: Der Text wird nicht literal übernommen, sondern interpoliert und zwar mit Hilfe der Expression-Language. Es wird jedoch die JSP-Variante mit Immediate Evaluation und nicht die JSF-Variante mit Deferred Evaluation verwendet, also das `$`- statt des `#`-Zeichens. Details hierzu wurden in Abschnitt 2.2 erläutert.

Sollen nun für einen anwendungsdefinierten Constraint lokalisierte Fehlermeldungen definiert werden, ist das Vorgehen identisch: Es werden Schlüssel und – eventuell parametrisierte – (Text-)Werte definiert. Der Schlüssel wird dann in der Constraint-Annotation verwendet und in geschweifte Klammern eingeschlossen, um ihn als auszuwertenden Ausdruck zu kennzeichnen. Das Listing 4.18 zeigt die überarbeitete Version der `Volljaehrig`-Annotation des Abschnitts 2.4.11 über anwendungsdefinierte BV-Constraints. Einzige Änderung ist der Wert des Attributs `message`.

Listing 4.18 Überarbeitete Volljährig-Annotation (Original-Listing 2.22, Seite 76)

```
@Constraint(validatedBy = VolljaehrigValidator.class)
@Target({ElementType.METHOD, ElementType.FIELD})
@Retention(RetentionPolicy.RUNTIME)
public @interface Volljaehrig {

  String message() default "{jsfpraxis.volljaehrig.message}";
  Class<?>[] groups() default {};
  Class<? extends Payload>[] payload() default {};

}
```

Die lokalisierten Werte des Schlüssels werden in den Dateien `ValidationMessages_de.properties` und `ValidationMessages_en.properties` für Deutsch und Englisch dann wie folgt definiert:

```
jsfpraxis.volljaehrig.message=Nicht volljährig
```

```
jsfpraxis.volljaehrig.message=Not of legal age
```

Falls der BV-Constraint fehlschlägt, wird die entsprechend lokalisierte Fehlermeldung angezeigt.

Nachvollziehen des Beispiels

Deployen Sie die Beispielapplikation und überprüfen Sie die beschriebene Funktionalität. ■

Fehlermeldung mit zu validierendem Wert

Erweitern Sie die Fehlermeldung um die Anzeige des zu validierenden Werts. Diesen erhalten Sie durch den Ausdruck `${validatedValue}`. ■

Lokalisierung in Beispielanwendung

Da die Klassse `LocaleController` (Listing 4.12) session-scoped ist und dessen Locale über das Template in allen Beispielen verwendet wird, können Sie die Lokalisierung aller Beispiele einfach über die Seite `locale-explicit.xhtml` ändern. ■

■ 4.3 Komponenten- und Client-Ids

4.3.1 Id-Arten und Namensräume

Damit JSF als server-seitiges Komponenten-Framework mit einzelnen Komponenten arbeiten kann, muss jede Komponente eindeutig identifizierbar sein. Die Java-internen Mittel zur Identifikation von Objekten reichen hierzu nicht aus. Daher enthält jede JSF-Komponente eine Id in Form eines Strings.

Das Abbild des Komponentenbaums auf dem Client benötigt ebenfalls eine Möglichkeit, die einzelnen Komponenten identifizieren zu können. Das Document Object Model (DOM) [URL-DOM] (`getElementById()`) und damit JavaScript, aber auch CSS besitzen eigene syntaktische Regeln, so dass hier eventuell andere Ids zu verwenden sind. Die JSF-Spezifikation regelt die Abbildung nicht bis ins letzte Detail, so dass eine JSF-Implementierung und der konfigurierte Renderer gewisse Freiheiten haben, z.B. bei der Generierung impliziter Ids, auf die wir später eingehen.

Bei der Erzeugung einer Komponente auf dem Server erhält diese eine Id zugewiesen. Die Id ist als Property (`getId()`, `setId()`) in der Klasse `UIComponent` definiert. Sie wird dem `id`-Attribut des JSF-Tags entnommen, falls es verwendet wurde. Ansonsten wird sie generiert. Um die Eindeutigkeit von Ids zu gewährleisten, werden Namensräume eingeführt, die die Eindeutigkeit erzwingen. Das Interface `javax.faces.component.NamingContainer` stellt einen Container dar, der die Eindeutigkeit für alle Kinder garantiert. Implementierende Klassen des Interface sind `UIData`, `UIForm` und `UINamingContainer`, alle aus dem Package `javax.faces.component`. Eindeutigkeit bedeutet hier, dass innerhalb einer `HtmlForm`-Komponente, eine Unterklasse von `UIForm`, erzeugt durch das `<h:form>`-Tag, jede Kindkomponente eine andere Id haben muss, falls keine weiteren Container verwendet werden.

Listing 4.19 zeigt eine JSF-Seite, die zur Erläuterung von Komponenten- und Client-Ids dienen soll. Man erkennt, dass alle JSF-Tags explizit das `id`-Attribut setzen. Weitere Attribute wurden zur besseren Übersicht entfernt. Die ersten Zeilen stellen eine einfache Eingabe, die letzten eine tabellarische Übersicht dar. Die Tabelle enthält Comedians, ein altbekanntes Beispiel aus Abschnitt 2.5.7, auf dessen Darstellung wir deshalb hier verzichten. Bei Interesse finden Sie Teile des Codes in Listing 2.46 (Seite 112), eine visuelle Darstellung in Bild 2.28 (Seite 112).

Listing 4.19 Verwendung expliziter Ids (Ausschnitt aus `demo-with-ids.xhtml`)

```
<h:form id="form">
  <h:panelGrid id="panel" columns="3">
    <h:outputLabel id="out" for="in" ...
    <h:inputText id="in" ...
    <h:commandButton id="button" ...
  </h:panelGrid>

  <h:dataTable id="table" value="#{idController.comedians}" ...
    <h:column>
      <h:outputText id="first" value="#{comedian.firstname}" />
    </h:column>
    <h:column>
      <h:outputText id="last" value="#{comedian.lastname}" />
    </h:column>
  </h:dataTable>
<h:form>
```

Die von uns gewählten Ids werden von JSF als Ids der Komponenten im Komponentenbaum verwendet. Die Client-Ids werden mit dem Präfix der Container-Ids, in diesem Fall `form` und `table` versehen. Tabelle 4.3 stellt die Ids der JSF-Seite, die generierten Client-Ids sowie die Ids im Komponentenbaum gegenüber.

Die erste Spalte gibt den jeweils interessanten Teil der JSF-Seite aus Listing 4.19 wieder. Die zweite Spalte zeigt die entsprechenden Ausschnitte der erzeugten HTML-Seite. Sowohl das Formular (`<h:form>`) als auch die Tabelle (`<h:dataTable>`) sind Naming-Container, definieren also jeweils einen Namensraum mit eindeutigen Ids. Die Client-Id wird aus der Id des Namensraum-Containers und der Id der einfachen Komponente zusammengesetzt. Als Trennzeichen wird der Doppelpunkt verwendet. Die Ids im Komponentenbaum entsprechen den in der JSF-Seite vergebenen Ids. Zusätzlich ist noch die Komponentenklasse

Tabelle 4.3 Komponenten- und Client-Ids aus Listing 4.19

JSF-Seite	Client-Id (HTML)	Komponentenbaum
`<h:form id="form"`	`<form id="form"`	`HtmlForm form`
`<h:panelGrid id="panel"`	`<table id="form:panel"`	`HtmlPanelGrid panel`
`<h:outputLabel id="out"`	`<label id="form:out"`	`HtmlOutputLabel out`
`<h:inputText id="in"`	`<input id="form:in"`	`HtmlInputText in`
`<h:commandButton id="button"`	`<input id="form:button"`	`HtmlCommandButton button`
`<h:dataTable id="table"`	`<table id="form:table"`	`HtmlDataTable table`
`<h:outputText id="first"`	`<span id="form:table:0:first"`	`HtmlOutputText first`
`<h:outputText id="last"`	`<span id="form:table:0:last"`	`HtmlOutputText last`
	`<span id="form:table:1:first"`	
	`<span id="form:table:1:last"`	
	...	

angegeben, um einen ersten Eindruck von JSF-Komponenten zu bekommen, der in Abschnitt 4.8 vertieft wird.

Interessant ist noch die unterschiedliche Anzahl der Ids in der Tabelle. Während in der JSF-Seite und dem entsprechenden Komponentenbaum die Ids `first` und `last` der statischen Struktur der JSF-Seite Rechnung tragen, entsprechen die generierten Client-Ids der HTML-Seite der Dynamik zur Laufzeit. Entsprechend der Elementanzahl der Collection des `value`-Attributs der Datentabelle werden `<span>`-Elemente mit durchgezählten Ids erzeugt.

Trennzeichen konfigurierbar

Der Doppelpunkt als Trennzeichen ist nicht fest codiert, sondern konfigurierbar. Soll vom Default abgewichen werden, wird in der `web.xml` dem Kontextparameter `SEPARATOR_CHAR` ein neuer Wert zugewiesen, wie etwa im folgenden Beispiel:

```
<context-param>
  <param-name>javax.faces.SEPARATOR_CHAR</param-name>
  <param-value>-</param-value>
</context-param>
```

Programmatisch kann der Wert mit der Methode `UINamingContainer.getSeparatorChar()` erfragt werden. ■

JSF erzwingt die Vergabe expliziter Ids nicht und generiert, falls nicht explizit angegeben, implizite Ids. Zur Demonstration dieses Verhaltens entfernen wir aus der JSF-Seite alle Ids. Tabelle 4.4 stellt die zunächst vergebenen den jetzt generierten Ids gegenüber.

Die erste Spalte ist identisch zur mittleren Spalte aus Tabelle 4.3 und dient lediglich als Referenz. Die zweite Spalte gibt die Client-Ids wieder, wenn in der JSF-Seite keine Ids explizit vergeben wurden. Sie werden aus den generierten Ids des Komponentenbaums zusammengesetzt. Die dritte Spalte zeigt schließlich die generierten Ids der Komponenten. Im

Tabelle 4.4 Vergebene versus generierte Client-Ids

Client-Id (vergeben)	Client-Id (generiert)	Komponentenbaum
`<form id="form"`	`<form id="j_idt12"`	j_idt12
`<table id="form:panel"`		j_idt19
`<label id="form:out"`		j_idt21
`<input id="form:in"`	`<input id="j_idt12:j_idt22"`	j_idt22
`<input id="form:button"`	`<input id="j_idt12:j_idt23"`	j_idt23
`<table id="form:table"`		j_idt26
`<span id="form:table:0:first"`		j_idt30
`<span id="form:table:0:last"`		j_idt33
`<span id="form:table:1:first"`		
`<span id="form:table:1:last"`		

Komponentenbaum selbst werden alle Ids generiert, da dies eine grundlegende Anforderung von JSF ist. Bei den Client-Ids sieht es etwas anders aus. Da keine expliziten Ids in der JSF-Seite vergeben wurden, geht JSF davon aus, dass bestimmte Client-Ids nicht benötigt werden. Es werden in diesem Beispiel nur Client-Ids für das Formular selbst sowie die Eingabe als auch die Schaltfläche generiert.

Client-Id-Generierung

Der Algorithmus zur Generierung der Client-Id ist im JavaDoc der Methode `UIComponentBase.getClientId()` beschrieben. ■

Nachvollziehen der Id-Genenerierung

In den JSF-Seiten `demo-with-ids.xhtml` und `demo-without-ids.xhtml` werden explizite und implizite Ids verwendet. Die Schaltfläche jeder Seite traversiert server-seitig den Komponentenbaum und gibt die Ids der Komponenten aus. Untersuchen und vergleichen Sie die Client-Ids und die server-seitigen Komponenten-Ids. ■

Nachdem wir nun wissen, was es mit Komponenten- und Client-Ids auf sich hat, stellt sich die Frage nach ihrer sinnvollen Verwendung. Der Beantwortung dieser Frage ist der nächste Abschnitt widmet.

4.3.2 Client- und server-seitige Programmierung mit Ids

Mit Kenntnis der Regeln für Client- und Komponenten-Ids können diese sowohl in der client-seitigen als auch in der server-seitigen Programmierung verwendet werden. Client-seitig finden vor allem JavaScript und CSS Verwendung, server-seitig wird Java verwendet.

Wir beginnen mit dem Client. Es soll ein Formular erstellt werden, das ein Label und ein Eingabefeld besitzt und durch Betätigen einer Schaltfläche abgeschickt wird. Wenn sich die Maus über dem Label befindet, soll ein Hilfetext im Eingabefeld angezeigt werden. Dies kann durch JavaScript-Event-Handler für die Events `onmouseover` und `onmouseout` realisiert werden. Eine umfangreiche, allerdings nicht mehr ganz aktuelle Beschreibung von JavaScript findet man im Buch von Flanagan [Fla11].

Listing 4.20 zeigt das Formular der Seite `hover.xhtml`, die das Gewünschte leistet. Für das Label werden zwei JavaScript-Event-Handler definiert. Das Attribut `onmouseover` enthält den aufzurufenden Code, wenn sich die Maus über dem Label befindet. Hier wird dem Eingabefeld der Text „`Ihr Name`“ zugewiesen. Das Attribut `onmouseout` enthält den aufzurufenden Code, wenn sich die Maus aus dem Bereich des Labels herausbewegt. Das Attribut `onfocus` der Texteingabe erläutern wir später. Die Zeilenumbrüche innerhalb des `onfocus`-Attributs sind der Formatierung geschuldet.

Listing 4.20 Hover-Hilfe mit Client-Id (Ausschnitt aus `hover.xhtml`)

```
<h:outputLabel id="label" for="input" value="Name:"
    onmouseover="document.forms.form['form:input'].value = ' Ihr Name'"
    onmouseout= "document.forms.form['form:input'].value = ''" />
<h:inputText id="input" value="#{idController.input}"
    onfocus="if (this.value == 'Eingabe erforderlich') {
               this.value = '';
             }
             this.style.color = 'black';" />
<h:commandButton id="button" value="Speichern"
  action="#{idController.save}" />
```

Als weitere Anforderung an das Formular definieren wir eine Eingabeüberprüfung. Ohne das Attribut `required="true"` oder Bean Validation zu verwenden, soll eine leere Eingabe erkannt werden und der Benutzer eine entsprechende Meldung erhalten. Auch soll für die Meldung nicht auf das Tag `<h:message>` zurückgegriffen werden. Wir realisieren die Anforderung server-seitig mit Java und CSS. Listing 4.21 zeigt die Methode `save()` der Klasse `IdController`, die diese Anforderung erfüllt.

Listing 4.21 `save()`-Methode der Klasse `IdController`

```
@Inject
UIViewRoot view;

public void save() {
  HtmlInputText inputText =
      (HtmlInputText) view.findComponent("form:input");
  inputText.setStyle("color: black;");
  if (inputText.getValue() == null
      || inputText.getValue().equals("")) {
    inputText.setStyle("color: red;");
    inputText.setValue("Eingabe erforderlich");
  }
}
```

Der zentrale Punkt des Beispiels ist die Methode `findComponent()` in Zeile 6. Die View einer Seite ist die Wurzel des Komponentenbaums. Die Klasse `UIViewRoot` enthält daher die Methode `findComponent()`, die diesen Baum durchsucht und die Komponente findet, deren Client-Id als Parameter angegeben wurde. Da wir wissen, dass der Typ dieser Komponente `HtmlInputText` ist, wird die Rückgabe darauf gecastet.

Komponentensuche

Der hinter der Komponentensuche stehende Algorithmus, inklusive der Regeln zusammengesetzter Ids, wird im JavaDoc der Methode `UIComponent.findComponent()` beschrieben. Sowohl die Client- als auch die Komponenten-Id können über die Methoden `getClientId()` und `getId()` erfragt werden. ■

In den Zeilen 8/9 wird geprüft, ob die Eingabe nicht vorhanden oder leer ist. Wenn ja, wird in den Zeilen 10 und 11 mit der Methode `setStyle()` über eine CSS-Deklaration die Textfarbe auf rot und eine entsprechende Meldung als Wert der Eingabe gesetzt.

Eingabe nicht vorhanden oder leer?

Die Eingabe wird in den Zeilen 8 und 9 sowohl auf *nicht vorhanden* als auch *leerer String* geprüft. Dieser defensive Programmierstil berücksichtigt, dass mit dem Kontextparameter `INTERPRET_EMPTY_STRING_SUBMITTED_VALUES_AS_NULL` eine Nichteingabe des Benutzers sowohl zum einen als auch anderen Wert führen kann. ■

Wenn der Benutzer seinen Fehler korrigieren will, müssen sowohl die Farbe als auch der Wert der Eingabekomponente zurückgesetzt werden. Dies geschieht nicht server-seitig, sondern mit den schon bekannten JavaScript-Event-Handlern im Client. Das Attribut `onfocus` der Eingabekomponente in Listing 4.20 leistet genau dies und setzt mit Hilfe von JavaScript Farbe und Wert zurück.

Zustandsbehaftete Komponenten

In Zeile 7 von Listing 4.21 wird per CSS die Farbe der Eingabe auf schwarz zurückgesetzt. Warum? JSF ist ein *zustandsbehaftetes* Komponenten-Framework. Wird auf dem Client per JavaScript die Farbe auf schwarz gesetzt (`onfocus`-Attribut in Listing 4.20), bleibt server-seitig der entsprechende Wert der Farbe der Komponente erhalten. Beim Submitten und nachfolgendem Rendern der Antwort wäre die Farbe also noch rot. Bitte machen Sie sich bewusst, dass das ein Feature von JSF, insbesondere in Bezug auf Sicherheitsaspekte, ist und keinesfalls ein Makel. ■

Die Realisierung der Anforderungen ist zugegebenermaßen etwas aufwendig und hätte auch einfacher erfolgen können. Wir wollten aber die Kombination von JavaServer Faces, Java, JavaScript und CSS demonstrieren, ohne auf `<f:ajax>` zurückzugreifen.

Redundanz vermeiden

Sowohl der JavaScript-Code in Listing 4.20 als auch der Java-Code in Listing 4.21 verwenden das String-Literal `'Eingabe erforderlich'`, was aus software-technischer Sicht zu vermeiden ist. Überarbeiten Sie beide Code-Ausschnitte so, dass in Java eine Konstante definiert wird, die in JavaScript verwendet wird.

■

Das letzte Beispiel hat die Client-Id lediglich verwendet, um den Wert einer DOM-Variablen zu setzen. Im nächsten Beispiel soll die Id direkt als Parameter einer JavaScript-Funktion verwendet werden. Dazu wird, wie in Listing 4.22 wiedergegeben, das Klick-Event einer Checkbox verwendet, um eine JavaScript-Funktion aufzurufen, deren Parameter eine Client-Id ist.

Listing 4.22 Id-Parameter (Ausschnitt aus `check-submit.xhtml`)

```
<h:form id="form">
  <h:selectBooleanCheckbox title="Check to submit"
      onclick="submitForm('form:cl')" />
  <h:commandLink id="cl"
      actionListener="#{idController.listener}"
      style="display:none; visibility:hidden" />

  <h:outputScript target="head">
    function submitForm(id) {
        var fire = document.getElementById(id);
        fire.dispatchEvent(new Event('click'));
    }
  </h:outputScript>
</h:form>
```

Die für das `onclick`-Event aufzurufende JavaScript-Methode ist `submitForm()`, die als Parameter die Id des Command-Links verwendet. Dieser Link ist über CSS unsichtbar gemacht und dazu da, das Formular abzuschicken. Der benötigte JavaScript-Code wird über das Tag `<h:outputScript>` eingebunden.

Bemerkung: Das Beispiel dient dazu, das Zusammenspiel von JSF, Java und JavaScript über die Client-Id zu verdeutlichen. Das Abschicken des Formulars beim Aktivieren der Checkbox hätte viel einfacher mit der `<f:ajax>`-Komponente erfolgen können.

Zum Abschluss der Ausführungen zu Ids soll noch das Attribut `prependId` des `<h:form>`-Tags Erwähnung finden. Der Wert dieses booleschen Attributs bestimmt, ob die Id des Formulars als Präfix der Ids der enthaltenen Komponenten verwendet wird. Der Default-Wert ist `true`, entspricht also dem bisher von uns dargestellten Verhalten. Es ist nur für ein Formular möglich, auf den Id-Präfix zu verzichten. Andere Naming-Container, etwa Tabellen, erlauben dies nicht. Kompliziertere Client-Ids, wie etwa `form:table:0:first` in Tabelle 4.4 auf Seite 199, verkürzen sich dann auf `table:0:first`.

4.4 Verwendung allgemeiner Ressourcen

Unter Ressourcen versteht man verschiedene Betriebs- oder Hilfsmittel, die man zur Realisierung von Anwendungen benötigt. Java EE bezeichnet etwa Persistenzkontexte oder JDBC-Datenquellen als Ressourcen. Java und JSF verwenden den Begriff unter anderem für Dateien und Klassen zur Lokalisierung, wie wir dies in Abschnitt 4.2.1 gesehen haben. JSF verallgemeinert zum einen aber auch den Begriff, um allgemeine Ressourcen standardisiert, also über ein API verwenden zu können. Zum anderen wird mit Resource-Library-Contracts ein Mechanismus geschaffen, um Templates und Ressourcen zu gruppieren und austauschbar zu machen.

Wir gehen hier auf allgemeine Ressourcen, also einfache Dateien für Grafiken, JavaScript und Stylesheets ein. Dazu stellen wir verschiedene Möglichkeiten zur Verwendung der entsprechenden Tags und deren Attribute vor. Auf die API-Ebene gehen wir nicht explizit ein und nennen mit der Klasse `ResourceHandler` dem interessierten Leser lediglich die Klasse, die den Zugriff auf Ressourcen regelt. Resource-Library-Contracts sind ein komplett anderes und deutlich komplexeres Thema und werden gesondert in Abschnitt 6.3 behandelt.

4.4.1 Einfache Ressourcen

Einfache – das heißt nicht versionierte – Ressourcen werden durch ihre Ressourcenamen identifiziert. Dabei werden Grafik-, Stylesheet- und JavaScript-Dateien jeweils über die Tags `<h:graphicImage>`, `<h:outputStylesheet>` und `<h:outputScript>` in eine JSF-Seite eingebunden. Grafiken werden in der gerenderten Seite an der über `<h:graphicImage>` definierten Stelle platziert. Stylesheets und Skriptdateien werden in der gerenderten Seite möglicherweise an anderen Stellen platziert, als im Quell-Code verwendet. Die Spezifikation spricht von *Relocation*. Wir behandeln die Tags `<h:outputStylesheet>` und `<h:outputScript>` daher gesondert in Abschnitt 4.4.3 und beginnen mit `<h:graphicImage>`.

Ressource-Dateien werden im Wurzelverzeichnis der Web-Applikation im Verzeichnis `/resources` abgelegt. Falls Ressource-Dateien in JAR-Dateien gepackt werden, so ist das Verzeichnis `/META-INF/resources` zu verwenden. Um Bibliotheken von Ressourcen zu erstellen, ordent man diese in Verzeichnissen an. Zur beispielhaften Verwendung existieren im Verzeichnis `/resources/images` die Dateien `girl-1.png`, `girl-2.png` und `girl-3.png`.

Default-Ressourcenverzeichnis ist änderbar

Das Ressourcenverzeichnis wird als Bestandteil des Anwendungs-URI auch externalisiert. Wenn dies zu Konflikten führt, z.B. weil `/resources` als Einstiegspunkt aller JAX-RS-Ressourcen dienen soll, kann es geändert werden. Der entsprechende Kontextparameter lautet `WEBAPP_RESOURCES_DIRECTORY`. Die Verwendung ist in den Abschnitten 4.9 und 4.9.2 beschrieben. ■

Die erste Grafikdatei kann dann ganz konventionell mit JSF als

```
<h:graphicImage value="/resources/images/girl-1.png" />
```

eingebunden werden und erscheint in der gerenderten Antwort als

```
<img src="/jsf-advanced/resources/images/girl-1.png" />
```

Da HTML in JSF-Seiten ebenfalls zur Verfügung steht, kann dieses HTML-Fragment auch direkt in der JSF-Seite so verwendet werden. Man verzichtet dann aber auf die JSF-typischen Vorzüge, wie etwa die Vergabe einer Id, um `<h:graphicImage>` durch `<f:ajax>` aktualisieren zu können. Die JSF-Variante ist umso attraktiver, da das `value`-Attribut ein Werteausdruck ist, also server-seitig durch Java definiert und verändert werden kann.

Weitere Alternativen zur Verwendung einer Grafikressource mit dem `<img>`-Tag sind

```
<img src="#{resource['images/girl-1.png']}" />
<img src="#{resource['images:girl-1.png']}" />
<img src="#{request.contextPath}
         /javax.faces.resource/images/girl-1.png.xhtml" />
<img src="#{externalContext.requestContextPath}
         /javax.faces.resource/images/girl-1.png.xhtml" />
```

Man erkennt in den vier EL-Werteausdrücken die vordefinierten EL-Objekte (siehe Tabelle 2.3 auf Seite 33) `resource`, `request` und `externalContext`. Die EL-Variable `resource` ist eine Map aller Ressourcen. In der ersten Verwendung ist der Key der relative Dateiname. In der zweiten Verwendung wird der Bibliotheksnamen `images` und der Dateiname mit Doppelpunkt getrennt und wird so zu einer Ressourcenbibliothek. Wir gehen auf Ressourcenbibliotheken gleich ein.

Die beiden letzten Beispiele verwenden den URI-Bestandteil `/javax.faces.resource`, der als Konstante in der Klasse `ResourceHandler` definiert ist und über diese Klasse die Ressource nach Spezifikation auflöst.

Untersuchung der Image-URIs im Render-Ergebnis

Untersuchen Sie die Seite `/ressourcen/naming.xhtml` und vergleichen Sie die von JSF erzeugten Image-URIs für die obigen vier Beispiele.

■

Um vom Dateisystem zu abstrahieren, führt JSF das Konzept einer Ressourcenbibliothek ein. Der Name entspricht dabei dem Verzeichnisnamen unterhalb von `resources` in unserem Fall also `images`. Bild 4.7 stellt verschiedene Alternativen zur Ressourceneinbindung mit `<h:graphicImage>` gegenüber.

Die erste Alternative ist die bereits bekannte und macht vom Dateisystem Gebrauch. Die zweite und dritte Alternative verwenden die Bibliothek `images`, die zweite Alternative durch die Notation mit Doppelpunkt, die dritte Alternative durch Verwendung des Attributs `library`. Bitte beachten Sie, dass bei Verwendung von `library` zwingend das Attribut `name` statt `value` zu verwenden ist.

In der gerenderten Antwort erscheint bei der zweiten und dritten Alternative der Bibliotheksnamen als expliziter Query-Parameter `ln` (Library Name) am Ende des URIs. Hier das Ergebnis der zweiten Alternative:

Alternative Ressourceneinbindung mit <h:graphicImage>	
<h:graphicImage value="/resources/images/girl-1.png" >	
<h:graphicImage value="#{resource['images:girl-2.png']}" >	
<h:graphicImage library="images" name="girl-3.png" >	

Bild 4.7 Alternative Ressourceneinbindung mit `<h:graphicImage>`

```
<img src="/jsf-advanced/javax.faces.resource/girl-2.png.xhtml?ln=images">
```

Formate von Grafikressourcen

HTML definiert nicht, welche Grafikformate durch einen Browser unterstützt werden müssen. Im gerade diskutierten Beispiel haben wir PNG, in Abschnitt 4.2 für die Darstellung der Flaggen SVG verwendet. Da SVG ein Vektorformat ist und mittlerweile von allen Browsern unterstützt wird, ist SVG in der Regel eine gute Lösung. Was die Breite der Formatunterstützung angeht, unterstützt Firefox nach offizieller Aussage die Formate APNG, BMP ICO, BMP, GIF, JPEG, PNG ICO, PNG, SVG und WebP. ■

Attribute des `<h:graphicImage>`-Tags

`<h:graphicImage>` erlaubt die Verwendung einer Reihe von Attributen. Die Attribute `width` und `height` werden direkt in das generierte HTML durchgereicht. Die Größendefinition mit CSS erscheint uns jedoch sinnvoller. Das Attribut `alt` erscheint ebenfalls unverändert im generierten HTML und sollte eine aussagekräftige Beschreibung des Bildes zur Unterstützung der Barrierefreiheit enthalten. ■

4.4.2 Versionierte Ressourcen und Ressourcen-Bibliotheken

JSF unterstützt die Verwendung lokalisierter und versionierter Ressourcen. Die Verwendung einer Ressource erfolgt über einen *Ressourcen-Identifikator*, der nach dem folgenden Schema aufgebaut ist:

```
[locale/][libName/][libVersion/]resourceName[/resourceVersion]
```

Man erkennt die entsprechenden Bestandteile für die Lokalisierung, die Bibliothek sowie die Ressource selbst. Sowohl Bibliothek als auch Ressourcenname sind versionierbar. Die Versionierung geschieht mit ganzen Zahlen, die durch einen Unterstrich getrennt werden.Werden die Lokalisierung sowie die beiden Versionsangaben nicht verwendet, werden die Default-Lokalisierung (siehe Abschnitt 4.2.1) und die höchste Versionsnummer, falls vorhanden, verwendet. Wird lediglich der unverzichtbare Ressourcenname angegeben, erhält man die einfache Form eines Ressource-Identifikators, wie wir ihn in Abschnitt 4.4.1 angewandt haben.

Wir sind der Meinung, dass versionierte Ressourcen wenig praxisrelevant sind, und verzichten hier auf ein Beispiel. Für den Fall, dass Sie tatsächlich Ressourcen versionieren müssen, verweisen wir auf ein entsprechendes Beispiel in der zweiten Auflage des Buchs.

4.4.3 Positionierung von Ressourcen

Grafiken werden mit dem `<h:graphicImage>`-Tag am Ort der Verwendung dargestellt. Ressourcen wie JavaScript und CSS sind in der Regel im Kopf, JavaScript auch im Rumpf einer HTML-Seite zu positionieren. Dies kann durch einfache HTML-Tags und EL-Ausdrücke mit dem vordefinierten EL-Objekt `resource` realisiert werden, wie in Abschnitt 4.4.1 bereits erläutert. Problematisch wird eine derartige Verwendung aber bei der Erstellung eigener Komponenten oder bei der Verwendung von Komponentenbibliotheken. Wie lassen sich JavaScript- oder CSS-Dateien in solchen Komponenten an der richtigen Stelle des generierten HTMLs positionieren?

Die beiden Tags `<h:outputScript>` und `<h:outputStylesheet>` repräsentieren externe JavaScript- bzw. Stylesheet-Ressourcen. Das Tag `<h:outputStylesheet>` kann an einer beliebigen Stelle verwendet werden, das Stylesheet selbst wird in der gerenderten Antwortseite immer im Kopf platziert. Bei JavaScript-Dateien kann zwischen einer Platzierung im Kopf oder im Rumpf bzw. im Formular (`form`) der Seite ausgewählt werden, da diese Platzierung die erwünschte Funktionsweise von JavaScript beeinflusst. Die Auswahl erfolgt über das Attribut `target`, das die Werte `head`, `body` und `form` erlaubt. Um die gewählte Platzierung zu realisieren, müssen die entsprechenden Tags `<h:head>`, `<h:body>` und `<h:form>` in der Seite vorhanden sein.

Der folgende Code-Ausschnitt zeigt exemplarisch die Verwendung des `<h:outputStylesheet>`-Tags innerhalb einer JSF-Seitenstruktur. Die Bibliothek heißt `css`, die CSS-Datei `style.css`. Diese muss sich also im Verzeichnis `/resources/css` befinden.

```
<html>
  <h:head>
    ...
  </h:head>
  <h:body>
    <h:form>
      ...
      <h:outputStylesheet library="css" name="style.css" />
      ...
```

Der nun folgende Code-Ausschnitt zeigt das Render-Ergebnis dieser Seite.

```
<html>
  <head>
    ...
    <link type="text/css" rel="stylesheet"
      href="/jsf-advanced/javax.faces.resource/style.css.xhtml?ln=css" />
    ...
```

```
  </head>
  <body>
    <form>
      ...
```

Die CSS-Datei wird, obwohl ursprünglich mit `<h:outputStylesheet>` innerhalb des Formulars verwendet, nun mit `<link>` im Head der HTML-Seite eingebunden. Der zugrunde liegende Mechanismus der Einbindung ist der bereits bekannte mit `/javax.faces.resource` und Query-Parameter `ln`.

Während CSS-Stylesheets immer im Seitenkopf platziert werden, kann die Platzierung von JavaScript-Dateien innerhalb der HTML-Seite gewählt werden. Das entsprechende JSF-Tag `<h:outputScript>` erlaubt die Verwendung des Attributs `target`, für das die Werte `head`, `body` und `form` erlaubt sind und deren jeweilige Verwendung die Einbindung entsprechend durchführt. Häufig sinnvoll ist die Einbindung im Body, da dann die HTML-Seite bereits geladen ist und etwaige JavaScript-Zugriffe auf DOM-Elemente funktionsfähig sind, was bei der Einbindung im Head nicht gewährleistet ist.

Das folgende Beispiel weicht von diesem Rat ab, da lediglich eine einfache Funktion definiert wird.

```
<h:outputScript library="js" name="popup.js" target="head" />
<h:commandButton id="button" value="Popup anzeigen"
                 onclick="message();" />
```

Der angegebene Code führt zur Einbindung der Datei `popup.js` über das HTML-Tag `<script>` wie folgt:

```
<html>
  <head>
    ...
    <script type="text/javascript"
        src="/jsf-advanced/javax.faces.resource/popup.js.xhtml?ln=js">
    </script>
    ...
  </head>
```

Das On-Click-Event auf der Schaltfläche führt dann zum Aufruf der JavaScript-Methode `message()`.

```
function message() {
  alert("Hello by JavaScript");
}
```

JavaScript im Head oder Body?

Das Laden von JavaScript am Ende des Body-Elements wird häufig damit begründet, dass dann die HTML-Seite bereits geladen ist, der Browser sie rendern kann und dies zu einer besseren Benutzererfahrung führt. Zwingend notwendig ist die Platzierung im Body, wenn der JavaScript-Code dies erzwingt. In Abschnitt 4.5.6 entwickeln wir eine komplexere JavaScript-Funktion, die durch zwei DOM-Zugriffe unterstützt wird. Diese müssen erfolgen, nachdem die HTML-Seite geladen wurde, so dass die Platzierung der JavaScript-Datei zwingend am Ende des Bodys erfolgen muss. ■

Sollen Ressourcen nicht direkt im Dateisystem existieren, sondern etwa aus Gründen der Wiederverwendbarkeit in JARs gepackt werden, so ist innerhalb des JAR `/META-INF/resources` als Verzeichnis zu wählen. In der Referenzimplementierung ist etwa die JavaScript-Bibliothek `jsf.js` zur Ajax-Unterstützung (siehe Abschnitt 4.5.1) in der Bibliothek `javax.faces` untergebracht. Die Datei `jsf-impl.jar` der Referenzimplementierung enthält daher die Dateien

```
/META-INF/resources/javax.faces/jsf-uncompressed.js
/META-INF/resources/javax.faces/jsf.js
```

Beide Dateien enthalten den identischen JavaScript-Code, einmal in lesbarer, das andere Mal in optimierter, für Menschen weniger gut lesbarer Form.

JavaScript-Ressource-Dateien der Referenzimplementierung

Überzeugen Sie sich davon, dass die JavaScript-Ressource-Dateien in Ihrem Release der Referenzimplementierung vorhanden und bis auf die Komprimierung identischen Inhalts sind. ■

Zum Abschluss unserer Ausführungen zur Verwendung allgemeiner Ressourcen sei noch die Möglichkeit zur Ressourcenverwendung in Java erwähnt. Da diese Art der Verwendung in der Regel nur bei der Entwicklung eigener Komponenten und insbesondere der entsprechenden Renderer benötigt wird, finden Sie in Abschnitt 6.5.4 ein konkretes Beispiel und hier nur eine kurze Erwähnung. Falls Sie also eigene Komponenten bzw. Renderer entwickeln wollen, können Sie Ressourcen mit den Annotationen `@ResourceDependency` und `@ResourceDependencies` für diesen Renderer deklarieren. JSF liefert für jede mit diesem Renderer gerenderte Seite die entsprechende Ressource aus.

4.4.4 Kombination von CSS- und Grafikressourcen

Hintergrundgrafiken werden typischerweise mittels CSS eingebunden, das `<h:graphicImage>`-Tag hat ausgedient. In Abschnitt 4.4.1 haben wir bereits Alternativen vorgestellt, die ohne `<h:graphicImage>` funktionieren, da sie das native HTML-Element `<img>` verwenden. Dies ist hier aber auch nicht zielführend, da CSS mit JSFs Grafikressourcen kombiniert werden soll. Die beispielhafte Anforderung ist, dass das folgende Division-Element einen Hintergrund aus Grafiken erhält, die über CSS definiert werden.

```
<div id="logo">
  Text vor JSF-Logo
</div>
```

Dies kann relativ einfach realisiert werden, da JSF EL-Ausdrücke und Ressourcen auch in CSS-Dateien auswertet. Es genügt der folgende Deklarationsblock für den Id-Selektor `logo`.

```
#logo {
  background: url('jsf-logo.png.xhtml?ln=icons');
}
```

oder alternativ

```
#logo {
  background: url("#{resource['icons:jsf-logo.png']}");
}
```

Also einmal über den schon bekannten Query-Parameter `ln`, zum anderen über einen EL-Ausdruck und das vordefinierte EL-Objekt `resource`. Die Darstellung im Browser ist in Bild 4.8 dargestellt.

Bild 4.8 Grafik über CSS eingebunden

Durch die Verwendungsmöglichkeit von EL-Ausdrücken in CSS-Definitionen kann auch ganz allgemein eine Parametrisierung von CSS erfolgen. Mit der Etablierung von Custom-Properties (aka CSS-Variablen) scheint dies jedoch nicht mehr besonders sinnvoll.

4.5 Ajax zum Zweiten

In Abschnitt 2.7 haben wir das `<f:ajax>`-Tag bereits grundlegend eingeführt. Dieser Abschnitt wird nun detaillierter auf Ajax eingehen. Dazu werden wir Hintergründe zur Ajax-Implementierung in JavaServer Faces beleuchten, die in Abschnitt 2.7 begonnene Vorstellung des `<f:ajax>`-Tags vervollständigen, das `<h:commandScript>`-Tag einführen sowie auf die Integration von Ajax in eine JSF-Anwendung ohne das `<f:ajax>`-Tag eingehen.

Ajax ist als eine Menge zusammenhängender Technologien zur client-seitigen Erhöhung der Interaktivität von Web-Anwendungen mittlerweile eine unabdingbare Voraussetzung. Moderne, JavaScript-basierte UI-Frameworks wie Angular, React der Vue.js verwenden den Begriff nicht, er ist und bleibt aber trotzdem gesetzt. Als Akronym für *Asynchronous JavaScript and XML* stellt Ajax dabei namentlich nur einen Teil der verwendeten Technologien dar. Neben JavaScript und XML sind auch HTML/XHTML, DOM (Document Object Model) und vor allem das *XMLHttpRequest*-Objekt [URL-XMLHTTP] als zentrale Bestandteile zu nennen.

Wir gehen davon aus, dass der Leser bereits Erfahrung mit Ajax-unterstützten Web-Anwendungen hat, so dass wir von weiteren Ausführungen absehen und mit der Darstellung der JavaScript-Bibliothek beginnen, die dem `<f:ajax>`-Tag zugrunde liegt.

4.5.1 JSFs JavaScript-Bibliothek

Das Ziel der Bemühungen der JSF-Spezifikationsgruppe zur Integration von Ajax in JSF 2.0 war die möglichst transparente Integration einer JSF-spezifischen JavaScript-Bibliothek, um grundlegende Ajax-Operationen ausführen zu können. Seit diesem Release definiert JSF eine derartige JavaScript-Bibliothek als Ressource (siehe Abschnitt 4.4) mit Ressource-Namen `jsf.js` und Bibliotheksnamen `javax.faces`. Im Sinne einer tatsächlichen Standardisierung wurde der Namensraum `jsf` bei der *OpenAjax-Alliance* [URL-OAA] für JSF registriert.

Die Ressource wird über das `<h:outputScript>` eingebunden und kann dann über JavaScript-Attribute der Standard-Tags verwendet werden. Quasi als Blick hinter die Kulissen des `<f:ajax>`-Tags überarbeiten wir Beispiele des Abschnitts 2.7.1 (Listings 2.53 und 2.54), um die Ajax-Funktionalität ohne das `<f:ajax>`-Tag, sondern mit Hilfe der JavaScript-Bibliothek, hier der Funktion `jsf.ajax.request()`, zu realisieren. Listing 4.23 zeigt diese Überarbeitung.

Listing 4.23 Verwendung von `jsf.ajax.request()` (`customer-ajax.xhtml`)

```
<h:head>
  ...
</h:head>
...
<h:form id="form">
  <h:outputScript name="jsf.js" library="javax.faces"
    target="head" />
  <h:panelGrid columns="2">
    Vorname:
    <h:inputText id="firstname"
        value="#{ajaxController.customer.firstName}" />
    Nachname:
    <h:inputText id="lastname"
        value="#{ajaxController.customer.lastName}" />
    <h:graphicImage library="icons" name="jsf-logo.png"
        onclick="jsf.ajax.request(this, event,
                {execute: 'form:firstname form:lastname',
                 render: 'form:whole' });
                return false;"  />
    Kompletter Name:
    <h:outputText id="whole"
        value="#{ajaxController.wholeCustomerName()}" />
  </h:panelGrid>
</h:form>
```

Zunächst ist anzumerken, dass die beiden Eingaben mit `<h:inputText>` und die Ausgabe mit `<h:outputText>` der ursprünglichen Version entsprechen. Der Hauptunterschied ist das Ersetzen des `<h:commandButton>`-Tags durch `<h:graphicImage>`. Wozu sollte dies gut sein? Das `<h:commandButton>`-Tag schickt das komplette Formular ab, was wir vermeiden wollen. Stattdessen sollen über die Funktion `jsf.ajax.request()` Daten zum Server geschickt sowie dessen Antwort in die Seite eingebaut werden. Das `<h:graphicImage>`-Tag ist ein passives JSF-Element zur Anzeige einer Grafik. Es wird in den Zeilen 15 – 19 mit einem Event-Listener für das Klicken der Grafik versehen. Die Event-Listener-Funktion erhält als dritten Parameter eine Menge von Schlüssel/Wert-Paaren, die Parameter der Funktion. Als Schlüssel werden die beiden Literale `execute` und `render` verwendet, die wir schon aus dem ursprünglichen Beispiel als Parameter des `<f:ajax>`-Tags kennen.

Das überarbeitete Beispiel ist in seiner Funktion identisch zum Beispiel in Abschnitt 2.7.1, allerdings wird die Action-Methode nicht aufgerufen. Es wurde programmatisch auf der Basis von JavaScript realisiert, um zu verdeutlichen, wie das `<f:ajax>`-Tag realisiert ist. In der Regel ist die in Abschnitt 2.7.1 dargestellte Alternative auf der Basis des `<f:ajax>`-Tags deutlich einfacher und weniger fehlerträchtig und somit zu verwenden. Sollen eigene Komponenten entwickelt werden, kann jedoch auf das JavaScript-API zurückgegriffen werden, das wir gleich überblicksartig vorstellen.

Zunächst soll aber die Erläuterung des Beispiels abgeschlossen werden. In den Zeilen 6 und 7 lädt das `<h:outputScript>` die JavaScript-Bibliothek. Ohne dies wäre die Funktion `jsf.ajax.request()` nicht verfügbar. Anzumerken ist hier noch das `target`-Attribut mit Wert `header`. Der Wert gibt den Bereich an, in dem die Datei in der gerenderten Seite eingefügt werden soll. Es werden die Werte `head`, `body` und `form` unterstützt. Ist kein Wert angegeben, wird die Datei an der Stelle eingefügt, an der das Tag in der JSF-Seite steht.

Ressourceneinbindung durch `<f:ajax>`

Die in Listing 4.23 dargestellte Einbindung der Ressource mit `<h:outputScript>` ist im Code des herunterladbaren Beispielprojekts nicht enthalten, da an anderer Stelle ein `<f:ajax>`-Tag enthalten ist. Dieses führt automatisch zur Einbindung der Ressource. Überzeugen Sie sich davon, dass dieser angemerkte Umstand den Tatsachen entspricht.

■

Für den JavaScript-interessierten Leser stellen wir zum Abschluss die in der Bibliothek definierten JavaScript-Funktionen überblicksartig zusammen.

- `jsf.getClientWindow()`
  `windowId` des Fensters
- `jsf.getProjectStage()`
  Wert der Java-Methode `Application.getProjectStage()`
- `jsf.getViewState(form)`
  Kodierter Zustand aller Input-Elemente des Formulars
- `jsf.ajax.addOnError(callback)`
  Registriert Callback für Fehlerbehandlung
- `jsf.ajax.addOnEvent(callback)`
  Registriert Callback für Event-Behandlung
- `jsf.ajax.request(source, event, options)`
  Sendet asynchrone Anfrage an Server
- `jsf.ajax.response(request, context)`
  Empfängt Antwort vom Server
- `jsf.push.close(clientId)`
  Schließt den Web-Socket für clientId

- `jsf.push.init(clientId, url, channel, onopen, onmessage, onclose, behaviors, autoconnect)`
  Initialisiert Web-Socket für clientId
- `jsf.push.open(clientId)`
  Öffnet Web-Socket für clientId
- `jsf.util.chain(source, event)`
  Aufruf von Skripten (mit Varargs)

Die Verwendung des JavaScript-API ist insbesondere bei der Entwicklung eigener Komponenten mit Ajax-Funktionalität sinnvoll, auf die wir hier jedoch nicht eingehen. Stattdessen werden wir in Abschnitt 4.5.6 das Fetch-API von JavaScript [URL-FETCH] verwenden, das dem XMLHttpRequest-API ähnelt, aber eine modernere Syntax und zusätzliche Features unterstützt. Es kann als Weiterentwicklung des XMLHttpRequests gesehen werden.

Zum Schluss dieses Abschnitts sei uns noch eine Bemerkung erlaubt. Die dargestellten JavaScript-Funktionen sind in den API-Dokumenten für JSF seit Version 2.0 enthalten. Damit war diese JSF-Version die erste Java-EE-Spezifikation, die offiziell JavaScript verwendet und diese Verwendung entsprechend dokumentiert hat.

4.5.2 Navigation

Der Abschnitt 2.5.3 war der Navigation auf Basis von Action-Events gewidmet. Wir haben dort bereits demonstriert, dass auch mit Hilfe des `<f:ajax>`-Tags navigiert werden kann (Listing 2.32 auf Seite 98 und die entsprechenden Erläuterungen), wollen dies nun aber vertiefen. Zunächst ist anzumerken, dass es nicht notwendig und häufig auch nicht sinnvoll ist, für reine Navigationszwecke einen POST-Request zu verwenden. Auch ein XMLHttpRequest ist ein POST-Request. Soll diese Anforderung trotzdem realisiert werden, in unserem Fall, um weitere Einblicke in JSF zu bekommen, so ergibt sich zunächst die Lösung, die wir schon in Listing 2.32 verwendet haben: ein Ajax-Request, der das ganze Formular exekutiert und ebenfalls das ganze Formular rendert. In der folgenden Darstellung also das `<f:ajax>`-Tag innerhalb der Schaltfläche. Die Action-Methode gibt eine View-Id als Navigationsziel zurück, so dass wir auf eine Darstellung verzichten.

```
<h:commandButton action="..." value="...">
  <f:ajax execute="@form" render="@form" />
</h:commandButton>

  <!-- 1. Alternative -->
  <f:ajax execute="@this" render="@none" />

  <!-- 2. Alternative -->
  <f:ajax />
```

Eine genauere Analyse zeigt, dass trotz des `XMLHttpRequest` als Antwort die ganze Seite und nicht, wie angegeben, nur das Formular zurückgegeben wird. Man erkennt dies z.B. im Konsolen- oder Netzwerk-Tab des entsprechenden Browser-Werkzeugs. Bild 4.9 zeigt die ersten Zeilen der Antwort im entsprechenden Firefox-Werkzeug.

Warum enthält die „partielle" Antwort die ganze Seite? Weil JSF bei der Navigation zu einer anderen Seite diese immer komplett als „partielle" Antwort zurückschickt. Die in der

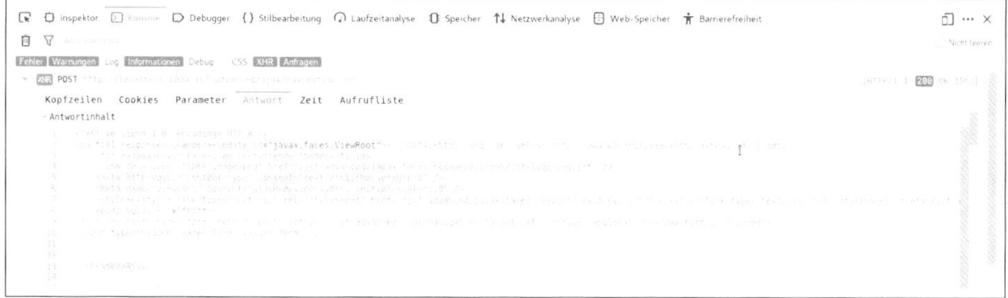

Bild 4.9 „Partielle" Antwort auf XMLHttpRequest

JSF-Seite ebenfalls dargestellten Alternativen stellen die expliziten und impliziten Default-Werte des Ajax-Request dar und führen zum selben Ergebnis, der Antwort der ganzen Seite. Wir raten daher zur zweiten Alternative, da diese mit minimalem Code auskommt.

Ganze Seite als Antwort eines Ajax-Request mit Navigation

Wie in Bild 4.9 zu erkennen, ist die Antwort eines Ajax-Requests mit Navigation immer die ganze Seite (Komponente `UIViewRoot`) oder in Form des `render`-Attributs ausgedrückt der Wert `@all`.

Mit Ajax ist es auch möglich, ohne Befehlskomponente oder einfachem HTML-Link zu navigieren, indem z.B. eine Grafik mit Hilfe von `<f:ajax>` klicksensitiv gemacht wird. Das folgende Beispiel soll die etwas aufwendigere Navigation über diesen Weg demonstrieren. Listing 4.24 zeigt die Einbindung der Grafik mit Hilfe des `<h:graphicImage>`-Tags.

Listing 4.24 Klicksensitive Grafik zur Navigation

```
<h:graphicImage library="icons" name="jsf-logo.png">
  <f:ajax event="click" listener="#{ajaxController.redirect}" />
</h:graphicImage>
```

Das Interessante an diesem Beispiel ist der Event-Listener `redirect()`, der in Listing 4.25 dargestellt ist.

Listing 4.25 Ajax-Listener für Grafik in Listing 4.24

```
@Named
@RequestScoped
public class AjaxController {

  @Inject
  FacesContext facesContext;

  @Inject
  ExternalContext externalContext;
```

```
public void redirect(AjaxBehaviorEvent event) throws IOException {
  String url = facesContext.getApplication().getViewHandler()
      .getActionURL(facesContext, "/ajax/navigation-target.xhtml");
  String urlEncoded = externalContext.encodeActionURL(url);
  externalContext.redirect(urlEncoded);
}
...
```

Über den Faces-Context und den External-Context wird letztendlich ein HTTP Redirect mit dem neuen URL an den Browser geschickt. Der POST-Request erhält als partielle Antwort also den Redirect-Befehl, der dann über einen GET-Request die neue Seite anfragt.

4.5.3 JavaScript mit Java

Die Zuständigkeit von JavaScript auf dem Client und von Java auf dem Server ist nicht unumstößlich. Mit geringem Aufwand kann auf dem Server JavaScript-Code als Teilantwort für den Client dynamisch aufbereitet werden. Die Methode `javaScriptWindow()` in Listing 4.26 öffnet mit der JavaScript-Funktion `alert()` eine Alert-Box, in dem der vom Benutzer eingegebene Text des Property `input` erscheint.

Listing 4.26 Methode zum Öffnen einer Alert-Box

```
1  public void javaScriptWindow() {
2    if (facesContext.getPartialViewContext().isAjaxRequest()) {
3      externalContext.setResponseContentType("text/xml");
4      externalContext.addResponseHeader("Cache-Control", "no-cache");
5      PartialResponseWriter writer =
6       facesContext.getPartialViewContext().getPartialResponseWriter();
7      writer.startDocument();
8      writer.startEval();
9      writer.write("alert('Die Eingabe ist \\'" + input + "\\'');");
10     writer.endEval();
11     writer.endDocument();
12     writer.flush();
13     facesContext.responseComplete();
14   }
15 }
```

Man erkennt in der Zeile 9 die Konstruktion der `alert()`-Funktion und deren Parameter. Wenn die dargestellte Methode über einen Ajax-Aufruf, etwa durch das Blur-Event wie im folgenden Code, aufgerufen wird, öffnet sich ein JavaScript-Fenster mit der entsprechenden Meldung.

```
<h:inputText value="#{ajaxController.input}">
  <f:ajax listener="#{ajaxController.javaScriptWindow}"
          event="blur" />
</h:inputText>
```

Ein Teil des Browser-Fensters sowie die Alert-Box sind in Bild 4.10 dargestellt, allerdings nicht mit der Originalzeile 9 aus Listing 4.26, sondern in etwas abgeänderter Form. Der

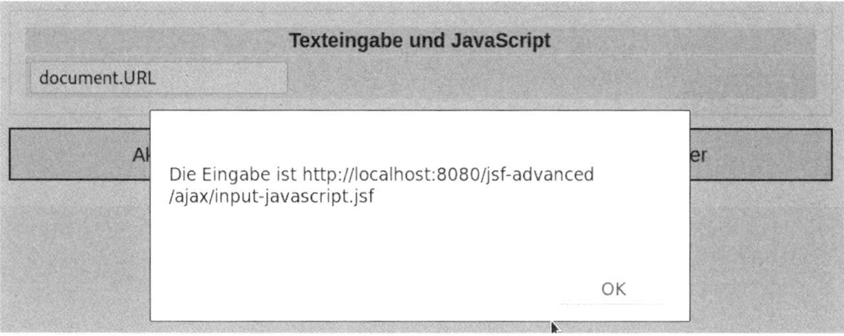

Bild 4.10 Alert-Box mit ausgewertetem JavaScript-Ausdruck

geänderte Code verwendet nicht die umgekehrten Schrägstriche und die Apostrophe in der Funktion `alert()`, die auf den ersten Blick unnötig und kompliziert erscheinen, sondern die Zeile

```
writer.write("alert('Die Eingabe ist ' + " + input + ");");
```

JavaScript hat direkten Zugang zum Browser-API, so dass eine potenzielle Verwundbarkeit einer Anwendung durch Cross-Site-Scripting besteht. Wenn die geänderte Zeile 9 verwendet wird, führt dies zum gezeigten Problem. Die Eingabe wird von JavaScript interpretiert. Enthält sie Ausdrücke, die JavaScript-Objekte benennen oder JavaScript-Funktionen aufrufen, kann dies zur Kompromittierung des Systems führen. Im Beispiel wird etwa der Ausdruck `document.URL` ausgewertet.

JavaScript-Auswertung

Ändern Sie die Zeile 9 in Listing 4.26 wie beschrieben ab und überzeugen Sie sich davon, dass der eingegebene Ausdruck `document.URL` ausgewertet wird. ■

4.5.4 Nicht gerenderte Komponenten

Mit dem `render`-Attribut des `<f:ajax>`-Tags werden die auf dem Client zu aktualisierenden Komponenten bestimmt. Wir haben dies bereits in mehreren Beispielen praktiziert. Problematisch wird dies bei JSF-Seiten, deren Inhalte sich ändern, weil das Rendern von Komponenten über ihr `rendered`-Attribut gesteuert wird. Wir erläutern dies an einem Beispiel. Die JSF-Seite in Listing 4.27 steuert über drei Radio-Buttons die Eingabemöglichkeiten für eine Zahlung per Bankeinzug, Kreditkarte oder Rechnung.

Listing 4.27 Optionales Rendern von Komponenten (Datei `payment.xhtml`)

```
<h:panelGrid>
  <f:facet name="header">Nicht gerenderte Komponenten</f:facet>
  Zahlung per
  <h:selectOneRadio value="#{ajaxController.bezahlart}">
```

```
5       <f:ajax render="wrapper" />
6       <f:selectItems value="#{Bezahlart.values()}" />
7     </h:selectOneRadio>
8   </h:panelGrid>
9
10  <h:panelGroup id="wrapper">
11    <h:panelGrid id="einzug" columns="2"
12        rendered="#{ajaxController.bezahlart == Bezahlart.BANKEINZUG}">
13      <h:outputLabel value="Kontoinhaber" />
14      <h:inputText value="#{ajaxController.bezahlinfo.kontoinhaber}" />
15      <h:outputLabel value="Kontonummer" />
16      <h:inputText value="#{ajaxController.bezahlinfo.kontonummer}" />
17      <h:outputLabel value="Bankleitzahl" />
18      <h:inputText value="#{ajaxController.bezahlinfo.blz}" />
19    </h:panelGrid>
20
21    <h:panelGrid id="karte" columns="2"
22       rendered="#{ajaxController.bezahlart == Bezahlart.KREDITKARTE}">
23      <h:outputLabel value="Kreditkarte" />
24      <h:inputText value="#{ajaxController.bezahlinfo.kreditkarte}" />
25      <h:outputLabel value="ügltig bis" />
26      <h:inputText value="#{ajaxController.bezahlinfo.gueltigBis}" />
27      <h:outputLabel value="Kartennummer" />
28      <h:inputText value="#{ajaxController.bezahlinfo.nummer}" />
29    </h:panelGrid>
30
31    <h:panelGrid id="rechnung" columns="2"
32        rendered="#{ajaxController.bezahlart == Bezahlart.RECHNUNG}">
33      <h:outputLabel value="Vor-/Nachname" />
34      <h:inputText value="#{ajaxController.bezahlinfo.name}" />
35      <h:outputLabel value="ßStrae Nummer" />
36      <h:inputText value="#{ajaxController.bezahlinfo.strasse}" />
37      <h:outputLabel value="PLZ Ort" />
38      <h:inputText value="#{ajaxController.bezahlinfo.plzOrt}" />
39    </h:panelGrid>
40  </h:panelGroup>
```

Die drei Zahlungsalternativen werden jeweils mit einem `<h:panelGrid>`-Tag realisiert. Diese haben die Ids `einzug`, `karte` und `rechnung` (Zeilen 11, 21, 31). Die Darstellung der Panel-Grids wird dynamisch in Abhängigkeit des jeweiligen `rendered`-Attributs gesteuert. Bild 4.11 zeigt die Darstellung jeweils für den Bankeinzug und die Kreditkarte.

Bild 4.11 Auswahl der Zahlungsart über Radio-Button

In Zeile 5 wird das render-Attribut des <f:ajax>-Tags auf die Id wrapper gesetzt. Warum?

```
<f:ajax render="wrapper" />
```

Sinnvoll wäre doch ein Aktualisieren der drei Panel-Grids durch:

```
<f:ajax render="einzug karte rechnung" />
```

Dies führt jedoch nicht zum gewünschten Ergebnis, da nur eines der drei Panel-Grids gerendert wird, die anderen jedoch nicht. Daher sind die nicht gerenderten Panel-Grids nicht im DOM enthalten und lassen sich auch nicht per Ajax aktualisieren. Es muss also eine Alternative gefunden werden. Hier bietet sich ein Wrapper an, in unserem Beispiel ein <h:panelGroup>. Dieses hat als einzige Aufgabe, eine JSF-Komponente mit einer Id zu versehen, um diese dann per Ajax rendern zu können. Eine weitere Alternative wäre das Rendern des ganzen Formulars, um das <h:panelGroup>-Tag einzusparen:

```
<f:ajax render="@form" />
```

Das Beispiel verwendet die Enumeration Bezahlart mit den Werten BANKEINZUG, KREDITKARTE und RECHNUNG. Wie in Abschnitt 2.4.4 dargestellt, werden Enum-Werte automatisch konvertiert, so dass das Property bezahlart im Controller vom Typ Bezahlart ist und im EL-Ausdruck der rendered-Attribute für einen Gleichheitstest verwendet werden kann. Die in Listing 4.27 verwendeten Werte für die Texte der Radio-Buttons sind die drei Enum-Werte BANKEINZUG, KREDITKARTE und RECHNUNG:

```
<f:selectItems value="#{Bezahlart.values()}" />
```

die dann so, also in Upper-Case, in der gerenderten HTML-Seite dargestellt werden würden. Bild 4.11 zeigt jedoch die normale Schreibung der drei Werte. Wie kann das sein? Wir haben dazu zwei Funktionen der JSTL-Bibliothek (JSP Standard Tag Library) verwendet, die Strings manipulieren: fn:substring() und fn:toLowerCase(). Der entsprechende JSF-Quell-Code liest sich wie folgt:

```
<f:selectItems value="#{Bezahlart.values()}" var="art"
  itemLabel="#{fn:substring(art, 0, 1)}
             #{fn:toLowerCase(fn:substring(art, 1, -1))}" />
```

Bemerkung: Der Zeilenumbruch zwischen den beiden EL-Ausdrücken ist dem Buch-Layout geschuldet und muss im Quell-Code unterbleiben. Zudem sei angemerkt, dass die Änderung der Schreibweise auch in Java erfolgen kann und strukturell ganz ähnlich wäre.

Einfache String-Funktionen in der JSTL-Bibliothek

Die JSTL-Funktionsbibliothek enthält eine Reihe von String-Funktionen, die in Abschnitt A.6 vorgestellt werden.

■

4.5.5 Komponentenbibliotheken

In der zweiten Auflage des Buchs hatten wir die Komponentenbibliothek RichFaces von JBoss vorgestellt und einige Beispiele mit Hilfe dieser Bibliothek entwickelt. In der ersten

Auflage des Buchs hatten wir die Komponentenbibliothek Tomahawk von Apache vorgestellt. Beide Komponentenbibliotheken werden mittlerweile nicht mehr weiterentwickelt. Es ist nicht sehr sinnvoll, in einem Buch derartige Bibliotheken vorzustellen, wie wir mittlerweile glauben. Zum einen ist deren Lebensdauer schlecht vorhersagbar, zum anderen stellen die Bibliotheken überlicherweise ihre Komponenten in Demonstratoren interaktiv im Web vor, sind also gedruckten Medien zumindest bezüglich Interaktivität und Aktualität überlegen. Wir werden daher in dieser Auflage des Buchs keine konkrete Komponentenbibliothek einführen, sondern einen kurzen und nicht den Anspruch auf Vollständigkeit erhebenden Überblick über aktuelle Komponentenbibliotheken geben. Warum erfolgt dies in einem Abschnitt über Ajax? Weil die Komponentenbibliotheken — mit einer einzigen Ausnahme — Ajax-Komponenten realisieren.

Tabelle 4.5 Überblick Komponentenbibliotheken

Name	Referenz
PrimeFaces	`https://www.primefaces.org`
BootsFaces	`https://www.bootsfaces.net`
ButterFaces	`http://www.butterfaces.org`
ICEfaces	`https://bit.ly/31f4Iij`
OmniFaces	`https://omnifaces.org`

Tabelle 4.5 gibt einen Überblick über, wie wir meinen, verbreitete und aktuelle JSF-Komponentenbibliotheken. Um möglichst neutral zu bleiben, zitieren wir den Originaltext der jeweiligen Bibliothek, nachzulesen unter den in Tabelle 4.5 genannten Referenzen.

PrimeFaces

„PrimeFaces is a popular open source framework for JavaServer Faces featuring over 100 components, touch optimized mobilekit, client side validation, theme engine and more "

BootsFaces

„a powerful and lightweight JSF framework based on Bootstrap 3 and jQuery UI that lets you develop Front-end Enterprise Applications fast and easy "

ButterFaces

„a lightweight and responsive JSF framework that combines the advantages from Bootstrap 4, jQuery 3 and HTML 5 to develop fast, easy and modern web applications using JSF 2 "

ICEfaces

„ICEfaces is an open-source Rich Internet Application (RIA) development framework for Java EE. ICEfaces works across platforms ranging from desktop to smart phones and Apple to Android "

OmniFaces

„OmniFaces is a utility library for JSF 2 that focusses on utilities that ease everyday tasks with the standard JSF API. OmniFaces is a response to frequently recurring problems encountered during ages of professional JSF development and from questions being asked on Stack Overflow "

Bei Interesse werfen Sie einen Blick in die genannten Bibliotheken. Alle Bibliotheken sind Open-Source-Bibliotheken, wenngleich einige auch kommerzielle, sprich kostenpflichtige Versionen vertreiben. Eine Sonderstellung nimmt OmniFaces ein, die keine UI-Bibliothek, sondern eine Utility-Bibliothek ist, die für immer wieder auftretende JSF-Probleme wie Konvertierer, Validierer oder Filter Implementierungen anbietet. Die Autoren von OmniFaces, Bauke Scholtz and Arjan Tijms, waren Mitglieder der Expertengruppe, die an der JSF-2.3-Spezifikation mitgearbeitet haben, kennen sich also sehr gut mit JSF aus. Sie haben außerdem ein Buch über JSF [ST18] geschrieben, das sehr empfehlenswert ist. Auch zu OmniFaces selbst gibt es ein Buch, geschrieben von Anghel Leonard und Constantin Alin [LA15], das ebenfalls lesenswert ist.

4.5.6 Ajax ohne `<f:ajax>`

Das `<f:ajax>`-Tag ist, wie wir gesehen haben, relativ mächtig. Seine prinzipielle Funktionsweise ist jedoch simpel: Ein von Browser und JavaScript initiierter XMLHttpRequest aktualisiert server-seitig einige JSF-Komponenten, führt Event-Listener (Algorithmik) aus, die eventuell JSF-Komponenten aktualisieren. Die Antwort enthält wiederum den Zustand einiger JSF-Komponenten, die client-seitig im DOM aktualisiert und vom Browser dargestellt werden. Mit den in Abschnitt 2.6.2 eingeführten Pass-Through-Elementen ist dies nicht auf JSF-Komponenten beschränkt, sondern kann auch HTML-Elemente einbeziehen.

Was aber, wenn eine bestimmte Algorithmik nicht server-seitig in Java, sondern client-seitig mit JavaScript realisiert werden soll? Das Tag `<h:outputScript>` erlaubt es, JavaScript-Dateien in die generierte HTML-Seite einzubinden, und unterstützt damit die Realisierung dieser Anforderung.

Als Beispiel hierfür entwickeln wir eine Eingabefunktionalität, die häufig als *Auto-Completion* bezeichnet wird, genaugenommen aber eher *Suggestion* heißen sollte, da keine automatische Vervollständigung erfolgt, sondern Auswahlvorschläge generiert werden. Entsprechende Komponenten werden von Primefaces (`<p:autoComplete>`), ButterFaces (`<b:autoComplete>`) und ICEfaces (`<ace:autoCompleteEntry>`) angeboten. BootsFaces bietet alternativ für die normale Texteingabe ein Attribut `typeahead-values` an.

Eine Recherche im Netz zeigt recht schnell, dass diese Aufgabe nicht trivial ist. Verschiedene JavaScript-Implementierungen bringen es schnell auf einige hundert Code-Zeilen plus zusätzlichen CSS-Code, um das Pop-up mit den Auswahlvorschlägen an der richtigen Stelle zu platzieren. Wir machen es uns etwas einfacher und greifen auf Neuerungen von HTML5 zurück. Das `<input>`-Element bekam das neue Attribut `list`, das als Wert die Id des ebenfalls neuen `<datalist>`-Elements enthält. Das `<input>`-Element wiederum enthält eine Liste von `<option>`-Elementen, die die Auswahloptionen darstellen. Der folgende Code zeigt dies beispielhaft.

```
<input list="browsers" />
<datalist id="browsers">
  <option value="Chrome">
  <option value="Firefox">
  <option value="Internet Explorer">
  <option value="Opera">
  <option value="Safari">
</datalist>
```

Es ist nun ein leichtes, die entsprechende JSF-Seite zu erstellen, die alle möglichen Optionen in das `<datalist>`-Elements schreibt. Selbst mehrere hundert Optionen führten bei eigenen Versuchen zu keinen Problemen. Ob eine derartige Seite allerdings sehr sinnvoll ist, bleibt dahingestellt. Problematischer ist die im Browser eingebaute Funktionalität, welche Optionen anzuzeigen sind. Die HTML5-Spezifikation verlangt lediglich, dass „gefiltert" werden muss, sagt jedoch nicht, wie. Sowohl Firefox als auch Chrome prüfen die Optionen auf Teil-String der Benutzereingabe, nicht als Präfix. Eine nicht ganz intuitive Realisierung, wie wir meinen. Um tatsächlich nur Optionen anzuzeigen, die die bisherige Eingabe als Präfix enthalten, müssen wir selbst aktiv werden und die Liste der Optionen auf die zur bisherigen Eingabe passende Menge reduzieren. Dies kann client-seitig mit JavaScript oder server-seitig mit Java erfolgen. Wir bevorzugen die Java-Alternative.

Auswahl über alle Lokalisierungssprachen

Erstellen Sie eine JSF-Seite, die die Sprachen aller verfügbaren Lokalisierungen (`Locale.getAvailableLocales()`) in den `<option>`-Elementen einer `<datalist>` enthält.

■

Listing 4.28 `<input>` und `<datalist>` im Zusammenspiel (Datei `suggestion.xhtml`)

```
1  ...
2  <h:body>
3    <h:form id="form">
4    ...
5      <h:outputScript library="js" name="suggestion.js" target="body"/>
6      <h:panelGrid>
7        <f:facet name="header">Natives JavaScript</f:facet>
8        Wählen Sie eine Sprache
9        <h:inputText id="language"
10                    value="#{languageController.language}"
11                    pt:list="languages" pt:autocomplete="off" />
12       <datalist id="languages"></datalist>
13     </h:panelGrid>
14     ...
```

Als konkretes Beispiel sollen dem Benutzer Sprachen der vom aktuellen JRE unterstützten Lokalisierungen zur Auswahl bereitgestellt werden. Die interessanten Teile der JSF-Seite sind in Listing 4.28 dargestellt. Zentral für die Lösung ist das `<datalist>`-Element in Zeile 12. Es ist ein natives HTML-Tag und enthält initial kein einziges `<option>`-Element. Das `<h:inputText>`-Tag in Zeile 9 referenziert mit dem Pass-Through-Attribut `pt:list` das `<datalist>`-Element. Ein weiteres Pass-Through-Attribut, `pt:autocomplete`, verhindert sicherheitshalber die Browser-Unterstützung beim Ausfüllen der Eingabe. Die JavaScript-Datei `suggestion.js` wird über `<h:outputScript>` in Zeile 5 eingebunden und ist in Listing 4.29 dargestellt. Das `target`-Attribut des `<h:outputScript>`-Tags gibt den Zielbereich des `<script>`-Tags im gerenderten HTML an, durch das die JavaScript-Datei eingebunden wird. Mögliche Werte des Attributs sind `head`, `body` und `form`. Wird das `target` nicht verwendet, erfolgt die Einbindung der JavaScript-Datei an der Stelle der Verwendung von

<h:outputScript>. Damit die Einbindung mit Zielbereich head und body funktioniert, müssen statt der HTML-Tags <head> und <body> die JSF-Tags <h:head> und <h:body> verwendet werden.

<h:head> und <h:body> zur Ressourceneinbindung

Damit Ressourcen korrekt eingebunden werden können, sollten Sie <h:head> und <h:body> statt <head> und <body> verwenden.

■

Die nächste Implementierungsaufgabe besteht nun darin, die bisherige Benutzereingabe an den Server zu schicken und diese Eingabe als Filter zu verwenden. Durch den Filter gelangen alle Sprachen, die die Benutzereingabe als Präfix besitzen. Die Antwort der gefilterten Sprachen muss dann client-seitig in den DOM eingepflegt werden. Den JavaScript-Teil dieser Realisierung zeigt Listing 4.29.

Listing 4.29 JavaScript für Suggestions (Datei suggestion.js)

```
var language = document.getElementById('form:language');
var languages = document.getElementById('languages');

language.onkeyup = function(event) {
    const charList = 'abcdefghijklmnopqrstuvwxyz';
    const key = event.key.toLowerCase();

    if (event.keyCode === 8)
        ; // noop: backspace
    else if (charList.indexOf(key) === -1)
        return;

    var suggestionFetch = fetch('http://localhost:8080/jsf-advanced
          /resources/languages/suggestions?input=' + language.value);

    suggestionFetch
        .then(function(response) {
            return response.json();
        })
        .then(function(names) {
            languages.innerHTML = '';
            for (var i = 0; i < names.length; i++) {
              var listItem = document.createElement('option');
              listItem.innerHTML = names[i];
              languages.appendChild(listItem);
            }
        });
};
```

Die beiden Variablen language und languages referenzieren das <input>- und das datalist-Element. Da das <input>-Element aus dem JSF-Tag <h:inputText> entstanden ist, muss der Formularpräfix vorangestellt werden. Erläuterungen und die Option auf den

Verzicht des Präfix finden Sie in Abschnitt 4.3.2. Die ersten Zeilen der Funktionsdeklaration dienen eher kosmetischen Zwecken und sollen hier nicht betrachtet werden. Der zentrale Punkt der Implementierung ist der Aufruf der Funktion `fetch()`. Diese Funktion, genauer das Fetch-API [URL-FETCH], ist die modernere Version des `XMLHttpRequest`, der z.B. von JSF intern für die Ajax-Funktionalität verwendet wird. Das Ergebnis ist ein *Promise*, vergleichbar der Klasse `CompletableFuture` in Java. Ein Promise repräsentiert das Ergebnis, evtl. Fehlschlag, einer asynchronen Operation. Die `then()`-Methode bekommt eine Callback-Methode übergeben und liefert wiederum ein Promise zurück, kann also verkettet werden. Der erste `then()`-Aufruf gibt die Antwort als JSON zurück. Der zweite baut dieses Array von JSON-Strings als `<option>`-Elemente in das `<datalist>`-Element ein.

Die letzte verbleibende Aufgabe ist die Rückgabe der Auswahloptionen als JSON-Array. Das durch die `fetch()`-Methode aufgerufene URI lautet

```
'.../languages/suggestions?input=' + language.value
```

Die aktuelle Benutzereingabe wird also als Query-Parameter `input` an ein Basis-URI angehängt. Listing 4.30 zeigt die JAX-RS-Klasse `LanguagesResource` und deren Methode `getResponse()`, die auf das genannte URI gemappt ist.

Listing 4.30 Filtern der verfügbaren Sprachen (Klasse `LanguagesResource`)

```
1  @Path("/languages")
2  public class LanguagesResource {
3
4    private List<String> languages; // alle Sprachen
5
6    @GET
7    @Path("/suggestions")
8    @Produces(MediaType.APPLICATION_JSON)
9    public Response getResponse(@QueryParam("input") String input) {
10     if (input == null || input.length() < 2) {
11       return Response.ok(new String[0]).build();
12     }
13     String[] suggestions =
14         languages.stream()
15                 .filter(str -> str.startsWith(input))
16                 .sorted()
17                 .toArray(String[]::new);
18     return Response.ok(suggestions).build();
19   }
20   ...
```

Wir wollen an dieser Stelle keine Einführung in JAX-RS geben, glauben aber, dass der Code auch für den Leser ohne JAX-RS-Kenntnisse verständlich ist. Die beiden `@Path`-Annotationen (Zeilen 1 und 7) definieren das Basis-URI. Die `@QueryParam`-Annotation des Methodenparameters in Zeile 9 definiert den Query-Parameter `input`. Dessen Wert wird automatisch in die String-Variable `input` injiziert.

Bauen und deployen Sie das Projekt `jsf-advanced`. Machen Sie sich mit der Funktionsweise und dem Zusammenspiel von JavaScript, JSF und JAX-RS vertraut. ■

JavaScript-Optimierung

Uns ist bewusst, dass der JavaScript-Code noch optimiert werden kann. Dies soll hier ausdrücklich nicht thematisiert werden. ■

4.5.7 Das `<h:commandScript>`-Tag

Mit dem `<f:ajax>`-Tag kann für eine JSF-Komponente beim Auftreten eines Events ein JSF-Ajax-Request initiiert werden, der intern die JavaScript-Methode `jsf.ajax.request()` verwendet. Mit JavaScript können XML-HTTP-Requests oder Fetch-Request abgesetzt werden. Was nicht möglich ist, ist das Auslösen eines JSF-Ajax-Request durch JavaScript. Genau dies realisiert das `<h:commandScript>`-Tag.

Die Attribute von `<h:commandScript>` stimmen größtenteils mit den Attributen des `<f:ajax>`-Tags überein. So existieren etwa `execute` und `render` mit derselben Semantik. Da das Tag bzw. die dahinter stehende Komponente eine Befehlskomponente ist, existieren auch die Attribute `action` und `actionListener` analog zu `<h:commandButton>` und `<h:commandLink>`.

Ein kleines Beispiel soll die generelle Funktionsweise erläutern. In Listing 4.31 wird die JavaScript-Funktion `sentToServer()` deklariert, die die Funktion `sendData()` in Zeile 3 aufruft.

Listing 4.31 Verwendung von `<h:commandScript>` (Datei `command-script.xhtml`)

```
1  <h:outputScript>
2    function sendToServer(){
3      sendData({ "mykey" : "myvalue", "timestamp" : new Date() });
4    }
5  </h:outputScript>
6
7  <h:panelGrid id="content">
8    <f:facet name="header">Beispiel &lt;h:commandScript&gt;</f:facet>
9    <h:commandScript name="sendData" execute="@form"
10       action="#{ajaxController.commandScriptAction()}" />
11   <button onclick="sendToServer();">Send to Server</button>
12 </h:panelGrid>
```

Die Funktion `sendData()` ist über das `<h:commandScript>`-Tag definiert. In der generierten HTML-Seite wird eine solche Funktion erstellt, die ihrerseits `jsf.ajax.request()` bzw. bei der von uns verwendeten Implementierung Mojarra die Hilfsfunktion `mojarra.ab()` aufruft. Die generierte Funktion kann parameterlos oder, wie im Beispiel, mit einem JavaScript-Objekt als Parameter verwendet werden. Das Beispiel soll demonstrieren, dass beliebige Parameter bzw. Daten verwendet werden können, z.B. die aktuelle

Browser-Zeit. Die JavaScript-Funktion `sendToServer()` wird über einen einfachen HTML-Button (`<button>` in Zeile 11) aufgerufen. Die verwendete Action-Methode `commandScriptAction()` ist in Listing 4.32 dargestellt.

Listing 4.32 Action-Methode `commandScriptAction()` für `<h:commandScript>`

```
1  @Named
2  @RequestScoped
3  public class AjaxController {
4
5    @Inject
6    ExternalContext externalContext;
7    ...
8
9    public void commandScriptAction() {
10     Map<String, String> params =
11         externalContext.getRequestParameterMap();
12     ...
13   }
14   ...
```

Über den injizierten External-Context kann auf alle Request-Parameter, auch die von uns als Parameter von `sendData()` verwendeten, zugegriffen werden. Wir haben dies in Listing 4.32 in den Zeilen 10/11 nur angedeutet. Die tatsächlichen Werte einer Beispielausführung sind in Tabelle 4.6 angegeben.

Tabelle 4.6 Formulardaten über Request-Parameter des External-Context

Key	Value
javax.faces.behavior.event	action
javax.faces.ViewState	-7501559544960983499:1334503625964920540
javax.faces.source	form:j_idt8
javax.faces.partial.ajax	true
javax.faces.partial.execute	form:j_idt8 form
mykey	myvalue
timestamp	Wed Jun 19 2019 11:51:40 GMT+0200 (Mitteleuropäische Sommerzeit)

Die beiden letzten Zeilen von Tabelle 4.6 sind die Parameter der `sendData()`-Funktion. Die anderen Request-Parameter werden implizit und ohne unser Zutun den Request-Parametern des Ajax-Aufrufs hinzugefügt. Man erkennt zum Beispiel, dass das auslösende Event ein Action-Event war (`javax.faces.behavior.event`) und der Request als partieller Ajax-Request abgeschickt wurde (`javax.faces.partial.ajax`). Der ViewState (`javax.faces.ViewState`) repräsentiert bzw. identifiziert den Zustand der View und wurde bereits in Abschnitt 2.1.1 auf Seite 18 eingeführt. Die generierte Id `j_idt8` ist die Id eines <span>-Elements, das das `<script>`-Element für die `sendData()`-Funktion umschließt. Wir empfehlen dem Leser an dieser Stelle einen Blick in den generierten HTML-Code.

<h:commandScript> in <h:form>

Wie alle Befehlskomponenten muss auch das `<h:commandScript>` innerhalb eines Formulars (`<h:form>`) stehen. Es empfiehlt sich, es *direkt* mit `<h:form>` zu umschließen. Bei der Ausführung in Firefox kommt es sonst zu einem Fehler, der mit „`InvalidStateError: XMLHttpRequest has an invalid context.`“ angezeigt wird. In Chrome hatten wir derartige Probleme nicht. Das herunterladbare Projekt enthält eine Alternative mit direktem Umschluss von `<h:form>` sowie die Alternative mit dem von uns standardmäßig verwendeten Template.

■

Navigation mit <h:commandScript>

Die Action-Methode in Listing 4.32 ist vom Typ `void`. Wie bei allen Action-Methoden kann der Rückgabetyp aber `Object` bzw. `String` sein und wird als View-Id zur Navigation verwendet. Wir sind allerdings der Meinung, dass eine Navigation mit `<h:commandScript>` nicht sehr sinnvoll ist.

■

Zum Abschluss dieses Abschnitts sei noch auf das Attribut `autorun` des `<h:commandScript>`-Tags verwiesen. Ist sein Wert `true`, wird die JavaScript-Funktion aufgerufen, wenn das `window`-Objekt das Event `load` wirft.

4.5.8 Zu schnelle Benutzer ;-)

Mit der Verwendung des `<f:ajax>`-Tags kann sich die Belastung des Servers deutlich erhöhen, da weit mehr HTTP-Requests abgesetzt werden als ohne Ajax. Das `delay`-Attribut von `<f:ajax>` erlaubt ein gewisses Gegensteuern. Wenn eine einfache Texteingabe etwa per Ajax auf das keyup-Event reagiert, können je nach Tippgeschwindigkeit des Benutzers mehrere Anfragen an den Server geschickt werden. Zusätzlich können noch Validierer aufgerufen werden, die ebenfalls eine eventuell unnötige Erhöhung der Last auf dem Server bedeuten.

Das Attribut `delay` definiert eine Zeitspanne in Millisekunden, in der bei wiederholten Events nur das letzte verwendet wird, um an den Server geschickt zu werden. Der folgende Code definiert den Zeitraum einer halben Sekunde, in der wiederholte keyup-Events unterdrückt werden und nur das letzte Event zu einem Request führt.

```
<h:inputText id="input" value="#{ajaxController.input}">
  <f:ajax event="keyup" delay="500"
          listener="#{ajaxController.delay}" />
</h:inputText>
```

Testen Sie Ihre Tippgeschwindigkeit

Die Seite `delay.xhtml` enthält das oben abgebildete Beispiel. Versuchen Sie mit verschiedenen Werten des Attributs `delay` verschiedene Tippgeschwindigkeiten. Zusätzlich können Sie den Zusammenhang zwischen Validierung und Tippgeschwindigkeit herausarbeiten.

■

4.5.9 JavaScript und Expression-Language kombinieren

In Abschnitt 4.4.4 haben wir einen EL-Ausdruck mit dem vordefinierten EL-Objekt `resource` in einer CSS-Deklaration verwendet. JavaServer Faces erlauben aber nicht nur in CSS, sondern auch in JavaScript die Verwendung von EL-Ausdrücken, was die Kombination von client-seitigem JavaScript und server-seitigem Java stark vereinfacht. In Abschnitt 4.5.6 haben wir über das Fetch-API von JavaScript auf eine JAX-RS-Ressource zugegriffen, da es JAX-RS im Gegensatz zu JSF sehr einfach erlaubt, JSON-Datenstrukturen zu liefern, die wiederum problemlos von JavaScript weiterverarbeitet werden können. Das Ziel dieses Abschnitts ist es zu demonstrieren, wie eine Java-Methode über einen EL-Ausdruck als Datenlieferant für client-seitiges JavaScript dienen kann und zwar alternativ als reine Java- oder JSON-Datenstruktur.

Als Beispiel soll eine Liste berühmter Informatiker, server-seitig als Array von Strings repräsentiert, im Client per JavaScript in eine HTML-Liste (`<ul>, <li>`) transformiert werden. Dazu erweitern wir die Klasse `AjaxController` zunächst um eine Konstante, die dann unverändert als entsprechender Getter diese Konstante zurückgibt und somit für die Expression-Language verfügbar wird.

```
private static final String[] FAMOUS_COMPUTER_SCIENTISTS =
  new String[] {"Alan Turing", "John von Neumann", "Edsger W. Dijkstra"};

public String[] getFamousComputerScientistsAsStringArray() {
  return FAMOUS_COMPUTER_SCIENTISTS;
}
```

Das Listing 4.33 zeigt den Teil der JSF-Seite, die diesen Getter als EL-Werteausdruck verwendet.

Listing 4.33 JavaScript und Expression-Language (`computer-scientists-1.xhtml`)

```
1  <div id="list" />
2
3  <h:outputScript target="body">
4    var scientists = [];
5
6    <ui:repeat var="elem" varStatus="varStatus"
7        value="#{ajaxController.famousComputerScientistsAsStringArray}">
8      scientists['#{varStatus.index}'] = '#{elem}';
9    </ui:repeat>
10
11   var dataList ="<ul><li>" + scientists.join('</li><li>')
12                 + "</li></ul>";
13   document.getElementById('list').innerHTML = dataList;
14 </h:outputScript>
```

In Zeile 1 erkennt man das Division-Element, das initial leer ist und über JavaScript mit Inhalt versorgt wird. Der EL-Werteausdruck wird in Zeile 7 als Wert des `value`-Attributs des `<ui:repeat>`-Tags verwendet. Das `<ui:repeat>`-Tag weist zwei erwähnenswerte Besonderheiten auf. Zum einen ist der Inhalt des Tags eine JavaScript-Zuweisung. In ihr wird das JavaScript-Array `scientists` mit den Werten des server-seitigen Java-Arrays versehen. Zum anderen verwenden wir erstmalig das Attribut `varStatus`, dessen Wert der Name eines Objekts ist, über das Informationen über den Zustand der Iteration gelesen werden können. Neben dem Iterationsindex kann etwa über die booleschen Properties `first` und `last` herausgefunden werden, ob der aktuelle Interationsdurchlauf der erste oder letzte ist und somit eine Sonderbehandlung für diese beiden Fälle erfolgen.

Realisierung mit JSF

Das Beispiel benötigt JavaScript nicht und kann auch ausschließlich mit JSF realisiert werden. Zeigen Sie dies.

■

Über das Fetch-API wurde in Abschnitt 4.5.6 eine JAX-RS-Ressource per HTTP angefragt. Diese lieferte eine JSON-Datenstruktur zurück. JSX-RS als auch JavaScript sind JSON-zentriert, JavaServer Faces nicht. Da wir aber davon ausgehen, dass unsere Anwendungen in einem Java-EE-8-Application-Server betrieben werden, steht uns das API für JSON-Processing (JSON-P) in der Version 1.1 zur Verfügung [URL-JSR341]. Dieses definiert unter anderem die Klasse `JsonArray`, die als Rückgabetyp eines weiteren Getters verwendet wird:

Listing 4.34 Informatiker als JSON-Array

```
public JsonArray getFamousComputerScientistsAsJsonArray() {
  return Json.createArrayBuilder(
              Arrays.asList(FAMOUS_COMPUTER_SCIENTISTS)).build();
}
```

Das Listing 4.35 zeigt den angepassten JavaScript-Code.

Listing 4.35 JavaScript und Expression-Language (`computer-scientists-2.xhtml`)

```
<div id="list" />

<h:outputScript target="body">
  var jsonString =
      '#{ajaxController.famousComputerScientistsAsJsonArray}';
  var jsonObject = JSON.parse(jsonString);
  var dataList ="<ul><li>"+ jsonObject.join('</li><li>')
              + "</li></ul>";
  document.getElementById('list').innerHTML = dataList;
</h:outputScript>
```

Mit der Funktion `JSON.parse()` wird das Ergebnis der Auswertung des EL-Ausdrucks in ein entsprechendes JavaScript-Objekt geparst, in unserem Fall ein Array von Strings, das dann in die Listenstruktur überführt wird.

JSON ohne JSON-Bibliothek

Die Einsatz von JSON-P in Listing 4.34 auf Seite 227 ist nicht unbedingt notwendig. Das für den Austausch von JSON verwendete Format ist der Media-Type `application/json`, der in RFC 4627 ([URL-JSON]) definiert ist und einen einfachen Text darstellt, standardmäßig in UTF-8 codiert. Implementieren Sie eine Methode mit Rückgabetyp `String`, die den String `["Alan Turing","John von Neumann","Edsger W. Dijkstra"]` zurückgibt. Verwenden Sie diese Methode statt der Methode `getFamousComputerScientistsAsJsonArray()`.

■

4.6 GET-Anfragen und der Flash-Scope

Im Standardfall wird eine JSF-Seite, bzw. das hinter ihr stehende HTML-Formular mit einem HTTP POST an der Server geschickt, wie dies in Abschnitt 2.1 dargestellt wurde. JSF 2.0 ermöglichte es, auch GET-Anfragen abzusetzen und mittels View-Parametern die in der GET-Anfrage codierten Parameter zu verarbeiten. Mit Version 2.2 kamen View-Actions hinzu, die den klassischen Action-Methoden entsprechen, aber durch GET-Anfragen ausgelöst werden. Der Flash-Scope ist kein Scope im Sinne des Abschnitts 3.1, wird aber trotzdem als solcher bezeichnet. Da er ursprünglich zur Lösung von Problemen des *Post-Redirect-Get-Pattern* eingeführt wurde, behandeln wir ihn in diesem Abschnitt.

4.6.1 Einfache GET-Anfragen

Um die durch Befehlskomponenten (`<h:commandButton>`, `<h:commandLink>`, `<h:commandScript>`) erzeugten POST-Anfragen zu komplettieren, verwenden die Tags `<h:button>` und `<h:link>` GET-Anfragen. Die durch Befehlskomponenten ermöglichte Navigation ist auch bei GET-Anfragen möglich, da beide Tags das Attribut `outcome` für diesen Zweck bereitstellen.

Im einfachsten Fall, d.h. ohne Verwendung des `outcome`-Attributs ist das Navigationsziel die View-Id der JSF-Seite, in der die Tags `<h:button>` bzw. `<h:link>` verwendet werden. Das Render-Ergebnis des `<h:button>`-Tags ist eine einfache Schaltfläche und die Navigation erfolgt durch JavaScript. Das `<h:link>`-Tag wird zu einem einfachen Anchor-Element mit `href`-Attribut. Während allerdings bei Befehlskomponenten das Navigationsziel bei der Ausführung der Action-Methode berechnet wird, erfolgt dies bei `<h:button>` und `<h:link>` bereits beim Rendern der Seite. Der folgende Code-Ausschnitt zeigt beispielhaft das Render-Ergebnis der beiden Tags, wobei `<view-id>` die View-Id der die Tags enthaltenden Seite ist.

```
<input type="button"
  onclick="window.location.href='<view-id>'; return false;">
<a href="<view-id>"></a>
```

4.6.2 View-Parameter

Die bisherige Verwendung der Tags `<h:button>` und `<h:link>` ist mehr oder weniger sinnlos, da ein natives HTML-Anchor-Element dasselbe leistet. Durch View-Parameter ändert sich dies. Wie der Name suggeriert, können einer View damit Parameter übergeben werden. Das Tag `<f:viewParam>` fügt dem Komponentenbaum eine `UIViewParameter`-Instanz als Metadaten hinzu. Metadaten einer View werden innerhalb des `<f:metadata>`-Tags definiert, dessen Verwendung auf der obersten Ebene einer XHTML-Datei, bzw. eines Template-Clients erfolgen muss. Die Verwendung in einem Template ist nicht möglich. Die Klasse `UIViewParameter` erbt von `UIInput`, so dass die dafür übliche Konvertierung und Validierung ebenfalls durchgeführt wird. Der folgende Code-Ausschnitt zeigt die Verwendung des Tags `<f:param>` zur Übergabe eines View-Parameters innerhalb eines `<h:button>`- oder alternativ `<h:link>`-Tags.

```
<h:button outcome="target.xhtml" value="..." >
  <f:param name="message" value="Hello World!" />
</h:button>
```

Durch die Verwendung des `outcome`-Attributs endet das erzeugte Ziel-URL mit

```
.../target.xhtml?message=Hello+World!
```

Das Listing 4.36 zeigt den interessanten Teil des Navigationsziels mit `<f:metadata>` und `<f:viewParam>` und dem View-Parameter `message`.

Listing 4.36 Übergabe und Verwendung von View-Parametern (`target.xhtml`)

```
<ui:define name="main"><!-- Template-Client -->
  <f:metadata>
    <f:viewParam name="message" />
  </f:metadata>

  ...
  Wert von 'message': #{message}
  ...
```

Innerhalb der Seite ist der View-Parameter als EL-Objekt verfügbar und kann, wie im Beispiel exemplarisch gezeigt, verwendet werden. Aber auch für dieses Beispiel sind sinnvolle Verwendungsmöglichkeiten noch nicht breit gesät. Das ändert sich bei Verwendung des `value`-Attributs von `<f:viewParam>`. Der darin angegebene EL-Werteausdruck wird verwendet, um den Wert des übergebenen View-Parameters zu binden. Im folgenden Beispiel erfolgt die Bindung an das String-Property `message` der Managed Bean `GetController`. Auf die Darstellung der Bean verzichten wir.

```
<f:metadata>
  <f:viewParam name="message" value="#{getController.message}" />
</f:metadata>
...
Wert von 'message': #{getController.message}
```

Durch die Oberklasse `UIInput` des View-Parameters erfolgt bei GET-Request von Seiten, die View-Parameter verwenden, der Durchlauf aller Phasen des JSF-Bearbeitungsmodells einer Anfrage. Nach der Konvertierung und Validierung werden in der Phase 4 die Modellobjekte aktualisiert, so dass in Phase 6 beim Rendern der Antwort im obigen Beispiel das Property mit dem entsprechenden Wert versehen ist. Eine sinnvolle Verwendung des Property könnte in der Phase 5 erfolgen und wird durch View-Actions realisiert, denen Abschnitt 4.6.3 gewidmet ist. Zuvor wollen wir das Beispiel noch mit einer Validierung versehen, die direkt in das `<f:viewParam>`-Tag eingebaut ist, wie der folgende Code-Ausschnitt zeigt.

Lesezeichen (Bookmarks)

Das JavaDoc der Klasse `UIOutcomeTarget`, Oberklasse von `HtmlOutcomeTargetButton` und `HtmlOutcomeTargetLink`, die die Tags `<h:button>` und `<h:link>` realisieren, beschreibt die Komponente wie folgt: „*This component is paired with the javax.faces.Button or javax.faces.Link renderers and encapsulates properties relating to the rendering of outcomes directly to the response. This enables bookmarkability in JSF applications.*“ Damit wird die alte Forderung nach der Möglichkeit von Lesezeichen für JSF-Seiten, inklusive der noch vorzustellenden View-Parameter, erfüllt.

■

```
<f:viewParam id="param" name="message" value="#{getController.message}">
  <f:validateLength minimum="1" maximum="10" />
</f:viewParam>

...
<h:message for="param" />
...
Wert von 'GetController.message': #{getController.message}
```

Das Beispiel zeigt die Verwendung des Validierers `LengthValidator`, einer der JSF-Standardvalidierer, die in Abschnitt 2.4.6 vorgestellt wurden. Die im Abschnitt 2.4.10 Empfehlung zur Verwendung von Bean Validation statt nativer JSF-Validierung haben wir nur aus Darstellungsgründen nicht befolgt. Dieselbe Validierung mit Bean Validation geschieht durch Annotation des `message`-Property in der Klasse `GetController` mit

```
@Size(min = 1, max = 10)
private String message;
```

Konvertierung von View-Parametern

Werden View-Parameter über das `value`-Attribut Properties zugewiesen, erfolgt automatisch eine Konvertierung wie bei Benutzereingaben. Wirft die Konvertierung eine Exception werden ganz analog die Phasen 4 und 5 übersprungen und mit der Phase 6 fortgefahren.

■

Weiterreichen von View-Parametern

Das Attribut `includeViewParams` sorgt dafür, dass bisherige View-Parameter in das neue Ziel-URL aufgenommen werden.

■

4.6.3 View-Actions

View-Actions erlauben die Ausführung von Action-Methoden, was sonst nur mit den Tags `<h:commandButton>` und `<h:commandLink>` möglich ist. Das typische Verwendungsmuster ist dann ein View-Parameter, der in ein Bean-Property geschrieben wird und eine Action-Methode, die dieses Property verwendet. Schematisch stellt sich dies wie folgt dar:

```
<f:metadata>
  <f:viewParam name="prop" value="#{bean.prop}" />
  <f:viewAction action="#{bean.action}" />
</f:metadata>
```

Wir verzichten hier auf die Darstellung eines konkreten Beispiels und verweisen auf die in Kapitel 5 entwickelte Anwendung *Classic Models*. Dort wird etwa in Listing 5.12 auf Seite 284 der Primärschlüssel einer Bestellung als View-Parameter übergeben, um dann mit JPA in einer Action-Methode das entsprechende Entity aus der Datenbank zu lesen.

4.6.4 Der Flash-Scope

Der Flash-Scope ist kein Scope im Sinne eines CDI-Scope mit entsprechender Annotation, erfüllt aber eine ähnliche Aufgabe. Häufig, so auch in der Spezifikation in Abschnitt 6.1.4.1, wird nur der Begriff *Flash* verwendet. Danach dient *„der Flash“* dazu, temporäre Objekte zwischen Views, die durch das JSF-Bearbeitungsmodell erzeugt wurden, auszutauschen. Ursprünglich wurde der Flash-Scope unter anderem entwickelt, um eine Faces-Message, die in einer Action-Methode erzeugt wurde, auf der Zielseite eines Redirects anzuzeigen, also bei der Verwendung des Post-Redirect-Get-Pattern. Es können jedoch nicht nur Faces-Messages, sondern beliebige Objekte verwendet werden.

Konzeptionell ist der Flash eine Map, in die Schlüssel/Wert-Paare eingetragen und ausgelesen werden können. Das Eintragen geschieht vor, das Auslesen nach dem Redirect und zwar programmatisch über den External-Context oder durch Injektion. Implementiert wird das Ganze durch ein Cookie, worauf wir aber nicht näher eingehen.

Im Folgenden entwickeln wir zwei Beispiele zur Verdeutlichung der Funktionsweise, eines für allgemeine Objekte, ein weiteres für eine Faces-Message. Zur Vereinfachung des ersten Beispiels wird ein String durch den Benutzer eingegeben, der dann verarbeitet werden soll. Nach einem Redirekt soll dieser String nochmals angezeigt werden. Eine rudimentäre JSF-Seite enthält damit mindestens die Eingabe sowie eine Befehlskomponente für die Verarbeitung und den Redirekt. Der folgende Code ist im herunterladbaren Projekt in der JSF-Seite `from-view.xhtml` enthalten.

```
Eingabe: <h:inputText value="#{fromViewController.input}" />
<h:commandButton action="#{fromViewController.save}" value="Speichern" />
```

Die verwendete Managed Bean `FromViewController` ist in Listing 4.37 abgebildet.

Listing 4.37 Flash beschreiben und Redirect auslösen (Klasse `FromViewController`)

```
@Named
@RequestScoped
public class FromViewController {

  private String input;

  @Inject
  ExternalContext externalContext;

  public String save() {
    saveToDatabase(input); // dummy operation
    externalContext.getFlash().put("input", input);
    return "to-view.xhtml?faces-redirect=true";
  }
  ...
}
```

Die Methode `saveToDatabase()` soll verdeutlichen, dass in einer konkreten Anwendung mit der Benutzereingabe typischerweise eine Verarbeitung geschieht, worauf hier aber verzichtet wird. Um das Beispiel einfach zu halten, verzichten wir auf ein komplexes Anwendungsobjekt und verwenden lediglich einen durch den Benutzer einzugebenden String zur Demonstration der Flash-Funktionalität. Über den `ExternalContext` erfolgt der Zugriff auf den Flash und das Speichern der Benuztereingabe unter dem Map-Schlüssel `input`. Dem Navigation-Handler wird neben der Ziel-View auch eine Redirect-Anweisung übergeben. Die neue View `to-view.xhtml` zeigt lediglich die Benutzereingabe der alten View an, so dass auf eine Darstellung verzichtet werden kann. Die Managed Bean `ToViewController` zeigt Listing 4.38.

Listing 4.38 Flash lesen (Klasse `ToViewController`)

```
@Named
@RequestScoped
public class ToViewController {

  @Inject
  @ManagedProperty("#{flash.input}")
  private String inputFromOtherController;

  public String getInputFromOtherController() {
    return inputFromOtherController;
  }

}
```

Das Lesen des Flash-Schlüssels `input` erfolgt hier nicht programmatisch, sondern deklarativ über die Annotation `@ManagedProperty`, ein CDI-Qualifier. Der EL-Ausdruck des `value`-Attributs verwendet den vordefinierten Objektnamen `flash`, siehe auch Tabelle 2.3 auf Seite 33.

Persönlich verwenden wir in der Regel `@ManagedProperty` eher selten und ziehen Alternativen vor. Im Falle des Flash-Scope kann etwa über den External-Context auf das Flash-Objekt und den Map-Eintrag zugegriffen werden. Eine alternative Implementierung kann daher wie folgt ausssehen:

```
@Inject
ExternalContext externalContext;

public String getInputFromOtherController() {
  return (String) externalContext.getFlash().get("input");
}
```

Die Flash-Instanz der aktuellen Anfrage kann aber auch direkt injiziert werden, so dass sich eine weitere Alternative ergibt:

```
@Inject
Flash flash;

public String getInputFromOtherController() {
  return (String) flash.get("input");
}
```

Falls der Flash-Wert lediglich in der JSF-Seite, nicht jedoch in Java benötigt wird, kann der vordefinierte EL-Name auch direkt in der JSF-Seite verwendet werden:

```
#{flash['input']}
```

oder

```
#{flash.input}
```

Wenden wir uns nun der Problematik der Anzeige einer Faces-Message nach einem Redirekt zu. Wird in einer Action-Methode eine Instanz von `FacesMessage` erzeugt und in den Faces-Context geschrieben, ist diese nach einem Redirekt verloren. Eventuell haben Sie Code, der dem folgenden ähnelt, bereits geschrieben und feststellen müssen, dass die Faces-Message in der Ziel-View nicht verfügbar ist.

```
public String propagateMessage() {
  facesContext.addMessage(null,
                 new FacesMessage("Eine wichtige FacesMessage"));
  return "to-view.xhtml?faces-redirect=true";
}
```

Der Flash-Scope wurde unter anderem genau für dieses Problem entwickelt und besitzt eine dedizierte Methode hierfür, die Methode `setKeepMessages()`. Ihre Verwendung löst das Problem:

```
public String propagateMessage() {
  facesContext.addMessage(null,
                 new FacesMessage("Eine wichtige FacesMessage"));
  externalContext.getFlash().setKeepMessages(true);
  return "to-view.xhtml?faces-redirect=true";
}
```

Die Faces-Message ist nun auf der Ziel-Seite verfügbar.

Der Flash wird häufig Flash-Scope genannt, weil für die Map des `Flash`-Objekts eine Lebensdauer von vor dem Redirect bis nach dem Redirect definiert ist. Danach wird das `Flash`-Objekt gelöscht und ist beim nächsten Request nicht mehr verfügbar. Dieses Löschen kann durch den Aufruf der Methode `keep(<key>)` bzw. in einem EL-Ausdruck durch Verwendung von `keep` verhindert werden. In den Beispielen also etwa durch

```
externalContext.getFlash().keep("input");
```

oder

```
flash.keep("input");
```

oder in den EL-Ausdrücken durch

```
#{flash.keep.input}
#{flash.keep['input']}
```

oder

```
#{flash.keep.input}
#{flash.keep['input']}
```

Beispiel mit Reload

Führen Sie das Beispiel (Menü GET -> Flash-Scope) aus und überzeugen Sie sich von der Funktionsfähigkeit. Fügen Sie die Keep-Methode bzw. die EL-Entsprechung hinzu und überzeugen Sie sich auch hier von der Funktionsfähigkeit. Laden Sie die Seite Browser neu (F5) und prüfen Sie dieses Reload-Verhalten. ■

Beispiel mit Reload

Das API der Klasse `Flash` im Package `javax.faces.context` enthält noch eine Reihe weiterer Methoden. Zwei davon sind Call-Back-Methoden für Phase-Events. Auch vier der in Abschnitt 2.5.9 genannten System-Events hängen mit dem Flash zusammen. ■

4.7 Zusammengesetzte Komponenten

JavaServer Faces wurden als server-seitiges Komponenten-Framework entwickelt, das ein Basissystem von Komponenten zur Verfügung stellt und die von HTLM angebotenen Elemente im Render-Ergebnis nutzt. Dem Komponentenansatz folgend, wird die interne Implementierung der Komponenten gekapselt. Die JSF-Spezifikation nennt fünf Personengruppen als potenzielle Leserschaft:

- Seitenersteller
- Komponentenentwickler
- Anwendungsentwickler
- Werkzeuganbieter
- JSF-Systemanbieter

Wir haben uns bisher in unseren Beispielen als Seitenersteller und Anwendungsentwickler in Personalunion betätigt.

Eine Anforderung an das JSF-Basissystem war die problemlose Erweiterbarkeit um zusätzliche Komponenten, weshalb Komponentenentwickler in obiger Aufzählung explizit erwähnt werden. Durch diese Entwickler(-firmen) sollte sich ein eigenes Ökosystem von Komponentenbibliotheken entwickeln, was auch tatsächlich eingetreten ist, wie in Abschnitt 4.5.5 beschrieben. JSF stellt dazu ein API bereit, um neue Komponenten implementieren zu können. Genau genommen sind es zwei APIs, deren Implementierungsergebnisse im englischen Sprachraum häufig *non-composite* und *composite Components* genannt werden. Zur Unterscheidung zu den von JSF von Hause aus bereitgestellten Komponenten werden beide *Custom Components* genannt.

Historisch gesehen werden non-composite Components seit JSF Version 1.0 unterstützt und in Teilen in Java implementiert. Wir bezeichnen diese Komponenten daher als *native Komponenten* und widmen ihnen Abschnitt 6.5. Die composite Components wurden mit JSF Version 2.0 eingeführt, um ganz ohne die Verwendung von Java neue JSF-Komponenten erstellen zu können, und werden von uns literal als *zusammengesetzte Komponenten* übersetzt. Ihnen ist dieser Abschnitt gewidmet.

Der Grundidee zusammengesetzter Komponenten ist – Nomen est omen – die Konstruktion und der Zusammenbau neuer Komponenten aus bereits bestehenden Komponenten. Für ein Beispiel benötigen wir also zunächst eine Menge von Komponenten, die gemeinsam eine sinnvolle Funktionalität realisieren, die an verschiedenen Stellen einsetzbar, also wiederverwendbar ist, und damit die Erstellung einer neuen Komponente motivieren und rechtfertigen. In Abschnitt 4.5.6 haben wir eine Eingabeunterstützung mit Hilfe von JavaScript entwickelt, die mögliche Eingabealternativen in einem Popup-Fenster zur Auswahl vorgibt. Diese Suggestion-Funktionalität soll nun in eine eigene und damit wiederverwendbare JSF-Komponente ausgelagert werden. Das Listing 4.39 zeigt die Überarbeitung des Listings 4.28 auf Seite 220, das mit Hilfe von JavaScript die Eingabevorschläge erstellt hat. In Listing 4.39 verwenden wir kein JavaScript, die Implementierung basiert ausschließlich auf JSF und HTML5.

Listing 4.39 Ausschnitt der Seite `suggestion.xhtml`

```
1  <h:panelGrid>
2     Wählen Sie eine Sprache
3    <h:inputText id="language" value="#{suggestionController.language}"
4                 pt:list="form:languages" pt:autocomplete="off">
5      <f:ajax listener="#{suggestionController.typed}"
6              event="keyup" render="languages"/>
7    </h:inputText>
8    <datalist jsf:id="languages">
9      <ui:repeat var="option"
10                value="#{suggestionController.suggestions}">
11       <option>#{option}</option>
12     </ui:repeat>
13   </datalist>
14 </h:panelGrid>
```

Die Verbindung zwischen der Eingabe und der Datenliste wird über das Pass-Through-Attribut `pt:list="form:languages"` (Zeile 4) und das Pass-Through-Element `jsf:id="languages"` (Zeile 8) hergestellt. In der gerenderten Seite haben beide Attribute den Wert `form:languages`. Damit das `<f:ajax>`-Tag die Datenliste aktualisieren kann, wird im `render`-Attribut nicht die Client-Id, sondern die Komponenten-Id, also `languages`, verwendet. Diese Code-Basis ist unser Ausgangspunkt zur Entwicklung einer zusammengesetzten Komponente.

Funktionsfähigkeit mit Firefox

Die in Listing 4.39 realisierte Suggestion-Funktionalität hat in seltenen Fällen Probleme im Firefox-Browser. Unsere letzten Tests wurden mit Firefox Version 67.0.4 durchgeführt. Mit einer aktuellen Version von Google Chrome gab es keine Probleme. ■

4.7.1 Schnittstelle und Implementierung

Zusammengesetzte Komponenten machen von einer grundlegenden Regel des modernen Software-Engineerings Gebrauch und unterscheiden explizit zwischen der Schnittstelle einer Komponente und deren Implementierung, für die jeweils spezielle Tags existieren: `<cc:interface>` und `<cc:implementation>`. Diese und alle weiteren Tags sind in der Composite-Component-Tag-Bibliothek definiert, deren XML-Namensraum durch `http://xmlns.jcp.org/jsf/composite` festgelegt ist. Als Präfix haben sich `composite` oder `cc` etabliert. Wir werden im Folgenden die kürzere Alternative verwenden. Tabelle 4.7 führt die Tags mit einer kurzen Beschreibung auf und stellt ebenfalls dar, welche Sub-Elemente die beiden Tags `<cc:interface>` und `<cc:implementation>` jeweils erlauben. Eine ausführlichere Beschreibung erfolgt bei der jeweiligen Verwendung in den Beispielen.

Tabelle 4.7 Tags der Composite-Component-Tag-Bibliothek

<cc:interface>	
<cc:actionSource>	Name einer `ActionSource2`-Implementierung
<cc:attribute>	Definiert Attribut der Komponente
<cc:clientBehavior>	Name einer `ClientBehaviorHolder`-Implementierung
<cc:editableValueHolder>	Name einer `EditableValueHolder`-Implementierung
<cc:extension>	Ohne Funktion, siehe Bemerkungsbox unten
<cc:facet>	Definiert Facette der Komponente
<cc:valueHolder>	Name einer `ValueHolder`-Implementierung
<cc:implementation>	
<cc:insertChildren>	Fügt Komponenten der benutzenden Seite ein
<cc:insertFacet>	Fügt Facette in andere Komponente ein
<cc:renderFacet>	Fügt Facette in Komponente ein

<cc:extension> ohne Funktion

Das JavaDoc des Tags <cc:extension> beschreibt die Einbindung von XML-Dokumenten mit Meta-Daten des JSR 276 *Design-Time Metadata for JavaServer Faces Components* ([URL-JSR372]). Ziel des JSR war die Unterstützung von Entwicklungswerkzeugen mit Meta-Daten von JSF-Komponenten. Der JSR wurde 2005 initiiert. Die letzte Aktivität, ein Spezifikationsentwurf, datiert von 2010. Der JSR selbst ist als *dormant*, also ruhend gekennzeichnet. Wir gehen davon aus, dass dieser JSR niemals verabschiedet werden wird. ■

Das Listing 4.40 stellt unsere erste zusammengesetzte Komponente dar.

Listing 4.40 Zusammengesetzte Komponente `suggestion`

```
<cc:interface>
  <cc:attribute name="value" required="true" />
  <cc:attribute name="suggestions" required="true" />
  <cc:attribute name="typingListener" required="true"
      method-signature=
          "void listener(javax.faces.event.AjaxBehaviorEvent)" />
</cc:interface>

<cc:implementation>
  <h:inputText id="language" value="#{cc.attrs.value}"
        pt:list="#{cc.clientId}:languages" pt:autocomplete="off">
    <f:ajax listener="#{cc.attrs.typingListener}"
            event="keyup" render="languages"/>
  </h:inputText>
  <datalist jsf:id="languages">
    <ui:repeat var="option" value="#{cc.attrs.suggestions}">
      <option>#{option}</option>
    </ui:repeat>
```

```
19    </datalist>
20  </cc:implementation>
```

Die Komponente definiert mit dem name-Attribut des `<cc:attribute>`-Tags die drei Attribute `value`, `suggestions` und `typingListener`, die bei der späteren Verwendung der Komponente zwingend anzugeben sind (`required="true"`). Bei der späteren Verwendung werden Attribute durch EL-Ausdrücke mit aktuellen Werten versehen. Da nicht nur Werte- sondern auch Methodenausdrücke erlaubt sind, ist bei Attributen, die Methoden repräsentieren, die Signatur der Methode mit `method-signature` und voll qualifizierten Klassennamen anzugeben. Mögliche Methodenarten sind Action-Methoden und Event-Listener. Im Beispiel erkennt man, dass es sich um einen Ajax-Event-Listener handelt.

Reservierte Attributbezeichner

Die folgenden Namen dürfen nicht als Attributbezeichner verwendet werden: `binding`, `id`, `inView`, `parent`, `rendered`, `rendererType`, `transient`. ■

In der Implementierung der Komponente, also dem Inhalt des `<cc:implementation>`-Tags, werden die in der Schnittstelle definierten Attribute verwendet. Das Markup ist strukturell identisch zu unserem Ausgangspunkt, dem entsprechenden Markup in Listing 4.39. Lediglich die Werte einiger Attribute wurden geändert. Diese sind jetzt von der Form

```
#{cc.attrs.<attribute>}
```

Dabei ist `cc` ein vordefiniertes EL-Objekt (siehe Tabelle 2.3 auf Seite 33), das die augenblicklich im Fokus befindliche zusammengesetzte Komponente repräsentiert. Alle innerhalb von `<cc:interface>` definierten Attribute sind über die Map `cc.attrs` verfügbar, so dass die im Interface des Beispiels definierten Attribute als `cc.attrs.value`, `cc.attrs.suggestions` und `cc.attrs.typingListener` Verwendung finden.

Eine Ausnahme von der Verwendung von `cc.attrs` ist der EL-Ausdruck `#{cc.clientId}`, der zugleich eine Besonderheit darstellt. Der Ausdruck repräsentiert die Client-Id der zusammengesetzten Komponenten. Er wird in Zeile 11 verwendet, um dem Pass-Through-Attribut `list` den Wert zu geben, den das `<datalist>` in Zeile 15 letztendlich im generierten HTML bekommt. Dies erlaubt es uns andererseits, als `render`-Attribut von `<f:ajax>` (Zeile 13) die Id `languages` als Komponenten-Id zu verwenden.

Nachdem die Komponente nun inhaltlich erläutert ist, stellt sich noch die Frage nach Datei- und Verzeichnisnamen des Quell-Codes aus Listing 4.40. Der Dateiname bestimmt den Tag-Namen, der Verzeichnisname den XML-Namensraum der zu definierenden Komponente. Da die neue Komponente eine Ressource darstellt, ist das Verzeichnis unter dem Ressourcenverzeichnis, im Default-Fall also `resources`, anzulegen. Wir wählen als Verzeichnisnamen `jsfpraxis`, der damit zum Bestandteil des XML-Namensraums der Komponente wird. Der komplette Namensraum besteht aus `http://xmlns.jcp.org/jsf/composite` und angehängtem Ressourcenverzeichnis, in unserem Fall also `http://xmlns.jcp.org/jsf/composite/jsfpraxis`. Als Dateiname wählen wir `suggestion.xhtml`, so dass der Komponentenname (Tag-Name) als `suggestion` definiert wird. Der komplette Dateiname ist also

```
/resources/jsfpraxis/suggestion.xhtml
```

Listing 4.41 zeigt die Verwendung der Komponente, in der der Namensraumbestandteil `jsfpraxis` in Zeile 2, der Dateiname `suggestion.xhtml` als Tag-Name in Zeile 7 partiell Verwendung findet. Das Beispiel zeigt ebenfalls die Verwendung der drei in der Schnittstelle definierten Attribute `value`, `suggestions` und `typingListener`.

Listing 4.41 Verwendung der zusammengesetzten Komponente

```
1  <ui:composition ...
2      xmlns:jp="http://xmlns.jcp.org/jsf/composite/jsfpraxis"
3      ... >
4
5      <h:panelGrid>
6        Wählen Sie eine Sprache
7        <jp:suggestion value="#{suggestionController.language}"
8            suggestions="#{suggestionController.suggestions}"
9            typingListener="#{suggestionController.typed}" />
10     </h:panelGrid>
```

4.7.2 Weitere Möglichkeiten

Eine zusammengesetzte Komponente wird durch ein Tag repräsentiert und kann damit wie jedes andere Tag prinzipiell weitere Tags als Kinder enthalten. Diese werden jedoch durch JSF schlicht und einfach ignoriert, solange wir JSF nicht anweisen, diese Kinder auch einzufügen und zu rendern. Dies wird durch das Tag `<cc:insertChildren>` realisiert.

Die Verwendung von `<jp:suggestion>` in Listing 4.41 soll beispielhaft erweitert werden und einen Command-Button erhalten, wie im folgenden Code-Ausschnitt dargestellt.

```
<jp:suggestion value="#{suggestionController.language}"
    suggestions="#{suggestionController.suggestions}"
    typingListener="#{suggestionController.typed}">
    <h:commandButton action="..." value="Speichern" />
</jp:suggestion>
```

Dazu muss im Implementierungsteil der Komponente in Listing 4.40 das Tag `<cc:insertChildren>` wie folgt eingebaut werden.

```
<cc:implementation>
  <h:inputText ...
    ...
  </h:inputText>
  <datalist ...
    ...
  </datalist>
  <cc:insertChildren />
</cc:implementation>
```

Die Schaltfläche wird nun wie gewünscht in den Komponentenbaum eingebaut und gerendert.

Eine weitere Möglichkeit, zusammengesetzte Komponenten zu optimieren, sind Facetten. Wir haben Facetten bereits häufiger in Tabellen und Tabellenspalten verwendet, um Tabellenüberschriften und Spaltenüberschriften zu definieren. Hierzu ist der Facetten-Name `header` verwendet worden. Analog existiert das entsprechende Pendant `footer` für Unterschriften. Zusammengesetzte Komponenten erlauben die Definition eigener Facetten sowie die Verwendung vordefinierter Facetten bei Subkomponenten, die diese Facetten unterstützen.

Im Listing 4.41 wird das String „`Wählen Sie eine Sprache`" außerhalb der Komponente verwendet. Eventuell sollte eine derartige Aufforderung jedoch Bestandteil der Komponente sein. Dazu definieren wir innerhalb der Komponentenschnittstelle mit dem Tag `<cc:facet>` die Facette `prompt`, so dass sich die folgende Überarbeitung ergibt.

```
<cc:interface>
  <cc:attribute name="value" required="true" />
  <cc:attribute name="suggestions" required="true" />
  <cc:attribute name="typingListener" ... required="true" />
  <cc:facet name="prompt" />
</cc:interface>
```

Das Tag `<cc:facet>` besitzt wie das Tag `<cc:attribute>` ein `required`-Attribut. Bei beiden Tags ist der Default-Wert des Attributs `false`, so dass die obige Schnittstellenüberarbeitung die Angabe der Facette optional macht. Die Verwendung der Facette innerhalb der Komponentenimplementierung erfolgt mit `<cc:renderFacet>`:

```
<cc:implementation>
  <cc:renderFacet name="prompt" />
  <h:inputText id="language" ...
  ...
</cc:implementation>
```

Der Text der Facette wird analog zur Verwendung von Facetten in Tabellen innerhalb der Komponente mit `<f:facet>` angegeben:

```
<jp:suggestion value="#{suggestionController.language}"
    suggestions="#{suggestionController.suggestions}"
    typingListener="#{suggestionController.typed}">
    <f:facet name="prompt">Wählen Sie eine Sprache</f:facet>
</jp:suggestion>
```

Dem aufmerksamen Leser wird nicht entgangen sein, dass in Tabelle 4.7 neben dem Tag `<cc:renderFacet>` auch das Tag `<cc:insertFacet>` aufgeführt wird. Während `<cc:renderFacet>` die Facette in die zusammengesetzte Komponente einfügt, fügt `<cc:insertFacet>` die Facette in eine *andere* Komponente, die innerhalb der zusammengesetzten Komponente verwendet wird, ein.

Als Beispiel erweitern wir die Komponente für Eingabevorschläge mit einer (nicht sehr sinnvollen) Tabelle. Der folgende Code enthält zur Gegenüberstellung der beiden Alternativen sowohl das `<cc:renderFacet>`- als auch das `<cc:insertFacet>`-Tag. Bei

`<cc:insertFacet>` muss der Name der Facette zwingend eine von der verwendeten Komponente unterstützte Facette, hier `header`, sein.

```
<cc:implementation>
  <cc:renderFacet name="prompt" />
  <h:inputText id="language" ...
  <datalist jsf:id="languages" ...
  <h:dataTable>
    <cc:insertFacet name="header" />
  </h:dataTable>
</cc:implementation>
```

Bei der Verwendung werden nun beide Facetten angewendet:

```
<jp:suggestion value="#{suggestionController.language}"
    suggestions="#{suggestionController.suggestions}"
    typingListener="#{suggestionController.typed}">
    <f:facet name="prompt">äWhlen Sie eine Sprache</f:facet>
    <f:facet name="header">Der Table-Header</f:facet>
</jp:suggestion>
```

Analog zur Verfügbarkeit aller Attribute einer Komponente über den EL-Ausdruck `cc.attrs` ist `cc.facets` die Map aller Facetten und damit prinzipiell in der Expression-Language verwendbar als

```
#{cc.facets.<facet>}
```

Die beiden verwendeten Facetten sind daher als `#{cc.facets.prompt}` und `#{cc.facets.header}` in der Komponente verfügbar.

Zusammengesetzte Komponenten sind aus JSF-Sicht Ressourcen und es kann durchaus erforderlich sein, andere Ressourcen (JavaScript, CSS, Bilder) innerhalb der zusammengesetzten Komponente zu verwenden. Dies erfolgt über die in Abschnitt 4.4 vorgestellten Möglichkeiten. Um eine gewisse Modularisierung zu erzielen, ist die Verwendung desselben Ressourcenverzeichnisses sinnvoll. Soll die Komponente paketiert werden, um sie in anderen Projekten verwenden zu können, ist dies sogar dringend angezeigt. Wir sprechen dies kurz in Abschnitt 4.7.3 an.

Soll die Suggestion-Komponente mit CSS versehen werden, wird das entsprechend Style-Sheet im Implementierungsteil der Komponente eingebunden:

```
<cc:implementation>
  <h:outputStylesheet name="style.css" library="jsfpraxis" />
  ...
```

Zu beachten ist hier, dass die JSF-Seite, in der die Komponente verwendet wird, das Tag `<h:head>` enthalten muss. Den Grund hierfür haben wir in Abschnitt 4.4.3 dargelegt.

4.7.3 Packaging und Wiederverwendung

Das Packaging gestaltet sich recht einfach. Zusammengesetzte Komponenten werden als JAR-Archiv distribuiert, so dass dies auch das Zielformat des Packaging ist. Die einzelnen

Dateien der Komponente werden als Ressourcen unterhalb des Top-Level-Verzeichnisses /META-INF in das JAR gepackt. Bei den beiden Dateien der im letzten Abschnitt entwickelten Komponente sind diese also innerhalb des JAR wie folgt zu platzieren:

```
META-INF/resources/jsfpraxis/suggestion.xhtml
META-INF/resources/jsfpraxis/style.css
```

Bei der Verwendung der Komponente in einem anderen Projekt wird die JAR-Datei wie üblich eingebunden und durch ein entsprechendes Build-Werkzeug, wie etwa Maven, automatisch in die zu erzeugende WAR-Datei aufgenommen. Auf das Format von WAR-Dateien gehen wir in Abschnitt 4.9 ein.

4.8 UI-Komponenten

Wir haben bisher den Begriff *Komponente* sehr häufig verwendet, meist jedoch nicht präzise im Sinne von JavaServer Faces. Nachdem wir in Kapitel 2 JavaServer Faces als *serverseitiges Komponenten-Framework* charakterisiert und im letzten Abschnitt eigene, zusammengesetzte Komponenten entwickelt haben, ist es nun an der Zeit, diese Präzisierung nachzuholen. Wir zitieren aus der Spezifikation:

> „A JSF user interface component is the basic building block for creating a JSF user interface. A particular component represents a configurable and reusable element in the user interface, which may range in complexity from simple (such as a button or text field) to compound (such as a tree control or table)."

JSF-Komponenten sind allgemeine UI-Komponenten (User Interface). Sie repräsentieren Konzepte wie *Eingabe*, *Ausgabe* und *Befehl*, wie sie in jeder Benutzerschnittstelle vorkommen. JSFs UI-Komponenten existieren auf dem Server und sind *darstellungsunabhängig*, d.h. an keine Render-Technologie gebunden. Die für den Client erzeugte Darstellung ist ein Spiegelbild der auf dem Server existierenden Komponenten. Die JSF-Spezifikation lässt beliebige Darstellungen zu, fordert jedoch von jeder JSF-konformen Implementierung, dass mindestens HTML als Ergebnis der Render-Phase erzeugt wird. In der von uns verwendeten Version 2.3 von JSF ist dies HTML5.

Als Seitenbeschreibungssprache, die sogenannte *View Declaration Language* (VDL), wird XHTML verwendet, die mit den JSF-Tag-Bibliotheken angereichert wird. Die UI-Komponenten selbst sowie weitere zentrale Elemente der JSF-Anwendung, z.B. der Kontext einer Anfrage oder das die Anwendung repräsentierende Application-Objekt, sind über das JSF-API verwendbar. Die VDL/Tag-Implementierung besitzt ebenfalls ein öffentliches API, das aber weniger häufig verwendet wird. Als Grundlage dient letztendlich das Servlet-API, das ebenfalls für die Anwendung zur Verfügung steht. Hinzu kommen weitere Bibliotheken, so dass sich eine Anwendungsarchitektur ergibt, deren Aufbau Bild 4.12 verdeutlicht.

Wir stellen in diesem Abschnitt die beiden wichtigsten Tag-Bibliotheken der JavaServer Faces vor. Dies sind die HTML- und die Kernbibliothek. Vier weitere Bibliotheken erwähnen wir der Vollständigkeit halber kurz und verweisen auf andere Passagen des Buchs, die ausführlichere Darstellungen bzw. Übersichten enthalten. Für keine der Bibliotheken erfolgt eine *vollständige* Darstellung. Eine vollständige Darstellung in Buchform ist nicht

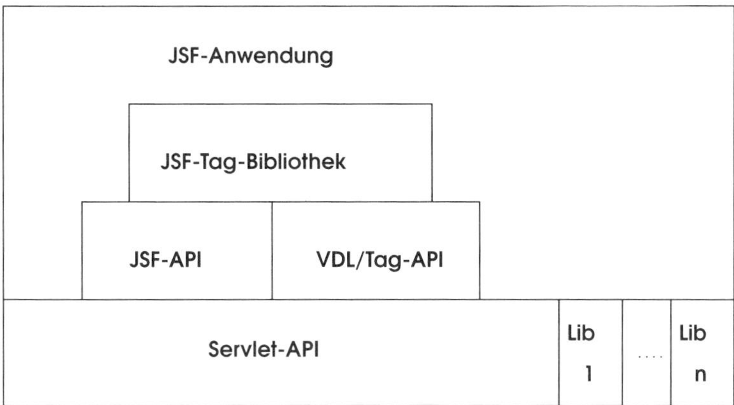

Bild 4.12 Schichtenarchitektur einer JSF-Anwendung

mehr zeitgemäß, da mittlerweile jede moderne IDE entsprechende Funktionalitäten bereitstellt. Wir empfehlen dem Leser, der JSF intensiv nutzt, die Installation des JavaDocs sowohl der Java-Klassen als auch der Tag-Bibliotheken.

4.8.1 Die Standardkomponenten

Die Standardkomponenten sind darstellungsunabhängige Java-Klassen entsprechender UI-Konzepte. Sämtliche Standardkomponenten sind Klassen des Package `javax.faces.component`. Die Hierarchie dieser Komponenten ist in Bild 4.13 dargestellt. Man erkennt verschiedene Komponentenarten, z.B. Befehle (Command), Einfachselektion (SelectOne), Mehrfachselektion (SelectMany) und Eingaben (Input). Dies sind Konzepte, wie sie in jeder Oberflächenbibliothek vorkommen. Sie sind, wie bereits erwähnt, darstellungsunabhängig.

Wir charakterisieren jede Komponente stichpunktartig.

- `UIComponent`
  Abstrakte Oberklasse aller Komponenten.
- `UIComponentBase`
  Abstrakte Klasse mit Implementierungen aller abstrakten Methoden von `UIComponent`.
- `UIColumn`
  Repräsentiert eine Spalte in einer Tabelle. Muss in eine `UIData`-Komponente eingebettet sein.
- `UICommand`
  Repräsentiert einen Befehl, der durch einen Benutzer ausgelöst werden kann.
- `UIData`
  Eine datengebundene Komponente, die durch eine Datenquelle iteriert, um zeilenweise Daten darzustellen. Benötigt eine oder mehrere `UIColumn`-Komponenten.
- `UIForm`
  Ein Eingabeformular, das andere Komponenten enthalten kann. Eingabekomponenten *müssen* in einem `UIForm` enthalten sein.

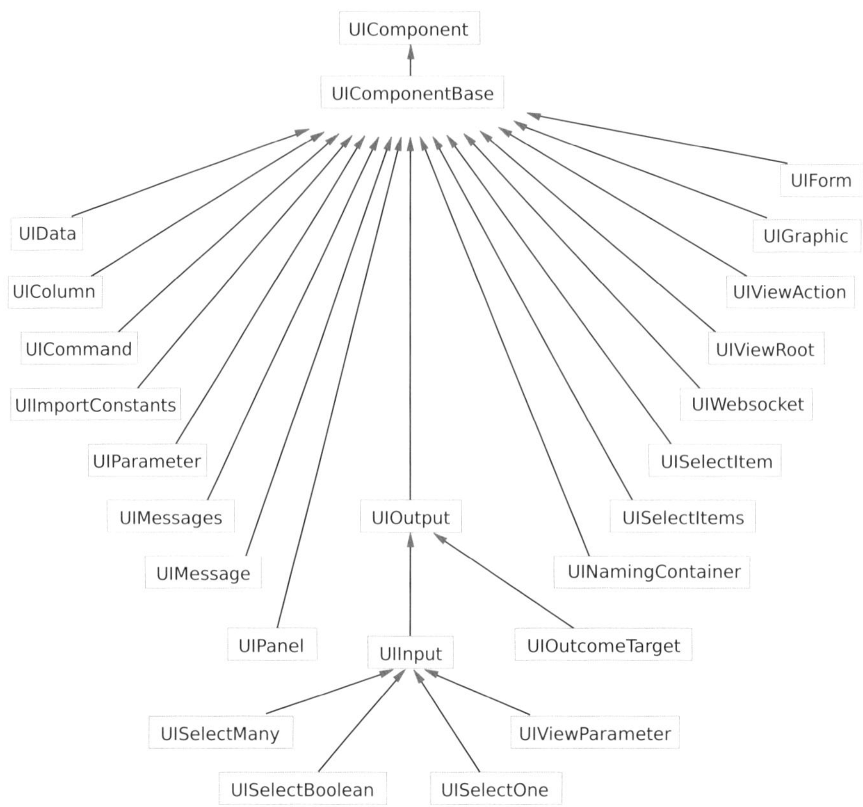

Bild 4.13 Die UI-Komponenten

- `UIGraphic`
  Anzeige einer Grafik, die durch eine URL bzw. Ressource identifiziert wird.
- `UIImportConstants`
  Import von Konstanten in die aktuelle View.
- `UIInput`
  Eine Komponente, die Daten entgegennimmt und anzeigt.
- `UIMessage`
  Anzeige von Meldungen für eine bestimmte Komponente.
- `UIMessages`
  Anzeige aller Meldungen; sowohl komponentenbezogen als auch anwendungsbezogen.
- `UINamingContainer`
  Basisklasse für Klassen mit Namensraumeigenschaften.
- `UIOutcomeTarget`
  Komponente zur Erzeugung eines Get-Requests für eine URL.
- `UIOutput`
  Anzeige von Daten, die nicht durch den Benutzer änderbar sind.

- `UIParameter`
  Repräsentiert einen Parameter einer übergeordneten Komponente.
- `UIPanel`
  Ordnet enthaltene Komponenten an.
- `UISelectBoolean`
  Eingabe und Anzeige eines booleschen Wertes.
- `UISelectItem`
  Repräsentiert ein Element oder eine Elementgruppe. Wird gewöhnlich von `UISelectMany` und `UISelectOne` verwendet.
- `UISelectItems`
  Repräsentiert mehrere Elemente oder Elementgruppen. Wird gewöhnlich von `UISelectMany` und `UISelectOne` verwendet.
- `UISelectMany`
  Anzeige von verschiedenen Elementen und Auswahl von mehreren dieser Elemente durch den Benutzer.
- `UISelectOne`
  Anzeige von verschiedenen Elementen und Auswahl eines dieser Elemente durch den Benutzer.
- `UIViewAction`
  Repräsentiert einen Methodenaufruf, der in der Regel im initialen Request einer View ausgelöst wird.
- `UIViewParameter`
  Repräsentiert eine Bindung zwischen einem Request-Parameter und einem Modell- oder `UIViewRoot`-Property.
- `UIViewRoot`
  Repräsentiert die ganze View. Sie enthält alle anderen Komponenten einer Seite, hat selbst aber keine sichtbare Darstellung.
- `UIWebsocket`
  Repräsentiert eine WebSocket-basierte Push-Verbindung vom Server zum Client.

Die Oberklasse der JSF-Standardkomponenten ist `UIComponent`. Die in dieser Klasse abstrakt definierten Methoden werden von allen Komponenten implementiert. Beispiele sind etwa die Methode `decode()`, die aus einer JSF-Anfrage die Request-Parameter extrahiert (siehe Abschnitt 2.1.2, *Übernahme der Anfragewerte*), die zur entsprechenden Komponente gehört, oder die Methode `getChildren()`, die eine Liste aller Unterkomponenten eines Containers liefert.

Um die Entwicklung eigener Komponenten zu vereinfachen, implementiert die Klasse `UIComponentBase`, eine direkte Unterklasse von `UIComponent`, die abstrakten Methoden der Oberklasse. Falls Sie eigene, native Komponenten entwickeln, verwenden Sie in der Regel diese Klasse als Oberklasse. Wir gehen auf native Komponenten in Abschnitt 6.5. Weitere Klassen realisieren verschiedene UI-Konzepte, wie Ein- und Ausgabe.

Andere Komponenten wie etwa `UIViewRoot`, `UIForm`, `UIImportConstants` oder `UIWebsocket` repräsentieren sehr spezielle UI-Funktionalität. `UIViewRoot` ist die Wurzel des in Abschnitt 2.1.1, *Wiederherstellung des Komponentenbaums*, erwähnten Komponentenbaums. Die Komponente `UIForm` enthält alle für Benutzerinteraktionen empfänglichen

Komponenten. Wird die Komponente nach HTML gerendert, so entspricht dies einem HTML-`<form>`. Alle Eingabekomponenten, die außerhalb eines `UIForm` liegen, werden daher nicht in die HTTP-Anfrage aufgenommen und erreichen den Server nicht. `UIImportConstants` importiert Konstanten in die aktuelle View. `UIWebsocket` repräsentiert schließlich eine WebSocket-basierte Push-Verbindung vom Server zum Client, die über einen `PushContext` und die `@Push`-Annotation Verwendung findet.

Als Entwickler JSF-basierter Anwendungen verwendet man die vorgestellten Komponentenklassen eher selten. Sollten Sie jedoch eigene Komponenten entwickeln, werden diese wie bereits erwähnt in der Regel von `UIComponentBase` abgeleitet werden.

Existierende UI-Komponenten

Die Seite `/components/components.xhtml` führt alle UI-Komponenten auf. Prüfen Sie insbesondere, falls Sie JSF nicht in der Version 2.3 verwenden, ob sich diese Liste der Komponenten von den hier genannten unterscheidet.

■

4.8.2 Render-Sätze

JavaServer Faces sind zunächst eine darstellungsunabhängige Technik. Die oben dargestellten UI-Komponenten können mit beliebigen Darstellungsmechanismen versehen werden. Der Default-Mechanismus, den jede JSF-Implementierung enthalten muss, ist die Darstellung mit HTML, mittlerweile HTML5. Damit Darstellungen auswechselbar sind, gibt es in JavaServer Faces das Konzept austauschbarer Renderer. Jede Komponente bekommt einen Renderer zugeordnet. Eine Komponente kann auch durch mehrere Renderer dargestellt werden. Die Funktionalität der Komponente bleibt dieselbe, die Darstellung variiert. Ein Beispiel ist die Befehlskomponente, die in HTML als Schaltfläche oder als Link dargestellt werden kann. Alle Renderer für ein bestimmtes Ausgabemedium werden schließlich zu einem Render-Satz (Render-Kit) zusammengefasst.

Alle Render-relevanten Klassen sind im Package `javax.faces.render` zusammengeführt. Dies sind die Klassen `Renderer`, `RenderKit`, `RenderKitFactory` und `ResponseStateManager`. Sie definieren die Schnittstelle für den Zugriff auf Renderer. Wir gehen auf die Erstellung eigener Renderer in Abschnitt 6.5.3 ein.

Als Abschluss sei noch erwähnt, dass der Standard-Render-Satz als Id die String-Konstante `"HTML_BASIC"` hat. Diese kann über die Methode

```
Application.getDefaultRenderKitId();
```

erfragt werden. Die Id des aktuellen Render-Satzes einer JSF-Seite liefert die Methode

```
UIViewRoot.getRenderKitId();
```

zurück.

4.8.3 Die JSF-Standard-Bibliotheken

Die Standard-Bibliotheken, die JavaServer Faces zur Verfügung stellen, sind die folgenden:

- HTML-Bibliothek
- Kernbibliothek
- Templating-Bibliothek
- Composite-Component-Bibliothek
- JSTL-Kernbibliothek
- JSTL-Funktionsbibliothek

Wir gehen im Folgenden auf einige der Bibliotheken ein, bei anderen verweisen wir auf entsprechende Abschnitte des Buchs.

4.8.4 Die HTML-Bibliothek

Die HTML-Bibliothek umfasst alle Tags, die UI-Komponenten in HTML-Markup rendern. Der XML-Namensraum lautet `http://xmlns.jcp.org/jsf/html` und wird meist als `h` deklariert:

```
xmlns:h="http://xmlns.jcp.org/jsf/html"
```

Die Komponentenfamilie und der Renderer-Typ werden – mit wenigen Ausnahmen – systematisch zu Tag- und Klassennamen kombiniert. Tabelle 4.8 zeigt Beispiele für die Namensgebung der JSF-Tags und Klassennamen, die aus der Komponentenfamilie und dem Renderer-Typ zusammengesetzt werden.

Tabelle 4.8 Beispiele der Namensgebung für Tag- und Klassennamen

JSF-Tag	Standardkomponente (Klassenname)	Komponentenfamilie	Renderer-Typ
`<h:commandButton>`	`HtmlCommandButton`	Command	Button
`<h:commandLink>`	`HtmlCommandLink`	Command	Link
`<h:selectOneMenu>`	`HtmlSelectOneMenu`	SelectOne	Menu
`<h:selectManyMenu>`	`HtmlSelectManyMenu`	SelectMany	Menu

An die Komponentenfamilie wird der Renderer-Typ angehängt. Die Groß-/Kleinschreibung folgt den Regeln für Java-Methodenbezeichner, d.h., die Tags beginnen mit Kleinbuchstaben, angehängte Namen folgen mit Großbuchstaben. Eine Ausnahme, die bereits in der ersten JSF-Version existierte, ist die Form-Komponente mit dem Form-Renderer. Hier ist das Tag `<h:form>` und nicht `<h:formForm>`. Mittlerweile gibt es eine Reihe weiterer Ausnahmen.

Die Klassen, die die Standard-JSF-Tags implementieren, nennt man die *HTML-Standardkomponenten*. Ihre Klassennamen ergeben sich aus dem Tag-Namen mit vorangestelltem `Html` unter Berücksichtigung der Java-Namensregeln. Auch hier sind in verschiedenen JSF-Versionen Abweichungen von dieser Regel entstanden. Zu diesen zählen etwa die Tags, die kein sichtbares HTML rendern. Die beiden Resource-Tags `<h:outputScript>` und `<h:outputStylesheet>` rendern zu `<style>` und `<link>`, erzeugen damit kein sichtbares HTML, befinden sich aber trotzdem in der HTML-Bibliothek.

Alle HTML-basierten Komponentenklassen sind im Package `javax.faces.component.html` mit Präfix `Html` enthalten und in Tabelle 4.9 aufgeführt. Wir beschreiben danach die entsprechenden Tags der HTML-Bibliothek, die anhand der logischen Funktion der Tags gruppiert sind.

Tabelle 4.9 Klassennamen der HTML-Komponenten

HtmlBody	HtmlColumn	HtmlCommandButton
HtmlCommandLink	HtmlCommandScript	HtmlDataTable
HtmlDoctype	HtmlForm	HtmlGraphicImage
HtmlHead	HtmlInputFile	HtmlInputHidden
HtmlInputSecret	HtmlInputText	HtmlInputTextarea
HtmlMessage	HtmlMessages	HtmlOutcomeTargetButton
HtmlOutcomeTargetLink	HtmlOutputFormat	HtmlOutputLabel
HtmlOutputLink	HtmlOutputText	HtmlPanelGrid
HtmlPanelGroup	HtmlSelectBooleanCheckbox	HtmlSelectManyCheckbox
HtmlSelectManyListbox	HtmlSelectManyMenu	HtmlSelectOneListbox
HtmlSelectOneMenu	HtmlSelectOneRadio	

Formular	
`<h:form>`	Bindet Eingabekomponenten einer Seite in ein Formular ein. Es sind mehrere `<h:form>` in einer JSF-Seite erlaubt.
Eingabe	
`<h:inputHidden>`	Ein nicht sichtbares Eingabefeld (`type="hidden"`)
`<h:inputSecret>`	Ein Eingabefeld mit maskierter Eingabe (`type="password"`)
`<h:inputText>`	Einfaches Eingabefeld (`type="text"`)
`<h:inputTextarea>`	Mehrzeilige Eingabe
Auswahl	
`<h:selectBooleanCheckbox>`	Boolesche Checkbox
`<h:selectManyCheckbox>`	Gruppe von Checkboxen
`<h:selectManyListbox>`	Auswahl mehrerer Elemente einer Liste
`<h:selectManyMenu>`	Auswahl mehrerer Elemente eines Drop-down
`<h:selectOneListbox>`	Auswahl eines Elements einer Liste
`<h:selectOneMenu>`	Auswahl eines Elements eines Drop-down
`<h:selectOneRadio>`	Auswahl einer Alternative; Alternativen dargestellt als Radio-Buttons

Befehl	
<h:commandButton>	Eine Schaltfläche mit optionaler Möglichkeit der Bindung an eine Action-Methode
<h:commandLink>	Ein Link mit optionaler Möglichkeit der Bindung an eine Action-Methode
<h:commandScript>	JavaScript-Funktion, die Formular per Ajax abschickt
Get-Requet	
<h:button>	Eine Schaltfläche, die einen Get-Request mit Anfrageparameter erzeugt
<h:link>	Ein Link, der einen Get-Request mit Anfrageparameter erzeugt
Gruppierung	
<h:panelGrid>	Eine Tabelle von Komponenten mit der Möglichkeit der Definition von Kopf- und Fußzeilen
<h:panelGroup>	Gruppierung von Komponenten zur Verwendung innerhalb anderer Komponenten oder als Möglichkeit der einheitlichen Formatierung
Tabelle	
<h:dataTable>	Eine Datentabelle mit Bindung an eine Datenquelle und der Möglichkeit der Definition von Kopf- und Fußzeilen
<h:column>	Eine Tabellenspalte zur Verwendung innerhalb einer <h:dataTable>
Ausgabe	
<h:outputFormat>	Ausgabe von parametrisiertem Text
<h:outputLabel>	Eine Ausgabe zur Kennzeichnung eines Eingabefelds (label)
<h:outputLink>	Ein Hyperlink, der mit keiner Benutzeraktion verknüpft ist
<h:outputText>	Einfache textuelle Ausgabe
<h:doctype>	Markup für <!DOCTYPE>-Deklaration
Nachrichten	
<h:message>	Fehlermeldungen oder Informationen für ein bestimmtes Eingabefeld
<h:messages>	Fehlermeldungen oder Informationen für eine Seite; die Meldungen können komponenten- oder anwendungsbezogen sein
Grafik	
<h:graphicImage>	Darstellung einer Grafik, die durch eine URL bzw. Ressource identifiziert wird
Verwendung von Ressourcen	
<h:body>	Repräsentiert HTML-Body als Ziel für Ressourcen-Injektion
<h:head>	Repräsentiert HTML-Head als Ziel für Ressourcen-Injektion
<h:outputScript>	Einfügen von JavaScript im Head oder Body
<h:outputStylesheet>	Einfügen von CSS im Head

Existierende HTML-Komponenten

Die Seite `/components/components.xhtml` führt neben den UI-Komponenten auch die HTML-Komponenten auf. Prüfen Sie insbesondere, falls Sie JSF nicht in der Version 2.3 verwenden, ob sich diese Liste der HTML-Komponenten von den hier genannten unterscheidet. ■

4.8.5 Die Kernbibliothek

Die Kernbibliothek umfasst alle Tags, die von keinem Render-Satz abhängig sind. Sie besitzen daher auch keine Darstellung, sondern sind rein funktionale Komponenten. Der XML-Namensraum lautet `http://xmlns.jcp.org/jsf/f` und wird meist als `f` deklariert:

```
xmlns:f="http://xmlns.jcp.org/jsf/core"
```

Die folgende Beschreibung gruppiert anhand der logischen Funktion der Tags.

Grafik	
`<f:view>`	Repräsentiert eine View, d.h. die Komponenten einer Seite
`<f:subview>`	Repräsentiert eine Teil-View
Listener	
`<f:actionListener>`	Registriert einen Action-Listener
`<f:setProperty-ActionListener>`	Registriert einen Action-Listener für ein Property
`<f:valueChange-Listener>`	Registriert einen Value-Change-Listener
`<f:phaseListener>`	Registriert einen Phase-Listener
`<f:event>`	Registriert einen System-Event-Listener
Konvertierer	
`<f:converter>`	Bindet einen allgemeinen Konvertierer an Komponente
`<f:convertDateTime>`	Bindet den Standard-DateTime-Konvertierer an Komponente
`<f:convertNumber>`	Bindet den Standard-Zahlen-Konvertierer an Komponente
Ajax	
`<f:ajax>`	Registriert einen Ajax-Handler

Validierung	
`<f:validateDoubleRange>`	Bindet einen Bereichsvalidierer für Double-Werte an Komponente
`<f:validateLongRange>`	Bindet einen Bereichsvalidierer für Long-Werte an Komponente
`<f:validateLength>`	Bindet einen Längenvalidierer an Komponente
`<f:validator>`	Bindet einen allgemeinen Validierer an Komponente
`<f:validateBean>`	Validierung wird an Bean-Validation-API delegiert
`<f:validateRequired>`	Validierer, der Eingabewert erzwingt, wird an Komponente gebunden
`<f:validateRegex>`	Validierer, der regulären Ausdruck verwendet, wird an Komponente gebunden
`<f:validateWholeBean>`	Unterstützung von Mehrfeldvalidierungen
Auswahlelemente	
`<f:selectItem>`	Bindet ein Auswahlelement ein
`<f:selectItems>`	Bindet mehrere Auswahlelemente ein
Internationalisierung	
`<f:loadBundle>`	Lädt ein Resource-Bundle und vergibt Bezeichner dafür
Facette	
`<f:facet>`	Definiert eine Facette als Kind eines Containers
Parameter	
`<f:param>`	Definiert einen Parameter für das umgebende Action-Element
`<f:attribute>`	Definiert ein Attribut für das umgebende Action-Element
`<f:attributes>`	Definiert Attribute (Map) für das umgebende Action-Element
`<f:metadata>`	Definiert Medadaten für eine View mit Hilfe von `<f:viewParam>`
`<f:viewParam>`	Definiert Parameter für View
Unveränderte Ausgabe	
`<f:verbatim>`	Ermöglicht die Verwendung von (Nicht-JSF-) Tags, die von der Verarbeitung ausgeschlossen werden
Import von Konstanten	
`<f:importConstants>`	Importiert Konstanten
HTML5-Unterstützung	
`<f:passThroughAttribute>`	Fügt der Komponente ein HTML5-Attribut hinzu
`<f:passThroughAttributes>`	Fügt der Komponente mehrere HTML5-Attribute (Map) hinzu
WebSockets	
`<f:websocket>`	Registriert eine Web-Socket-Push-Connection

4.8.6 Die Templating-Bibliothek (Facelets)

Die Templating-Bibliothek, häufig als *Facelets* bezeichnet, wurde mit JSF 2.0 in den Standard aufgenommen. Sie enthält vor allem Möglichkeiten zur template-basierten Definition von Seiten und ermöglicht damit die einheitliche Gestaltung einer Anwendung. Viele Tags der Bibliothek wurden in Abschnitt 4.1, *Templating* verwendet. Der XML-Namensraum lautet `http://xmlns.jcp.org/jsf/facelets` und wird meist als `ui` deklariert:

```
xmlns:ui="http://xmlns.jcp.org/jsf/facelets"
```

Wir führen die Tags hier nicht auf und verweisen auf Abschnitt 4.1 und Anhang A.3.

4.8.7 Die Composite-Component-Bibliothek

Die Composite-Component-Bibliothek erlaubt die Definition eigener Komponenten und wurde in Abschnitt 4.7, *Zusammengesetzte Komponenten* verwendet. Der XML-Namensraum lautet `http://xmlns.jcp.org/jsf/composite` und wird meist als `cc` oder `composite` deklariert:

```
xmlns:cc="http://xmlns.jcp.org/jsf/composite"
```

oder alternativ

```
xmlns:composite="http://xmlns.jcp.org/jsf/composite"
```

Für ausführliche Informationen zur Composite-Component-Bibliothek verweisen wir auf Abschnitt 4.7, für eine Übersicht auf Anhang A.4.

4.8.8 Die JSTL-Kern- und Funktionsbibliothek

Die JavaServer Pages Standard Tag Library (JSTL-Bibliothek), spezifiziert als ([URL-JSR52]), ist eine Tag-Bibliothek für JavaServer Pages. Wie in der Einleitung des Buchs beschrieben, waren JavaServer Pages die Standard-VDL von JSF 1.0. JSP als Seitenbeschreibungssprache und das Bearbeitungsmodell für JSF harmonierten aber nicht sonderlich gut, da JSP ein eigenes Bearbeitungsmodell besitzt, das auf der Compilation in ein Servlet basiert. Damit die JSTL-Bibliotheken im neuen JSF-Standard XHTML (Facelets) weiterhin verwendbar bleiben, wurden sie auf eine sinnvolle Teilmenge reduziert. Innerhalb von JSF sind von den ursprüglich fünf Bibliotheken, Core, XML, I18N, SQL, und Functions nur noch die Kern- und die Funktionsbibliothek übrig geblieben und JSF-konform migriert worden.

Die beiden XML-Namensräume lauten `http://xmlns.jcp.org/jsp/jstl/core` sowie `http://xmlns.jcp.org/jsp/jstl/functions` und werden meist als `c` und `fn` deklariert:

```
xmlns:c="http://xmlns.jcp.org/jsp/jstl/core"
xmlns:fn="http://xmlns.jcp.org/jsp/jstl/functions"
```

Eine Übersicht der beiden Bibliotheken findet man in den Anhängen A.5 und A.6.

Die Funktionsbibliothek ist keine Komponentenbibliothek im Sinne dieses Kapitels, sondern eine Bibliothek einfacher Funktionen, aus Java-Sicht also Methoden, wie etwa `substring()`. Die Kernbibliothek stellt Komponenten dar, die allerdings anders verwendet werden, als native JSF-Komponenten. Die Ursache hierfür liegt in der JSP-Historie. Komponenten der Kernbibliothek werden direkt beim Erstellen der View, also in der ersten der sechs Phasen des JSF-Bearbeitungsmodells *verarbeitet*. Im Gegensatz zu JSF-Komponenten, die in den Baum eingebaut werden, wird bei Kernkomponenten das Verarbeitungsergebnis, nicht die Komponente selbst, in den Baum aufgenommen. Bei einem `<c:if>` wird also der Inhalt der Komponente in den Baum aufgenommen, falls die Testbedingung zu wahr ausgewertet wird. Die Komponenten selbst wird nicht in den Baum eingebaut.

4.8.9 Komponentenbindungen

Mit dem Wissen über JSFs Komponenten können nun anspruchsvolle Szenarien umgesetzt werden. Wie bereits im Rahmen der Darstellung der Expression-Language erwähnt, ist es selten notwendig, Komponentenbindungen zu nutzen, da in der Regel einfachere Alternativen existieren. Trotzdem gehören Komponentenbindungen zum Repertoire des JSF-Entwicklers, so dass wir hier ein Beispiel entwickeln wollen. Ziel soll es sein, in einem Drop-down-Menü dynamisch Auswahlalternativen hinzufügen und löschen zu können. Listing 4.42 zeigt den entsprechenden JSF-Code.

Listing 4.42 Ausschnitt der Seite `component-binding.xhtml`

```
1  <h:panelGrid>
2    <f:facet name="header">
3        Löschen und Hinzufügen von Select-Items
4    </f:facet>
5    <h:selectOneMenu binding="#{selectionController.menu}">
6      <f:selectItem itemLabel="bitte auswählen"
7                    itemValue="bitte auswählen" />
8    </h:selectOneMenu>
9    <h:inputText value="#{selectionController.inputItem}" />
10   <h:commandButton value="Löschen"
11                    action="#{selectionController.delete}"/>
12   <h:commandButton value="Hinzufügen"
13                    action="#{selectionController.add}"/>
14 </h:panelGrid>
```

Die Komponentenbindung wird mit dem `binding`-Attribut des `<h:selectOneMenu>`-Tags in Zeile 5 realisiert. Als Select-Item existiert nur JSF-seitig das `<f:selecdtItem>` in Zeile 6 und keinerlei Bindung an eine Java-seitige Collection. Die Eingabe in Zeile 9 stellt die neue bzw. zu löschende Auswahlalternative dar. Die beiden CommandButtons stellen die Funktion des Löschens und Hinzufügens bereit. Das Listing 4.43 gibt die gebundenen Properties und die beiden Action-Methoden wieder.

Listing 4.43 Klasse `SelectionController`

```
1  @Named
2  @RequestScoped
3  public class SelectionController {
4
5    private String inputItem;
6    private HtmlSelectOneMenu menu;
7
8    public void delete() {
9      for (UIComponent component : menu.getChildren()) {
10       UISelectItem selectItem = (UISelectItem) component;
11       if (selectItem.getItemValue().equals(inputItem)) {
12         menu.getChildren().remove(component);
13       }
14     }
15   }
16
17   public void add() {
18     if (inputItem == null || inputItem.isBlank()) {
19       return;
20     }
21     UISelectItem si = new UISelectItem();
22     si.setItemLabel(inputItem);
23     si.setItemValue(inputItem);
24     menu.getChildren().add(si);
25   }
26   ...
```

In Zeile 6 erkennt man das Field `menu` vom Typ `HtmlSelectOneMenu`, das durch das `binding`-Attribut in Listing 4.42 gebunden wurde. Beim Löschen eines Eintrags wird über die Kinder dieser Komponente iteriert (`getChildren()`) und, falls die Alternative gefunden wurde, diese gelöscht. Beim Hinzufügen wird der Liste der Kinder die neue Alternative einfach hinzugefügt (`add()` in Zeile 24).

Bemerkung: Das Beispiel kann mit Hilfe des `<f:selectItems>`-Tags alternativ realisiert werden. Die Select-Items werden über das `value`-Attribut des Tags an eine Java-Collection gebunden, die dann über das Java-Collection-API manipuliert wird. Unsere Implementierung macht aber noch einmal deutlich, dass JavaServer Faces ein zustandsbehaftetes Komponenten-Framework ist. Die Instanz von `HtmlSelectOneMenu` kennt ihre Kinder über einen Request hinweg und erlaubt die direkte Manipulation dieser Kinder.

4.9 Die Servlet-Konfiguration

Das in Abschnitt 2.1 vorgestellte Bearbeitungsmodell einer JSF-Anfrage wird durch ein Servlet realisiert. Verschiedene Servlet-Versionen werden in Spezifikationen innerhalb des JCP detailliert beschrieben. JSF 2.3 erfordert eine Servlet-Implementierung der Version 4.0 [URL-JSR369] oder höher, um die neuen Features der Version 2.3 auch tatsächlich verwenden zu können. Für frühere JSF-Versionen genügen ältere Servlet-Implementierungen. Neben der aktuellsten Version finden Sie auch ältere Spezifikationen ab der Version 2.3 im URL-Verzeichnis, dem Anhang B.

Neben der Konfiguration des zugrunde liegenden Servlet-Systems können auch über die JSF-spezifische Konfigurationsdatei `faces-config.xml` Einstellungen vorgenommen werden. Da dies jedoch in der Regel eher seltener stattfinden wird, beschreiben wir diese Konfigurationsart gesondert in Abschnitt 6.1. Hinzu kommt, dass einige dieser Konfigurationsmöglichkeiten heute sinnvollerweise mit Annotationen realisiert werden, wie wir dies etwa bei Managed Beans und der Navigation zwichen JSF-Seiten bereits häufig praktiziert haben.

Zurück zur Servlet-Konfiguration. Eine Web-Anwendung muss entsprechend der Servlet-Spezifikation ein bestimmtes Verzeichnis-Layout haben. Im Wurzelverzeichnis der Applikation existiert das Verzeichnis `WEB-INF`, in dem die zentrale Konfigurationsdatei `web.xml`, der sogenannte *Deployment-Deskriptor*, liegt. In ihm werden alle Servlets der Anwendung sowie andere Ressourcen konfiguriert. JavaServer Faces sind eine Web-Anwendung, die durch *ein* Servlet, das *Faces-Servlet*, realisiert wird, das deklariert und konfiguriert werden muss. Mit der Servlet-Version 3.0 wurden diese Anforderungen allerdings optional, so dass die Datei `web.xml` entfallen kann. Das Faces-Servlet wird dann so konfiguriert, dass HTTP-Anfragen mit den Mustern `*.faces`, `*.jsf`, `*.xhtml` und `/faces/*` automatisch an das Faces-Servlet weitergeleitet werden. Da mit JSF 2.0 auch die JSF-Konfigurationsdatei `faces-config.xml` optional ist, kann eine JSF-Anwendung vollständig ohne XML-Konfiguration auskommen. Wir empfehlen dies allerdings nicht, wie wir gleich noch motivieren werden.

4.9.1 Der Deployment-Deskriptor

Listing 4.44 zeigt beispielhaft den Deployment-Deskriptor `web.xml`, den wir im Anschluss diskutieren.

Listing 4.44 Der Deployment-Deskriptor `web.xml`

```
<?xml version="1.0" encoding="UTF-8"?>
<web-app xmlns="http://xmlns.jcp.org/xml/ns/javaee"
  xmlns:xsi="http://www.w3.org/2001/XMLSchema-instance"
  xsi:schemaLocation="http://xmlns.jcp.org/xml/ns/javaee
           http://xmlns.jcp.org/xml/ns/javaee/web-app_4_0.xsd"
  version="4.0">

  <display-name>Kurzbeschreibung der Anwendung</display-name>

  <servlet>
    <servlet-name>Faces Servlet</servlet-name>
    <servlet-class>javax.faces.webapp.FacesServlet</servlet-class>
  </servlet>
  <servlet-mapping>
    <servlet-name>Faces Servlet</servlet-name>
    <url-pattern>*.jsf</url-pattern>
```

```
17    </servlet-mapping>
18
19    <context-param>
20      <param-name>javax.faces.PROJECT_STAGE</param-name>
21      <param-value>Development</param-value>
22    </context-param>
23
24    <context-param>
25      <param-name>javax.faces.FACELETS_SKIP_COMMENTS</param-name>
26      <param-value>true</param-value>
27    </context-param>
28
29    <context-param>
30      <param-name>
31        javax.faces.INTERPRET_EMPTY_STRING_SUBMITTED_VALUES_AS_NULL
32      </param-name>
33      <param-value>true</param-value>
34    </context-param>
35
36  </web-app>
```

Zunächst werden im Wurzelelement <web-app> (Zeilen 2 – 6) zwei Namensräume und ein Schema angegeben. Sowohl die Schema-Version als auch das Attribut `version` verwenden den Wert 4.0, wenn auch in unterschiedlicher Schreibung.

Im Beispiel wird dann das Faces-Servlet definiert. Dabei ist die implementierende Servlet-Klasse definiert, der Servlet-Name ist frei wählbar. Dieser wird im Servlet-Mapping auf ein URL-Pattern abgebildet. Im Beispiel verwenden wir das sogenannte *Extension-Mapping*. Alternativ kann das *Präix-Mapping* verwendet werden, bei dem eine Verzeichnisstruktur als Präfix vorgegeben wird, also z.B.

```
<servlet-mapping>
  <servlet-name>Faces Servlet</servlet-name>
  <url-pattern>/faces/*</url-pattern>
</servlet-mapping>
```

Das bereits oben erwähnte Default-Mapping besteht aus vier URL-Pattern:

- `/faces/*`
- `*.jsf`
- `*.faces`
- `*.xhtml`

Wir empfehlen, auf das Servlet-Mapping komplett zu verzichten. Zum einen wegen des geringeren Schreibaufwands, zum anderen wegen eines positiven Sicherheitsaspekts. Wird das Mapping etwa wie in Listing 4.44 vorgenommen, wird das Faces-Servlet ausschließlich auf die Endung `*.jsf` gemappt. Fragt ein Client ein URL mit Endung `*.xhtml` an, so ist das Faces-Servlet bei der Request-Beantwortung nicht involviert. Stattdessen wird einfach der Quell-Code der entsprechenden Datei zurückgegeben, was in der Regel nicht gewollt ist.

Sichern des JSF-Quell-Codes

Bei der Verwendung des Default-Mapping wird JSF-Quell-Code nicht an Clients ausgeliefert.

■

Der Deployment-Deskriptor definiert eine ganze Reihe verschiedener Elemente, von denen für JavaServer Faces in der Regel nur das `<context-param>`-Element Verwendung findet. Diese *Kontextparameter* werden allgemein verwendet, um die Servlets einer Web-Anwendung zu parametrisieren. Ein Kontextparameter besteht aus der Definition eines Namens und eines Werts:

```
<context-param>
  <param-name>Name</param-name>
  <param-value>Wert</param-value>
</context-param>
```

Das Beispiel in Listing 4.44 definiert etwa die Entwicklungsphase des Projekts (`PROJECT_STAGE`) als `Development` (Zeilen 19–22), das Entfernen auskommentierter Code-Stücke der JSF-Seite (`FACELETS_SKIP_COMMENTS`, Zeilen 24–27) und das Umwandeln leerer String-Eingaben in `null` (`INTERPRET_EMPTY_STRING_SUBMITTED_VALUES_AS_NULL`, Zeilen 29–32), um etwa den `@NotNull`-Constraint von Bean Validation verwenden zu können.

4.9.2 Übersicht Kontextparameter

Dieser Abschnitt führt die JSF-relevanten Kontextparameter auf und beschreibt sie kurz. Sie sind in der Spezifikation in Abschnitt *11.1.3 Application Configuration Parameters* aufgeführt und dort zum Teil detaillierter beschrieben, als wir dies hier tun wollen. Alle Kontextparameter besitzen den Präfix `javax.faces`, wie in Listing 4.44 zu erkennen. In der folgenden Übersicht wurde dieser aus Gründen besserer Lesbarkeit nicht aufgeführt.

Parameter `ALWAYS_PERFORM_VALIDATION_WHEN_REQUIRED_IS_TRUE`
Validierung durchführen, auch wenn diese Komponente keine Eingabewerte besitzt.

Parameter `CLIENT_WINDOW_MODE`
Steuerung des Client-Window-Features.

Parameter `CONFIG_FILES`
Kontextrelative Liste von Dateien, falls mehrere JSF-Konfigurationsdateien verwendet werden sollen.

Parameter `DATETIMECONVERTER_DEFAULT_TIMEZONE_IS_SYSTEM_TIMEZONE`
Flag zur Verwendung der Default-Zeitzone anstatt GMT in `DateTimeConverter`.

Parameter `DEFAULT_SUFFIX`
Liste von Alternativ-Suffixen für JSF-Dateien, durch Leerzeichen getrennt.

Parameter `DISABLE_DEFAULT_BEAN_VALIDATOR`
Flag, das die Verwendung einer BV-Implementierung steuert.

Parameter `DISABLE_FACELET_JSF_VIEWHANDLER`
Flag für den JSF 1.2 Kompatibilitätsmodus des View-Handlers.

Parameter DISABLE_FACESSERVLET_TO_XHTML
Default-Mapping auf `*.xhtml` wird nicht unterstützt.

Parameter ENABLE_VALIDATE_WHOLE_BEAN
Flag zur Aktivierung des `<f:validateWholeBean>`-Tags. Ein Beispiel findet sich in Abschnitt 2.4.13.

Parameter ENABLE_WEBSOCKET_ENDPOINT
Flag zur Aktivierung der Web-Socket-Unterstützung. Ein Beispiel findet sich in Abschnitt 6.2.

Parameter FACELETS_BUFFER_SIZE
Buffer-Größe des generierten `ResponseWriter` (Default 1024).

Parameter FACELETS_DECORATORS
Liste von Klassennamen (Type `TagDecorator`), durch Semikolon getrennt.

Parameter FACELETS_LIBRARIES
Liste von Dateien für Facelets-Tag-Bibliotheken, durch Semikolon getrennt.

Parameter FACELETS_REFRESH_PERIOD
Zeitdauer in Sekunden, für die der Facelets-Compiler nach geänderten Facelets-Seiten sucht. Für `-1` wird nicht geprüft. Dies ist in der Regel für Produktionssysteme zu empfehlen.

Parameter FACELETS_RESOURCE_RESOLVER
Qualifizierter Klassenname des zu verwendenden `ResourceResolvers`.

Parameter FACELETS_SKIP_COMMENTS
Flag, das das Rendern eines XML-Kommentars in einer Facelets-Seite verhindert.

Parameter FACELETS_SUFFIX
Alternativer Suffix für Facelets-Seiten.

Parameter FACELETS_VIEW_MAPPINGS
Liste von Resource-Patterns, durch Semikolon getrennt. Passende Ressourcen werden als Facelets-Seiten interpretiert. Beispiel: „`/pages/*;*.xhtml`“.

Parameter FULL_STATE_SAVING_VIEW_IDS
Liste von View-Ids, durch Komma getrennt, deren Zustand komplett, also wie in JSF 1.2 und früher gespeichert werden.

Parameter INTERPRET_EMPTY_STRING_SUBMITTED_VALUES_AS_NULL
Flag das angibt, ob leere Strings in Eingabefeldern in den `null`-Wert umwandelt werden.

Parameter LIFECYCLE_ID
Qualifizierter Name der zu verwendenden `Lifecycle`- Implementierung.

Parameter PARTIAL_STATE_SAVING
Flag zur Steuerung der partiellen Zustandsspeicherung.

Parameter PROJECT_STAGE
Aktueller Entwicklungsstand des Systems. Mögliche Werte: `Development`, `UnitTest`, `SystemTest`, `Production`.

Parameter SEPARATOR_CHAR
Trennzeichen für Client-Ids, die mehrere Bestandteile haben. Ein Beispiel findet sich in Abschnitt 4.3.1.

Parameter SERIALIZE_SERVER_STATE
Erzwingt, falls STATE_SAVING_METHOD auf server gesetzt ist, dass der Server-Zustand serialisierbar (Interface Serializable) ist.

Parameter STATE_SAVING_METHOD
Speicherort für den Komponentenbaum. Mögliche Werte sind server (Default) und client.

Parameter VALIDATE_EMPTY_FIELDS
Validierung leerer Eingaben, falls true. Für den Wert auto wird bei Vorhandensein einer BV-Implementierung true, sonst false gesetzt.

Parameter VIEWROOT_PHASE_LISTENER_QUEUES_EXCEPTIONS
Flag zur Steuerung, ob Phase-Listener-Exception verarbeitet anstatt nur geloggt werden.

Parameter WEBAPP_CONTRACTS_DIRECTORY
Angabe des Pfads (relativ zur Wurzel der Web-Anwendung), an dem Resource-Library-Contracts zu finden sind. Default ist contracts.

Parameter WEBAPP_RESOURCES_DIRECTORY
Angabe des Pfads (relativ zur Wurzel der Web-Anwendung), an dem Ressourcen zu finden sind. Default ist resources.

Parameter WEBSOCKET_ENDPOINT_PORT
Angabe des (numerischen) Web-Socket-Ports. Default ist der HTTP-Port.

Einige der beschriebenen Kontextparameter haben wir als *Flag* bezeichnet. Die Spezifikation vergleicht den Wert dieser Flags durch den Ausdruck toLower().equals("true") mit dem Wahrheitswert true. Alle anderen Werte als verschiedene Schreibungen von true werden daher als false interpretiert. Wir empfehlen dem Leser, trotzdem nur die Werte true und false zu verwenden.

Neben diesen durch die Spezifikation vorgegebenen Kontextparametern bieten die JSF-Implementierungen weitere Kontextparameter an. Die von Mojarra bereitgestellten Kontextparameter findet man unter [URL-MOJKP], die von MyFaces unter [URL-MFKP].

Im Folgenden diskutieren wir einige der, wie wir meinen, wichtigeren Kontextparameter im Detail.

4.9.3 Zustandsspeicherung

Der Zustand einer View (der in Abschnitt 2.1.1 beschriebene Komponentenbaum) inklusive seiner Konvertierer und Validierer muss zwischen zwei Requests gespeichert werden. Dies kann auf dem Server oder auf dem Client erfolgen. Der entsprechende Kontextparameter ist STATE_SAVING_METHOD. Im folgenden Beispiel wird der Client als Speicherort definiert.

```
<context-param>
  <param-name>javax.faces.STATE_SAVING_METHOD</param-name>
  <param-value>client</param-value>
</context-param>
```

Die Speicherung auf dem Client erfolgt in einem versteckten Input-Element:

```
<input type="hidden"
       name="javax.faces.ViewState" id="javax.faces.ViewState"
       value="..." />
```

Der Wert des value-Attributs ist ein verschlüsseltes Token, das die serialisierte View enthält und vor CSRF-Angriffen schützt. Die Speicherung auf dem Server erfolgt in der Regel in der HttpSession des Servlets, wobei zur Identifikation ebenfalls das oben dargestellte Verfahren verwendet wird, wobei der Wert des value-Attributs dann eine Id zur Identifikation des Zustands auf dem Server darstellt.

Um zu entscheiden, welche der beiden Alternativen für eine bestimmte Anwendung die bessere ist, muss man sich über die Vor- und Nachteile der Alternativen im Klaren sein. Eine Speicherung auf dem Server benötigt offensichtlich mehr Speicherplatz auf dem Server. Dies ist bei kleinen Anwendungen mit wenigen gleichzeitig aktiven Benutzern nicht problematisch, kann aber bei Tausenden von Benutzern durchaus zum Tragen kommen. Eine Speicherung auf dem Client erhöht das Kommunikationsvolumen, und zwar in beiden Richtungen. Falls eine View viele Komponenten hat, könnte dies bei geringen Bandbreiten zu einer Verlangsamung führen. Man hat also auch hier den oft anzutreffenden Zeit/Platz-Trade-Off der Software-Entwicklung.

Ein weiteres Beispiel für diesen Kontextparameter, insbesondere die direkte Ausgabe in einer JSF-Seite, findet sich in Abschnitt 2.2.5.

4.9.4 Konfigurationsdateien

Im Kontextparameter CONFIG_FILES werden die Konfigurationsdateien für JavaServer Faces durch Kommata getrennt angegeben. Default ist hier der Dateiname /WEB-INF/faces-config.xml, d.h., diese Datei wird ohne Definition des Kontextparameters verwendet. In den beiden ersten Auflagen dieses Buchs gab es noch sehr viel über XML zu konfigurieren. Mittlerweile geschieht dies durch Annotationen in Java. Die Konfiguration der Beispiele der ersten Auflagen erfolgte daher in mehreren Konfigurationsdateien, so dass die folgende Definition des Kontextparameters CONFIG_FILES verwendet wurde.

```
<context-param>
  <param-name>javax.faces.CONFIG_FILES</param-name>
  <param-value>
    /WEB-INF/faces-config-config.xml,
    /WEB-INF/faces-config-el.xml,
    /WEB-INF/faces-config-mb.xml,
    /WEB-INF/faces-config-vc.xml,
    /WEB-INF/faces-config-events.xml,
    /WEB-INF/faces-config-nav.xml,
    /WEB-INF/faces-config-i18n.xml
  </param-value>
</context-param>
```

Falls die Datei /WEB-INF/faces-config.xml in der Liste selbst auftaucht, ist sie laut Spezifikation zu ignorieren. Die Reihenfolge des Ladens der JSF-Konfigurationsdateien erfolgt durch Überprüfung der Existenz des Kontextparameters CONFIG_FILES. Ist er vorhanden, werden die über ihn definierten Konfigurationsdateien geladen, sonst die Datei `/WEB-INF/faces-config.xml`. Dies gilt jedoch nur, falls Sie keine weiteren Bibliotheken verwenden. Im allgemeinen Fall wird dieser Reihenfolge noch das Durchsuchen aller JAR-Dateien im `/WEB-INF/lib`-Verzeichnis vorangestellt. Sollten sich JSF-Bibliotheken mit `/META-INF/faces-config.xml`-Dateien darunter befinden, werden diese Konfigurationsdateien als Erste gelesen.

4.9.5 Projektphasen

JSF erlaubt die Klassifizierung eines Projekts bezüglich seines Entwicklungsstands. Die möglichen Entwicklungsphasen `Development`, `Production`, `SystemTest` und `UnitTest` sind als Werte des Aufzählungstyps `javax.faces.application.ProjectStage` für den Kontextparameter `PROJECT_STAGE` verwendbar, wie etwa in folgendem Beispiel:

```
<context-param>
  <param-name>javax.faces.PROJECT_STAGE</param-name>
  <param-value>Development</param-value>
</context-param>
```

Der Default für `PROJECT_STAGE` ist `Production`. Die konfigurierte Projektphase ist programmatisch abfragbar. Mit der Methode `getProjectStage()` der Klasse `Application` können damit leicht Abfragen realisiert werden, die abhängig von der Projektphase verschiedene Funktionalitäten steuern.

Wir empfehlen Ihnen die Konfiguration der Phase `Development` während der Programmentwicklung sehr, da die Referenzimplementierung in dieser Entwicklungsphase mehr Warnungen in das Log ausgibt als im Default-Fall. Zusätzlich erhalten JSF-Seiten, die kein `<h:messages>`-Tag enthalten, automatisch ein solches Tag eingefügt.

Entwicklerproduktivität

Die Verwendung der Phase `Development` während der Programmentwicklung ist sehr zu empfehlen, da mehr Meldungen in das Log geschrieben und Validierungs- und Konvertierungsfehler automatisch angezeigt werden.

■

4.9.6 Zugriff auf Konfigurationsdaten

In der Regel benötigt man eher selten Zugriff auf die Konfigurationsdaten. Eine Ausnahme bildet die Projektphase, deren Kenntnis zur Laufzeit sinnvolle Verwendungsmöglichkeiten erlauben. Aber auch andere Konfigurationsparameter können eventuell nützlich sein, so dass wir uns kurz über den Zugriff auf Konfigurationsdaten Gedanken machen wollen.

Offensichtlich können diese in einer JSF-Seite direkt über den in Tabelle 2.3 auf Seite 33 dargestellten vordefinierten Objektnamen `initParam` zugegriffen werden:

```
Kommentare loeschen:
    #{initParam['javax.faces.FACELETS_SKIP_COMMENTS']}
```

```
Projektphase:
    #{initParam['javax.faces.PROJECT_STAGE']}

BV @NotNull:
    #{initParam['javax.faces.
        INTERPRET_EMPTY_STRING_SUBMITTED_VALUES_AS_NULL']}
```

Da `initParam` eine Map ist, kann man sehr einfach über alle Konfigurationsparameter iterieren, wie das Listing 4.45 zeigt.

Listing 4.45 Ausschnitt der Seite `servlet-config.xhtml`

```
<h:dataTable var="entry" value="#{initParam}">
  <h:column>#{entry.key}</h:column>
  <h:column>#{entry.value}</h:column>
</h:dataTable>
```

Zu beachten ist dabei aber, dass tatsächlich *alle* Kontextparameter ausgegeben werden, nicht nur die, die im Deployment-Deskriptor unserer JSF-Anwendung definiert wurden.

Wenden wir uns nun den entsprechenden Möglichkeiten server-seitig mit Java zu. Der Servlet- oder Portlet-Kontext ist über die Klasse `ExternalContext` verfügbar und lässt sich direkt injizieren. Die Methode `getInitParameter()` liefert den Wert des Kontextparameters, dessen Name als Parameter angegeben wurde, also z.B. die Projektphase:

```
@Inject
ExternalContext externalContext;
...
externalContext.getInitParameter("javax.faces.PROJECT_STAGE")
...
```

Für einige Kontextparameter existieren aber auch entsprechend spezialisierte Methoden, etwa für die schon erwähnte Projektphase oder den Ort der Zustandsspeicherung, wie die folgenden Beispiele zeigen:

```
@Inject
FacesContext facesContext;

...
// Projektphase
facesContext.getApplication().getProjectStage()

...
// Ort der Zustandsspeicherung
facesContext.getApplication()
            .getStateManager()
            .isSavingStateInClient(facesContext)
```

In Listing 4.45 diente die Map `initParam` als Datenquelle der Iteration in einer JSF-Seite. Nach Tabelle 2.3 dient in Java der Qualifier `@InitParameterMap` dazu, eine entsprechende Map zu injizieren. Wie bereits erwähnt, enthält die Map alle Kontextparameter. Das Filtern auf JSF-relevante Kontextparameter ist in der JSF-Seite etwas aufwendig. In Java kann dies aber relativ schnell gelöst werden, wie Listing 4.46 zeigt.

Listing 4.46 Ausschnitt der Klasse `ServletConfigController`

```
@Inject
@InitParameterMap
Map<String, String> initParams;

...

public Map<String, String> getJsfInitParams() {
  return initParams.entrySet().stream()
      .filter(e -> e.getKey().startsWith("javax.faces"))
      .collect(Collectors.toMap(e -> e.getKey(), p -> p.getValue()));
}
...
```

Unterschiede zwischen Application-Servern

Falls Sie verschiedene Application-Server verwenden oder sich anderweitig für deren Unterschiede interessieren, können Sie die entsprechenden Seiten des Beispiel aufrufen, um sich über diese Unterschiede zu informieren.

■

Nicht verschwiegen werden soll an dieser Stelle, dass es noch weitere Möglichkeiten der Konfiguration von JSF gibt, die allerdings in der Regel nicht von Anwendungs-, sondern von Systementwicklern genutzt werden. Wir gehen daher nur kurz darauf ein. Die Methode `getAttributes()` der Klasse `FacesContext` liefert eine Map von Attributen, die mit dieser Instanz des Faces-Context verbunden sind. Da die Map geändert werden kann, wird sie als Möglichkeit der Parameterübergabe während der Bearbeitung eines JSF-Requests benutzt. Bei Interesse finden Sie im Projekt ein Beispiel.

5 JavaServer Faces im Einsatz: Classic Models

In den Kapiteln 2 und 4 wurden viele JSF-Features konzeptionell eingeführt und an kleinen Beispielen erläutert. In Kapitel 3 wurde dieser Blick auf JavaServer Faces um CDI ergänzt. In Kapitel 6 werden weitere, auch etwas speziellere, JSF-Features folgen. Das Entwerfen und Entwickeln einer Unternehmensanwendung ist aber viel mehr als das Zusammenpacken kleiner Code-Stücke aus diesen Kapiteln oder etwa auf Stack Overflow Gefundenem. Für eine sinnvolle Architektur benötigt man einen Überblick über das Gesamtsystem und eine sinnvolle und konsistente Verbindung einzelner Programmteile. Genau das versucht dieses Kapitel zu erreichen. Wir entwickeln eine mehr oder weniger komplette Anwendung, die – so unsere Hoffnung – eine Blaupause für Ihre Anwendungen sein kann.

Für eine, zumindest im Ansatz, realistische Anwendung werden Daten benötigt. Es gibt eine ganze Reihe von Datenquellen im Netz, die hierfür geeignet erscheinen. Wir haben uns für BIRT [URL-BIRT] (Business Intelligence and Reporting Tools) entschieden, ein Eclipse-Projekt, das die Visualisierung und Report-Erstellung von Geschäftsdaten unterstützt. Das Projekt scheint zurzeit nicht mehr intensiv weiterentwickelt zu werden, was aber hier nicht weiter stört. Das Projekt stellt die hypothetischen Daten eines Herstellers bzw. Großhändlers von Oldtimer-Modellautos bereit, der *Classic Models* genannt wird. Die Daten sind für Derby und MySQL verfügbar. Wir haben sie für die H2-Datenbank [URL-H2] portiert. H2 wird sowohl von WildFly als auch von Payara als Built-In-Datenbank genutzt und ist daher für unsere Zwecke prädestiniert. Das Bild 5.1 zeigt das BIRT-Schema.

Man erkennt Kunden, also Geschäfte, die Modellautos verkaufen. Diese werden von Mitarbeitern betreut, die in Geschäftsstellen angesiedelt sind. Die Kunden bestellen Produkte, die Produktserien zugeordnet sind. Mit einer Anwendung, die auf diesen Daten arbeitet, können verschiedene Features von JSF im Zusammenhang und in Kombination verwendet werden. Zusätzlich wir die Anwendung auch Backend-Themen ansprechen, wie transaktionaler Mehrbenutzerbetrieb, Datenbankanbindung, Authentifizierung und Autorisierung. Wir verwenden hierzu die Mittel, die Java EE anbietet. Dieses Kapitel 5 könnte daher auch den Untertitel *Einbindung von JavaServer Faces in Java EE* tragen.

5.1 Datenzugriff und Datenmanipulation

Daten von Unternehmensanwendungen werden in der Regel in relationalen Datenbankmanagementsystemen verwalten, wie das BIRT-Schema in Bild 5.1 bereits nahelegt. In Java

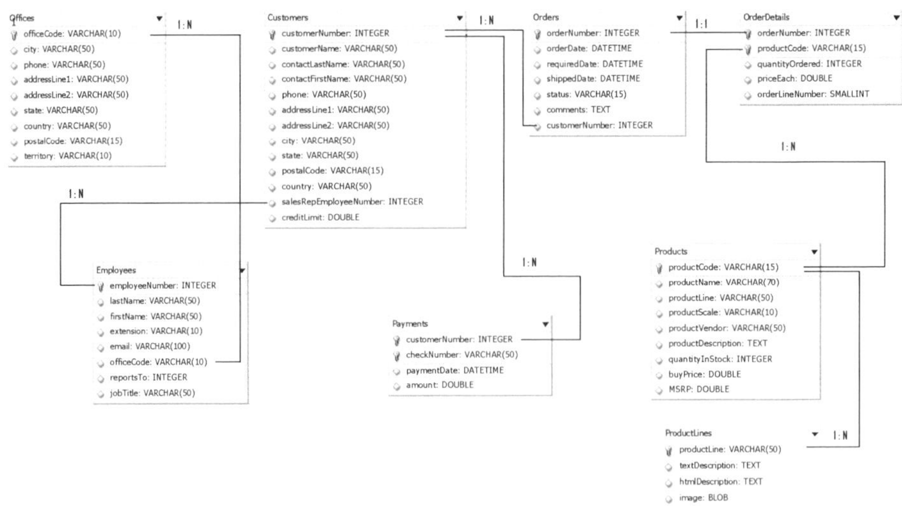

Bild 5.1 BIRT-Schema, Quelle [URL-BIRT]

EE verwendet man in der Regel das Java Persistence API, kurz JPA, für die Abbildung von Java-Objekten in relationale Tabellenstrukturen. Um diese Daten in Java algorithmisch verwenden zu können, stehen Enterprise JavaBeans oder Transaktionen über das Java Transaction API bereit.

5.1.1 Java Persistence API

Das Java Persistence API wurde im JSR 338 [URL-JSR338] initial in der Version 2.1, später als Maintenance Release in der Version 2.2 veröffentlicht, die in Java EE 8 enthalten ist. Falls Sie deutschprachige Literatur zu JPA suchen, verweisen wir gern auf unser eigenes Buch *Java Persistence API 2* [MW12].

Nach einem ersten Kontakt mit JPA in Abschnitt 1.9, bei dem die Klasse *Employee* Verwendung fand, widmen wir uns hier zunächst den Geschäftsstellen von Classic Models. Die Klasse *Office* in Listing 5.1 repräsentiert solche Geschäftsstellen.

Listing 5.1 Geschäftsstellen von Classic Models (Klasse `Office`)

```
@Entity
@Table(name = "Offices")
@NamedQuery(name = "Office.findAll",
            query = "SELECT o from Office o")
public class Office {

  @Id
  @GeneratedValue(strategy = GenerationType.IDENTITY)
  @Column(name = "OfficeCode")
  private Integer id;
```

```
11
12    @NotNull
13    private String city;
14
15    @NotNull
16    private String phone;
17
18    @NotNull
19    private String addressLine1;
20
21    private String addressLine2;
22
23    private String state;
24
25    @NotNull
26    private String country;
27
28    @NotNull
29    private String postalCode;
30
31    @NotNull
32    private String territory;
33
34    @OneToMany(mappedBy = "office")
35    private Set<Employee> employees;
36    ...
```

Die Klasse `Office` ist eine sogenannte Entity-Klasse, was durch die Annotation `@Entity` ersichtlich ist. Durch diese Annotation erfolgt eine Abbildung, neudeutsch ein Mapping, der Java-Klasse auf eine Tabelle der Datenbank. Dieses Mapping ist namensgebend. Systeme wie JPA werden *Object Relational Mapper* (OR-Mapper oder noch kürzer ORM) genannt. JPA ist jedoch kein reales System, sondern wie JSF eine Spezifikation, der JSR 338 [URL-JSR338]. Eine populäre Implementierung dieser Spezifikation ist Hibernate [URL-HIB], die auch in WildFly verbaut ist. Klassen und Annotationen von JPA sind im Package `javax.persist` und Sub-Packages zu finden.

Convention over Configuration ist ein Entwurfsparadigma, das das Ziel einer möglichst einfachen Konfiguration verfolgt und das seit Java EE 5 Grundlage aller EE-Spezifikationen ist. Im Kern wird versucht, Konfigurationen mit sinnvollen und verbreiteten Default-Werten zu definieren, so dass eine explizite Konfiguration in vielen Fällen unterbleiben kann. Nur falls diese Default-Werte nicht passen, ist explizit zu konfigurieren. Für JPA bedeutet dies unter anderem, dass Java-Klassennamen SQL-Tabellennamen und Java-Property-Namen SQL-Spaltennamen entsprechen. Tabellen werden in SQL häufig in der Pluralform benannt, so auch die Tabelle `Offices` in Bild 5.1. In Java werden Klassennamen in der Regel im Singular benannt, so dass mit der Annotation `@Table` in Zeile 2 Java- und SQL-Name gemappt werden. Mit der Annotation `@NamedQuery` werden für eine Query der Java Persistence Query Language (JPQL) ein Name sowie die eigentliche Query definiert. Sie wird später verwendet, um alle Geschäftsstellen aus der Datenbank zu lesen und mit JSF anzuzeigen.

In Java gibt es mit dem ==-Operator und der `equals()`-Methode einen Gleichheitsoperator sowie eine Gleichheitsmethode und damit zwei verschiedene Arten der Gleichheit von Objekten, genauer Objektreferenzen. In SQL steht dieser Gleichheit das Konzept eines Primärschlüssels gegenüber. Damit JPA die Gleichheit von Java-Objekt und SQL-Tabellenspalte garantieren und verwalten kann, wird das Java-Property, das auf den SQL-Primärschlüssel gemappt ist, mit der `@Id`-Annotation versehen (Zeile 7). Wir raten, dieses Java-Property wenn möglich `id` zu nennen, so dass wir in Listing 5.1 eine weitere Ausnahme von der Convention over Configuration mit der `@Column`-Annotation realisieren (Zeile 9). Der Primärschlüssel der `Offices`-Tabelle heißt `OfficeCode`. Schließlich wird mit der `@GeneratedValue`-Annotation (Zeile 8) ein automatisches Schlüsselgenerierungsverfahren deklariert. Mit dem Generierungsverfahren `IDENTITY` wird JPA angewiesen, das Auto-Inkrement-Verfahren der verwendeten Datenbank, hier H2, zu verwenden.

Abbildung von Klassen auf Tabellen nicht notwendigerweise eins-zu-eins

Im Rahmen dieser Ausführungen zu JPA kann offensichtlich keine vollständige Einführung in JPA erfolgen. Bisher hat es den Anschein, dass zwischen Klassen und Tabellen eine Eins-zu-eins-Beziehung besteht. Dem ist nicht so. Es können mehrere Klassen, etwa Klassen einer Vererbungshierarchie, in eine Tabelle, aber auch eine Klasse in mehrere Tabellen, sogenannte Sekundärtabellen, gemappt werden. Auch sind Primärschlüssel nicht notwendigerweise einwertig. JPA unterstützt auch zusammengesetzte Primärschlüssel. Wir werden uns im Weiteren darauf beschränken, Quell-Code zu erläutern, und verweisen den interessierten Leser für umfassendere Darstellungen auf die entsprechende Literatur.

■

Die weiteren Zeilen des Listings 5.1 sind intuitiv verständlich. Lediglich die Assoziation in den Zeilen 34 und 35 sollte noch erläutert werden. Die Annotation `@OneToMany` definiert eine Eins-zu-N-Assoziation, hier zu einer Menge von `Employee`-Instanzen. Auf detailliertere Konzepte wie Aggregationen oder Kompositionen gehen wir nicht ein.

Der nicht dargestellte Rest der Klassendefinition von `Office` in Listing 5.1 besteht aus dem Default-Konstruktor sowie den entsprechenden Getter/Setter-Paaren, die JPA von Entitys genauso wie JSF von Managed Beans fordert.

Die Klassen `Office`, `Employee`, `Customer` und `Order` folgen dem Muster eines Integer-Primärschlüssels mit generiertem synthetischen Schlüssel. Abweichend hiervon besitzt die Klasse `Product` einen sprechenden Primärschlüssel vom Typ String. Die Klasse `Product` ist in Listing 5.2 dargestellt.

Listing 5.2 Produkte in Classic Models (Klasse `Product`)

```
@Entity
@Table(name = "PRODUCTS")
@NamedQuery(name = "Product.findAll",
            query = "SELECT p FROM Product p
                     LEFT JOIN FETCH p.productLine")
@NamedQuery(name = "Product.findProductsForProductLine",
            query = "SELECT p FROM Product p
                     where p.productLine = :productLine")
public class Product {

```

```
11      @Id
12      @Column(name = "ProductCode", length = 15)
13      private String id;
14
15      @NotNull
16      private String productName;
17
18      @ManyToOne(fetch = FetchType.LAZY)
19      @JoinColumn(name = "ProductLine", nullable = false)
20      private ProductLine productLine;
21
22      @NotNull
23      private String productScale;
24
25      @NotNull
26      private String productVendor;
27
28      @NotNull
29      @Column(length = 1000)
30      private String productDescription;
31
32      @NotNull
33      private Integer quantityInStock;
34
35      @NotNull
36      private BigDecimal buyPrice;
37
38      @NotNull
39      private BigDecimal msrp;
40
41      ...
```

Bevor wir auf das Primärschlüssel-Property näher eingehen, widmen wir uns zunächst wieder den JPA-Annotationen. Bis auf `@ManyToOne` (Zeile 18) und `@JoinColumn` (Zeile 19) sind diese schon bekannt. Mit `@ManyToOne` wird eine N-zu-Eins-Assoziation definiert. Insgesamt existieren fünf Arten von Assoziationen: `@OneToOne`, `@OneToMany`, `@ManyToOne`, `@ManyToMany` sowie `@ElementCollection`. Während die ersten vier jeweils Entitys verbinden, repräsentiert `@ElementCollection` eine Eins-zu-N-Assoziation, die ein Entity mit einer Menge von Nicht-Entitys verbindet.

Die Annotation `@JoinColumn` definiert die für den Join zu verwendende Tabellenspalte. Java Persistence API ist ein Java-zentrierter OR-Mapper. Alle in Strings verwendeten Bezeichner sind daher Java-Bezeichner. SQL-Bezeichner werden dadurch gekennzeichnet, dass „`Column`" als Teil der Annotation Verwendung findet. Der Teil-String `productLine` in den beiden Querys in den Zeilen 5 und 8 sind also Java-Bezeichner, der String `ProductLine` in Zeile 19 ein SQL-Bezeichner. Auf weitere Details, etwa „`LEFT JOIN FETCH`" in Ziele 5 oder `FetchType.LAZY` in Zeile 18, gehen wir nicht näher ein.

Doch nun zurück zum Primärschlüssel-Property, das im Fall der Klasse `Product` vom Typ `String` ist. Dadurch ist ein JPA- bzw. datenbankseitiges Generieren eines neuen Schlüsselwertes beim Persistieren des Entity nicht möglich, der Schlüsselwert muss vor dem Persistieren programmatisch erzeugt werden. BIRT verwendet sprechende Schlüssel, die den

Maßstab eines Modells enthalten. Ein Modell im Maßstab 1:18 besitzt einen Schlüssel, der mit „S18_" beginnt, ein Modell im Maßstab 1:24 entsprechend „S24_". Das Projekt enthält eine Methode zur Schlüsselgenerierung, auf deren Darstellung wir hier verzichten. Unabhängig von der Erzeugung des Schlüssels sollten JPA-Entitys in der Regel den Primärschlüssel in der Definition der `equals()`-Methode verwenden, damit Java verschiedene Instanzen desselben fachlichen Objekts als gleich erachten kann.

Methoden `equals()` und `hashCode()`

In der Regel sollten JPA-Entitys die Methode `equals()` und damit auch die Methode `hashCode()` so überschreiben, dass zwei Instanzen mit demselben Primärschlüssel als gleich gelten.

■

Wir beschließen unsere Ausführungen zu JPA mit einem Implementierungsdetail des JPA-Providers Hibernate. Findet Hibernate im Klassenpfad eine Datei mit Namen `import.sql` so werden beim Systemstart die einzelnen Zeilen dieser Datei, in der Regel INSERT-Anweisungen, jeweils an das Datenbanksystem zur Ausführung übergeben. In der Beispielanwendung werden so die entsprechenden Mitarbeiter, Geschäftsstellen, Produkte und Bestellungen erzeugt.

5.1.2 Enterprise JavaBeans

Enterprise JavaBeans (EJBs) sind seit der ersten Version von Java EE, damals noch Java 2 EE genannt, Bestandteil der Plattform. Erscheinungsjahr war das Jahr 1999, in der Software-Entwicklung damit fast schon prähistorisch. Die Plattform selbst, also auch EJBs, war in Teilen sowohl unter- als auch überspezifiziert und fielen bei Entwicklern schnell in Ungnade. Hibernate und Spring zeigten, wie schlankere Alternativen aussehen konnten. Mit dem deutlich sichtbaren Versionssprung von Java 2 EE 1.4 auf Java EE 5 änderte sich Java EE ganz grundlegend zu einem – wie wir meinen – modernen und sehr effizient einsetzbaren Framework, das den Vergleich mit Alternativen nicht zu scheuen braucht. Wir beschreiben hier Enterprise JavaBeans 3.2, die im JSR 345 [URL-JSR345] definiert wurden und in Java EE 8 (JSR 366 [URL-JSR366]) und damit den aktuellen Application-Servern enthalten sind.

EJBs existieren in drei Ausprägungen: zustandslose und zustandsbehaftete Session-Beans, sowie Singletons, die alle zu den sogenannten Session-Beans gehören. Syntaktisch sind EJBs einfache POJOs und werden per Annotationen zu EJBs:

- `@Stateless`
- `@Stateful`
- `@Singleton`

Stateless Session-Beans (SLSB) sind aus Sicht eines sie verwendenden Clients zustandslos. Sie können Instanzvariablen besitzen und haben damit einen inneren Zustand. Dieser darf jedoch nicht client-spezifisch verwendet werden. Sie können damit vom EJB-Container in einem Pool verwaltet oder bei jeder Verwendung neu erzeugt werden. Stateful Session-Beans (SFSB) sind an genau einen Client gebunden. Singletons existieren maximal einmal im EJB-Container und können von allen Clients verwendet werden, was im Gegensatz zu den beiden anderen Session-Beans in der Regel explizite Synchronisationsmaßnahmen erfordert.

Die genannten Annotationen sowie weitere EJB-Annotationen und -Klassen sind im Package `javax.ejb` und Sub-Packages zu finden.

Was sind Enterprise JavaBeans?

Unter Enterprise JavaBeans werden in der Regel Session-Beans und, etwas seltener, Message-Driven-Beans subsumiert. Die ursprünglich in einer EJB-Spezifikation definierten JPA-Entitys werden mittlerweile in einer eigenständigen Spezifikation behandelt. In diesem Buch verstehen wir unter EJBs ausschließlich Session-Beans. ■

Die Hauptmotivation der Verwendung von EJBs sind verschiedene Dienste, die EJBs von Hause aus bereitstellen. Im Rahmen der Classic-Models-Anwendung ist dies vor allem die Transaktionalität von Methodenaufrufen. Auf die Möglichkeit der Kontrolle von Authentifizierung und Autorisierung gehen wir am Rande ein. Für weitere Dienste verweisen wir auf die Literatur.

Die bereits am Ende des Kapitels 1 verwendete EJB `EmployeeService` (Listing 1.2 auf Seite 12) ist eine komplett funktionstüchtige Stateless Session-Bean, allerdings mit Erweiterungspotenzial. Die BIRT-Tabellen für die Klassen `Office`, `Employee`, `Customer` und `Order` verwenden jeweils einen autoinkrementierenden Primärschlüssel, so dass die typischen CRUD-Operationen sinnvollerweise in einer generischen Service-Oberklasse implementiert werden. Das Listing 5.3 zeigt diese Klasse `EntityService`.

Listing 5.3 Generische Service-Klasse `EntityService`

```
public abstract class EntityService<T> implements Serializable {

  private static final String FIND_ALL = ".findAll";

  private Class<T> entityClass;

  @PersistenceContext(type = PersistenceContextType.EXTENDED)
  protected EntityManager em;

  public EntityService(Class<T> entityClass) {
    this.entityClass = entityClass;
  }

  public T find(Integer id) {
    return em.find(entityClass, id);
  }

  public void persist(T entity) {
    em.persist(entity);
  }

  public void remove(Integer id) {
```

```
    em.remove(find(id));
  }

  public void merge(T entity) {
    // i.l.b.
  }

  public List<T> findAll() {
    return em.createNamedQuery(entityClass.getSimpleName() + FIND_ALL,
                               entityClass).getResultList();
  }

}
```

Man erkennt die vier CRUD-Methoden `find()`, `persist()`, `remove()` und `merge()`, die analog der entsprechenden Methoden des Interface `EntityManager` benannt sind. Der Rumpf der Methode `merge()` ist tatsächlich leer, was einer Erklärung bedarf. Der Persistenzkontext, der durch das Interface `EntityManager` implementiert und die Annotation `@PersistenceContext` injiziert wird, ist konzeptionell eine Menge von Entitys und zusätzliche Funktionalität zur Verwaltung der Lebenszyklen dieser Objekte. Der Persistenzkontext existiert in zwei Ausprägungen. Der transaktionale Persistenzkontext (Wert `TRANSACTION` des Aufzählungstyps `PersistenceContextType`) entfernt (in JPA-Ausdrucksweise `detached`) am Ende einer Transaktion alle von ihm verwalteten Entitys, der erweiterte Persistenzkontext (Wert `EXTENDED`) detached sie nicht. Bei der Verwendung des transaktionalen Persistenzkontextes müsste der Rumpf der `merge()`-Methode die gleichnamige `merge()`-Methode des Entity-Managers aufrufen, um das am Ende der vorherigen Transaktion aus dem Persistenzkontext entfernte Entity dem Entity-Manager wieder hinzuzufügen. Der erweiterte Persistenzkontext erspart uns dies, da das Entity zuvor nicht detached wurde. Der hinter einem Persistenzkontext stehenden Data-Source widmen wir den Abschnitt 5.1.4.

Vermeintliche Gründe gegen EJBs und den erweiterten Persistenzkontext

Der schlechte Ruf von EJBs und des erweiterten Persistenzkontextes fußt nach unser Einschätzung auf einer falschen bzw. nicht optimalen Verwendung. Da der erweiterte Persistenzkontext nur in einer Stateful Session-Bean verwendet werden kann, diese an die Lebensdauer des Clients gebunden ist und diese Clients häufig session-scoped sind, wird tatsächlich eine große Menge von Objekten zeitlich an Sessions gebunden und können dann zu Speicherproblemen führen. Wenn, wie in unseren späteren Beispielen noch zu sehen sein wird, die JSF-Controller view-scoped sind, die jeweiligen Views aber nur für wenige Benutzerinteraktionen verwendet werden, treten die geschilderten Speicherprobleme nicht auf.

■

Die JPQL-Anfrage am Ende von Listing 5.3 basiert auf einer Konvention bezüglich des Namens der Anfrage. Der Wert der Konstanten ist `".findAll"`, so dass die generische Methode sowohl für die Klasse `Office` (Listing 5.1, Seite 266) als auch anderen, dieser Konvention gehorchenden Entity-Klassen die entsprechenden Ergebnisse liefert.

Mit der generischen Entity-Service-Klasse kann nun die Klasse `EmployeeService` aus Listing 1.2 (Seite 12) überarbeitet werden. Inklusive der vier CRUD-Operationen, die in Listing 1.2 nicht abgebildet wurden, stellt sich die Klasse wie in Listing 5.4 dargestellt dar.

Listing 5.4 Überarbeitete Klasse `EmployeeService`

```
@Stateful
public class EmployeeService extends EntityService<Employee> {

  public EmployeeService() {
    super(Employee.class);
  }

}
```

Für die strukturidentischen Service-Klassen der Entitys `Office`, `Customer` und `Order` führen wir lediglich die Klasse `OfficeService` in Listing 5.5 auf.

Listing 5.5 Strukturidentische Klasse `OfficeService`

```
@Stateful
public class OfficeService extends EntityService<Office> {

  public OfficeService() {
    super(Office.class);
  }

}
```

Automatic Dirty Checking

Das Akronym CRUD steht für Create, Read, Update, Delete. In SQL-Entsprechung sind dies die Anweisungen `Insert`, `Select`, `Update`, `Delete`. Als entsprechende Methoden des Interface `EntityManager` existieren lediglich `persist()` für Create, `find()` für Read und `remove()` für Delete. Eine Methode für Update fehlt und ist insbesondere nicht die Methode `merge()`. JPA-Implementierungen überwachen alle Entitys des Persistenzkontextes und bemerken Änderungen an diesen. Dies wird als *Automatic Dirty Checking* bezeichnet. Am Ende der Transaktion schreibt JPA diese Änderungen ohne weiteren expliziten Methodenaufruf zurück in die Datenbank. ■

Zu Beginn dieses Abschnitts haben wir die Transaktionalität von Methodenaufrufen und die Möglichkeit der Kontrolle von Authentifizierung und Autorisierung als Motivation zur Verwendung von EJBs genannt. Alle Methoden der Klasse `EmployeeService` sowie der weiteren Service-Klassen laufen innerhalb einer Transaktionsklammer ab, da die Service-Klassen Stateful Session-Beans sind. Soll eine Methode nicht transaktional sein, muss dieses Verhalten explizit ausgeschaltet werden. Wie dies und weitere Transaktionseigenschaften konfiguriert werden können, soll hier jedoch nicht Gegenstand sein.

Auch auf die Kontrolle von Authentifizierung und Autorisierung soll hier nicht explizit eingegangen werden. Im herunterladbaren Projekt ist eine Methode der EJB `EmployeeService` mit `@RolesAllowed("ADMIN")` annotiert. Wird diese Methode durch die Interaktion eines nicht authentifizierten oder nicht mit der Rolle `ADMIN` autorisierten Benutzers aufgerufen, wird eine Security-Exception geworfen. Wir gehen auf die Authentifizierung und Autorisierung im Front-End in Abschnitt 5.3 ein und und verweisen für die Back-End-basierten Aspekte auf die entsprechende EJB-Literatur.

5.1.3 Transaktionen mit JTA

Die Spezifikation *Java Transaction API (JTA)* ist im JSR 907 [URL-JSR907] bis zur Version 1.3 verfasst. Falls nicht EJBs, sondern eine andere Alternative für deklarative Transaktionen gesucht wird, ist JTA das Mittel der Wahl. Die Annotation `@Transactional` (Package `javax.transaction`) übernimmt dabei das Hinzufügen deklarativer Transaktionsgrenzen entweder an eine einzelne Methode oder an alle Methoden einer Klasse.

Da die Klasse `Product` ein Primärschlüssel-Property vom Typ `String` hat, verbietet sich die Verwendung der generischen Service-Klasse `EntityService`. Wir nutzen die Gelegenheit, um JTA verwenden zu können. Das Listing 5.6 zeigt eine CDI-Bean mit einer transaktionalen Methode.

Listing 5.6 Service-Klasse als CDI-Bean (Klasse`ProductService`)

```
@RequestScoped
public class ProductService {

  @PersistenceContext
  EntityManager em;

  public ProductService() {
  }

  public Product find(String id) {
    return em.find(Product.class, id);
  }

  @Transactional
  public void persist(Product product) {
    product.setId(nextId(product.getProductScale()));
    em.persist(product);
  }

  ...
}
```

Die Klasse `ProductService` ist eine request-scoped CDI-Bean. Die Methode `find()` ist eine normale Methode und wird daher nicht in einem Transaktionskontext aufgerufen. Da auf SQL-Ebene ein `SELECT`-Statement abgesetzt wird, ist dies in Ordnung. Alternativ könnte eine überladene `find()`-Methode verwendet werden, die in einem dritten Parameter einen Lock-Modus erwartet, mit dessen Hilfe der Datensatz für eine spätere Aktualisierung gesperrt werden kann. Diese Variante benötig eine Transaktion und würde daher im vorliegenden Fall zu einem Fehler führen. Zur Demonstration der Transaktionalität haben wir die `persist()`-Methode gewählt, die auf SQL-Ebene ein `INSERT`-Statement verwendet. Dieses muss notwendigerweise in einer Transaktion erfolgen. Durch die Annotation `@Transactional` wird dies gewährleistet. Die Annotation kann auf Methoden-, aber auch auf Klassenebene verwendet werden, genauso wie die entsprechenden EJB-Annotationen zur Transaktionssteuerung auch. Die Verwendung auf Klassenebene bewirkt, dass die Annotation für alle Methoden der Klasse gilt.

Die Methode `nextId()` dient dazu, den Primärschlüssel zu generieren. Wie in den Ausführungen nach Listing 5.2 beschrieben, wird ein sprechender Schlüssel verwendet, der den Maßstab des Modells enthält. Dieser wird daher als Methodenparameter verwendet. Auf die konkrete Darstellung der Methode verzichten wir.

Entity-Listener

Alternativ und etwas eleganter könnte die Primärschlüsselgenerierung in einer Callback-Methode erfolgen. JPA-Entity-Objekte durchlaufen einen Lebenszyklus, bei dem entsprechende Events geworfen werden. Mit den selbsterklärenden Annotationen `@PrePersist`, `@PreRemove`, `@PreUpdate`, `@PostPersist`, `@PostRemove`, `@PostUpdate` und `@PostLoad` werden entsprechende Callback-Methoden annotiert, wobei im Beispiel eine mit `@PrePersist` annotierte Methode die Aufgabe der Methode `nextId()` übernehmen könnte. ■

5.1.4 Data-Sources und Persistence-Units

Unter einer Data-Source, oder auch JDBC-Data-Source, versteht man eine logische Schnittstelle zu einer Datenbank. Die Data-Source wird in Java EE durch den Application-Server verwaltet und über einen eindeutigen JNDI-Namen identifiziert. Für die Definition einer Data-Source in WildFly gibt es mehrere Alternativen:

- mit Hilfe der grafischen Administrationsoberfläche
- durch die Kommandozeilenschnittstelle
- mit einer Datei, die dem Namensschema `*-ds.xml` folgt
- durch die Annotation `@DataSourceDefinition` des Package `javax.annotation.sql`

Während die letzte Alternative programmiersprachlich und damit portabel ist, sind die anderen Alternativen WildFly-spezifisch, aber in ähnlicher Form auch in anderen Application-Servern verfügbar. Die beiden letztgenannten Alternativen sind während der Anwendungsentwicklung sehr praktisch, für den produktiven Betrieb aber nicht zu empfehlen, da sie es z.B. nicht erlauben, die Größe des JDBC-Connection-Pools während des Betriebs zu ändern.

In der Classic-Models-Anwendung selbst wird keine Data-Source definiert, sondern die von Java EE vorgeschriebene Default-Data-Source verwendet. Diese besitzt den `JNDI`-Namen `java:comp/DefaultDataSource`.

Die in Abschnitt 5.1.2 verwendeten Instanzen des Interface `EntityManager` werden über sogenannte Persistence-Units verwaltet, die über die zentrale JPA-Konfigurationsdatei `persistence.xml` definiert werden. Listing 5.7 zeigt die in unserem Beispiel verwendete Datei.

Listing 5.7 Übersicht der Geschäftsstellen (`persistence.xml`)

```
<?xml version="1.0" encoding="UTF-8"?>
<persistence xmlns="http://xmlns.jcp.org/xml/ns/persistence"
             xmlns:xsi="http://www.w3.org/2001/XMLSchema-instance"
             xsi:schemaLocation="http://xmlns.jcp.org/xml/ns/persistence
             http://xmlns.jcp.org/xml/ns/persistence/persistence_2_2.xsd"
             version="2.2">

  <persistence-unit name="primary">
    <jta-data-source>java:comp/DefaultDataSource</jta-data-source>
    <properties>
      <property name="hibernate.hbm2ddl.auto" value="create-drop" />
      <property name="hibernate.show_sql" value="true" />
    </properties>
  </persistence-unit>
</persistence>
```

Eine Persistence-Unit besitzt einen eindeutigen Namen, hier `primary`. Dieser ist allerdings nur relevant, wenn mehr als eine Persistence-Unit definiert werden, was bei Classic-Models nicht der Fall ist. Im `<jta-data-source>`-Tag erkennt man die bereits erwähnte Default-Data-Source. In den einzelnen `<property>`-Tags können provider-spezifische Eigenschaften definiert werden. Im Beispiel sind dies das Erzeugen und Löschen aller Tabellen für die Entitys des Deployments sowie die Ausgabe der von Hibernate erzeugten SQL-Statements in das Log.

5.2 JSF im Einsatz

Dieser Abschnitt beleuchtet einige Aspekte bzw. Problemstellungen, die einem Entwickler bei der Verwendung von JSF früher oder später begegnen werden. Wir glauben, dass viele Gründe für unsere Lösungsvorschläge sprechen, gehen aber nicht so weit, dass wir sie als *Best Practices* bezeichnen wollen. Nach unserer Meinung gibt es keine Best Practices in dem häufig verwendeten Sinn, dass diese eine Lösung die einzig wahre ist. Wir halten es da mit Mark Richards und Neil Ford: „Everything in software architecture is a trade-off" [RF20].

5.2.1 Übersichten

Classic Models betreibt weltweit sieben Geschäftsstellen. Die Entity-Klasse `Office` ist in Listing 5.1 auf Seite 266, die Service-Klasse `OfficeService` in Listing 5.5 auf Seite 273 dargestellt. Das Namensschema von Entity- und Service-Klasse sollte sinnvollerweise auf JSF-Controller erweitert werden. Auch entsprechende JSF-Seiten sollten einer einheitlichen Namensgebung folgen. Auf mögliche Namenskonventionen für JSFs Managed Beans sind wir bereits in Abschnitt 2.3.1 eingegangen und wollen diese durch den Suffix `Controller` kennzeichnen. Da es JSF-Seiten für die Darstellung und Bearbeitung eines Entity sowie für mehrere Entitys geben wird, schlagen wir jeweils zwei Managed Beans und JSF-Seiten vor, die über den Singular/Plural-Namen unterschieden werden. Eine generische Darstellung dieses Schemas ist etwas gewöhnungsbedürftig, so dass wir es am Beispiel des Entity `Office` in Tabelle 5.1 darstellen.

Tabelle 5.1 Namensschema: Entity, Service, JSF

	Java	JSF-View
Entity	`Office`	
Service	`OfficeService`	
JSF (Instanz)	`OfficeController`	`order.xhtml`
JSF (Übersicht)	`OfficesController`	`orders.xhtml`

Für Geschäftsstellen existiert in der Anwendung nur eine Überblicksseite. Die Anwendung sieht das Erstellen neuer oder das Bearbeiten existierender Geschäftsstellen nicht vor. Die Managed Bean `OfficesController`, die in Listing 5.8 abgebildet ist, verwendet die Klasse `OfficeService`, um alle Geschäftsstellen aus der Datenbank zu lesen.

Listing 5.8 JSF-Managed-Bean `OfficesController`

```
@Named
@RequestScoped
public class OfficesController {

  private List<Office> offices;

  @Inject
  OfficeService officeService;

  public List<Office> getOffices() {
    return offices;
  }

  @PostConstruct
  public void init() {
    offices = officeService.findAll();
  }

}
```

Die Managed Bean `OfficesController` ist komplexer als nötig. Der Getter `getOffices()` könnte als Methodenrumpf das Ergebnis des Aufrufs `officeService.findAll()` zurückgeben, die mit `PostConstruct` annotierte Methode könnte komplett entfallen. Warum ist die gewählte Implementierung vorzuziehen? Die in Abschnitt 2.2 eingeführte Expression-

Language geht – wie der Name impliziert – davon aus, dass Ausdrücke ausgewertet werden und ein Getter den Wert eines Fields zurückgibt. JSF geht ebenfalls von dieser Annahme aus und erlaubt sich beim Rendern von Tabellen mit `<h:dataTable>` EL-Konstrukte häufiger auszuwerten, als unbedingt nötig. Im gleich noch vorzustellenden Quell-Code der Tabelle wird der Getter einmal verwendet, aber mehrfach aufgerufen. Ein solcher Getter sollte daher keine komplexen Berechnungen vornehmen und schon gar nicht Datenbankabfragen initiieren. Das wäre für die Performanz der Anwendung tödlich.

Einfaches `value`-Attribut für `<h:dataTable>`

Das `value`-Attribut des `<h:dataTable>`-Tags wird in der Regel häufiger aufgerufen, als der Code suggeriert. Daher sollten im entsprechenden Getter bzw. der entsprechenden Methode keine aufwendigen Operationen durchgeführt werden. ■

Prüfen Sie obige Ausage, indem Sie im Getter direkt die `findAll()`-Methode aufrufen und das Ergebnis zurückgeben. Im Log sehen Sie dann mehrere identische SQL-Statements. ■

Die Verwendung der Managed-Bean erfolgt in der JSF-Seite `customers.xhtml`, die in Listing 5.9 dargestellt ist. Sie ist sehr einfach aufgebaut, so dass wir auf eine Analyse verzichten. Die Darstellung im Browser zeigt Bild 5.2.

Listing 5.9 Übersicht der Geschäftsstellen (`offices.xhtml`)

```
<section>
  <header>Geschäftsstellen</header>
  <h:dataTable value="#{officesController.offices}" var="office"
      styleClass="datatable">
    <h:column>
      <f:facet name="header">Stadt</f:facet>
      #{office.city}
    </h:column>
    <h:column>
      <f:facet name="header">Land</f:facet>
      #{office.country}
    </h:column>
    <h:column>
      <f:facet name="header">Adresse</f:facet>
      #{office.adressLine1} #{office.adressLine2}
    </h:column>
    <h:column>
      <f:facet name="header">PLZ</f:facet>
      #{office.postalCode}
    </h:column>
    <h:column>
      <f:facet name="header">Telefon</f:facet>
      #{office.phone}
    </h:column>
```

```
      <h:column>
        <f:facet name="header">Bundesland</f:facet>
        #{office.state}
      </h:column>
      <h:column>
        <f:facet name="header">Region</f:facet>
        #{office.territory}
      </h:column>
    </h:dataTable>
  </section>
```

JavaServer Faces — Kapitel 5: Classic Models

Home Geschäftsstellen Kunden Bestellungen Produkte Datenbank

Geschäftsstellen

Stadt	Land	Adresse	PLZ	Telefon	Bundesland	Region
San Francisco	USA	100 Market Street Suite 300	94080	+1 650 219 4782	CA	NA
Boston	USA	1550 Court Place Suite 102	02107	+1 215 837 0825	MA	NA
NYC	USA	523 East 53rd Street apt. 5A	10022	+1 212 555 3000	NY	NA
Paris	France	43 Rue Jouffroy D'abbans	75017	+33 14 723 4404		EMEA
Tokyo	Japan	4-1 Kioicho	102-8578	+81 33 224 5000	Chiyoda-Ku	Japan
Sydney	Australia	5-11 Wentworth Avenue Floor #2	NSW 2010	+61 2 9264 2451		APAC
London	UK	25 Old Broad Street Level 7	EC2N 1HN	+44 20 7877 2041		EMEA

Classic Models | © Bernd Müller | eingeloggt als ADMIN

Bild 5.2 Darstellung von `offices.xhtml` (Listing 5.9)

Sollten Sie sich für die zugrunde liegenden Daten sowie deren Verwendungsmöglichkeiten mit SQL interessieren, werfen Sie bitte einen Blick in Abschnitt 5.6, in dem die Daten und das UI des H2-Datenbanksystems näher beleuchtet werden.

Die Beispielanwendung unterstützt das Ändern bestehender und das Anlegen neuer Geschäftsstellen nicht, so dass weitere JSF-Seiten für Geschäftsstellen nicht existieren. Die sieben Geschäftsstellen von Classic Models können, wie Bild 5.2 zeigt, übersichtlich dargestellt werden. Im Gegensatz dazu beläuft sich die Anzahl bestehender Bestellungen auf 326, so dass sich eine einseitige Darstellung wie für Geschäftsstellen verbietet. Wir benötigen eine Möglichkeit, durch die Bestellungen zu scrollen. Im Folgenden konzentrieren wir uns bei der Realisierung eines einfachen Scrolling-Mechanismus auf dessen Implementierung mit JSF und verweisen für die JPA-Anteile auf das herunterladbare Projekt.

Wir beginnen wieder mit der Managed Bean, hier nun die Klasse `OrdersController`, die in Listing 5.10 abgebildet ist.

Listing 5.10 JSF-Managed-Bean `OrdersController`

```
@Named
@RequestScoped
public class OrdersController {

  private List<Order> orders;
```

```
6
7     @Inject
8     OrderService orderService;
9
10    public int adjustPage(int pageNumber, int pageOffset) {
11      return orderService.adjustPage(pageNumber, pageOffset);
12    }
13
14    public List<Order> getOrdersPaginated(int page) {
15      if (orders == null) {
16        orders = orderService.readPage(page);
17      }
18      return orders;
19    }
20
21    public List<Order> getOrdersForCustomer(Integer customerId) {
22      return orderService.getOrdersForCustomer(customerId);
23    }
24
25  }
```

Die Klasse `OrdersController` verwendet für Bestellungen ein ähnliches Muster wie die Klasse `OfficesController` (Listing 5.8) für Geschäftsstellen. Ein privates Field wird über eine Methode, hier `getOrdersPaginated()` in Zeile 14, für EL-Ausdrücke verfügbar gemacht, anstatt direkt eine Service- und damit JPA-Methode aufzurufen, da dies aus Performanzgründen nicht vertretbar ist. Die Initialisierung des Fields erfolgt nicht über die Post-Construct-Methode, sondern über eine Realisierung des Lazy-Loading-Pattern. Der Methodenparameter benennt die Seite, d.h. eine Ganzzahl, die für eine Menge von Bestellungen steht. Sowohl JSF als auch JPA sprechen von Pagination, wenn es um das Scrollen durch eine größere Menge von Objekten geht, so dass die einheitliche Namensgebung begründet ist. Die Methode `adjustPage()` in Zeile 10 implementiert das Scrollen bzw. delegiert es an die entsprechende Service-Methode. Auf die Methode `getOrdersForCustomer()` in Zeile 21, die kundenspezifische Bestellungen zurückgibt, gehen wir später ein. Das Listing 5.11 zeigt den Ausschnitt der JSF-Seite `orders.xhtml`, der für die Darstellung der Bestellungen zuständig ist. Die Darstellung im Browser zeigt Bild 5.3.

Listing 5.11 Übersicht der Bestellungen (`orders.xhtml`, Teil 1)

```
<ui:define name="main">
  <f:metadata>
    <f:viewParam name="page"/>
    <f:viewParam name="customerId"/>
  </f:metadata>

  <section>
    <header>Bestellungen</header>
    <h:dataTable value="#{ordersController.getOrdersPaginated(page)}"
                 var="order"
                 rendered="#{not empty page and empty customerId}">
      <h:column>
```

```
13          <f:facet name="header">Bst.Nr.</f:facet>
14          <h:link outcome="order-details.xhtml">
15            <f:param name="orderId" value="#{order.id}" />
16            #{order.id}
17          </h:link>
18        </h:column>
19        <h:column>
20          <f:facet name="header">Kunde</f:facet>
21          #{order.customer.customerName}
22        </h:column>
23        <h:column>
24          <f:facet name="header">Bestellung</f:facet>
25          <h:outputText value="#{order.orderDate}">
26            <f:convertDateTime type="localDate" pattern="dd.MM.yyyy"/>
27          </h:outputText>
28        </h:column>
29
30        <!-- Status, Versand, Zustellung ohne Abbildung -->
31
32        <f:facet name="footer">
33          <h:button value="&lt;" outcome="orders.xhtml">
34            <f:param name="page"
35                     value="#{ordersController.adjustPage(page, -1)}"/>
36          </h:button>
37            
38          <h:button value="&gt;" outcome="orders.xhtml">
39            <f:param name="page"
40                     value="#{ordersController.adjustPage(page, 1)}"/>
41          </h:button>
42        </f:facet>
43      </h:dataTable>
44      ...
```

Im Listing 5.11 erkennt man zunächst in den Zeilen 2 bis 5 die Tags `<f:metadata>` und `<f:viewParam>`. Mit diesen können sogenannte View-Parameter in einer JSF-Seite verwendet werden. In Abschnitt 2.5.4 *Befehlskomponenten mit Parametern* und speziell in Listing 2.38 auf Seite 105 wurden View-Parameter bereits in Action-Methoden verwendet. Die Verwendung in einer JSF-Seite erfolgt ganz analog. Im Listing 5.11 werden die beiden View-Parameter `page` und `customerId` definiert, die als HTTP-Query-Parameter an das Request-URI angehängt werden. Sie stehen innerhalb der JSF-Seite als EL-Variablen zur Verfügung. `page` wird etwa in den Zeilen 9 und 11 in den beiden EL-Ausdrücken der Attribute `value` und `rendered`, die Variable `customerId` in `rendered` verwendet.

Das `<f:metadata>`-Tag stellt besondere Anforderungen an seine Verwendung. Es muss ein Kindknoten des `<f:view>`-Tags sein, das die Wurzel einer JSF-Seite darstellt. Die Verwendung des Tags ist allerdings optional und unterbleibt in der Regel. Ein Grund für die Verwendung ist etwa eine Lokalisierung, wie wir sie in Abschnitt 4.2.1 beschrieben haben. Unabhängig von der expliziten Verwendung oder Nichtverwendung ist die dahinter stehende Komponente `UIViewRoot` die Wurzel des Komponentenbaums. Damit muss das `<f:metadata>`-Tag direkt auf der obersten Ebene der XHTML-Dateien verwendet werden.

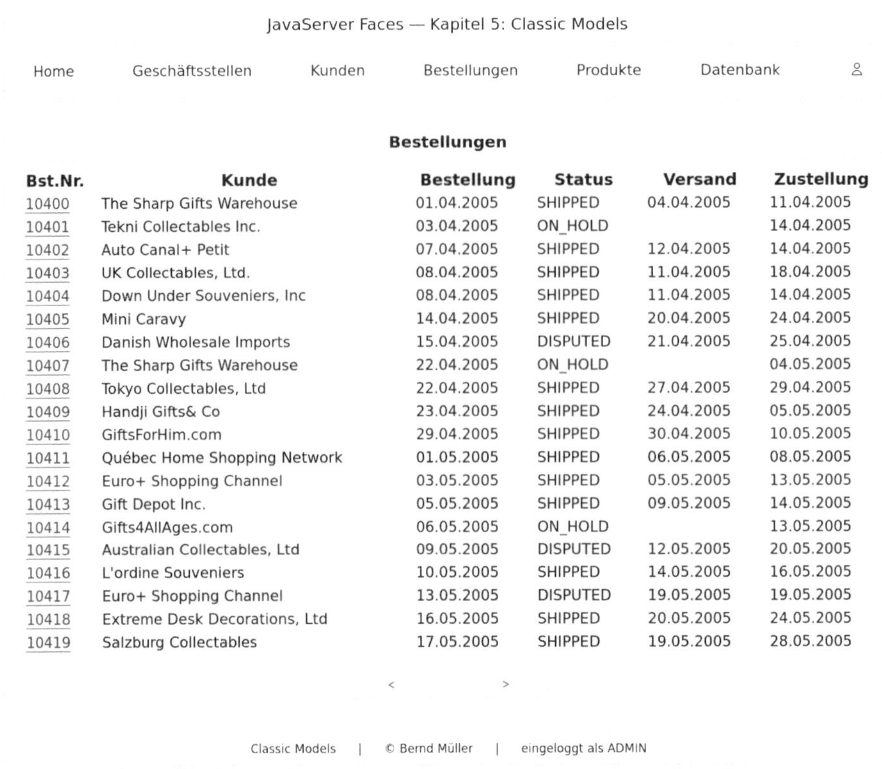

JavaServer Faces — Kapitel 5: Classic Models

Home | Geschäftsstellen | Kunden | Bestellungen | Produkte | Datenbank

Bestellungen

Bst.Nr.	Kunde	Bestellung	Status	Versand	Zustellung
10400	The Sharp Gifts Warehouse	01.04.2005	SHIPPED	04.04.2005	11.04.2005
10401	Tekni Collectables Inc.	03.04.2005	ON_HOLD		14.04.2005
10402	Auto Canal+ Petit	07.04.2005	SHIPPED	12.04.2005	14.04.2005
10403	UK Collectables, Ltd.	08.04.2005	SHIPPED	11.04.2005	18.04.2005
10404	Down Under Souveniers, Inc	08.04.2005	SHIPPED	11.04.2005	14.04.2005
10405	Mini Caravy	14.04.2005	SHIPPED	20.04.2005	24.04.2005
10406	Danish Wholesale Imports	15.04.2005	DISPUTED	21.04.2005	25.04.2005
10407	The Sharp Gifts Warehouse	22.04.2005	ON_HOLD		04.05.2005
10408	Tokyo Collectables, Ltd	22.04.2005	SHIPPED	27.04.2005	29.04.2005
10409	Handji Gifts& Co	23.04.2005	SHIPPED	24.04.2005	05.05.2005
10410	GiftsForHim.com	29.04.2005	SHIPPED	30.04.2005	10.05.2005
10411	Québec Home Shopping Network	01.05.2005	SHIPPED	06.05.2005	08.05.2005
10412	Euro+ Shopping Channel	03.05.2005	SHIPPED	05.05.2005	13.05.2005
10413	Gift Depot Inc.	05.05.2005	SHIPPED	09.05.2005	14.05.2005
10414	Gifts4AllAges.com	06.05.2005	ON_HOLD		13.05.2005
10415	Australian Collectables, Ltd	09.05.2005	DISPUTED	12.05.2005	20.05.2005
10416	L'ordine Souveniers	10.05.2005	SHIPPED	14.05.2005	16.05.2005
10417	Euro+ Shopping Channel	13.05.2005	DISPUTED	19.05.2005	19.05.2005
10418	Extreme Desk Decorations, Ltd	16.05.2005	SHIPPED	20.05.2005	24.05.2005
10419	Salzburg Collectables	17.05.2005	SHIPPED	19.05.2005	28.05.2005

< >

Classic Models | © Bernd Müller | eingeloggt als ADMIN

Bild 5.3 Darstellung von `orders.xhtml` (Listing 5.11)

In unserem Beispiel ist dies ein Template-Client. Eine Verwendung in einem Template ist nicht möglich.

Die Tabelle in Listing 5.11 hat das Ergebnis des Methodenaufrufs `getOrdersPaginated(page)` (Zeile 9), eine Liste von Bestellungen, als Wert. Die Tabelle selbst wird nur gerendert, falls der View-Parameter `page` tatsächlich der Seite übergeben worden ist, was im `rendered`-Attribut in Zeile 11 geprüft wird (`not empty page`). Da die JSF-Seite in Doppelfunktion sowohl alle Bestellungen als auch die Bestellungen eines Kunden anzeigen kann, ist die dargestellte Implementierung etwas abweichend, worauf wir später noch eingehen werden.

Der initiale Aufruf der Seite erfolgt über einen Menüpunkt mit dem URL `.../orders.xhtml?page=1`. Der entsprechende Methodenaufruf lautet also `getOrdersPaginated(1)`. Doch wo erfolgt das Scrollen? In der Footer-Facette in den Zeilen 32 bis 42 (`<f:facet name="footer">`) werden mit `<h:button>` zwei Schaltflächen erzeugt, die auf dieselbe Seite `orders.xhtml` verweisen und den Seitenparameter entsprechend inkrementieren oder dekrementieren. Das Render-Ergebnis ist ein `<input>`-Element vom Typ `button`. Der Wert des `outcome`-Attributs ist das Ziel-URL, das beim Klicken per HTTP-GET-Request angefragt wird. Die Methodenimplementierung der JSF-Managed-Bean ruft die entsprechende Service-Methode auf, deren JPA-Implementierung garantiert, dass die Seitenzahl nur in einem validen Bereich inkrementiert oder dekrementiert werden kann.

Entsprechende Komponenten verbreiteter JSF-Komponentenbibliotheken erlauben in der Regel auch das Springen zur ersten und letzten Seite, eventuell auch das Ändern der Seitengröße, wovon wir hier aber absehen wollen.

Zu guter Letzt fällt in Bild 5.3 noch die erste Spalte auf, die Bestellnummern in Form von Links darstellt. Der entsprechende Code befindet sich in Listing 5.11 in den Zeilen 12 bis 18. Mit Hilfe des `<h:link>`-Tags wird der Link erzeugt. Das Render-Ergebnis ist ein <a>-Element mit entsprechendem `href`-Attribut. Wie beim `<h:button>`-Element definiert das `outcome`-Attribut das Ziel-URL, hier also den Wert des `href`-Attributs, das beim Klicken per GET-Request angefragt wird. Dies ist die View-Id `order-details.xhtml`, deren Darstellung im Browser in Bild 5.4 zu sehen ist, nachdem der Benutzer auf den Link `10400` geklickt hat. Durch das verschachtelte `<f:param>`-Tag erhält das URL den Query-Parameter `orderId` mit entsprechendem Wert angehängt.

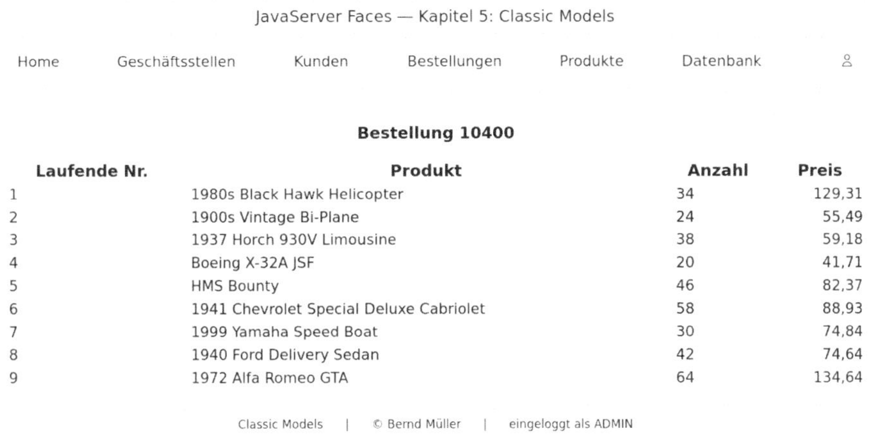

JavaServer Faces — Kapitel 5: Classic Models

Home Geschäftsstellen Kunden Bestellungen Produkte Datenbank

Bestellung 10400

Laufende Nr.	Produkt	Anzahl	Preis
1	1980s Black Hawk Helicopter	34	129,31
2	1900s Vintage Bi-Plane	24	55,49
3	1937 Horch 930V Limousine	38	59,18
4	Boeing X-32A JSF	20	41,71
5	HMS Bounty	46	82,37
6	1941 Chevrolet Special Deluxe Cabriolet	58	88,93
7	1999 Yamaha Speed Boat	30	74,84
8	1940 Ford Delivery Sedan	42	74,64
9	1972 Alfa Romeo GTA	64	134,64

Classic Models | © Bernd Müller | eingeloggt als ADMIN

Bild 5.4 `orders-details.xhtml` mit Bestellung 10400

Wir kommen an dieser Stelle zu einem Szenario, das in Benutzungsoberflächen häufig anzutreffen ist: Ausgehend von einer Übersichtsdarstellung von Elementen, hier einer Liste von Bestellungen, können Details eines Elements, hier die einzelnen Bestellpositionen einer Bestellung angezeigt werden. In der Literatur wird dies häufig als Master-Detail-Pattern bezeichnet, dem der nächste Abschnitt gewidmet ist.

5.2.2 Master-Detail-Pattern

Das Master-Detail-Pattern ist nicht exakt definiert. Man versteht in der Regel unter dem Master eine Liste von beliebigen Elementen und die Detail-Ansicht zeigt die relevanten Informationen eines in der Master-Ansicht selektierten Elements. Dabei können Master und Detail nebeneinander auf einer Seite oder auf verschiedenen Seiten angezeigt werden. Für die Classic-Models-Anwendung verwenden wir die zweite Alternative.

Das URL, das durch das Link-Element in Listing 5.11 erstellt wurde, lautet beim Klicken des ersten Links in Bild 5.3 `.../order-details.xhtml?orderId=10400`. Die entsprechende JSF-Seite `order-details.xhtml` ist in Listing 5.12 abgebildet.

Listing 5.12 Details einer Bestellung (`order-details.xhtml`)

```
1  <ui:define name="main">
2    <f:metadata>
3      <f:viewParam id="Order-Id" name="orderId" required="true"
4                   value="#{orderDetailsController.orderId}" />
5      <f:viewAction action="#{orderDetailsController.viewAction}" />
6    </f:metadata>
7    <h:message for="Order-Id" style="color: red;" />
8    <section>
9      <header>Bestellung #{orderDetailsController.orderId}</header>
10     <h:dataTable value="#{orderDetailsController.orderDetails}"
11                  var="orderDetails" styleClass="datatable">
12       <h:column>
13         <f:facet name="header">Laufende Nr.</f:facet>
14         #{orderDetails.position}
15       </h:column>
16       <h:column>
17         <f:facet name="header">Produkt</f:facet>
18         #{orderDetails.product.productName}
19       </h:column>
20       <h:column>
21         <f:facet name="header">Anzahl</f:facet>
22         #{orderDetails.quantityOrdered}
23       </h:column>
24       <h:column>
25         <f:facet name="header">Preis</f:facet>
26         <h:outputText value="#{orderDetails.priceEach}">
27           <f:convertNumber pattern="#.##" />
28         </h:outputText>
29       </h:column>
30     </h:dataTable>
31   </section>
32 </ui:define>
```

Innerhalb des `<f:metadata>`-Tags wird wieder `<f:viewParam>` verwendet, diesmal mit den weiteren Attributen `id`, `required` und `value`. Das `id`-Attribut wird verwendet, damit die Nachrichtenkomponente `<h:message>` in Zeile 7 darauf verweisen kann. Die Nachrichtenkomponente selbst wird benötigt, da der Wert des `required`-Attributs eine Validierung des View-Parameters auf Existenz des Parameters auslöst, die zu einem Fehler führen kann. Das `value`-Attribut ist ein Werteausdruck und bindet den aktuellen View-Parameter-Wert an das Property der Managed Bean, so dass er in der Managed Bean verwendet werden kann. Mit dem `<f:viewAction>`-Tag wird eine Action-Methode definiert, die in der Regel zur Initialisierung von Daten der Managed Bean und sukzessive zur Darstellung von Informationen in der JSF-Seite dient. Die Managed Bean `OrderDetailsController` ist in Listing 5.13 dargestellt.

Listing 5.13 JSF-Managed-Bean `OrderDetailsController`

```
1  @Named
2  @RequestScoped
3  public class OrderDetailsController {
4
5    private Integer orderId; // view param
6
7    private Order order;
8
9    @Inject
10   OrderService orderService;
11
12
13   public void viewAction() {
14     order = orderService.find(orderId);
15   }
16
17   public List<OrderDetails> getOrderDetails() {
18     if (orderId == null) {
19       return List.of();
20     } else {
21       return order.getOrderDetails();
22     }
23   }
24
25   // noch Getter und Setter
26 }
```

In Zeile 5 wird das Property `orderId` definiert, das mit dem `<f:viewParam>`-Tag befüllt wird. Danach kann mit der Action-Methode `viewAction()` in Zeile 14 die Liste der Bestellungen initialisiert werden. Über den Getter `getOrderDetails()` wird dann die Tabelle befüllt, so dass das Bild 5.4 entsteht.

Programmatische Validierung und Redirect

Wird die Seite `order-details.xhtml` ohne den Query-Parameter `orderId` aufgerufen, schlägt die Validierung des `<f:viewParam>`-Tags fehl und die View-Action (`<f:viewAction>`) wird nicht aufgerufen. Beim Rendern der Seite wird jedoch der Getter für `orderDetails` aufgerufen, so dass in Zeile 18 explizit geprüft werden muss, ob der Query-Parameter vorhanden war oder nicht. Überarbeiten Sie die Seite derart, dass im `<f:viewParam>`-Tag nicht geprüft wird, ob der Query-Parameter existiert. Die Prüfung erfolgt stattdessen in der Methode `viewAction()` und lädt die Bestellungen, falls der Query-Parameter existiert, bzw. navigiert zur Ursprungsseite `orders.xhtml` falls nicht. Die Methode `viewAction()` muss hierzu die View-Id als String-Wert zurückgeben.

■

Ein weiteres Beispiel für das Master-Detail-Pattern ist die Anzeige aller Mitarbeiter und der Detaildaten eines Mitarbeiters. Die Übersicht aller Mitarbeiter ist in Bild 5.5 dargestellt. Das Listing 5.14 zeigt die JSF-Seite `employees.xhtml`.

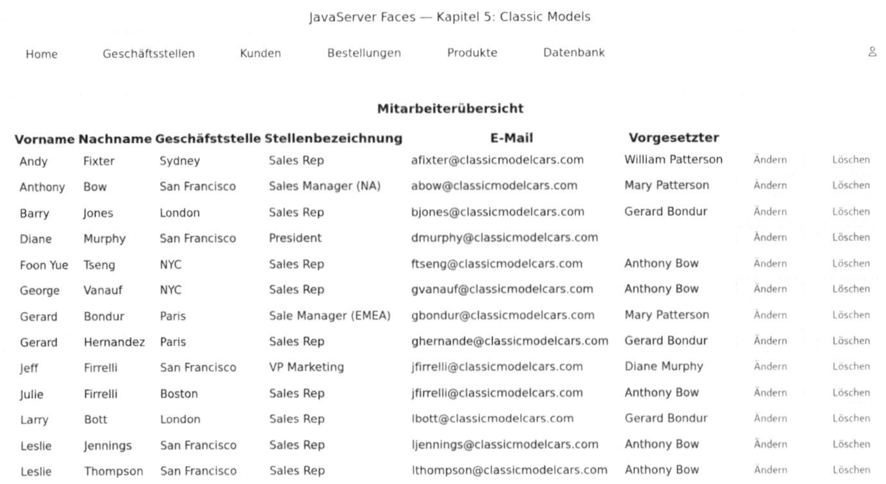

JavaServer Faces — Kapitel 5: Classic Models

Home Geschäftsstellen Kunden Bestellungen Produkte Datenbank

Mitarbeiterübersicht

Vorname	Nachname	Geschäfstselle	Stellenbezeichnung	E-Mail	Vorgesetzter		
Andy	Fixter	Sydney	Sales Rep	afixter@classicmodelcars.com	William Patterson	Ändern	Löschen
Anthony	Bow	San Francisco	Sales Manager (NA)	abow@classicmodelcars.com	Mary Patterson	Ändern	Löschen
Barry	Jones	London	Sales Rep	bjones@classicmodelcars.com	Gerard Bondur	Ändern	Löschen
Diane	Murphy	San Francisco	President	dmurphy@classicmodelcars.com		Ändern	Löschen
Foon Yue	Tseng	NYC	Sales Rep	ftseng@classicmodelcars.com	Anthony Bow	Ändern	Löschen
George	Vanauf	NYC	Sales Rep	gvanauf@classicmodelcars.com	Anthony Bow	Ändern	Löschen
Gerard	Bondur	Paris	Sale Manager (EMEA)	gbondur@classicmodelcars.com	Mary Patterson	Ändern	Löschen
Gerard	Hernandez	Paris	Sales Rep	ghernande@classicmodelcars.com	Gerard Bondur	Ändern	Löschen
Jeff	Firrelli	San Francisco	VP Marketing	jfirrelli@classicmodelcars.com	Diane Murphy	Ändern	Löschen
Julie	Firrelli	Boston	Sales Rep	jfirrelli@classicmodelcars.com	Anthony Bow	Ändern	Löschen
Larry	Bott	London	Sales Rep	lbott@classicmodelcars.com	Gerard Bondur	Ändern	Löschen
Leslie	Jennings	San Francisco	Sales Rep	ljennings@classicmodelcars.com	Anthony Bow	Ändern	Löschen
Leslie	Thompson	San Francisco	Sales Rep	lthompson@classicmodelcars.com	Anthony Bow	Ändern	Löschen

Bild 5.5 Mitarbeiterübersicht

Listing 5.14 Mitarbeiterübersicht (`employees.xhtml`)

```
<section>
  <header>Mitarbeiterübersicht</header>
  <h:dataTable value="#{employeesController.employees}"
               var="employee" styleClass="datatable">
    <h:column>
      <f:facet name="header">Vorname</f:facet>
      #{employee.firstName}
    </h:column>
    <h:column>
      <f:facet name="header">Nachname</f:facet>
      #{employee.lastName}
    </h:column>
    <h:column>
      <f:facet name="header">Geschäfstselle</f:facet>
      #{employee.office.city}
    </h:column>
    <h:column>
      <f:facet name="header">Stellenbezeichnung</f:facet>
      #{employee.jobTitle}
    </h:column>
    <h:column>
      <f:facet name="header">E-Mail</f:facet>
      #{employee.email}
    </h:column>
    <h:column>
      <f:facet name="header">Vorgesetzter</f:facet>
      #{employee.reportsTo.firstAndLastName}
    </h:column>
    <h:column>
      <h:button outcome="employee" value="Ändern">
```

```
31          <f:param name="employeeId" value="#{employee.id}" />
32        </h:button>
33      </h:column>
34      <h:column>
35        <h:commandButton value="Löschen"
36            action="#{employeesController.deleteEmployee}"
37            onclick="if (! confirm('Soll Mitarbeiter
38                     #{employee.firstAndLastName} wirklich gelöscht
39                     werden?')) return false">
40          <f:setPropertyActionListener value="#{employee.id}"
41             target="#{employeesController.employeeToDelete}" />
42        </h:commandButton>
43      </h:column>
44    </h:dataTable>
45  </section>
```

Interessant sind die Schaltflächen in den beiden Spalten ganz rechts in Bild 5.14. Die Ändern-Schaltfläche wird mit dem `<h:button>`-Tag in den Zeilen 30 – 32, die Löschen-Schaltfläche mit dem `<h:commandButton>`-Tag in den Zeilen 35 – 42 erzeugt. Was ist der Grund für zwei unterschiedliche Realisierungen? Bei einer Datenänderung wird mit dem `<h:button>`-Tag mit verschachteltem `<f:param>` auf die Detailseite verwiesen, so wie dies bereits ganz analog mit einem `<h:link>`-Tag (Listing 5.11 auf Seite 280, Zeilen 14 – 17) bei den Bestellungen und der Detailseite zu einer Bestellung realisiert wurde. Bei der Löschung eines Mitarbeiters verhält es sich etwas anders. Hier soll zunächst per JavaScript ein modaler Popup-Dialog erscheinen, und bei positiver Antwort eine Action-Methode die eigentliche Löschung vornehmen. Die Übergabe der Id des zu löschenden Mitarbeiters mit Hilfe des `<f:setPropertyActionListener>`-Tags wurde bereits in Abschnitt 2.5.4 detailliert, so dass wir hier auf eine Darstellung verzichten.

Die Ziel-Seite für das Ändern eines Mitarbeiters ist `employee.xhtml`, die in Listing 5.15 dargestellt ist.

Listing 5.15 Mitarbeiterdetails (`employee.xhtml`)

```
<h:form>
  <f:metadata>
    <f:viewParam name="employeeId"
                 value="#{employeeController.employeeId}"/>
    <f:viewAction action="#{employeeController.viewAction}" />
  </f:metadata>
  <section>
    <h:panelGrid columns="2" >
      <f:facet name="header">Mitarbeiter</f:facet>
      Vorname:
      <h:inputText id="vorname"
          value="#{employeeController.employee.firstName}" />
      Nachname:
      <h:inputText id="nachname"
          value="#{employeeController.employee.lastName}" />
      E-Mail:
      <h:inputText
```

```
          value="#{employeeController.employee.email}" />
      Stellenbezeichnung:
      <h:inputText
          value="#{employeeController.employee.jobTitle}" />
      Extension:
      <h:inputText
          value="#{employeeController.employee.extension}" />
      Niederlassung:
      <h:selectOneMenu value="#{employeeController.employee.office}"
                       converter="#{officeConverter}">
        <f:selectItem itemLabel="- nicht zugewiesen - "
            itemValue="#{null}" noSelectionOption="true" />
        <f:selectItems value="#{officesController.offices}"
            var="office" itemLabel="#{office.city}" />
      </h:selectOneMenu>
      Vorgesetzter:
      <h:selectOneMenu  converter="#{employeeConverter}"
               value="#{employeeController.employee.reportsTo}">
        <f:selectItem itemLabel="- kein Vorgesetzter - "
           itemValue="#{null}" noSelectionOption="true" />
        <f:selectItems value="#{employeesController.employees}"
           var="employee" itemLabel="#{employee.firstAndLastName}" />
      </h:selectOneMenu>
      <h:panelGroup />
    <h:commandButton action="#{employeeController.save}"
        value="Speichern" />
    </h:panelGrid>
  </section>
</h:form>
```

Der Metadatenbereich zu Beginn des Listings entspricht inklusive View-Parameter und View-Action dem entsprechenden Metadatenbereich in Listing 5.12, den Details einer Bestellung. Die beiden wichtigsten Unterschiede sind die Möglichkeit des Änderns und Speicherns von Mitarbeiterdaten, was bei den Bestelldaten nicht der Fall war, und, wesentlich interessanter, eine duale Verwendung der Seite. Sie kann sowohl für das Ändern der Daten eines Mitarbeiters als auch für die Neuanlage eines Mitarbeiters verwendet werden. Dies liegt aber nicht in der JSF-Seite begründet, sondern in der entsprechenden Managed Bean `EmployeeController`, die in Listing 5.16 dargestellt ist.

Listing 5.16 JSF-Managed-Bean `EmployeeController`

```
@Named
@ViewScoped
public class EmployeeController implements Serializable {

  private Employee employee;
  private Integer employeeId; // View-Parameter

  @Inject
  EmployeeService employeeService;

```

```
11    @Inject
12    OfficeService officeService;
13
14    public String save() {
15      if (employee.getId() == null) {
16        employeeService.persist(employee);
17      } else {
18        employeeService.merge(employee);
19      }
20      return "employees.xhtml?faces-redirect=true";
21    }
22
23    public void viewAction() {
24      if (employeeId == null) {
25        // kein View-Parameter, also Neuanlage
26        employee = new Employee();
27      } else {
28        employee = employeeService.find(employeeId);
29      }
30    }
31
32    // Getter und Setter
33  }
```

Um eine duale Verwendung zu ermöglichen, benötigt man eine Unterscheidungsmöglichkeit für die beiden Fälle *Ändern* und *Neuanlage*. Offensichtlich ist der View-Parameter `employeeId` bzw. das Entity `employee` der Schlüssel für diese Unterscheidung. Da in der View-Action in den Zeilen 23 – 30 abhängig von der Existenz des View-Parameters das Entity entweder neu erzeugt oder aus der Datenbank eingelesen wird, kann ein Null-Test des View-Parameters oder der Id des Entity hierfür verwendet werden. In der `save()`-Methode wird in Zeile 15 die zweite Alternative verwendet.

Duale Verwendbarkeit einer JSF-Seite

Die Neuanlage eines Mitarbeiters, oder allgemeiner eines Stammdatensatzes, sowie dessen Änderung werden in der Regel in sehr ähnlichen JSF-Seiten realisiert. Häufig ist es daher sinnvoll, diese Code-Redundanzen zu vermeiden und dieselbe JSF-Seite in zwei Modi zu verwenden. Hierzu benötigt man eine einfache Unterscheidungsmöglichkeit der beiden Fälle, die ein entsprechender View-Parameter oder die Id des Mitarbeiters bwz. Stammdatensatzes sein kann. ■

@ViewScoped notwendig

Die Lebensdauer von Managed Beans sollte dem Anwendungsfall angemessen und möglichst kurz sein. Im Fall des `EmployeeController` muss dies die View sein. Der Request-Scope würde für die Navigation von der Master- zur Detail-Ansicht eine erste Instanz und beim Speichern eine zweite Instanz bedeuten. Eine Datenänderung wäre somit nicht möglich; es wäre immer eine Neuanlage. ■

Bild 5.6 zeigt die Darstellung der Seite `employee.xhtml`, nachdem die Ändern-Schaltfläche der ersten Zeile der Mitarbeiterübersicht geklickt wurde.

Bild 5.6 Änderung oder Neuanlage von Mitarbeiterdaten

Auf eine Darstellung des modalen Popup-Dialogs nach Betätigung der Löschen-Schaltfläche verzichten wir und ermuntern den Leser, sich selbst ein Bild davon zu machen.

Das Bild 5.6 zeigt zwei Drop-down-Listen, die im Listing 5.14 jeweils mit einem `<h:selectOneMenu>`-Tag erzeugt wurden. Die Art ihrer Verwendung geht über die bisherigen Verwendungen dieses Tags deutlich hinaus, so dass wir dem Thema den nächsten Abschnitt widmen.

Master-Detail-Pattern mit Data-Model-Events

In den ersten beiden Auflagen des Buchs wurde das Master-Detail-Pattern über Data-Model-Events realisiert, die in Abschnitt 2.5.7 eingeführt und dort auch an einem Beispiel erläutert wurden. Die Implementierung ist etwas aufwendiger und benötigt einen Conversation- oder Session-Scope. Die hier gezeigte Implementierung wirkt etwas moderner und scheint sich in der Praxis durchzusetzen. ■

5.2.3 Dynamische Drop-down-Listen

Das `<h:selectOneMenu>`-Tag wurde in Kapitel 2 für die Auswahl von Alternativen verwendet, die in der Regel fest definiert waren. Zum einen waren dies Aufzählungstypen, zum anderen etwa die Sprachen und Lokalisierungen des JDK. Bei der Mitarbeiterseite von Classic Models werden jedoch die Niederlassung und der Vorgesetzte über das `<h:selectOneMenu>`-Tag selektiert. Beides sind JPA-Entitys und somit dynamisch in dem Sinne, dass neue Alternativen hinzugefügt sowie bestehende geändert oder gelöscht werden können. Die Daten zum Befüllen der Alternativen sind also jeweils aktuell aus der Datenbank zu lesen und benötigen daher einen anderen Implementierungsansatz als den in Kapitel 2 vorgestellten.

Für die beiden Drop-down-Listen in Listing 5.15 wird jeweils ein Konvertierer über das `converter`-Attribut festgelegt. Der Wert der entsprechenden EL-Ausdrücke sind die CDI-Namen `officeConverter` und `employeeConverter`. Da die beiden Implementierungen strukturidentisch aufgebaut sind, konzentrieren wir uns auf den Konvertierer für Geschäftsstellen, der in Listing 5.17 abgebildet ist.

Listing 5.17 JSF-Konvertierer für Geschäftsstellen (Klasse `OfficeConverter`)

```
@Named
@ViewScoped
public class OfficeConverter implements Converter<Office>,
                                        Serializable {

  private Map<String, Office> offices; // city -> office

  @Inject
  OfficeService officeService;

  @Override
  public Office getAsObject(FacesContext context,
                            UIComponent component,
                            String value) {
    return offices.get(value);
  }

  @Override
  public String getAsString(FacesContext context,
                            UIComponent component,
                            Office office) {
    return office == null ? null : office.getCity();
  }

  @PostConstruct
  void init() {
    offices = officeService.findAll()
                .stream()
                .collect(Collectors.toMap(office -> office.getCity(),
                                          office -> office));
  }

}
```

Ein JSF-Konvertierer wandelt Strings in Business-Objekte und zurück. Hierzu muss er das Interface `Converter<T>` implementieren, wie in Abschnitt 2.4.5 erläutert. Da sich alle Geschäftsstellen in verschiedenen Städten befinden, kann der Städtename als String-Repräsentant verwendet werden. Sie finden den Quell-Code der Klasse `Office` in Listing 5.1 auf Seite 266. Die zugrunde liegende Idee der Konvertiererimplementierung in Listing 5.17 ist das einmalige Einlesen aller Geschäftsstellen und das Vorhalten in einer Map, die die Städtenamen auf `Office`-Instanzen abbildet. Die Implementierung in Listing 5.17 ist dann selbsterklärend.

Implementierungsdetails

Da die Verwendung der Mitarbeiterseite zwei HTTP-Request-Zyklen bedingt, ist die Verwendung des View-Scopes angezeigt, um unnötige Datenbankzugriffe zu vermeiden. Intern verwendet JSF die `equals()`-Methode, um die Selektion eines Dropdown-Menüs zu bestimmen. Die entsprechende Klasse, hier `Office`, muss daher eine entsprechende `equals()`-Methode besitzen. ■

Zu guter Letzt soll noch der Inhalt der beiden `<h:selectOneMenu>`-Tags diskutiert werden. Bei den Geschäftsstellen stellt er sich wie folgt dar.

```
<f:selectItem itemLabel="- nicht zugewiesen - "
              itemValue="#{null}"
              noSelectionOption="true" />
<f:selectItems value="#{officesController.offices}"
               var="office"
               itemLabel="#{office.city}" />
```

Es werden sowohl das `<f:selectItem>`- als auch das `<f:selectItems>`-Tag verwendet. In der ersten Variante wird mit dem Attribut `noSelectionOption` und entsprechendem `itemValue` die `Nicht-Selektion` definiert. In der zweiten Variante definiert das Attribut `var` eine lokale Variable, die in anderen EL-Ausdrücken verwendet werden kann.

5.2.4 Dynamische UIs

Unter einem dynamischen UI verstehen wir, dass Teile einer Seite nach einer Benutzerinteraktion strukturell verändert werden. In der Classic-Models-Anwendung ist dies bei mindestens zwei JSF-Seiten der Fall. Das Listing 5.11 stellt nur den ersten Teil der Seite `orders.xhtml` dar. Der zweite Teil ist in Listing 5.18 abgebildet.

Listing 5.18 Bestellungen eines Kunden (`orders.xhtml`, Teil 2)

```
<h:dataTable var="order"
      value="#{ordersController.getOrdersForCustomer(customerId)}"
      rendered="#{empty page and not empty customerId}">
  <f:facet name="header">
    Bestellungen für
    <h:link outcome="customer" value="Kunde #{customerId}">
      <f:param name="customerId" value="#{customerId}" />
    </h:link>
  </f:facet>
  <h:column>
    <f:facet name="header">Bst.Nr.</f:facet>
    #{order.id}
  </h:column>
```

```
    <h:column>
      <f:facet name="header">Bestellung</f:facet>
      <h:outputText value="#{order.orderDate}">
        <f:convertDateTime type="localDate" pattern="dd.MM.yyyy"/>
      </h:outputText>
    </h:column>
    <h:column>
      <f:facet name="header">Versand</f:facet>
      <h:outputText value="#{order.shippedDate}">
        <f:convertDateTime type="localDate" pattern="dd.MM.yyyy"/>
      </h:outputText>
    </h:column>
    <h:column>
      <f:facet name="header">Zustellung</f:facet>
      <h:outputText value="#{order.requiredDate}">
        <f:convertDateTime type="localDate" pattern="dd.MM.yyyy"/>
      </h:outputText>
    </h:column>
  </h:dataTable>
    ...
```

Während die Tabelle des ersten Seitenteils ein Scrollen durch alle Bestellungen erlaubt, zeigt die Tabelle des zweiten Seitenteils die Bestellungen eines Kunden. Die Unterscheidung erfolgt anhand der Medadaten der Seite:

```
<f:metadata>
  <f:viewParam name="page"/>
  <f:viewParam name="customerId"/>
</f:metadata>
```

Während die Motivation bei der dualen Verwendung der Mitarbeiterseite die Vermeidung von Code-Redundanzen war, erfolgt hier keine Redundanzvermeidung. Die Motivation ist lediglich, dass die Darstellung der beiden verschiedenen Arten von Bestellungen auf ein und derselben Seite erfolgt. Es gibt auch gute Gründe, dies auf zwei verschiedenen JSF-Seiten zu realisieren. Entscheiden Sie selbst!

Das zweite Beispiel eines dynamischen UI ist das Erzeugen einer Bestellung. Die Classic-Models-Anwendung ist keine Online-Shop, sondern wird durch Mitarbeiter von Classic Models bedient. Daher muss zunächst der Kunde selektiert werden, für den die Bestellung zu erstellen ist. Bei der Produktauswahl ist zunächst die Produktserie zu wählen. Abhängig von dieser stehen dann die Produkte der Produktserie zur Auswahl bereit. Bild 5.7 zeigt die Bestellseite im Browser, mit deren Hilfe wir zunächst die Verwendung erläutern. Der Kunde *ANG Resellers* ist bereits ausgewählt. Die Auswahl erfolgte über einen sehr einfachen Suggestion-Ansatz, auf den wir später noch eingehen. Immer wenn die Drop-down-Liste für die Serie geändert wird, wird die Drop-down-Liste in der Produktspalte der nachfolgenden Tabelle aktualisiert.

Wenn ein solches Produkt ausgewählt wird, wird der Preis dieses Produkts aktualisiert. Nach Eingabe einer Anzahl kann die Schaltfläche *Produkt hinzufügen* betätigt werden.

Ein dem Warenkorb hinzugefügtes Produkt erscheint in der nächsten Tabelle, die den Zustand des Warenkorbs wiedergibt. Man erkennt in der letzten Zeile noch die Daten des gerade selektierten Produkts.

Bild 5.7 Neue Bestellung

Nachdem die Funktionalität mit Hilfe von Bild 5.7 nun bekannt ist, erfolgt eine Analyse des Quell-Codes, dessen erster Teil in Listing 5.19 zu sehen ist.

Listing 5.19 Neue Bestellung, Teil 1 (`order.xhtml`)

```
<section>
  <header>Bestellung</header>
  <h:panelGrid columns="2" styleClass="serie">
    Kunde:
    <h:panelGroup>
      <h:inputText value="#{orderController.customerName}"
                   pt:list="names" pt:autocomplete="off" />
      <datalist id="names">
        <ui:repeat var="option"
                   value="#{orderController.customerNames}">
          <option>#{option}</option>
        </ui:repeat>
      </datalist>
    </h:panelGroup>
    Serie:
    <h:selectOneMenu value="#{orderController.productLine}"
                     converter="#{productLineConverter}">
      <f:selectItem itemLabel="- bitte wählen - " itemValue="#{null}"
                  noSelectionOption="true" />
      <f:selectItems value="#{productLineConverter.productLines}"
                  var="productLine" itemLabel="#{productLine.id}" />
      <f:ajax render="products" />
```

```
23      </h:selectOneMenu>
24    </h:panelGrid>
```

Innerhalb des `<h:panelGroup>`-Tags in den Zeilen 5 – 14 wird eine HTML5-unterstützte Suggestion-Komponente erstellt. Das HTML5-Element `<datalist>` erlaubt mit verschachtelten `<option>`-Elementen eine direkt durch den Browser realisierte Suggestion-Komponente. Dazu muss lediglich die Eingabekomponente über das Attribut `list` mit der Id des `<datalist>`-Elements verlinkt werden. Danach folgt eine Drop-down-Liste, die wie in Abschnitt 5.2.3 erläutert aufgebaut ist. Interessant ist hier noch das `<f:ajax>`-Tag, das nach einer Änderung der Drop-down-Liste die JSF-Komponente mit Id `products` aktualisiert, die in Zeile 8 in Listing 5.20 dargestellt ist.

Listing 5.20 Neue Bestellung, Teil 2 (`order.xhtml`)

```
1  <table>
2    <thead>
3      <tr><td>Produkt</td><td>Anzahl</td><td>Preis</td><td></td></tr>
4    </thead>
5    <tbody>
6    <tr>
7      <td>
8        <h:selectOneMenu id="products"
9                         value="#{orderController.product}">
10         <f:selectItem itemLabel="- bitte wählen - "
11           itemValue="#{null}" noSelectionOption="true" />
12         <f:selectItems itemLabel="#{product.productName}"
13           itemValue="#{product.id}" var="product"
14           value="#{orderController.productsForSelectedProductLine}"/>
15           <f:ajax listener="#{orderController.productSelected}"
16                   render="price" />
17       </h:selectOneMenu>
18     </td>
19     <td>
20       <h:inputText value="#{orderController.quantity}" />
21     </td>
22     <td>
23       <h:inputText id="price" value="#{orderController.price}">
24         <f:convertNumber pattern="#.##" />
25       </h:inputText>
26     </td>
27     <td>
28     <h:commandButton action="#{orderController.addOderItem}"
29                      value="Produkt hinzufügen" />
30     </td>
31   </tr>
32   </tbody>
33 </table>
```

Auch hier ist das `<h:selectOneMenu>`-Tag analog zu den letzten Verwendungen aufgebaut. Das `<f:ajax>`-Tag aktualisiert hier die Eingabe in Zeile 23. Der letzte Teil der Seite ist der Warenkorb, der in Listing 5.21 dargestellt ist.

Listing 5.21 Neue Bestellung, Teil 3 (`order.xhtml`)

```
1  <h:panelGrid>
2    <f:facet name="header">Warenkorb</f:facet>
3    <h:dataTable value="#{orderController.orderDetailsList}" var="item"
          styleClass="warenkorb">
4      <h:column>
5        #{item.position}
6      </h:column>
7      <h:column>
8        <f:facet name="header">Product</f:facet>
9        #{item.product.productName}
10     </h:column>
11     <h:column>
12       <f:facet name="header">Anzahl</f:facet>
13       #{item.quantityOrdered}
14     </h:column>
15     <h:column>
16       <f:facet name="header">Preis</f:facet>
17       <h:outputText value="#{item.priceEach}">
18         <f:convertNumber pattern="#.##" />
19       </h:outputText>
20     </h:column>
21     <h:column>
22       <f:facet name="header">Gesamt</f:facet>
23       <h:outputText value="#{item.quantityOrdered * item.priceEach}">
24         <f:convertNumber pattern="#.##" />
25       </h:outputText>
26     </h:column>
27   </h:dataTable>
28 </h:panelGrid>
29 <h:commandButton action="#{orderController.placeOrder}"
30                  value="Bestellen" />
```

Der Warenkorb selbst ist als einfache Tabelle aufgebaut. Erwähnenswert ist lediglich die Berechnung des Gesamtpreises in der letzten Spalte in Zeile 23. Der Gesamtpreis selbst wird nicht im Entity gespeichert, so dass er zu berechnen ist.

Darstellung eines leeren Warenkorbs vermeiden

Um die Seite ein klein wenig gefälliger zu machen, vermeiden Sie das Rendern des Warenkorbs, falls dieser zu Beginn einer Bestellung noch leer ist. ■

Zu guter Letzt wird in der Zeile 29/30 die Bestellung persistiert sowie zur Ansicht der Bestellung navigiert. Die Darstellung im Browser zeigt das Bild 5.8. Das URL als Navigationsziel des Command-Buttons war `.../order-details.xhtml?orderId=10426`.

Die Managed Bean, die hinter der Bestellseite steht, ist `OrderController`, deren Quell-Code das Listing 5.22 zeigt.

JavaServer Faces — Kapitel 5: Classic Models

Home Geschäftsstellen Kunden Bestellungen Produkte Datenbank

Bestellung 10426

Laufende Nr.	Produkt	Anzahl	Preis
1	1937 Lincoln Berline	22	102,74
2	1996 Moto Guzzi 1100i	3	118,94
3	2001 Ferrari Enzo	5	207,8

Classic Models | © Bernd Müller | eingeloggt als ADMIN

Bild 5.8 Neue Bestellung in der Übersicht

Listing 5.22 Managed Bean `OrderController`

```
@Named
@ViewScoped
public class OrderController implements Serializable {

  @NotNull
  private String customerName; // UI
  @NotNull
  private ProductLine productLine; // UI
  @NotNull
  private String productId; // UI
  @NotNull
  private Integer quantity; // UI
  @NotNull
  private BigDecimal price; // UI

  private List<OrderDetails> orderDetailsList; /

  @Inject
  CustomerService customerService;

  @Inject
  OrderService orderService;

  @Inject
  ProductService productService;

  public OrderController() {
    orderDetailsList = new ArrayList<>();
  }

  public void addOderItem( ) {
    OrderDetails orderDetails = new OrderDetails();
    orderDetails.setPosition(orderDetailsList.size() + 1);
    orderDetails.setQuantityOrdered(quantity);
    orderDetails.setPriceEach(price);
```

```
36      orderDetails.setProduct(productService.find(productId));
37      orderDetailsList.add(orderDetails);
38    }
39
40    public String placeOrder() {
41      Customer customer = customerService.findByName(customerName);
42      Order order = new Order();
43      order.setOrderDate(LocalDate.now());
44      order.setRequiredDate(LocalDate.now().plusDays(10));
45      order.setStatus(OrderStatus.IN_PROCESS);
46      order.setCustomer(customer);
47      order.setOrderDetails(new ArrayList<>());
48      for (OrderDetails orderDetails : orderDetailsList) {
49        orderDetails.setOrder(order);
50        order.getOrderDetails().add(orderDetails);
51      }
52      orderService.persist(order);
53      return "order-details.xhtml?orderId=" + order.getId()
54              + "&faces-redirect=true";
55    }
56    ...
```

Die ersten Zeilen der Klasse `OrderController` definieren die vom Benutzer einzugebenden Informationen einer Bestellung. Interessanter ist das Property `orderDetailsList` in Zeile 16. Da a priori nicht bekannt ist, wie viele Bestellpostionen die Bestellung umfassen wird, müssen diese Bestellpostionen in einer Liste gehalten werden. Die Methode `addOrderItem()` in Zeile 31 ist die Action-Methode der Schaltfläche *Produkt hinzufügen*. Sie erzeugt zunächst eine Instanz der Klasse `OrderDetails`, einem JPA-Entity, um dann dessen Daten durch die Benutzereingaben zu befüllen. Am Ende der Methode wird die Instanz der Liste hinzugefügt.

Die Action-Methode hinter der Schaltfläche *Bestellen* ist `placeOrder()` in Zeile 40. Sie lädt zunächst über den Kunden-Service `CustomerService` den Kunden aus der Datenbank. Dann wird eine Bestellung erzeugt und mit Daten gefüllt. Das Lieferdatum wird dabei auf den zehnten Tag nach der Bestellung gesetzt, könnte aber auch durch den Benutzer eingegeben werden. Die Bestelldetails sind als Liste repräsentiert. Jede einzelne Bestellpostion ist als bidirektionale Beziehung zwischen Bestellung und Bestellpostion realisiert. Daher müssen in der Schleife beide Richtungen der Beziehung gesetzt werden. Zum Schluss wird die Bestellung persistiert. Hier ist anzumerken, dass die einzelnen Bestellpositionen *nicht* explizit persistiert werden. JPA stellt hierzu eine Möglichkeit der Kaskadierung von CRUD-Operationen bereit, die im Entity `Oder` auch tatsächlich für das Persistieren genutzt wird. Der entsprechende Code-Ausschnitt lautet:

```
@OneToMany(mappedBy = "order", cascade = CascadeType.PERSIST)
@OrderBy("position")
private List<OrderDetails> orderDetails;
```

Durch die Annotation `@OrderBy` liefert JPA bei Leseoperationen der Bestellpositionen diese immer anhand des Property `position` sortiert zurück.

Wie beschließen damit die allgemeine Diskussion von JSF-Konstrukten der Classic-Models-Anwendung und widmen uns spezielleren Themen.

5.3 Authentifizierung und Autorisierung

Die in Java EE realisierten Sicherheitskonzepte sind über mehrere Spezifikationen und damit JSRs verteilt. Dazu gehören unter anderem:

- Java Servlet Specification [URL-JSR369]
- Java Authorization Contract for Containers [URL-JSR115]
- Java Authentication SPI for Containers [URL-JSR196]
- Java EE Security API Specification [URL-JSR375]
- Common Annotations for the Java Platform [URL-JSR250]
- Enterprise JavaBeans [URL-JSR345]

Die Verweise auf das URL-Verzeichnis verwenden den jeweils aktuellen JSR. Auf die Angabe der Versionsnummern der Spezifikationen haben wir verzichtet, da einige JSRs sich unter ihrer JSR-Nummer weiterentwickeln, während andere neue JSR- und Versionsnummern erhalten haben. Die Anzahl der beteiligten Spezifikationen lässt erahnen, wie breit das Themenspektrum ist. Um den Rahmen des Buchs nicht zu sprengen, haben wir auf einen Abschnitt zum Thema Authentifizierung und Autorisierung etwa in Kapitel 4 oder 6 verzichtet und konzentrieren uns hier auf die praktische Anwendung.

Die in den ersten Auflagen des Buchs verwendeten Authentifizierungs- und Autorisierungsmechanismen, etwa mit den in der Servlet-Spezifikation vordefinierten Formularfeldnamen `j_username` und `j_password` sind nicht mehr zeitgemäß und sollten durch die Konzepte und Mechanismen der Java-EE-Security-API-Spezifikation [URL-JSR375] ersetzt werden. Wir gehen davon aus, dass dem Leser die grundlegenden Sicherheitskonzepte bekannt sind, und verzichten auf eine Einführung.

Als erster Schritt ist zu überlegen, welche Rollen die Anwendung haben soll. Da die Classic-Models-Anwendung eine Inhouse-Anwendung ist, sind die Mitarbeiter der Firma offensichtlich auch deren Benutzer. Hier soll mit einer einzigen Ausnahme keine weitere Unterscheidung vorgenommen werden. Die Ausnahme soll es ermöglichen, dass neue Mitarbeiter, also Benutzer, angelegt und deren Daten verändert werden können sollen. Dies wird in der Regel auf einer anderen Hierarchieebene geschehen. Es ergeben sich somit zwei Rollen: normale Benutzer (Mitarbeiter) und ein Administrator. Aus Kompatibilitätsgründen mit der Datenbankstruktur nennen wir diese *Employee* und *Admin*.

5.3.1 Zugriffschutz für Ressourcen

Die Sicherheitskonzepte von Java EE haben in der Regel sowohl deklarative als auch programmative Aspekte. In Bezug auf JSF werden die Rollen sowie die für die jeweiligen Rollen verfügbaren Seiten deklarativ im Servlet-Deployment-Deskriptor `web.xml` definiert. Den entsprechenden Ausschnitt zeigt Listing 5.23.

Listing 5.23 Security-relevanter Ausschnitt des Deskriptors `web.xml`

```
...
<security-constraint>
```

```
    <web-resource-collection>
      <web-resource-name>admin pages</web-resource-name>
      <url-pattern>/admin/*</url-pattern>
      <url-pattern>/internal/*</url-pattern>
    </web-resource-collection>
    <auth-constraint>
      <role-name>ADMIN</role-name>
    </auth-constraint>
  </security-constraint>

  <security-constraint>
    <web-resource-collection>
      <web-resource-name>employee pages</web-resource-name>
      <url-pattern>/internal/*</url-pattern>
    </web-resource-collection>
    <auth-constraint>
      <role-name>EMPLOYEE</role-name>
    </auth-constraint>
  </security-constraint>

  <security-role>
    <role-name>ADMIN</role-name>
  </security-role>
  <security-role>
    <role-name>EMPLOYEE</role-name>
  </security-role>
  ...
```

Man erkennt hier zwei Security-Constraint-Blöcke, die mit `<security-constraint>`-Tags eingeschlossen sind. In ihnen werden Web-Ressourcen mit Rollen assoziiert. Anders ausgedrückt: Es wird für die Rollen eingeloggter Benutzer die Menge der zugreifbaren JSF-Seiten definiert. Die JSF-Seiten werden mit dem `<web-resource-collection>`-Tag angegeben. Das Tag `<web-resource-name>` hat rein informativen Charakter und kann auch entfallen. Die eigentlichen Seiten werden über ein Pattern innerhalb des `<url-pattern>`-Tags beschrieben. Im Beispiel gibt es zwei Verzeichnisse, `admin` und `internal`, deren Unterverzeichnisse für die Rollen freigegeben sind, die im `<auth-constraint>`-Tag angegeben sind. Die Idee hinter den Verzeichnissen und ihren Namen ist die Aufteilung in drei Bereiche. Einen für den Administrator, einen für eingeloggte Benutzer, also Administrator und Employee, und einen dritten Bereich, der öffentlich ist. In ihm ist z.B. das Login-Formular enthalten.

Das Bild 5.9 zeigt die Verzeichnisstruktur in Eclipse. Einige Dateinamen werden dem Leser bekannt vorkommen. Die Dateien `database.xhtml`, `home.xhtml` und `login.xhtml` sind weder in `admin` noch in `internal` enthalten und damit nicht zugriffsgeschützt.

5.3.2 Identity Store

Die Rollen sowie die Web-Ressourcen, die mit den jeweiligen Rollen zugänglich sind, sind nun festgelegt. Die nächste Frage ist nun, wie aus Anmeldedaten Benutzer mit Rollen werden. Hierzu wird ein Authentifizierungsverfahren inklusive der Benutzer- und Rollendaten

```
▾ webapp
  ▾ admin
      employee.xhtml
      employees.xhtml
  ▾ internal
      customer.xhtml
      customers.xhtml
      offices.xhtml
      order.xhtml
      order-details.xhtml
      orders.xhtml
      product-line.xhtml
      product-lines.xhtml
      products.xhtml
  ▸ resources
  ▸ WEB-INF
    database.xhtml
    home.xhtml
    login.xhtml
```

Bild 5.9 Verzeichnisstruktur mit `admin`- und `internal`-Verzeichnis

benötigt. Die Servlet-Spezifikation definiert die folgenden vier Authentifizierungverfahren: BASIC, FORM, DIGEST und CERT. Java EE Security [URL-JSR375] definiert für die ersten beiden Verfahren drei Annotationen und entsprechende Implementierungen:

- `@BasicAuthenticationMechanismDefinition`
- `@FormAuthenticationMechanismDefinition`
- `@CustomFormAuthenticationMechanismDefinition`

Die Implementierung der Benutzer- und Rollenverwaltung nennt die Spezifikation *Identity Store* und bietet zwei Annotationen mit entsprechenden Implementierungen an:

- `@LdapIdentityStoreDefinition`
- `@DatabaseIdentityStoreDefinition`

Für die Classic-Models-Anwendung verwenden wir ein benutzerdefiniertes Formular (Custom Form) und eine datenbankbasierte Benutzer-/Rollenverwaltung (Database Identity Store). Die beiden entsprechenden Annotationen sind mit ihren Konfigurationsdaten zu versehen, so dass die hinter den Annotationen stehenden Implementierungen korrekt arbeiten können. Die Annotationen selbst dürfen mit beliebigen CDI-Beans verwendet werden, die allerdings application-scoped sein müssen. Das Listing 5.24 zeigt die leere Klasse `SecurityConfiguration` mit den Annotationen.

Listing 5.24 Authentifizierungsverfahren und Identity Store (Klasse `SecurityConfiguration`)

```
@CustomFormAuthenticationMechanismDefinition(
  loginToContinue = @LoginToContinue(
                      loginPage = "/login.xhtml",
                      useForwardToLogin = false,
                      errorPage = "")
)

@DatabaseIdentityStoreDefinition(
  dataSourceLookup = "java:comp/DefaultDataSource",
  callerQuery = "SELECT lastname FROM employees
                 WHERE employeenumber = ?",
  groupsQuery = "SELECT CASE WHEN employeenumber = 1002
                             THEN 'ADMIN'
                             ELSE 'EMPLOYEE'
                 END AS ROLE
                 FROM employees
                 WHERE employeenumber = ?",
  hashAlgorithm = SimpleHash.class)

@ApplicationScoped
public class SecurityConfiguration {
  // I L B
}
```

Die Annotation `@CustomFormAuthenticationMechanismDefinition` legt fest, dass die FORM-Authentifizierung der Servlet-Spezifikation verwendet werden soll. Mit dem Attribut `loginToContinue` und der Annotation `@LoginToContinue` als dessen Wert wird eine als *Login to continue* bekannte Funktionalität konfiguriert. Dies bedeutet, dass der Aufruf einer geschützten Seite durch einen noch nicht authentifizierten Benutzer dazu führt, dass die Login-Seite angezeigt wird. Durch das `loginPage`-Attribut wird die Login-Seite benannt. Das Attribut `useForwardToLogin` definiert, ob die Umleitung als forward (true) oder redirect (false) erfolgen soll. Da es bei einem benutzerdefinierten Formular mit JSF keine Fehlerseite, sondern Fehlermeldungen gibt, wird mit `errorPage` die Default-Fehlerseite (`login-error`) überschrieben.

Die `@CustomFormAuthenticationMechanismDefinition` ist die Schnittstelle zu einer Benutzer- und Rollenverwaltung, die diese Daten in einer relationalen Datenbank erwartet und das Authentifizierungsergebnis als `AuthenticationStatus` zurückgibt. Hierzu wird zunächst eine Data-Source benötigt, die in Listing 5.24 die in Abschnitt 5.1.4 eingeführte Default-Data-Soure eines Java-EE-Application-Servers ist. Im Fall unserer Classic-Models-Anwendung ist dies die BIRT-Datenbank.

Die Motivation zur Verwendung der BIRT-Daten war die öffentliche Verfügbarkeit mehr oder weniger sinnvoll verwendbarer betrieblicher Daten. BIRT stellt ausschließlich betriebliche Daten, nicht aber Benutzer- und Rollendaten bereit. Wir haben uns daher entschieden, die Klasse bzw. Tabelle `Employee` für diese Zwecke zu missbrauchen. Das Property `id` dient als Benutzerkennung, das Property `lastname` als Passwort. Die Annotation `@CustomFormAuthenticationMechanismDefinition` erwartet im Attribut `callerQuery` ein SQL-Statement zur Selektion eines gehashten Passworts und im Attribut `groupsQuery` ein SQL-Statement zur Selektion der Rolle.

Authentifizierungsdaten und -datenstrukturen

Im Normalfall datenbankbasierter Authentifizierungsdaten wird es wahrscheinlich eine oder zwei Tabellen für Benutzernamen, Passwörter und Rollen geben. Das JavaDoc der beiden Annotationattribute verwendet die Beispiele

```
select password from callers where name = ?

select group_name from caller_groups where caller_name = ?
```

zur Selektion von Passwort und Rolle, die dem Leser sicher sinnvoller erscheinen, als die Statements in Listing 5.24.

■

Zu guter Letzt ist noch der Hash-Algorithmus für das Passwort zu diskutieren. Java EE Security geht im Default-Fall von einer PBKDF2-Implementierung aus, so dass der Default-Wert des Attributs `hashAlgorithm` die Klasse `Pbkdf2PasswordHash.class` im Package `javax.security.enterprise.identitystore` ist. Da der Nachname eines Mitarbeiters in der BIRT-Datenbank nicht gehasht ist, verweist das Attribut im Beispiel auf eine Klasse, die intern die Identität als Hash-Funktion verwendet.

Das Login-Formular `login.xhtml` zeigt Listing 5.25.

Listing 5.25 Login-Seite für Classic Models (`login.xhtml`)

```
<h:form>
  <section>
    <header>Login</header>
    <h:panelGrid columns="2">
      <h:outputLabel for="userid" value="Benutzer-ID:" />
      <h:inputText id="userid"
                   value="#{authenticationController.userId}" />
      <h:outputLabel for="password" value="Password:" />
      <h:panelGroup>
        <h:inputSecret id="password"
                       value="#{authenticationController.password}" />
        <h:message for="password" style="color: red;" />
      </h:panelGroup>
      <h:panelGroup />
      <h:commandButton action="#{authenticationController.login}"
                       value="Login" />
    </h:panelGrid>
  </section>
</h:form>
```

Die verwendete Managed Bean `AuthenticationController` ist in Listing 5.26 abgebildet.

Listing 5.26 Managed Bean zur Authentifizierung (Klasse AuthenticationController)

```
@Named
@RequestScoped
public class AuthenticationController {

  @Inject
  SecurityContext securityContext;

  @Inject
  SessionManager sessionManager;

  @Inject
  ExternalContext externalContext;

  @Inject
  FacesContext facesContext;

  @NotNull
  private Integer userId; // maps to Employee.id

  @NotNull
  private String password; // maps to Employee.lastname

  public void login() throws IOException {
    Credential credential =
      new UsernamePasswordCredential(String.valueOf(userId),
                                     new Password(password));
    AuthenticationStatus status =
      securityContext.authenticate(
      (HttpServletRequest) externalContext.getRequest(),
      (HttpServletResponse) externalContext.getResponse(),
      AuthenticationParameters.withParams().credential(credential));

    if (status.equals(AuthenticationStatus.SEND_FAILURE)) {
      facesContext.addMessage(null,
          new FacesMessage(FacesMessage.SEVERITY_ERROR,
                     "Authentifizierung fehlgeschlagen.", null));
    } else if (status.equals(AuthenticationStatus.SEND_CONTINUE)
               || status.equals(AuthenticationStatus.SUCCESS)) {
      sessionManager.replaceSessionForUser(userId,
                (HttpSession) externalContext.getSession(false));
      if (status.equals(AuthenticationStatus.SEND_CONTINUE)) {
        facesContext.responseComplete();
      } else {
        externalContext.redirect(
            externalContext.getApplicationContextPath()
            + "/home.xhtml");
      }
    }
    credential.clear(); // Passwort überschreiben
  }
```

```
51
52
53    public String logout() throws ServletException {
54      Integer userId =
55          Integer.valueOf(securityContext
56                          .getCallerPrincipal().getName());
57      HttpServletRequest request =
58          (HttpServletRequest) externalContext.getRequest();
59      request.logout();
60      sessionManager.replaceSessionForUser(userId, null);
61      HttpSession session =
62          (HttpSession) externalContext.getSession(false);
63      if (session != null) {
64        try {
65          session.invalidate();
66        } catch (IllegalStateException e) {
67          // Session already invalidated. Do nothing.
68        }
69      }
70      return "/home.xhtml?faces-redirect=true";
71    }
72    ...
73  }
```

Der in den Zeilen 5/6 über das Interface `SecurityContext` injizierte Security-Context stellt eine der Schnittstellen zum konfigurierten Authentifizierungsverfahren und der Benutzer- und Rollenverwaltung dar. Weitere Elemente sind die Klasse `AuthenticationParameters` (Zeile 31) sowie das Interface `Credential` und die Klasse `UsernamePasswordCredential`. Ohne im Detail die Implementierung der `login()`-Methode, beginnend in Zeile 23, diskutieren zu wollen, wird über die `authenticate()`-Methode des Security-Context das Authentifizierungsverfahren initiiert und über dessen Ergebnis entsprechend fortgefahren.

Zusätzliche Sicherheitsmaßnahmen

Nach einem Login sollte die alte Session entfernt werden. Dies realisiert die Methode `replaceSessionForUser()` in den Zeilen 39/40. Ebenfalls ist es sehr sinnvoll, das eingegebene Passwort aus der JVM zu entfernen. Dies wird durch die Methode `clear()` in Zeile 49 realisiert. Beide Methoden gehören nicht zu Java EE, sondern sind Eigenentwicklungen. Bei Interesse werfen Sie einen Blick in den Quell-Code. ■

JASPI-Aktivierung in WildFly

WildFly konfiguriert intern eine JASPI-Security-Domain (Java Authentication SPI for Containers [URL-JSR196]). Damit diese von der Anwendung verwendet wird, muss sie explizit im WildFly-spezifischen Deskriptor `jboss-web.xml` wie folgt referenziert werden.

```
<jboss-web>
  <security-domain>jaspitest</security-domain>
</jboss-web>
```

Für den Produktivbetrieb wird empfohlen, eine gesonderte Security-Domain einzurichten. Bei der Verwendung von Payara entfällt eine derartige Konfiguration.

■

Die Methode `logout()` in Listing 5.26 realisiert das Ausloggen. Auch hier ist auf das korrekte Entfernen der Session zu achten. Wir überlassen die vollständige Analyse dem Leser und verweisen lediglich auf die Methode `getCallerPrincipal()` in Zeile 56. Ihr Rückgabewert ist eine Instanz des Interface `Principal`. Dieses ist im Standard-SDK im Package `java.security` bereits seit Version 1.1 enthalten. Mit Hilfe dieser und anderer Methoden kann auf den eingeloggten Benutzer zugegriffen werden und damit lassen sich authentifizierungs- und rollenbasierte JSF-Seiten erstellen, die Gegenstand des nächsten Abschnitts sind.

5.3.3 Authentifizierungs- und rollenbasierte JSF-Seiten

In allen Screenshots dieses Kapitels 5 ist im oberen Teil der Anwendung ein Menü zu sehen. Dieses bleibt allerdings verborgen, falls sich ein Benutzer noch nicht authentifiziert hat. Unter dem Menüpunkt *Geschäftsstellen* sind unter anderem die Anlage eines neuen Mitarbeiterdatensatzes sowie die Übersicht über alle Mitarbeiter auswählbar. Dies ist jedoch nur für die Rolle ADMIN möglich. Eingeloggte Mitarbeiter der Rolle EMPLOYEE sehen diese Menüpunkte nicht. Wie können JSF-Seiten realisiert werden, die abhängig vom Authentifizierungsstatus und aktueller Benutzerrolle sind? Wir beginnen mit Vorarbeiten, die in der dargestellten Art und Weise nicht unbedingt notwendig, unserer Meinung nach aber angezeigt sind, um danach die entsprechenden JSF-Konstrukte einzuführen.

Das Listing 5.27 zeigt einen Aufzählungstyp, der die im Deployment-Deskriptor `web.xml` definierten Rollen widerspiegelt.

Listing 5.27 Aufzählungstyp der Benutzerrollen (Enumeration `SecurityRole`)

```
public enum SecurityRole {

  ADMIN, EMPLOYEE;

}
```

Wir sind der Meinung, dass innerhalb von Java auf die Verwendung von Strings bzw. String-Konstanten für Rollen verzichtet und stattdessen ein Java-Typ verwendet werden sollte. Nachteilig dabei ist, dass bei Änderungen die Datei `web.xml` und der Aufzählungstyp, in unserem Fall `SecurityRole`, konsistent gehalten werden müssen, aber dieser Konsistenzzwang auf diese beiden Artefakte beschränkt ist.

Die Klasse `SecurityRoleHelper` in Listing 5.28 stellt Methoden bereit, die sowohl in Java als auch in JSF-Seiten einige Vereinfachungen anbieten.

Listing 5.28 Hilfsklasse für Benutzerrollen (Enumeration `SecurityRoleHelper`)

```
@Named
@RequestScoped
public class SecurityRoleHelper {

  @Inject
  ExternalContext externalContext;

  @Inject
  SecurityContext securityContext;

  public SecurityRole getUserLoggedInRole() {
    if (isUserLoggedInAsAdmin()) {
      return SecurityRole.ADMIN;
    } else {
      return SecurityRole.EMPLOYEE;
    }
  }

  public boolean isUserLoggedIn() {
    return getUserPrincipal() != null;
  }

  public boolean isUserLoggedInAsAdmin() {
    return getRequest()
           .isUserInRole(SecurityRole.ADMIN.toString());
  }

  public boolean isUserLoggedInAsEmployee() {
    return getRequest()
           .isUserInRole(SecurityRole.EMPLOYEE.toString());
  }

  public SecurityRole getAdmin() {
    return SecurityRole.ADMIN;
  }

  public SecurityRole getEmployee() {
    return SecurityRole.EMPLOYEE;
  }

  private Principal getUserPrincipal() {
    return getRequest().getUserPrincipal();
    // return securityContext.getCallerPrincipal();
  }

  private HttpServletRequest getRequest() {
    return (HttpServletRequest) externalContext.getRequest();
  }
}
```

Wir verzichten auf eine Erläuterung des leicht verständlichen Codes in Listing 5.28 und verweisen lediglich auf die Methode `getUserPrincipal()` in den Zeilen 41 – 44, in der die auskommentierte Anweisung dasselbe `Principal`-Objekt zurückgibt. Es führen in der Regel viele Wege nach Rom.

Die Verwendung der Hilfsklasse bzw. anderer Konstrukte zur Realisierung authentifizierungs- und rollenbasierter JSF-Seiten erfolgt in der Regel über das `rendered`-Attribut aller JSF-Komponenten der HTML-Bibliothek. Somit können z.B. für bestimmte Rollen Komponenten angezeigt werden oder nicht. Ein weitere Alternative ist die Verwendung des `disabled`-Attributs, mit dem etwa Komponenten wie `<h:commandButton>` oder `<h:inputText>` deaktiviert werden können, aber sichtbar bleiben.

Für die Classic-Models-Anwendung sind beide Alternativen allerdings wenig relevant, da lediglich Menüpunkte abhängig vom Authentifizierungszustand bzw. von der Rolle des authentifizierten Benutzers anzuzeigen sind. Diese werden in der Regel als einfache Anchor-Elemente (<a>) realisiert und nicht mit Hilfe von JSF-Komponenten. Abhilfe schafft hier das `<ui:fragment>`-Tag, das eine Komponente ohne gerendertes HTML erzeugt und das ein `rendered`-Attribut besitzt. Wir konzentrieren uns im Folgenden auf exemplarische Beispiele, da die Darstellung des kompletten Menüs zu größten Teilen nicht relevanten Code zeigen würde. Um Code für eingeloggte Benutzer anzuzeigen, können die folgenden Alternativen verwendet werden.

```
<ui:fragment rendered="#{securityRoleHelper.userLoggedIn}">
  wird nur gerendert, falls Benutzer eingeloggt ist
</ui:fragment>

<ui:fragment rendered="#{not empty request.userPrincipal}">
  Alternative mit vordefinierten Objektnamen 'request'
</ui:fragment>
```

Während die erste Alternative die Managed Bean `SecurityRoleHelper` verwendet, nutzt die zweite Alternative den vordefinierten Objektnamen `request`, der in Tabelle 2.3 auf Seite 33 aufgeführt ist.

Sollen Teile abhängig von der Rolle des eingeloggten Benutzers angezeigt werden, stehen die beiden Methoden `isUserLoggedInAsAdmin()` und `isUserLoggedInAsEmployee()` zur Verfügung.

```
<ui:fragment rendered="#{securityRoleHelper.userLoggedInAsAdmin}">
  wird nur gerendert, falls eingeloggter Benutzer die Rolle ADMIN hat
</ui:fragment>


<ui:fragment rendered="#{securityRoleHelper.userLoggedInRole
                         == securityRoleHelper.admin}">
  Alternative, falls oben genannte Methoden nicht verwendet werden sollen
</ui:fragment>
```

Die zweite Alternative demonstriert lediglich, dass die beiden Methoden `isUserLoggedInAsAdmin()` und `isUserLoggedInAsEmployee()` nicht unbedingt nötig wären und bei Bedarf aus dem API entfernt werden könnten.

Mit Java 14 nicht lauffähig

In Java 14 wurde das seit längerem als deprecated gekennzeichnete Package `java.security.acl` aus dem JDK entfernt. Es wird von WildFly intern zur Realisierung von JASPI verwendet, so dass aktuell WildFly 20 und Java 14 für das Beispiel nicht verwendbar sind. Wir gehen davon aus, dass eine spätere WildFly-Version dies anders lösen und die dann aktuelle Java-Version verwendbar sein wird.

5.4 Datenexport im PDF- und Excel-Format

5.4.1 PDF-Erzeugung

Bestellungen, Rechnungen und andere Geschäftsdokumente werden häufig in PDF-Form erzeugt. Die eigentliche Erzeugung soll hier nicht Gegenstand sein, sondern der Export und die Auslieferung als unabhängiges Dokument mit JavaServer Faces. Für die Erzeugung selbst benötigt man offensichtlich eine entsprechende Bibliothek. In der ersten Auflage des Buchs verwendeten wir hierzu Apache FOP [URL-FOP], in der zweiten iText [URL-ITEXT] von Bruno Lowagie. Apache FOP verwendet intern einen relativ komplexen Erzeugungsvorgang auf der Basis von XML, XSLT, XPath und XSL-FO. iText ist bereits seit mehreren Jahren mit AGPL-, aber auch mit kommerzieller Lizenz verfügbar. Die letzte Open-Source-Variante mit LGPL-Lizenz war die Version 2.1.7 aus dem Jahr 2009. Bei ihrer Verwendung berichtet der OWASP Dependency-Check von einer ganzen Reihe von sicherheitskritischen Verwundbarkeiten. Insgesamt scheinen unsere alten Lösungen zur PDF-Erzeugung nicht mehr zeitgemäß. Nach unserem Wissen ist Apache PDFBox [URL-PDFBOX] aktuell die einzige Bibliothek, die unter einer freien Open-Source-Lizenz auch kommerziell verwendbar ist. Wir werden PDFBox im Folgenden verwenden.

Wie erwähnt liegt der Fokus nicht auf der eigentlichen PDF-Erzeugung, sondern in der Auslieferung durch JSF. Dies gestaltet sich recht einfach. Eine Action-Methode, die z.B. durch einen Command-Button aufgerufen wird, ruft die Methode zur eigentlichen PDF-Erzeugung auf, versieht die HTTP-Response mit entsprechenden Werten und beendet den Lebenszyklus des JSF-Requests. Listing 5.29 zeigt die Methode `getOrderAsPdf()`, die sich in der Klasse `OrderDetailsController` (siehe Listing 5.13 auf Seite 284) befindet.

Listing 5.29 Methode zur PDF-Erzeugung (`getOrderAsPdf()`)

```
@Named
@ViewScoped
public class OrderDetailsController implements Serializable {

  private Order order;

  @Inject
  OrderPdfCreator orderPdfCreator;
```

```
9
10    @Inject
11    FacesContext facesContext;
12
13    public void getOrderAsPdf() throws IOException {
14      byte[] pdf = orderPdfCreator.toPdf(order);
15      ByteArrayOutputStream baos =
16          new ByteArrayOutputStream(pdf.length);
17      baos.write(pdf, 0, pdf.length);
18      HttpServletResponse response =
19          (HttpServletResponse) facesContext
20                                .getExternalContext().getResponse();
21      response.setContentType("application/pdf");
22      response.setContentLength(pdf.length);
23      response.setHeader("Content-disposition",
24                         "inline;filename=\"order-" + order.getId()
25                         + ".pdf\"");
26      ServletOutputStream out = response.getOutputStream();
27      baos.writeTo(out);
28      out.flush();
29      response.flushBuffer();
30      facesContext.responseComplete();
31    }
32
33    ...
34  }
```

Die in den Zeilen 7/8 injizierte Klasse `OrderPdfCreator` übernimmt mit der Methode `toPdf()` die eigentliche PDF-Erzeugung, die in Zeile 14 aufgerufen wird. Die einzelnen Bytes des PDF werden in ein `ByteArrayOutputStream` geschrieben, da das Servlet-API einen Output-Stream für die HTTP-Antwort vorsieht. Diese Antwort wird über den Faces-Context und External-Context in die Variable `response` geschrieben, um danach den Content-Typ (Zeile 21) auf den Mime-Typ `application/pdf` und die Größe des Payloads auf die PDF-Größe zu setzten. Mit Hilfe des HTTP-Headers `Content-disposition` kann entschieden werden, ob die PDF-Datei im Browser dargestellt (`inline`) oder als Anhang (`attachment`) versendet werden soll. Nachdem alle Bytes in den Output-Stream geschrieben wurden, werden diese mit `flushBuffer()` an den Client geschickt und die HTTP-Response committed. Um zu verhindern, dass JSF die Phase 6 des Bearbeitungszyklus durchläuft, wird mit dem Aufruf von `responseComplete()` JSF angezeigt, dass die HTTP-Antwort bereits verschickt wurde und der Bearbeitungszyklus zu beenden ist.

PDF-Erzeugung im Beispielprojekt

Wenn Sie die PDF-Erzeugung im Beispielprojekt testen, werden Sie lediglich ein rudimentär ausgestattetes PDF-Dokument sehen. PDFBox hinkt iText leider etwas hinterher, was die Möglichkeiten der einfachen PDF-Erzeugung angeht. Da die PDF-Erzeugung nicht der zentrale Punkt dieser Ausführungen ist, hoffen wir, dass dies entschuldbar ist. In der Classic-Models-Anwendung finden Sie die PDF-Erzeugung in den Bestelldetails (`order-details.xhtml`), die in Bild 5.4 auf Seite 283 dargestellt wurden, dort aber noch ohne Schaltfläche zur PDF-Erzeugung.

■

Wie erwähnt soll die PDF-Erzeugung hier nicht ausgiebig beschrieben werden. Wenn Sie Interesse an PDFBox haben, werfen Sie einen Blick in das Listing 5.30, das einen Ausschnitt der PDF-Erzeugung zeigt.

Listing 5.30 Klasse zur PDF-Erzeugung (`OrderPdfCreator`)

```
 1 @RequestScoped
 2 public class OrderPdfCreator {
 3
 4   public byte[] toPdf(Order order) throws IOException {
 5
 6     try (PDDocument document = new PDDocument()) {
 7       PDPage page = new PDPage(PDRectangle.A4);
 8       document.addPage(page);
 9
10       try (PDPageContentStream cont =
11            new PDPageContentStream(document, page)) {
12         cont.setFont(PDType1Font.TIMES_ROMAN, 14);
13         cont.beginText();
14         cont.setLeading(14.5f);
15         cont.newLineAtOffset(25, 700);
16         cont.showText("Bestellnummer: " + order.getId());
17         ...
18         cont.endText();
19       }
20       document.getDocumentInformation().setTitle("Bestellung");
21       document.getDocumentInformation().setSubject("Bestellnummer "
22                                                   + order.getId());
23       document.getDocumentInformation().setAuthor("Classic-Models");
24       return toByteArray(document);
25     }
26   }
27
28   private byte[] toByteArray(PDDocument pdDocument)
29                  throws IOException {
30     try (ByteArrayOutputStream out = new ByteArrayOutputStream();) {
31       pdDocument.save(out);
32       return out.toByteArray();
33     }
34   }
35
36 }
```

Die Methode `toPdf()` erzeugt zunächst ein PDF-Dokument (`PDDocument`, Zeile 6) mit einer Seite (`PDPage`, Zeile 7). Für diese Seite wird ein Content-Stream (`PDPageContentStream`, Zeile 11) erzeugt und danach befüllt. Leider unterstützt PDFBox keine automatischen Layout-Funktionen wie Zeilenumbrüche oder Tabellen. Bei Interesse können Sie mit einer Internet-Recherche Zusatzbibliotheken finden, die dies zum Teil realisieren. In den Zeilen 20 – 22 werden dem Dokument noch Meta-Informationen hinzugefügt.

Scope der Klasse `OrderPdfCreator`

Wird die Klasse `OrderPdfCreator` ohne die Scope-Annotation deployt, entdeckt CDI einen Fehler: die Klasse ist nicht passivierbar. Da sie in die passivierbare Bean `OrderDetailsController` injiziert wird, selbst aber keine Scope-Annotation besitzt, muss sie als dependent Bean dann auch passivierbar sein. Als Lösung kann die Klasse serialisierbar gemacht werden oder einen anderen als den Dependent-Scope bekommen. Hier bieten sich der Application- oder, wie von uns gewählt, der Request-Scope an. Für Hintergründe der Passivierbarkeit werfen Sie bitte einen Blick in die Hinweis-Box *Passivierbare Scopes* auf Seite 140.

■

5.4.2 Excel-Erzeugung

Auch die Erzeugung von Excel-Dateien ist neben PDF in Unternehmensanwendungen eine häufige Anforderung. Dies gilt auch für das herstellerunabhängige *OfficeOpen XML File Format*, ein ECMA-Standard. Wir werden aber weiterhin von Excel sprechen. Aus Sicht von JSF sind sowohl PDF als auch Excel letztendlich Binärformate und somit praktisch identisch zu behandeln. Die Methode `getOrderAsPdf()` in Listing 5.29 auf Seite 309 ist für die Excel-Erzeugung daher lediglich durch den entsprechenden Aufruf zur Erzeugung des Byte-Arrays sowie die Verwendung des etwas länglichen Mime-Typs

`application/vnd.openxmlformats-officedocument.spreadsheetml.sheet`

zu überarbeiten, so dass wir auf eine Darstellung verzichten.

Auch hier ist die eigentliche Erzeugung des Dokuments nebensächlich, so dass wir nur kurz darauf eingehen. Die von uns gewählte Bibliothek zur Erzeugung von Excel ist Apache POI [URL-POI], mit deren Hilfe die in Listing 5.31 abgebildete Klasse `OrderExcelCreator` realisiert ist.

Listing 5.31 Klasse zur Excel-Erzeugung (`OrderExcelCreator`)

```
@RequestScoped
public class OrderExcelCreator {

  public byte[] toExcel(Order order) throws IOException {
    Workbook workbook = new XSSFWorkbook();
    Sheet sheet = workbook.createSheet("Bestellung");
    Row row1 = sheet.createRow(1);
    row1.createCell(0).setCellValue("Bestellnummer:");
    row1.createCell(1).setCellValue(order.getId());
    ...
    Sheet detailsSheet = workbook.createSheet("Bestellpositionen");
    ...
    return toByteArray(workbook);
  }
  ...
}
```

Man erkennt in der Zeile 5 die Klasse `XSSFWorkbook()`, die eine Datei im *OfficeOpen XML File Format* und damit mit der Dateiendung `xlsx` erzeugt. Die Arbeitsmappe enthält zwei Blätter für die Daten der Bestellung selbst sowie für die einzelnen Bestellpositionen. Bei Interesse werfen Sie bitte einen Blick in die Implementierung.

5.5 Testen

Das Testen von JSF-Anwendungen und allgemeiner von Java-EE-Anwendungen ist keine leichte Aufgabe. Dies ist vor allem darin begründet, dass die entsprechenden Container eine umfangreiche Infrastruktur vorhalten, deren Funktionalitäten in Tests zu simulieren, neudeutsch *wegzumocken* wären, was einen sehr hohen Aufwand bedeutet. Es gibt daher nur wenige populäre Open-Source-Werkzeuge für das Testen von Java-EE-Anwendungen. Arquillian ist eines davon und wird von uns verwendet. Der Schwerpunkt liegt dabei nicht auf Unit-, sondern auf Integrations- und Systemtests.

Dass dem Testen von JSF-Anwendungen ein Abschnitt in diesem Kapitel, dem Anwendungskapitel *Classic-Models*, und z.B. nicht ein Abschnitt in Kapitel 6 gewidmet ist, verdeutlicht noch einmal den Charakter der Integrations- und Systemtests, die in kleinen, abgegrenzten Beispielen nur sehr unrealistisch darstellbar sind.

In der zweiten Auflage dieses Buchs haben wir JSFUnit [URL-JSFUNIT] als Testwerkzeug verwendet. Leider wird JSFUnit nicht mehr weiterentwickelt. Die letzte Ankündigung datiert von 2011. Die in Abschnitt 8.2 genannten Bücher gehen auf das Thema Testen – mit einer einzigen Ausnahme – nicht ein. Diese Ausnahme verwendet ebenfalls JSFUnit. Eine einigermaßen repräsentative Entscheidung für ein bestimmtes Werkzeug ist daher schwierig. Wir glauben, dass Selenium, insbesondere das WebDriver-API, für das Testen von Web-Anwendungen geeignet ist, und gehen näher darauf ein.

5.5.1 Arquillian

Arquillian [URL-ARQ] ist ein Open-Source-Werkzeug der Firma JBoss bzw. Red Hat für Integrationstests, die im Container ausgeführt werden. Das Simulieren von Container-Funktionen entfällt damit. Auf der Home-Page wird dies mit

„No more mocks. No more container lifecycle and
deployment hassles. Just real tests!"

beworben. Die einzelnen Schritte einer Testausführung sind dabei die folgenden:

1. Container-Verwaltung (Start, Stop, Verwendung)
2. Packen der Testfälle, Abhängigkeiten und Ressourcen in ein ShrinkWrap-Archiv
3. Deployen des Archivs in den Container
4. Vervollständigen der Testfälle durch Dependency-Injection und Bereitstellen der deklarativen Dienste
5. Ausführen der eigentlichen Tests im Container
6. Erfassen der Testergebnisse und deren Rückgabe an den Test-Runner

Bei der praktischen Umsetzung beginnen wir mit einem Arquillian-basierten Test der Klasse `CustomerService`, die wir schon mehrfach verwendet, selbst aber noch nicht abgebildet haben. Die Klasse `CustomerServiceIT` in Listing 5.32 ist eine typische Arquillian-Testklasse.

Listing 5.32 Arquillian-Testklasse `CustomerServiceIT`

```
1  @RunWith(Arquillian.class)
2  public class CustomerServiceIT {
3
4    @Inject
5    CustomerService customerService;
6
7    @Deployment
8    public static WebArchive createDeployment() {
9      return ShrinkWrap.create(WebArchive.class)
10     .addClass(EntityService.class)
11     .addClass(GenericEntity.class)
12     .addPackages(true, "de.jsfpraxis.classicmodels.business.offices")
13     .addPackages(true,
14                  "de.jsfpraxis.classicmodels.business.accounting")
15     .addPackages(true,
16                  "de.jsfpraxis.classicmodels.business.products")
17     .addAsResource("META-INF/persistence.xml")
18     .addAsResource("import.sql")
19     .addAsManifestResource(EmptyAsset.INSTANCE, "beans.xml");
20   }
21
22   @Test
23   public void findByName() {
24     Customer customer =
25         customerService.findByName("Atelier graphique");
26     Assert.assertEquals(Integer.valueOf(103), customer.getId());
27   }
28
29   @Test(expected = EJBException.class)
30   public void findByNameNotFound() {
31     customerService.findByName(" gibt's nicht ");
32   }
33
34 }
```

Zunächst wird in Zeile 1 mit der Annotation `@RunWith` JUnits Default-Test-Runner durch den Arquillian-Test-Runner ersetzt. Da die Klasse `CustomerService` getestet werden soll, wird sie in den Zeilen 4/5 injiziert. Arquillian basiert darauf, dass die zu testende(n) Klasse(n) mit allen benötigten Abhängigkeiten gepackt und in den Container deployt werden. Dieser Punkt 2 aus obiger Aufzählung wird durch eine mit `@Deployment` annotierte Methode und Rückgabetyp `WebArchive` realisiert. Soll kein WAR, sondern ein JAR als Deployment-Artefakt verwendet werden, ist der Typ `JavaArchive` zu verwenden. Das Packen selbst wird mit ShrinkWrap, einem Arquillian-Teilprojekt, realisiert. ShrinkWrap stellt eine leicht verständliche Schnittstelle als fluent API bereit, mit dem Archiven erstellt werden können. Während die einzelnen Methodenaufrufe innerhalb der Methode `createDeployment()` selbsterklärend sind, sind die Parameter zu erläutern.

Die Package-Struktur der Classis-Models-Anwendung ist den Entity-Control-Boundary-Pattern nachempfunden, bei dem die drei genannten fachlichen Packages die jeweiligen drei Sub-Packages enthalten (können). Diese werden rekursiv wegen des `true`-Parameters der `addPackage()`-Aufrufe eingebunden. Prinzipiell kann mit `addClass()` eine einzige Klasse gepackt werden. Da unsere Modellierung jedoch die generischen Klassen `EntityService` und `GenericEntity` verwendet und die JPA-Entitys untereinander über Assoziation stark verwoben sind, sind die drei Packages komplett zu verwenden. Der JPA-Deploymentdeskriptor `persistence.xml` muss ebenfalls gepackt werden, was in der Zeile 17 geschieht. Wir verwenden zur Initialisierung des Classic-Models-Datenbestands die Datei `import.sql`, sowohl für die Anwendung als auch die Tests. In konkreten Projekten werden dies in der Regel verschiedene Dateien sein bzw. wird für die produktive Variante keine derartige Datei existieren. Zu guter Letzt wird in Zeile 19 eine bis auf die XML-Namensräume leere `beans.xml` generiert und gepackt.

Der Schritt 2 aus obiger Aufzählung ist der einzige Schritt, bei dem codiert werden muss. Beim ersten Schritt stehen die Alternativen eines remote, managed oder embedded Containers zur Auswahl. Dies wird über das Maven-POM sowie die Datei `arquillian.xml` konfiguriert. Unsere Konfiguration verwendet WildFly als remote Container, d.h. beim Start der Tests muss ein WildFly-Server auf den Default-Ports horchen. Alle Schritte werden automatisch durch das Maven-Failsafe-Plugin für Integrationstests durchgeführt.

Die beiden Tests stellen einen positiven und negativen Test für die EJB-Methode `findByName()` dar, testen in diesem Fall also mehr oder weniger die korrekte Funktionsweise einer JPQL-Anfrage, worauf wir hier aber nicht näher eingehen.

5.5.2 Drone und Graphene

Während ShrinkWrap eine Arquillian-Erweiterung ist, die zwingend für das Deployment von Arquillian-Tests zu verwenden ist, sind Drone [URL-DRO] und Graphene [URL-GRA] zwei Arquillian-Erweiterungen, die für das Testen von web-basierten Anwendungen genutzt werden können, aber nicht müssen. Als Beispiel des Einsatzes testen wir die Seite `employee.xhtml`, die wir bereits in Abschnitt 5.2.2 kennengelernt hatten, dort allerdings in ihrer Verwendung zum Ändern von Mitarbeiterdaten. Hier soll als Test ein Mitarbeiter neu angelegt werden. Die Darstellung des damit zunächst leeren Formulars im Browser zeigt Bild 5.10. Auf die Angabe des Quell-Codes verzichten wir, erläutern ihn aber teilweise bei der Diskussion des Tests.

Der Test ist in der Klasse `EmployeeIT` realisiert, die in Listing 5.33 dargestellt ist.

Listing 5.33 UI-Testklasse `EmployeeIT`

```
@RunWith(Arquillian.class)
public class EmployeeIT {

  private static final String WEBAPP_SRC = "src/main/webapp";

```

JavaServer Faces — Kapitel 5: Classic Models

Home Geschäftsstellen Kunden Bestellungen Produkte Datenbank

Mitarbeiter

Vorname:

Nachname:

E-Mail:

Stellenbezeichnung:

Extension:

Niederlassung: - nicht zugewiesen -

Vorgesetzter: - kein Vorgesetzter -

Speichern

Classic Models | © Bernd Müller | eingeloggt als ADMIN

Bild 5.10 Zu testende Neuanlage eines Mitarbeiters

```
@Deployment(testable = false)
public static WebArchive createDeployment() {
  return ShrinkWrap.create(WebArchive.class)
  .addPackages(true, "de.jsfpraxis.classicmodels")
  // wg PDFBox-Abhaengigkeit
  .deleteClass(OrderDetailsController.class)
  .addAsResource("META-INF/persistence.xml")
  .addAsResource("import.sql")
  .merge(getWebAppArchive(), "/", Filters.includeAll())
  .addAsWebInfResource(
      new File("src/test/resources/WEB-INF/web.xml"), "web.xml")
  .addAsWebInfResource(
      new File("src/test/resources/WEB-INF/jboss-web.xml"),
      "jboss-web.xml");
}

private static GenericArchive getWebAppArchive() {
  return ShrinkWrap.create(GenericArchive.class)
      .as(ExplodedImporter.class)
      .importDirectory(WEBAPP_SRC)
      .as(GenericArchive.class);
}

@Drone
private WebDriver browser;

@ArquillianResource
URL deploymentUrl;

@Test
//@RunAsClient
public void newEmployee() {
```

```
38        browser.get(deploymentUrl.toExternalForm()
39                    + "admin/employee.xhtml");
40        WebElement firstName =
41          browser.findElement(By.id("form:firstname"));
42        firstName.sendKeys("Mickey");
43        WebElement lastName =
44          browser.findElement(By.id("form:lastname"));
45        lastName.sendKeys("Mouse");
46        WebElement email =
47          browser.findElement(By.id("form:email"));
48        email.sendKeys("mickey@mouseton.com");
49        WebElement jobTitle =
50          browser.findElement(By.id("form:jobtitle"));
51        jobTitle.sendKeys("Sales Rep");
52        WebElement extension =
53          browser.findElement(By.id("form:extension"));
54        extension.sendKeys("x102");
55        Select office = new Select(
56            browser.findElement(By.id("form:office")));
57        office.selectByValue("NYC");
58        Select reportsTo = new Select(
59            browser.findElement(By.id("form:reportsto")));
60        reportsTo.selectByValue("Diane Murphy");
61        WebElement save = browser.findElement(By.id("form:save"));
62        Graphene.guardHttp(save).click();
63        Assert.assertTrue("no navigation to '/admin/employees.xhtm'",
64          browser.getCurrentUrl().endsWith("/admin/employees.xhtml"));
65      }
66
67    }
```

Wir beschränken uns bei der Diskussion der Klasse auf die Unterschiede zur bereits bekannten Arquillian-Verwendung. Die Annotation `@Deployment` in Zeile 6 verwendet das Attribut `testable` und zeigt damit dem Arquillian-Test-Runner an, dass die Tests dieser Klasse nicht im Container, sondern im Client auszuführen sind. Beim Packen werden alle Klassen unterhalb des Package `de.jsfpraxis.classicmodels` verwendet. Die Klasse `OrderDetailsController` verwendet allerdings Klassen, die Abhängigkeiten zu PDFBox und POI haben. Da diese beiden Bibliotheken nicht in das Deployment gepackt werden, wird mit `deleteClass()` in Zeile 11 die bereits gepackte Klasse wieder aus dem Archiv entfernt. Eine Alternative ist die Möglichkeit, ShrinkWrap anzuweisen, alle im POM verwendeten Abhängigkeiten zu packen, was hier jedoch nicht notwendig ist.

Damit das von JSF generierte UI getestet werden kann, müssen eine ganze Reihe von Dateien gepackt werden: die Datei `employee.xthml` selbst, aber auch das verwendete Template, die vom Template verwendeten anderen JSF-Artefakte sowie verwendete Grafiken, CSS- und JavaScript-Dateien. Statt diese einzeln zu packen, bietet es sich an, alle Dateien unterhalb des Maven-Verzeichnisses für Web-Artefakte zu packen. Dies wird in der Methode `getWebAppArchive()` in den Zeilen 23 – 28 sowie der `merge()`-Methode in Zeile 14 realisiert. Durch einen Filter könnten einzelne Dateien davon ausgenommen werden.

Neben dem CDI-Deskriptor `beans.xml` werden so aber auch die Dateien `web.xml` und `jboss-web.xml` gepackt, die, wie wir in Abschnitt 5.3 gesehen haben, den Zugriff auf die zu testende Seite ohne vorherige Authentifizierung verhindern würden. Mit den beiden Aufrufen von `addAsWebInfResource()` werden Versionen dieser beiden Dateien gepackt, die die entsprechende Authentifizierungskonfiguration nicht enthalten.

Mit der Annotation `@Drone` wird eine Instanz des Interface `WebDriver` injiziert. `WebDriver` gehört nicht zur Familie der Arquillian-Erweiterungen, sondern ist Teil von Selenium, auf das wir in Abschnitt 5.5.3 ausführlich eingehen. Das Interface `WebDriver` repräsentiert einen idealisierten Web-Browser, der Web-Seiten laden und einzelne Seitenelemente lokalisieren und verwenden kann.

Die Annotation `@ArquillianResource` erlaubt es, verschiedene Ressourcen eines Arquillian-Tests zu injizieren. Im Beispiel in den Zeilen 33/34 ist das das URL des Deployments aus Zeile 7. Die ShrinkWrap-Methode `create()` erlaubt in einer überladenen Variante auch die Vergabe eines Deployment-Namens, was aber z.B. bei parallelen Testausführungen zu Mehrfach-Deployments führt. In der in Zeile 8 verwendeten Version ohne Deployment-Name wird ein Bezeichner generiert, der über `@ArquillianResource` Verwendung findet. Der DNS-Name bzw. IP sowie Port sind ebenfalls enthalten.

Kommen wir nun zum eigentlichen Test. Die auskommentierte Annotation `@RunAsClient` in Zeile 37 würde Arquillian anweisen, den Test nicht im Container, sondern im Client auszuführen. Da in Zeile 6 das Deployment als nicht testbar gekennzeichnet wurde, ist dies jedoch nicht nötig. Sollte eine Testklasse sowohl Tests für den Container als auch den Client enthalten, würde man `@Deployment` im Default-Modus verwenden und alle im Client auszuführenden Tests mit `@RunAsClient` annotieren. Mit der Methode `get()` des Interface `WebDriver` wird in den Zeilen 39/40 die Seite `employee.xhtml` geladen. In den folgenden Zeilen werden Eingabeelemente lokalisiert und Daten eingegeben. Bei Vorname, Nachname, E-Mail, Stellenbezeichnung und Extension sind dies einfache Texteingaben, bei der Niederlassung und dem Vorgesetzten Auswahlmenüs. Während `WebElement` ein allgemeines HTML-Element repräsentiert, muss für ein Auswahlmenü die Klasse `Select` verwendet werden. Die Schaltfläche des Formulars (Zeile 62) ist wiederum ein einfaches `WebElement`. In der Zeile 63 wird schließlich das Formular abgeschickt und, mit Hilfe der Methode `guardHttp()`, darauf gewartet, dass die HTTP-Antwort empfangen und das Ergebnis gerendert worden ist. Wenn das Anlegen eines neuen Mitarbeiters geglückt ist, findet eine Navigation zur Seite `employees.xhtlm` statt, was im Beispiel von JUnit geprüft wird.

Wir verzichten auf einen negativen Test, bei dem z.B. notwendige Daten nicht eingegeben werden und danach geprüft wird, ob eine entsprechende `FacesMessage` in der Seite enthalten ist.

Sind Drone und Graphene zu empfehlen?

Wir können sowohl bei Drone als auch bei Graphene keine aktive Weiterentwicklung erkennen, zumindest nicht, wenn das Datum des letzten Releases als Maß genommen wird. Bitte entscheiden Sie zum Zeitpunkt des Lesens selbst, ob dies auch für Sie zutrifft. Sie sollten allerdings auch einen Blick in den folgenden Abschnitt 5.5.3 werfen, in dem ebenfalls das `WebDriver`-API, nicht jedoch Drone und Graphene verwendet werden. ■

5.5.3 Selenium

Selenium [URL-SEL] wird auf der Home-Page mit

„Selenium automates browsers. That's it!"

vorgestellt. Neben dem schon bekannten Selenium WebDriver existieren noch die Teilprojekte Selenium IDE und Selenium Grid, auf die wir aber nicht eingehen. Selenium WebDriver stellt ein bereits aus dem vorherigen Abschnitt bekanntes API bereit, um einzelne Elemente in einer Web-Seite lokalisieren und den Browser bedienen zu können. Neben Java werden auch JavaScript, C#, Ruby und Python unterstützt. Im Gegensatz zu Drone und Graphene erscheint WebDriver als recht zukunftssicher, da WebDriver mittlerweile eine offizielle W3C-Empfehlung [URL-WD] ist, was Selenium praktisch zu einem Standard der Automatisierung von Web-Browsern macht.

Da Drone und Graphene für das Steuern des und die Arbeit mit dem Browser Selenium verwenden, ist der Selenium-basierte Test praktisch identisch zum Drone- und Graphene-basierten. Das Listing 5.34 zeigt den Selenium-basierten Test.

Listing 5.34 UI-Testklasse `EmployeeITSelenium`

```
@RunWith(Arquillian.class)
public class EmployeeITSelenium {

  ...

  @ArquillianResource
  URL deploymentUrl;

  @Test
  public void newEmployee() {
    driver.get(deploymentUrl.toExternalForm()
               + "admin/employee.xhtml");
    WebElement firstName =
        driver.findElement(By.id("form:firstname"));
    firstName.sendKeys("Mickey");
    WebElement lastName = driver.findElement(By.id("form:lastname"));
    lastName.sendKeys("Mouse");
    WebElement email = driver.findElement(By.id("form:email"));
    email.sendKeys("mickey@mouseton.com");
    WebElement jobTitle = driver.findElement(By.id("form:jobtitle"));
    jobTitle.sendKeys("Sales Rep");
    WebElement extension =
        driver.findElement(By.id("form:extension"));
    extension.sendKeys("x102");
    Select office =
        new Select(driver.findElement(By.id("form:office")));
    office.selectByValue("NYC");
    Select reportsTo =
        new Select(driver.findElement(By.id("form:reportsto")));
    reportsTo.selectByValue("Diane Murphy");
    WebElement save = driver.findElement(By.id("form:save"));
```

```
32       save.click();
33       WebDriverWait wait = new WebDriverWait(driver, 10);
34       wait.until(ExpectedConditions
35                  .urlContains("/admin/employees.xhtml"));
36       //wait.until(ExpectedConditions
37       //           .presenceOfElementLocated(By.id("form:data")));
38       Assert.assertTrue("Mikey Mouse not added",
39           driver.getPageSource().contains("mickey@mouseton.com"));
40     }
41
42
43     @Before
44     public void before() {
45       driver = new FirefoxDriver();
46       //driver = new ChromeDriver();
47     }
48
49     @After
50     public void after() {
51       driver.close();
52     }
53
54   }
```

Die Methoden `createDeployment()` und `getWebArchive()` aus Listing 5.33 sind identisch, so dass sie in Listing 5.34 nicht dargestellt sind. Da Drone nicht verwendet wird, entfällt die Injektion der Drone-basierten WebDriver-Implementierung, d.h., die Zeilen 30 und 31 in Listing 5.33 entfallen. Stattdessen wird die WebDriver-Implementierung über JUnits Standardmechanismus der Annotationen `@Before` und `@After` verwaltet (Zeilen 43 – 52). Um dies explizit hervorzuheben, wurde die WebDriver-Instanz umbenannt.

Arquillian und JUnit

Arquillian verwendet JUnit in der Version 4. Wann die Version 5 unterstützt werden soll, konnten wir nicht in Erfahrung bringen.

■

Die Zeilen 45 und 46 verwenden alternativ die WebDriver-Implementierungen von Firefox bzw. Chrome, die für den Test heruntergeladen ([URL-FWD], [URL-CWD]) und installiert werden müssen.

Der größte Unterschied der beiden Tests besteht im Abschicken des Formulars. Während in Listing 5.33 Graphene darüber wacht, dass die neue Seite geladen wurde, wird in Listing 5.34 die Klasse `WebDriverWait` verwendet. Diese ist wie alle Selenium-Artefakte im Package `org.openqa.selenium` bzw. einem Sub-Package enthalten und prüft im Zusammenspiel mit der Klasse `ExpectedConditions`, ob die Navigation zum Ziel-URL erfolgt ist oder alternativ, in der auskommentierten Variante, ein Teilinhalt dieses URL bereits geladen wurde.

5.6 H2-Web-Konsole

Das in diesem Kapitel 5 verwendete Datenbanksystem H2 [URL-H2] ist in Java implementiert und sowohl in WildFly als auch Payara standardmäßig enthalten. Neben der Datenbankfunktionalität besitzt H2 auch eine ansprechende Oberfläche, die in Bild 5.11 abgebildet ist. Diese sogenannte Web-Konsole ist über ein Servlet realisiert, das im Beispielprojekt über den Deployment-Deskriptor `web.xml` wie folgt konfiguriert wurde:

EMPLOYEENUMBER	LASTNAME	FIRSTNAME	EXTENSION	EMAIL	OFFICECODE	REPORTSTO	JOBTITLE
1002	Murphy	Diane	x5800	dmurphy@classicmodelcars.com	1	*null*	President
1056	Patterson	Mary	x4611	mpatterso@classicmodelcars.com	1	1002	VP Sales
1076	Firrelli	Jeff	x9273	jfirrelli@classicmodelcars.com	1	1002	VP Marketing
1088	Patterson	William	x4871	wpatterson@classicmodelcars.com	6	1056	Sales Manager (APAC)
1102	Bondur	Gerard	x5408	gbondur@classicmodelcars.com	4	1056	Sale Manager (EMEA)
1143	Bow	Anthony	x5428	abow@classicmodelcars.com	1	1056	Sales Manager (NA)
1165	Jennings	Leslie	x3291	ljennings@classicmodelcars.com	1	1143	Sales Rep
1166	Thompson	Leslie	x4065	lthompson@classicmodelcars.com	1	1143	Sales Rep
1188	Firrelli	Julie	x2173	jfirrelli@classicmodelcars.com	2	1143	Sales Rep
1216	Patterson	Steve	x4334	spatterson@classicmodelcars.com	2	1143	Sales Rep
1286	Tseng	Foon Yue	x2248	ftseng@classicmodelcars.com	3	1143	Sales Rep
1323	Vanauf	George	x4102	gvanauf@classicmodelcars.com	3	1143	Sales Rep

Bild 5.11 H2-Konsole

```
<servlet>
  <servlet-name>H2Console</servlet-name>
  <servlet-class>org.h2.server.web.WebServlet</servlet-class>
  <load-on-startup>1</load-on-startup>
</servlet>
<servlet-mapping>
  <servlet-name>H2Console</servlet-name>
  <url-pattern>/h2-console/*</url-pattern>
</servlet-mapping>
```

Das Servlet ist somit über das URL `http://localhost:8080/classic-models/h2-console/` erreichbar. Die Beispielanwendung ermöglicht alternativ die Navigation zu diesem URL über das Anwendungsmenü. Dort sind auch die entsprechenden Konfigurations- und Authentifizierungsdaten hinterlegt.

Java EE und Class-Loader

Die Java-EE-Spezifikation verlangt, dass deployte Anwendungen in einem Application-Server voneinander vollständig separiert sind. Dies gilt auch für den Application-Server selbst. Damit die Classic-Models-Anwendung auf das H2-Servlet zugreifen kann, muss dem die Anwendung ladenden Class-Loader erlaubt werden, auch auf die H2-Klassen zuzugreifen. Im WildFly-Application-Server wird dies durch die Datei `jboss-deployment-structure.xml` realisiert, in die Sie bei Interesse bitte einen Blick werfen. ■

6 Spezialthemen

Dieses letzte Kapitel zu den tragenden Säulen der JavaServer Faces widmet sich Spezialthemen, also Themen, die für die ersten Gehversuche mit JSF verzichtbar, für komplexere Anwendungen aber häufig von Belang sind. Wie das Kapitel 2 *JavaServer Faces im Detail – die Grundlagen* nicht ausschließlich Grundlagen enthält, so enthält auch dieses Kapitel nicht ausschließlich Spezialthemen im Sinne von selten verwendbaren Besonderheiten. Es enthält etwa auch Themen, die relativ neu in JSF 2.2 und 2.3 hinzugekommen sind und in moderneren Anwendungen Verwendung finden könnten, wie etwa Web-Sockets, die aber (noch) nicht flächendeckend eingesetzt werden. Wir beginnen mit den Möglichkeiten, JSF zu konfigurieren.

6.1 Die JSF-Konfiguration

Da JavaServer Faces auf einer Servlet-Implementierung basieren, kann ein Teil der Konfiguration einer JSF-Anwendung über die entsprechenden Möglichkeiten der Servlet-Konfiguration vorgenommen werden, wie in Abschnitt 4.9 dargestellt. Die eigentliche JSF-Konfiguration erfolgt über die Datei `faces-config.xml`, standardmäßig im Verzeichnis `WEB-INF`, bzw. mehrere solcher Dateien. In der Spezifikation werden diese *Application Configuration Resource Files* genannt. Wir nennen sie die *JSF-Konfiguration*. Prinzipiell ist diese Datei auch ein Deplyoment-Deskriptor, analog zum Servlet-Deployment-Deskriptor des Abschnitts 4.9.1 , auch wenn er in der Spezifikation nicht so genannt wird.

JavaServer Faces sind als ein Framework konzipiert worden, bei dem fast alle – auch sehr zentrale – Komponenten austauschbar sein sollen. Dieses Ziel wurde erreicht. Es ist praktisch keine Komponente fest implementiert, sondern fast alle Komponenten sind durch alternative Implementierungen mit kompatiblem API austauschbar.

Ziel des Buchs ist es, mit JavaServer Faces anspruchsvolle Benutzerschnittstellen zu entwickeln und aufzuzeigen, wie diese in eine Gesamtanwendung zu integrieren sind. Die Erweiterung von JavaServer Faces um mehr als etwa selbst entwickelte UI-Komponenten geht über dieses Ziel deutlich hinaus. Wir beschreiben im Folgenden die Konfigurationsmöglichkeiten von JavaServer Faces daher nur bis zu der Ebene, die der Zielsetzung des Buchs entspricht. Beispiele für Konfigurationen findet man über das Buch verteilt. Wir wiederholen die Beispiele hier nicht, sondern verweisen auf sie. Der JSF-Anfänger kann diesen Abschnitt beim ersten Durcharbeiten getrost überspringen.

Die JSF-Konfiguration erfolgt wie die Servlet-Konfiguration in einer XML-Datei, deren Syntax für neuere JSF-Versionen durch ein XML-Schema definiert ist. Die zu verwendende Schema-Deklaration für JSF Version 2.3 ist aus der folgenden leeren JSF-Konfiguration ersichtlich:

```
<faces-config
    xmlns="http://xmlns.jcp.org/xml/ns/javaee"
    xmlns:xsi="http://www.w3.org/2001/XMLSchema-instance"
    xsi:schemaLocation="http://xmlns.jcp.org/xml/ns/javaee \
      http://xmlns.jcp.org/xml/ns/javaee/web-facesconfig_2_3.xsd"
    version="2.3">
</faces-config>
```

Wie bereits erwähnt, wollen wir keine komplette Darstellung der möglichen Konfigurationsoptionen geben, was der Umfang des Schemas automatisch verbietet, das 3800 Zeilen umfasst. Wir wollen an dieser Stelle einige wenige der Konfigurationsoptionen exemplarisch erläutern bzw. auf verwendende Stellen im Buch verweisen. Für eine komplette Darstellung verweisen wir auf das XML-Schema selbst und das Buch von Eric van der Vlist[Vli11] als Einführung in das Thema. Moderne IDEs unterstützen die Erstellung der Konfigurationsdatei unter Beachtung des Schemas und bieten Ihnen kontextsensitive Hilfen an, so dass Sie auch ohne Vorliegen des Schemas effizient arbeiten können. Wir empfehlen Ihnen trotzdem, diesen Abschnitt durchzuarbeiten, um ein Gefühl für die vielen Konfigurationsoptionen zu bekommen.

Nach dem oben dargestellten Schema ist das `<faces-config>`-Element die Wurzel der XML-Struktur. In diesem Element können 17 verschiedene Elemente enthalten sein, die wir übersichtsartig anführen und dann im Folgenden kurz erläutern.

```
<faces-config>
    <absolute-ordering>
    <application>
    <behavior>
    <component>
    <converter>
    <faces-config-extension>
    <factory>
    <flow-definition>
    <lifecycle>
    <managed-bean>
    <name>
    <navigation-rule>
    <ordering>
    <protected-views>
    <referenced-bean>
    <render-kit>
    <validator>
```

Wir haben die Elemente alphabetisch sortiert angeführt. Die Reihenfolge der Elemente ist jedoch beliebig. Entgegen der gewählten Darstellungsart ist auch eine wechselnde Verwendung der Elemente erlaubt. Es kann also z.B. zunächst ein Konvertierer, dann ein Validierer und anschließend wieder ein Konvertierer definiert werden. Es folgt ein kurzer Überblick über die einzelnen Elemente.

<absolute-ordering>

Neben der JSF-Konfiguration unserer eigenen Anwendung werden auch Komponentenbibliotheken, wie etwa die in Abschnitt 4.5.5 erwähnten, durch jeweils eigene `faces-config.xml`-Dateien konfiguriert. Soll für die JSF-Konfigurationen der Bibliotheken eine vollständige Ordnung bezüglich des Ladens der jeweiligen Dateien festgelegt werden, so ist `<absolute-ordering>` zu verwenden. Weitere Informationen finden Sie bei der Beschreibung des `<name>`-Elements auf Seite 328.

<application>

Das `<application>`-Element enthält weitere ganz grundlegende Konfigurationen, etwa die unterstützten Lokalisierungen, das zu verwendende Render-Kit, den View-Handler und die Implementierungen zur Auflösung von Variablennamen der EL bzw. zur Auswertung von EL-Ausdrücken. Durch die hohe Relevanz dieses Elements führen wir die Unterelemente auf.

```
<application>
    <action-listener>
    <application-extension>
    <default-render-kit-id>
    <default-validators>
    <el-resolver>
    <locale-config>
    <message-bundle>
    <navigation-handler>
    <property-resolver>
    <resource-bundle>
    <resource-handler>
    <resource-library-contracts>
    <search-expression-handler>
    <search-keyword-resolver>
    <state-manager>
    <system-event-listener>
    <variable-resolver>
    <view-handler>
```

Die einzelnen Elemente können mehrmals in verschiedener Reihenfolge innerhalb des `<application>`-Elements verwendet werden. Dies erscheint zunächst wenig sinnvoll, da z.B. beim View-Handler auf den ersten Blick nur eine Klasse als Implementierung verwendet werden kann. JSF definiert jedoch einen Delegationsmechanismus, der die Definition eines View-Handlers erlaubt, der bei der Methodenimplementierung auf den bis zu diesem Zeitpunkt aktuellen View-Handler zurückgreift. So kann eine Sequenz von View-Handlern definiert werden, die eigene Implementierungen der View-Handler-Methoden (der abstrakten Klasse `ViewHandler` im Package `javax.faces.application`) liefern oder auf Methoden des zuvor definierten Handlers zurückgreifen. Der beschriebene Delegationsmechanismus gilt nicht nur für den View-Handler, sondern für alle angegebenen Elemente, bei denen er sinnvoll verwendbar ist. Den interessierten Leser verweisen wir auf den Abschnitt 11.4.7 *Delegation Implementation Support* der JSF-Spezifikation.

Die beschriebenen Kindelemente des `<application>`-Elements machen JSF zu einem sehr flexiblen und erweiterbaren System. So wurden etwa Facelets vor der Version 2.0 von JSF mit Hilfe des `<view-handler>`-Elements als View-Handler definiert:

```
<application>
  <view-handler>
    com.sun.facelets.FaceletViewHandler
  </view-handler>
</application>
```

Mit der Version 2.0 wurden Facelets zum Default-View-Handler. Systeme wie JBoss Seam konnten die JSF-eigene Expression-Language erweitern, indem die Auflösung von Variablen (`<variable-resolver>`) oder die Auswertung von Ausdrücken (`<el-resolver>`) der Expression-Language neu definiert wurden. Derartige Erweiterungen von JSF gehen aber im Allgemeinen über die Zielsetzung des Buchs hinaus, so dass wir auch an dieser Stelle lediglich auf Teile des Buchs verweisen, in denen häufiger anzutreffende Verwendungen erfolgt sind oder erfolgen werden.

Für die Elemente `<locale-config>` und `<resource-bundle>` finden Sie mehrere Beispiele in Abschnitt 4.2 über Internationalisierung und Lokalisierung. Für das Element `<message-bundle>` finden Sie mehrere Verwendungen in Abschnitt 2.4.14 über Fehlermeldungen.

`<behavior>`
Mit der Einführung von Ajax wurden auch sogenannte Behaviors durch das Interface `Behavior` eingeführt. `AjaxBehavior` ist die einzige Klasse, die dieses Interface implementiert, wenn man von Convenience-Basisklassen absieht. Mit dem `<behavior>`-Element können derartige Behaviors registriert werden. Weitere Informationen zu `AjaxBehavior` finden Sie in Abschnitt 2.7.

`<component>`
Das `<component>`-Element registriert eine UI-Komponente (eine Unterklasse von `UIComponent`) in der JSF-Laufzeitumgebung. Diese Art der Registrierung wird jedoch nicht für zusammengesetzte Komponenten, sondern ausschließlich für native Komponenten benötigt. Native Komponenten werden in Abschnitt 6.5 eingeführt und werden mittlerweile mit der Annotation `@FacesComponent` registriert.

`<converter>`
Das `<converter>`-Element registriert einen Konvertierer. Die zu bevorzugende Alternative mit der Annotation `@FacesConverter` finden Sie in Abschnitt 2.4.5 erläutert.

`<faces-config-extension>`
Das `<faces-config-extension>`-Element gehört zu den in Tabelle 6.1 aufgeführten Erweiterungselementen und dient ausschließlich dazu, das Render-Zielformat zu definieren. Der Default ist `html5`. Eine gerenderte JSF-Seite erhält also den HTML5-Doctype `<!DOCTYPE html>` unabhängig vom Doctype des Quell-Codes. Soll aus Kompatibilitätsgründen das Rendern in den XHMTL-Doctype erfolgen, so ist das `<faces-config-extension>`-Element wie folgt zu verwenden.

```
<faces-config-extension>
  <facelets-processing>
    <file-extension>.xhtml</file-extension>
    <process-as>xhtml</process-as>
  </facelets-processing>
```

```
</faces-config-extension>
```

Hierbei muss allerdings auch der Quell-Code den XHTML-Doctype verwenden.

<factory>

Alle Klassen des JSF-Kernsystems werden entweder über einen Plug-In-Mechanismus, Fabriken oder beides erzeugt. Mit dem `<factory>`-Element können neue Fabriken bekannt gemacht werden. Sie werden diese Fabriken nur benötigen, wenn Sie in die innere Funktionsweise von JavaServer Faces eingreifen und z.B. einen eigenen Exception-Handler realisieren wollen, wie wir dies in Abschnitt 6.1.2 exemplarisch demonstrieren. Um einen Eindruck über die große Flexibilität von JSF zu bekommen, sind im Folgenden die Unterelemente von `<factory>` aufgeführt.

```
<factory>
    <application-factory>
    <exception-handler-factory>
    <external-context-factory>
    <faces-context-factory>
    <partial-view-context-factory>
    <lifecycle-factory>
    <view-declaration-language-factory>
    <tag-handler-delegate-factory>
    <render-kit-factory>
    <visit-context-factory>
    <factory-extension>
```

Neben der Möglichkeit, eigene Fabriken für zentrale JSF-Komponenten zu definieren und so JavaServer Faces zu erweitern, ist die Möglichkeit der Verwendung von Erweiterungselementen hervorzuheben. Das gerade erwähnte `<factory>`-Element erlaubt etwa als direktes Sohnelement die `<factory-extension>`. Dieses Element und alle weiteren, in Tabelle 6.1 vorgestellten Erweiterungselemente erlauben die anwendungsspezifische Erweiterung von JavaServer Faces ohne definiertes XML-Schema. Sie können also valide, aber ansonsten *beliebige* XML-Strukturen für Ihre Erweiterungen verwenden.

<flow-definition>

Mit dem Element `<flow-definition>` werden Faces-Flows definiert. Wir verwenden dieses Element nicht, sondern alternativ die Möglichkeit der Flow-Definition mit Annotationen. Informationen hierzu findet man in Abschnitt 6.4.

<lifecycle>

Das Element `<lifecycle>` erlaubt das Erweitern des in Abschnitt 2.1 beschriebenen Bearbeitungsmodells einer JSF-Anfrage, dem sogenannten Lebenszyklus. Abschnitt 2.5.8 enthält ein Beispiel, das mit Hilfe des Unterelements `<phase-listener>` einen Listener für Phase-Events realisiert.

<managed-bean>

Das `<managed-bean>`-Element wird verwendet, um Managed Beans zu konfigurieren. Seit JSF 2.0 erlaubt die Annotation `@ManagedBean` die Deklaration einer Managed Bean. Diese Annotation ist aber mittlerweile deprecated, da CDI für die Verwaltung von Beans verwendet werden sollte. Wir raten sehr dazu, Managed Beans mit CDI und nicht mit JSF zu realisieren. Informationen hierzu findet man in Abschnitt 2.3 und Kapitel 3.

Tabelle 6.1 Erweiterungselemente

Übergeordnetes Element	Erweiterungselement
application	application-extension
attribute	attribute-extension
component	component-extension
converter	converter-extension
faces-config	faces-config-extension
facet	facet-extension
factory	factory-extension
lifecycle	lifecycle-extension
managed-bean	managed-bean-extension
navigation-rule	navigation-rule-extension
property	property-extension
render-kit	render-kit-extension
renderer	renderer-extension
validator	validator-extension

`<name>`

JavaServer Faces erlauben die Verwendung mehrerer Konfigurationsdateien. JSF sucht dazu in JAR-Archiven der Anwendung nach entsprechenden Dateien, was gleich noch näher ausgeführt wird. Die Reihenfolge der Verarbeitung dieser Reihenfolge ist durchaus relevant, da spätere Konfigurationen frühere Konfigurationen überschreiben können. Die Reihenfolge kann sowohl über eine relative als auch eine vollständige Ordnung definiert werden. Bevor wir dies darstellen können, benötigen wir aber noch eine genauere Analyse der Möglichkeiten, wie JSF Konfigurationsdateien behandelt.

Bei Anwendungsstart werden zunächst alle Anwendungsressourcen durchsucht. In der Regel sind dies die JAR-Dateien der Anwendung im Verzeichnis `/WEB-INF/lib`. Falls im `META-INF`-Verzeichnis einer JAR-Datei eine Datei mit Namen `faces-config.xml` existiert oder Dateien, deren Namen auf `.faces-config.xml` enden, werden diese zu aktuellen Ressource-Dateien. Im zweiten Schritt werden alle im Servlet-Deployment-Deskriptor unter dem Kontextparameter `javax.faces.CONFIG_FILES` genannten Dateien zu Ressource-Dateien, wie wir es in Abschnitt 4.9 beschreiben. Im dritten Schritt wird die Datei `/WEB-INF/faces-config.xml` als Ressource-Datei aufgenommen, sofern sie existiert.

Die in den beiden ersten Schritten bestimmten Dateien wollen wir im Folgenden *Ressource-Dateien* nennen. Die im dritten Schritt bestimmte Datei nennen wir *Konfigurationsdatei.*

Zur Definition von Reihenfolgen werden als direkte Sohnknoten des `<faces-config>`-Elements die Elemente `<name>`, `<absolute-ordering>` und `<ordering>` verwendet. Das Element `<name>` wird zur Identifizierung einer Datei verwendet. Mit `<absolute-ordering>` wird eine vollständige, mit `<ordering>` eine relative Ordung definiert.

Wir beginnen mit der Darstellung der vollständigen Ordnung. Das `<absolut-ordering>`-Element kann nur in der Konfigurationsdatei verwendet werden. In ihm wird die Reihenfolge der Dateien durch explizite Nennung der definierten Namen festgelegt. Alle nicht explizit genannten Konfigurationen werden ignoriert. Falls diese Konfigurationen nicht ignoriert werden sollen, ihre Position in der Reihenfolge jedoch nicht relevant ist, verwendet man das `<others>`-Element.

Zur Definition einer relativen Ordnung werden das `<ordering>`-Element sowie die Elemente `<before>`, `<after>` und `<others>` verwendet. Mit `<before>` und `<after>` wird die relative Position einer Konfiguration bzgl. einer anderen Konfiguration festgelegt.

Es ist offensichtlich, dass man mit diesem Mechanismus nur eine partielle Ordnung definiert, so dass es der JSF-Implementierung freisteht, aus der Menge der möglichen Ordnungen eine auszuwählen. Wir schließen unsere unvollständigen Ausführungen zur Reihenfolgedefinition mit der Anmerkung, dass eine JSF-Implementierung zirkuläre und anderweitig inkonsistente Deklarationen erkennen und mit einem Fehler quittieren muss.

`<navigation-rule>`
Das `<navigation-rule>`-Element definiert die Navigationsmöglichkeiten innerhalb einer JSF-Anwendung, d.h. nach welcher View welche anderen Views folgen können. Diese Art der Definition von Navigationsregeln wird implizite Navigation genannt. Sie wurde von der expliziten Navigation abgelöst, die in Abschnitt 2.5.3 dargestellt ist. Weitere Beispiele finden sich über das ganze Buch verteilt. Die implizite Navigation hat gegenüber der expliziten Navigation den Vorteil, dass sie nicht nur 1-zu-1-, sondern auch N-zu-1-Navigationsregeln erlaubt. Sie finden hierzu eine Übungsaufgabe auf Seite 101 sowie im Projekt die entsprechende Implementierung als Beispiel.

`<ordering>`
Mit Hilfe des `<ordering>`-Elements wird eine relative Ordnung der Konfigurationsdateien bestimmt. Eine ausführlichere Erläuterung finden Sie unter dem `<name>`-Element auf Seite 328.

`<protected-views>`
Normale JSF-Requests, also POST-Requests auf Basis eines Formulars, sogenannte *Post-Back*, sind standardmäßig gegen Cross-Site-Request-Forgery-Angriffe (CSRF) geschützt, da der View-State der Seite in der versteckten Eingabe `javax.faces.ViewState` codiert ist. Damit Seiten auch bei GET-Requests (<h:link>, <h:button> mit <f:viewAction>) geschützt sind, sind diese im `<protected-views>`-Element wie folgt anzugeben.

```
<protected-views>
  <url-pattern>/protected-page.xhtml</url-pattern>
</protected-views>
```

`<referenced-bean>`
Das `<referenced-bean>`-Element definiert einen Namen, unter dem eine Bean angesprochen werden kann, die nicht durch das JSF-Laufzeitsystem, sondern anderweitig erzeugt und für einen bestimmten Scope der Applikation bekannt gemacht wurde. Durch die Verwendung von CDI existiert für das `<referenced-bean>`-Element keine sinnvolle Verwendungsmöglichkeit mehr.

`<render-kit>`
Das `<render-kit>`-Element wird verwendet, um dem Standard-HTML-Render-Kit neue

Renderer hinzuzufügen oder ein neues Render-Kit zu erzeugen. Auch hierzu existiert eine Alternative mit der Annotation `@FacesRenderer`, die in Abschnitt 6.5.3 beschrieben ist.

`<validator>`
Das `<validator>`-Element registriert einen neuen Validierer. In Abschnitt 2.4.8 wurde die alternative Registrierung mit der Annotation `@FacesValidator` vorgestellt. Wir raten jedoch dazu, Validierungen mit Bean-Validierung basierend auf dem JSR 380 zu realisieren, wie in Abschnitt 2.4.10 beschrieben. Die Entwicklung eigener, anwendungsdefinierter Validierer mit dem JSR 380 wurden in Abschnitt 2.4.11 beschrieben.

6.1.1 XML-Konfigurationsdatei versus Annotationen

Die Motivation zur Einführung von Annotationen in JSF 2.0 war die Vereinfachung der Konfiguration und die Vermeidung der sogenannten „XML-Hölle", also der ausufernden Verwendung von XML-basierten Konfigurationen. Da Annotationen aber im Java-Quell-Code verwendet werden, ist die deployment-spezifische Konfiguration mit dem Ändern des Quell-Codes und einem, zumindest in Teilen, durchlaufenden Entwicklungszyklus verbunden. Deployment-spezifische Konfigurationen sind daher zum Teil nach wie vor sinnvollerweise in XML vorzunehmen. Es ergibt sich also eventuell eine Überlagerung bzw. Konkurrenz der Konfiguration über XML oder Annotationen, die aufgelöst werden muss.

Generell gilt, dass eine Konfiguration in der JSF-Konfigurationsdatei eine Konfiguration per Annotation überschreibt. Weiter ist zu definieren, wo und wann das JSF-Laufzeitsystem nach Klassen mit Konfigurationsannotationen zu suchen hat. Hierzu wird zunächst das boolesche Attribut `metadata-complete` des `<faces-config>`-Elements in der Datei `/WEB-INF/faces-config.xml` betrachtet. Ist dieses auf `true` gesetzt, unterbleibt das Suchen nach Klassen mit Konfigurationsannotationen völlig. Ist das Attribut nicht vorhanden oder explizit auf `false` gesetzt, wird nach entsprechenden Klassen gesucht. Dabei werden

- Klassen direkt im Verzeichnis `/WEB-INF/classes` und
- Klassen, die sich in JAR-Dateien im Verzeichnis `/WEB-INF/lib` befinden,

untersucht. Letztere allerdings nur, wenn die JAR-Datei eine Datei `/META-INF/faces-config.xml` oder Dateien, die mit `faces-config.xml` enden, enthält.

6.1.2 JSF erweitern: ein eigener Exception-Handler

Der Abschnitt 6.1 verweist auf viele Beispiele, die in den jeweils fachlich motivierten Teilen des Buchs entwickelt wurden. Die Erweiterung von JSF um der Erweiterung willen soll dieses Buch explizit nicht leisten. Dieser Abschnitt schlägt jedoch die Brücke zwischen einer derartigen Erweiterung und einer starken fachlichen Motivation. In Abschnitt 2.4 wurde dargestellt, wie JSF mit Validierungs- und Konvertierungsfehlern umgeht. Das zugrunde liegende Exception-Handling ist aber ganz offensichtlich nur für JSF- und BV-Exceptions ausgelegt. Andere Exceptions, z.B. durch EJBs oder auch Standard-Java ausgelöst, können unter Umständen bis zur Oberfläche durchdringen, was generell keine sehr gute UI-Strategie ist. Der Endanwender sollte keine Stack-Traces sehen.

Wir wollen an dieser Stelle zeigen, wie mit einer entsprechenden Fabrik ein allgemeines Exception-Handling etabliert werden kann, das Stack-Traces im UI verhindert. Fabriken werden, wie oben erwähnt, generell mit dem `<factory>`-Element registriert. Eine Fabrik für Exception-Handler wird mit dem Unterelement `<exception-handler-factory>` registriert.

```
<factory>
  <exception-handler-factory>
    de.jsfpraxis.special.jsfconfig.DemoExceptionHandlerFactory
  </exception-handler-factory>
</factory>
```

Listing 6.1 zeigt die oben registrierte Fabrik. Der Code ist selbsterklärend.

Listing 6.1 Fabrik für Exception-Handler

```
public class DemoExceptionHandlerFactory
             extends ExceptionHandlerFactory {

  private ExceptionHandlerFactory parent;

  @SuppressWarnings("deprecation")
  public DemoExceptionHandlerFactory(ExceptionHandlerFactory parent) {
    this.parent = parent;
  }

  @Override
  public ExceptionHandler getExceptionHandler() {
    return new DemoExceptionHandler(parent.getExceptionHandler());
  }

}
```

Die Methode `getExceptionHandler()` gibt unseren Exception-Handler zurück, der in Listing 6.2 dargestellt ist.

Listing 6.2 Eigener Exception-Handler (`DemoExceptionHandler`, Ausschnitt)

```
public class DemoExceptionHandler extends ExceptionHandlerWrapper {

  ...
  @Override
  public void handle() throws FacesException {
    FacesContext facesContext = FacesContext.getCurrentInstance();
    NavigationHandler navigationHandler =
        facesContext.getApplication().getNavigationHandler();
    for (ExceptionQueuedEvent event :
         getUnhandledExceptionQueuedEvents()) {
      ExceptionQueuedEventContext context =
          (ExceptionQueuedEventContext) event.getSource();
```

```
13       Throwable t = context.getException();
14       // evtl. mehrfach eingepackt, also iterativ auspacken
15       while ((t instanceof FacesException
16               || t instanceof ELException)
17              && t.getCause() != null) {
18         t = t.getCause();
19       }
20       if (t instanceof ArithmeticException) {
21         navigationHandler.handleNavigation(facesContext, null,
22             "/jsfconfig/caught-arithmetic-exception
23              ?faces-redirect=true");
24       } else if (t instanceof ArrayIndexOutOfBoundsException) {
25         navigationHandler.handleNavigation(facesContext, null,
26             "/jsfconfig/caught-array-index-out-of-bound-exception
27              ?faces-redirect=true");
28       }
29     }
30   }
31
32 }
```

Die Methode `handle()` ist die zu überschreibende Methode, die das eigentliche Exception-Handling zu realisieren hat. Die geerbte Methode `getUnhandledExceptionQueuedEvents()` (Zeile 11) liefert alle noch nicht behandelten Events der Exception-Queue. Da Exceptions gewrapped werden, müssen eventuell ein oder mehrere Wrapper entfernt werden, um auf die eigentliche Anwendungs-Exception zu kommen. Im vorliegenden Beispiel generieren wir lediglich eine `ArithmeticException` und eine `ArrayIndexOutOfBoundsException`, so dass letztendlich auch nur auf diese beiden Exceptions reagiert wird. Wenn Sie den Code übernehmen, müssen Sie hier auf Ihre eigenen Exceptions bzw. eine entsprechende Oberklasse reagieren. Das Auftreten einer der beiden genannten Exceptions führt im Beispiel zur Navigation auf eine Fehlerseite.

Testen und Erweitern des Exception-Handlings

Testen Sie die Beispielanwendung und erweitern Sie sie um einen weiteren Exception-Typ Ihrer Wahl.

■

6.1.3 Programmative Konfiguration

Die JSF-Konfiguration kann nicht nur über die Datei `faces-confg.xml` vorgenommen werden, sondern auch programmativ mit Java. Diese Alternative basiert auf der Verwendung der Klasse `ServiceLoader`, mit der dem Java-Laufzeitsystem implementierende Klassen eines Interface oder abstrakter Klassen bekannt gemacht werden können. Für die Konfiguration von JavaServer Faces ist dies die Klasse `ApplicationConfigurationPopulator` im Package `javax.faces.application`. Da die programmative Konfiguration in der Regel weniger häufig Verwendung findet, verzichten wir hier auf eine entsprechende Darstellung und verweisen für ein konkretes Beispiel auf Abschnitt 6.3.

6.2 Web-Sockets

Web-Sockets wurden entwickelt, um eine bidirektionale Kommunikation zwischen Web-Client und Server zu ermöglichen. Nachdem ein Client – typischerweise eine Web-Anwendung in Form von JavaScript im Browser – sich mit einem Server verbunden hat, kann der Server diese Verbindung nutzen, um Daten zum Client zu schicken, ohne dass dieser – im Gegensatz zum einfachen Request-Response-Protokoll HTTP – zuvor danach gefragt hat. Die Verbindung ist bidirektional, beide Seiten sind gleichberechtigte Peers.

Initial wurden Web-Sockets durch ein RFC des W3C [URL-WCSPEC] spezifiziert. Diese Spezifikation datiert jedoch aus dem Jahr 2012 und ist in den HTML Living Standard [URL-HTMLLS] übergegangen und dort in Abschnitt 9.3 *Web sockets* zu finden. Es beschreibt das API des JavaScript Interface `WebSocket`, das intern von JSF verwendet wird.

Wir beschreiben in den beiden nächsten Abschnitten zuerst das allgemeine Java-API für Web-Sockets, dies allerdings nur sehr oberflächlich, und dann die Verwendung mit Java-Server Faces.

6.2.1 Das Java-API

Obwohl als Protokoll für die Verwendung innerhalb eines JavaScript-API konzipiert, ist das Web-Sockets-Protokoll sprachunabhängig. Mit dem JSR 353 *Java API for WebSocket* [URL-JSR356] wurde ein Java-API für das Protokoll definiert. Er ist in Version 1.0 in Java EE 7, in Version 1.1 in Java EE 8 enthalten und kann daher ohne weitere Abhängigkeiten in entsprechenden Application-Servern verwendet werden. Die Definition der sogenannten Endpunkte einer Web-Socket-Kommunikation kann programmatisch oder per Annotationen erfolgen. Wir beschränken uns auf die Verwendung mit Annotationen.

Für das Web-Sockets-Protokoll sind die Schemata `ws` und `wss` (secure) reserviert. Das Protokoll wird aber als Upgrade über HTTP realisiert, so dass keine zusätzliche Firewall-Konfiguration erfolgen muss. Die beiden Annotationen `@ClientEndpoint` und `@Endpoint` im Package `javax.websocket` bzw. `javax.websocket.server` definieren die beiden Endpunkte. Durch das zugrunde liegende HTTP-Protokoll muss der Client die Verbindung initiieren. Danach verhalten sich Client und Server wie bereits erwähnt als gleichberechtigte Peers. Listing 6.3 zeigt die Klasse `EchoClient`, einen Web-Socket-Client.

Listing 6.3 Mit `@ClientEndpoint` annotierte Klasse

```
@ClientEndpoint
public class EchoClient {

  @OnMessage
  public void receiveTextMessage(String message) {
    ...
  }

  @OnOpen
  public void open(Session session) {
    ...
```

```
    }

    @OnClose
    public void close(Session session, CloseReason closeReason) {
      ...
    }

    @OnError
    public void error(Session session, Throwable t) {
      ...
    }

}
```

Die Methoden der Klasse, deren Namen unerheblich sind, sind mit vier von fünf möglichen Annotationen versehen: `@OnOpen` benennt die Methode, die aufgerufen wird, wenn ein neuer Client sich mit diesem Endpunkt verbindet. Die mit `@OnClose` annotierte Methode wird aufgerufen, wenn ein Peer von dieser Verbindung getrennt wird. Schließlich wird die mit `@OnError` annotierte Methode aufgerufen, wenn ein Fehler bei einer der Verbindungen dieses Endpunkts aufgetreten ist. Alle drei Methoden können auch ohne die im Beispiel verwendeten Parameter verwendet werden.

Während die genannten Annotationen bzw. die entsprechenden Methoden verzichtbar sind, ist die Annotation `@OnMessage` von zentraler Bedeutung, da sie aufgerufen wird, wenn von diesem Endpunkt eine Nachricht empfangen wurde. Die annotierte Methode erlaubt als Parameter verschiedene Text-, Binär- sowie Pong-Nachrichten. Letztere sind über einen Ping-Pong-Zyklus als Verfügbarkeitstest gedacht. Die Nachrichtenarten erlauben ein breites Spektrum von Typen und sind detailliert im JavaDoc der Annotation beschrieben.

Die letzte noch nicht erwähnte Annotation ist `@PathParam`, die mehrfach verwendet werden kann und deren Semantik ganz analog der entsprechenden JAX-RS-Annotation entspricht. Wir gehen hier nicht darauf ein, sondern wenden uns dem zweiten Endpunkt zu, der in Listing 6.4 dargestellt ist.

Listing 6.4 Mit `@ServerEndpoint` annotierte Klasse

```
@ServerEndpoint("/echo")
public class EchoEndpoint {

  @OnMessage
  public void receiveTextMessage(Session session, String message) {
    session.getBasicRemote().sendText("zurück: " + message);
  }

  ...
}
```

Sowohl Client- als auch Server-Endpunkte sind gleichberechtigte Peers und erlauben daher dieselben Annotationen an Methoden. Das Listing 6.4 beschränkt sich auf die `@OnMessage`-Annotation, in der die Funktionalität des Endpunkts, nämlich ein Echo zurückzugeben, implementiert wird. Die Methode getBasicRemote() gibt den Peer der Kommunikation zurück, an den das Echo gesendet wird.

Als letzter Teil des Beispiels fehlen noch der Verbindungsaufbau sowie eine initiale Nachricht, beispielhaft im folgenden Code-Ausschnitt dargestellt.

```
WebSocketContainer container =
    ContainerProvider.getWebSocketContainer();
Session session =
    container.connectToServer(EchoClient.class, URI.create(uri));
session.getBasicRemote().sendText("...");
```

Die Klasse ContainerProvider gibt über die Methode getWebSocketContainer() eine neue Instanz von WebSocketContainer zurück. Über diesen Container kann mit der Methode connectToServer ein Client-Endpunkt, hier die Klasse EchoClient aus Listing 6.3, über ein URI an einen Server-Endpunkt gebunden werden. Die Variable uri des Beispiels hat den Wert ws://localhost:8080/jsf-special/echo, so dass der Server-Endpunkt aus Listing 6.4 gebunden wird, da der Wert des value-Attributs der @ServerEndpoint-Annotation dem URI-Suffix entspricht.

Dieses primitive Beispiel verdeutlicht das grundlegende Prinzip der Web-Socket-Kommunikation: Client und Server müssen sich zunächst verbinden und sind danach in der Lage, als gleichberechtigte Peers auf relativ einfache Art und Weise Nachrichten zu versenden, zu empfangen und auf eingegangene Nachrichten zu reagieren. Wir beschließen hiermit die Einführung des Web-Socket-API mit Standard-Java und wenden uns dessen Verwendung mit JavaServer Faces zu.

Beispielanwendung ausführen

Machen Sie sich mit der Beispielanwendung vertraut. Sie finden diese im Projekt im Menüpunkt Web-Sockets und der JSF-Datei intro.xhtml.

■

Mehrere Clients

Wenn Sie die Beispielanwendung von einem auf mehrere Clients erweitern wollen, müssen Sie die Client-Sessions in einer Collection halten.

■

6.2.2 Globaler Server-Push

Ein sehr einfaches Beispiel für die Benachrichtigung aller Clients eines Servers ist sicher ein Zeitdienst. Wir gehen in diesem einführenden Beispiel aber noch einen Schritt zurück und verschicken nicht die aktuelle Zeit als globalen Server-Push, sondern nur eine Nachricht, dass ein Zeit-Event server-seitig ausgelöst wurde. Der Client erfragt daraufhin aktiv beim Server nach der aktuellen Zeit. Das Beispiel zeigt, dass der Server ganz allgemein eine Client-Aktivität auslösen kann, ohne diese näher spezifizieren zu müssen. In den nachfolgenden Abschnitten folgen dann Beispiele, die dediziert Nachrichten an Clients, sogar an spezifizierte Mengen von Clients, verschicken.

Das Listing 6.5 zeigt die interessanten Ausschnitte einer JSF-Seite, die die oben erwähnte Funktionalität zur Anzeige der server-seitigen Zeit realisiert.

Listing 6.5 Einfache Web-Socket-Verwendung zur Zeitanzeige (`simple-timer.xhmtl`)

```
1  <f:websocket channel="pushTime" onmessage="showMessage" >
2    <f:ajax event="updateTime" render="control" />
3  </f:websocket>
4
5  <h:panelGrid id="control">
6    <h:outputText value="#{timePushController.serverTime}" />
7  </h:panelGrid>
8
9  <script type="text/javascript">
10   function showMessage(message, channel, event) {
11     var toAppend = message + " " + channel + " " + event + "<br/>";
12     document.getElementById("board").innerHTML += toAppend;
13   }
14 </script>
15 <div id="board"></div>
```

Die Zeilen 1 bis 3 zeigen erstmalig die Verwendung des JSF-Tags `<f:websocket>`, das intern mit der in Abschnitt 6.2.1 vorgestellten Java-Web-Socket-Implementierung und entsprechendem JavaScript-Code realisiert wird. Es wird durch das Interface `PushContext` sowie die Annotation `@Push` vervollständigt. Das Attribut `channel` ist das einzig erforderliche Attribut und benennt den Web-Socket-Channel. Im Gegensatz zu vielen anderen JSF-Tag-Attributen darf der Wert kein EL-Ausdruck sein, obwohl syntaktisch ein Werteausdruck erlaubt ist.

Empfängt der Web-Socket auf dem Channel `pushTime` die Nachricht `updateTime`, so löst das `<f:ajax>`-Tag aus, da es auf das entsprechende Event registriert wurde. Nach der Beantwortung des entsprechenden XMLHttpRequests wird die Komponente mit Id `control` aktualisiert, so dass die aktuelle Server-Zeit angezeigt wird.

Das Attribut `onmessage` des `<f:websocket>`-Tags registriert einen JavaScript-Callback, hier `showMessage()`, der in den Zeilen 10 bis 13 dargestellt ist. Diese Funktion wird beim Eintreffen einer Web-Socket-Nachricht durch die JSF-Implementierung aufgerufen. Der Funktionsbezeichner ist frei wählbar. Die Parameter sind die Push-Nachricht als JSON-Objekt (`message`), der Name des Web-Socket-Channels (`channel`) sowie das `MessageEvent`-Objekt (`event`). Im Beispiel werden die eintreffenden Nachrichten in Log-Manier in das `<div>`-Element mit der Id `board` (Zeile 15) geschrieben. Dies dient nur zur Verdeutlichung und würde in einer ernsthafteren Anwendung entfallen.

Doch wie sieht nun die Server-Seite des Beispiels aus? Das Listing 6.6 zeigt die interessierenden Code-Ausschnitte der Klasse `PushTimeController`.

Listing 6.6 Server-Seite des Web-Sockets (Klasse `PushTimeController`)

```
@Named
@ApplicationScoped
public class TimePushController {
```

```
4
5   private LocalTime serverTime;
6
7   @Inject
8   @Push
9   private PushContext pushTime;
10  ...
11
12  public void onTimeEvent(@Observes LocalTime localTime) {
13    this.serverTime = localTime;
14    pushTime.send("updateTime");
15  }
16  ...
```

Zentral sind hier die Zeilen 7 – 9, in denen die Variable `pushTime` vom Typ `PushContext` deklariert wird. Das Interface `PushContext` besitzt eine überladene `send()`-Methode, um Nachrichten an einen Web-Socket-Channel zu senden. Der Channel-Name wird durch die `@Push`-Annotation (Zeile 8) festgelegt. Im Beispiel wird das namensgebende Attribut `channel` der Annotation nicht verwendet, so dass der Name dem Variablennamen, hier `pushTime`, entspricht. Dies wird wiederum als Wert des `channel`-Attributs im `<f:websocket>`-Tag in Listing 6.5 verwendet und definiert damit die Web-Socket-Verbindung zwischen Client und Server.

Die eigentliche Generierung des Zeit-Events wird über den Timer-Service einer EJB realisiert, hier aber nicht dargestellt. Die EJB wird über ein CDI-Event mit der `@Observes`-Annotation des Methodenparameters in Zeile 12 integriert. CDI-Events wurden in Abschnitt 3.5 eingeführt. Die oben genannte `send()`-Methode wird schließlich in Zeile 14 mit dem String-Literal `updateTime` aufgerufen, was als auslösendes Event des `<f:ajax>`-Tags in Zeile 2 des Listings 6.5 das Beispiel abschließt.

Beispielanwendung ausführen

Machen Sie sich mit der Beispielanwendung vertraut. Sie finden diese im Projekt im Menü Web-Sockets unter dem Punkt *Einfacher Timer* und der JSF-Datei `simple-timer.xhtml`. Sie sehen dann auch, warum das Panel-Grid die Id `control` bekommen hat: Das server-seitige Generieren der Push-Nachricht kann über zwei Action-Methoden ein- und ausgeschaltet werden. Die dahinter stehende EJB nutzt einen Timer-Service, der über `@Resource TimerService` injiziert wird.

■

Bitte machen Sie sich noch einmal bewusst, dass die Payload der Web-Socket-Nachricht ein einfaches String-Literal ohne weitere Semantik ist und damit die Möglichkeiten von Web-Sockets bei weitem nicht ausschöpft. Dies wird im nächsten Beispiel korrigiert, indem sinnvolle Nachrichten an mehrere unterschiedliche Kommunikationspartner geschickt werden.

6.2.3 Dedizierte Nachrichten an Clients

Das in Listing 6.5 verwendete `<f:websocket>`-Tag empfängt alle Nachrichten des Channel `pushTime`, ist in diesem Sinne also dem Application-Scope zuzurechnen. Das `scope`-Attribut des `<f:websocket>`-Tags erlaubt jedoch die explizite Angabe des Channel-Scopes mit den möglichen Werten `application`, `session` und `view`. Wird das Attribut nicht angegeben und das Tag wie in Listing 6.5 verwendet, ist `application` der Default. Wird das Attribut `user`, auf das wir später eingehen, verwendet, so ist `session` der Default. Der Leser wird das Potenzial dieser Tags leicht erkennen, so dass das im Folgenden entwickelte Beispiel einer Chat-Light-Anwendung nur Nachrichten an alle und an einzelne Clients unterstützt, nicht aber Nachrichten an Client-Gruppen.

Wir beginnen mit der Nachrichtensenke, die sowohl globale Nachrichten, also Nachrichten an alle Clients, als auch Nachrichten an einen einzelnen Benutzer anzeigt. Den entsprechenden JSF-Code zeigt Listing 6.7.

Listing 6.7 Empfang und Darstellung von Web-Socket-Nachrichten (sink.xhtml)

```
1  <script type="text/javascript">
2    function showMessage(message, chanel, event) {
3      document.getElementById(chanel).innerHTML += message + "<br/>";
4    }
5  </script>
6
7  <f:websocket channel="global" onmessage="showMessage" />
8  <f:websocket channel="user" onmessage="showMessage"
9               user="#{sinkController.id}"  />
10
11 <h:panelGrid columns="2">
12   <f:facet name="header">Einfache Senke mit Web-Socket</f:facet>
13   <h:panelGroup>
14     <div id="global">
15       <h2>Channel 'global'</h2>
16     </div>
17   </h:panelGroup>
18   <h:panelGroup>
19     <div id="user">
20       <h2>Channel 'user' mit Id #{sinkController.id}</h2>
21     </div>
22   </h:panelGroup>
23 </h:panelGrid>
```

Der JavaScript-Code der Zeilen 2 – 4 in Listing 6.7 entspricht dem JavaScript-Code des ersten Beispiels in Listing 6.5. Die Funktion `showMessage()` unterscheidet jedoch über den `channel`-Parameter, ob das `<div>`-Element in Zeile 14 oder das in Zeile 19 zu aktualisieren ist, da der `channel`-Parameter die Werte `global` und `user` annehmen kann, was gleich deutlich wird. Die beiden `<f:websocket>`-Tags in den Zeilen 7 und 8 registrieren sich jeweils für die beiden Channels `global` und `user`, die jedoch originär nichts mit den beiden `<div>`-Elementen zu tun haben. Die Verbindung entsteht durch die JavaScript-Funktion.

Das zweite <f:websocket>-Tag verwendet das Attribut user, den User-Identifier. Das JavaDoc schlägt hierzu vor, die EL-Ausdrücke #{request.remoteUser} oder #{someLoggedInUser.id} als User-Identifier zu verwenden. Die erste Alternative verwendet den Servlet-Request, der in JSF über den ExternalContext erreicht werden kann. Die zweite Alternative deutet eine CDI-basierte Id des aktuell angemeldeten Benutzers an, die im Beispiel auch realisiert wurde. Die Klasse SinkController verwendet eine simplifizierte Benutzer-Id, die sofort bei erstmaliger Verwendung der Seite durch CDI erzeugt wird und aus dem ersten Teil einer UUID besteht. Die im JavaDoc ebenfalls genannte Voraussetzung einer Serialisierbarkeit und Empfehlung eines kleinen Speicherbedarfs sind durch die Klasse String gegeben.

Listing 6.8 Die Klasse SinkController

```
@Named
@SessionScoped
public class SinkController implements Serializable {

  private String id;

  public SinkController() {
    id = UUID.randomUUID().toString().substring(0, 8);
  }

  public String getId() {
    return id;
  }

}
```

Der weitaus interessantere Teil des Beispiels ist die server-seitige Implementierung der benötigten Web-Socket-Funktionalität, die in der Klasse MessageDistributor realisiert und in Listing 6.9 dargestellt ist.

Listing 6.9 Die Verteilung der Chat-Nachrichten (Klasse MessageDistributor)

```
@Named
@RequestScoped
public class MessageDistributor {

  private String globalMessage;
  private String userMessage;
  private String userId;

  @Inject
  @Push(channel = "global")
  private PushContext globalPushContext;

  @Inject
  @Push(channel = "user")
  private PushContext userPushContext;
```

```
16
17    public void distributeMessage() {
18      globalPushContext.send(globalMessage);
19    }
20
21    public void sendMessageToUser() {
22      userPushContext.send(userMessage, userId);
23    }
24    ...
25  }
```

Die Verwendung der `@Push`-Annotation und des `PushContex`-Interface erfolgt analog zum Beispiel mit der Server-Zeit. Der einzige Unterschied ist die Verwendung des `channel`-Attributs der Annotation in den Zeilen 10 und 14. Hiermit wird jeweils der Name des Push-Channels festgelegt. Der Default ist der Name der Instanzvariablen. Das Versenden der Nachricht an einen Benutzer unter Verwendung der Benutzer-Id erfolgt mit der überladenen Version der `send()`-Methode in Zeile 22.

Um das Beispiel abzuschließen, fehlt noch die Möglichkeit zur Eingabe der Nachrichten. Diese ist in Listing 6.10 dargestellt. Da die JSF-Seite keinerlei Web-Socket-Funktionalität besitzt, verzichten wir auf eine Erläuterung.

Listing 6.10 Eingabe und Senden von Nachrichten (`send-messages.xhtml`)

```
<h:panelGrid>
  <h:outputText value="An alle" />
  <h:panelGroup>
    Message: <h:inputText value="#{messageDistributor.globalMessage}" />
  </h:panelGroup>
  <h:commandButton action="#{messageDistributor.distributeMessage}"
                   value="Send to all" />
</h:panelGrid>

<h:panelGrid>
  <h:panelGroup>
  An User-Id: <h:inputText value="#{messageDistributor.userId}" />
  </h:panelGroup>
  <h:panelGroup>
    Message: <h:inputText value="#{messageDistributor.userMessage}" />
  </h:panelGroup>
  <h:commandButton action="#{messageDistributor.sendMessageToUser}"
                   value="Send to user" />
</h:panelGrid>
```

Die Eingabe der Nachrichten hätte auch in derselben Seite wie die Anzeige erfolgen können und wurde nur zur Verdeutlichung ausgelagert.

Beispielanwendung ausführen

Auch hier sollten Sie den Quell-Code analysieren und das Beispiel ausführen. Was passiert, wenn Sie eine Nachricht an eine nicht existierende User-Id senden?

■

6.2.4 Zeitaufwendige Berechnungen

Die bisherigen Beispiele basierten auf dem wiederholten Senden von Nachrichten vom Server zu einem oder mehreren Clients. Web-Sockets können aber auch verwendet werden, um einem Client das Ende einer zeitaufwendigen Berechnung mitzuteilen, also das einmalige Senden einer Nachricht, um dem Client singulär etwas mitzuteilen. Wir entwickeln hierzu ein Beispiel, das auf der EJB-Annotation `@Asynchronous` und der Klasse `CompletableFuture` basiert. Die entsprechende stateless Session-Bean (SLSB) `LongRunningService` ist in Listing 6.11 dargestellt.

Listing 6.11 Stateless Session-Bean `LongRunningService` mit asynchroner Methode

```
@Stateless
public class LongRunningService {

  @Asynchronous
  public void callService(CompletableFuture<String> completableFuture) {
    try {
      Thread.sleep(10000);
    } catch (InterruptedException e) {
    }
    completableFuture.complete("Ganz aufwendig berechnetes Ergebnis!");
  }

}
```

Eine mit `@Asynchronous` annotierte EJB-Methode wird in einem separaten Thread ausgeführt. Der Aufruf der Methode returned sofort. Als Rückgabetypen sind `void` und `Future` erlaubt. Die Klasse `CompletableFuture` implementiert neben dem Interface `CompletionStage` auch das Interface `Future`. Der Rückgabetyp `Future` kann hier aber nicht verwendet werden, da im JSF-Controller das `CompletableFuture`-API verwendet wird. Es bleibt also nur die Verwendung als Methodenparameter. Als möglichst einfachen Typparameter für `CompletableFuture` findet `String` Verwendung. Das Ergebnis selbst ist ein einfaches String-Literal. Der Client dieser EJB ist die Managed Bean `LongRunningController`, die in Listing 6.12 abgebildet ist.

Listing 6.12 Die Klasse `LongRunningController` als Client der EJB

```
@Named
@ViewScoped
public class LongRunningController implements Serializable {

  @Inject
  LongRunningService longRunningService;

  @Inject
  @Push
  private PushContext running;

```

```
12    public void callLongRunningService() {
13      CompletableFuture<String> completableFuture =
14          new CompletableFuture<>();
15      longRunningService.callService(completableFuture);
16      completableFuture.whenCompleteAsync(this::completed);
17    }
18
19    private void completed(String result, Throwable throwable) {
20      running.send(result);
21    }
22  }
```

Der Aufruf der zeitaufwendigen Berechnung erfolgt in Zeile 15. Dieser Aufruf returned sofort. In Zeile 16 wird mit `whenCompleteAsync()` die Methode `completed()` registriert, die bei Beendigung des Completable-Future aufgerufen wird. In dieser wird schließlich (Zeile 20) das Ergebnis an den Web-Socket geschickt.

Als letzter Teil des Beispiels fehlt noch die Verwendung des Web-Sockets in der JSF-Seite. Diese ist in Listing 6.13 auszugsweise dargestellt.

Listing 6.13 Nutzung der zeitaufwendigen Berechnung (Datei `long-running.xhtml`)

```
<f:websocket id="running" channel="running"
             onmessage="completed" connected="false" />

<h:panelGrid>
  <f:facet name="header">Aufwendige Berechnungen</f:facet>
  <h:commandButton onclick="start()" value="Starte und warte ..."
      action="#{longRunningController.callLongRunningService}">
    <f:ajax  />
  </h:commandButton>
  <div id="loading">
    <span class="bullet one">&#8226;</span>
    <span class="bullet two">&#8226;</span>
    <span class="bullet three">&#8226;</span>
  </div>
  <span id="result"></span>
</h:panelGrid>

<script type="text/javascript">
  function completed(message, chanel, event) {
    document.getElementById("result").innerHTML =
        "Das Ergebnis: " + message;
    document.getElementById("loading").style.display = "none";
    jsf.push.close("form:running");
  }
  function start() {
    document.getElementById("loading").style.display =
        "inline-block";
    document.getElementById("result").innerHTML = "";
    jsf.push.open("form:running");
  }
</script>
```

Das `<f:websocket>`-Tag verwendet das Attribut `connected`, das standardmäßig den Wert `true` hat und die Web-Socket-Push-Verbindung steuert. In den vorherigen Beispielen erfolgte mit diesem impliziten Default-Wert daher immer automatisch das Erstellen der Verbindung des Web-Sockets des Clients mit dem Server. In diesem Fall wird die Verbindung zunächst nicht erstellt, sondern muss später explizit initiiert werden. Dies ist nicht unbedingt nötig, spart aber Ressourcen. Als Channel wird `running` benutzt, entspricht also dem Push-Context in Zeile 10 des Listings 6.12 mit selbem Namen. Mit dem `onmessage`-Attribut wird die JavaScript-Funktion `completed()`, die in der Zeile 19 beginnend dargestellt ist, als Callback registriert. Wir gehen auf diese Funktion sowie das `id`-Attribut später noch ein.

Da der Web-Socket-Channel nicht automatisch erstellt wird, muss dies programmatisch erfolgen. Der Command-Button in den Zeilen 6 – 9 ruft daher nicht nur die Action-Methode `callLongRunningService()`, sondern über das Attribut `onclick` auch die JavaScript-Funktion `start()` auf. Wir verzichten auf die Erläuterung der Anzeige- und Layout-Funktionalität der Funktion und konzentrieren uns auf das Thema Web-Sockets. Die Funktion `jsf.push.open()` in Zeile 19 öffnet den Channel, wobei der Funktionsparameter die JSF-Client-Id des `<f:websocket>` darstellt. Entsprechend schließt die Funktion `jsf.push.close()`, die in der Funktion `completed()` in Zeile 23 verwendet wird, den Channel.

Zusammenfassend ist die Funktionalität also die folgende: Durch Betätigen der Schaltfläche wird der Channel geöffnet und server-seitig die zeitaufwendige Berechnung initiiert. Da dies asynchron geschieht, würde auch ohne Verwendung des `<f:ajax>`-Tags in Zeile 8 die Seite sofort neu gerendert. Die `start()`-Funktion startet ebenfalls eine kleine Animation, um dem Benutzer den Wartezustand zu symbolisieren. Wir verzichten auf die Darstellung des entsprechenden CSS-Codes. Trifft die Antwort des Servers per Web-Socket-Push ein, wird durch die Funktion `completed()` der Wartezustand beendet, das Ergebnis angezeigt und der Channel geschlossen.

Beispielanwendung ausführen

Führen Sie die Beispielanwendung aus und achten Sie insbesondere auf das Server-Log. Die entsprechenden Logging-Ausgaben, auf die in den Listings verzichtet wurde, belegen die Asynchronität des Berechnungsvorgangs. Außerdem wird durch einen CDI-Observer das Erzeugen und Schließen des Web-Socket-Channels angezeigt. Wir gehen hierauf in Abschnitt 6.2.5 ein.

■

6.2.5 Konfiguration

Wie in Abschnitt 6.2.1 dargestellt, werden Web-Socket-Endpunkte deklarativ erzeugt. Der JSR 353 *Java API for WebSocket* [URL-JSR356] sieht keine programmative Erzeugung vor. In JSF muss daher über einen Konfigurationsparameter die Web-Socket-Unterstützung wie folgt aktiviert werden.

```
<context-param>
  <param-name>javax.faces.ENABLE_WEBSOCKET_ENDPOINT</param-name>
```

```
    <param-value>true</param-value>
  </context-param>
```

Das Web-Sockets-Protokoll ist als Upgrade über HTTP realisiert. Soll ein anderer Port verwendet werden, kann dieser über den Kontextparameter `WEBSOCKET_ENDPOINT_PORT` definiert werden.

Die JSF-Implementierung Mojarra verwendet intern JSON-P [URL-JSR341] zur Übertragung des Payloads. MyFaces benötigt diese Abhängigkeit nicht. Da wir einen Application-Server als Ablaufumgebung vorschlagen, ist hier auch bei Verwendung von Mojarra nichts zu konfigurieren.

Als letzter Punkt soll hier noch die Beobachtung des Öffnens und Schließens von Web-Socket-Ports angesprochen werden, obwohl dies nichts mit der eigentlichen Konfigurations zu tun hat. CDI unterstützt mit seinem Event-System ein Observer-Observable-Pattern, das JSFs Web-Socket-Implementierung nutzt, um das Öffnen und Schließen eines Sockets zu signalisieren. Wird ein Methodenparameter vom Typ `WebsocketEvent` mit der CDI-Annotation `@Observes` und den Web-Socket-Qualifiern `@Opened` `@Closed` versehen, so wird die Methode zu einer sogenannten Observer-Methode, wie im Folgenden angedeutet.

```
public void onOpen(@Observes @Opened WebsocketEvent event) {
  ...
}

public void onClose(@Observes @Closed WebsocketEvent event) {
  ...
}
```

Die beiden Methoden werden jeweils beim Öffnen oder Schließen eines Web-Socket-Ports aufgerufen und können z.B. verwendet werden, um alle aktiven Ports zu verwalten. Informationen zu CDIs Observern finden Sie in Abschnitt 3.5.

Beispielanwendung ausführen

Die Klasse `WebsocketsObserver` definiert die beiden oben genannten Methoden `onOpen` und `onClose`. Überzeugen Sie sich davon, dass die im letzten Beispiel (Listing 6.13) verwendeten JavaScript-Funktionen `jsf.push.open()` und `jsf.push.close()` für den Aufruf der Observer-Methoden verantwortlich sind.

■

6.3 Resource-Library-Contracts

Ressourcen werden in JSF an vielen Stellen verwendet. Resource-Bundles zur Internationalisierung und Lokalisierung wurden in Abschnitt 4.2, Ressourcen als Grafik-, Stylesheet- und JavaScript-Dateien in Abschnitt 4.4 vorgestellt. Mit Resource-Library-Contracts wird das Ressourcenkonzept zum einen auf Templates ausgedehnt, zum anderen können Ressourcen aggregiert und das Aggregat, eine Ressourcenbibliothek, mit einem Namen versehen werden. Da die Ressourcen im Aggregat jeweils identische Namen haben müssen, wird ein Vertrag über Dateinamen definiert, was zum Begriff *Resource Library Contracts* führte. Wir werden im Folgenden das englische *Contract* statt *Vertrag* verwenden, da es sich im Netzt etabliert hat. Der Name eines Aggregats bzw. Contracts kann über die JSF-Konfiguration auf Teilbäume der JSF-Seitenhierarchie angewendet werden oder auf eine einzelne Seite. Damit ist es mit JSF möglich, ein Theming oder auch eine Mandantenfähigkeit einer Anwendung zu realisieren.

In Abschnitt 6.3.1 wird zunächst der hinter Resource-Library-Contracts stehende Vertragsgedanke erläutert, um dann die Verwendung über ein globales, verzeichnisbasiertes Mapping darzustellen. Der Abschnitt 6.3.2 geht dann auf die Verwendung auf View-Basis ein. Der programmativen Konfiguration ist Abschnitt 6.3.3 gewidmet.

6.3.1 Globales Mapping von Contracts

JSFs Ressourcen werden im Wurzelverzeichnis der Web-Application im Verzeichnis `/resources` abgelegt. Bei der Realisierung von Resource-Library-Contracts sucht JSF nicht nur im Verzeichnis `/resources` nach Ressourcen, sondern auch in `/contracts`. Beim Packen von Ressourcen in JAR-Dateien erfolgt ganz analog der Wechsel von `/META-INF/resources` zu `/META-INF/contracts`. Der Verzeichnisname `/contracts` ist vordefiniert, kann aber über den Kontextparameter `javax.faces.WEBAPP_CONTRACTS_DIRECTORY` neu definiert werden. Beim Packen in eine JAR-Datei muss jeder Contract zusätzlich eine Marker-Datei besitzen, deren Name durch die Konstante `javax.faces.application.ResourceHandler.RESOURCE_CONTRACT_XML` definiert ist. Details hierzu findet man in Abschnitt 2.7 der Spezifikation.

Um die Verwendung von Contracts zu erläutern, dienen die Contracts-Verzeichnisse in Bild 6.1. Unter dem Verzeichnis `/contracts` existieren die Verzeichnisse `contracta` und `contractb`, die beiden Contracts.

```
contracts
  contracta
    contract-graphic.svg
    contract-script.js
    contract-style.css
    contract-template.xhtml
  contractb
    contract-graphic.svg
    contract-script.js
    contract-style.css
    contract-template.xhtml
```

Bild 6.1 Contract-Verzeichnis mit Unterverzeichnissen

Sowohl die Contract- als auch die Ressourcennamen in den Unterverzeichnissen sind generisch und wenig aussagekräftig gewählt. Dies ist dem im Folgenden zu entwickelnden Beispiel geschuldet, das ebenfalls sehr generisch konstruiert ist. Der Leser möge sich hier bitte die Namen verschiedener Themes oder, bei einer mandantenfähigen Anwendung, verschiedener Mandanten vorstellen.

Wird die Anwendung deployt, scannt die JSF-Implementierung das /contracts-Verzeichnis und baut eine Liste aller Contracts auf. Im Beispiel sind das die Contracts contracta und contractb. Die Reihenfolge in der Liste ist durch die Spezifikation nicht festgelegt. Wird im Template eines Contracts eine andere Ressource verwendet, so wird die Liste der Contracts nach dieser Ressource durchsucht und die erste gefundene Ressource dieses Namens verwendet. Im Beispiel sind alle Ressourcen (Template, Grafik, JavaScript und CSS) jeweils vorhanden und identisch benannt.

Wird das Template aus Contract A verwendet, aber die entsprechende Grafik dieses Contracts existiert nicht, wird die Grafik aus Contract B genutzt. Das ist in den meisten Fällen eher nicht sinnvoll. Daher kann JSF angewiesen werden, sich auf einen Contract zu fokussieren. Die Beschränkung auf Teile der View-Hierarchie erfolgt über die zentrale JSF-Konfiguration, die in Abschnitt 6.1 allgemein beschrieben ist. Innerhalb des <application>-Elements wird mit <resource-library-contracts> die Contract-Definition eröffnet. Mit <contract-mapping> wird ein URL-Pattern (<url-pattern>) auf eine Liste von Contracts (<contracts>) abgebildet. Listing 6.14 zeigt ein konkretes Beispiel mit dem Contract contracta. Im wenig wahrscheinlichen Fall einer Liste von Contracts werden diese durch Komma getrennt. Fehlt bei dieser Konfiguration eine Ressource des Contracts A, wird nicht die entsprechende Ressource des Contracts B verwendet, sondern dies als Fehler angezeigt.

Listing 6.14 JSF-Konfiguration für globales Contract-Mapping (Datei faces-config.xml)

```
<application>
  <resource-library-contracts>
    <contract-mapping>
      <url-pattern>*</url-pattern>
      <contracts>contracta</contracts>
    </contract-mapping>
  </resource-library-contracts>
</application>
```

Bevor wir uns den Details des Beispiels widmen, zeigt Listing 6.15 noch, wie Teile der Anwendung, genauer der View-Hierarchie, mit alternativen Ressourcen versorgt werden können.

Listing 6.15 Beispiel für verschiedenes Styling von Anwendungsteilen

```
<application>
  <resource-library-contracts>
    <contract-mapping>
      <url-pattern>/customers/*</url-pattern>
      <contracts>customer-style</contracts>
      <url-pattern>*</url-pattern>
      <contracts>style</contracts>
    </contract-mapping>
  </resource-library-contracts>
</application>
```

Zu Beginn der Vervollständigung des Beispiels steht die JSF-Seite, die als Template-Client ganz analog wie die anderen Template-Clients des Buchs aufgebaut ist und das entsprechende Template der Contracts verwendet. Listing 6.16 zeigt diese Seite `usage.xhtml`.

Listing 6.16 JSF-Seite, die Contracts-Template verwendet (Datei `usage.xhtml`)

```
1  <ui:composition ...
2      template="/WEB-INF/templates/main.xhtml">
3
4    <ui:define name="main">
5      <ui:decorate template="/contract-template.xhtml">
6        <ui:param name="summary" value="Die Zusammenfassung" />
7        Lorem ipsum dolor sit amet, consectetur adipisici elit, sed
8        eiusmod tempor incidunt ut labore et dolore magna aliqua. Ut
9        enim ad minim veniam, quis nostrud exercitation ullamco
10       ...
11     </ui:decorate>
12   </ui:define>
13
14 </ui:composition>
```

Das `<ui:decorate>`-Tag in Zeile 5 verwendet eines der beiden Contract-Templates (`contract-template.xhtml` in Bild 6.1 auf Seite 345). Das `<ui:decorate>`-Tag hat dieselbe Semantik wie das `<ui:composition>`-Tag, schneidet aber umschließendes Markup nicht ab. Das `<ui:param>`-Tag in Zeile 6 erzeugt eine EL-Variable, die im Template-Client verwendet werden kann. Im Beispiel ist dies die Variable `summary` mit dem Wert `"Die Zusammenfassung"`.

Die Listings 6.17 und 6.18 zeigen die beiden Contract-Templates, die identische Namen besitzen, aber in verschiedenen Verzeichnissen beheimatet sind. Vergleichen Sie hierzu bitte noch einmal das Bild 6.1 auf Seite 345.

Listing 6.17 Template A (Datei `contracts/contracta/contract-template.xhtml`)

```
<ui:composition ... >
  <div>
    <h:outputStylesheet name="contract-style.css" />
    <h:outputScript name="contract-script.js" target="body" />
    <h3>
      Template unter
      <h:graphicImage name="contract-graphic.svg"
                      style="width: 8rem;" />
    </h3>
    <details>
      <summary>#{summary}</summary>
      <ui:insert>default</ui:insert>
    </details>
  </div>
</ui:composition>
```

Beide Templates (Listings 6.17 und 6.18) nutzen in den Zeilen 3 und 4 die identischen Bezeichner für eine Style-Sheet- sowie eine JavaScript-Datei. Physikalisch wird jeweils die entsprechende Datei des entsprechenden Contracts verwendet. Dasselbe gilt für die SVG-Grafik-Datei, die jeweils in Zeile 7 eingebunden wird. Im Contract A wird dann das HTML5-Element `<details>` mit dem entsprechenden `<summary>` genutzt, um die Überschrift über die mit `<ui:param>` definierte EL-Variable `summary` einzubauen. Der Rumpf des `<details>`-Elements wird mit `<ui:insert>` gefüllt. Wird dieses Tag wie hier ohne das Attribut `name` verwendet, wird der gesamte Template-Client verwendet.

Listing 6.18 Template B (Datei `contracts/contractb/contract-template.xhtml`)

```
1  <ui:composition ... >
2    <div>
3      <h:outputStylesheet name="contract-style.css" />
4      <h:outputScript name="contract-script.js" target="body" />
5      <h3>
6        Template unter
7        <h:graphicImage name="contract-graphic.svg"
8                        style="width: 8rem;" />
9      </h3>
10     <p id="button" onClick='toggle()'>#{summary}</p>
11     <p id="details" hidden="">
12      <ui:insert>default</ui:insert>
13     </p>
14   </div>
15 </ui:composition>
```

Das Template B realisiert annähernd dieselbe Funktionalität mit zwei `<p>`-Elementen und entsprechendem JavaScript-Code. Wir gehen darauf hier nicht ein und verweisen auf die folgende Aufgabe. Die Verwendung des `hidden`-Attributs muss näher erläutert werden. Das Attribut kann bei allen HTML-Elementen verwendet werden und bewirkt, dass der Browser das Element nicht darstellt. Als boolesches Attribut genügt seine bloße Existenz als positive Verwendung. Die Verwendung der Werte `true` oder `false` ist nicht erlaubt. Es wird in HMTL also wie folgt verwendet: `<p hidden>...</p>`. Für JSF müssen View-Definitionen allerdings der XML-Syntax gehorchen, die einen Wert vorschreibt. Wir verwenden daher den leeren String als Wert. Das Bild 6.2 zeigt die beiden Alternativen. Die unterschiedliche Hintergrundfarbe ist offensichtlich auf die Verwendung verschiedener CSS-Definitionen zurückzuführen.

Template unter Contract A
▾ Die Zusammenfassung
Lorem ipsum dolor sit amet, consectetur adipisici elit, sed eiusmod tempor incidunt ut labore et dolore magna aliqua. Ut enim ad minim veniam, quis nostrud exercitation ullamco laboris nisi ut aliquid ex ea commodi consequat.
Template unter Contract B
Die Zusammenfassung
Lorem ipsum dolor sit amet, consectetur adipisici elit, sed eiusmod tempor incidunt ut labore et dolore magna aliqua. Ut enim ad minim veniam, quis nostrud exercitation ullamco laboris nisi ut aliquid ex ea commodi consequat.

Bild 6.2 Darstellung der beiden Contract-Alternativen

Analyse von Templates und Ressourcen

Das Projekt enthält alle in diesem Abschnitt verwendeten Templates und Ressourcen. Verwenden Sie das Beispiel und analysieren Sie die entsprechenden Ressourcen. Überzeugen Sie sich davon, dass jeweils die einem Contract zugeordneten Template-, CSS-, JavaScript- und SVG-Dateien genutzt werden, wenn Sie in Listing 6.14 `contracta` durch `contractb` ersetzen.

■

6.3.2 Contracts auf View-Ebene

Neben dem globalen Mapping von Contracts auf Teilbäume der View-Hierarchie ist es auch möglich, einzelne Seiten explizit auf einen Contract zu mappen. Schlüssel hierzu ist das `contracts`-Attribut des `<f:view>`-Tags. Wie die Pluralform des Attributs impliziert, ist auch hier eine kommaseparierte Liste von Contracts erlaubt, unserer Meinung nach aber wenig sinnvoll verwendbar. Als Attributwert ist ein String-Literal erlaubt. Flexibler ist allerdings die Verwendung eines EL-Ausdrucks, da dann sogar ein Contract-Wechsel zur Laufzeit möglich ist. Dies ist relativ einfach zu realisieren, indem z.B. mögliche Contracts als Aufzählungstyp definiert und genutzt werden. Listing 6.19 zeigt die Klasse `RlcController`, mit der obiges Beispiel erweitert wird.

Listing 6.19 Die Klasse `RlcController`

```
@Named
@SessionScoped
public class RlcController implements Serializable {

  private Contract contract;

  public void toggle() {
    ...
  }
}

enum Contract {

        CONTRACTA, CONTRACTB;

}
```

Die Wahl der Enum-Werte macht klar, warum die Contract-Namen des Beispiels so gewählt wurden: Jeder Enum-Wert in Kleinschreibung entspricht einem Contract-Namen. Wird nun der Template-Client aus Listing 6.16 um ein `<f:view>`-Tag mit `contracts`-Attribut und einer Schaltfläche zum Wechseln des entsprechenden Enum-Werts erweitert, erhält man die Möglichkeit, einen Contract zur Laufzeit auszuwählen, wie in Listing 6.20 dargestellt.

Listing 6.20 Erweiterung des Beispiels mit dynamischem Contract (Datei `usage-view.xhtml`)

```
1  <f:view
2    contracts="#{rlcController.contract.toString().toLowerCase()}">
3    <ui:composition ...
4        template="/WEB-INF/templates/main.xhtml">
5
6      <ui:define name="main">
7        <ui:decorate template="/contract-template.xhtml">
8          <ui:param name="summary" value="Die Zusammenfassung" />
9          Lorem ipsum dolor sit amet, consectetur adipisici elit, sed
10         eiusmod tempor incidunt ut labore et dolore magna aliqua. Ut
11         enim ad minim veniam, quis nostrud exercitation ullamco
12         ...
13         <h:commandButton action="#{rlcController.toggle}"
14                          value="Toggle Contract" />
15         ...
```

Aufzählungstypen werden automatisch konvertiert, wie in Abschnitt 2.4.4 dargelegt. Das bedeutet, dass in den Phasen 3 und 6 des JSF-Bearbeitungsmodells Strings in Enum-Werte und Enum-Werte in Strings umgewandelt werden. Der EL-Ausdruck als `contracts`-Wert in Zeile 2 muss aber zunächst den Enum-Wert in einen String überführen, der dann in Kleinbuchstaben umgewandelt wird. Ohne diesen Weg würde der in Phase 6 erzeugte HTML-String, kein Java-String, nicht mehr in Kleinbuchstaben umgewandelt werden können.

Analyse des Beispiel-Codes

Auch hier sollten Sie sich den Beispiel-Code anschauen und – bei Interesse – ausprobieren und erweitern. ■

6.3.3 Programmative Konfiguration

Die programmative Konfiguration von Resource-Library-Contracts, wie wir sie im Folgenden beschreiben, wird in der Praxis eher selten verwendet werden, da sie nur bei sehr speziellen Anforderungen sinnvoll ist. Die noch vorzustellende Lösung ist unabhängig von Resource-Library-Contracts und kann ganz allgemein verwendet werden, wenn JSF-Konfigurationen, also Elemente der Konfigurationsdatei `faces-config.xml` programmativ mit Java und nicht statisch mit XML zu definieren sind.

Die Motivation zur Erarbeitung der Lösung entsprang einem realen Projekt des Autors, bei dem verschiedene andere Konfigurationen, etwa die Konfiguration von Mailing-Parametern, über MicroProfile Config [URL-MPC] realisiert wurden. MicroProfile Config ist ein Teilprojekt des MicroProfile-Projekts [URL-MP], das die Verwendung von Enterprise-Java in Microservice-Architekturen zum Ziel hat. Obwohl JavaServer Faces in Microservice-Architekturen eher nicht zum Standard-Repertoire der UI-Frameworks zählen, finden wir den Ansatz sehr attraktiv, da mittlerweile viele Java-EE- bzw. Jakarta-EE-Application-Server die MicroProfile-Spezifikationen unterstützen. Man kann also Java-EE/Jakarta-EE- und

MicroProfile-APIs in Servern wie WildFly, Pajarra, TomEE und WebSphere Liberty sofort nutzen, ohne die entsprechenden Bibliotheken explizit einbinden zu müssen.

Wenn nun MicroProfile Config und die JSF-Konfiguration zur Realisierung einer Mandantenfähigkeit verwendet werden, müssen beim Wechsel des Mandanten an mindestens zwei Dateien Änderungen vorgenommen werden. Dies ist fehleranfällig und eventuell unnötig, wenn es uns gelingt, den Mandanten der MicroProfile-Konfiguration als JSF-Contract verwenden zu können, ohne die Konfigurationsdatei `faces-config.xml` editieren zu müssen. Genau dies realisiert die Klasse `RlcConfiguration`, die in Listing 6.21 dargestellt ist. Sie basiert auf dem hinter der Klasse `ServiceLoader` bestehenden Modell, wie einer JVM die implementierenden Klassen eines Interface oder einer abstrakten Klasse angezeigt werden können.

Die Klasse `ServiceLoader` ist eine Standard-Java-Klasse des Package `java.util` und kann damit unabhängig von JavaServer Faces, Java-EE oder einem Application-Server eingesetzt werden. Dazu wird im Verzeichnis `/META-INF/services` eine Textdatei erstellt, deren Namen dem eines Interface entspricht. Die Datei selbst enthält dann die voll qualifizierten Klassennamen aller implementierenden Klassen des Interface bzw. der abstrakten Klasse.

Für JavaServer Faces stellt die Klasse `ApplicationConfigurationPopulator` im Package `javax.faces.application` einen solchen Service bereit. In unserem Beispiel enthält das Verzeichnis `/META-INF/services` die Datei `javax.faces.application.ApplicationConfigurationPopulator`, deren Inhalt der voll qualifizierte Name der Klasse `RlcConfiguration` (Listing 6.21) enthält. Beim Initialisieren einer JSF-Anwendung ruft das JSF-Laufzeitsystem die `populateApplicationConfiguration()`-Methoden aller entsprechenden Dienste auf, in unserem Fall in Listing 6.21 dargestellt.

Listing 6.21 Die Klasse `RlcConfiguration`

```
public class RlcConfiguration
    extends ApplicationConfigurationPopulator {

  @Override
  public void populateApplicationConfiguration(Document document) {
    String ns = document.getDocumentElement().getNamespaceURI();
    Element application =
        document.createElementNS(ns, "application");
    Element resourceLibraryContracts =
        document.createElementNS(ns, "resource-library-contracts");
    Element contractMapping =
        document.createElementNS(ns, "contract-mapping");
    Element urlPattern = document.createElementNS(ns, "url-pattern");
    urlPattern.appendChild(document.createTextNode("*"));
    Element contracts = document.createElementNS(ns, "contracts");
    contracts.appendChild(document.createTextNode("contractb"));
    contractMapping.appendChild(urlPattern);
    contractMapping.appendChild(contracts);
    resourceLibraryContracts.appendChild(contractMapping);
    application.appendChild(resourceLibraryContracts);
    document.getDocumentElement().appendChild(application);
  }
}
```

Die Methode `populateApplicationConfiguration()` bekommt ein leeres Dokument der Klasse `org.w3c.dom.Document` übergeben, das nur die Namensraumdeklaration enthält. Die Methode fügt dann die entsprechenden XML-Elemente hinzu, so dass das Dokument am Ende die Form

```
<?xml version="1.0" encoding="UTF-8"?>
<faces-config version="2.2" xmlns="http://xmlns.jcp.org/xml/ns/javaee">
  <application>
    <resource-library-contracts>
      <contract-mapping>
        <url-pattern>*</url-pattern>
        <contracts>contractb</contracts>
      </contract-mapping>
    </resource-library-contracts>
  </application>
</faces-config>
```

besitzt. Wir verzichten hier auf eine detaillierte Analyse des Programm-Codes und verweisen auf den Code selbst. Die dargestellte Konfiguration wird der JSF-Konfiguration hinzugefügt. Wie in Abschnitt 6.1 beschrieben, ist dies auch für mehrere `faces-config`-Dateien möglich, so dass die Service-Loader-Klassen lediglich eine Erweiterung der normalen JSF-Konfigurationsmöglichkeiten darstellen.

Verwenden der Service-Loader-Konfiguration

Entfernen Sie das Kommentarzeichen am Anfang der Zeile in der Datei `javax.faces.application.ApplicationConfigurationPopulator` und überprüfen Sie die Funktionalität der vorgestellten Lösung. Ändern Sie dazu das String-Literal, das den Contract-Namen darstellt (Zeile 15).

■

Kein Mischen von Konfigurationen

Die in Abschnitt 6.3.1 und in diesem Abschnitt vorgestellten Alternativen des Mappings von Contracts sind additiv. Wir empfehlen Ihnen, die Alternativen nicht zu mischen, da dies zu schlecht überschaubaren Konfigurationen führen kann.

■

CDI und `ServiceLoader`

Die in der Motivation genannte Verwendung von MicroProfile Config basiert auf CDIs `@Inject`-Annotation. Die Klasse `ServiceLoader` arbeitet jedoch ohne CDI, so dass die Verwendung des Contract-Namens nicht auf diese Weise erfolgen kann. Bei der dateibasierten Konfiguration mit MicroProfile Config erlaubt jedoch Standard-Java (Klasse `Properties` und `getResourceAsStream()`) eine Lösung.

■

6.4 Faces-Flows

Der in Abschnitt 3.4 vorgestellte Conversation-Scope von CDI basiert laut Spezifikation auf Servlet-Requests, kann also prinzipiell mit allen Servlet-basierten UI-Frameworks verwendet werden. Uns ist allerdings außer JavaServer Faces kein anderes UI-Framework bekannt, das den Conversation-Scope verwendet. Die CDI-Spezifikation nennt bei der Definition des Conversation-Scope JSF explizit („*If the current Servlet request is a JSF request...*“), so dass man behaupten kann, dass der Conversation-Scope *für* JSF definiert wurde. Trotz der speziellen Ausrichtung auf JSF erscheint die Integration in JSF noch nicht vollkommen: So beginnt und endet etwa der entsprechende Kontext nicht automatisch, sondern muss explizit begonnen und beendet werden. Das Schachteln des Conversation-Scopes ist ebenfalls nicht möglich. Und die Zugehörigkeit von JSF-Seiten zum Scope ist nicht explizit, so dass die Seiten auch ohne aktiven Conversation-Scope verwendet werden können. Abhilfe schaffen hier *Faces-Flows*, eine abgeschlossene Menge mehrerer JSF-Seiten, die einen Einstiegspunkt, definierte Seitenfolgen und einen oder mehrere Ausstiegspunkte besitzen. Faces-Flows werden durch den Flow-Scope komplettiert, der dafür sorgt, dass entsprechende Managed Beans beim Einstieg in den Flow automatisch erzeugt und beim Verlassen wieder beseitigt werden.

Konzeptionell beruhen Faces-Flows nicht auf JSF-Seiten, sondern auf Flow-Knoten, von denen es fünf Arten gibt:

View-Knoten Repräsentiert eine JSF-View in einem Flow

Return-Knoten Repräsentiert das Ende eines Flows und liefert optional etwas an den aufrufenden Flow zurück

Method-Call-Knoten Repräsentiert den Aufruf einer Methode, deren optionaler Rückgabewert die Navigation zum nächsten Knoten bestimmt

Flow-Call-Knoten Repräsentiert den Aufruf eines neuen Flows mit optionalen Parametern.

Switch-Knoten Repräsentiert einen Sprungverteiler analog zu Javas `switch`-Anweisung

Die Definition eines Faces-Flows erfolgt deklarativ entweder mit XML oder Java. Bei der Verwendung von XML wird in der Konfigurationsdatei `faces-config.xml` innerhalb des `<flow-definition>`-Tags ein Faces-Flow definiert. Da wir auch bei Faces-Flows unserer Präferenz von Java gegenüber XML treu bleiben wollen, verzichten wir auf die Nennung und Beschreibung der weiteren XML-Tags und widmen uns ausschließlich der Definition von Faces-Flows mit Hilfe von Java.

Trotz der Verwendung von Java erfolgt die Definition eines Faces-Flows nicht algorithmisch, sondern deklarativ. Durch Nutzung des Builder-Patterns werden die oben genannten Knotenarten, deren Verbindungen untereinander sowie die Parameterübergabe und Rückgabe von Werten realisiert. Diese Builder-Pattern-Verwendungen erfolgen in einer Methode, die mit `@FlowDefinition` annotiert wird und damit dem `<flow-definition>`-Tag von XML entspricht. Die Methode wird zusätzlich mit CDIs `@Produces` annotiert, so dass sie zu einer Fabrik für eine Flow-Definition wird. Beim Deployment der Anwendung werden alle derartig annotierten Methoden gefunden und die entsprechenden Faces-Flows erstellt.

Sinnvolle Verwendungsmöglichkeiten von Faces-Flows beschränken sich auf Wizard-ähnliche Konstruktionen. Für ein Beispiel greifen wir daher auf den Wizard zurück, der in

Abschnitt 3.4 bereits als Beispiel für den Conversation-Scope diente, und erlauben damit auch einen einfachen Vergleich der beiden Alternativen. Das Listing 6.22 zeigt die Klasse `WizardFlowFactory` mit der Fabrikmethode `defineFlow()` zur Definition des Faces-Flows.

Listing 6.22 Klasse `WizardFlowFactory` mit Methode zur Flow-Definition

```
public class WizardFlowFactory implements Serializable {

  private static final String FLOW_ID = "wizard";

  @Produces
  @FlowDefinition
  public Flow defineFlow(@FlowBuilderParameter
                         FlowBuilder flowBuilder) {
    flowBuilder.id("", FLOW_ID);

    flowBuilder.viewNode("data1", "/flows/data-set-1.xhtml")
               .markAsStartNode();
    flowBuilder.viewNode("data2", "/flows/data-set-2.xhtml");
    flowBuilder.viewNode("data3", "/flows/data-set-3.xhtml");

    flowBuilder.navigationCase()
               .fromViewId("/flows/data-set-1.xhtml")
               .fromOutcome("toDataSet2")
               .toViewId("/flows/data-set-2.xhtml")
               .redirect();

    flowBuilder.navigationCase()
               .fromViewId("/flows/data-set-2.xhtml")
               .fromOutcome("toDataSet3")
               .toViewId("/flows/data-set-3.xhtml")
               .redirect();

    flowBuilder.navigationCase()
               .fromViewId("/flows/data-set-2.xhtml")
               .fromOutcome("toDataSet1")
               .toViewId("/flows/data-set-1.xhtml")
               .redirect();

    flowBuilder.returnNode("complete")
               .fromOutcome("/flows/completed.xhtml");
    flowBuilder.returnNode("abort")
               .fromOutcome("/flows/aborted.xhtml");

    flowBuilder.initializer("#{wizardData.flowStarted}");
    flowBuilder.finalizer("#{wizardData.flowTerminated}");

    return flowBuilder.getFlow();
  }

}
```

Flow-Klasse muss serialisierbar sein

Die Klasse zur Definition eines Faces-Flows muss passivierbar und damit serialisierbar sein. Dies gilt ebenfalls für Klassen, die mit `@FlowScoped` selbst annotiert werden, da dies ein passivierbarer Scope ist.

■

Die Methode `defineFlow()` erhält durch die Annotation `@FlowBuilderParameter` eine Instanz der abstrakten Klasse `FlowBuilder` übergeben. Diese Klasse stellt die Schnittstelle zur Definition von Faces-Flows dar. Die Methode `id()` in der Zeile 9 definiert die Id des definierenden Dokuments und die eigentliche Flow-Id, hier `"wizard"`. Da Faces-Flow-Definitionen als wiederverwendbare Module in JARs ausgelagert werden können, dient die Dokumenten-Id dazu, mögliche Mehrfachverwendungen aufzulösen. Im Beispiel ist dies nicht nötig, so dass wir den leeren String verwenden. Der Wert `null` ist nicht erlaubt. Wir gehen auf die Definition von Faces-Flows in JARs nicht weiter ein.

Die Aufrufe der Methode `viewNode()` in den Zeilen 11 – 14 definieren jeweils einen View-Knoten. Der erste Parameter ist die Knoten-Id, der zweite die View-Id. Der erste View-Knoten wird durch die Methode `markAsStartNode()` zum Start-Knoten des Flows.

Um das Zuammenspiel von Flow-Definition, flow-scoped Beans und JSF-Views näher untersuchen zu können, zeigt das Listing 6.23 die Klasse `WizardData`, die die Daten des Wizards sammelt. Sie entspricht der Klasse `WizardController` (Listings 3.15 auf Seite 158) des Conversation-Scope-Beispiels. Die unterschiedlichen Klassennamen tragen dem Umstand Rechnung, dass keine Controller-Funktionalität wie etwa das Starten und Beenden der Konversation oder Action-Methoden zur Navigation benötigt werden, da dies alles durch die Flow-Definition realisiert wird. Die Klasse `WizardData` dient einzig dazu, die fachlichen Daten aufzunehmen.

Listing 6.23 Klasse `WizardData` für die Daten innerhalb des Flows

```
@Named
@FlowScoped("wizard")
public class WizardData implements Serializable {

  private String data1;
  private String data2;
  private String data3;

  public WizardData() {
  }

  // Getter and Setter
  ...
}
```

Die Verbindung zwischen Flow-Definition und flow-scoped Beans erfolgt durch Übereinstimmung des `value`-Attributs der Annotation `@FlowScoped` und der Flow-Id. Die Aktivierung eines Flows in einer JSF-Seite geschieht durch eine einfache Navigation, wobei das Navigationsziel ebenfalls die Flow-Id ist. Der folgende Code zeigt dies mit dem `action`-

Attribut des <h:commandButton>-Tags und dem outcome-Attribut des <h:button>-Tags. Die Tags <h:commandLink> und <h:link> können analog ebenfalls verwendet werden.

```
<h:commandButton action="wizard" value="Geschäftsprozess XYZ starten" />
<h:button outcome="wizard" value="Geschäftsprozess XYZ starten" />
```

Nach Betätigung einer der beiden Schaltflächen erfolgt laut Flow-Definition die Navigation zum Startknoten des Flows und damit zur View-Id /flows/data-set-1.xhtml, deren interessanter Ausschnitt in Listing 6.24 dargestellt ist.

Listing 6.24 Ausschnitt der Datei data-set-1.xhtml

```
<h:panelGrid>
  <f:facet name="header">Data Set 1</f:facet>
  <h:panelGroup>
    Data Set (1/3): <h:inputText value="#{wizardData.data1}" />
  </h:panelGroup>
  <h:panelGroup>
    <h:commandButton action="toDataSet2" value="Weiter" />
    <h:commandButton action="abort" value="Abbrechen" />
    </h:panelGroup>
</h:panelGrid>
```

Wie beim Start des Wizards wird auch hier als Wert des action-Attributs keine Action-Methode verwendet, sondern die in der Flow-Definition (Listing 6.22 auf Seite 354) verwendeten Parameter der jeweiligen fromOutcome()-Methode (Zeilen 18, 24, 30), in diesem Fall "toDataSet2". Der Wert "abort" ist kein solcher Outcome, sondern die Id eines Return-Knoten, in Listing 6.22 definiert in Zeile 36 durch die Methode returnNode(). Die JSF-Seiten data-set-2.xhtml und data-set-3.xhtml sind ähnlich aufgebaut, so dass wir auf die Darstellung verzichten. In der letztgenannten Seite ist der Wert des action-Attributs eines der Command-Buttons complete, also die Id des zweiten Return-Knotens des Faces-Flows. Wird dieser oder der andere Return-Knoten erreicht, endet der Flow und mit ihm die Lebensdauer aller flow-scoped Beans, im Beispiel also WizardData. Dies hätte unweigerlich auch den Verlust der im Wizard gesammelten Daten zur Folge. Abhilfe schafft hier die Möglichkeit, einen Flow-Finalizer zu verwenden, der eine beliebige Methode darstellt. Analog dazu kann ein Flow-Initializer definiert werden. Im Listing 6.22 erfolgt dies durch die Methoden initializer() und finalizer() in den Zeilen 39 und 40. Beide Methoden erwarten einen Methodenausdruck als Parameter. Im Beispiel sind dies die Methoden flowStarted() und flowTerminated() in der Managed Bean WizardData, deren entsprechende Überarbeitung in Listing 6.25 wiedergegeben ist.

Listing 6.25 Klasse WizardData mit Initializer und Finalizer

```
@Named
@FlowScoped("wizard")
public class WizardData implements Serializable {

  ...
  @Inject
```

```
7     @FlowMap
8     Map<Object, Object> currentFlowScope;
9
10    @Inject
11    UIViewRoot viewRoot;
12
13    public void flowStarted() {
14      currentFlowScope.put("someKey", "some value");
15    }
16
17    public void flowTerminated() {
18      // viewId ist "/flows/completed.xhtml "
19      // oder "/flows/aborted.xhtml"
20      boolean completed = viewRoot.getViewId().contains("completed");
21      logger.info("Flow 'wizard' "
22                  + (completed ? "completed" : "aborted"));
23      if (completed) {
24        // hier z.B. in DB speichern
25        logger.info(String.format("data1: %s, data2: %s, data3: %s",
26                                  data1, data2, data3));
27      }
28    }
29    ...
30  }
```

Da der Wizard nur demonstrativen Charakter hat, sind auch die beiden Methoden generisch gehalten. Der Flow-Initializer `flowStarted()` zeigt, dass ein Flow eine Map von Objekten mit Flow-Scope besitzt, die mit `@FlowMap` (Zeile 7) injiziert werden kann. In der Zeile 14 wird dieser Map ein Wert hinzugefügt. Dies könnte auch durch einen Benutzer über eine Eingabe erfolgen:

```
<h:inputText value="#{flowScope.someKey}" />
```

Dabei ist `flowScope` ein vordefiniertes EL-Objekt, das den aktuell aktiven Flow repräsentiert. Der Flow-Finalizer `flowTerminated()` demonstriert, wie beim Ende eines Flows zwischen einem erfolgreichen Beenden und einem Abbruch unterschieden werden kann. Die beiden Return-Knoten der Flow-Definition mit den Ids `complete` und `abort` sind aus Flow-Sicht gleichwertig. Die Methode `flowTerminated()` bestimmt über die den Knoten zugeordneten View-Ids, ob der Flow erfolgreich beendet oder abgebrochen wurde. Im Falle eines erfolgreichen Beendens werden lediglich die vom Benutzer erfragten Werte ausgegeben, könnten aber alternativ z.B. in der Datenbank gespeichert oder anderweitig weiterverarbeitet werden.

Initializer und Finalizer ohne Klassenzuordnung

Da sowohl Initializer als auch Finalizer über EL-Methodenausdrücke bestimmt werden, können die entsprechenden Methoden in beliebigen Klassen definiert werden. Es ist nicht notwendig, dies in Flow-spezifischen Klassen zu tun.

■

Beispiel mit weiteren EL-Ausdrücken

Das Projektbeispiel enthält die Datei `flow-info.xhtml`, die Zugriffe auf verschiedene Elemente eines Faces-Flows durch EL-Ausdrücke innerhalb einer JSF-Seite demonstriert und so die von uns vorgestellten Java-seitigen Möglichkeiten einer Verwendung vervollständigen. Bei Interesse schauen Sie sich diese bitte an. ■

Client-Window-Id

Faces-Flows sind an das Browser-Fenster bzw. an das Browser-Tab gebunden. Sie können also mehrere Flows in verschiedenen Fenstern bzw. Tabs ein und derselben Browser-Instanz verwenden. Die Unterscheidung erfolgt durch die sogenannte *Client-Window-Id*. Die Verwaltung der Client-Window-Id ist unabhängig von Faces-Flows und wird über den Kontextparameter `CLIENT_WINDOW_MODE` gesteuert. Im Default-Fall ist der Client-Window-Mode ausgeschaltet, kann aber durch den Wert `url` eingeschaltet werden. Dieses Verhalten beeinflusst Faces-Flows nicht, d.h. Faces-Flows sind unabhängig von der Konfiguration dieses Kontextparameters. Die Client-Window-Id selbst wird durch den Request-Parameter `jfwid` oder durch ein verstecktes Formularfeld `javax.faces.ClientWindow` an den nächsten Request weitergereicht. ■

Damit beschließen wir unsere Ausführungen zu Faces-Flows. Die Definition geschachtelter Faces-Flows, das Paketieren von Flows zur Wiederverwendung in verschiedenen Anwendungen und weitere Themen im Zusammenhang mit Faces-Flows würden den Rahmen des Buchs sprengen.

6.5 Native Komponenten

In Abschnitt 4.7 wurden *zusammengesetzte Komponenten* vorgestellt. Diese wurden mit JSF 2.0 eingeführt, um den Prozess des Erstellens eigener Komponenten zu vereinfachen, was seit Version 1.0 möglich war. Da es zurzeit von Version 1.0 keine Alternativen der Komponentenerstellung gab, wurden sie einfach nur Komponenten genannt. Zur besseren Unterscheidung nennen wir diese Art von Komponenten *native Komponenten*, da sie nativ, also mit Java erstellt werden. Die Definition nativer Komponenten war in der Version 1.0 relativ aufwendig. Es mussten

- die Tag-Definition (XML),
- der Tag-Handler,
- die Komponentenklasse und
- die Rendererklasse erstellt
- sowie die Einbindung in der Konfigurationsdatei `faces-config.xml` vorgenommen

werden. Mittlerweile können native Komponenten zum Teil recht einfach umgesetzt werden, da Annotationen die XML-Definitionen optional machen und sinnvolle Defaults existieren. Wir demonstrieren dies zunächst mit nativen Komponenten auf Hello-World-Niveau, um dem Leser zu motivieren und zu überzeugen, dass eigene native Komponenten kein Hexenwerk sind. Danach beleuchten wie einige Hintergründe nativer Komponenten, um uns dann einem – wie wir meinen – sehr interessanten Thema zu widmen, der Integration von Web-Components in native Komponenten. Wir bleiben insgesamt auf einem einführenden Niveau und stellen native Komponenten nicht vollumfänglich dar.

6.5.1 Der einfache Einstieg

Das Listing 6.26 zeigt die wahrscheinlich primitivste und in der Praxis wenig sinnvolle native Komponente. Durch die Annotation `@FacesComponent` wird die Klasse `HelloWorld` zu einer registrierten nativen Komponente und damit in JSF-Seiten verwendbar. Durch das Setzen des Attributs `createTag` auf `true` wird der entsprechende Tag-Handler erzeugt und zwar mit dem durch `value` angegebenen Komponententyp sowie dem durch `tagName` definierten Tag-Namen.

Listing 6.26 Native Komponente zur einfachen Textausgabe

```
@FacesComponent(value = "jsfpraxis.HelloWorld",
                tagName = "helloWorld", createTag = true)
public class HelloWorld extends UIOutput {

  @Override
  public void encodeBegin(FacesContext context) throws IOException {
    ResponseWriter writer = context.getResponseWriter();
    writer.write("Hello World!");
  }

}
```

Die Klasse `HelloWorld` erbt von `UIOutput`, eine der JSF-Standardkomponenten, die lediglich zur Anzeige von Daten dient und in Abschnitt 4.8.1 kurz eingeführt wurde. Da `HelloWorld` von `UIOutput` und deren Oberklassen `UIComponentBase` und `UIComponent` erbt, können wir uns auf das Überschreiben der Methode `encodeBegin()` beschränken. Alternativ hätte auch die Methode `encodeEnd()` verwendet werden können. Zu den geerbten Eigenschaften gehört unter anderem die Komponentenfamilie, im Fall von `UIOutput` ist dies `"javax.faces.Output"` und der Renderer-Typ `"javax.faces.Text"`. Unsere Methode `encodeBegin()` schreibt lediglich das obligatorische *Hello World!* in die Ausgabe.

Die Nutzung der so definierten Komponente erfolgt durch Definition des entsprechenden XML-Namensraums und Verwendung des Tag-Namens, wie der folgende Code-Ausschnitt verdeutlicht.

```
<ui:composition
  xmlns="http://www.w3.org/1999/xhtml"
  xmlns:jsfpraxis="http://xmlns.jcp.org/jsf/component"
  ...>

  <jsfpraxis:helloWorld />
```

Wird die Komponente von JSF gerendert, erscheint lediglich der Text *Hello World!* an der entsprechenden Stelle, so dass wir auf die Darstellung des Render-Ergebnisses verzichten.

6.5.2 Komponententyp, Komponentenfamilie und Renderer-Typ

Jede JSF-Komponente hat einen eindeutigen Komponententyp, der als String-Literal codiert ist. Der Wert des `value`-Attributs der Annotation `@FacesComponent` wird bei nativen Komponenten zum Komponententyp. In Listing 6.26 ist der Komponententyp also `"jsfpraxis.HelloWorld"`. Bei den vordefinierten JSF-Komponenten beginnt der Komponententyp immer mit `"javax.faces"`. Für das Tag `<h:inputText>` ist die implementierende Komponente etwa `HtmlInputText` mit dem Komponententyp `"javax.faces.HtmlInputText"`.

Die Komponentenfamilie und der Renderer-Typ sind ebenfalls über String-Literale definiert. Diese Informationen werden von JSF intern verwendet, um den konkreten Renderer für eine Komponente zu bestimmen. Über die Methoden `getFamily()` und `getRendererType()`, die in der Komponentenoberklasse `UIComponent` definiert sind, werden diese Informationen erfragt und der entsprechende Renderer bestimmt. Mehrere Komponenten können derselben Familie angehören und erlauben es dadurch, für diese gesamte Familie von Komponenten die Renderer, die zu einem Render-Satz (Render-Kit) zusammengefasst werden, auszutauschen. Wir hatten dies bereits in Abschnitt 4.8.2 kurz skizziert.

Komponententyp, Komponentenfamilie und Renderer-Typ werden in JSF per Konvention als Konstanten von String-Literalen dargestellt. Wir entwickeln eine zweite Komponente, um dies zu demonstrieren und weitere Komponenteneigenschaften zu diskutieren. Listing 6.27 zeigt eine Grußkomponente, die zu einem HTML-`<div>`-Element mit Inhalten rendert.

Listing 6.27 Grußkomponente

```
@FacesComponent(value = Greeting.COMPONENT_TYPE,
                tagName = "greeting", createTag = true,
                namespace = "http://jsfpraxis.de/component")
public class Greeting extends UIComponentBase {

  public static final String COMPONENT_TYPE
                             = "jsfpraxis.GreetingComponent";
  public static final String COMPONENT_FAMILY
                             = "jsfpraxis.GreetingFamily";

  public Greeting() {
  }

  @Override
  public String getFamily() {
    return COMPONENT_FAMILY;
  }

  @Override
  public void encodeBegin(FacesContext context) throws IOException {
    String message = (String) getAttributes().get("message");
    String to = (String) getAttributes().get("to");
    ResponseWriter writer = context.getResponseWriter();
```

```
24      writer.startElement("div", null);
25      writer.writeAttribute("id", getClientId(context), null);
26      writer.writeAttribute("style", "color:blue;", null);
27      writer.write(message + " " + to);
28      writer.startElement("br", null); writer.endElement("br");
29    }
30
31
32    @Override
33    public void encodeEnd(FacesContext context) throws IOException {
34      String closing = (String) getAttributes().get("closing");
35      ResponseWriter writer = context.getResponseWriter();
36      writer.startElement("br", null); writer.endElement("br");
37      writer.write(closing);
38      writer.endElement("div");
39    }
40
41  }
```

Die Annotation @FacesComponent in Listing 6.27 verwendet im Gegensatz zur Hello-World-Komponente in Listing 6.26 für das value-Attribut eine Konstante, die in den Zeilen 6/7 definiert ist. Zusätzlich wird das Attribut namespace verwendet, um den Namensraum der Komponente zu definieren. Wir kommen bei der Verwendung der Komponente darauf zurück. Die Komponente erbt von UIComponentBase. Diese abstrakte Klasse erbt wiederum von UIComponent und enthält Default-Implementierungen für die abstrakten Methoden der Oberklasse. Bei der Implementierung eigener Komponenten ist UIComponentBase eine häufig verwendete Oberklasse, da sie die universellste Abstraktion einer Komponente ist. Die Methode getFamily() (Zeilen 14 – 17) liefert die Komponentenfamilie, die ebenfalls als Konstante definiert ist.

Das Erzeugen des eigentlichen Markups geschieht in den Methoden encodeBegin() und encodeEnd(). Die Aufteilung in beginnendes und endendes Markup ist in unserem Beispiel nicht nötig. Das gesamte Markup hätte alternativ sowohl in encodeBegin() als auch in encodeEnd() erzeugt werden können. Die Aufteilung erfolgte lediglich, um die Methode encodeChildren() erwähnen zu können. Diese gehört ebenfalls zur Schnittstelle von UIComponent und erhält in UIComponentBase eine Implementierung, die alle Kindknoten rendert. Wir müssen sie also nicht überschreiben, wie wir gleich sehen werden.

Die Komponente Greeting besitzt die Attribute message, to und closing. Die Methode getAttributes() der Klasse UIComponent liefert eine Map aller Attribute der Komponente, so dass diese in den Zeilen 21, 22 und 34 in die entsprechenden Variablen geschrieben werden können. Die Methoden startElement() und endElement() der Klasse ResponseWriter rendern jeweils das öffnende und schließende HTML-Element und müssen daher für ein Element in dieser Reihenfolge aufgerufen werden. Die Verwendung beider Methoden für "br" in Listing 6.27 (Zeilen 28 und 36) führt zum Rendererergebnis <br />.

Interessanter ist die erste Verwendung der Methode writeAttribute() in Zeile 25. Hier wird für das Attribut id als Wert die Client-Id verwendet. Die Methode getClientId() gibt die Client-Id der Komponente zurück. Diese kann vom Entwickler gesetzt oder von JSF generiert werden, wie in Abschnitt 4.3 erläutert.

Nachdem die Komponentenimplementierung analysiert wurde, folgt nun die Verwendung. In Listing 6.28 wird das entsprechende Tag verwendet. Im Unterschied zur Hello-World-Komponente entspricht der XML-Namensraum (Zeile 4) dem namespace-Attribut der @FacesComponent-Annotation in Listing 6.27.

Listing 6.28 Verwendung der Grußkomponente aus Listing 6.27

```
1  <ui:composition xmlns="http://www.w3.org/1999/xhtml"
2          xmlns:f="http://xmlns.jcp.org/jsf/core"
3          xmlns:h="http://xmlns.jcp.org/jsf/html"
4          xmlns:jsfpraxis="http://jsfpraxis.de/component"
5          ...
6
7          <h:panelGrid>
8            <f:facet name="header">
9              Grußkomponente mit Attributen
10           </f:facet>
11           <jsfpraxis:greeting message="Hi" to="Ed"
12                               closing="have a nice day!">
13             <h:graphicImage library="images" name="jsf-logo.png"/>
14           </jsfpraxis:greeting>
15         </h:panelGrid>
16         ...
```

Die Verwendung des Tags erfolgt mit den Attributen message, to und closing. Um die Funktionsweise der bereits erwähnten Methode encodeChildren() zu veranschaulichen, wird mit <h:graphicImage> eine Grafik als Kindknoten verwendet. Die geerbte Implementierung von encodeChildren() rendert alle Kindknoten in das generierte HTML. In der Regel ist daher wie bereits erwähnt das Überschreiben dieser Methode nicht notwendig. Das generierte HTML stellt sich wie folgt dar:

```
<div id="form:j_idt26" style="color:blue;">
  Hi Ed
  <br />
  <img src="..." />
  <br />
  have a nice day!
</div>
```

Verwendung einer expliziten Id

In Listing 6.28 wird für die Komponente keine explizite Id vergeben. Vergewissern Sie sich, dass eine Id generiert wird. Danach vergeben Sie die Id explizit und vergewissern sich abermals, dass diese tatsächlich verwendet wird.

■

Programmative Komponentenerzeugung

Die Erzeugung von Komponenten geschieht in JSF implizit, indem wir sie in einer JSF-Seite verwenden. Komponenten können aber auch programmativ erzeugt werden, so dass JavaServer Faces mit Blick auf diesen Aspekt mit Google Web Toolkit und Vaadin verglichen werden können.

Erzeugen Sie eine Instanz der `Greeting`-Komponente, indem Sie die Methode `createComponent()` der Klasse `Application` aufrufen. Parameter der Methode ist der Komponententyp.

■

Kindknoten selbst rendern

Überschreiben Sie die Methode `encodeChildren()` beliebig, aber so, dass sie sich von der geerbten Implementierung unterscheidet. Sie müssen dazu ebenfalls die Methode `getRendersChildren()` überschreiben und `true` zurückliefern.

■

6.5.3 Renderer

Wir haben die Begriffe Renderer und Renderer-Typ zwar schon mehrfach erwähnt, aber tatsächlich nicht auf Implementierungsebene verwendet. Da sowohl die Komponente `HelloWorld` als auch die Komponente `Greeting` wenig komplex sind, kann und sollte das Rendern direkt in den Komponenten erfolgen. Falls die Komplexität steigt oder falls es möglich sein sollte, dass ein und derselbe Renderer mehrere Komponenten rendern kann, sollten eigenständige Renderer erstellt werden. Außerdem können über diese Trennung für eine ganze Menge von Komponenten die zuständigen Renderer ausgetauscht werden, um z.B. statt HTML ein anderes Ausgabeformat zu erstellen. Man spricht in diesem Zusammenhang auch von einem Render-Kit. Für den einführenden Charakter unseres Buchs ist dies aber nicht sinnvoll, so dass wir nur exemplarisch das grundlegende Vorgehen beschreiben. Selbst bei JSFs Standardkomponenten ist etwa der Fall eines Renderers für mehrere Komponenten nicht sehr verbreitet. So wird etwa der Renderer-Typ `"javax.faces.Button"` für die Komponenten `HtmlOutcomeTargetButton` (`<h:button>`) und `HtmlCommandButton` (`<h:commandButton>`) und der Renderer-Typ `"javax.faces.Link"` für `HtmlOutcomeTargetLink` (`<h:link>`) und `HtmlCommandLink` (`<h:commandLink>`) verwendet.

Doch nun zum Beispiel. Ein Renderer erbt von der Klasse `Renderer` und kann über die Annotation `@FacesRenderer` dem JSF-Laufzeitsystem als Renderer bekannt gemacht werden. Die `Greeting`-Komponente in Listing 6.27 rendert sich selbst. In Listing 6.29 ist die Renderer-Klasse `GreetingRenderer` als Alternative abgebildet. Diese wird für die `Greeting`-Komponente verwendet, wenn sie im Default-Konstruktor mit dem Methodenaufruf `setRendererType(GreetingRenderer.RENDERER_TYPE)` als Renderer gesetzt wird.

Listing 6.29 Renderer für die Greeting-Komponente

```
1  @FacesRenderer(componentFamily = Greeting.COMPONENT_FAMILY,
2                 rendererType = GreetingRenderer.RENDERER_TYPE)
3  public class GreetingRenderer extends Renderer {
4
5    public static final String RENDERER_TYPE
6                               = "jsfpraxis.GreetingRenderer";
7
8    @Override
9    public void encodeBegin(FacesContext context,
10                           UIComponent component) throws IOException {
11     String message = (String) component.getAttributes()
12                                        .get("message");
13     String to = (String) component.getAttributes().get("to");
14     ResponseWriter writer = context.getResponseWriter();
15     writer.startElement("div", null);
16     writer.writeAttribute("id", component.getClientId(context),
17                           null);
18     writer.writeAttribute("style", "color:blue;", null);
19     writer.write(message + " " + to);
20     writer.startElement("br", null); writer.endElement("br");
21   }
22
23
24   @Override
25   public void encodeEnd(FacesContext context,
26                         UIComponent component) throws IOException {
27
28     String closing = (String) component.getAttributes()
29                                        .get("closing");
30     ResponseWriter writer = context.getResponseWriter();
31     writer.startElement("br", null); writer.endElement("br");
32     writer.write(closing);
33     writer.endElement("div");
34   }
35
36 }
```

In den Zeilen 1 und 2 des Listings 6.29 werden in der @FacesRenderer-Annotation die Komponentenfamilie und der Typ des Renderers entsprechend der bereits erwähnten Konvention mit Konstanten definiert.

Konstantenkonvention für Komponententyp, Komponentenfamilie und Renderer-Typ

Verwenden Sie die Bezeichner COMPONENT_TYPE, COMPONENT_FAMILY und RENDERER_TYPE, um die entsprechenden Konstanten zu definieren. Sie entsprechen dann der Konvention, die auch bei JSFs Standardkomponenten verwendet wird. ■

Die Methoden `encodeBegin()` und `encodeEnd()` entsprechen der Implementierung in der Komponentenklasse `Greeting`, wobei sie sich in der Signatur unterscheiden und als zweiten, zusätzlichen Parameter die zu rendernde Komponente enthalten. Dies ist notwendig, um auf die Attribute der Komponente (`component.getAttributes()` in den Zeilen 11, 13 und 28) zugreifen zu können. Die Methoden

- `encodeBegin()`
- `encodeEnd()`
- `encodeChildren()`
- `encodeAll()`

sind jweils in den Klassen `UIComponentBase` und `Renderer` definiert. In `UIComponentBase` mit einem Parameter vom Typ `FacesContext`, in `Renderer` mit zwei Parametern vom Typ `FacesContext` und `UIComponent`. Wenn Sie `encodeAll()` überschreiben, müssen Sie die Semantik der drei anderen Methoden realisieren.

Renderer verwenden

Für die Komponente `Greeting` ist der Renderer `GreetingRenderer` bereits erstellt. Sie müssen ihn nur, wie weiter oben beschrieben, durch den Aufruf der Methode `setRendererType()` aktivieren. Tun Sie dies und überzeugen Sie sich von der korrekten Funktionsweise.

■

Konfiguration per XML möglich

Alle in den Ausführungen zu nativen Komponenten vorgestellten Annotationen wurden in späteren JSF-Versionen eingeführt. Die ursprünglich obligatorisch zu verwendende Konfiguration über XML-Dateien ist nach wie vor möglich, soll aber nicht Gegenstand unseres Buchs sein.

■

Es gibt noch eine ganze Reihe weiterer Details, die bei der Implementierung nativer Komponenten zu beachten und eventuell zu implementieren sind. Da wir bisher nur Ausgabekomponenten betrachtet haben, war unser Fokus das Rendern von Komponenten, im Bezug zum Bearbeitungsmodell einer JSF-Anfrage also die Phase 6. Soll eine Komponente Benutzereingaben entgegennehmen, so sind auch die Phasen 2 bis 4 zu betrachten. Für alle Phasen existieren entsprechende Methoden, so dass relativ wenig Aufwand zu treiben ist. Durch den einführenden Charakter dieses Buchs ist uns dieser Aufwand jedoch zu hoch, so dass wir hier auf eine konkrete Darstellung mit Beispiel verzichten. Der interessierte Leser findet in der 1. Auflage des Buchs die entsprechenden Informationen. Auch die Zustandsspeicherung, für ein zustandsbehaftetes Komponenten-Framework von zentraler Bedeutung, muss in jeder Komponente realisiert werden. In der Version 2.0 von JSF wurde jedoch das *Partial-State-Saving* eingeführt, das nur noch die zustandsrelevanten Teile des Komponentenbaums speichert und wiederherstellt, statt den kompletten Baum. Mit der Einführung des Partial-State-Savings wurden die Methoden `saveState()` und `restoreState()` des Interface `StateHolder` in die Komponentenoberklasse `UIComponentBase` aufgenommen, so dass die Zustandsverwaltung einfach in unsere

Komponenten vererbt wird und in der Regel nicht überschrieben werden muss. Wir wollen uns lieber einem – wie wir meinen – Zukunftsthema, den Web-Components, widmen.

6.5.4 Die Zukunft: Web-Komponenten

In Abschnitt 1.7 haben wir die aktuelle Verbreitung und Nutzung von JavaServer Faces mit der von JavaScript-Frameworks verglichen und sind unter anderem zu der Schlussfolgerung gekommen, dass die Nachhaltigkeit (im ursprünglichen Sinne laut Duden *„längere Zeit anhaltende Wirkung“*) von JavaScript-Frameworks relativ gering ist. Nach Ansicht des Autors ist dies darauf zurückzuführen, dass die jeweils zugrunde liegenden Komponenten- und Verarbeitungsmodelle framework-spezifisch statt standardisiert sind und dann von einem besseren Komponenten- und Verarbeitungsmodell abgelöst werden, wobei die Definition von *besser* häufig Ansichtssache ist. Web-Komponenten (engl. Web Components) versuchen dies zu ändern, indem sie ein Komponentenmodell als offiziellen Standard definieren, in dem HTML, JavaScript und CSS zu einer Einheit verschmelzen und diese Komponenten tatsächlich eigenständig, wiederverwendbar und anpassbar sind. Da JSFs Komponenten, zusammengesetzte oder native, dasselbe Ziel haben, liegt es nahe, Web-Komponenten in JSF-Komponenten zu kapseln, um damit JSF- und Java-Entwicklern die Verwendung von Web-Komponenten zu erlauben und vom zugrunde liegenden HTML-, JavaScript- und CSS-Code zu abstrahieren.

Auch hier beginnen wir mit der obligatorischen Hello-World-Variante einer Web-Komponente. Das Listing 6.30 definiert die Klasse `HelloWorldComponent` in JavaScript.

Listing 6.30 Web-Component `HelloWorldComponent`

```
class HelloWorldComponent extends HTMLElement {

  connectedCallback() {
    this.innerHTML = '<h1>Hello world</h1>';
  }

}

customElements.define('hello-world-web-component', HelloWorldComponent);
```

Die Klasse `HelloWorldComponent` erbt von `HTMLElement`, der Schnittstelle aller HTML-Elemente. Die Methode `connectedCallback()` wird aufgerufen, wenn das benutzerdefinierte Objekt zum ersten Mal mit dem DOM verbunden wird. Im Beispiel wird dann dem Property `innerHTML` ein Wert zugewiesen, hier das Markup für den Elementinhalt. Nach der Klassendefinition wird über das `window`-Property `customElements` die Komponente registriert. `customElements` ist die Registry (Interface `CustomElementRegistry`) aller Custom-Elements. Der bei der Registrierung verwendete Name ist `hello-world-web-component`, der Elementname. Namen von Custom-Elements *müssen* einen Bindestrich enthalten, um sie von Standardnamen zu unterscheiden.

Web-Components oder Custom-Elements?

Wir haben in obiger Erläuterung die Bezeichnung *Custom-Element* verwendet, da dieser in JavaScript-Bezeichnern (`customElements`, `CustomElementRegistry`) ebenfalls literal so verwendet wird und der entsprechende Abschnitt (*4.13 Custom elements*) der HTML-Spezifikation [URL-HTMLLS] die entsprechende Begriffsdefinition vorgibt. Im Internet hat sich offensichtlich der Name *Web Component* etabliert, der in der HTML-Spezifikation allerdings nicht auftaucht. Wir werden im Folgenden von Web-Komponenten sprechen. Auch das unserer Meinung nach empfehlenswerte Buch von Ben Farrell [Far19] zu diesem Thema verwendet diesen Terminus. Wir gehen später noch detaillierter auf Web-Komponenten ein und versuchen eine Begriffsdefinition. ■

Mit dieser Implementierung kann in einer HTML-Seite, die die entsprechende JavaScript-Datei einbindet, der Name der Komponente wie ein vordefiniertes HTML-Element verwendet werden. Listing 6.31 zeigt dies.

Listing 6.31 Verwendung der Web-Komponente `hello-world-web-component`

```
<hello-world-web-component></hello-world-web-component>
```

Wird dieses Element in einem aktuellen Browser gerendert, wird das entsprechende JavaScript ausgeführt und der Text „`Hello world`" als H1-Überschrift gerendert. Das Bild 6.3 zeigt das Element in der jeweiligen Inspektionsansicht von Firefox und Chrome. Klickt man in der Firefox-Darstellung auf die Schaltfläche, wird das entsprechende JavaScript (Listing 6.30) dargestellt.

```
▾ <hello-world-web-component> custom…        ▾ <hello-world-web-component>
    <h1>Hello world</h1>                           <h1>Hello world</h1>
  </hello-world-web-component>                   </hello-world-web-component>
```

Bild 6.3 Gerenderte Web-Komponente (Listing 6.31) in Firefox (links) und Chrome (rechts)

Tag-Syntax

In der Syntaxdefinition von HTML5 ist `html` ein Element, `<html>` das öffnende und `</html>` das schließende Tag dieses Elements. Umgangssprachlich wird, auch in diesem Buch, häufig nicht differenziert, da die Bedeutung klar ist. Sogenannte Void-Elemente werden nur mit dem öffnenden Tag verwendet, wie etwa `<br>`. Die Verwendung des schließenden Tags für Void-Elemente ist verboten. Für einige der gewöhnlichen (englisch *normal*) Elemente gibt es Regeln, wann öffnende und schließende Tags entfallen können. Häufig beziehen sich diese Regeln auf das schließende Tag, seltener auf das öffnende. So kann aber etwa auch das öffnende Tag `<html>` entfallen, wenn danach kein Kommentar folgt. Das `html`-Element ist aber trotz entfallenem öffnenden Tag implizit weiterhin im Dokument enthalten. Für Void-Elemente darf das öffnende Tag optional mit einem „/" beendet werden, also z.B. `<br/>`. Dies hat aber keinerlei Auswirkungen. Für gewöhnliche Tags ist dies nicht erlaubt. Die HTML-Spezifikation nennt im Abschnitt 12.1.2 sechs verschiedene Elemente, Void-Elemente, gewöhnliche Elemente sowie vier weitere (template, raw text, escapable raw text und foreign), die hier nicht relevant sind. Custom Elements werden nicht genannt. Nach unserer Auffassung ist die Syntax für Web-Komponenten-Tags daher unterspezifiziert. Die in Listing 6.31 dargestellte, aufwendige Syntax kann zu `<hello-world-web-component/>` verkürzt werden, wenn das Tag in einer JSF-Seite verwendet wird. Die JSF-Implementierung erstellt dann das öffnende und schließende Tag der Spezifikation entsprechend, wenn das HTML-Tag gerendert wird. ■

Nach dem ersten Kennenlernen einer Web-Komponente sollen nun die dahinterstehenden Konzepte etwas beleuchtet werden. Wie so oft in der Web-Entwicklung initiierte Google die ersten Arbeiten zu diesem Thema. Für Google, einer der größten Internet-Konzerne der Welt, muss die Idee eigenständiger, wiederverwendbarer und anpassbarer Web-Komponenten ganz offensichtlich sehr attraktiv sein. Nachdem Google erste Ideen propagierte und in Google Chrome auch implementierte, wuchs der Unterstützerkreis schnell und das W3C wurde aktiv. Die initialen Dokumente des W3C zum Thema *Introduction to Web Components* [URL-WC12] und [URL-WC14] sind beide überholt und sollten nicht mehr verwendet werden. Wir erwähnen sie hier nur zur besseren Einordnung und als Beleg der sehr schnellen Entwicklung. Das W3C unterhält mittlerweile auf GitHub die Seite *Web Components Specifications* [URL-WCSPEC], die hauptsächlich Erläuterungen und Verweise auf Spezifikationsdokumente enthält, die in der Regel in den *HTML Living Standard* [URL-HTMLLS] münden. Im Einzelnen sind dies

- Custom Elements,
- Shadow Dom,
- HTML Templates.

Custom Elements werden in Abschnitt 4.13 des HTML Living Standards, der *Shadow Dom* in Abschnitt 4.2.2 des DOM Living Standards [URL-DOMLS], dort *Shadow Tree* genannt, und schließlich *HTML Templates* in Abschnitt 4.12.3 wiederum im HTML Living Standard definiert.

Zurück zu unserer zweiten Web-Komponente. Da der Autor kein JavaScript-Spezialist ist, erstellen wir keine eigene Komponente von Grund auf neu, sondern bedienen uns einer existierenden Komponente des mittlerweile recht umfangreichen Angebots von Web-Komponenten im Netz. Die Mozilla Foundation stellt unter [URL-MDNWCD] viele Informationen zu Web-Komponenten bereit. Unter [URL-MDNWC] findet man eine Reihe von Beispielen, bei denen wir uns bedienen. Eine Komponente erlaubt eine Listendarstellung mit auf- oder zugeklappten Sublisten. Eine ungeordnete Liste, realisiert durch das `<ul>`-Tag (unordered list), erlaubt verschiedene Listeneinträge, realisiert durch `<li>`-Tags (list item). Da Listeneinträge wiederum ungeordnete Listen enthalten können, entsteht ein Baum als zugrunde liegende Datenstruktur. Die besagte Komponente rendert diesen Baum nicht als verschachtelte Listen, sondern optisch als Baum mit dynamischem Auf- und Zuklappen von Teilbäumen.

Da diese Komponente ein bestehendes HTML-Element erweitert, benötigen wir zunächst noch eine kurze Einordnung der HTML Custom Elements. Diese werden unterschieden in

- Autonomous Custom Element,
- Form-associated Custom Element,
- Customized Built-in Element.

Ein eigenständiges benutzerdefiniertes Element (Autonomous Custom Element) ist ein Element, das wie unser einführendes Beispiel in Listing 6.30 direkt von `HTMLElement` erbt, der Basisschnittstelle aller HTML-Elemente. Ein solches benutzerdefiniertes Element nimmt nicht an einem Formular-Request teil. Sollen Benutzereingaben an den Server übermittelt werden, so ist ein an das Formular gebundenes Element (Form-associated Custom Element) zu verwenden. Dies unterscheidet sich von einem einfachen benutzerdefinierten Element in der Implementierung lediglich durch ein zusätzliches statisches Property `formAssociated`, das den Wert `true` haben muss. Ein an ein existierendes Element angepasstes Element (Customized Built-in Element) erweitert dieses um zusätzliche Funktionalität. Da unser Beispiel eine ungeordnete Liste auf besondere Art und Weise rendern soll, ist diese dritte Alternative die richtige. Das Listing 6.32 zeigt den Code der Klasse `ExpandingList`.

Listing 6.32 Web-Component `ExpandingList`

```
class ExpandingList extends HTMLUListElement {

  constructor() {
    super();
    window.onload = function() {
      var tree = document.querySelector("#tree");
      const uls = Array.from(tree.querySelectorAll('ul'));
      const lis = Array.from(tree.querySelectorAll('li'));

      uls.slice(1).forEach(ul => {
        ul.style.display = 'none';
      });

      lis.forEach(li => {
        const childText = li.childNodes[0];
        const newSpan = document.createElement('span');
        newSpan.textContent = childText.textContent;
        childText.parentNode.insertBefore(newSpan, childText);
        childText.parentNode.removeChild(childText);
      });

      const spans = Array.from(tree.querySelectorAll('span'));

      spans.forEach(span => {
        if (span.nextElementSibling) {
          span.style.cursor = 'pointer';
          span.parentNode.setAttribute('class', 'closed');
          span.onclick = showul;
        }
      });

      function showul(e) {
        const nextul = e.target.nextElementSibling;

        if (nextul.style.display == 'block') {
```

```
36          nextul.style.display = 'none';
37          nextul.parentNode.setAttribute('class', 'closed');
38        } else {
39          nextul.style.display = 'block';
40          nextul.parentNode.setAttribute('class', 'open');
41        }
42      }
43    };
44  }
45 }
46
47 customElements.define('expanding-list', ExpandingList,
48                       { extends: 'ul' });
```

Wir wollen an dieser Stelle nicht detailliert den JavaScript-Code analysieren, sondern lediglich auf die beiden grundlegenden Unterschiede zur Hello-World-Komponente des Listings 6.30 hinweisen. Die Oberklasse in Zeile 1 ist `HTMLUListElement`, die Implementierung des `<ul>`-Elements. In den Zeilen 47/48 wird nicht nur im ersten Parameter der Name des benutzerdefinierten Elements und im zweiten Parameter der Konstruktor aufgeführt, sondern als optionaler dritter Parameter der Name des integrierten Elements, das erweitert wird. Dies erscheint auf den ersten Blick redundant. Da jedoch mehrere Elemente von `HTMLUListElement` abgeleitet sein können, ist es zwingend notwendig.

Als rekursive Datenstruktur dient die Klasse `TreeNode`, deren grundlegende Struktur in Listing 6.33 dargestellt ist.

Listing 6.33 Klasse `TreeNode`

```
public class TreeNode<T> implements Serializable {

  private T data;
  private TreeNode<T> parent;
  private List<TreeNode<T>> children;

  ...
}
```

Ziel der Komponentenentwicklung

Das Beispiel dient lediglich der exemplarischen Darstellung im Rahmen dieses Buchs. Soll eine allgemein verwendbare Baumkomponente entwickelt werden, ist deutlich mehr Aufwand zu leisten. Die Baumkomponente der PrimeFaces-Bibliothek [URL-PRIME] definiert etwa ein Interface sowie eine Default-Implementierung und erlaubt die Verwendung eigener Implementierungen als zugrunde liegende Datenstruktur. ■

Der Controller des Beispiels ist die Klasse `TreeController`, auf deren Darstellung wir verzichten. Um auch Aussagen bezüglich der Praktikabilität größerer Bäume treffen zu können, soll der Beispielbaum generisch sein. Der Controller erzeugt daher eine Instanz der Klasse `TreeNode` mit Strings als Payload-Typ. Die einzelnen Strings bestehen aus Ganzzahlen, die durch jeweils einen Punkt getrennt werden und die Baumstruktur widerspiegeln. Die Anzahl der Sohnknoten einer Ebene entsprechen der Baumtiefe dieser Ebene. Die entsprechenden Zahlen einer Ebene werden einfach hochgezählt. Die Darstellung in Bild 6.4 verdeutlicht dies.

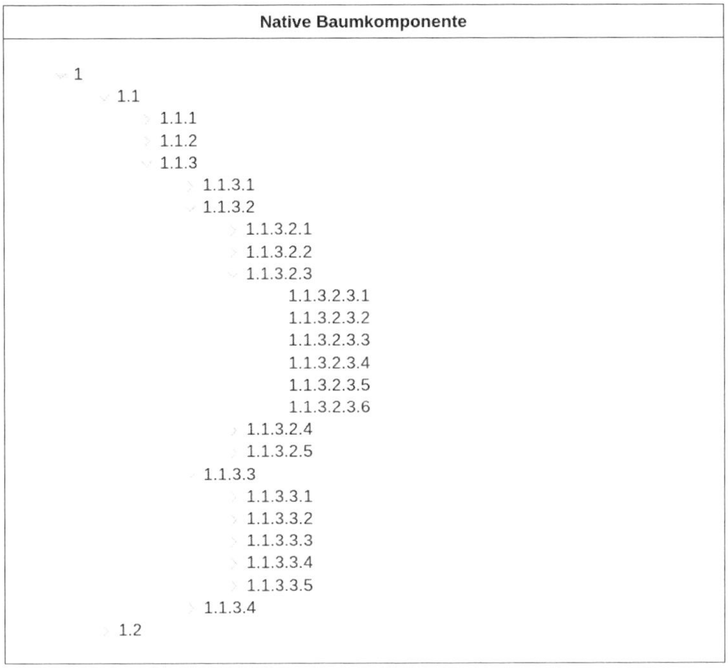

Native Baumkomponente

- 1
  - 1.1
    - 1.1.1
    - 1.1.2
    - 1.1.3
      - 1.1.3.1
      - 1.1.3.2
        - 1.1.3.2.1
        - 1.1.3.2.2
        - 1.1.3.2.3
          - 1.1.3.2.3.1
          - 1.1.3.2.3.2
          - 1.1.3.2.3.3
          - 1.1.3.2.3.4
          - 1.1.3.2.3.5
          - 1.1.3.2.3.6
        - 1.1.3.2.4
        - 1.1.3.2.5
      - 1.1.3.3
        - 1.1.3.3.1
        - 1.1.3.3.2
        - 1.1.3.3.3
        - 1.1.3.3.4
        - 1.1.3.3.5
      - 1.1.3.4
  - 1.2

Bild 6.4 Baum mit aufgeklappten Teilbäumen im Browser

Da dieser Baum pro Ebene $n!$ Knoten besitzt, enthält ein Baum der Höhe n insgesamt $\sum_{i=1}^{n} i!$ Knoten. Im dargestellten Beispiel sind dies bei einer Baumhöhe von 6 also 873 Knoten. Das zeitliche Verhalten beim Auf- und Zuklappen von Teilbäumen ist durchaus ansprechend. Bitte probieren Sie dies aus.

Doch nun zum eigentlichen Thema des Abschnitts, der Implementierung einer nativen JSF-Komponente, die die entsprechende Web-Komponente verwendet. Das Listing 6.34 zeigt die Implementierung der Komponente `Tree`.

Listing 6.34 Native JSF-Komponente `Tree`

```
@FacesComponent(value = Tree.COMPONENT_TYPE, tagName = "tree",
    createTag = true, namespace = "http://jsfpraxis.de/component")
@ResourceDependency(library = "css", name = "expanding-list.css")
@ResourceDependency(library = "js", name = "expanding-list.js",
                    target = "body")
public class Tree extends UIComponentBase {

  @Inject
  FacesContext facesContext;
```

```
10
11     @Override
12     public String getFamily() {
13       return COMPONENT_FAMILY;
14     }
15
16     @Override
17     public void encodeEnd(FacesContext context) throws IOException {
18       ResponseWriter writer = context.getResponseWriter();
19       TreeNode<String> root =
20           (TreeNode<String>) getAttributes().get("value");
21       writer.startElement("div", null);
22       writer.writeAttribute("id", "tree", null);
23       writer.write("<ul is=\"expanding-list\">");
24       encodeNodes(writer, root);
25       writer.write("</ul>");
26       writer.endElement("div");
27     }
28
29
30     private void encodeNodes(ResponseWriter writer,
31                              TreeNode<String> node)
32         throws IOException {
33       writer.write("<li>" + node.getData());
34       if (!node.isLeaf()) {
35         writer.write("<ul>");
36         for (TreeNode<String> child : node.getChildren()) {
37           encodeNodes(writer, child);
38         }
39         writer.write("</ul>");
40       }
41       writer.write("</li>");
42     }
43
44   }
```

Wir konzentrieren uns in der Code-Analyse auf die wenigen Dinge, die im Vergleich zu früheren Beispielen hinzugekommen sind. Zum einen ist dies in den Zeilen 3 – 5 die Annotation `@ResourceDependency`. Diese rendert die angegebenen Ressourcen in die Seite, die die native Komponente enthält, und stellt damit eine Generalisierung der Tags `<h:outputStylesheet>` und `<h:outputScript>` dar, die in Abschnitt 4.4 eingeführt wurden. Zum anderen ist es der in der Zeile 23 erzeugte HTML-Code:

```
<ul is="expanding-list">
```

Im Gegensatz zur Hello-World-Komponente ist die Web-Komponente `ExpandingList` kein eigenständiges benutzerdefiniertes Element, sondern leitet von `HTMLUListElement` ab, das Element, das hinter dem `<ul>`-Tag steht. Als angepasstes Element ist dieses mit dem Attribut `is` und als Wert dem Namen des angepassten Elements zu versehen. Die Methode `encodeNodes()` erzeugt lediglich die rekursive `<ul>`-`<li>`-Struktur und ist nicht weiter von Belang.

Die Verwendung der Baumkomponente erfolgt wie gewohnt. Listing 6.35 zeigt diese Verwendung, deren Darstellung bereits in Bild 6.4 erfolgte.

Listing 6.35 Verwendung der nativen JSF-Komponente `Tree`

```
<h:panelGrid>
  <f:facet name="header">Native Baumkomponente</f:facet>
  <jsfpraxis:tree value="#{treeController.tree}" />
</h:panelGrid>
```

An dieser Stelle beschließen wir unsere Ausführungen zu nativen JSF-Komponenten auf der Basis von Web-Komponenten. Es gibt noch eine ganze Reihe interessanter Themen im Bereich der Web-Komponenten, etwa der Shadow-Dom. Dieser wäre etwa im Beispiel sinnvoll einzusetzen, um zu verhindern, das das nicht dargestellte CSS, das unter anderem Tag-Selektoren für das `<ul>`- und `<li>`-Tag enthält, dieselben Tags innerhalb der Seite, aber ohne Bezug zur Web-Komponente, beeinflusst. Ein weiteres Thema wäre etwa die Namenswahl, die Namenskonflikte möglichst vermeiden sollte. Statt des Namens `expanding-list` ist z.B. ein Modulpräfix sinnvoll, so dass z.B. der Name `jsfpraxis-expanding-list` stattdessen verwendet werden sollte.

Packaging

Das Packaging zusammengesetzter Komponenten wurde bereits in Abschnitt 4.7 erläutert. Für native Komponenten gilt Entsprechendes: Ressourcen sind unter `META-INF/resources`, Klassen direkt im Wurzelverzeichnis des zu erstellenden JAR zu platzieren. Für die Baumkomponente ergibt sich daher der folgende JAR-Inhalt:

```
de/jsfpraxis/special/components/Tree.class
META-INF/resources/css/expanding-list.css
META-INF/resources/images/down.svg
META-INF/resources/images/right.svg
META-INF/resources/js/expanding-list.js
```

Die SVG-Dateien werden über das Style-Sheet eingebunden und wurden bei der Vorstellung der Komponente nicht erwähnt.

■

6.6 JSF als zustandsbehaftetes Komponenten-Framework

Bei der Analyse des Bearbeitungsmodells einer JSF-Anfrage in Abschnitt 2.1 wurde deutlich, dass JSF ein zustandsbehaftetes Komponenten-Framework ist. Der Zustand des Komponentenbaums wird in der Phase 6 gespeichert und nach einem Post-Back in der Phase 1 wiederhergestellt. Anders ausgedrückt: JSF kennt den Zustand einer View, in der sie an einen Client geschickt wurde, und kann daher nach einem Post-Back die Änderungen feststellen. Dies zeichnet – unserer Meinung nach – JSF aus und hat eine Reihe von Vorteilen.

Zustandslosigkeit ist aber auch eine sehr attraktive Eigenschaft, insbesondere im Hinblick auf Skalierbarkeit, Load-Balancing und die Verwendung dieser Eigenschaften in der Cloud. Seit Version 2.2 erlaubt JSF zustandslose Views, verliert dadurch aber Features, die auf Zuständen beruhen. An dieser Stelle wollen wir keine Architekturdiskussionen zu diesem Thema führen, sondern lediglich auf die Option zustandsloser Views sowie eventuelle Auswirkungen hinweisen. Wir hoffen, dass wir damit vor allem zu einem besseren Verständnis der internen Funktionsweise von JSF beitragen.

Das Listing 6.36 zeigt den einfachsten Fall einer zustandslosen View. Das Attribut `transient` des `<f:view>`-Tags wird auf `true` gesetzt.

Listing 6.36 Einfachster Fall einer zustandslosen View (`simplest-case.xhtml`)

```
<f:view transient="true">
  <h:form>
    <h:inputText />
    <h:commandButton value="stay on view" />
    </h:form>
</f:view>
```

Durch das fehlende `value`-Attribut des `<h:inputText>`-Tags ist das Beispiel aus Anwendungssicht sinnlos. Es soll jedoch verdeutlichen, dass die hinter `<h:inputText>` stehende Komponente den Eingabewert im Normalfall als Zustand hält. Im Beispiel ist mit `transient="true"` die View als zustandslos definiert. Durch Betätigung der Schaltfläche wird das Formular mitsamt einer eventuellen Benutzereingabe an den Server geschickt. Durch die fehlende Action-Methode des Command-Buttons erfolgt keine Navigation, so dass dieselbe View nochmals angezeigt wird. Ein möglicher Value-Change-Listener für die Eingabe wird bei jedem Request aufgerufen. Der alte Wert der Eingabe ist jeweils `null`, der neue die aktuelle Benutzereingabe. Wird der Wert von `transient` auf `false` gesetzt, was der Default ist, zeigt ein Value-Change-Listener das in Abschnitt 2.5.6 beschriebene Verhalten. Bei einer Änderung der Eingabe wird der Listener aufgerufen und der alte Wert der Komponente ist der des vorherigen Request-Response-Zyklus. Ohne Änderung wird der Listener nicht aufgerufen.

Überprüfung des Verhaltens und Bindung an verschiedene Managed Beans

Sie finden das Beispiel in der JSF-Seite `simplest-case.xhtml`. Überprüfen Sie das beschriebene Verhalten. Binden Sie die Benutzereingabe an eine Managed Bean, die Sie mit verschiedenen Scopes versehen: @RequestScoped, @ViewScoped, @SessionScoped, @ApplicationScoped.

■

@ViewScoped mit zustandslosen Views nicht möglich

Wenn Sie die letzte Aufgabe bearbeitet haben, ist Ihnen die Meldung aufgefallen, dass Managed Beans mit `@ViewScoped`-Annotation nicht unterstützt werden. Mit den anderen Scopes funktioniert das Beispiel problemlos. Die einfache Texteingabe scheint also auch in zustandslosen Views zu funktionieren. Leider kann dies nicht für alle Komponenten angenommen werden, so dass im Zweifel die Funktionsfähigkeit im Einzelnen zu prüfen ist.

■

Eine weitere Eigenschaft von JSF, die wir durch zustandslose Views verlieren, ist die Möglichkeit der dauerhaften Änderung einer View, sprich des Komponentenbaums. Der in Listing 6.37 abgebildete Teil einer JSF-Seite registriert für eine Checkbox einen Ajax-Event-Listener, der eine Texteingabe programmatisch in den Komponentenbaum einfügt. Dieser Event-Listener (`toggleInput2()`) ist in Listing 6.38 ab der Zeile 11 dargestellt.

Listing 6.37 Programmatische Änderung des Komponentenbaums (`stateless.xhtml`)

```
<f:view transient="true">
  <h:form id="form">
    <h:panelGrid id="grid">
      <f:facet name="header">Stateless (transient) Views</f:facet>
      <h:panelGroup>
        <h:selectBooleanCheckbox
                  value="#{statelessController.showInput2}">
          <f:ajax execute="@this" render="grid"
                  listener="#{statelessController.toggleInput2}" />
        </h:selectBooleanCheckbox>
      </h:panelGroup>
    ...
```

Listing 6.38 Programmatische Änderung des Komponentenbaums (Klasse `StatelessController`)

```
1  @Named
2  @SessionScoped
3  public class StatelessController implements Serializable {
4
5    private String input2;
6    private boolean showInput2;
7
8    @Inject
9    FacesContext facesContext;
10
11   public void toggleInput2(AjaxBehaviorEvent event) {
12     HtmlSelectBooleanCheckbox checkbox =
13         (HtmlSelectBooleanCheckbox) event.getComponent();
14     List<UIComponent> components =
15         checkbox.getParent().getChildren();
16     if ((boolean) checkbox.getValue()) {
```

```
17     // add new input
18     HtmlInputText inputText = new HtmlInputText();
19     ExpressionFactory expressionFactory =
20         facesContext.getApplication().getExpressionFactory();
21     ELContext elContext = facesContext.getELContext();
22     inputText.setValueExpression("value",
23         expressionFactory.createValueExpression(elContext,
24         "#{statelessController.input2}", String.class));
25     inputText.setId("input2");
26     components.add(inputText);
27   } else {
28     // delete input
29     HtmlInputText inputText =
30         (HtmlInputText) facesContext.getViewRoot()
31                         .findComponent("form:input2");
32     if (inputText == null) {
33       // stateless, noop
34     } else {
35       checkbox.getParent().getChildren().remove(inputText);
36     }
37   }
38 }
39 ...
```

Der Event-Listener prüft zunächst, ob die Checkbox ein- oder ausgeschaltet wird. Beim Einschalten wird die in Zeile 18 erzeugte Instanz der Komponentenklasse `HtmlInputText` in der Zeile 26 den Komponenten der Elternkomponente hinzugefügt. In der Phase 6 des Bearbeitungsmodells einer JSF-Anfrage werden die Änderungen des aktuellen Komponentenbaums bezüglich der deklarativen View-Beschreibung durch die XHTML-Seite gespeichert. Beim Post-Back dieser Seite wird in dessen Phase 1 der Baum wiederhergestellt. Bei einer zustandslosen View wie im Beispiel entfällt die Speicherung, so dass beim nächsten Post-Back die hinzugefügte Eingabekomponente nicht im Komponentenbaum enthalten ist.

Partielle Zustandsspeicherung

Die beschriebene Speicherung der Änderungen bzw. Unterschiede zur statischen View-Deklaration durch die XHTML-Seite wird als *partielle* Zustandsspeicherung bezeichnet. Soll die in früheren JSF-Versionen übliche Speicherung des kompletten Komponentenbaums erfolgen, so ist der Kontextparameter `PARTIAL_STATE_SAVING`, wie in Abschnitt 4.9.1 beschrieben, auf `false` zu setzen.

■

Formularfeld `javax.faces.ViewState`

Das versteckte Formularfeld `javax.faces.ViewState` wird in jeder von JSF generierten Seite verwendet, um den Zustand der Seite zu speichern bzw. zu identifizieren. Für eine zustandslose View enthält dieses Formularfeld den Wert `stateless`. Überzeugen Sie sich davon.

■

Eingebaute Sicherheit gegen CSRF-Angriffe

JavaServer Faces sind gegen Cross-Site-Request-Forgery-Angriffe (CSRF) geschützt, wie in Abschnitt 4.9.3 beschrieben. Durch die Verwendung zustandsloser Views erhöht sich diese Gefahr etwas. JSF ist aber insgesamt recht gut gegen derartige Angriffe geschützt, da durch Benutzer eingegebene Daten in der Ausgabe maskiert werden. Mit `<protected-views>` ist dies auch für GET-Requests möglich (siehe auch Seite 329).

■

6.7 Mobile Endgeräte

Der Anteil mobiler Endgeräte als Quelle von Web-Seitenaufrufen hat nach verschiedenen Statistiken den Anteil von Desktop-Geräten überholt. Im März 2020 kündigte Google an, zukünftig das Web mit einem Mobile-First-Ansatz zu indizieren. Obwohl Unternehmensanwendungen und allgemeine Web-Seiten sich durchaus unterscheiden, gilt dieser Trend auch für Unternehmensanwendungen. Mobile Endgeräte sind daher keinesfalls ein Spezialthema, sondern eher ein Hauptthema. Da die zentralen Fragestellungen dieses Themas aber nicht JSF-Themen sind, sondern eher CSS und allgemein Fragestellungen von Web-Anwendungen betreffen, scheint die Einordnung in Kapitel *Spezialthemen* berechtigt. Wir gehören nach unserer eigenen Auffassung nicht zu den Spezialisten für mobile Endgeräte, wollen an dieser Stelle aber trotzdem zwei kleine Denkanstöße für entsprechende Umsetzungsmöglichkeiten mobiler Anforderungen an JSF-Anwendungen geben, zum einen die Anpassung an unterschiedliche Bildschirmgrößen, zum anderen die Verwendung eines Web-App-Manifests im Rahmen einer progressiven Web-App.

6.7.1 Seiteninhalte für unterschiedliche Bildschirmgrößen und Auflösungen

Eine sich für JSF scheinbar anbietende Alternative zur Unterstützung unterschiedlicher Bildschirmgrößen ist die Möglichkeit, spezielle Renderer bzw. Render-Kits für diese Geräte zu realisieren. Die PrimeFaces-Bibliothek [URL-PRIME] hatte diesen Weg mit *PrimeFaces Mobile* eingeschlagen. Der hohe Wartungsaufwand für zwei Render-Kits führte jedoch dazu, dass PrimeFaces Mobile mit der Version 6.3 eingestellt wurde und der Fokus auf die automatische Anpassungsfähigkeit (Responsiveness) des UI im Standard-Render-Kit gelegt wurde.

Die Bibliotheken BootsFaces und ButterFaces verwenden intern Bootstrap und jQuery, um die gewünschte Anpassungsfähigkeit zu erzielen.

Wir wollen hier zeigen, wie man ausschließlich mit JavaServer Faces responsive Oberflächen erstellen kann, und verzichten auf die Verwendung zusätzlicher Frameworks. HTML5 und CSS 3 sind mittlerweile so weit entwickelt, dass dies durchaus möglich ist. Responsive Oberflächen mit JSF haben aus diesem Blickwinkel nichts mit JSF bzw. den Möglichkeiten von JSF zu tun, sondern sind dann eine Frage der Möglichkeiten und des Einsatzes von CSS.

Viele Rezepte zum responsive Design basieren auf CSS-Media-Queries. Hierzu werden über das CSS-Schlüsselwort `@media` Bildschirmgrößen über Pixel (`px`) oder, etwas moderner, über die Pixeldichte (`dpi`, `dppx`, `*device-pixel-ratio`) unterschieden. Wir halten diesen Ansatz für weniger geeignet, da er in der Regel zu Code-Redundanzen führt. Im Folgenden zeigen wir, wie mit dem *CSS Flexible Box Layout* [URL-FBL], in der Regel *Flexbox* genannt, ein responsives Design ohne Code-Redundanzen realisiert werden kann. Die Flexbox-Spezifikation ist eine von sehr vielen CSS-Spezifikationen [URL-CSS].

Der eigentliche Code zur Verwendung des Flexbox-Models ist kurz und übersichtlich. Seine ausschließliche Darstellung genügt aber nicht, da sowohl der HTML- als auch der über die Flexbox hinausgehende CSS-Code für das Verständnis benötigt werden. Die Abbildung von HTML- und CSS-Code in größerem Umfang erscheint uns in einem JSF-Buch jedoch nicht angezeigt, so dass wir auf das herunterladbare Projekt verweisen.

Installieren des Projekts *jsf-mobile*

Laden Sie das Projekt *jsf-mobile* herunter und deployen Sie die Anwendung. Analysieren Sie den Quell-Code, insbesondere die CSS-Definitionen und laden Sie die Anwendung im Browser bzw. den Browser-Werkzeugen zur Simulation mobiler Endgeräte. ■

Das Projekt *jsf-mobile* verwendet ein Flexbox-Layout sowohl für das Menü als auch den eigentlichen Seiteninhalt. Im Menü, realisiert durch die üblichen HTML-Elemente `<nav>`, `<ul>` und `<li>`, wird das `<nav>`-Element mit einem horizontalen Scroll-Bar versehen. Das `<ul>`-Element bekommt das Flexbox-Layout und die direkt enthaltenen `<li>`-Elemente erhalten eine (in geringen Grenzen anpassbare) Breite. Das Menü entspricht damit in etwa den von Amazon und GitHub verwendeten.

Der Seiteninhalt enthält einen Container mit dem Flexbox-Layout, dessen Kinder bei ausreichend Platz horizontal angeordnet, bei nicht ausreichendem Platz jeweils in die nächste Zeile umgebrochen werden. Die in Bild 6.5 dargestellte Seite enthält zwei solcher Kinder. Die Seitenbreite wurde so gewählt, dass alle Menüelemente dargestellt werden können und der Scroll-Bar nicht sichtbar ist.

Wird die Breite des Browsers reduziert, so erhält das Menü ab einer bestimmten Stelle einen Scroll-Bar und der rechte Teil der Hauptteils wird in die nächste, in diesem Fall zweite Zeile umgebrochen. Das Bild 6.6 zeigt dieselbe Seite in zwei Simulatoren. Links ist der Pixel-2-Simulator im Firefox, rechts ein iPhone-Simulator im Chrome dargestellt.

Test mit drei Inhaltsblöcken

Das Projekt *jsf-mobile* enthält in der Seite 2 drei Blöcke, die durch das Flexbox-Layout verwaltet werden. Testen Sie die Seite in einem Desktop-Browser, beliebigen Simulatoren oder einem konkreten Smartphone. ■

Bild 6.5 Darstellung einer responsiven Seite im Desktop-Browser

6.7.2 Progressive Web Apps und Web-App-Manifeste

Der Begriff *Progressive Web App*, kurz PWA, ist nicht konkret oder gar durch eine Spezifikation definiert. Er scheint erstmals 2015 von Google-Entwicklern verwendet worden zu sein, die damit Web-Anwendungen bezeichneten, deren Verhalten stark an native Anwendungen für Android und iPhone erinnert, und hat sich mittlerweile als Begrifflichkeit etabliert. Man versteht darunter Web-Anwendungen, die so leistungsfähig, zuverlässig und installierbar (capable, reliable, installable) wie native Anwendungen sind. Bei der Zuverlässigkeit wird z.B. Wert darauf gelegt, die Funktionsfähigkeit der Anwendung auch ohne Netzwerkverbindung zu gewährleisten. Dies ist in Bezug auf JavaServer Faces sicher nicht bzw. nicht vollumfänglich möglich. Anders verhält es sich mit der Installierbarkeit.

Das durch das W3C definierte Web-App-Manifest [URL-WAM] legt ein JSON-basiertes Dateiformat fest, mit dem verschiedene Meta-Informationen einer Web-Anwendung, z.B. deren Namen und Links zu Icons zusammengefasst werden können. Ein Web-App-Manifest ist unabdingbarer Bestandteil einer PWA, kann aber auch nur verwendet werden, um installierbare Web-Anwendungen zu realisieren. Paragraph 2 der Spezifikation [URL-WAM] ist mit *Installable web applications* überschrieben und dient hier als weiteres Beispiel zur Verwendung von JavaServer Faces.

Ein Web-App-Manifest ist eine einfache, nach den Regeln der Spezifikation aufgebaute JSON-Datei. Ein einfaches Beispiel ist in Listing 6.39 dargestellt.

Listing 6.39 Einfaches Beispiel eines Web-App-Manifests (`manifest.json`)

```
{
  "name": "JSF Praxis Mobile",
  "description": "Beispiel für Web-App-Manifest",
  "icons": [{
    "src": "/mobile/javax.faces.resource/icon1.png.xhtml?ln=icons",
    "sizes": "128x128"
    }, {
    "src": "/mobile/javax.faces.resource/icon2.png.xhtml?ln=icons",
    "sizes": "96x96"
  }]
}
```

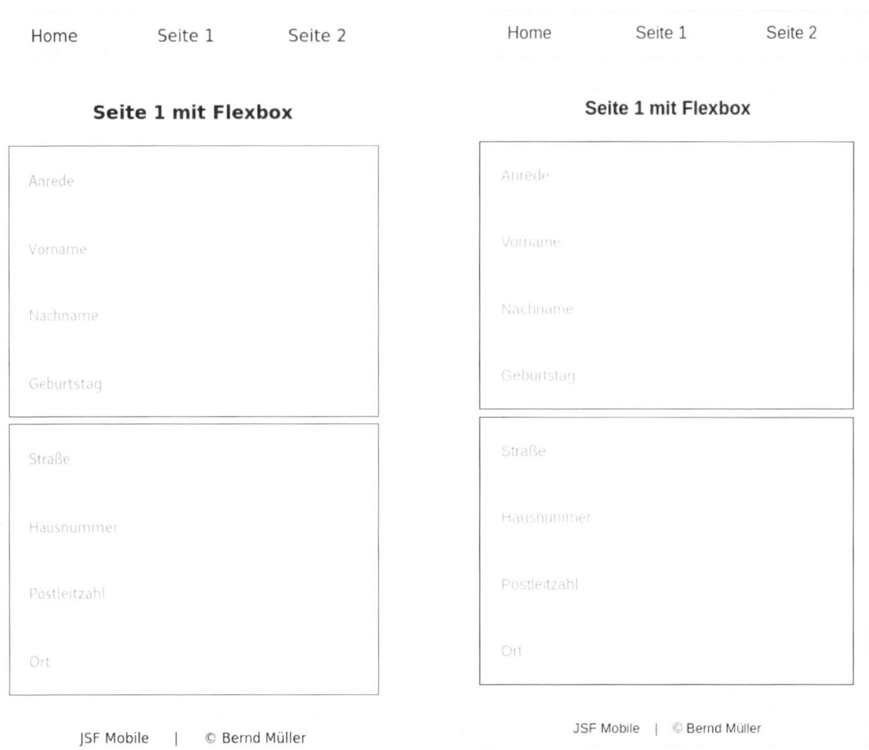

Bild 6.6 Darstellung einer responsiven Seite in Simulatoren (Pixel, iPhone)

Neben den im Beispiel verwendeten Namen `name`, `description` und `icons` sind noch eine ganze Reihe weiterer erlaubt, z.B. `short_name`, `theme_color`, `background_color`. Unter `icons` wird ein Array mit Links und Größen von Icons erwartet, wobei wir im Beispiel bei den Links schon die für JSF benötigte Syntax für Ressourcen verwendet haben, die in Abschnitt 4.4.1 erläutert wurde.

Die Datei selbst soll als weitere JSF-Ressource behandelt werden, fällt aber nicht unter die durch JSF direkt unterstützten Ressourcen Grafiken, JavaScript-Dateien und CSS-Stylesheets. Wir definieren daher einen eigenen Ressource-Typ und implementieren dessen Auslieferung an einen Client.

Für die Realisierung einer benutzerdefinierten Ressource gibt es zwei Alternativen: erstens die Implementierung der Ressource selbst als Unterklasse von `Resource` und des Handlers als Unterklasse von `ResourceHandler`. Oder zweitens die Implementierung der Ressource als Unterklasse von `ResourceWrapper` und des Handlers als Unterklasse von `ResourceHandlerWrapper`. Die letztgenannte Alternative ist weniger aufwendig, da die beiden Wrapper bereits Default-Implementierungen der benötigten Methoden bereitstellen. Alle genannten Klassen befinden sich im Package `javax.faces.application`. Wir beginnen mit der Ressource, die in Listing 6.40 abgebildet ist.

Listing 6.40 Ressource für Web-App-Manifest (Klasse `WebAppManifestResource`)

```
1  public class WebAppManifestResource extends ResourceWrapper {
2
3    public WebAppManifestResource() {
4    }
5
6    @Override
7    public Resource getWrapped() {
8      return this;
9    }
10
11   @Override
12   public InputStream getInputStream() throws IOException {
13     return WebAppManifestResource.class
14            .getResourceAsStream("manifest.json");
15   }
16
17   @Override
18   public Map<String, String> getResponseHeaders() {
19     return new HashMap<>();
20   }
21
22   @Override
23   public String getRequestPath() {
24     return "/mobile/javax.faces.resource/manifest.json.xhtml"
25            + "?ln=jsfpraxis";
26   }
27
28   @Override
29   public boolean userAgentNeedsUpdate(FacesContext context) {
30     return true;
31   }
32
33   @Override
34   public String getContentType() {
35     return "application/json";
36   }
37
38 }
```

Die interessanten Methoden sind `getInputStream()` und `getRequestPath()`, beginnend in den Zeilen 12 und 23. Die Methode `getInputStream()` liefert den Inhalt der Manifest-Datei als Stream zurück, während `getRequestPath()` den RequestPath liefert, der durch den JSF-Renderer in die generierte HTML-Datei einzubauen ist. Die Spezifikation verlangt, dass das Manifest durch ein `<link>`-Element mit `rel`-Attribut in den Head der HTML-Seite einzubinden ist. Im JSF-Quell-Code wird dies folgendermaßen realisiert.

```
<h:head>
  ...
  <link rel="manifest" href="#{resource['jsfpraxis:manifest.json']}" />
  ...
```

```
</h:head>
```

Durch die Methode `getRequestPath()` wird dies in das folgende HTML-Render-Ergebnis überführt.

```
<head>
  ...
  <link rel="manifest" href="/mobile/javax.faces.resource/manifest.json.
      xhtml?ln=jsfpraxis" />
  ...
</head>
```

Der Handler zur Verwendung der Ressource ist in Listing 6.41 dargestellt.

Listing 6.41 Ressource-Handler (Klasse `WebAppManifestResourceHandler`)

```
public class WebAppManifestResourceHandler extends ResourceHandlerWrapper
     {

  private static final String JSFPRAXIS = "jsfpraxis";
  private static final String MANIFEST = "manifest.json";

  private ResourceHandler wrapped;

  @SuppressWarnings("deprecation")
  public WebAppManifestResourceHandler(ResourceHandler wrapped) {
    this.wrapped = wrapped;
  }

  @Override
  public ResourceHandler getWrapped() {
    return this.wrapped;
  }

  @Override
  public Resource createResource(String resourceName,
                                 String libraryName) {
    if (JSFPRAXIS.equals(libraryName) && MANIFEST.equals(resourceName)) {
      return new WebAppManifestResource();
    } else {
      return super.createResource(resourceName, libraryName);
    }
  }

}
```

Hier wird lediglich in der Methode `createResource()` geprüft, ob es sich um die entsprechende Ressource handelt. Falls ja, wird die Ressource aus Listing 6.40 zurückgegeben. Falls nein, wird an die weiteren Ressourcen delegiert.

Damit der Handler verwendet wird, muss er in der Konfigurationsdatei `faces-config.xml` unter den Elementen `<application>` und `<resource-handler>` wie folgt registriert werden.

```
<application>
  <resource-handler>
    de.pdbm.mobile.WebAppManifestResourceHandler
  </resource-handler>
</application>
```

Dem aufmerksamen Leser ist sicher aufgefallen, dass der Teil-String "/mobile" sowohl in der Methode getRequestPath() als auch in der Manifest-Datei literal verwendet wurde. Dieser Teil-String ist der Deployment-Name der Anwendung und hängt damit von der Deployment-Konfiguration ab. Er sollte daher auf keinen Fall als Literal im Quell-Code erscheinen. Eine Überarbeitung unseres Beispiels ist also dringend angezeigt.

Um das programmatische Erzeugen der Manifest-Datei zu umgehen, erzeugen wir das Manifest nicht als Datei, sondern als JSON-String. Die überarbeiteten Methoden der Klasse WebAppManifestResource zeigt das Listing 6.42.

Listing 6.42 Überarbeitung der Klasse WebAppManifestResource

```
public class WebAppManifestResource extends ResourceWrapper {

  ...

  @Override
  public InputStream getInputStream() throws IOException {
    return new ByteArrayInputStream(getManifest()
                                .getBytes(StandardCharsets.UTF_8));
  }

  @Override
  public String getRequestPath() {
    return getApplicationContextPath()
           + "/javax.faces.resource/manifest.json.xhtml?ln=jsfpraxis";
  }

  private String getManifest() {
    JsonArray icons = Json.createArrayBuilder()
      .add(Json.createObjectBuilder()
           .add("src", getApplicationContextPath()
                      +"/javax.faces.resource/icon1.png.xhtml?ln=icons")
           .add("sizes", "128x128"))
      .add(Json.createObjectBuilder()
           .add("src", getApplicationContextPath()
                      +"/javax.faces.resource/icon2.png.xhtml?ln=icons")
           .add("sizes", "96x96"))
      .build();
    return Json.createObjectBuilder()
               .add("name", "JSF Praxis Mobile")
               .add("description", "Beispiel für Web-App-Manifest")
               .add("icons", icons)
               .build().toString();
  }
```

```
    private String getApplicationContextPath() {
      return FacesContext.getCurrentInstance()
                         .getExternalContext()
                         .getApplicationContextPath();
    }

  }
```

Die Überarbeitung basiert auf der zusätzlichen Methode `getApplicationContextPath()`, die sowohl bei der Erzeugung des Ressourcen-Links als auch für die Grafik-Links des Manifests Verwendung findet. Da Ressourcen von JSF direkt und nicht über CDI erzeugt werden, kann der `ExternalContext` nicht injiziert, sondern muss über den Umweg des `FacesContext` erzeugt werden. Die JSON-Erzeugung erfolgt über die in Java EE 8 enthaltene JSON-Unterstützung, die im JSR 374, dem *Java API for JSON Processing* [URL-JSR374] definiert ist.

Manifest über Bibliothek

Die JSF-Bibliothek OmniFaces erlaubt die einfache Erzeugung des Web-App-Manifests. Zusätzlich kann eine JavaScript-Datei hinzugefügt werden, die die von PWA geforderten Service Worker derart implementiert, dass die auf dem Desktop hinterlegte PWA auch im Offline-Modus eine Willkommensseite anzeigen kann. ■

6.8 HTTP/2 Server-Push

HTTP wurde 2015 in der Version 2 veröffentlicht. Die *HTTP/2* genannte Spezifikation erlaubt die einfachere Umsetzung von Anforderungen moderner Web-Anwendungen als die schon etwas betagten Versionen 1.1 oder gar 1.0. Ein viel beachtetes Merkmal von HTTP/2 ist das sogenannte *Server-Push*, das es erlaubt, nicht nur die in einem HTTP-Request angeforderte HTML-Seite, sondern auch Ressourcen, die in dieser Seite eingebettet sind, in Form mehrerer Antworten an den Client zu schicken, ohne dass diese zuvor explizit angefragt wurden. Der Server antwortet also präemptiv auf noch nicht gestellte Anfragen, weil er weiß, dass diese Anfragen in Kürze gestellt werden würden. Typische Ressourcen dieser Art sind etwa JavaScript- und CSS-Dateien sowie Bilder. Die Seite [URL-HTTP] gibt einen Überblick über viele HTTP-relevante Spezifikationen, unter anderem auch die HTTP/2-Spezifikation. In dieser finden Sie in Abschnitt *8.2 Server Push* die Beschreibung des Push-Verhaltens.

Sie müssen sich aber nicht näher mit Server-Push beschäftigen, da JavaServer Faces dies standardmäßig unterstützt. In der Version 2.3 der JSF-Spezifikation [URL-JSR372] wird in Abschnitt 2.2.6 gefordert:

> *„If running on a container that supports Servlet 4.0 or later, after any dynamic component manipulations have been completed, any resources that have been added to the UIViewRoot, such as scripts, images, or stylesheets, and any inline images, must*

be pushed to the client using the Servlet Server Push API. All of the pushes must be started before any of the HTML of the response is rendered to the client.“

Wenn die JSF-Anwendung in einem Java-EE-8-Application-Server betrieben wird, ist die Bedingung einer Servlet-Implementierung in der Version 4.0 erfüllt. Die von uns verwendeten Server realisieren also den Server-Push von Ressourcen. Doch wie kann dies überprüft werden? Google Chrome zeigt in den Entwicklerwerkzeugen in der Netzwerk-Registerkarte an, ob eine Datei per Server-Push ausgeliefert wurde. Das Bild 6.7 zeigt diese Registerkarte nach Aufruf der Hauptseite des Beispielprojekts für dieses Kapitel 6 (`/jsf-special/home.xhtml`). Die interessante Spalte ist mit *Initiator* überschrieben. Während die HTML-Seite `home.xhtml` durch den Client (Other) initiiert wurde, sind die CSS-Dateien `main.css`, `menu.css` und `section-web.css` sowie die JavaScript-Datei `jsf.js` durch die JSF-Implementierung als Server-Push nach Anfrage der Ursprungsseite initiiert (Push / home.xhtml). Durch die Verwendung von JSF können wir uns als Entwickler entspannt nach hinten lehnen und partizipieren trotzdem an der performanzsteigernden Wirkung des Server-Pushs von HTTP/2.

Bild 6.7 Chrome-Entwicklerwerkzeug mit Netzwerk-Registerkarte

Dateinamenserweiterung und Query-Parameter

Eine Erläuterung zu den in Bild 6.7 verwendeten Dateinamenserweiterungen `xhtml` der CSS- und JavaScript-Dateien sowie des Query-Parameters `ln` finden Sie in Abschnitt 4.4.

■

Chrome soll Server-Push nicht mehr unterstützen

Noch während des Schreibens dieses Abschnitts ließ Google verlautbaren, dass zukünftige Versionen des Chrome-Browsers die Server-Push-Funktionalität nicht mehr unterstützen sollen [URL-RSP]. Grund hierfür ist die geringe server-seitige Unterstützung.

■

6.9 Single-Page-Applications

Eine Single-Page-Application, kurz SPA, ist nach übereinstimmender Meinung der deutsch- und englischsprachigen Wikipedia-Einträge eine Anwendung, die aus einem einzigen HTML-Dokument besteht und deren Inhalte dynamisch nachgeladen werden. Die Motivation dahinter sind schnellere Inhaltswechsel und ein Nutzungserlebnis, das stark an native Anwendungen erinnert. Im weiteren Verlauf der Wikipedia-Einträge werden zusätzliche Eigenschaften angesprochen, die in Richtung aktueller JavaScript-Frameworks und PWAs weisen. Wir wollen an dieser Stelle JSF nicht als Paradebeispiel eines SPA-Frameworks darstellen, sehr wohl aber als Abschluss dieses letzten inhaltlichen Kapitels unseres JSF-Buchs zeigen, dass JSF so flexibel ist, dass die genannten Anforderungen auch durch JSF erfüllt werden können.

Was macht eine Web-Anwendung aus?

Wir sind der Überzeugung, dass mehrseitige Anwendungen, wie sie typischerweise mit JavaServer Faces entwickelt werden, den zentralen Konzepten des Webs eher entsprechen als einseitige Anwendungen. Zudem sehen wir in einer einseitigen Anwendung keinen Mehrwert per se. Dieser Abschnitt dient lediglich als weiteres Beispiel der Flexibilität von JavaServer Faces und kann überall dort sinnvoll verwendet werden, wo Seitenfragmente über einen EL-Wert auszutauschen sind. ■

Um die Inhalte einer JSF-Seite parametrisieren zu können, benötigt man sinnvollerweise eine Managed Bean im View-Scope, die hinter dieser JSF-Seite steht. Die Klasse `SpaController` in Listing 6.43 ist eine solche Klasse mit einer einzigen Instanzvariablen zur Parametrisierung des Inhalts. Bei Bedarf kann dies auf mehrere Instanzvariablen für verschiedene Seitenfragmente erweitert werden.

Listing 6.43 Controller zur SPA-Steuerung

```
@Named
@ViewScoped
public class SpaController implements Serializable {

  private String content;

  public SpaController() {
  }

  // Getter und Setter
  ...
}
```

Um kompatibel mit der Menüstruktur unserer Beispiele zu sein, existiert ein Einstiegspunkt in die Seite `/spa.xhtml` und drei weitere Menüpunkte für die jeweiligen Inhalte. Der entsprechende Ausschnitt des Menüs ist in Listing 6.44 abgebildet.

Listing 6.44 Menü für die SPA-Inhalte

```
<li jsf:id="spa-menu" class="dropdown">
  <a href="#" class="dropbtn">SPA</a>
  <div class="dropdown-content">
    <a href="#{externalContext.applicationContextPath}/spa/spa.xhtml">
      Start
    </a>
    <f:ajax render="spa-menu spa-content">
      <h:commandLink value="Inhalt 1"
          action="#{spaController.setContent('content-1')}" />
    </f:ajax>
    <f:ajax render="spa-menu spa-content">
      <h:commandLink value="Inhalt 2"
          action="#{spaController.setContent('content-2')}" />
    </f:ajax>
    <f:ajax render="spa-menu spa-content">
      <h:commandLink value="Inhalt 3"
          action="#{spaController.setContent('content-3')}" />
    </f:ajax>
  </div>
</li>
```

Die Einbindung der Inhalte erfolgt über die SPA-Hauptseite, dargestellt in Listing 6.45.

Listing 6.45 Die SPA-Hauptseite `/spa.xhtml`

```
...
<h:panelGroup id="spa-content">
 <ui:include src="/WEB-INF/includes/spa/#{spaController.content}.xhtml"/>
</h:panelGroup>
...
```

Über das Tag `<ui:include>` und einen entsprechenden EL-Ausdruck werden alternativ die drei Inhaltsseiten bzw. Seitenfragmente eingebunden. Die Seitenfragmente selbst sind für das Beispiel irrelevant, so dass wir auf ihre Darstellung verzichten. Im herunterladbaren Beispiel ist die Möglichkeit einer Dateneingabe in zwei der drei Seitenfragemente gegeben, die über eine weitere Managed Bean erfolgt. Diese kann, je nach Anwendungsfall, einen anderen als den View-Scope besitzen. Durch die `<f:ajax>`-Tags in den Menüpunkten werden die jeweiligen Seitenfragmente dynamisch nachgeladen und gerendert und so das typische Zittern eines komplett neuen Seitenaufbaus durch den Browser verhindert.

Wir schließen an dieser Stelle unsere Ausführungen zu JavaServer Faces ab, denen wir die Kapitel

- 2 JavaServer Faces im Detail — die Grundlagen
- 4 Weiterführende Themen
- 6 Spezialthemen

gewidmet haben. Im nächsten Kapitel geben wir einen kurzen Überblick über tatsächlich von uns verwendete Systeme bzw. Alternativen.

7 Verwendete Systeme

Java EE 8 wurde am 18. September 2017 veröffentlicht. Zuvor hatte Oracle Pläne bekanntgegeben, dass Java EE an die Open-Source-Community übergeben werden sollte. Durch den sehr großen Umfang der Java-EE-Spezifikationen kamen nur die Apache Software Foundation und die Eclipse Foundation als neue Wächter und Verwalter dieses Erbes in Frage. Letztendlich fiel die Wahl auf die Eclipse Foundation. Hierzu wurde das Projekt *Eclipse Enterprise for Java*, kurz *EE4J* [URL-EE4J], gegründet, das sowohl die einzelnen Enterprise-Spezifikationen als auch die Hauptspezifikation *Jakarta EE Platform*, kurz *Jakarta EE* [URL-JEE], als Teilprojekte enthält.

Jakarta EE 8, am 10. September 2019 veröffentlicht, ist inhaltlich identisch zu Java EE 8 und wurde lediglich zur Etablierung des *Jakarta EE Specification Process* [URL-JESP] betrieben, der den für Java EE maßgeblichen Java Community Process [URL-JCP] ablöst. Java EE 8 enthält JavaServer Faces 2.3, Jakarta EE 8 enthält Jakarta Server Faces 2.3 als Bestandteil.

Am 20.11.2020 wurde Jakarta EE 9 veröffentlicht. Das Ziel dieses Release war die Überführung der Package-Namen von `javax.*` nach `jakarta.*`. Weitere Änderungen in den APIs wurden nicht vorgenommen. Der Grund für den Namenswechsel waren Querelen mit Oracle bezüglich Marken- und Namensrechten. Die Änderung der Package-Namen brechen die langjährige Kompatibilität der Enterprise-Spezifikationen, so dass alle Spezifikationen eine neue Major-Versionsnummer erhalten haben. Für Jakarta Server Faces ist dies 3.0 [URL-JSF3]. Zusätzlich wird die Rückwärtskompatibilität eines Jakarta-EE-9-Servers für EE 8 explizit nicht verlangt. Allerdings wird explizit erwähnt, dass wahrscheinlich viele Application-Server diese Rückwärtskompatibilität trotzdem garantieren werden. Für WildFly wurde das bereits in der Version 22 Alpha 1 angekündigt.

Wir gehen davon aus, dass alle Beispiele des Buchs in einem Jakarta-EE-9-Server nach entsprechender Änderung der verwendeten Package-Namen unverändert funktionieren.

In der zweiten Auflage des Buchs haben wir Eclipse als Build-Umgebung und GlassFish als Application-Server verwendet. Mittlerweile verwenden wir in allen unseren Projekten Maven als Build-System und in der Regel WildFly als Application-Server. Wir haben dies daher auch für unser Buchprojekt übernommen. Für die ersten Projektideen innerhalb des Buchs haben wir zusätzlich Payara und TomEE als weitere Laufzeitumgebungen definiert – aber schnell wieder verworfen. UI-Tests erfordern einen recht hohen Aufwand, wie wir in Abschnitt 5.5 gezeigt haben. Neben der Fachlichkeit unser – in der Regel aus didaktischen Gründen simplifizierten – Beispiele wären die Tests häufig Tests des Application-Servers, was nicht sonderlich sinnvoll ist. Wir haben uns daher entschlossen, zunächst nur WildFly einzusetzen und händisch zu testen. Durch die Zertifizierung vieler Application-Server als

Java-EE-kompatibel werden unsere Beispielprojekte aber auf vielen anderen Servern ebenfalls problemlos funktionieren, eventuell mit minimaler Nacharbeit. Eine Übersicht der für Java EE 8 zertifizierten Application-Server findet man unter [URL-JEEC].

7.1 WildFly und JBoss EAP

Der Application-Server *WildFly* [URL-WF] entstand aus dem Server *JBoss AS*. Nach der Version JBoss AS 7 hieß die nächste Version WildFly 8. WildFly wird als Open-Source-System maßgeblich von Red Hat entwickelt, deren Middleware-Abteilung durch Übernahme der JBoss Inc. entstand. Red Hat selbst ist mittlerweile eine Tocher der IBM.

Während WildFly als Open-Source-System entwickelt wird und mit einer LGPL-Lizenz 2.1 versehen ist, ist *Red Hat JBoss Enterprise Application Platform* (EAP) die kommerzielle Variante des WildFly und im Betrieb kostenpflichtig. Für Evaluierungszwecke ist der Betrieb ohne Lizenzierung erlaubt. Diese Variante ist ebenfalls unter der oben genannten Referenz verfügbar.

Es gibt eine ganze Reihe von Alternativen, um Anwendungen auf einem WildFly-Server zu deployen. Wir führen hier einige davon auf. Die von uns selbst am häufigsten praktizierte Alternative ist das einfache Kopieren in das Verzeichnis `<wildfly>/standalone/deployments`. Der sogenannte Deployment-Scanner liest dieses Verzeichnis alle fünf Sekunden und deployt jede neue JAR- oder WAR-Datei. Die Zeitdauer ist, wie alle Konfigurationsoptionen, in der Datei `standalone.xml` bzw. deren Spezialversionen einstellbar. Ein Undeployment erfolgt durch einfaches Löschen der Artefaktdatei.

Die Datei `jboss-cli.sh` bzw. deren `.bat`-Version stellt das Command-Line-Interface (CLI) des WildFly-Servers dar. Nach dessem Aufruf muss zunächst mit dem Befehl `connect` eine Verbindung zum lokal laufenden Server hergestellt werden. Entfernte Server erwarten eine Authentifizierung. Mit der Option `--connect` kann der Verbindungsaufbau auch direkt mit dem Aufruf des Befehls erfolgen. Der Befehl `ls` zeigt alle Optionen für Listings. Mit der Option `deployment` werden alle aktuellen Deployments angezeigt. Der Befehl `deploy` gefolgt vom Namen des zu deployenden Artefakts deployt dieses. Falls eine bereits deployte Anwendung erneut deployt werden soll, ist dies durch `--force` zu erzwingen. Der Befehl `undeploy` gefolgt vom Namen der Artefaktdatei führt ein Undeployment durch.

Die dritte Alternative eines Deployments ist die Verwendung des WildFly-Maven-Plugins mit den Koordinaten

```
<plugin>
  <groupId>org.wildfly.plugins</groupId>
  <artifactId>wildfly-maven-plugin</artifactId>
  <version>2.0.2.Final</version>
</plugin>
```

Das Plugin stellt under anderem die Goals `deploy`, `redeploy` und `undeploy` bereit. Im Gegensatz zu `jboss-cli.sh` überschreibt ein Deployment ein bereits existierendes Deployment.

Für die drei genannten Alternativen bieten sich daher in der Kommandozeile die folgenden Befehle an:

```
cp target/jsf-special.war <WF>/standalone/deployments/

<WF>/jboss-cli.sh --connect \
     --command="deploy --force target/jsf-special.war"

mvn org.wildfly.plugins:wildfly-maven-plugin:deploy

mvn wildfly:deploy
```

Dabei müssen die Befehle im Projektverzeichnis ausgeführt werden und `<WF>` bezeichnet das Installationsverzeichnis des Servers. Beim zweiten Maven-Aufruf muss in der Maven-Konfigurationsdatei `settings.xml` die entsprechende Plugin-Gruppe gesetzt sein.

Eine weitere Möglichkeit für das Deployment einer Anwendung ist das Administrations-UI des Servers. Ebenso kann direkt über HTTP (curl, wget, httpie) deployt werden. Wir gehen auf diese Alternativen nicht ein.

Falls in Anwendungen deutsche Umlaute nicht korrekt dargestellt werden, liegt dies wahrscheinlich an der Charakter-Codierung des Servlet-Containers Undertow. Im Standardfall ist die Codierung nicht gesetzt, so dass WildFly die entsprechende Konfiguration der Umgebung erbt. Die Codierung kann in der Konfigurationsdatei `standalone.xml` explizit gesetzt werden:

Listing 7.1 WildFly Config (`standalone.xml`)

```
<subsystem xmlns="urn:jboss:domain:undertow:11.0">
    <servlet-container name="default" default-encoding="UTF-8">
        <jsp-config/>
        <websockets/>
    </servlet-container>
    ...
```

7.2 Payara

Der von Oracle entwickelte Application-Server GlassFish war die Referenzimplementierung für die Java-EE-Versionen 6, 7 und 8. Er wurde in Open-Source-Manier entwickelt, aber auch mit einer kommerziellen Lizenz von Oracle vertrieben. 2013 kündigte Oracle an, dass es für GlassFish zukünftig keinen kommerziellen Support mehr geben wird und sich Oracle ausschließlich auf den zweiten Application-Server im Portfolio, Web-Logic, konzentrieren wird. Die Payara Services Ltd wurde gegründet und übernahm die Weiterentwicklung des GlassFish-Servers unter dem Namen Payara sowohl als Open-Source-Version (Community Edition) als auch als kommerzielle Version (Enterprise Edition). Der Application-Server kann unter [URL-PAY] heruntergeladen werden.

Auch Payara unterstützt das Deployment einer Anwendung durch einfaches Kopieren. Das Zielverzeichnis lautet:

```
<PAYARA>/glassfish/domains/domain1/autodeploy
```

Im Augenblick (Dezember 2020) unterstützt Payara nur das letzte LTS-Release von Java, also Java 11. Dies muss entweder auf Betriebssystemebene konfiguriert sein oder man konfiguriert das JDK ausschließlich für Payara, indem man in der Datei

```
<PAYARA>/glassfish/config/asenv.conf
```

den Wert für AS_JAVA setzt, also z.B.:

```
AS_JAVA=/java/jdk/jdk-11.0.2
```

Payara hat sowohl die Verzeichnisstruktur als auch die Verwaltungsbefehle unverändert von GlassFish übernommen. Mit dem Befehl asadmin wird der Server sowohl hoch- als auch wieder heruntergefahren. Parameter sind die beiden Unterbefehle start-domain und stop-domain, also:

```
<PAYARA>/bin/asadmin start-domain
```

```
<PAYARA>/bin/asadmin stop-domain
```

Ohne weitere Option wird die Default-Domain domain1 verwendet. Das Beobachten des Logs, das man im Unterverzeichnis logs findet, ist empfehlenswert:

```
<PAYARA>/glassfish/domains/domain1/logs/server.log
```

7.3 TomEE

Der Application-Server der Apache Foundation ist TomEE [URL-TOMEE]. Der zugrunde liegende Servlet-Container Tomcat [URL-TOM] stand namensgebend zur Seite. Das Deployen einer Anwendung erfolgt durch Kopieren in das Verzeichnis

```
<TOMEE>/webapps
```

Das Starten und Herunterfahren geschieht mit:

```
<TOMEE>/bin/startup.sh
```

```
<TOMEE>/bin/shutdown.sh
```

wobei hier auch eine Windows-Version mit Dateiendung bat zur Verfügung steht. Das Log findet man in

```
<TOMEE>/logs/catalina.out
```

Fehler in TomEE

Die Menüs unserer Beispielprogramme verwenden kontextrelative Links. request ist ein vordefinierter Objektname (siehe Tabelle 2.3 auf Seite 33) vom Typ

HttpServletRequest. Die zunächst verwendete Form zur Berechnung der kontextrelativen Links war

```
#{request.contextPath}
```

was jedoch in TomEE nicht korrekt aufgelöst wird. Die Änderung zu

```
#{externalContext.applicationContextPath}
```

funktioniert nun in allen drei Application-Servern.

■

7.4 WildFly Bootable JAR

WildFly Swarm, später umbenannt in Thorntail, hatte das Ziel, soviel Application-Server wie nötig plus die Anwendung selbst in ein JAR zu packen. Der Application-Server als Anwendung wird damit überflüssig. Quarkus [URL-QUARK] ist als Microservice-Framework angetreten, umfasst mittlerweile aber so viele Erweiterungen, dass es große Überschneidungen zu Thorntail gibt. Da beide Produkte aus dem Hause Red Hat kommen, führte dies zum Entwicklungsende von Thorntail.

Unabhängig von dieser Entwicklung wurde der WildFly-Application-Server stark modularisiert, um im Cloud-Zeitalter nur die benötigten Module zu einem quasi maßgeschneiderten Application-Server zusammensetzen zu können. Realisiert wird dies durch das Provisionierungswerkzeug Galleon, ein WildFly-Teilprojekt.

Diese Module und die Anwendungsbestandteile können nun mit Hilfe des Wildfly-JAR-Maven-Plugins (Artefact-Id wildfly-jar-maven-plugin) zu einer JAR-Datei gepackt werden, die Anwendung und Server beinhaltet und für den Betrieb lediglich ein JRE benötigt. Da die ganze Arbeit durch Maven erbracht wird, würde ein entsprechendes Profil das POM deutlich vergrößern, so dass wir uns für ein eigenes POM entschieden haben. Listing 7.2 zeigt einen Ausschnitt aus dem POM pom-bootable.xml des Projekts jsf-im-detail aus Kapitel 2.

Listing 7.2 POM für WildFly Bootable JAR (pom-bootable.xml)

```
...
<build>
  <plugins>
    <plugin>
      <groupId>org.wildfly.plugins</groupId>
      <artifactId>wildfly-jar-maven-plugin</artifactId>
      <version>${version.plugin}</version>
      <configuration>
        <feature-pack-location>
          wildfly@maven(org.jboss.universe:community-universe)\
            #${version.wildfly}
        </feature-pack-location>
```

```
13         <layers>
14           <layer>cdi</layer>
15           <layer>jsf</layer>
16           <layer>bean-validation</layer>
17         </layers>
18         <excluded-layers>
19           <layer>deployment-scanner</layer>
20         </excluded-layers>
21       </configuration>
22       <executions>
23         <execution>
24           <goals>
25             <goal>package</goal>
26           </goals>
27         </execution>
28       </executions>
29       </plugin>
30 ...
```

Das Projekt `jsf-im-detail` verwendet CDI, JSF und Bean-Validation, deren Verwendung in den Zeilen 13 – 17 das Plugin anweist, diese Module in das JAR zu packen. Da der Layer `jsf` als Abhängigkeit den Layer `web-server` verwendet und damit wiederum sukzessive die Abhängigkeit `deployment-scanner`, wird diese durch `<excluded-layers>` (Zeilen 18 – 20) wieder entfernt.

Mit einem einfachen `mvn package` wird das bootable JAR erzeugt. Die Anwendung inklusive des (Teil-)Application-Servers wird dann mit `java -jar` gestartet:

```
mvn clean package -f pom-bootable.xml

java -jar target/jsf-im-detail-bootable.jar
```

Die Anwendung wird als ROOT-Anwendung gestartet, so dass der Anwendungsname als erster Teil des URI entfällt und die Anwendung selbst unter `localhost:8080` bereitsteht.

7.5 Payara Micro

Payara Micro basiert auf dem Application-Server Payara und dem bereits in Abschnitt 7.4 über WildFly Bootable JAR formulierten Ziel, soviel Application-Server wie nötig in ein JAR zu packen. Im Gegensatz zu WildFly wird die Anwendung selbst aber nicht in das JAR gepackt, sondern als Deployment-Parameter übergeben. Payara Micro kann wie der Application-Server selbst unter [URL-PAY] heruntergeladen werden.

Für unsere Projekte kann dann das WAR mit dem Befehl `java` ohne Installation des Application-Servers deployt werden:

```
java -jar payara-micro-5.2020.6.jar --deploy jsf-im-detail.war
```

WildFlys hollow JAR

Unter der Bezeichnung *hollow* JAR unterstützt das WildFly-JAR-Maven-Plugin dieselbe Idee. Durch die Verwendung von `<hollow-jar>true</hollow-jar>` im Konfigurationsteil des Plugins wird sowohl der Application-Server aus den genannten Galleon-Layern in ein JAR als auch die Anwendung in ein WAR gepackt. Der Aufruf erfolgt dann wie für Payara Micro beschrieben.

■

8 Ausblick

8.1 Wie geht es weiter mit JSF?

Durch eine glückliche Fügung kann das Akronym *JSF* auch für Jakarta Server Faces weiter verwendet werden, was wir nun auch praktizieren wollen. JSF 3.0 realisiert lediglich die Package-Migration von `javax.faces.*` nach `jakarta.faces.*` ohne API-Änderungen. Die JSF-Community ist aber recht aktiv und plant schon die Zukunft. Zunächst sollen ältere und nicht mehr benutzte Features, die zum Teil auch schon offiziell deprecated sind, entfernt werden. Dies ist für die Inhalte des Buchs nicht relevant, da wir derartige Features nicht verwendet haben.

Als tatsächliche neue Features werden die folgenden Punkte in der Community diskutiert:

- die Integration von CDI-Events,
- interne JSF-Artefakte als CDI-Beans,
- weitere Artefakte injizierbar,
- interne Modularisierung à la JDK,
- extensionless Views,
- einfacheres API für Faces-Messages,
- Integration von MVC push,
- API zur Erzeugung von Views mit Java,
- zustandslose Views als globale Option.

Wir freuen uns darauf!

Das bereits erwähnte Quarkus-Projekt [URL-QUARK] ist als Microservice-Framework zu charakterisieren. Neben der JVM-basierten Ausführung einer Anwendung wird auch das Bauen einer nativen Anwendung unterstützt. Alles, was Frameworks wie CDI zur Laufzeit realisieren, muss dann bereits zur Compile-Zeit stattfinden, was in der Regel nicht ganz trivial ist. Die als Quarkus-Erweiterungen (Extensions) konzipierten Frameworks schränken daher zum Teil ihre Funktionalitäten ein. Die CDI-Implementierung in Quarkus erlaubt zum Beispiel keine sogenannten *Portable Extensions*.

Die hinter der JSF-Implementierung MyFaces [URL-MF] stehenden Entwickler haben damit begonnen, MyFaces als Quarkus-Erweiterung verfügbar zu machen. Den MyFaces-Code finden Sie bei GitHub [URL-MFGH] und die Readme-Datei enthält einen Verweis auf das Teilprojekt, in dem die Quarkus-Erweiterung entsteht. Nach den anfänglichen großen Fortschritten ist mittlerweile eine gewisse Stagnation in der Projektentwicklung zu erkennen, zumindest in unserer Wahrnehmung. Eventuell entsteht aber an dieser Stelle einmal die Option, JSF-Anwendungen in native Anwendungen der jeweiligen Betriebssysteme übersetzen zu können.

8.2 Andere JSF-Bücher

Wir glauben, dass Ihnen unser Buch gute Dienste leisten wird, wenn Sie sich in JavaServer Faces einarbeiten wollen. Wir glauben weiter, dass Ihnen dieses Buch auch helfen kann, wenn Sie bereits die ersten Gehversuche mit JSF gemacht haben und nun anspruchsvollere Anforderungen umsetzen müssen.

Durch den mittlerweile sehr umfangreichen Bestand an Features, die JSF anbietet, hat aber jedes Buch über JSF – auch unseres – notgedrungen Lücken, die eventuell von anderen Büchern geschlossen werden. Zudem sind Aufbau, Methodik und Schwerpunkte von Büchern verschieden. Wir geben Ihnen daher einen kurzen Überblick über andere JSF-Bücher, beschränken uns aber auf Bücher, die mindestens die Version 2.0 von JSF beschreiben und in Deutsch oder Englisch verfasst sind.

Wir wollen an dieser Stelle keine Schleichwerbung betreiben und werden die Bücher lediglich kurz charakterisieren, aber nicht bewerten. Die Auflistung erfolgt alphabetisch nach dem ersten Autor. Viele der Autoren kennen wir persönlich.

- *JavaServer Faces 2.0: The Complete Reference* von Ed Burns und Chris Schalk [BS10]. Das Buch beschreibt JSF in der Version 2.0 und ist mit über 700 Seiten das seitenstärkste Buch. Ed Burns war der Vorsitzende (Spec Lead) bzw. stellvertretende Vorsitzende (Co-Spec Lead) aller JSF-Spezifikationen. Das Buch geht ausführlich auf praktisch alle Bereiche von JavaServer Faces ein.
- *Core JavaServer Faces* von David Geary und Cay Horstmann [GH10]. Das Buch beschreibt JSF in der Version 2.0 und geht ausführlich auf praktisch alle Bereiche von JavaServer Faces ein.
- *JavaServer Faces – Introduction by Example* von Josh Juneau [Jun14]. Das Buch beschreibt JSF in der Version 2.0. Dazu werden über 80 Rezepte zu verschiedenen Themen beschrieben, indem jeweils code-basiert ein Beispiel entwickelt und erläutert wird.
- *JavaServer Faces 2.2 – Grundlagen und erweiterte Konzepte* von Michael Kurz und Martin Marinschek [KM14]. Es ist das einzige deutschsprachige Buch und beschreibt JSF in der Version 2.2. Das Buch geht ausführlich auf praktisch alle Bereiche von JavaServer Faces ein. Beide Autoren sind Committer von Apache MyFaces.
- *JSF 2.0 Cookbook* von Anghel Leonard [Leo10]. Das Buch beschreibt JSF in der Version 2.0 mit über 100 Rezepten zu verschiedenen Themen.
- *Mastering JavaServer Faces 2.2* ebenfalls von Anghel Leonard [Leo14]. Das Buch beschreibt JSF sehr detailreich in der Version 2.2.
- *Practical JSF in Java EE 8 – Web Applications in Java for the Enterprise* von Michael Müller [Mü18]. Das Buch beschreibt JSF in der Version 2.3. Dazu werden in 36 Kapiteln beispiel-

hafte Anwendungen sowie JSF-Themen behandelt. Michael Müller war Mitglied in den Expertengruppen von JSF 2.2 und 2.3.

- *Pro JSF and HTML5 –Building Rich Internet Components* von Hazem Saleh, Allan Lykke Christensen und Zubin Wadia [SCW13]. Das Buch beschreibt JSF in der Version 2.2 und geht auf praktisch alle Bereiche von JavaServer Faces ein.
- *The Definitive Guide to JSF in Java EE 8: Building Web Applications with JavaServer Faces* von Bauke Scholtz und Arjan Tijms [ST18]. Das Buch beschreibt JSF in der Version 2.3 und geht auf praktisch alle Bereiche von JavaServer Faces ein. Häufig gibt es einen technisch sehr tiefgründigen Blick hinter die Kulissen. Die beiden Autoren sind die Entwickler der JSF-Bibliothek OmniFaces, Comitter von Mojarra und Mitglieder der Expertengruppe von JSF 2.3. Bauke Scholtz ist auf Stackoverflow unter dem Pseudonym *BalusC* bekannt und dort der Nutzer mit den meisten Antworten zu JSF-Fragen.

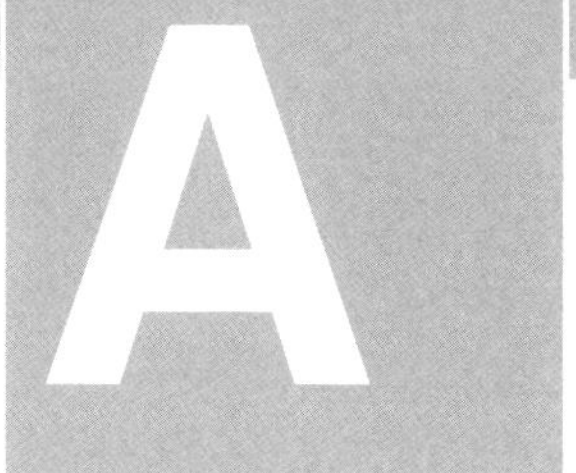

Die Tags der Standardbibliotheken

Die Unterstützung der IDEs beim Erstellen von JSF-Seiten ist mittlerweile sehr gut. Auch Suchmaschinen finden häufig sehr verlässlich, nach was man sucht. Eine vollständige Dokumentation der Standardbibliotheken in Buchform erscheint deshalb fraglich.

Sowohl bei der Verwendung der IDE als auch von Suchmaschinen muss jedoch bekannt sein, nach was man sucht. Die folgenden Abschnitte stellen einen Überblick über JSFs Standardbibliotheken dar. Sie ersetzen keine vollständige Dokumentation, sondern sollen dem Leser den Überblick verschaffen, den er zur gezielten Verwendung in der IDE oder der Suche im Internet benötigt.

Zusätzlich raten wir dazu, die vollständige JSF-Dokumentation lokal auf dem Entwicklungsrechner zu installieren.

Überschneidung zu Abschnitt 4.8

Bei den im Folgenden dargestellten Bibliothekselementen gibt es Überschneidungen zu den Abschnitten 4.8.4 und 4.8.5. Die Beschreibung hier ist an die JSF-Dokumentation angelehnt und enthält die jeweiligen Attribute.

A.1 HTML-Tag-Bibliothek

Die Tags der HTML-Bibliothek werden als HTML gerendert. Als Namensraumspräfix wird in der Regel h verwendet, so dass die Tag-Bibliothek wie folgt eingebunden wird:

```
xmlns:h="http://xmlns.jcp.org/jsf/html"
```

Die Beschreibung der einzelnen Tags erfolgt durch

- Angabe des Tags,
- eine Kurzbeschreibung,
- Nennung der implementierenden Komponente,
- Anführen der Attribute.

<h:body>

Rendert ein <body>-Element

Komponente: `javax.faces.component.html.HtmlBody`

binding, dir, id, lang, onclick, ondblclick, onkeydown, onkeypress, onkeyup, onload, onmousedown, onmousemove, onmouseout, onmouseover, onmouseup, onunload, role, styleClass, style, title, xmlns

<h:button>

Rendert ein `<input>`-Element vom Typ `button`. Beim Klicken wird ein GET-Request abgesetzt

Komponente: `javax.faces.component.html.HtmlOutcomeTargetButton`

accesskey, alt, binding, dir, disableClientWindow, disabled, fragment, id, image, includeViewParams, lang, onblur, onclick, ondblclick, onfocus, onkeydown, onkeypress, onkeyup, onmousedown, onmouseout, onmouseover, onmouseup, outcome, rendered, role, style, styleClass, tabindex, title, value

<h:column>

Kindelemente werden als Spalte einer Tabelle gerendert

Komponente: `javax.faces.component.html.HtmlColumn`

binding, footerClass, headerClass, id, rendered, rowHeader

<h:commandButton>

Rendert ein `<input>`-Element vom Typ `submit`, `reset` oder `image`. Schickt das Formular ab (`submit`)

Komponente: `javax.faces.component.html.HtmlCommandButton`

accesskey, action, actionListener, alt, binding, dir, disabled, id, image, immediate, label, lang, onblur, onchange, onclick, ondblclick, onfocus, onkeydown, onkeypress, onkeyup, onmousedown, onmousemove, onmouseout, onmouseover, onmouseup, onselect, readonly, rendered, role, style, styleClass, tabindex, title, type, value

<h:commandLink>

Rendert ein <a>-Element, das sich wie ein Submit-Button verhält

Komponente: `javax.faces.component.html.HtmlCommandLink`

accesskey, action, actionListener, binding, charset, coords, dir, disabled, hreflang, id, immediate, lang, onblur, onclick, ondblclick, onfocus, onkeydown, onkeypress, onkeyup, onmousedown, onmousemove, onmouseout, onmouseover, onmouseup, rel, rendered, rev, role, shape, style, styleClass, tabindex, target, title, type, value

<h:commandScript>

Rendert eine JavaScript-Funktion, die `jsf.ajax.request()` aufruft

Komponente: `javax.faces.component.html.HtmlCommandScript`

action, actionListener, autorun, binding, execute, id, immediate, name, onerror, onevent, render, rendered, resetValues, value

<h:dataTable>

Rendert ein `<table>`-Element

Komponente: `javax.faces.component.html.HtmlDataTable`

bgcolor, binding, bodyrows, border, captionClass, captionStyle, cellpadding, cellspacing, columnClasses, dir, first, footerClass, frame, headerClass, id, lang, onclick, ondblclick, onkeydown, onkeypress, onkeyup, onmousedown, onmousemove, onmouseout, onmouseover, onmouseup, rendered, role, rowClass, rowClasses, rowStatePreserved, rows, rules, style, styleClass, summary, title, value, var, width

<h:doctype>

Rendert eine `<!DOCTYPE>`-Deklaration

Komponente: `javax.faces.component.html.HtmlDoctype`

binding, converter, id, public, rendered, rootElement, system, value

<h:form>

Rendert ein `<form>`-Element. Die Daten des Formulars werden per POST an den Server geschickt

Komponente: `javax.faces.component.html.HtmlForm`

accept, acceptcharset, binding, dir, enctype, id, lang, onclick, ondblclick, onkeydown, onkeypress, onkeyup, onmousedown, onmousemove, onmouseout, onmouseover, onmouseup, onreset, onsubmit, prependId, rendered, role, style, styleClass, target, title

<h:graphicImage>

Rendert ein `<img>`-Element

Komponente: `javax.faces.component.html.HtmlGraphicImage`

alt, binding, dir, height, id, ismap, lang, library, longdesc, name, onclick, ondblclick, onkeydown, onkeypress, onkeyup, onmousedown, onmousemove, onmouseout, onmouseover, onmouseup, rendered, role, style, styleClass, title, url, usemap, value, width

<h:head>

Rendert ein <head>-Element

Komponente: `javax.faces.component.html.HtmlHead`

binding, dir, id, lang, xmlns

<h:inputFile>

Rendert ein `<input>`-Element vom Typ `file`

Komponente: `javax.faces.component.html.HtmlInputFile`

accesskey, alt, autocomplete, binding, converter, converterMessage, dir, disabled, id, immediate, label, lang, maxlength, onblur, onchange, onclick, ondblclick, onfocus, onkeydown, onkeypress, onkeyup, onmousedown, onmousemove, onmouseout, onmouseover, onmouseup, onselect, readonly, rendered, required, requiredMessage, role, size, style, styleClass, tabindex, title, validator, validatorMessage, value, valueChangeListener

<h:inputHidden>

Rendert ein `<input>`-Element vom Typ `hidden`

Komponente: `javax.faces.component.html.HtmlInputHidden`

binding, converter, converterMessage, id, immediate, rendered, required, requiredMessage, validator, validatorMessage, value, valueChangeListener

<h:inputSecret>

Rendert ein `<input>`-Element vom Typ `password`

Komponente: `javax.faces.component.html.HtmlInputSecret`

accesskey, alt, autocomplete, binding, converter, converterMessage, dir, disabled, id, immediate, label, lang, maxlength, onblur, onchange, onclick, ondblclick, onfocus, onkeydown, onkeypress, onkeyup, onmousedown, onmousemove, onmouseout, onmouseover, onmouseup, onselect, readonly, redisplay, rendered, required, requiredMessage, role, size, style, styleClass, tabindex, title, validator, validatorMessage, value, valueChangeListener

<h:inputText>

Rendert ein `<input>`-Element vom Typ `text`

Komponente: `javax.faces.component.html.HtmlInputText`

accesskey, alt, autocomplete, binding, converter, converterMessage, dir, disabled, id, immediate, label, lang, maxlength, onblur, onchange, onclick, ondblclick, onfocus, onkeydown, onkeypress, onkeyup, onmousedown, onmousemove, onmouseout, onmouseover, onmouseup, onselect, readonly, rendered, required, requiredMessage, role, size, style, styleClass, tabindex, title, validator, validatorMessage, value, valueChangeListener

<h:inputTextarea>

Rendert ein `<textarea>`-Element

Komponente: `javax.faces.component.html.HtmlInputTextarea`

accesskey, binding, cols, converter, converterMessage, dir, disabled, id, immediate, label, lang, onblur, onchange, onclick, ondblclick, onfocus, onkeydown, onkeypress, onkeyup, onmousedown, onmousemove, onmouseout, onmouseover, onmouseup, onselect, readonly, rendered, required, requiredMessage, role, rows, style, styleClass, tabindex, title, validator, validatorMessage, value, valueChangeListener

<h:link>

Rendert ein <a>-Element mit dem Ziel-URL als Wert des `href`-Attributs

Komponente: `javax.faces.component.html.HtmlOutcomeTargetLink`

accesskey, binding, charset, coords, dir, disableClientWindow, disabled, fragment, hreflang, id, includeViewParams, lang, onblur, onclick, ondblclick, onfocus, onkeydown, onkeypress, onkeyup, onmousedown, onmousemove, onmouseout, onmouseover, onmouseup, outcome, rel, rendered, rev, role, shape, style, styleClass, tabindex, target, title, type, value

<h:message>

Rendert eine einzelne Meldung für die Komponente des `for`-Attributs

Komponente: `javax.faces.component.html.HtmlMessage`

binding, dir, errorClass, errorStyle, fatalClass, fatalStyle, for, id, infoClass, infoStyle, lang, rendered, role, showDetail, showSummary, style, styleClass, title, tooltip, warnClass, warnStyle

<h:messages>

Rendert alle oder nur globale (Attribut `globalOnly`) Meldungen

Komponente: `javax.faces.component.html.HtmlMessages`

binding, dir, errorClass, errorStyle, fatalClass, fatalStyle, for, globalOnly, id, infoClass, infoStyle, lang, layout, rendered, role, showDetail, showSummary, style, styleClass, title, tooltip, warnClass, warnStyle

<h:outputFormat>

Rendert parametrisierten Text

Komponente: `javax.faces.component.html.HtmlOutputFormat`

binding, converter, dir, escape, id, lang, rendered, role, style, styleClass, title, value

<h:outputLabel>

Rendert ein `<label>`-Element, optional für das spezifizierte Eingabeelement

Komponente: `javax.faces.component.html.HtmlOutputLabel`

accesskey, binding, converter, dir, escape, for, id, lang, onblur, onclick, ondblclick, onfocus, onkeydown, onkeypress, onkeyup, onmousedown, onmousemove, onmouseout, onmouseover, onmouseup, rendered, role, style, styleClass, tabindex, title, value

<h:outputLink>

Rendert ein <a>-Element mit `href` des Komponentenwerts

Komponente: `javax.faces.component.html.HtmlOutputLink`

accesskey, binding, charset, converter, coords, dir, disabled, hreflang, id, lang, onblur, onclick, ondblclick, onfocus, onkeydown, onkeypress, onkeyup, onmousedown, onmousemove, onmouseout, onmouseover, onmouseup, rel, rendered, rev, role, shape, style, styleClass, tabindex, target, title, type, value

<h:outputScript>

Rendert ein `<script>`-Element

Komponente: `javax.faces.component.UIOutput`

binding, converter, id, library, name, rendered, target, value

<h:outputStylesheet>

Rendert Markup für ein `<link>`-Element

Komponente: `javax.faces.component.UIOutput`

binding, converter, id, library, media, name, rendered, value

<h:outputText>

Rendert den Wert der Komponente als Text

Komponente: `javax.faces.component.html.HtmlOutputText`

binding, converter, dir, escape, id, lang, rendered, role, style, styleClass, title, value

<h:panelGrid>

Rendert ein `<table>`-Element für statische Tabellen

Komponente: `javax.faces.component.html.HtmlPanelGrid`

bgcolor, binding, bodyrows, border, captionClass, captionStyle, cellpadding, cellspacing, columnClasses, columns, dir, footerClass, frame, headerClass, id, lang, onclick, ondblclick, onkeydown, onkeypress, onkeyup, onmousedown, onmousemove, onmouseout, onmouseover, onmouseup, rendered, role, rowClass, rowClasses, rules, style, styleClass, summary, title, width

<h:panelGroup>

Fasst eine Gruppe von Komponenten zu einem Element (`<span>` oder `<div>`) zusammen

Komponente: `javax.faces.component.html.HtmlPanelGroup`

binding, id, layout, onclick, ondblclick, onkeydown, onkeypress, onkeyup, onmousedown, onmousemove, onmouseout, onmouseover, onmouseup, rendered, style, styleClass

<h:selectBooleanCheckbox>

Rendert ein `<input>`-Element vom Typ `checkbox`

Komponente: `javax.faces.component.html.HtmlSelectBooleanCheckbox`

accesskey, binding, converter, converterMessage, dir, disabled, id, immediate, label, lang, onblur, onchange, onclick, ondblclick, onfocus, onkeydown, onkeypress, onkeyup, onmousedown, onmousemove, onmouseout, onmouseover, onmouseup, onselect, readonly, rendered, required, requiredMessage, role, style, styleClass, tabindex, title, validator, validatorMessage, value, valueChangeListener

<h:selectManyCheckbox>

Rendert eine Menge von Checkboxen

Komponente: `javax.faces.component.html.HtmlSelectManyCheckbox`

accesskey, binding, border, collectionType, converter, converterMessage, dir, disabled, disabledClass, enabledClass, hideNoSelectionOption, id, immediate, label, lang, layout, onblur, onchange, onclick, ondblclick, onfocus, onkeydown, onkeypress, onkeyup, onmousedown, onmousemove, onmouseout, onmouseover, onmouseup, onselect, readonly, rendered, required, requiredMessage, role, selectedClass, style, styleClass, tabindex, title, unselectedClass, validator, validatorMessage, value, valueChangeListener

<h:selectManyListbox>

Rendert ein `<select>`-Element mit `<option>`-Elementen zur Mehrfachauswahl

Komponente: `javax.faces.component.html.HtmlSelectManyListbox`

accesskey, binding, collectionType, converter, converterMessage, dir, disabled, disabledClass, enabledClass, hideNoSelectionOption, id, immediate, label, lang, onblur, onchange, onclick, ondblclick, onfocus, onkeydown, onkeypress, onkeyup, onmousedown, onmousemove, onmouseout, onmouseover, onmouseup, onselect, readonly, rendered, required, requiredMessage, role, size, style, styleClass, tabindex, title, validator, validatorMessage, value, valueChangeListener

<h:selectManyMenu>

Rendert ein `<select>`-Element mit `<option>`-Elementen zur Mehrfachauswahl

Komponente: `javax.faces.component.html.HtmlSelectManyMenu`

accesskey, binding, collectionType, converter, converterMessage, dir, disabled, disabledClass, enabledClass, hideNoSelectionOption, id, immediate, label, lang, onblur, onchange, onclick, ondblclick, onfocus, onkeydown, onkeypress, onkeyup, onmousedown, onmousemove, onmouseout, onmouseover, onmouseup, onselect, readonly, rendered, required, requiredMessage, role, style, styleClass, tabindex, title, validator, validatorMessage, value, valueChangeListener

<h:selectOneListbox>

Rendert ein `<select>`-Element mit `<option>`-Elementen als Liste zur Einfachauswahl

Komponente: `javax.faces.component.html.HtmlSelectOneListbox`

accesskey, binding, converter, converterMessage, dir, disabled, disabledClass, enabledClass, hideNoSelectionOption, id, immediate, label, lang, onblur, onchange, onclick, ondblclick, onfocus, onkeydown, onkeypress, onkeyup, onmousedown, onmousemove, onmouseout, onmouseover, onmouseup, onselect, readonly, rendered, required, requiredMessage, role, size, style, styleClass, tabindex, title, validator, validatorMessage, value, valueChangeListener

<h:selectOneMenu>

Rendert ein `<select>`-Element mit `<option>`-Elementen als Drop-down zur Einfachauswahl

Komponente: `javax.faces.component.html.HtmlSelectOneMenu`

accesskey, binding, converter, converterMessage, dir, disabled, disabledClass, enabledClass, hideNoSelectionOption, id, immediate, label, lang, onblur, onchange, onclick, ondblclick, onfocus, onkeydown, onkeypress, onkeyup, onmousedown, onmousemove, onmouseout, onmouseover, onmouseup, onselect, readonly, rendered, required, requiredMessage, role, style, styleClass, tabindex, title, validator, validatorMessage, value, valueChangeListener

<h:selectOneRadio>

Rendert ein `<input>`-Element vom Typ `radio`

Komponente: `javax.faces.component.html.HtmlSelectOneRadio`

accesskey, binding, border, converter, converterMessage, dir, disabled, disabledClass, enabledClass, group, hideNoSelectionOption, id, immediate, label, lang, layout, onblur, onchange, onclick, ondblclick, onfocus, onkeydown, onkeypress, onkeyup, onmousedown, onmousemove, onmouseout, onmouseover, onmouseup, onselect, readonly, rendered, required, requiredMessage, role, style, styleClass, tabindex, title, validator, validatorMessage, value, valueChangeListener

A.2 Kernbibliothek

Die Tags der Kernbibliothek haben unterstützenden Charakter, indem sie z.B. Listener, Konvertierer und Validierer an Komponenten binden. Als Namensraumspräfix wird in der Regel f verwendet, so dass die Tag-Bibliothek wie folgt eingebunden wird:

```
xmlns:f="http://xmlns.jcp.org/jsf/core"
```

Die Beschreibung der einzelnen Tags erfolgt durch

- Angabe des Tags,
- eine Kurzbeschreibung,
- Anführen der Attribute.

<f:actionListener>

Registriert einen Action-Listener

binding, for, type

<f:ajax>

Fügt Komponenten Ajax-Verhalten hinzu

delay, disabled, event, execute, immediate, listener, onerror, onevent, render, resetValues

<f:attribute>

Fügt einer Komponente ein Attribut hinzu

name, value

<f:attributes>

Fügt einer Komponente mehrere Attribute hinzu

value

<f:convertDateTime>

Registriert einen `DateTimeConverter`

binding, dateStyle, for, locale, pattern, timeStyle, timeZone, type

<f:convertNumber>

Registriert einen `NumberConverter`

binding, currencyCode, currencySymbol, for, groupingUsed, integerOnly, locale, maxFractionDigits, maxIntegerDigits, minFractionDigits, minIntegerDigits, pattern, type

<f:converter>

Registriert einen allgemeinen Konvertierer

binding, converterId, for

<f:event>

Registriert einen `ComponentSystemEventListener`

listener, type

<f:facet>

Registriert eine Facette

name

<f:importConstants>

Importiert Konstanten einer Klasse oder einen Aufzählungstyp

type, var

<f:loadBundle>

Lädt ein Resource-Bundle der aktuellen View-Lokalisierung

basenaem, var

<f:metadata>

Deklaration der Meta-Daten dieser View

—

<f:param>

Fügt eine `UIParameter`-Instanz einer Komponenten hinzu

binding, disable, id, name, value

<f:passThroughAttribute>

Fügt der Komponente ein Pass-Through-Attribut hinzu

name, value

<f:passThroughAttributes>

Fügt der Komponente Pass-Through-Attribute hinzu

value

<f:phaseListener>

Registriert für die `UIViewRoot` einen `PhaseListener`

binding, type

<f:selectItem>

Fügt der Komponente eine `UISelectItem`-Komponente hinzu

binding, id, itemDescription, itemDisabled, itemEscaped, itemLabel, itemValue, noSelectOption, value

<f:selectItems>

Fügt der Komponente eine `UISelectItems`-Komponente hinzu

binding, id, itemDescription, itemDisabled, itemLabel, itemLabelEscaped, itemValue, noSelectionValue, value, var

<f:setPropertyActionListener>

Registriert einen Action-Listener

for, target, value

<f:subview>

Erzeugt einen neuen Naming-Container-Context. Verwendung nicht mehr sinnvoll

binding, id, rendered

<f:validateBean>

Registriert einen oder mehrere BV-Validierer

binding, disabled, for, validationGroups

<f:validateDoubleRange>

Registriert einen `DoubleRangeValidator`

binding, disabled, for, maximum, minimum

<f:validateLength>

Registriert einen `LengthValidator`

binding, disabled, for, maximum, minimum

<f:validateLongRange>

Registriert einen `LongRangeValidator`

binding, disabled, for, maximum, minimum

<f:validateRegex>

Registriert einen `RegexValidator`

binding, for, disabled, pattern

<f:validateRequired>

Registriert einen `RequiredValidator`

binding, disabled, for

<f:validateWholeBean>

Ermöglicht eine Class-Level-Validierung (mehrere Eingaben)

disabled, id, validationGroups, value

<f:validator>

Registriert einen allgemeinen Validierer

binding, converterId, for

<f:valueChangeListener>

Registriert einen Value-Change-Listener

binding, for, type

<f:verbatim>

Registriert eine Ausgabekomponente. Deprecated und Verwendung ist nicht mehr sinnvoll

escape, rendered

<f:view>

Erzeugt `UIViewRoot` als Container für Seiteninhalte

afterPhase, beforePhase, contentType, contracts, encoding, locale, renderKitId, transient

<f:viewAction>

Definiert Action für View

action, actionListener, immediate, onPostback, phase, rendered

<f:viewParam>

Registriert `UIViewParameter` in Meta-Daten

binding, converter, converterMessage, for, id, name, required, requiredMessage, validator, validatorMessage, value, valueChangeListener, maxlength

<f:websocket>

Registriert Websocket-Push-Verbindung

binding, id, channel, scope, user, onopen, onmessage, onclose, connected, rendered

A.3 Templating-Bibliothek (Facelets)

Die Tags der Templating-Bibliothek dienen vor allem dem in Abschnitt 4.1 eingeführten Templating. Als Namensraumspräfix wird in der Regel `ui` verwendet, so dass die Tag-Bibliothek wie folgt eingebunden wird:

```
xmlns:ui="http://xmlns.jcp.org/jsf/facelets"
```

Die Beschreibung der einzelnen Tags erfolgt durch

- Angabe des Tags,
- eine Kurzbeschreibung,
- Anführen der Attribute.

<ui:component>
Erzeugt eine Komponente ohne Möglichkeit der Verwendung eines Templates. Umgebendes Markup wird ignoriert. Existiert aus Kompatibilitätsgründen und sollte durch `<ui:composition>` ersetzt werden
id, binding, rendered

<ui:composition>
Erzeugt wiederverwendbare Komposition unter Verwendung eines Templates. Umgebendes Markup wird ignoriert
template

<ui:debug>
Erzeugt eine Debugging-Komponente, um Informationen einer View zu visualisieren
hotkey, rendered

<ui:decorate>
Erzeugt Komposition ähnlich zu `<ui:composition>`. Umgebendes Markup wird nicht ignoriert
template

<ui:define>
Kapselt Markup, der über das `<ui:insert>`-Tag in ein Template eingebunden wird
name

<ui:fragment>
Erzeugt eine Komponente ähnlich zu `<ui:component>`. Umgebendes Markup wird nicht ignoriert
id, binding, rendered

<ui:include>
Kapselt Markup für die Verwendung in verschiedenen Seiten
src

<ui:insert>

Fügt Inhalt, der über ein `<ui:define>`-Tag definiert ist, in ein Template ein

name

<ui:param>

Ermöglicht die Parameterübergabe als Name/Wert in eine inkludierte Datei oder ein Template

name, value

<ui:remove>

Entfernt Markup zur Compile-Zeit

—

<ui:repeat>

Iteration über Collection. Ist eine Alternative zu `<h:dataTable>` und `<c:forEach>`

begin, end, offset, rendered, size, step, value, var, varStatus

A.4 Composite-Component-Bibliothek

Die Tags der Composite-Component-Bibliothek dienen der Definition zusammengesetzter Komponenten, wie sie in Abschnitt 4.7 vorgestellt wurden. Als Namensraumspräfix wird in der Regel `cc`, seltener `composite` verwendet, so dass die Tag-Bibliothek wie folgt eingebunden wird:

```
xmlns:cc="http://xmlns.jcp.org/jsf/composite"
```

Die Beschreibung der einzelnen Tags erfolgt durch

- Angabe des Tags,
- eine Kurzbeschreibung,
- Anführen der Attribute.

<cc:actionSource>

Referenziert eine `ActionSource2`-Implementierung des Implementierungsteils

hidden, name, targets

<cc:attribute>

Definiert Attribut der Komponente

default, displayName, expert, hidden, method-signature, name, preferred, required, shortDescription, targetAttributeName, targets, type

<cc:clientBehavior>

Fügt Ajax-Funktionalität hinzu (durch `ClientBehaviorHolder`)

default, event, name, target

<cc:editableValueHolder>

Definiert Namen eines `EditableValueHolder` des Implementierungsteils

name, targets

<cc:extension>

Verweist auf Komponente des JSR 276. Ohne Funktion, siehe Bemerkungskasten auf Seite 237

—

<cc:facet>

Definiert Facette der Komponente

displayName, expert, hidden, name, preferred, required, shortDescription

<cc:implementation>

Definiert den Implementierungsteil der zusammengesetzten Komponente

—

<cc:insertChildren>

Fügt Komponenten der benutzenden Seite ein

—

<cc:insertFacet>

Fügt Facette in andere Komponente ein

name, required

<cc:interface>

Definiert die Schnittstelle der zusammengesetzten Komponente

componentType, displayName, expert, hidden, name, preferred, shortDescription

<cc:renderFacet>

Fügt Facette in Komponente ein

name, required

<cc:valueHolder>

Definiert Namen eines `ValueHolder` des Implementierungsteils

hidden, name, targets

A.5 JSTL-Kernbibliothek

Die Tags der JSTL-Kernbibliothek für JSF sind eine echte Teilmenge der ursprünglichen Bibliothek, die für JSP erstellt wurde. Die Tags werden bei der Erzeugung des Baumes verwendet und werden nicht durch Komponenten repräsentiert. Zur Render-Zeit sind sie also nicht existent. Als Namensraumspräfix wird in der Regel c verwendet, so dass die Tag-Bibliothek wie folgt eingebunden wird:

```
xmlns:c="http://xmlns.jcp.org/jsp/jstl/core"
```

Die Beschreibung der einzelnen Tags erfolgt durch

- Angabe des Tags,
- eine Kurzbeschreibung,
- Anführen der Attribute.

<c:catch>
Abfangen eines Fehlers
var

<c:choose>
Sprungverteilter
—

<c:if>
Fallunterscheidung
test, var, scope

<c:forEach>
Schleifenkonstrukt
items, begin, end, step, var, varStatus

<c:otherwise>
Default-Fall eines <c:choose>
—

<c:set>
Variablenzuweisung
var, value, target, property, scope

<c:when>
Fall eines Sprungverteilers
test

A.6 JSTL-Funktionsbibliothek

Die Tags der JSTL-Funktionsbibliothek stellen eine Reihe von String-Funktionen bereit. Als Namensraumspräfix wird in der Regel `fn` verwendet, so dass die Tag-Bibliothek wie folgt eingebunden wird:

```
xmlns:fn="http://xmlns.jcp.org/jsp/jstl/functions"
```

Die Beschreibung der einzelnen Tags erfolgt durch

- Angabe der Funktion,
- eine Kurzbeschreibung,
- Angabe der Signatur.

fn:contains()

Prüft, ob Eingabe-String Teil-String enthält

```
boolean contains(String input, String substring)
```

fn:containsIgnoreCase()

Prüft, ob Eingabe-String Teil-String enthält (ohne Groß-/Kleinschreibung)

```
boolean containsIgnoreCase(String input, String substring)
```

fn:endsWith()

Prüft, ob Eingabe-String mit Suffix endet

```
boolean endsWith(String input, String substring)
```

fn:escapeXml()

Entwertung von XML-Markup

```
String escapeXml(String input)
```

fn:indexOf()

Berechnet Index eines Teil-Strings

```
int indexOf(String input, String substring)
```

fn:join()

Konkatenieren von Strings mit Trennzeichen

```
String join(String[] array, String separator)
```

fn:length()

Länge eines Strings oder Collection

```
int length(Object obj)
```

fn:replace()

Ersetzen aller Teil-Strings

```
String replace(String input, String before, String after)
```

fn:split()

Aufteilen eines Strings in ein Array von Teil-Strings

```
String[] split(String input, String delimiters)
```

fn:startsWith()

Prüft, ob Eingabe-String mit Präfix beginnt

```
boolean startsWith(String input, String substring)
```

fn:substring()

Berechnet Teil-String

```
String substring(String input, int beginIndex, int endIndex)
```

fn:substringAfter()

Berechnet String nach Teil-String

```
String substringAfter(String input, String substring)
```

fn:substringBefore()

Berechnet String vor Teil-String

```
String substringBefore(String input, String substring)
```

fn:toLowerCase()

Konvertiert Zeichen in Kleinbuchstaben

```
String toLowerCase(String input
```

fn:toUpperCase()

Konvertiert Zeichen in Großbuchstaben

```
String toUpperCase(String input)
```

fn:trim()

Entfernt Leerzeichen am Anfang und Ende

```
String trim(String input)
```

A.7 Pass-Through-Attribute und -Elemente

Pass-Through-Elemente und -Attribute sind keine Tag- oder Funktionsbibliotheken wie die bisher in diesem Anhang vorgestellten. Trotzdem sollen sie der Vollständigkeit halber an dieser Stelle nochmals Erwähnung finden. Als Namensraumspräfix werden in der Regel `jsf` und `p` bzw. `pt` verwendet. Die Komponentenbibliothek PrimeFaces [URL-PRIME] wird häufig mit dem Präfix `p` eingebunden, so dass wir zur Verwendung von `pt` raten.

```
xmlns:pt="http://xmlns.jcp.org/jsf/passthrough"
xmlns:jsf="http://xmlns.jcp.org/jsf"
```

Ein Pass-Through-Attribut erlaubt die Verwendung eines HTML-Attributs in einem JSF-Tag. Ein Pass-Through-Element ist ein HTML-Element, das durch die Verwendung des Namensraums bei einem Attribut aus dem HTML-Element eine JSF-Kompontente macht. Einzelheiten hierzu finden Sie in Abschnitt 2.6.

B URL-Verzeichnis

[URL-ARQ] Arquillian
https://arquillian.org/

[URL-BIRT] BIRT-Projekt
https://www.eclipse.org/birt/

[URL-CSS] CSS Specifications
https://www.w3.org/Style/CSS/specs.en.html

[URL-DOM] Document Object Model (DOM) Level 3 Core Specification
https://www.w3.org/TR/2004/REC-DOM-Level-3-Core-20040407

[URL-CWD] Chrome WebDriver
https://chromedriver.chromium.org/

[URL-DOMLS] DOM Living Standard
https://dom.spec.whatwg.org/

[URL-DRO] Drone
http://arquillian.org/arquillian-extension-drone/

[URL-ECLIPSE] Eclipse Homepage
https://www.eclipse.org/

[URL-EE4J] Eclipse Enterprise for Java (EE4J)
https://projects.eclipse.org/projects/ee4j

[URL-FETCH] FETCH
https://fetch.spec.whatwg.org/

[URL-FBL] Flexible Box Layout
https://www.w3.org/TR/css-flexbox-1/

[URL-FOP] FOP
https://xmlgraphics.apache.org/fop/

[URL-FWD] Firefox WebDriver
https://github.com/mozilla/geckodriver

[URL-GF] GlassFish
https://javaee.github.io/glassfish/

[URL-GRA] Graphene
http://arquillian.org/arquillian-graphene/

[URL-H2] H2 Database Engine
http://h2database.com

[URL-HIB] Hibernate
`http://hibernate.org`

[URL-HTML5] HTML5
`http://bit.ly/2Robyjv`

[URL-HTML51] HTML 5.1
`http://bit.ly/2Rntdru`

[URL-HTML512] HTML 5.1 2nd Edition
`http://bit.ly/2CLjxio`

[URL-HTML52] HTML 5.2
`http://bit.ly/2GQhmhr`

[URL-HTMLLS] HTML Living Standard
`https://html.spec.whatwg.org/`

[URL-HTTP] HTML Documentatiion
`https://httpwg.org/specs/`

[URL-HV] Hibernate Validator
`http://hibernate.org/validator/`

[URL-ISO-639] ISO Language Codes
`https://www.iso.org/iso-639-language-codes.html`

[URL-ISO-3166] ISO Country Codes
`https://www.iso.org/iso-3166-country-codes.html`

[URL-ITEXT] iText PDF
`http://www.itextpdf.com/`

[URL-JB] JavaBeans Specification 1.01
`https://bit.ly/2w9r61U`

[URL-JCP] Java Community Process
`https://www.jcp.org`

[URL-JEP226] JEP 226: UTF-8 Property Resource Bundles
`http://openjdk.java.net/jeps/226`

[URL-JEE] Jakarta EE Platform
`https://projects.eclipse.org/projects/ee4j.jakartaee-platform`

[URL-JEEC] Java EE Compatibility
`https://www.oracle.com/java/technologies/compatibility-jsp.html`

[URL-JESP] Jakarta EE Specification Process
`https://jakarta.ee/about/jesp/`

[URL-JRL] Survey Confirms JSF Remains Leading Web Framework
`https://bit.ly/2y1ikmR`

[URL-JSE] Java Platform, Standard Edition
`http://java.sun.com/docs/books/jls/index.html`

[URL-JSF3] Jakarta Server Faces 3.0
`https://jakarta.ee/specifications/faces/3.0/`

[URL-JSFUNIT] JSFUnit
`https://jsfunit.jboss.org/`

[URL-JSON] RFC 4627: The application/json Media Type for JavaScript Object Notation (JSON)
https://www.ietf.org/rfc/rfc4627.txt

[URL-JSR52] JSR 52: JavaServer Pages Standard Tag Library
https://jcp.org/en/jsr/detail?id=52

[URL-JSR53] JSR 53: Servlet 2.3 and JavaServer Pages 1.2
https://jcp.org/en/jsr/detail?id=53

[URL-JSR115] JSR 115: Java Authorization Contract for Containers 1.5
https://bit.ly/30RB1oc

[URL-JSR127] JSR 127: JavaServer Faces 1.0 und 1.1
https://jcp.org/en/jsr/detail?id=127

[URL-JSR154] JSR 154: Servlet 2.4 und 2.5
https://jcp.org/en/jsr/detail?id=154

[URL-JSR196] JSR 196: Java Authentication SPI for Containers 1.1
https://jcp.org/en/jsr/detail?id=196

[URL-JSR220] JSR 220: Enterprise JavaBeans 3.0
https://jcp.org/en/jsr/detail?id=220

[URL-JSR244] JSR 244: Java Platform, Enterprise Edition 5
https://jcp.org/en/jsr/detail?id=244

[URL-JSR245] JSR 245: JavaServer Pages 2.1
https://jcp.org/en/jsr/detail?id=245

[URL-JSR245II] JSR 245: JavaServer Pages 2.1, Part II
http://bit.ly/38FDGoC

[URL-JSR250] JSR 250: Common Annotations for the Java Platform
http://www.jcp.org/en/jsr/detail?id=250

[URL-JSR252] JSR 252: JavaServer Faces 1.2
http://www.jcp.org/en/jsr/detail?id=252

[URL-JSR254] JSR 254: Java Platform, Enterprise Edition (Java EE) 5
http://www.jcp.org/en/jsr/detail?id=254

[URL-JSR276] JSR 276: Design-Time Metadata for JavaServer Faces Components
http://www.jcp.org/en/jsr/detail?id=276

[URL-JSR299] JSR 299: Contexts and Dependency Injection for Java EE Platform
http://www.jcp.org/en/jsr/detail?id=299

[URL-JSR313] JSR 313: Java Platform, Enterprise Edition 6 (withdrawn)
https://jcp.org/en/jsr/detail?id=313

[URL-JSR314] JSR 314: JavaServer Faces 2.0
https://jcp.org/en/jsr/detail?id=314

[URL-JSR315] JSR 315: Servlet 3.0 Specification
https://jcp.org/en/jsr/detail?id=315

[URL-JSR316] JSR 316: Java Platform, Enterprise Edition 6
https://jcp.org/en/jsr/detail?id=316

[URL-JSR318] JSR 318: Interceptors 1.2 rev A
https://jcp.org/en/jsr/detail?id=318

[URL-JSR330] JSR 330: Dependency Injection for Java
https://jcp.org/en/jsr/detail?id=330

[URL-JSR338] JSR 338: Java Persistence API 2.2
https://jcp.org/en/jsr/detail?id=338

[URL-JSR340] JSR 315: Servlet 3.1 Specification
https://jcp.org/en/jsr/detail?id=340

[URL-JSR341] JSR 341: Expression Language 3.0
https://jcp.org/en/jsr/detail?id=341

[URL-JSR345] JSR 345: Enterprise JavaBeans 3.2
https://jcp.org/en/jsr/detail?id=345

[URL-JSR353] JSR 353: Java API for JSON-Processing 1.1
https://jcp.org/en/jsr/detail?id=353

[URL-JSR356] JSR 353: Java API for WebSocket 1.1
https://jcp.org/en/jsr/detail?id=356

[URL-JSR365] JSR 365: Context and Dependency Injection for Java 2.0
https://jcp.org/en/jsr/detail?id=365

[URL-JSR366] JSR 366: Java Platform, Enterprise Edition 8
https://jcp.org/en/jsr/detail?id=366

[URL-JSR369] JSR 369: Java Servlet 4.0
https://jcp.org/en/jsr/detail?id=369

[URL-JSR372] JSR 372: JavaServer Faces 2.3
https://jcp.org/en/jsr/detail?id=372

[URL-JSR374] JSR 374: Java API for JSON Processing 1.1
https://jcp.org/en/jsr/detail?id=374

[URL-JSR375] JSR 375: Java EE Security API 1.0
https://jcp.org/en/jsr/detail?id=375

[URL-JSR380] JSR 380: Bean Validation 2.0
https://jcp.org/en/jsr/detail?id=380

[URL-JSR907] JSR 907: Java Transaction API 1.3
https://jcp.org/en/jsr/detail?id=907

[URL-JUNIT] JUnit
http://www.junit.org/

[URL-JXL] Java Excel API
http://jexcelapi.sourceforge.net/

[URL-LCJS] The Brutal Lifecycle of JavaScript Frameworks
https://bit.ly/2Jv8kaL

[URL-MDNWC] MDN Web Components
https://github.com/mdn/web-components-examples

[URL-MDNWCD] MDN Web Components Docs
https://developer.mozilla.org/en-US/docs/Web/Web_Components

[URL-MF] Apache MyFaces
https://myfaces.apache.org/

[URL-MFGH] Apache MyFaces GitHub
https://github.com/apache/myfaces

[URL-MFKP] Kontextparameter der JSF-Implementierung MyFaces
http://bit.ly/2CcYrIU

[URL-MIME] Mime Types
http://www.ltsw.se/knbase/internet/application.htp

[URL-MNC] JSF managed bean naming conventions
https://bit.ly/2t0e2WK

[URL-MOJ] Mojarra JavaServer Faces
https://javaserverfaces.github.io/

[URL-MOJKP] Kontextparameter der JSF-Implementierung Mojarra
http://bit.ly/2H6zhzZ

[URL-MP] MicroProfile
https://projects.eclipse.org/projects/technology.microprofile

[URL-MPC] MicroProfile Config
https://github.com/eclipse/microprofile-config

[URL-MVC] Understanding JSF as a MVC framework
https://bit.ly/2Ju7Q4I

[URL-OAA] OpenAjax Alliance
http://www.openajax.org

[URL-OWB] OpenWebBeans
https://openwebbeans.apache.org/

[URL-PAY] Payara Server
https://www.payara.fish/

[URL-PF] Payara Foundation
http://www.payara.org/

[URL-PRIME] PrimeFaces
https://www.primefaces.org/

[URL-PDFBOX] Apache PDFBox
https://pdfbox.apache.org/

[URL-POI] Apache POI - the Java API for Microsoft Documents
https://poi.apache.org/

[URL-QUARK] Quarkus
https://quarkus.io/

[URL-RFC] RFC Editor Homepage
http://www.rfc-editor.org/

[URL-RSP] Intent to Remove: HTTP/2 and gQUIC server push
https://bit.ly/37QOj93

[URL-SEL] Selenium
https://www.selenium.dev/

[URL-TOM] Apache Tomcat
http://tomcat.apache.org/

[URL-TOMEE] Apache TomEE
`https://tomee.apache.org/`

[URL-TWTR] ThoughtWorks Technology Radar zu JSF
`https://thght.works/2JuH38j`

[URL-WAM] Web App Manifest
`https://www.w3.org/TR/appmanifest/`

[URL-WC12] Introduction to Web Components, 22.5.2012, nicht verwenden
`http://bit.ly/355cmMS`

[URL-WC14] Introduction to Web Components, 24.7.2014, nicht verwenden
`http://bit.ly/2SxEfuo`

[URL-WCSPEC] Web Components Specifications
`https://github.com/w3c/webcomponents/`

[URL-WD] WebDriver
`https://www.w3.org/TR/webdriver/`

[URL-WELD] Weld
`https://weld.cdi-spec.org/`

[URL-WF] WildFly
`https://www.wildfly.org/`

[URL-WREF] Weld Reference
`https://red.ht/2z7EfJP`

[URL-WS] The WebSocket API
`http://www.w3.org/TR/websockets/`

[URL-WUPF] Who Uses PrimeFaces
`https://www.primefaces.org/whouses/`

[URL-XMLHTTP] XMLHTTPREQUEST
`http://www.w3.org/TR/XMLHttpRequest/`

Literatur

[BS10] BURNS, Ed; SCHALK, Chris: *JavaServer Faces 2.0: The Complete Reference.* McGraw-Hill, 2010

[BT19] BEERNINK, Jan; TIJMS, Arjan: *Pro CDI 2 in Java EE 8 – An In-Depth Guide to Context and Dependency Injection.* Apress, 2019

[Far19] FARRELL, Ben: *Web Components in Action.* Manning, 2019

[Fla11] FLANAGAN, David: *JavaScript – The Definitive Guide.* 6th Edition. O'Reilly, 2011

[GH10] GEARY, David; HORSTMANN, Cay: *Core JavaServer Faces.* 3rd Edition. O'Reilly, 2010

[GHJV95] GAMMA, Erich; HELM, Richard; JOHNSON, Ralph ; VLISSIDES, John: *Design Patterns – Elements of Reusable Object-Oriented Software.* Addison-Wesley, 1995

[Jun14] JUNEAU, Josh: *JavaServer Faces – Introduction by Example.* Apress, 2014

[KM14] KURZ, Michael; MARINSCHEK, Martin: *JavaServer Faces 2.2 – Grundlagen und erweiterte Konzepte.* 3. Auflage. dpunkt.verlag, 2014

[LA15] LEONARD, Anghel; ALIN, Constantin: *Mastering OmniFaces.* Glasnevin Publishing, 2015

[Leo10] LEONARD, Anghel: *JSF 2.0 Cookbook.* Packt Publishing, 2010

[Leo14] LEONARD, Anghel: *Mastering JavaServer Faces 2.2.* Packt Publishing, 2014

[MW12] MÜLLER, Bernd; WEHR, Harald: *Java Persistence API 2.* Hanser Verlag, 2012

[Mü08] MÜLLER, Bernd: *JBoss Seam – Die Web-Beans-Implementierung.* Hanser Verlag, 2008

[Mü18] MÜLLER, Michael: *Practical JSF in Java EE 8 – Web Applications in Java for the Enterprise.* Apress, 2018

[Rec06] RECHENBERG, Peter: *Technisches Schreiben – (nicht nur) für Informatiker.* 3. Auflage. Hanser Verlag, 2006

[RF20] RICHARDS, Mark; FORD, Neal: *Fundamentals of Software Architecture.* O'Reilly, 2020

[SCW13] SALEH, Hazem; CHRISTENSEN, Allan L. ; WADIA, Zubin: *Pro JSF and HTML5 – Building Rich Internet Components.* Apress, 2013

[Sic04] SICK, Bastian: *Der Dativ ist dem Genitiv sein Tod. Ein Wegweiser durch den Irrgarten der deutschen Sprache.* Kiepenheuer & Witsch, Spiegel Online, 2004

[ST18] SCHOLTZ, Bauke; TIJMS, Arjan: *The Definitive Guide to JSF in Java EE 8: Building Web Applications with JavaServer Faces.* Apress, 2018

[Vli11] VLIST, Eric van d.: *XML Schema.* O'Reilly, 2011

Stichwortverzeichnis

G

H

I

K

L

T